21世纪经济管理类精品教材

[第 2 版]

电子商务物流管理

吴 健／主编

E-Commerce and Logistics Management

清华大学出版社
北 京

内 容 简 介

本书共分 11 章，主要从电子商务与物流的关系入手，系统地介绍了电子商务环境下应如何开展物流管理的理论知识与应用方法，具体阐述了电子商务物流管理的基本概念与特点、物流系统及其基本功能、电子商务物流市场及物流模式、电子商务采购与库存管理、电子商务物流配送与配送中心、电子商务物流技术与信息管理、电子商务物流服务与物流成本管理、电子商务环境下的供应链管理、电子商务下的国际物流、物流网络营销、物流电子商务网站管理等内容。通过国内外物流企业的电子商务网站案例分析，对物流企业网站相关热点问题进行探讨，介绍国内外典型物流企业电子商务的应用，使读者认识和掌握电子商务物流管理这门交叉学科的实际应用知识。本书以注重实用为原则，将理论知识与案例有机结合，力图做到易学、易懂、易用。

本书可作为普通高等院校本科电子商务、物流管理及相关专业或高职高专类相关专业的教学用书，也可作为电子商务与物流理论研究者和实际工作者的阅读参考书。

本书封面贴有清华大学出版社防伪标签，无标签者不得销售。
版权所有，侵权必究。举报：010-62782989，beiqinquan@tup.tsinghua.edu.cn。

图书在版编目（CIP）数据

电子商务物流管理/吴健主编. —2 版. —北京：清华大学出版社，2013（2024.2 重印）
21 世纪经济管理类精品教材
ISBN 978-7-302-31508-7

I. ①电⋯ II. ①吴⋯ III. ①电子商务-物流-物资管理-高等学校-教材
IV. ①F713.36 ②F252

中国版本图书馆 CIP 数据核字（2013）第 027123 号

责任编辑：杜春杰
封面设计：康飞龙
版式设计：文森时代
责任校对：张兴旺
责任印制：宋　林

出版发行：清华大学出版社
网　　址：https://www.tup.com.cn，https://www.wqxuetang.com
地　　址：北京清华大学学研大厦 A 座　　　　邮　编：100084
社 总 机：010-83470000　　　　　　　　　　邮　购：010-62786544
投稿与读者服务：010-62776969，c-service@tup.tsinghua.edu.cn
质 量 反 馈：010-62772015，zhiliang@tup.tsinghua.edu.cn
印 装 者：三河市人民印务有限公司
经　　销：全国新华书店
开　　本：185mm×230mm　　　印　张：31.5　　　字　数：634 千字
版　　次：2009 年 5 月第 1 版　2013 年 6 月第 2 版　印　次：2024 年 2 月第 11 次印刷
定　　价：59.80 元

产品编号：046687-02

第 2 版前言

随着我国加入 WTO、全球经济一体化进程的加快以及科学技术的飞速发展，物流产业逐渐成为我国 21 世纪的重要产业和国民经济新的增长点。

工业革命用了两百多年的时间创造了工业时代，计算机革命用了三十多年的时间创造了信息时代，而互联网仅用了三年左右的时间就形成了电子商务这一全新的商业形态。电子商务的兴起，从根本上改变了企业与客户的交互方式，由于企业销售范围的扩大、企业和商业销售方式及最终消费者购买方式的转变，使得物流成为一项极为重要的经济活动。网络经济环境下电子商务的发展，给物流提出了新的要求，呈现信息化、自动化、网络化、智能化、柔性化的特点。企业不仅需要在前台建立漂亮的网站来吸引客户，更需要在后台通过可靠的订单履行能力来留住客户，如何适应电子商务环境下客户快速变化的需求，是电子商务给物流管理者带来的新课题。

电子商务物流就是在电子商务的条件下，依靠计算机技术、互联网技术、电子商务技术以及其他信息技术所进行的物流（活动）。电子商务物流管理是融合管理学、经济学和信息技术等学科的新型交叉学科，使学科之间相互融合，互为补充，以实现商务活动中商流、物流、信息流、资金流四位一体。通过电子商务物流管理课程的学习，应理解电子商务物流管理的基本理论，掌握电子商务环境下物流管理的主要业务流程，熟悉物流运作的基本方法和技能，以适应市场对电子商务物流人才的需求。

本书根据目前高等院校电子商务、物流及相关管理专业的教学需要，从电子商务及物流管理专业应用型人才培养的目标和要求出发，有针对性地设置电子商务物流管理课程的知识结构，设计相关课程体系内容。系统地介绍了电子商务环境下物流管理的基本理论及其应用，对电子商务物流管理的概念、基本理论和相关的知识做了较为全面系统的讲解。本书以注重实用为原则，主要特色表现为：综合了国内外电子商务物流管理先进的研究成果和知名企业电子商务物流管理的实践经验，围绕电子商务物流管理应知和应会的核心内容，针对每章的具体内容与特点，安排相应的开篇引导案例，配有知识架构图、教学目标与要求、基本概念、阅读资料、本章小结、思考题、案例分析、实际操作训练及相关的实验教学建议；根据课程教学的实际需要，结合大量的实际案例对电子商务物流管理理论与实践应用进行了比较详细的说明，较好地将理论与实际应用相结合，突出实用技能,具有较强的实用价值。

本书由长期从事电子商务物流教学的高校教师从总结教学实践经验、研究与提升的角度出发编著而成,主编及相关教师承担电子商务物流管理精品课程建设。本书对电子商务物流管理课程体系进行了较为深入的探讨,对课程教学环节及内容进行了比较合理的安排与设计,是电子商务物流管理精品课程建设项目科研与教学成果的重要组成部分,读者也可通过电子商务物流管理精品课程网站(http://202.115.138.30/ec3.0/C153/zcr-1.htm)学习和掌握相关知识点。

由吴健教授主持的《电子商务物流管理课程教学改革探索与实践》教改项目,获成都理工大学 2012 年度优秀教学成果一等奖。本书第 1 版自 2009 年 5 月出版以来,深受广大教师和学生的好评,发行量已达 2 万余册。本书在继承和完善第 1 版主要特色的基础上,按《中华人民共和国国家标准物流术语》(修订版)GB/T 18354—2006 解释相关物流术语,每章增加了知识架构图、阅读资料、实际操作训练,更新了部分案例、思考题及实验教学项目,以增强实践环节教学和师生互动性。

本书由吴健教授任主编,邱小平副教授和唐志英副教授任副主编。吴健教授对本书的框架结构、各章节的结构进行了总体策划,对本书进行了写作、统稿和定稿,并完成第 2 版的修订。具体编写分工为:成都理工大学吴健教授编写第 1、3、6、8、9 章及各章知识构架图、阅读资料、实际操作训练和实验教学建议,西南交通大学邱小平副教授编写第 10、11 章,成都理工大学唐志英副教授编写第 2、4、5 章,中山大学郭群副教授编写第 7 章,北京师范大学研究生仲夏、成都理工大学研究生张繁伟、叶露茜、孙群花在本书的编著过程中进行了资料收集、整理及电子课件的制作。

本书的编辑出版,得到了清华大学出版社的大力支持,我们对各位编辑的辛勤工作表示衷心感谢。同时,在写作过程中,我们借鉴了国内外诸多专家学者的学术观点,参考了大量科技文献和网站资料,在此对各位专家、作者表示诚挚的敬意和感谢。

由于作者的能力有限,书中难免存在不妥之处,敬请读者批评指正,并及时给我们提出宝贵的意见和建议。

编 者

目　　录

第 1 章　电子商务物流管理导论 1

1.1 现代物流概述 2
 1.1.1 物流的产生和发展 2
 1.1.2 物流的概念 4
 1.1.3 物流的分类 7
 阅读资料 1-1　逆向物流发展 12
 阅读资料 1-2　应急物流体系建设迫在眉睫 14
 1.1.4 物流的作用 14
 1.1.5 物流的功能 16
 1.1.6 现代物流相关理论和理念 19

1.2 电子商务与物流 23
 1.2.1 电子商务物流概念及特征 24
 1.2.2 电子商务与物流的关系 25
 阅读资料 1-3　顺丰自建"顺丰 E 商圈"电子商城 32
 1.2.3 电子商务物流的一般流程 33

1.3 电子商务物流管理概述 34
 1.3.1 电子商务物流管理的含义及特点 34
 1.3.2 电子商务物流管理的目的及内容 35
 1.3.3 电子商务物流管理的原则 36
 1.3.4 电子商务物流管理的职能 36

1.4 电子商务环境下物流业发展的趋势 37
 本章小结 39
 思考题 40
 案例分析 40
 实际操作训练 43

第 2 章 物流系统及其基本功能 44

2.1 物流系统 45
2.1.1 物流系统概述 46
2.1.2 物流系统的基本模式及构成要素 49
2.1.3 物流系统分析 50

2.2 包装 52
2.2.1 包装的含义及功能 52
2.2.2 包装的分类 53
2.2.3 包装器材的选择 54
2.2.4 包装的标识 54
阅读资料 2-1 绿色包装 56

2.3 装卸和搬运 57
2.3.1 装卸搬运概述 57
2.3.2 装卸搬运作业和设备配置 59

2.4 运输 63
2.4.1 运输的概念 63
2.4.2 运输的地位 63
2.4.3 运输的分类 64
2.4.4 运输方式 66
阅读资料 2-2 电子商务时代下的铁路运输信息化 67
阅读资料 2-3 新亚欧大陆桥的优势 70

2.5 仓储 70
2.5.1 仓储的概念 71
2.5.2 仓储活动的性质 71
2.5.3 仓储的基本功能 72
2.5.4 仓储在物流中的作用 75
阅读资料 2-4 新概念仓库形式——网络仓库 75

2.6 配送 76
2.6.1 配送的含义 76
2.6.2 配送与运输及送货的关系 77
2.6.3 配送在生产和流通中的作用 79

2.7 流通加工 81

2.7.1 流通加工的概念 82
2.7.2 流通加工的特点 82
2.7.3 流通加工的地位及作用 83
2.7.4 流通加工的类型 84
本章小结 86
思考题 87
案例分析 87
实际操作训练 89
实验教学建议 90

第3章 电子商务物流市场及物流模式 91

3.1 电子商务商业模式及发展趋势 93
3.1.1 电子商务商业模式 93
3.1.2 电子商务市场分析 95
阅读资料3-1 电子商务十二五发展目标及重点工程 100
3.1.3 电子商务对物流提出新的要求 102
阅读资料3-2 网购市场规模扩大促进我国快递市场发展 103

3.2 电子商务物流市场的含义、特征及构成 104
3.2.1 电子商务物流市场的含义 104
3.2.2 电子商务物流市场的特征 104
3.2.3 电子商务物流市场的构成 106

3.3 电子商务物流模式 108
3.3.1 自建物流体系 108
3.3.2 第三方物流模式 109
3.3.3 物流企业联盟模式 114
3.3.4 第四方物流模式 114
3.3.5 综合物流代理模式 115

3.4 电子商务的物流模式选择 116
阅读资料3-3 第N方物流 121

3.5 专业市场电子商务物流运作模式案例 122
本章小结 124
思考题 125
案例分析 125

　　　　实际操作训练 128
　　　　实验教学建议 129

第4章　电子商务采购与库存管理 130

4.1　电子商务采购 131
　　4.1.1　采购的定义及作用 131
　　阅读资料4-1　家乐福商超密切配合采购冷链各环节以保鲜 135
　　4.1.2　电子商务采购与传统采购的区别 136
　　4.1.3　电子采购平台及实现 139
　　4.1.4　电子商务采购的实施步骤 140
　　阅读资料4-2　慧聪网采购通上市一个月20亿成交创开门红 141

4.2　仓储管理 143
　　4.2.1　仓储管理的含义与作用 143
　　4.2.2　仓储管理的原则 144
　　4.2.3　仓储管理的内容 145
　　4.2.4　仓储管理的模式 146
　　阅读资料4-3　美国某药品和杂货零售商的混合仓储管理模式 150
　　4.2.5　仓储作业管理 151
　　4.2.6　电子商务下仓储管理的要领 155

4.3　库存控制与库存管理模式 157
　　4.3.1　库存控制的定义和作用 157
　　4.3.2　库存控制的目标 158
　　4.3.3　库存管理思想 159
　　4.3.4　电子商务下企业的"零库存"管理 160
　　4.3.5　库存管理模式 162
　　本章小结 165
　　思考题 166
　　案例分析 166
　　实际操作训练 171

第5章　电子商务物流配送与配送中心 172

5.1　电子商务物流配送概述 173
　　5.1.1　电子商务物流配送的含义 174

    5.1.2 电子商务对传统物流配送的影响 174
  5.2 电子商务物流配送模式 175
    5.2.1 现代物流配送模式分类 175
    5.2.2 电子商务配送新模式 177
    阅读资料 5-1 虚拟配送中心与传统配送中心的区别 178
  5.3 配送中心系统设计 179
    5.3.1 配送中心网点的合理布局 180
    5.3.2 物流配送中心的选址 181
    5.3.3 物流中心内部的规划设计 182
    5.3.4 评估 196
  5.4 配送中心的信息管理系统 197
    5.4.1 物流配送中心信息系统概述 197
    5.4.2 物流配送中心信息管理系统的功能 198
    5.4.3 物流配送中心信息管理系统的构成 199
    阅读资料 5-2 沃尔玛公司配送中心 202
    5.4.4 物流配送信息技术 202
  本章小结 203
  思考题 204
  案例分析 204
  实际操作训练 208
  实验教学建议 208

第 6 章 电子商务物流技术与信息管理 **209**
  6.1 物流信息与物流信息化 211
    6.1.1 物流信息的含义、特征与分类 211
    6.1.2 物流信息的广泛性和重要性 214
    6.1.3 物流信息化的概念与内涵 217
    6.1.4 物流信息化的内容 218
    6.1.5 物流信息化对物流企业的影响 220
    阅读资料 6-1 物流企业网络信息化建设 221
    6.1.6 物流信息管理的原则 222
  6.2 电子商务物流技术 222
    6.2.1 电子商务物流技术概述 223

6.2.2　电子商务技术及其在物流中的应用 227
　　阅读资料 6-2　物联网及应用案例 234
6.3　电子商务物流信息管理系统 237
　　6.3.1　电子商务物流信息管理系统概述 237
　　6.3.2　物流信息管理系统的构成 239
　　6.3.3　物流信息管理系统的设计 242
　　阅读资料 6-3　河北快运集团有限公司物流信息管理系统 243
　　6.3.4　电子商务物流信息管理系统的发展 244
6.4　物流信息平台 245
　　6.4.1　物流公共信息平台的含义及功能 246
　　6.4.2　物流公共信息平台构建 248
　　6.4.3　物流公共信息平台的运营模式 249
　　6.4.4　物流信息平台的运行实例 250
　　本章小结 256
　　思考题 257
　　案例分析 257
　　实际操作训练 259
　　实验教学建议 260

第7章　电子商务物流服务与物流成本管理 **261**

7.1　电子商务物流服务概述 263
　　7.1.1　电子商务物流服务的含义 263
　　7.1.2　电子商务物流服务的特征 264
　　7.1.3　电子商务物流服务的内容 265
　　7.1.4　电子商务物流服务的决策步骤 267
　　7.1.5　我国电子商务物流服务的现状和存在的问题 269
　　7.1.6　发展电子商务物流服务的对策 270
　　阅读资料 7-1　亚马逊物流促销策略 272
7.2　物流成本管理 275
　　7.2.1　物流成本概述 276
　　7.2.2　物流成本管理概述 280
　　阅读资料 7-2　奥康：物流运营零成本 283
　　7.2.3　物流成本的核算 284

7.2.4 降低物流成本的途径 286
7.3 物流绩效评价 288
　　7.3.1 绩效的含义及绩效评价的发展 289
　　7.3.2 物流绩效的含义及物流绩效评价的意义 291
　　7.3.3 物流绩效评价的方法 291
　　7.3.4 物流绩效评价的指标体系 297
　　7.3.5 我国物流绩效评价中存在的问题 299
　　7.3.6 评价和改进物流绩效的建议 300
　　本章小结 301
　　思考题 301
　　案例分析 302
　　实际操作训练 305

第8章 电子商务环境下的供应链管理 306
8.1 供应链管理概述 307
　　8.1.1 供应链的概念及特征 308
　　阅读资料8-1 凡客全国物流挑战"次日达"供应链优化后效果明显 312
　　8.1.2 供应链管理的发展过程 316
　　8.1.3 供应链管理的内容、原则与目标 321
　　8.1.4 供应链管理的职能与流程 324
8.2 供应链管理模式与优化 325
　　8.2.1 市场供应链模式 326
　　8.2.2 供应链管理模式分析 328
　　8.2.3 供应链优化 330
8.3 电子商务下的供应链管理 333
　　8.3.1 电子商务下供应链管理的优势 333
　　阅读资料8-2 麦包包网络订单驱动供应链模式 334
　　8.3.2 电子商务技术在供应链管理中的运用 335
　　8.3.3 基于电子商务技术的供应链管理的发展 337
　　8.3.4 电子供应链的实施 341
　　阅读资料8-3 电子商务对传统零售供应链管理的影响 345
8.4 供应链管理方法 347
　　8.4.1 快速反应 347

阅读资料 8-4　快时尚品牌 ZARA 希望自己可以更 "快" 一点 351
    8.4.2　有效客户反应 353
    本章小结 357
    思考题 358
    案例分析 358
    实际操作训练 362
    实验教学建议 363

第 9 章　电子商务下的国际物流 364

9.1　国际物流概述 366
    9.1.1　我国对外贸易的发展 366
    9.1.2　国际贸易与国际物流的关系 367
    9.1.3　国际物流的概念、特点及分类 368
    9.1.4　国际物流的发展趋势 370
9.2　国际物流系统 373
    9.2.1　国际物流系统的含义及其构成 374
    9.2.2　国际物流网络 377
    9.2.3　国际多式联合运输 380
    阅读资料 9-1　中铁国际多式联运有限公司的多式联运业务 380
    9.2.4　国际货运代理 383
    阅读资料 9-2　全球国际货运代理有限公司简介 386
9.3　国际物流标准化 387
    9.3.1　物流标准化的概念及特征 387
    9.3.2　物流标准化的形式与种类 388
    9.3.3　物流标准化的意义及作用 389
    9.3.4　国际物流标准化体系 390
9.4　基于 Internet 的国际物流 391
    9.4.1　电子商务的发展对国际物流的影响 391
    9.4.2　跨国公司物流是国际物流的主要形式 392
    9.4.3　国际物流发展存在的问题 394
    9.4.4　我国国际物流发展的对策 395
    本章小结 397
    思考题 398

案例分析 398
实际操作训练 403
实验教学建议 403

第 10 章 物流网络营销 404

10.1 物流网络营销概述 405
10.1.1 物流网络营销的概念 405
10.1.2 物流网络营销的理论基础 408
10.1.3 物流网络营销的优点 409
阅读资料 10-1 中小物流企业网络营销优势 412
10.1.4 物流网络营销存在的问题 413

10.2 物流网络营销技术 414
10.2.1 物流网络营销的方法 415
10.2.2 物流网络营销市场调查 416

10.3 物流网络营销策略 423
10.3.1 物流网络营销的信息化基础 423
10.3.2 物流网络营销策略规划 424
阅读资料 10-2 物流公司如何做好网络营销推广 431
本章小结 432
思考题 432
案例分析 433
实际操作训练 439
实验教学建议 440

第 11 章 物流电子商务网站管理 441

11.1 物流网页设计与制作 443
11.1.1 相关概念 443
11.1.2 网页设计工具概述 445
11.1.3 主页构思的原则 446
11.1.4 网页文件规划 448
11.1.5 网页的评价标准 452

11.2 物流企业电子商务网站规划 454
11.2.1 物流网站的功能 454

11.2.2 物流网站的宗旨 456
11.2.3 物流网站的规划与设计 457
阅读资料 11-1 苏宁易购网站内容解析 459
阅读资料 11-2 网站的主色调 463
11.2.4 网站建设 463
11.2.5 网站测试 469
11.2.6 网站推广 470
11.2.7 网站的管理与维护 471
11.3 物流网站案例分析 473
11.3.1 UPS 公司电子商务物流网站 473
11.3.2 Amazon 网站运营 475
11.3.3 TNT 物流服务 477
11.3.4 重庆港务物流集团电子商务应用 481
本章小结 484
思考题 484
案例分析 485
实际操作训练 487
实验教学建议 488

参考文献 **489**

第1章 电子商务物流管理导论

知识架构

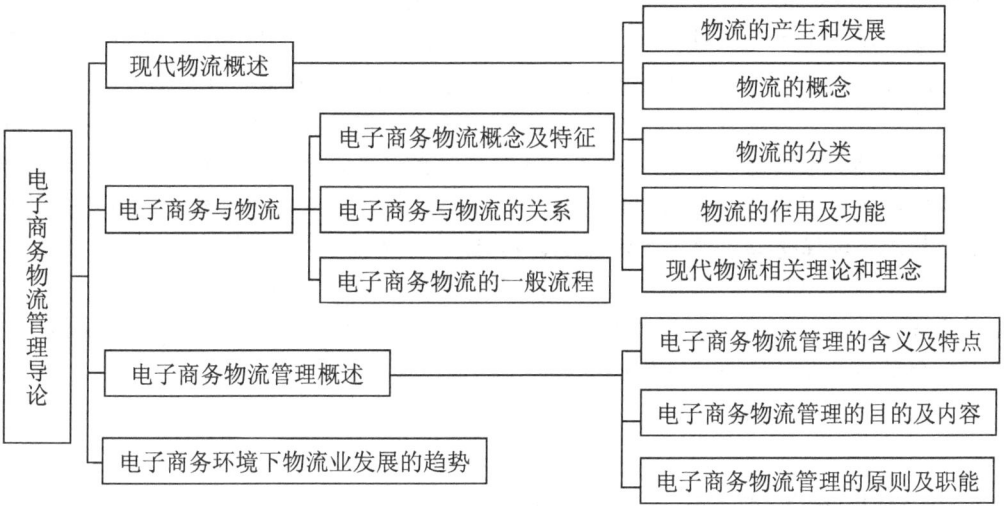

教学目标与要求

通过本章的学习，熟悉现代物流的基本概念、特点和分类，认识物流的作用和功能，了解现代物流相关理论和理念；掌握电子商务物流的概念、特征和流程，正确理解电子商务与物流的关系；掌握电子商务物流管理的含义、内容、原则及职能，了解电子商务环境下物流产业发展的趋势。

基本概念

现代物流　电子商务　电子商务物流管理　供应物流　生产物流　销售物流　回收物流　废弃物物流

引导案例：中储股份现代物流

2007年，中储股份整体上市基本完成，实现了有效资产的集中和整合，使中储股份直接担负起诚通集团发展现代物流的主要责任和提升综合效益的重要使命。如今，它正面临着经济社会良性发展、物流市场快速扩张的历史机遇。然而，物流行业作为充分竞争的领域，国内与国际物流市场完全接轨，国有、民营、外资企业鼎立竞争的格局已经形成。

物流企业的发展将面对国内外经济形势、国家宏观经济政策、区域市场环境、外部竞争格局和内部资源能力等重重压力和制约。新形势、新环境、新起点、新高度需要新动力，而新的动力引擎就是创新理念，以获得持续快速成长。

中储以物流中心为基础平台，优化网点、优化业务、优化投资、优化管理；拓展物流供应链各环节功能，整合企业内外资源，复制成熟业务模式，开发新型业务模式；大力发展以生产资料现货市场为平台的商贸物流，以集装箱多式联运、国际贸易、货运代理、货物集散为特征的港口物流，以生产、生活资料仓储、运输、加工、配送集成的城市物流，以融资监管为手段的质押物流，以及为重点客户、重点工程服务的全程综合物流；加强仓储管理、运输配送、物流加工、物流外包、货运代理、质押监管、内外贸易、现货市场、多式联运、新技术开发等方面的自主创新能力，形成集多元支柱型业务板块于一体的新型物流平台和全国性物流网络，成为国内大型的基础物流与商贸、金融相结合的综合物流供应商之一。

资料来源：锦程物流网 http://info.jctrans.com/qikan/zgcy/633123.shtml。

1.1 现代物流概述

在社会生活中，货物在不同时空范围内的转移和流动是社会经济发展的基础之一。随着社会经济的发展，生产的社会化水平和物质技术能力的提高，人们对"物的流动"有了更高水平的理解。于是，"黑大陆"、"第三利润源"、"冰山"等理论相继出现和形成，反映了现代社会对物流业新的审视和理解。

1.1.1 物流的产生和发展

物流与人类的物质生活和生产共生共长，源远流长。可以说，物流是社会经济的动脉，是社会再生产过程连续进行的前提，但人们对物流的认识和实践却只有半个多世纪的历史。物流研究和实践经历了四个阶段：物流观念的启蒙与产生阶段，物流理论体系的初步形成与实践阶段，现代物流理论的形成与物流管理现代化阶段，现代物流管理理论与实践的纵深化发展阶段。

西方国家20世纪便进入了所谓的买方市场经济时代，存在较严重的生产过剩和需求不足的问题，企业界为了扩大销售，开始关注市场分销问题，着重研究在销售过程中的物流。

物流早期是从西方市场学理论中产生的，是指销售过程的物流，即通过对制成品在销售领域的输送、保管活动进行管理，达到降低成本、促进销售的目的。1915年，美国学者阿·奇萧（Arch W.Shaw）在《市场营销中的若干问题》中首次提出了"PD"（Physical Distribution，PD）的概念，1935年，美国销售协会进一步阐述了"PD"概念，"PD是包含于销售之中的物质资料和服务在从生产场所到消费场所的流动过程中所伴随的种种经济活动。"随着物流在企业中的广泛应用，它从企业内部领域扩展到企业外部经营管理的其他领域，物流管理开始注重外部（分销商、顾客、供应商及第三方构成的多维、复杂、立体）关系的研究，强调原材料采购、加工生产、产品销售、售后服务直到废旧回收等物资流通全过程的管理。

在第二次世界大战中，美国军队为了改善战争中的物资供应状况，研究和建立了"后勤"（logistics）理论，并在战争活动中加以实践和应用。"logistics"的核心是将战时物资的生产、采购、运输、配给等活动作为一个整体来进行统一布置，以求对战略物资进行补给的费用更低、速度更快、服务更好。实践证明，这一理论的应用取得了很好的效果。第二次世界大战后，"logistics"的理论被应用到企业界，其内涵得到了进一步推广，涵盖了整个生产过程和流通过程，包括生产领域的原材料采购、生产过程中的物料搬运与厂内物流到商品流通过程中的物流。因此，欧美国家所指的"logistics"一般比"PD"的内涵更为广泛，"PD"一般仅指销售物流。

20世纪50年代的日本正处于经济高速成长时期，生产规模的迅速扩大导致流通基础设施严重不足，在这种背景下，日本从美国学到了"PD"理论。1965年，日本在其政府文件中正式采用"物的流通"这个术语，简称为"物流"，包括包装、装卸、保管、库存管理、流通加工、运输和配送等诸多活动。在物流理论的指导下，物流技术成为日本政府关心和研究的重点，加强道路建设，实现运输手段的大型化、高速化、专业化，大力发展物流中心、配送中心和物流基地，提高了对货物的处理能力和商品供应效率，极大地促进了日本经济的快速发展。

我国20世纪70年代末开始实行改革开放的基本国策，派代表团到日、美等国考察，引进并接受了"物流"概念。在"物流"概念引入我国之前，我国就有传统的储运业。许多大大小小的储运公司实际上进行着运输、保管、包装、装卸、流通加工等与物流有关的各种活动。物流相对于储运而言却是一个新的概念，两者之间存在如下差别：

（1）储运和物流的内涵有区别。储运基本上只指储存和运输这两个环节，虽然有时也涉及物品的包装、装卸、流通加工及相关信息活动，但这些活动一般并不包含在储运的概念之中，而物流则包括物品的运输、保管、配送、包装、装卸、流通加工及相关信息活动，所以物流比储运所包含的内容更为广泛。

（2）储运只是相对独立的操作活动，而物流则十分强调相关活动的系统化，以期达到整个物流活动的整体最优化。

1.1.2 物流的概念

由于物流理论与实践的不断发展，物流的相关概念与内涵也在不断变化，世界许多国家的研究机构、管理机构以及物流研究专家对物流概念做出了各种定义，到目前为止，人们对物流的理解仍然存在差异，尚未形成统一的认识。

1．物流的定义

对于物流的定义，比较有代表性的说法有以下几种。

（1）物流是一个控制原材料、制成品、产成品和信息的系统。

（2）物流通过运输解决对货物空间位置上的变化要求，通过储存调节解决对货物的需求和供给之间的时间差。

（3）物流是从供应开始经各种中间环节的转让及拥有而到达最终消费者手中的实物运动，以此实现组织的明确目标。

（4）物流是物质资料从供给者到需求者的物理运动，是创造时间价值、场所价值和一定的加工价值的活动。

（5）物流是指物质实体从供应者向需求者的物理移动，它由一系列创造时间价值和空间价值的经济活动组成，包括运输、保管、配送、包装、装卸、流通加工及物流信息处理等多项基本活动。

（6）物流一般是由商品的运输、仓储、包装、搬运装卸、流通加工以及相关的物流信息等环节构成，并对各个环节进行综合和复合化后所形成的最优系统。

关于物流定义的描述，如表 1-1 所示。

表 1-1 物流定义描述

		年份	给出定义的组织	定 义
美国	工程派	1974	美国物流工程学会（Society of Logistics Engineers）	物流是与需求、设计、资源供给与维护有关，以支持目标、计划及运作的科学、管理及技术活动的艺术
	军事派	1981	美国空军（U.S. Air Force）	物流是计划和执行军队的调动与维护的科学，它涉及与军事物资、人员、装备和服务相关的活动

续表

		年份	给出定义的组织	定 义
美国	管理派	1985	美国物流管理协会（Council of Logistics Management）	物流是对货物、服务及相关信息从起源地到消费地的有效率的、有效益的流动和储存进行计划、执行和控制，以满足顾客要求的过程。该过程包括进向、去向、内部和外部的移动以及以环境保护为目的的物料回收
	企业派	1997	美国 EXEL 物流公司	物流是与计划和执行供应链中商品及物料的搬运、储存及运输相关的所有活动，包括废弃物及旧品的回收复用
欧洲		1994	欧洲物流协会（European Logistics Association, ELA）	物流是一个在系统内对货物的运输、安排及与此相关的支持活动的计划、执行与控制，以达到特定的目的
日本		1981	日本日通综合研究所	物流是物质资料从供给者向需求者的物理移动，是创造时间性、场所性价值的经济活动。从物流的范畴来看，包括包装、装卸、保管、库存管理、流通加工、运输、配送等诸多活动
中国	大陆	2001	中国国家科委、国家技术监督局、中国物资流通协会，国家标准《物流术语》（GB/T 18354—2001）	物流是物品从供应地向接收地的实体流动过程，根据实际需要，实现运输、仓储、装卸、搬运、包装、流通加工、配送、信息处理等基本功能的有机结合
	台湾地区	1996	台湾物流管理协会	物流是一种物的实体流通活动的行为，在流通过程中，通过管理程序有效结合运输、仓储、装卸、包装、流通加工、资讯等相关机能性活动，以创造价值，满足顾客及社会性需求

综上所述，所谓现代物流（logistics）是指为了实现客户满意和挖掘"第三利润源"，利用现代信息技术将运输、仓储、装卸、搬运、包装、流通加工、配送、信息处理、需求预测、为用户服务等活动有机结合起来，经济有效地将原材料、半成品及产成品由生产地送到消费地的所有流通活动。

2. "物流"、"商流"和"流通"

商品的流通是社会经济活动的一部分，而商品的生产和消费是经济活动的主要构成。由于在商品的生产和消费之间存在各种间隔，如图 1-1 所示，因此需要通过"流通"将商品的生产及所创造的价值和商品的消费加以连接。商品的生产和消费之间存在的间隔与连接这些间隔的解决方法如下。

（1）社会间隔：商品的生产者和商品的消费者有所不同，需通过商品的交易实现所有权的转移。

(2)场所间隔:商品的生产场所和商品的消费场所不在同一地点,需要商品的运输进行连接。

(3)时间间隔:商品的生产日期与商品的消费日期不尽相同,需要通过商品的保管加以衔接。

人们通过商业或贸易活动来沟通商品的生产和消费之间的社会间隔,这种沟通被称为"商流"。商品从生产者向消费者的转移(如商品的运输和保管),即商品的生产和消费的场所间隔和时间间隔则需要通过"物流"来进行沟通。

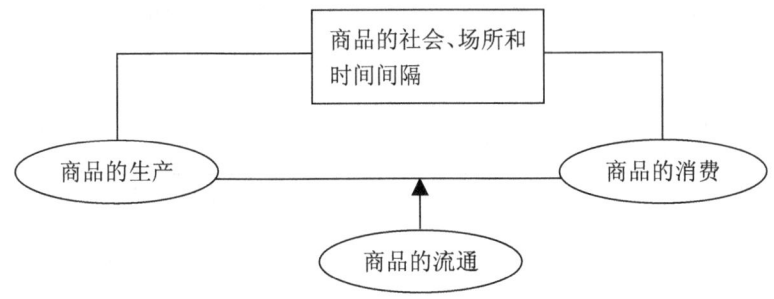

图 1-1 在商品的生产和消费之间存在社会、场所、时间间隔

随着社会的发展和社会分工的细化,商品的生产和消费之间的这种间隔越来越大,而商品通过流通将商品的社会、场所和时间的间隔加以连接所起的作用也就越来越明显。

综上所述,人们通过"商流"消除了商品的社会间隔,通过"物流"消除了商品的场所和时间间隔,两者共同实施的结果完成了商品的所有权和商品实体的转移,即商品的流通。"物流"并不先于"商流"存在,而是在"商流"确定以后的具体行为,但如果没有"物流","商流"也就无法实现。因此,"商流"与"物流"的关系是相辅相成、互相补充,是商品流通领域的两大基本要素。

3.现代物流与传统物流

物流的发展已经有了几十年的历史,人们对物流的研究和应用已经从早期以商品销售为主的传统物流阶段,进入了将原材料的采购,商品的生产、储运和商品销售的全过程予以综合考虑的阶段。随着生产和社会的发展以及科学技术的进步,新的管理思想、技术和工具在物流的各个环节得到应用,逐步进入到现代物流的发展阶段。

(1)传统物流

传统物流以商品的销售作为主要对象,具体完成将生产的商品送交消费者的过程中所发生的各种活动,包括公司内部原材料的接收和保管、产成品的接收和保管及工厂或物流中心的运输等。

(2)现代物流

社会生产和科学技术的发展使物流进入了现代物流的发展阶段,其标志是物流活动领域中各环节的技术水平得到不断的提高。

现代物流的高技术表现为将各个环节的物流技术进行综合、复合化而形成的最优系统技术，以运输设备高速化、大型化、专用化为中心的集装箱系统机械的开发，保管和装卸结合为一体的高层自动货架系统的开发，以计算机和通信网络为中心的情报处理和物流信息技术，与运输、保管、配送中心的物流技术在软技术方面的结合，运输与保管技术相结合的生鲜食品保鲜输送技术，以及商品条形码（BAR CODE）、电子数据交换（EDI）、射频技术（RF）、地理信息系统（GIS）、全球定位系统（GPS）等。这些高新技术在物流中的发展和应用，使得物流的应用领域更广泛，功能和作用更强大。由此可见，发展物流业和加强企业的物流管理，必然会给社会和企业带来更大的社会效益和经济利益，因此，物流的重要性也就不言而喻了。

在物流的发展中，为了深刻地理解现代物流，需要将现代物流与传统物流进行区别，如表 1-2 所示。

表 1-2 现代物流与传统物流的区别

区别项目	传统物流	现代物流
概念与理念	物品的储存与运输及其附属业务而形成的物流活动	以现代信息技术为基础，整合运输、包装、装卸、发货、仓储、流通加工、配送及物流信息处理等多种功能而形成的综合性的物流活动
职能系统	运输、储存、装卸搬运、包装单要素操作；各种物流功能相对孤立	运输、储存、装卸搬运、包装、流通加工、配送、信息处理综合物流活动；强调物流功能的整合和系统优化
物流组织	企业内部的分散组织，无物流中心，不能控制整个物流链	企业外部的专业组织，采用物流中心，实施供应链的全面管理
物流服务模式	一次性被动服务；限地区内物流服务；短期合约；自营物流为主	多功能主动服务和增值服务；跨区域、跨国物流；合同为导向形成长期战略伙伴关系；第三方物流普遍
物流技术	自动化、机械化程度低，手工操作为主；无外部整合系统，无 GPS、GIS、EDI、POS、EOS 等技术应用	硬件革命和软件革命，自动化立体仓库、搬运机器人、自动导引车，条形码、GPS、GIS、EDI、POS、EOS 等技术的应用
追求的目标	价格竞争策略，追求成本最低	以客户为中心，追求成本与服务的均衡

1.1.3 物流的分类

由于在不同领域中物流的对象、目的、范围和范畴存在差异，所以就形成了不同的物流类型，但目前还没有统一的对物流进行分类的方法和标准，常见的物流分类有以下几种。

1. 按照物流涉及的领域分类

按照物流涉及的领域不同，可以将物流分为宏观物流和微观物流。

（1）宏观物流

宏观物流又称社会物流，是指社会再生产总体的物流活动，是从社会再生产总体的角度来认识和研究物流活动。其主要特点是综观性和全局性。宏观物流主要研究社会再生产过程物流活动的运行规律以及物流活动的总体行为。

（2）微观物流

微观物流又称企业物流，是指消费者、生产企业所从事的物流活动。其主要特点是具体性和局部性。

2. 按照物流在供应链中的作用分类

按照物流在供应链中的作用不同，可以将物流分为供应物流、生产物流、销售物流、回收物流和废弃物物流，如图1-2所示。

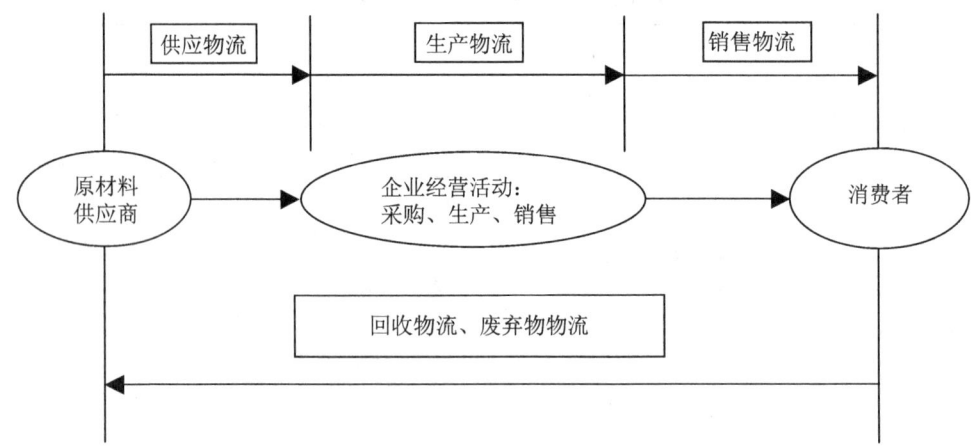

图1-2 物流的分类

（1）供应物流

根据中国国家标准《物流术语》（GB/T 18354—2006），供应物流（supply logistics）是指提供原材料、零部件或其他物料时所发生的物流活动。生产企业、流通企业或消费者购入原材料、零部件或商品的物流过程称为供应物流，也就是物资生产者、持有者与使用者之间的物流。生产企业的供应物流是指生产活动所需要的原材料、备品备件等物资的采购、供应活动所产生的物流；流通领域的供应物流是指交易活动中从买方角度出发在交易中所发生的物流。对于一个企业而言，企业的流动资金十分重要，但大部分被购入的物资和原材料及半成品等所占用，因此供应物流的合理化管理对于企业的成本有重要影响。

（2）生产物流

根据中国国家标准《物流术语》（GB/T 18354—2006），生产物流（production logistics）是指企业生产过程发生的涉及原材料、在制品、半成品、产成品等的物流活动。生产物流包括从生产企业的原材料购进入库起，直到生产企业成品库的成品发送出去为止的物流活动的全过程。企业在生产过程中，原材料、半成品等按照工艺流程在各个加工点之间不停的移动、流转形成了生产物流，如果生产物流中断，生产过程也将随之停顿。生产物流的重要性体现在如果生产物流均衡稳定，可以保证在制品的顺畅流转，缩短生产周期；如果生产物流的管理和控制合理，也可以使在制品的库存得到压缩，使设备负荷均衡化。因此，生产物流的合理化对生产企业的生产秩序和生产成本有很大影响。

（3）销售物流

根据中国国家标准《物流术语》（GB/T 18354—2006），销售物流（distribution logistics）是指企业在出售商品过程中所发生的物流活动。生产企业或流通企业售出产品或商品的物流过程即为销售物流，也是指物资的生产者或持有者与用户或消费者之间的物流。生产企业的销售物流是指售出产品；流通领域的销售物流是指在交易活动中从卖方角度出发的交易行为中的物流。企业通过销售物流，可以进行资金的回收并组织再生产的活动。销售物流的效果关系到企业的存在价值是否被社会承认，销售物流的成本在产品及商品的最终价格中占有一定的比例。因此，销售物流的合理化在市场经济中可以起到较大地增强企业竞争力的作用。

（4）回收物流

商品在生产及流通活动中有许多要回收并加以利用的物资，如作为包装容器的纸箱和塑料筐、建筑行业的脚手架、对旧报纸和书籍进行回收、分类再制成生产的原材料纸浆、利用金属废弃物的再生性在回收后重新熔炼成有用的原材料等。上述对物资的回收和再加工过程形成了回收物流，但回收物资品种繁多、变化较大，且流通的渠道也不规范，因此，对回收物流的管理和控制难度较大。

（5）废弃物物流

根据中国国家标准《物流术语》（GB/T 18354—2006），废弃物物流（waste material logistics）是指将经济活动或人们生活中失去原有使用价值的物品，根据实际需要进行收集、分类、加工、包装、搬运、储存等，并分送到专门处理场所的物流活动。即伴随某些产品共生的副产品（如物渣），以及消费中产生的废弃物（如垃圾）等进行回收处理过程的物流。如开采矿山时产生的土石、炼钢生产中的钢渣、工业废水以及其他各种无机垃圾等。这些废弃物已没有再利用的价值，但如果不妥善加以处理，就地堆放会妨碍生产甚至造成环境污染，对这类废弃物的处理过程产生了废弃物物流。为了更好地保障生产和生活的正常秩序，有效地遏制物流活动造成的环境污染，对废弃物物流的研究显得十分重要。

3. 按照物流活动的地域范围分类

按照物流活动的地域范围不同,可以将物流分为地区物流、国内物流和国际物流。

(1) 地区物流

地区物流是指某一行政区域或经济区域的内部物流。研究地区物流对于提高所在地区的企业物流活动的效率,以及保障当地居民的生活和环境,具有不可缺少的作用。对地区物流的研究应根据所在地区的特点,从本地区的利益出发组织好相应的物流活动,并充分考虑到利弊两方面的问题,要与地区和城市的建设规划相统一,进行妥善安排。例如,某地区计划建设一个大型物流中心,这将提高当地的物流效率、降低物流成本;但也应考虑到会引起供应点集中所带来的一系列交通问题。

研究地区物流时对地区的划分,可以按不同的目的进行:按涉及的行政区域划分,如北京地区;按一定的经济圈划分,如苏(州)、(无)锡、常(州)经济区和黑龙江边境贸易区等;按地理位置划分,如珠江三角洲地区和西部地区等。

(2) 国内物流

国内物流是指为国家的整体利益服务,在国家自己的领地范围内开展的物流活动。国内物流作为国民经济的一个重要方面,应该纳入国家总体规划的内容中。我国的物流事业是国家现代化建设的重要组成部分。因此,国内物流的建设投资和发展必须从全局着眼,清除部门和地区分割所造成的物流障碍,尽早建成一些大型物流项目为国民经济服务。

国内物流作为国家的整体物流系统,它的规划和发展应该充分发挥政府的行政作用,具体包括如下内容:物流基础设施如公路、港口、机场、铁路的建设以及大型物流基地的配置等;各种交通政策法规的制定,包括铁路、公路、海运、空运的价格规定以及税收标准等;为提高国内物流系统运行效率,进行与物流活动有关的各种设施、装置、机械的标准化;对各种物流新技术的开发和引进以及对物流技术专门人才的培养。

(3) 国际物流

根据中国国家标准《物流术语》(GB/T 18354—2006),国际物流(international logistics)是指跨越不同国家或地区之间的物流活动。国际物流是国际间贸易的一个必然组成部分,各国之间的相互贸易最终通过国际物流来实现。

随着经济全球化的发展,国家与国家之间的经济交流越来越频繁,各国的经济发展已经融入在全球的经济潮流之中;另外,企业的发展也走向社会化和国际化,出现了许多跨国公司,使一个企业的经济活动范畴遍布世界各大洲。因此,国际物流已成为物流研究的一个重要分支,而且越来越重要。

4. 按照物流系统性质分类

按照物流系统的性质不同,可以将物流分为社会物流、行业物流和企业物流。

（1）社会物流

社会物流是指以整个社会为范畴、面向广大用户的超越一家一户的物流。这种物流的社会性很强，涉及在商品流通领域所发生的所有物流活动，因此社会物流带有宏观性和广泛性，所以也称之为大物流或宏观物流。伴随着商业活动的发生，物流过程通过商品实体转移实现商品所有权转移，这是社会物流的标志。

社会物流研究的内容包括：对再生产过程中随之发生的物流活动的研究；对国民经济中的物流活动的研究；对如何形成服务于社会、面向社会又在社会环境中运行的物流的研究；对社会物流体系结构和运行的研究。社会的物资流通网络是国民经济的命脉，因此，流通网络分布是否合理、流通的渠道是否畅通、如何进行科学管理和有效控制、采用先进的技术来保证物流的高效率低成本运行等，都是社会物流研究的重点。

（2）行业物流

顾名思义，在一个行业内部发生的物流活动称为行业物流。一般情况下，同一个行业的各个企业往往在经营上是竞争对手，但为了共同的利益，在物流领域中却又常常互相协作，共同促进行业物流系统的合理化。

在国内外有许多行业均有自己的行业协会或学会，并对本行业的行业物流进行研究。在行业的物流活动中，有共同的运输系统和零部件仓库以实行统一的集配送；有共同的新旧设备及零部件的流通中心；有共同的技术服务中心进行对本行业操作和维修人员的培训；采用统一的设备机械规格、统一的商品规格、统一的法规政策和统一的报表等。行业物流系统化的结果使行业内的各个企业都得到相应的利益。

（3）企业物流

根据中国国家标准《物流术语》（GB/T 18354—2006），企业物流（enterprise logistics）是指生产和流通企业在经营活动中所发生的物流活动。企业物流是具体的、微观的物流活动的典型领域，它由企业生产物流、企业供应物流、企业销售物流、企业回收物流和企业废弃物物流几部分组成。企业作为一个经济实体，是为社会提供产品或某些服务的。一个生产企业的产品生产过程，从采购原材料开始，按照工艺流程经过若干工序的加工变成产品，然后再销售出去，有一个较为复杂的物流过程；一个商业企业，其物流的运作过程包括商品的进、销、调、存、退等各个环节；一个运输企业的物流活动包括按照客户的要求提货、将货物运送到客户指定的地点并完成交付。

5．按照从事物流主体分类

按照从事物流主体不同，可以将物流分类为第一方物流、第二方物流、第三方物流和第四方物流。

第一方物流是指供应方（生产厂家或原材料供应商）提供运输、仓储等单一或某种物流服务的物流业务；第二方物流是指需求方（生产企业或流通企业）为满足自己企业在物流方面的需求，由自己完成或运作的物流业务；第三方物流是指由物流的供应方与需求方以外的物流企业提供的物流服务,即由第三方专业物流企业以签订合同的方式为其委托人提供所有的或一部分物流服务,又称为合同制物流;第四方物流是一个供应链的集成商,是供需双方及第三方的领导力量。它不是物流的利益方,而是通过拥有的信息技术、整合能力以及其他资源提供一套完整的供应链解决方案,以此获取一定的利润。它帮助企业实现降低成本和有效整合资源,并且依靠优秀的第三方物流供应商、技术供应商、管理咨询以及其他增值服务商,为客户提供独特的和广泛的供应链解决方案。

6. 其他物流种类

除以上物流种类外,还有精益物流和定制物流,绿色物流和逆向物流,虚拟物流,军事物流、军地物流一体化和配送式保障,应急物流等。

(1) 精益物流和定制物流

根据中国国家标准《物流术语》(GB/T 18354—2006),精益物流(lean logistics)是指消除物流过程中的无效和不增值作业,用尽量少的投入满足客户需求,实现客户的最大价值,并获得高效率、高效益的物流。

定制物流(customized logistics)是根据用户的特定要求而专门设计的物流服务模式。它是快速响应客户的物流需求,在不影响成本和效率的基础上,为客户进行物流服务的设计和提供物流服务。

(2) 绿色物流和逆向物流

绿色物流(environmental logistics)是指在物流过程中防止物流对环境造成危害的同时,实现对物流环境的净化,使物流资源得到最充分合理的利用。

根据中国国家标准《物流术语》(GB/T 18354—2006),逆向物流(reverse logistics)又称反向物流,是指从供应链下游向上游的运动所引发的物流活动。

现阶段,由于环境污染问题的日益突出,在处理社会物流与企业物流时必须考虑环境问题。尤其是在原材料的取得和产品的分销中,运输作为主要的物流活动,对环境可能会产生一系列的影响,而且废弃物品如何合理回收,减少对环境的污染或最大可能地再利用也是物流管理所需考虑的内容。

阅读资料 1-1　逆向物流发展

通常人们所说的物流一般指"正向物流",是货物从生产到消费的实际方向上的物流,与供应链的运作方向一致;而与之相反,以市场和顾客为导向,以信息技术为基础,通过渠道成员将物资从消费地返回到原产地的过程,包括退货、不合格品退回、维修与再制造、物料替代、物品循环利用、废弃物回收处理等流程,从而使这些物资重新获得价值并得到正确处置的过程,就是逆向物流。逆向物流是在整个产品生命周期中对产品和物资的完整、有效和高效利用过程的协调。

21世纪，基于可持续发展的逆向物流已成为国际知名企业提升竞争优势和提高管理效益的重要领域。目前，许多国际知名企业已将逆向物流战略作为强化其竞争优势的主要手段。例如，Sun Microsystems 拥有国际零部件翻修中心，来自亚洲或拉丁美洲的零件经过翻新，可以达到最新设计的要求；Hewlett-Packard 也经常采用翻新或改制的零件，以不同的方式再销售其产品；Thomson 家用电器公司委托第三方物流企业，将可回收的零部件运往墨西哥进行翻新。

随着二手产品数量的激增，新的环境法规产生和追求最大利用率动因，使越来越多的企业去认真对待逆向物流这个新型供应链领域。据专家预测，伴随废弃物处置费用的增加以及环境法规约束力度的加大，逆向物流将在企业战略规划中发挥日益重要的作用。当然，逆向物流持续发展的另一个重要内因还在于，逆向物流系统能使企业获得可观的经济效益。

中国每年因退货、过量生产、不合格品退回、报废和损坏等产生的损失正在以惊人的速度增长，开展逆向物流对遭遇巨大的资源和环境制约的中国而言，前景诱人。而我国的大多数企业对这一领域的开发却还存在着大量的空白。无论是对企业，还是对第三方物流、软件开发商而言，逆向物流这桌丰盛的大餐才刚刚开席，因此逆向物流正成为优秀企业的竞争利器。尤其在全球化企业的经营战略中，逆向物流的重要地位已毋庸置疑。

资料来源：互动百科 http://www.hudong.com/wiki/%E9%80%86%E5%90%91%E7%89%A9%E6%B5%81。

（3）虚拟物流

虚拟物流（virtual logistics）是指以计算机网络技术进行物流运作与管理，实现企业间物流资源共享和优化配置的物流方式。虚拟物流最初的应用是为了满足高价值、小体积的货物要求，如航空货物、医疗器械和汽车零部件等。特别是中小企业在大的竞争对手面前经常处于不利的地位，它们从自己的物流活动中不但无法获取规模效益，而且还会加大物流成本的消耗。虚拟物流可以使这些小企业的物流活动并入到一个大的物流系统中，从而实现在较大规模的物流中降低成本、提高效益。虚拟物流要素包括：① 虚拟物流组织，它可以使物流活动更具市场竞争的适应能力和盈利能力；② 虚拟物流储备，它可以集中储备、调度储备以降低成本；③ 虚拟物流配送，它可以使供应商通过最接近需求点的产品并运用遥控运输资源实现交货；④ 虚拟物流服务，它可以提供一项虚拟服务降低固定成本。

（4）军事物流、军地物流一体化和配送式保障

根据中国国家标准《物流术语》（GB/T 18354—2006），军事物流（military logistics）是指用于满足平时、战时军事行动物资需求的物流活动。

军地物流一体化（integration of military logistics and civil logistics）是指对军队物流

与地方物流进行有效的动员和整合,实现军地物流的高度统一、相互融合和协调发展。

配送式保障(distribution-mode support)是指在军事物资全资产可见性的基础上,根据精确预测的部队用户需求,采取从军事物资供应起点直达部队用户的供应方法,通过灵活调配物流资源,在需要的时间和地点将军事物资主动配送给作战部队。

(5)应急物流

根据中国国家标准《物流术语》(GB/T 18354—2006),应急物流(emergency logistics)是指针对可能出现的突发事件已做好预案,并在事件发生时能够迅速付诸实施的物流活动。

阅读资料 1-2　应急物流体系建设迫在眉睫

近年来我国重大事件频繁发生,暴露出了应急管理体系的一些问题,其中之一就是应急物流体系建设的问题。当前迫切需要提高应急物流的效率。近两年特种物流、动员物流和应急物流等相关研究受到重视,但是在国内应急物流的理论研究方面,还处在一个初级阶段。应急物流实施缺乏客观的载体,缺乏相应机构,是制约应急物流发展的瓶颈。有学者根据国家应急管理的特点,从满足应急和应战需求角度提出动员物流的概念,动员物流是指动员物质筹措,包括加工生产运输,实现空间转移的过程。动员物流首先是满足动员需求,其次是在多个环节中采取动员手段,包括征用的手段、行政手段和市场手段。应急物流主要涵盖两大类,一个是地区的物流资源,另一个是军队的物流资源,在平时可以建立一些应急、应战方面的动员中心,以物流为主要需求,这是对民用资源的利用。

在应急管理过程中利用军队的资源,应该在平时状态下实现有效的对接,形成稳定可靠的军地沟通机制,采取军、政、企三方的联合,加强沟通联系,以便应急时能够有效利用这些资源。储备是动员的前提,应该把储备和动员放在一起统筹考虑。在资源供给和保障方面一定要把动态的和静态的统一起来,把储备的和紧急生产的统一起来,专业资源和通用资源相协调。通用资源实际就是人员救助资源、基础设施资源等,无论地震,还是雪灾,甚至是战争,都需要方便面、帐篷、道路畅通等,由此要形成两种布局:专业资源按照专业特性去布局,通用资源按照划分方式,形成保障区的模式供给,然后实现储备和紧急转产增产的衔接。

资料来源:中国应急物流网 http://www.cnel.cn/news/caseContent.asp?cid=434。

1.1.4　物流的作用

物流在国民经济中占有重要的地位,支撑着国民经济活动特别是物质资料运动的经济活动的运行。从社会再生产过程来看,它不仅支撑着人类社会的生产,而且也支撑着人类社会的消费,并与商品交易特别是有形商品的交易活动息息相关。物流效率的高低和成本的大小,也直接影响着其他经济活动(生产、消费、流通)的效率与成本,影响着其他经济活动(生产、消费、交易)的实现程度。归纳起来,物流的作用主要表现在以下几个方面。

1. 物流是国民经济的动脉系统

物流连接着社会生产的各个部分,使之成为一个有机整体。任何一个社会(或国家)的经济,都是由众多的产业、部门、企业组成的,这些企业又分布在不同的城市和地区,属于不同的所有者,它们之间相互供应其产品用于对方的生产性消费和生活性消费,它们互相依赖又互相竞争,形成极其错综复杂的关系,物流就是维系这种复杂关系的纽带和血管。特别是现代科学技术和互联网电子商务的发展,引起和正在导致经济结构、产业结构、消费结构的一系列变化。这使众多的企业和复杂多变的产业结构,以及成千上万种产品必须依靠物流把它们连接起来,就像血管把人身体的各个部分连接起来成为一个有机整体一样。

2. 物流是保障生产过程不断进行的前提

无论在传统的贸易方式下,还是在电子商务环境下,生产都是商品流通之本,而生产的顺利进行需要各类物流活动的支持。生产的全过程从原材料的采购开始,便要求有相应的供应物流活动将所采购的材料输送到位,否则,生产就难以进行;在生产的各工艺流程之间,也需要原材料、半成品的物流过程,即所谓的生产物流,以实现生产的流动性;部分余料、可重复利用的物资的回收,需要所谓的回收物流;废弃物的处理则需要废弃物物流。可见,整个生产过程实际上就是系列化的物流活动,物流是保障生产过程不断进行的前提条件。在商品生产的过程中,物流活动可以通过降低生产成本、优化库存结构、减少资金占压和缩短生产周期来实现合理化、现代化,最终保障生产的高效进行。

3. 物流是保证商流顺畅进行的物质基础

商流活动的最终结果是将商品所有权由供方转移到需方,但是实际上在交易合同签订后,商品实体并没有因此而移动。在传统交易环境下,除了非实物交割的期货交易,一般的商流都必须伴随相应的物流活动,即按照需方(购方)的需求将商品实体由供方(卖方)以适当的方式、途径向需方(购方)转移。而在电子商务的环境下,网络消费者虽然通过上网订购完成了商品所有权的交割过程,但必须通过物流的过程将商品和服务真正转移到消费者手中,电子商务的交易活动才告以终结。因此,物流在电子商务交易的商流中起到了后续者和服务者的作用,没有现代化物流,无论电子商务是多么便捷的贸易形式,电子商务的商流活动将是一纸空文,优势不复存在。

4．物流技术的发展和广泛应用是推动产业结构调整和优化的重要因素

产业结构调整、优化和升级是我国经济面临的重要任务。物流发展水平对产业结构调整具有很强的制约作用，发展和完善物流产业不仅关系到产业结构调整的快慢甚至成败，也影响产业结构调整的成本大小。社会化大生产的发展要求生产社会化、专业化和规模化，物流技术的发展和广泛应用，有利于社会生产分工和专业化发展，从根本上改变产品的生产和消费条件，推动产业结构的调整和优化。

5．物流是实现"以顾客为中心"理念的根本保证

电子商务的出现，在最大程度上方便了最终消费者。他们不必再跑到拥挤的商业街一家又一家地挑选自己所需的商品，而只需坐在家里，在互联网上搜索、查看、挑选，就可以完成他们的购物过程。但试想，他们所购的商品迟迟不能送到，或者商家所送并非自己所购，那消费者还会选择网上购物吗？网上购物的不安全性，一直是电子商务难以推广的重要原因。物流是电子商务中实现"以顾客为中心"理念的最终保证，缺少了现代化的物流技术，电子商务给消费者带来的购物便捷度便等于零，消费者必然会转向他们认为更为安全的传统购物方式。

综上所述，电子商务作为网络时代的一种全新的交易模式，相对于传统交易方式是一场革命。但是，电子商务必须有现代化的物流技术作支持，才能体现出其所具有的无可比拟的先进性和优越性，在最大程度上使交易双方得到便利，获得效益。因此，只有大力发展作为电子商务重要组成部分的现代化物流，电子商务才能得到更好地发展。

1.1.5 物流的功能

物流的功能包括物流的基本功能和物流的增值功能。

1．物流的基本功能

（1）运输功能

运输是物流各环节中最主要的部分，是物流的关键，有人把运输作为物流的代名词。运输方式有公路运输、铁路运输、船舶运输、航空运输、管道运输等。没有运输，物品只能有存在价值，没有使用价值，即生产出来的产品，如果不通过运输送至消费者那里进行消费，等于该产品没有被利用，因而也就没有产生使用价值。假如产品长期不被使用，不仅资金不能回笼，而且还是空间、能源、资源的浪费。没有运输连接生产和消费，生产就失去意义。

运输也可以划分成两段：一段是生产企业到物流基地之间的运输，批量比较大、品种比较单一、运距比较长；另一段是从物流基地到用户之间的运输，人们称其为"配送"。就是根据用户的要求，将各种商品按不同类别、不同方向和不同用户进行分类、拣选、组配、装箱送给用户。其实质在于"配齐"和"送达"。

(2)保管功能

保管同样是物流各大环节中十分重要的组成部分。产品离开生产线后到达最终消费之前,一般都要有一个存放、保养、维护和管理的过程,该过程也是克服季节性、时间性间隔、创造时间效益的活动。虽然人们希望产品生产出来后能马上使用,使物流的时间距离,即存放、保管的时间尽量缩短,最好接近"零",但这几乎是不可能的。即便从生产企业到用户的直达运输,在用户那里也要有一段时间的暂存过程,因此说保管的功能不仅不可缺少,而且很有必要。为了防止自然灾害、战争等人类不可抗拒事件的发生,还需要进行战略性储备。

在商品短缺的时代,保管往往是储备、储存和仓储的代名词。人们把仓库看成"旅馆",开"旅馆"的人希望客人住的时间越长越好,从这个角度上讲,保管的功能单单是储备、存放、管理和维护等。随着经济的发展,特别是以计算机为核心的电子信息技术日新月异的变化,为了减少流通环节,节约物流费用,人们越来越认为仓库不应该是"旅馆",而应被看作是"车站",管理"车站"的人希望旅客来去匆匆,尽量缩短在"车站"停留的时间,从这个意义上讲,仓库的作用发生了根本性的变化,由主要发挥保管功能转为主要发挥"流通"功能。现代经济发达国家的仓库大都转向了物流中心、配送中心或流通中心。生产企业从这里了解自己产品的流转速度、周转率,从中得出什么产品畅销,什么产品滞销,由此决定该生产什么,不该生产什么等。并把保管作为信息源,根据保管环节中各种数据的汇总、分析进行决策,决定生产、促进销售的具体策略、方法。这就是说,"保管"还具有信息反馈功能。

(3)包装功能

包装可大体划分为两类:一类是工业包装,或叫运输包装、大包装;另一类是商业包装,或叫销售包装、小包装。

工业包装的对象有水泥、煤炭、钢材、矿石、棉花、粮食等大宗生产资料。用火车运煤和矿石时,只要在车皮上盖上苫布,用绳索固定即可。从国外进口大麦、小麦,只以散装的形式倒入船舱,不必进行装袋。水泥运输也强调散装化,以便节约费用,便于装卸和运输。不管是无包装,还是简单包装,都要防水、防湿、防潮、防挤压、防冲撞、防破损、防丢失、防污染,同时还要保证运输途中不变质、不变形、不腐蚀、保鲜、保新等。此外,产品包装后要便于运输、便于装卸、便于保管、保质保量、有利于销售。工业发达的国家,在产品设计阶段就考虑包装的合理性、搬运装卸和运输的便利性、效率性等。商业包装的目的主要是促进销售,包装精细、考究,以利于宣传,吸引消费者购买。

(4)装卸搬运功能

装卸搬运是物流各个作业环节连接成一体的接口,是运输、保管、包装等物流作业得以顺利实现的根本保证。通常，产品或制品、半成品在生产线上的移动本身就是一个装卸搬运的过程，包装后有装卸车、出入库等搬运作业，物品的整个运输、保管和包装各个环节中，都伴随着装卸搬运活动。

尽管装卸和搬运本身不创造价值，但会影响商品的使用价值的实现。装卸搬运工具、设施、设备如何，影响搬运装卸效率和商品流转时间，影响物流成本和整个物流过程的质量。由于目前我国装卸搬运作业水平的机械化、自动化程度与发达国家相比还有较大差距，野蛮装卸造成包装货品破损、丢失现象时有发生。装卸经常是与搬运伴随发生的，装卸、搬运的功能是运输、保管和包装各子系统的连接点，该连接点的作业直接关系到整个物流系统的质量和效率，是缩短物品移动时间、节约物流费用的关键。

（5）流通加工功能

流通加工是产品从生产到消费之间的一种增值活动，属于产品的初加工，是社会化分工、专业化生产的一种形式，是使物品发生物理性变化（如大小、形状、数量等变化）的物流方式。通过流通加工，可以节约材料、提高成品率，保证供货质量和更好地为用户服务，所以，对流通加工的功能同样不可低估。流通加工是物流过程中"质"的升华，它使流通向更深层次发展，国外早从20世纪60年代开始就予以高度重视。

（6）配送功能

配送是指在经济合理区域范围内，根据客户要求对物品进行拣送、加工、包装、分割、组配等作业，并按时送达指定地点的物流活动。

从物流角度来说，配送几乎包括了所有物流功能要素，是物流的一个缩影，或是在较小范围内物流全部活动的体现。一般的配送集装卸、包装、保管、运输为一体，通过一系列活动完成将物品送达客户的目的。特殊的配送则还要以加工活动为支撑，所以，配送包括的内容十分广泛。

（7）信息功能

物品从生产到消费过程中的运输数量和品种、库存数量和品种、装卸质量和速度、包装形态和破损率等信息都是影响物流活动的质量和效率的信息。物流信息是连接运输、保管、装卸、搬运和包装各环节的纽带，没有各物流环节信息的通畅和及时供给，就没有物流活动的时间效率和管理效率，也就失去了物流的整体效率。

物流信息功能是物流活动顺畅进行的保障，是物流活动取得高效率的前提，是企业管理和经营决策的依据。充分掌握物流信息，能使企业减少浪费、节约费用、降低成本和提高服务质量。当然，在搞好企业经营管理时，只掌握物流信息是不够的，商流信息如销售状况、合同签订、批发与零售等信息，同行业企业商流、物流信息，乃至一个国家的政治、经济、文化信息，包括政治事件、经济政策、重大项目计划、证券、金融、保险等国民经济重要指标等，都是企业经营正确决策所不可缺少的重要依据。

2．物流的增值功能

物流增值服务主要包括增加便利性服务、加快反映速度的服务、降低成本的服务、延伸服务等。

1.1.6 现代物流相关理论和理念

物流价值的发现过程，是科学技术在物流领域应用的过程，也是物流学科形成及发展的过程。人们从不同角度对物流价值有了更多、更新的认识，促使物流学科逐渐成为综合性、系统性、应用性较强的一门交叉学科。

1．物流价值的发现与现代物流学科的产生

（1）物流价值的发现

① 物流系统功能价值的发现。在第二次世界大战期间，美国军事物流有效支撑了庞大的战争机器，人们认识到物流系统的活动能有效实现以往由许多活动才能完成的各种功能。

② 物流经济活动价值的发现。第二次世界大战后军事物流管理组织方式转移到社会经济活动中去，物流经济活动价值得到经济界、企业界的广泛认同。

③ 物流利润价值的发现。产业革命中经济领域对于降低原材料成本的第一利润源和提高劳动生产率的第二利润源的挖掘始终未停止，但这两个利润源的潜力越来越小，利润开拓越来越困难，寻找新的利润源更为迫切，物流领域的潜力以及物流作为第三利润源的价值被人们所重视。

④ 物流成本价值的发现。据统计，物流成本占商品总价值的 30%～50%，物流领域有非常大的降低成本的空间，采用物流系统技术和现代物流管理方式之后，有效地弥补了原材料、能源、人力成本上扬的压力，人们认识到物流降低成本的价值。

⑤ 物流环境价值的发现。开发绿色物流，对改变环境、降低污染、实施可持续发展具有重大作用。

⑥ 物流对企业发展战略价值的发现。现代信息技术支撑下建立稳定有效的供应链，以增强企业核心竞争能力，通过提供准时优质的客户服务，推出广泛配送方式及物流加工方式等使企业获得长远战略发展的能力。

⑦ 物流对国民经济发展价值的发现。在 20 世纪 90 年代末发生的亚洲金融危机中，以物流为重要支柱产业的新加坡、我国香港地区都有较强的抵御风险和危机的能力，其物流产业在国民经济中的地位和作用十分明显。

⑧ 物流对网络经济、电子商务的价值的发现。人类社会在 21 世纪进入了网络经济和电子商务时代，信息时代的人们对物流也有了全新的认识。电子商务物流可以用

虚拟的方式来进行表现,可以通过各种组合方式寻求物流的合理化解决方案。电子商务的网络特性可以使得电子商务对物流网络进行虚拟化控制,变革传统物流以商流为中心的运作方式。

(2) 现代物流学科的产生

物流领域为信息技术提供了广阔的发展空间,计算机网络通信等信息技术在物流领域中的研究及广泛运用,标志着现代物流学科的产生。

现代物流学科以信息技术为手段,现代物流以信息流为核心。信息产生于商流、物流、资金流的经济活动中,是商流、物流和资金流活动的描述和记录,反映商流、物流和资金流的运动过程。信息流对商流、物流和资金流的运动起指导、控制作用,并为商流、物流和资金流的活动提供经济决策的依据。

信息系统是现代物流企业的灵魂,物流企业可以没有自己的仓库、车队等物流设施,但绝对不能没有物流信息系统。现代通信技术和网络技术的发展和应用,使得跨地区的及时信息交流和传递成为可能,加上网上支付正在趋于完善,使物流在较大范围内运作构建跨地区的物流网络成为可能。信息技术的不断进步为信息及时地大规模传递创造了条件,反过来物流服务范围的扩大和物流组织管理手段的不断改进,促进物流能力和效率的提高。

2. 现代物流学科的属性及理论体系

(1) 物流学科作为边缘学科,包括研究目的、学科性质、研究对象及方法

物流学科研究的目的在于转变传统认识、加快人才培养、提高企业核心竞争能力、促进我国物流产业的可持续发展。作为边缘学科的物流学科涉及自然科学与社会科学,是多门学科的集成。物流学科与系统论、运筹学、经济学、管理学、工程学的关系,是现代物流学科研究的基础,其理论与方法是在综合多学科的基本概念、原理、理论的基础上而形成的。在组织物流运行的过程中,产业组织学、流通经济学、交通运输经济学、市场营销学、国际贸易、信息科学、统计学、经济地理和工程学等学科内容必然反映到物流管理之中。对于物流学科的研究,应当构筑在已有学科理论基础之上,将传统学科集成起来,以集成后的传统学科为依据,以崭新的物流概念、理论、技术、模式的运用为出发点,形成新兴的现代物流学科。

(2) 物流学科的体系核心是物流学科的基本概念、基本理论和基本原则

物流学科的基本概念如物流、现代物流、现代物流技术、配送、物流中心、配送中心、第三方物流、第四方物流、供应链管理等,要理解、研究物流问题必须借助于这些基本概念。物流学科与其他学科的研究一样,是通过对这些基本概念的研究延伸而展开的。理论是由概念和原则组成的,物流学科体系的建立离不开对物流基本概念和原则的研究,物流基本概念和原则就是决定它思想内容的成分,各门学科都有一系列概念与原则。

（3）物流系统要素及功能

物流系统的要素及功能包括物流系统运输、储存、装卸搬运、包装、流通加工、配送、信息处理等物流基本功能和增值服务，物流运作、第三方物流模式，供应链管理等。物流服务一体化、社会化，大力发展第三方物流，加强物流增值服务是今后物流产业发展的方向。供应链作为企业的战略管理，其目的不仅是降低成本，更重要的是提供增值服务，如配货、配送和各种提高附加值的流通加工服务项目，以及其他按客户需要提供的物流服务。在未来几年，我国的第三方物流服务产业将有较大幅度的增长，各种增值服务将成为第三方物流服务的重点，物流增值服务也将成为物流学科研究的重要内容。

（4）网络经济环境下商流、物流和信息流之间的关系

现代物流是网络经济的重要支撑力量，需要研究新经济环境下商流、物流和信息流之间的关系。信息流贯穿于商务活动的始终，引导着商务活动的发展。物流是商流的继续，是商务活动中实际的物资流通过程，同样需要信息流的导引和整合。在环环相扣的物流过程中，虚拟的场景和路径简化了操作程序，极大地减少了失误和误差，大大节省了每个环节之间的停顿时间。

（5）电子商务与现代物流的关系及信息技术在物流领域的应用

现代物流是建立在以信息技术和电子商务为平台的基础之上的。物流管理除了要研究物质实体运动本身，还要研究电子商务与现代物流的关系，以及信息技术在物流领域的应用。现代物流管理的显著特点之一是实现系统化、网络化和计算机化的信息管理。包括现代物流技术手段和方法、物流技术标准、物流作业规范、物流基础设施设备、物流信息技术、物流信息平台等方面的研究。

当今社会实物活动日益受到信息技术的影响，随着国际互联网的日益普及，全球范围的电子商务和网络营销的发展，加快了世界经济的一体化，使国际物流在整个商务活动中占有举足轻重的地位。电子商务带来了对物流的巨大需求，推动了现代物流学科的进一步发展，促进了物流技术水平的提高，把物流业提升到了前所未有的高度，而物流是实现电子商务的重要保证。

3．现代物流的观念和理念

（1）物流系统化观念

物流系统是一个复杂的、庞大的系统。物流系统具有一般系统所共有的特点，即整体性、相关性、目的性、环境适应性，同时还具有规模庞大、结构复杂、目标众多等大系统所具有的特征。

（2）现代物流的"7R"理论

现代物流是："在合适（Right）的时间、合适的地点和合适的条件下，将合适的产

品以合适的方式和合适的成本提供给合适的消费者。"即所谓的 7R（Right）定义。"7R"理论是以满足顾客需求为前提和出发点的，进而使社会生产链得以改造。

（3）"黑大陆"、"冰山"、"第三利润源"理论

1962 年，美国学者德鲁克（Peter F. Druker）在《财富》杂志上发表的一篇题为"经济的黑暗大陆"的文章中指出："消费者所支出的商品价格的约 50%是与商品流通活动有关的费用，物流是降低成本的最后领域，在整个物流活动发生的费用中，在库费用是最大的一部分。"即所谓"黑大陆"理论。

1970 年，日本早稻田大学教授西泽修在《主要社会的物流战》一书中阐述道："现在的物流费用犹如冰山，大部分潜在海底，可见费用只是露在海面的一小部分。"即物流"冰山"理论。西泽修在《流通费用》一书中，把改进物流系统称之为尚待挖掘的"第三利润源"。从历史发展来看，人类历史上曾经有过两个大量提供利润的领域。第一个是资源领域，第二个是人力领域。资源领域起初是廉价原材料、燃料的掠夺或获得，其后则是依靠科技进步，节约能耗、综合利用、回收利用乃至大量人工合成资源而获取高额利润，习惯称之为"第一利润源"。人力领域最初是廉价劳动，其后则是依靠科技进步提高劳动生产率，降低人力消耗或采用机械化、自动化来降低劳动耗用从而降低成本、增加利润，这个领域习惯称作"第二利润源"。在前两个利润源的利润越来越小、开拓越来越困难的情况下，物流领域的潜力被人们所重视，按时间序列排为"第三利润源"。"第三利润源"学说基于以下几方面的认识。

① 物流是可以完全从流通中分化出来，自成一个独立运行的、有本身的目标、本身的管理的系统，因而能对其进行独立的、总体的判断。

② 物流和其他独立的经营活动一样，它不是总体成本的构成因素，而是单独的盈利因素，物流可以成为"利润中心"型的独立系统。

③ 从物流服务角度来讲，通过有效的物流服务，可以给接受物流服务的生产企业创造更好的盈利机会，成为生产企业的"第三利润源"。

④ 通过有效的物流活动，可以优化社会经济系统和整个国民经济的运行，降低国民经济的总成本，提高国民经济的总效益，将此看成为整个经济的"第三利润源"。

（4）"效益背反"说

"效益背反"是物流领域中很经常、很普遍的现象，是这一领域中内部矛盾的反映和表现。

"效益背反"指的是物流的若干功能要素之间存在着损益的矛盾，即某一个功能要素的优化和利益发生的同时，必然会存在另一个或另几个功能要素的利益损失，反之也如此。这是一种此起彼消、此盈彼亏的现象。在物流运行中也存在着成本与服务的"效益背反"性。在认识效益背反的规律之后，物流学科也就迈出了认识物流功能

要素这一步，而寻求解决和克服各功能要素效益背反现象的方法。

（5）"成本中心"说

"成本中心"是指物流在整个企业战略中，只对企业营销活动的成本发生影响。物流是企业成本的重要产生点，主要是通过物流的一系列活动降低成本。成本中心既是指主要成本的产生点，又是指降低成本的关注点。物流是"降低成本的宝库"等说法正是这种认识的形象表述。

（6）"利润中心"说

"利润中心"是指物流可以为企业提供大量直接和间接的利润，是产生企业经营利润的主要活动。非但如此，对国民经济而言，物流也是国民经济中创造利润的主要活动。物流的这一作用，被表述成"利润中心"。

（7）"服务中心"说

这种观点认为，物流活动最大的作用，并不在于为企业节约了消耗、降低了成本或增加了利润，而是在于提高企业对用户的服务水平，进而提高企业的竞争能力。通过物流的服务保障，企业以其整体能力来压缩成本、增加利润。

（8）"企业战略"说

英国的约翰·盖内特所著的《有效的物流管理》一书中提出，物流更具有战略挑战性，是企业发展的战略而不是一项具体任务。物流会影响企业总体的生存和发展，应该说这种看法把物流放在了很高的位置。将物流和企业的生存与发展直接联系起来的战略说的提出，对促进物流的发展具有重要意义。企业不追求物流的一时一事的效益，而着眼于总体和长远，因此，物流本身的战略性发展被提到议事日程上来。

（9）"商物分离"说

所谓商物分离，是指流通中两个组成部分商业流通和实物流通各自按照自己的规律和渠道独立运动，这是物流学科赖以存在的先决条件。

现代物流观念是建立在经济发展和科学进步基础上的，除上述理念外，还包括全球化观念、物流一体化观念、精益物流观念、以顾客满意为第一观念、无库存观念、物流信息化观念和绿色物流观念等。

1.2 电子商务与物流

电子商务物流主要研究物流在电子商务和现代科学技术条件下的运作和管理。电子商务物流的目标是在电子商务条件下，通过现代科学技术的运用，实现物流的高效化和低成本化，促进物流产业的升级以及电子商务和国民经济的发展。电子商务物流的本质是实现物流的信息化和现代化。

1.2.1 电子商务物流概念及特征

1. 电子商务物流的概念

电子商务物流就是在电子商务的条件下,依靠计算机技术、互联网技术、电子商务技术以及信息技术等所进行的物流(活动)。

2. 电子商务物流的特征

电子商务物流的特征主要表现为以下几个方面。

(1) 物流信息化

在电子商务时代,要提供最佳的物流服务,物流系统必须要有良好的信息处理和信息传输系统。计算机的普遍应用提供了更多的需求和库存信息,提高了信息管理的水平。电子数据交换技术与国际互联网的应用,使物流效率的提高更多地依赖于信息化管理技术,物流的信息化使对商品流动的管理更加方便、准确和迅速,从而保证了商品与生产要素在全球范围内以空前的速度流动。

在物流的信息化比较先进的美国,商品进出口的报关公司与码头、机场、海关信息联网,当货物从世界某地起运,客户便可以从该公司获得到达口岸的准确位置和时间,使收货人与各仓储、运输公司等做好准备,可以使商品在几乎不停留的情况下,快速流动直达目的地。可以说,现代化的信息管理是现代化物流的基础和保证。

物流信息化既是电子商务的必然要求,也是物流现代化的基础。没有信息化,任何先进的技术设备都不可能应用于物流领域。物流信息化具体表现为物流信息的商品化、物流信息收集的数据库化和代码化、物流信息处理的电子化和计算机化、物流信息传递的标准化和实时化、物流信息存储的数字化等。在物流信息化过程中,将涉及许多信息技术的应用。因此,条码技术、数据库技术、电子订货系统、电子数据交换、快速反应及有效的客户反映、企业资源计划等技术与观念在我国现代物流发展中将会得到普遍的应用。

(2) 物流自动化

物流自动化是以信息化为基础,以机电一体化为核心,以无人化为外在表现,以扩大物流作业能力、提高劳动生产率、减少物流作业差错和省力化为其效果的最终体现。物流自动化的设施非常多,如条码/语音/射频自动识别系统、自动分拣系统、自动存取系统、自动导引车、货物自动跟踪系统等。这些设施在发达国家已普遍用于物流作业流程中,而在我国由于物流业起步晚、发展水平低,自动化技术的普及还需要相当长的时间。

(3) 物流网络化

物流网络化已成为电子商务下物流活动不可阻挡的趋势和重要特征之一,同时,互联网的发展及网络技术的普及也为物流网络化提供了良好的外部环境。物流网络化包括两层含义：一是物流配送系统的计算机通信网络，借助于增值网上的电子订货系统和电子数据交换技术来自动实现配送中心与供应商和下游顾客之间的通信联系；二是组织的网络化，即利用内部网（Intranet）采取外包的形式组织生产，再由统一的物流配送中心将商品迅速发给订户，这一过程离不开高效的物流网络的支持。例如，我国台湾地区的计算机业在20世纪90年代创造出了"全球运筹式产销模式"，这种模式的基本点是按照客户订单组织生产，生产采取分散形式，即利用全球计算机资源，采取外包的形式将一台计算机的所有零部件、元器件、芯片外包给世界各地的制造商去生产，然后通过全球的物流网络将这些零部件、元器件和芯片发往同一个物流配送中心进行组装，由该物流配送中心将组装的计算机迅速发给预订的用户。

（4）物流智能化

由于物流作业中大量的运筹和决策（如库存水平的确定、运输路径的选择、自动分拣机的运行等）都需要借助于大量的专业知识才能解决，所以，物流智能化已成为电子商务物流发展的一个新趋势。同时，物流智能化作为自动化、信息化的一种高层次应用，还存在着一些技术难题，它的实现离不开专家系统、机器人等相关技术的支持。

（5）物流柔性化

柔性化本来是为实现"以顾客为中心"理念而在生产领域提出的，但要真正做到柔性化，即能真正地根据消费者的需求变化来灵活调节生产工艺，没有配套的柔性化物流系统是不可能达到目的的。柔性化物流是配合生产领域中的柔性制造而提出的一种新型物流模式。物流柔性化对配送中心的要求就是根据多品种、小批量、多批次、短周期的全新消费需求，灵活有效地组织和实施物流作业。

电子商务的发展，对物流配送环节提出了更高的要求，从原材料的采购供应到产成品的销售运输以及最终顾客的配送服务，都需要一个完善的物流体系来支撑整个商务流程的交易活动，做到及时准确的物流服务、简捷快速的配送流程、尽可能低的成本费用和良好的顾客服务。在这样的需求下，要想与电子商务发展的要求相协调，物流必须向以下几个方面发展：第一，电子商务下物流系统要求物流的运作方式信息化、网络化；第二，电子商务物流系统要求物流的作业流程标准化、自动化；第三，电子商务物流系统要求物流的快速反应能力高速度、系统化；第四，电子商务物流系统要求物流动态调配能力个性化、柔性化；第五，电子商务物流系统要求物流的经营形态社会化、全球化。

1.2.2　电子商务与物流的关系

电子商务是20世纪信息化、网络化的产物。电子商务作为在互联网上最大的应用领域，已引起了世界各国政府的广泛重视和支持、企业界和民众的普遍关注，并得到了快速的发展。

1. 电子商务对物流的影响与作用

电子商务是指在互联网上进行的商务活动。从广义上来讲，电子商务的内涵是十分丰富的，外延也是十分广泛的。它不仅可以进行无形商品的商务活动，也可以进行有形商品的商务活动。近几年来，随着电子商务环境的不断改善，电子商务得到了较大的发展。

电子商务活动对物流的基本影响与作用，主要是从两个方面来进行的：一是电子商务这种交易方式对物流的影响。有形商品的网上商务活动作为电子商务的一个重要构成方面，在近几年中也得到了迅速的发展。如何在交易完成后，保证交易的对象——商品在消费者所需要的时间内送到消费者的手中，不仅是电子商务的需要，而且是物流的职能，物流的职能要求它应完成这一运动。二是电子商务技术对物流所产生的影响。电子商务不仅作为一种新的交易方式，而且也是一种新工具、新技术的应用，对于物流来说，作为一种经济活动，它也需要新工具、新技术的支持，并将其应用于自身的活动之中，以提高物流的效率、降低物流的成本。

作为电子商务对物流的影响，主要表现在以下几个方面。

（1）电子商务将改变人们传统的物流观念

电子商务作为一个新兴的商务活动，为物流创造了一个虚拟性的运动空间。在电子商务的状态下，人们在进行物流活动时，物流的各种职能及功能可以通过虚拟化的方式表现出来，在这种虚拟化的过程中，人们可以通过各种组合方式寻求物流的合理化，使商品实体在实际的运动过程中，达到效率最高、费用最省、距离最短、时间最少的功能。

（2）电子商务将改变物流的运作方式

首先，电子商务可使物流实现网络的实时控制。传统的物流活动在其运作过程中，无论是以生产为中心，还是以成本或利润为中心，实质都是以商流为中心，从属于商流活动，因而物流的运作方式是紧紧伴随着商流来运动的（尽管其也能影响商流的运动）。而在电子商务下，物流的运作是以信息为中心的，信息不仅决定了物流的运动方向，而且也决定着物流的运作方式。在实际运作过程中，通过网络上的信息传递，可以有效地实现对物流的实施控制，实现物流的合理化。其次，网络对物流的实时控制是以整体物流来进行的。在传统的物流活动中，虽然也有依据计算机对物流进行实时控制的，但这种控制都是以单个的运作方式来进行的。例如，在实施计算机管理的物流中心或仓储企业中，所实施的计算机管理信息系统，大都是以企业自身为中心来管理物流的。而在电子商务时代，网络全球化的特点，可使物流在全球范围内实施整体的实时控制。

（3）电子商务将改变物流企业的经营形态

首先，电子商务将改变物流企业对物流的组织和管理。在传统经济条件下，物流往往是从某一企业的角度来进行组织和管理的，而电子商务则要求物流以社会的角度来实行系统的组织和管理，以打破传统物流分散的状态。这就要求企业在组织物流的过程中，不仅要考虑本企业的物流组织和管理，而且更重要的是要考虑全社会的整体系统。其次，电子商务将改变物流企业的竞争状态。在传统经济活动中，物流企业之间存在激烈的竞争，这种竞争往往是通过本企业提供优质服务、降低物流费用等方面来进行的。在电子商务时代，这些竞争内容虽然依然存在，但有效性却大大降低了。原因在于电子商务需要一个全球性的物流系统来保证商品实体的合理流动，对于一个企业来说，即使它的规模再大，也难以达到这一要求。这就要求物流企业应相互联合起来，在竞争中形成一种协同竞争的状态，实现物流高效化、合理化、系统化。

（4）电子商务将促进物流基础设施的改善和物流技术与物流管理水平的提高

首先，电子商务将促进物流基础设施的改善。电子商务高效率和全球性的特点，要求物流也必须达到这一目标。而物流要达到这一目标，良好的交通运输网络、通信网络等基础设施则是最基本的保证。其次，电子商务将促进物流技术的进步。物流技术主要包括物流硬技术和软技术。物流硬技术是指在组织物流过程中所需的各种材料、机械和设施等；物流软技术是指组织高效率的物流所需的计划、管理、评价等方面的技术和管理方法。从物流环节来考察，物流技术包括运输技术、保管技术、装卸技术、包装技术等。物流技术水平的高低是实现物流效率高低的一个重要因素，要建立一个适应电子商务运作的高效率的物流系统，加快提高物流的技术水平则有着重要的作用。最后，电子商务将促进物流管理水平的提高。物流管理水平的高低直接决定和影响着物流效率的高低，也影响着电子商务高效率优势的实现问题。只有提高物流的管理水平，建立科学合理的管理制度，将科学的管理手段和方法应用于物流管理当中，才能确保物流的畅通进行，实现物流的合理化和高效化，促进电子商务的发展。

（5）电子商务对物流人才提出了更高的要求

电子商务要求物流管理人员不仅具有较高的物流管理水平，而且具有较高的电子商务知识，并在实际的运作过程中能有效地将两者有机结合在一起。

2．物流在电子商务中的地位与作用

物流在电子商务中的地位主要表现在以下几个方面。

（1）物流是电子商务概念的重要组成部分

虽然对于电子商务的定义，至今也没有最终的标准定论，但可以从物流的角度出发，将现有的电子商务定义归为两大类。

第一类定义是由美国一些IT厂商提出的，将电子商务定位于"无纸贸易"。

① IBM对电子商务的定义包括企业内部网（Intranet）、企业外部网（Extranet）和

电子商务（E-commerce）三个部分。它所强调的是网络计算环境下的商业应用，不仅是硬件和软件的结合，也不仅是通常意义下所强调的交易意识的狭义的电子商务（E-commerce），而是把买方、卖方、厂商及其合作伙伴在互联网、企业内部网和企业外部网结合起来的应用。

② 康柏在其电子商务解决方案中这样定义电子商务："电子商务就是引领客户、供应商和合作伙伴业务操作的流程连接。"

③ 电子商务是通过电子方式在网络上实现物资与人员流程的协调，以实现商业交换活动的过程。

④ 电子商务是一种商务活动的新形式，它通过采用现代信息技术手段，以数字化通信网络和计算机装置替代传统交易过程中纸介质信息载体的存储、传递、统计、发布等环节，从而实现商品和服务交易以及交易管理等活动的全过程无纸化，并达到高效率、低成本、数字化、网络化、全球化等目的。

无论从电子化工具还是从电子化对象来看，这类定义都没有将物流包含在内，其原因主要在于美国在电子商务概念推出之初，就拥有强大的现代化物流作为支撑，只需将电子商务与其进行对接即可，而并非意味着电子商务不需要物流的电子化。事实上，如果电子商务不能涵盖物流，甚至将货物的送达过程排除在外，那么这样的电子商务就不是真正意义上的电子商务。

因此，国内一些专家在定义电子商务时，已经注意到将国外的定义与我国的现状相结合，扩大了定义的范围，提出了包括物流电子化在内的第二类电子商务定义。

① 电子商务是实施整个贸易活动的电子化。
② 电子商务是一组电子工具在商务活动中的应用。
③ 电子商务是电子化的购物市场。
④ 电子商务是从售前到售后支持的各个环节实现电子化、自动化。

在第二类电子商务定义中，电子化的对象是整个交易过程，不仅包括信息流、商流、资金流，而且还包括物流；电子化的工具也不仅指计算机和网络通信技术，还包括叉车、自动导引车、机械手臂等自动化工具。可见，从根本上来说，物流电子化应是电子商务概念的组成部分，缺少了现代化的物流过程，电子商务过程就不完整。

（2）物流是电子商务的基本要素之一

电子商务概念模型中物流的地位，可以将实际运作中的电子商务活动过程抽象描述成电子商务的概念模型。电子商务的概念模型由电子商务实体、电子市场、交易事务和商流、物流、信息流及资金流等基本要素构成，如图1-3所示。

在电子商务的概念模型中，企业、银行、商店、政府机构和个人等能够从事电子商务的客观对象被称为电子商务实体。电子市场是电子商务实体在网上从事商品和服务交换的场所，在电子市场中，各种商务活动的参与者利用各种通信装置，通过网络连接成一个统一的整体。交易事务是指电子商务实体之间所从事的如询价、报价、转账支付、广告宣传、商品运输等具体的商务活动内容。

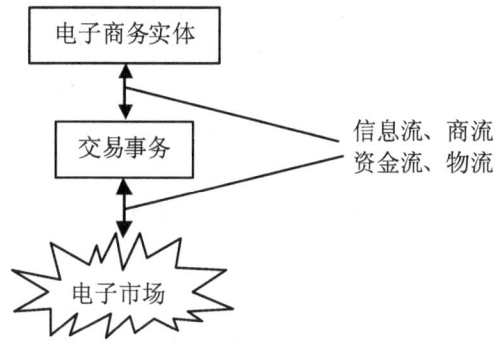

图 1-3　电子商务的概念模型

电子商务的任何一笔交易都由商流、物流、信息流和资金流等四个基本部分组成，在电子商务概念模型的建立过程中，强调商流、信息流、资金流和物流的整合。其中，信息流十分重要，它在一个更高的位置上实现对流通过程的监控。

① "四流"构成流通体系

近年来，人们提到物流的话题时，常与商流、信息流和资金流联系在一起，这是因为从某种角度讲，商流、物流、信息流和资金流是流通过程中的四大相关部分，由这"四流"构成了一个完整的流通过程，如图 1-4 所示。将商流、物流、信息流和资金流作为一个整体来考虑和对待，会产生更大的能量，创造更大的经济效益。

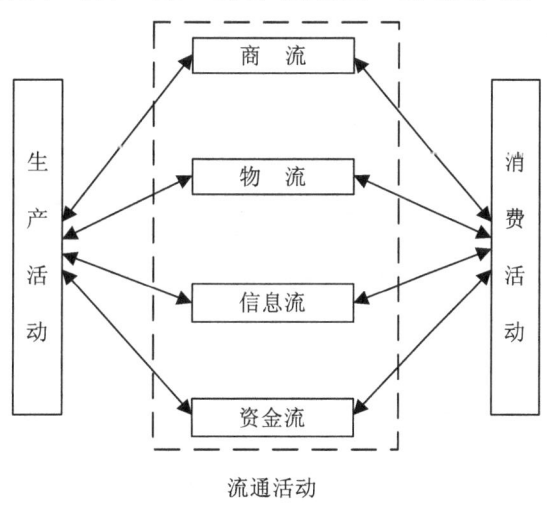

图 1-4　流通活动中的商流、物流、信息流、资金流

- 商流：指商品在购、销之间进行的交易和商品所有权转移的运动过程，具体是指商品交易的一系列活动。
- 物流：是指交易的商品或服务等物质实体的流动过程，具体包括商品的运输、储存、装卸、保管、流通加工、配送、物流信息管理等各种活动。
- 信息流：指商品信息的提供、促销行销、技术支持、售后服务等内容，也包括如询价单、报价单、付款通知单、转账通知单等商业贸易单证以及交易方的支付能力和支付信誉。
- 资金流：主要是指交易的资金转移过程，包括付款、转账等。

② "四流"的相互关系

"四流"互为依存，密不可分，相互作用。它们既有独立存在的一面，又有互动的一面。通过商流活动发生商品所有权的转移，商流是物流、资金流和信息流的起点，也可以说是后"三流"的前提，一般情况下，没有商流就不太可能发生物流、资金流和信息流。反过来，没有物流、资金流和信息流的匹配和支撑，商流也不可能达到目的。同时，商流、物流、信息流、资金流各有独立存在的意义，并各有自身的运行规律，"四流"是一个相互联系、互相伴随、共同支撑流通活动的整体。

例如，A企业与B企业经过商谈达成了一笔供货协议，确定了商品价格、品种、数量、供货时间、交货地点、运输方式并签订了合同，也可以说商流活动开始了。要认真履行这份合同，下一步要进入物流过程，即货物的包装、装卸搬运、保管、运输等活动。如果商流和物流都顺利进行了，接下来进入资金流的过程，即付款和结算。无论是买卖交易，还是物流和资金流，这三个过程都离不开信息的传递和交换，没有及时的信息流，就没有顺畅的商流、物流和资金流。没有资金的支付，商流就不成立，物流也就不会发生。

在电子商务中，交易的无形商品如各种电子出版物、信息咨询服务以及有价信息软件等可以直接通过网络传输的方式进行配送；而对于大多数有形的商品和服务来说，物流仍然要由物理的方式进行传输。电子商务环境下的物流，通过机械化和自动化工具的应用和准确、及时的物流信息对物流过程的监控，将使物流的速度加快、准确率提高，能有效地减少库存，缩短生产周期。电子商务交易过程的实现，自始至终都需要这"四流"的协调配合。对电子商务的理解不应该仅停留在对前"三流"的重视上，在强调前"三流"的电子化、网络化的同时，还应加强物流的电子化过程。在电子商务的概念模型中，强调信息流、商流、资金流和物流的整合，而信息流作为连接的纽带贯穿于电子商务交易的整个过程中，起着串联和监控的作用。事实上，随着互联网技术和电子银行的发展，前"三流"的电子化和网络化已可以通过信息技术和通信网络来实现了。而物流，作为"四流"中最为特殊和必不可少的一种，其过程的逐步完善还需要经历一个较长的时期。

（3）物流是电子商务流程的重要环节

无论哪一种模式的电子商务交易流程都可以归纳为如下六个步骤。

① 在网上寻找产品或服务的信息，发现需要的信息。

② 对找到的各种信息进行各方面的比较。

③ 交易双方就交易的商品价格、交货方式和时间等进行洽谈。

④ 买方下订单、付款并得到卖方的确认信息。

⑤ 买卖双方完成商品的发货、仓储、运输、加工、配送、收货等活动。

⑥ 卖方对客户的售后服务和技术支持。

在上述步骤中，"商品的发货、仓储、运输、加工、配送、收货"实际上是电子商务中物流的过程，这一过程在整个流程中是实现电子商务的重要环节和基本保证。

物流对电子商务的发展起着十分重要的作用。我们应摒弃忽视物流的观念，大力发展现代物流，通过重新构筑电子商务的物流体系来推广电子商务。现代物流的发展有利于扩大电子商务的市场范围，协调电子商务的市场目标；物流技术的研究和应用有利于实现基于电子商务的供应链集成，提高电子商务的效率与效益，有效支持电子商务的快速发展，使电子商务成为最具竞争力的商务形式。

3．电子商务与物流的关系

（1）物流对电子商务的制约与促进

没有一个完善的物流体系，电子商务特别是网上有形商品的交易就难以得到有效的发展。反过来，一个完善的物流体系是电子商务、特别是网上有形商品交易发展的保障。

有形商品的网上交易活动作为电子商务的一个重要构成方面，在近几年中也得到了迅速的发展。在这一发展过程中，没有一个高效的、合理的、畅通的物流系统，电子商务所具有的优势就难以得到有效的发挥；没有一个与电子商务相适应的物流体系，电子商务就难以得到有效的发展。

（2）电子商务对物流的制约与促进

电子商务对物流的制约主要表现在：当网上有形商品的交易规模较小时，不可能形成一个专门为网上交易提供服务的物流体系，这不利于物流的专业化和社会化的发展。电子商务对物流的促进主要表现在两个方面：一是网上交易规模较大时，会有利于物流的专业化和社会化的发展；二是电子商务技术会促进物流的发展。

众所周知，在人类社会经济的发展过程中，物流的每一次变革都是由其活动的客观环境和条件发生变化所引起的，并由这些因素来决定其发展方向的。在人类迈入 21 世纪的信息化、知识化社会之际，作为以信息化和知识化为代表的电子商务正是在适应这一趋势的环境下产生的，它具有传统商务活动所无法比拟的许多优势，代表了商务活动的发展方向和未来，具体体现在以下几个方面。

① 电子商务所具备的高效率特点,是人类社会经济发展所追求的目标之一。
② 电子商务所具备的个性化特点,是人类社会发展的一个方向。
③ 电子商务费用低的特点,是人类社会进行经济活动的一个目标。
④ 电子商务所具备的全天候的特点,使人们解除了交易活动所受的时间束缚。
⑤ 电子商务所具备的全球性的特点,使人们解除了交易活动所受的地域束缚,大大地拓宽了市场主体的活动空间。

阅读资料 1-3 顺丰自建"顺丰 E 商圈"电子商城

顺丰速运自建电子商城,电子商城网站主页,如图 1-5 所示。

图 1-5 "顺丰 E 商圈"电子商城网站主页

凤凰网科技讯 2011 年 6 月 11 日消息,在淘宝、京东、凡客等大型电子商务网站纷纷着手自建物流以后,顺丰、申通、圆通等多家快递曾透露涉足电子商务的计划,而近日顺丰速运的电子商城"顺丰 E 商圈"和支付平台"顺丰宝"已率先开通。

2010 年,中国邮政曾与 TOM 集团合作"邮乐网",顺丰自建电子商城是快递行业的第二次试水。而前者目前的发展状况并不乐观,有业内人士认为,民营快递要来分电商企业的蛋糕面临的困难会更大,当前的一轮自建热,未必会对电子商务行业有实质撼动。

对此,中国电子商务协会副理事长陈震表示,目前国内电商的发展速度是 200%~

300%，而物流增速只有40%，远远跟不上电商的速度。当前民营快递巨头主要都是依靠电商企业发展起来的，对于快递企业来说，想往上走是情理之中的事。

此外，圆通和申通的电子商城也预计将要上线，其电子商务平台正在杭州组建。知情人士表示，申通此次乃大手笔投资，投资金额按"亿"来算，目标锁定B2C。

资料来源：凤凰网 http://tech.ifeng.com/internet/detail_2011_06/11/6955654_0.shtml。

1.2.3 电子商务物流的一般流程

电子商务的优势之一就是能优化业务流程，降低企业运作成本。而电子商务下企业成本优势的建立和保持必须以可靠的和高效的物流运作为保证，这也是现代企业在竞争中取胜的关键。

1. 普通商务物流流程

在普通商务物流流程中，物流作业流程与商流、信息流和资金流的作业流程综合在一起，更多地围绕企业的价值链，从实现价值增值的目的安排每一个配送细节，如图1-6所示。

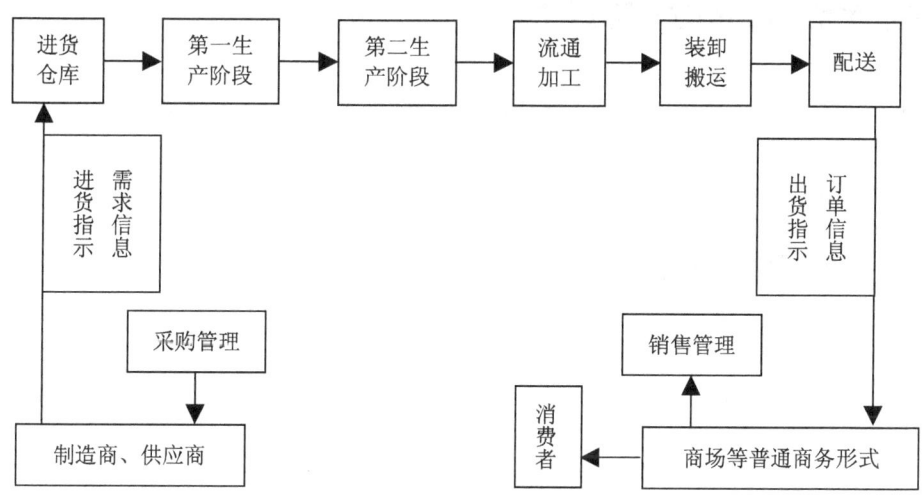

图1-6 普通商务物流业务流程

2. 电子商务物流流程

电子商务的发展及其对配送服务体系的配套要求，极大地推动了物流的发展。与普通商务物流流程相比，电子商务物流流程在企业内部的微观物流流程上是相同的，都具有从进货到配送的物流体系。然而，在电子商务环境下，借助电子商务信息平台（包括会员管理、订单管理、产品信息和网站管理），有利于企业提高采购效率，合理地规划配送路线，实现电子商务物流流程和配送体系的优化，如图1-7所示。

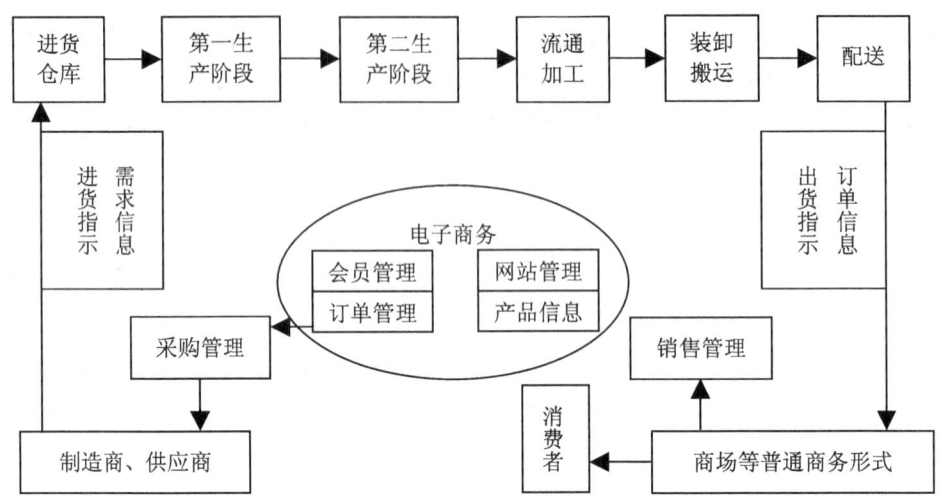

图 1-7　电子商务物流业务流程

1.3　电子商务物流管理概述

电子商务物流是物流与电子商务相结合的产物，电子商务与物流既相互制约又相互促进。从不同方面来进行考察，电子商务物流的管理与组织也与传统的物流活动存在着差异，具有自身的特点、内容、原则以及职能。

1.3.1　电子商务物流管理的含义及特点

1．电子商务物流管理的含义

电子商务物流管理，简单地说就是对电子商务物流活动所进行的计划、组织、指挥、协调、控制和决策等。

2．电子商务物流管理的特点

电子商务物流管理的特点主要表现在以下几个方面。

（1）目的性。主要是降低物流成本、提高物流效率、有效地提高客户服务水平。

（2）综合性。从其覆盖的领域上看，它涉及商务、物流、信息、技术等领域的管理；从管理的范围看，它不仅涉及企业，而且也涉及供应链的各个环节；从管理的方式方法看，它兼容传统的管理方法和通过网络进行的过程管理、虚拟管理等。

（3）创新性。电子商务物流体现了新经济的特征，它以物流信息为管理的出发点和立足点。电子商务活动本身就是信息高度发达的产物，对信息活动的管理是一项全新的内容,也是对传统管理的挑战和更新。我国对互联网的相关管理手段、制度、方法均处于探索阶段,如何对物流活动进行在线管理,还需要产业界与理论界的共同努力。

(4)智能性。在电子商务物流管理中,将更多地采用先进的科学技术与管理方法,实现对物流的智能决策、控制与协调等。

1.3.2 电子商务物流管理的目的及内容

1. 电子商务物流管理的目的

电子商务物流管理的目的就是使各项物流活动实现最佳的协调与配合,以降低物流成本,提高物流效率和经济效益。电子商务物流管理就是研究并应用电子商务物流活动规律对物流全过程、各环节、各方面的管理。

2. 电子商务物流管理的内容

(1)现代物流与电子商务物流导论。现代物流概念,物流分类、作用和功能,相关的物流理论和理念;电子商务物流的概念、特征和流程,电子商务与物流的关系;电子商务物流管理含义、内容、原则及职能,电子商务环境下物流产业发展的趋势。

(2)电子商务物流市场与运行模式。电子商务物流市场含义、特征及其构成要素;电子商务物流市场运行的主要模式,传统物流模式存在的问题,国内外第三方物流理论与实践的发展,第三方物流的含义、优势及其分类,电子商务下物流模式的选择。

(3)电子商务物流系统与物流作业管理。物流系统概念、特征、构成;电子商务物流的采购管理与库存控制、物流运输与协同配送管理、仓储保管、装卸搬运、包装、流通加工、物流信息等过程的物流作业管理。

(4)电子商务物流综合管理。电子商务物流服务的含义、特征及内容,我国电子商务物流服务的现状、问题及对策;物流成本的含义、构成、特点及分类,物流成本管理的作用、目标、原则,物流成本的因素与核算方法,我国企业物流成本管理存在的问题及对策;物流绩效的含义、物流绩效评价的系统目标及意义,物流绩效评价的方法与指标,我国目前物流绩效评价存在的问题、对策。

(5)物流信息化与电子商务物流技术管理。物流信息的含义、特征与分类,物流信息化对现代物流企业的影响;电子商务物流技术的含义、构成、评价标准以及作用,信息技术及其在电子商务物流中的应用;电子商务物流信息管理系统含义、功能、类型、控制及层次结构、设计方法;物流信息平台的含义及其功能、构建原则以及运行。

(6)电子商务环境下的供应链管理。供应链的概念、特征,供应链的管理理论及其发展,供应链管理概念、内容、原则及目标,供应链管理流程与职能;市场供应链模式与优化;电子商务下供应链管理的优势,电子商务技术在供应链管理中的运用;基于电子商务技术的供应链管理发展;供应链管理的实现方法。

(7)电子商务环境下的国际物流。国际贸易与国际物流的关系,国际物流的概念、特点及发展趋势；国际物流各子系统内容及系统模式，电子商务环境下国际物流系统网络构建；国际多式联合运输含义及特征，国际货运代理的概念、性质及作用；物流标准化的概念、特征、种类及意义，有关国际物流标准化体系；电子商务发展对国际物流的影响。

（8）物流网络营销与物流电子商务网站管理。物流网络营销的概念、基础理论及特点，物流网络营销常用的技术，物流网络营销策略和规划内容；物流网页构思的原则，物流网页的制作和评价标准，物流网站的规划与管理内容，物流电子商务开发注意的问题。

1.3.3 电子商务物流管理的原则

1. 系统效益原则

系统效益原则也称整体效益原则，这是管理原理的基本思想。物流管理也不例外，它不仅要求物流活动本身效益最大化，而且要求与物流相关的系统整体效益最大化，包括当前与长远效益、财务与经济效益、经济与社会效益、经济与生态效益等。因此，物流管理人员和部门要确立可持续发展的观念，处理好物流与社会需求、物流耗费与有限资源、当前与可持续发展的关系。

2. 标准化原则

电子商务物流按其重复性可分为两大类：一类为重复发生的常规性活动，如物料的领用、发出，配送的路线，搬运装卸等。另一类为一次性或非常规性的活动，如用户需求的随时变化、运输时间的不确定性等。物流管理的标准化要求常规活动按标准化原则实施管理，实现自动化、智能化，以提高效率，降低成本。随着物流技术的不断更新（如人工智能模拟、MRP），电子商务物流信息技术的广泛应用（如 GIS、GPS、EDI 等），对随机性活动也可逐步标准化。

3. 服务原则

服务原则是指在物流管理的全过程中，努力促使各级员工牢固树立服务观念，恪守职业道德，严格执行服务标准；通过内强分工体系的协同效应和外塑物流企业的整体形象，提供文明、高效、优质的服务，确保企业经济效益和社会效益同步提高。

1.3.4 电子商务物流管理的职能

电子商务物流管理和其他管理活动一样，其职能也包括组织、计划、协调、控制、激励和决策。

1. 组织职能

确定物流系统的机构设置、劳动分工、定额定员；配合有关部门进行物流的空间组织和时间组织的设计；对电子商务中的各项职能进行合理分工，各个环节的职能进行专业化协调。

2．计划职能

编制和执行年度物流的供给和需求计划，月度供应作业计划，物流各环节的具体作业计划（如运输、仓储等），物流营运相关的经济财务计划等。

3．协调职能

这对电子商务物流尤其重要，除物流业务运作本身的协调功能外，更需要物流与商流、资金流、信息流相互之间的协调，才能保证电子商务用户的服务要求。

4．控制职能

物流过程是物资从原材料供应者到最后的消费者的一体化过程，控制就是物流供应管理的基本保证，它涉及物流管理部门直接指挥的下属机构和直接控制的物流对象，如产成品、在制品、待售和售后产品、待运和在运货物等。由于电子商务涉及面广，其物流活动参与人员众多、波动大，所以，物流管理的标准化，标准的执行与督查，偏差的发现与矫正等控制职能相应具有广泛性、随机性。

5．激励职能

物流系统内职员的挑选与培训、绩效的考核与评估、工作报酬与福利、激励与约束机制的设计等。

6．决策职能

物流管理的决策更多与物流技术挂钩，如库存合理定额的决策、采购量和采购时间决策等。

1.4　电子商务环境下物流业发展的趋势

电子商务时代，由于企业销售范围的扩大，企业和商业销售方式及最终消费者购买方式的转变，使得送货上门等业务成为一项极为重要的服务业务，促使了物流行业的兴起。物流行业，即能完整提供物流机能服务，以及运输配送、仓储保管、分装包装、流通加工等服务以收取报酬的行业。主要包括仓储企业、运输企业、装卸搬运企业、配送企业、流通加工业等。信息化、多功能化、一流服务和全球化，已成为电子商务环境下的物流企业的发展目标。

1．信息化——现代物流业的必由之路

在电子商务时代，要提供最佳的服务，物流系统必须要有良好的信息处理和传输系统。另外，还有一个信息共享问题。很多企业有不少企业内部的秘密，物流企业很难与之打交道，因此，如何建立信息处理系统，以及时获得必要的信息，对物流企业来说是个难题。同时，在将来的物流系统中，能否做到尽快将货物送到客户手中，是提供优质服务的关键之一。

在美国，洛杉矶西海报关公司与码头、机场、海关信息联网，当货物从世界各地起运时，客户便可以从该公司获得到达的时间、到泊（岸）的准确位置，使收货人与各仓储、运输公司等做好准备，使商品在几乎不停留的情况下，快速流动、直达目的地；美国干货储藏公司（D.S.C）有200多个客户，每天接受大量订单，需要高效的信息系统，为此，该公司将许多表格编制了计算机程序，大量的信息可迅速输入、传输，各子公司也是如此；美国橡胶公司（USCO）的物流分公司设立了信息处理中心，接受世界各地订单；IBM公司只需按动键盘，即可接通USCO公司订货，通常在几小时内便可把货送到客户手中，良好的信息系统能提供极好的信息服务，以赢得客户的信赖。

在欧洲，某配送公司通过远距离的数据传输，将若干家客户的订单汇总起来，在配送中心里采用计算机系统编制出"一笔划"式的路径最佳化"组配拣选单"。配货人员只需到仓库转一次，即可配好订单上的全部要货。在大型的配送公司里，往往建立了有效客户反应和准时制系统。所谓有效客户反应（efficient customer response，ECR），即做到根据客户需要进行生产和配送。通过准时制系统（just in time，JIT），可从零售商店很快地得到销售反馈信息。其配送不仅实现了内部的信息网络化，而且增加了配送货物的跟踪信息，从而提高了物流企业的服务水平，降低了成本，增强了竞争能力。

商品与生产要素在全球范围内以空前的速度自由流动。EDI与互联网的应用，使物流效率的提高更多地取决于信息管理技术，电子计算机的普遍应用提供了更多的需求和库存信息，提高了信息管理科学化水平，使产品流动更加容易和迅速。

2. 多功能化——物流业发展的方向

在电子商务的环境下，物流向集约化阶段发展。其要求物流业不仅提供仓储和运输服务，还必须进行配货、配送和各种提高附加值的流通加工服务项目，或者按客户的特别需要提供其他的特殊服务。电子商务使流通业经营理念得到了全面的更新，现代物流业从以往商品经由制造、批发、仓储、零售等环节，最终到消费者手中的多层次复杂途径，简化为从制造商经配送中心送到各零售点。从而使未来的产业分工更加精细，产销分工日趋专业化，大大提高了社会的整体生产力和经济效益，也使物流业成为整个国民经济活动的重要组成部分。

作为一种战略概念，供应链也是一种可增值的产品。其目的不仅是降低成本，更重要的是提供用户期望以外的增值服务，以产生和保持竞争优势。从某种意义上讲，供应链是物流系统的充分延伸，是产品与信息从原料到最终消费者之间的增值服务。这种配送中心与公用配送中心不同，它是通过签订合同，为一家或数家企业（客户）提供长期服务，而不是为所有客户服务。供应链系统物流完全适应了流通业经营理念的全面更新。因为，以往商品经由制造、批发、仓储、零售各环节间的多层次复杂途径，最终到消费者手里。而现代流通业已简化为由制造经配送中心而送到各零售点。它使未来的产业分工更加精细，产销分工日趋专业化，大大提高了社会的整体生产力和经济效益，使流通业成为整个国民经济活动的中心。在这个阶段有许多新技术与方法的应用，如准时制系统（just in time，JIT）、销售时点系统（point of sale，POS）。商店将销售情况及时反馈给工厂的配送中心，有利于厂商按照市场调整生产，以及同配送中心调整配送计划，使企业的经营效益跨上一个新台阶。

3．一流服务——物流企业追求的服务目标

在电子商务环境下，物流企业是介于买卖双方之间的第三方，以服务作为第一宗旨。客户对于物流企业所提供服务的要求是多方面的，因此，如何更好地满足客户不断提出的服务需求，始终是物流企业管理的中心课题。如物流配送中心，开始时可能提供的只是区域性物流服务，以后应客户的要求发展到提供长距离服务，再后来可提供越来越多的服务项目，包括到客户企业"驻点"，直接为客户发货；有些生产企业把所有物流工作全部委托给配送中心，使配送中心的工作延伸到生产企业的内部。最终，物流企业所提供的优质和系统的服务使之与客户企业结成了双赢的战略伙伴关系：一方面，由于物流企业的服务使客户企业的产品迅速进入市场，提高了竞争力；另一方面，物流企业本身也有了稳定的资源和效益。美、日等国物流企业成功的要诀，就在于它们都十分重视对客户服务的研究。

4．全球化——物流企业竞争的趋势

电子商务的发展加速了全球经济一体化的进程，其结果将使物流企业向跨国经营和全球化方向发展。全球经济一体化使企业面临着许多新问题，要求物流企业和生产企业更紧密地联系在一起，形成社会大分工。对于生产企业，要求集中精力制造产品、降低成本、创造价值；而对于物流企业则要求花费大量时间和精力更好地从事物流服务，客户对物流企业的需求比原来更高了。例如，在物流配送中心，要对进口的商品代理报关业务、暂时储存、搬运和配送，进行必要的流通加工等，完成从商品进口到送交消费者手中的一条龙服务。

本章小结

电子商务作为网络时代的一种全新的交易模式，是交易方式的一场革命，只有大力发展作为电子商务重要组成部分的现代物流，电子商务才能得到更好的发展。本章介绍了物流概念的产生和发展，阐述了物流的分类、作用和功能，现代物流与传统物流的区别，介绍了相关的物流理论和理念，描述了电子商务物流的概念、特征和流程，分析了电子商务与物流的关系，阐述了电子商务物流管理的含义、内容、原则及职能，探讨了电子商务环境下物流产业发展的趋势。

物流是指物品在从供应地向接收地的实体流动中，根据实际需要，将运输、仓储、装卸搬运、包装、流通加工、配送、信息处理等功能有机结合来实现用户要求的过程。

从不同的角度来看，物流具有不同的种类。物流包括许多不同的要素，这些不同的要素在物流活动中发挥着不同功能。物流是国民经济的动脉，保障社会再生产的顺利进行，服务于商流，是实现"以顾客为中心"理念的根本保证。物流的运行可以创造时间价值、场所价值和形态价值。对物流活动进行有效的组织与管理，不仅有利于整个社会经济的发展，而且也可以有效地促进企业竞争能力的提高。因此提高物流管理水平，实现物流合理化，对于提高宏观经济效益和微观经济效益都具有重要意义。

电子商务的任何一笔网上交易，都必须涉及商流、物流、资金流和信息流等这几种基本的"流"，而物流活动的质量对电子交易的成败起着十分重要的作用。

电子商务物流管理的目的就是使各项物流活动实现最佳的协调与配合，以降低物流成本，提高物流效率和经济效益。电子商务物流管理就是研究并应用电子商务物流活动规律对物流全过程、各环节、各方面的管理。

电子商务时代，由于企业销售范围的扩大，企业和商业销售方式及最终消费者购买方式的转变，使得物流成为一项极为重要的经济活动，呈现信息化、多功能化、一流服务和全球化的发展趋势。

 思考题

1. 简述现代物流的概念及其特点。
2. 现代物流与传统物流有什么区别？
3. 现代物流有哪些相关理念？
4. 简述电子商务与物流的关系。
5. 简述电子商务物流管理的含义和特征。
6. 简述电子商务物流管理的内容。
7. 简述电子商务物流管理的原则及职能。
8. 阐述电子商务环境下物流业的发展趋势。

 案例分析

案例1-1　淘宝网推出大物流计划

2010年6月淘宝网向媒体透露，酝酿已久的淘宝网大物流计划已经正式推出。

1. 什么是淘宝大物流计划

淘宝网物流平台总监龚涛解释，淘宝网大物流计划包括三部分内容，分别是基于

物流信息、交易消息和商家 ERP 系统全面打通的淘宝网物流宝平台，淘宝物流合作伙伴体系和物流服务标准体系。

淘宝网首席财务官张勇说："通过线上平台与线下物流配送体系、前端平台展示与后端物流管理能力对接，淘宝网将通过大物流计划打通淘宝网内外商家的数据信息通道和物流仓储配送渠道，提供整体物流解决方案，降低商家在物流方面投入的成本。"

首度上线的淘宝物流宝平台是指由淘宝网联合国内外优秀的仓储、快递、软件等物流企业组成服务联盟，提供一站式电子商务物流配送外包服务，解决商家货物配备（集货、加工、分货、拣选、配货、包装）和递送难题的物流信息平台。

"该平台将通过应用程序编程接口（Application Programming Interface，API）的全面开放，使得物流服务商、淘宝网卖家和外部商家以及各类电子商务网站实现订单交易信息、物流信息和商家自身 ERP 系统的全面信息打通。"在龚涛看来，"后端物流管理系统的强大功能和线下物流配送体系的无缝对接将得以完全体现。"

龚涛告诉媒体记者，这个体系包括了七类合作伙伴，分别是提供物流园区建设、管理的基础设置投资者；提供流程、作业标准的服务提供商；提供运输、配送服务的运输、配送服务商；提供技术支持和数据接口的 ISV 管理软件服务商；提供各种包装材料、包装设计方案的包装材料供应商；提供加工、售后服务的流通加工服务提供商；以及提供流通融资服务的流通融资服务提供商。

目前，淘宝网通过对社会物流资源的全面整合，已经能够达到干线运输、仓储服务、包装材料、发货管理和终端配送等各个物流配送环节的服务。这些服务将带给商家极强的伸缩性，满足不同商家多样化的需求。另悉，为了匹配电子商务物流的需要和打造新的物流服务标准，淘宝网大物流计划还特别推出了物流服务标准体系，其中包括了统一服务标准、统一合作伙伴流程、统一买家购买体验等。

2. 谁是最大赢家

"大物流计划的推出，将使得商家全面降低进入电子商务的成本。"龚涛分析到，"企业可以不需要前期的大量固定资产投资，不需要请一群专业人员，不需要去考虑设计物流的流程，不需要自己寻找一大堆供应商，即可根据业务需要来获得相匹配的服务资源，快速形成服务能力。"淘宝网大物流计划将降低商家日常运营的管理成本。通过这项计划，企业无须因维护物流体系而支付成本，只需要根据业务使用量支付实际使用成本，同时拥有专业物流能力。

易观国际分析师陈寿认为，"大物流计划的推出以及物流宝平台的建立，将有助于淘宝网完善服务体系。淘宝网服务水平提升将帮助企业降低运营成本，为网购用户提供更加有保障的服务的同时，也将提供更加有竞争力的价格。"

除了商家，消费者也是大物流计划的受益者。龚涛指出："这项计划的推出将大大降低消费者的购买成本，同时提升购买体验。"

比如，大物流计划将提供统一配送服务，统一包装、发货；基于区域仓储配送的全国覆盖（全国快递变为区域配送）；在指定区域内提供个性化的配送服务等。龚涛向记者透露，"我们还将进一步加大研发投入，让淘宝网合作物流配送中心内的商品清晰地被识别，并以免邮费的常态方式呈现。"

据介绍，淘宝网已联合国内优秀的物流企业，在北京、上海、深圳和成都等地与第三方建立了物流基地和配送中心，通过专业化平台，实现更多物流企业与电子商务无缝对接，帮助淘宝网客户从贴运单、寄快递、管货发货等重复性的劳动中解放出来，完成从订单流转到实物包裹递送的服务标准的统一，最终提升消费者的网上购物体验。

资料来源：人民网 http://paper.people.com.cn/gjjrb/html/2010-06/23/content_550730.htm。

讨论题：
1. 分析淘宝网推出大物流计划的特点。
2. 讨论网上购物中的物流存在哪些问题。

案例 1-2　当当网电子商务发展中的物流开放平台

近年来，由于第三方快递不成熟，严重影响了网购行业的效率，致使一些 B2C 企业被迫自建仓储物流。比如，京东商城、凡客诚品、卓越亚马逊等公司都采取了自建配送与第三方配送相结合的混合模式。

当当网走的则是另一条物流之路，着力打造物流开放平台。从几年前涉足百货联营业务，向第三方联营商家开放平台，到新近推出的物流开放平台，都是在绕开自建物流的套路。与竞争对手的配送服务体系相比，当当网为什么要反其道而行之？

首先，与自建配送相比，当当网物流开放平台以物流整合为核心，将长期积累的物流管理经验和物流资源变成电子商务行业的公共资源。这个平台不仅可以为当当的自营和联营业务所用，其他任何符合条件的第三方电子商务企业也可以共同分享该资源。对于那些缺乏物流基础的中小电子商务企业，参与当当网开放平台，不仅可以少走弯路，避免自建物流或与快递公司合作中不可避免的磨合的阵痛，还可以立即坐享当当网积十年之力打造的 COD 网络和末端配送服务，带来更多的业务。

其次，与自建配送相比，当当网物流开放平台可让当当网自己和合作伙伴实现双赢。自建配送的 B2C 企业面临一大难题，就是要与以往的合作伙伴（第三方快递公司）展开竞争，这就会导致一个结果，在一部分中心城市和中心区域，B2C 企业把第三方快递公司最好的生意抢掉了，而在县级城市及其周边地区，又不得不依赖于第三方快递公司。如此一来，自建配送的 B2C 企业与第三方快递公司就处于一个非常尴尬的竞争格局中。与此形成反差的是，当当网的物流开放平台是集中第三方快递公司的优质资源，吸引更多电子商务企业加盟，从而创造更大的规模效益，让所有合作者共享其利。

当当网的配送系统目前已经非常成熟和完善，由此可以为更大范围内的更多消费者提供稳定、可靠、便捷的服务；而其他公司还处在解决问题阶段，解决货送不到的问题，解决收款问题，解决爆仓问题，解决送货慢问题。

现在，当当网将这一多年积淀的COD资源对全社会开放，对所有第三方电子商务平台开放，不仅在模式上首开国内物流业开放平台的先河，该平台一旦上线运营，也将极大降低大量中小电商的物流配送门槛，使更多的用户可以告别下单后苦等货品的郁闷，享受到更为快捷的COD服务。

资料来源：硅谷动力 http://www.enet.com.cn/article/2011/0223/A20110223828837.shtml。

讨论题：
1. 请结合案例，分析电子商务企业开展物流业务的利弊。
2. 谈谈当当网建立物流开放平台有何启示。

实际操作训练

实训项目 1-1　物流企业类型调研

（1）实训目的：通过实训，了解学校周边物流企业的类型。

（2）实训内容：对学校所在地物流市场进行调研，了解物流企业类型，分析不同类型物流企业特征。

（3）实训要求：将参加实训的学生分组，在教师指导下进行调研，完成实训报告。

实训项目 1-2　电子商务环境下快递业物流发展现状调研

（1）实训目的：通过实训，了解电子商务环境下快递业物流发展现状。

（2）实训内容：对当地快递物流市场进行调研，分析快递行业存在的问题，了解快递业物流对于电子商务发展的影响。

（3）实训要求：将参加实训的学生分组，在教师指导下进行调研，完成实训报告。

第 2 章　物流系统及其基本功能

知识架构

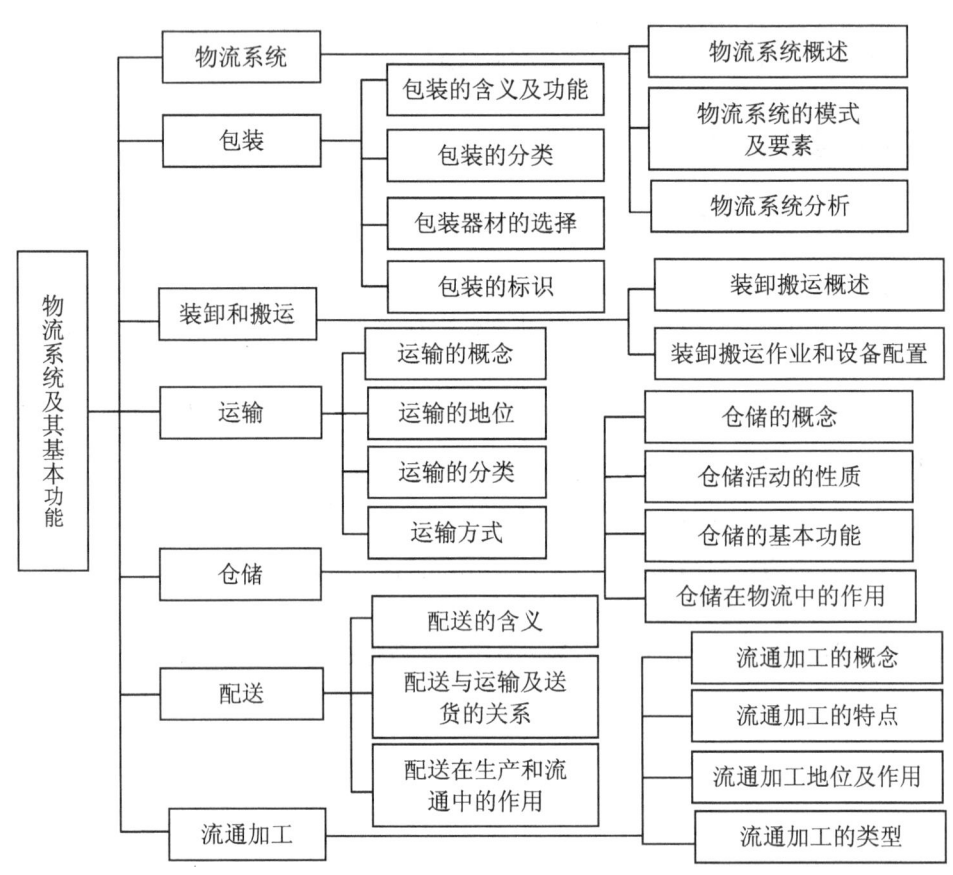

教学目标与要求

通过本章的学习，熟悉物流系统的概念、模式与特点，了解物流系统分析的原则与步骤；掌握包装的定义、功能与分类，了解包装器材的种类及正确选择方法，熟悉

第 2 章 物流系统及其基本功能

包装的标识；理解装卸搬运的定义与分类，了解装卸搬运作业及其装置；了解各种运输方式的特点；掌握仓储的概念，理解仓储的性质及仓储在物流中的作用；掌握配送的定义与特点，熟悉配送与运输及送货的区别，了解配送的作用；掌握流通加工的意义及作用，了解流通加工的分类。

基本概念

物流系统　包装　装卸搬运　运输　仓储　配送　流通加工

引导案例：庞大的奥运物流网络系统

2008 年，北京第 29 届奥运会倡导"绿色奥运、科技奥运、人文奥运"的理念。北京汇集了 800 多万来自 200 多个参赛国家（地区）的运动员、记者和观众，以及 120 多万件使用器材。在奥运会期间，北京乃至全国有大量的人员来往、出行旅游，他们需要数量庞大的日常消费品；体育运动员在比赛前后使用的器材、体育用品需要运送、储存、包装和回收等，这些都产生了巨大的物流服务需求。

据专家计算：与奥运直接相关的物流需求量为 417.2 亿元（其中奥运会预算占 7.7 亿元，北京市投入 409.5 亿元）；与奥运会直接相关的商品物流需求量为 4.91 亿元（其中旅游业为 1.41 亿元，零售与餐饮业为 3.5 亿元）；与奥运会直接相关的废弃物物流需求量为 10.8 亿元（其中奥运会直接产生的为 1.2 亿元，观众和游客产生的为 9.6 亿元）。因此，与奥运会相关的物流需求总量大约为 432.91 亿元（其中发生在赛前的为 402.5 亿元，赛中的为 28.21 亿元，赛后的为 2.2 亿元）。

2008 年，北京奥运会需要 1 200 辆手推车、171 辆叉车、525 台起重机、150 辆起重卡车、15 万～20 万平方米的仓库面积，奥运物流中心的总运输量将达到 75 000 吨。北京拥有公路货运站场、装卸点 6 000 多个，公路系统规划了 23 个一、二级货运枢纽；北京铁路局分局管辖内的铁路货站有 122 个，铁道专用连接的工厂货站、货场、仓库有几百个，铁路部门规划了 16 个主要货站；首都国际机场航空货运枢纽是具有现代化水平的大型物流枢纽。此外，北京市政府在北京市房山阎村、通州马驹桥和顺义天竺建立了三个大型物流基地，建立一定数量的综合性物流与配送区和专业性物流与配送区。到 2005 年，北京市已初步形成以大型物流基地为核心、综合性物流配送区和专业性物流配送区为节点的高效物流体系框架，共同构成北京物流网络系统。

资料来源：浙江物流网 http://www.zj56.com.cn/zxzx/List02.asp?ID=5282.

2.1　物流系统

系统对于物流来说是一个十分重要的概念，物流与运输、保管等所谓传统物流的本质区别就在于物流贯穿着系统化的管理思想和系统化的运作方式，物流本身就是一个系统，物流管理就是运用物流系统的思想方法对物流活动实施计划、控制、组织和协调，以实现降低物流成本，提高物流服务水平的目的。物流思想就是系统思想在物流领域的体现，准确地把握物流系统的本质，对于理解物流、学习物流的理论和方法，具有十分重要的意义。

2.1.1 物流系统概述

1. 物流系统的含义

随着工业化发展的历程，物流系统从手工物流系统、机械化物流系统、自动化物流系统、集成化物流系统、智能化物流系统逐步发展起来。由于物流的含义是将正确的物品，在正确的时刻，以正确的顺序，送到正确的地点。所以物流系统是指在一定的时间和空间里，由所需位移的物资、包装设备、装卸搬运机械、运输工具、仓储设施、人员和通信联系等若干相互制约的要素所构成的具有特定功能的有机整体。

物流系统的目的是实现物资的空间效益和时间效益，在保证社会再生产进行的前提下，实现各种物流环节的合理衔接，并取得最佳的经济效益。

2. 物流系统的特点

物流系统具有一般系统所共有的特点，即整体性、相关性、目的性、环境适应性，同时也具有规模庞大、结构复杂、目标众多等大系统所具有的特征。

（1）物流系统是一个"人机系统"

物流系统是由人和形成劳动手段的设备、工具所组成。它表现为物流劳动者运用运输设备、装卸搬运机械、仓库、港口、车站等设施，作用于物资的一系列生产活动。在这一系列的物流活动中，人是系统的主体。因此，在研究物流系统各个方面的问题时，应把人和物有机地结合起来加以考察和分析。

（2）物流系统是一个大跨度系统

在现代经济社会中，企业间物流经常会跨越不同地域，国际物流的地域跨度更大。物流系统通常采用储存的方式解决产需之间的时间矛盾，其时间跨度往往也很大。物流系统的跨度越大，其管理方面的难度也越大，对信息的依赖程度也越高。

（3）物流系统是一个可分系统

无论规模多大的物流系统，都可以分解成若干个相互联系的子系统。这些子系统的多少和层次的阶数，是随着人们对物流系统的认识和研究的深入而不断深入、不断扩充的。母系统与子系统之间，子系统与子系统之间，存在着时间和空间上及资源利用方面的联系，也存在总目标、总费用及总运行结果等方面的相互联系。

根据物流系统的运行环节，可以划分为以下几个子系统：物资的包装系统、物资的装卸系统、物资的运输系统、物资的储存系统、物资的流通加工系统、物资的回收再利用系统、物资的情报系统及物流的管理系统等。

上述这些子系统构成了物流系统。物流各子系统又可进一步分成下一层次的系统，如运输系统可进一步分为水运系统、空运系统、铁路运输系统、公路运输系统及管道运输系统。物流子系统的组成是由物流管理目标和管理分工自成体系的。

（4）物流系统是一个动态系统

物流系统一般联系多个生产企业和用户，随需求、供应、渠道、价格的变化，系统内的要素及系统的运行也经常发生变化。物流系统受社会生产和社会需求的广泛制约，所以物流系统必须是具有环境适应能力的动态系统。为适应经常变化的社会环境，物流系统必须是灵活、可变的。当社会环境发生较大的变化时，物流系统甚至需要进行重新设计。

（5）物流系统是一个复杂系统

物流系统的运行对象——"物"，可以是全部社会物资资源，资源的多样化带来了物流系统的复杂化。物资资源品种成千上万，从事物流活动的人员队伍庞大，物流系统内的物资占用大量的流动资金，物流网点遍及城乡各地。这些人力、物力、财力资源的组织和合理利用，是一个非常复杂的问题。

在物流活动的全过程中，伴随着大量的物流信息，物流系统要通过这些信息把各个子系统有机地联系起来。收集、处理物流信息，并使之指导物流活动，也是一项复杂的工作。

（6）物流系统是一个多目标系统

物流系统的各项活动（运输、保管、搬运、包装、流通加工）之间存在"效益背反（trad off）"，又称之为"二律背反"。所谓"效益背反"是指"对于同一资源（如成本）的两个方面处于相互矛盾的关系之中，想要较多地达到其中一个方面的目的，必然使另一方面的目的受到部分损失"。物流系统的总目标是实现其经济效益，但物流系统要素间存在的"背反"现象，或"效益背反"现象，使得要同时实现物流时间最短、服务质量最佳、物流成本最低这几个目标几乎是不可能的。

① 减少库存据点并尽量减少库存，势必使库存补充变得频繁，必然增加运输次数。简化包装，则包装强度降低，仓库里的货物就不能堆放过高，这就降低了保管效率。而且在装卸和运输过程中容易出现破损，以致搬运效率下降，破损率上升。

② 将铁路运输改为航空运输，虽然运费增加了，而运输速度却大幅度提高了。不但减少了各地物流据点的库存，还大量减少了仓储费用。

③ 由于各物流活动之间存在着"效益背反"，因而就必须研究总体效益，使物流系统化，物流的各项活动如运输、保管、搬运、包装、流通加工等分系统都具有提高自身效率的机制以实现物流系统最佳效益为目的。物流系统是为达成物流目的的有效

机制,即调整各个分系统之间的矛盾,把它们有机地联系起来使之成为一个整体,建立物流多目标函数,在多目标中求得物流的最佳效果。

3. 物流系统的目标

物流系统是社会经济系统的一部分,其目标是获得宏观和微观经济效益。

物流系统的宏观经济效益是指一个物流系统作为一个子系统,对整个社会流通及国民经济效益的影响。物流系统是社会经济系统中的一部分,如果一个物流系统的建立破坏了母系统的功能及效益,那么,这一物流系统尽管功能理想也是不成功的。物流系统不但会对宏观的经济效益产生作用,而且还会对社会其他方面发生影响,如物流设施的建设会对周边的环境带来影响。

物流系统的微观经济效益是指该系统本身在运行活动中所获得的企业效益。其直接表现形式是这一物流系统通过组织"物"的流动,获得本身所耗与所得之差。系统基本稳定运行后,主要表现在企业通过物流活动所获得的利润,或物流系统为其他系统所提供的服务上。

建立和运行物流系统时,要以两个效益为目标。具体来讲,物流系统要实现以下五个目标。

(1) 服务(service)。物流系统的本质是以用户为中心,树立用户第一的观念。其利润的本质是"让渡"性的,不一定是以"利润为中心"的系统。物流系统采取送货、配送业务,就是其服务性的表现。在技术方面,近年来出现的"准时供应方式"(JIT)、"柔性供货方式"等,也是其服务性的表现。

(2) 快速、及时(speed)。及时性是服务性的延伸,既是用户的要求,也是社会发展进步的要求。随着社会大生产的发展,对物流快速、及时性的要求更加强烈。在物流领域采用直达运输、联合一贯运输、时间表系统等管理和技术,就是这一目标的体现。

(3) 低成本(saving)。在物流领域中除流通时间的节约外,由于流通过程消耗大而又基本上不增加或不提高商品的使用价值,所以依靠节约来降低投入是提高相对产出的重要手段。在物流领域里推行的集约化经营方式,提高物流的能力,采取各种节约、省力、降耗措施,实现降低物流成本的目标。

(4) 规模优化(scale optimization)。由于物流系统比生产系统的稳定性差,因而难于形成标准的规模化模式,这使得规模效益不明显。以物流规模优化作为物流系统的目标,以此来追求"规模效益"。在物流领域以分散或集中的方式建立物流系统,研究物流集约化的程度,就体现了规模优化这一目标。

(5) 库存控制(stock control)。库存控制是及时性的延伸,也是物流系统本身的要求,涉及物流系统的效益。物流系统是通过本身的库存,起到对千百家生产企业和消费者的需求保证作用,从而创造一个良好的社会外部环境。同时,物流系统又是国家进行资源配置的一环,系统的建立必须考虑国家进行资源配置、宏观调控的需要。在物流领域中正确确定库存方式、库存数量、库存结构、库存分布就是这一目标的体现。

要提高物流系统化的效果,就要把从生产到消费过程的货物量作为一贯流动的物流量看待,依靠缩短物流路线,缩短物流时间,使物流作业合理化、现代化,从而实现物流系统的目标。

2.1.2 物流系统的基本模式及构成要素

1. 物流系统的基本模式

物流系统的基本模式和一般系统一样,具有输入、转换及输出三大功能,通过输入和输出使系统与社会环境进行交换,使系统和环境相依而存,而转换则是这个系统具有特色的系统功能。在物流系统中,输入、输出及转换活动往往是在不同领域或不同的子系统中进行的。物流系统的输出是物流系统对环境的直接输出,输出的内容有各种物品的场所转移、信息报表的传递、合同的履行、物流服务,它是物流系统处理的结果,如图 2-1 所示。物流系统及其各子系统在不同时间及环境条件下,其输入、输出和转换都不同,不会完全一样。

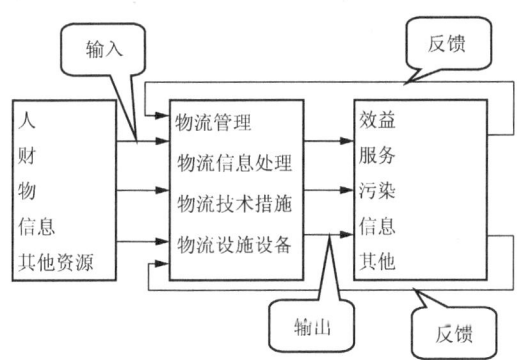

图 2-1 物流系统的基本模式

2. 物流系统的构成要素

与一般的管理系统一样,物流系统是由人、财、物、设备、信息和任务目标等要素组成的有机整体。由于物流系统的特点,物流系统的要素可具体分为功能要素、支撑要素和物质基础要素等。

(1)物流系统的功能要素

物流系统的功能要素指的是物流系统所具有的基本能力,这些基本能力有效地组合、联结在一起,以完成物流系统的目标。一般认为物流系统的功能要素有运输、储存保管、包装、装卸搬运、流通加工、配送和物流信息。

上述功能要素中,运输及保管分别解决了供给者及需要者之间场所和时间的分离,分别是物流创造"场所效用"及"时间效用"的主要功能,因而在物流系统中处于主要功能要素的地位。

(2)物流系统的支撑要素

物流系统处于复杂的社会经济系统中,物流系统的建立需要有许多支撑手段,要确定物流系统的地位,要协调与其他系统的关系,这些要素必不可少。物流系统的支撑要素主要包括:

① 体制、制度。物流系统的体制、制度决定物流系统的结构、组织、领导、管理方式,国家对其控制、指挥,管理方式以及系统的地位、范畴,是物流系统的重要保障。有了这个支撑条件,物流系统才能确立在国民经济中的地位。

② 法律、规章。物流系统的运行,不可避免地会涉及企业或人的权益问题。法律、规章一方面限制和规范物流系统的活动,使之与更大系统协调;另一方面是给予保障,合同的执行、权益的划分、责任的确定都需要靠法律、规章维系。

③ 行政、命令。物流系统一般关系到国家军事、经济命脉,所以,行政、命令等手段也常常是支持物流系统正常运转的重要因素。

④ 标准化系统。实施标准化保证物流环节协调运行,是物流系统与其他系统在技术上实现无缝联结的重要支撑条件。

(3)物流系统的物质基础要素

物流系统的建立和运行,需要有大量技术装备手段,这些手段的有机联系对物流系统的运行有决定意义,这些要素对实现物流系统的运行具有重要作用。

① 物流设施:包括物流站、货场、物流中心、仓库、公路、铁路、港口等。

② 物流装备:包括仓库货架、进出库设备、流通加工设备、运输设备、装卸机械等。

③ 物流工具:包括包装工具、维护保养工具、办公设备等。

④ 信息技术及网络:根据所需信息水平不同,包括通信设备及线路、传真设备、计算机及网络设备等。

⑤ 组织及管理:是物流网络的"软件",起着联结调运、协调、指挥各要素的作用,以保障物流系统目的的实现。

2.1.3 物流系统分析

1. 物流系统分析的含义

用系统观点来研究物流活动是现代物流学的核心问题。物流系统分析是指在一定时间、空间里,对其所从事的物流活动和过程作为一个整体来处理,以系统的观点、系统工程的理论和方法进行分析、研究，以实现其空间和时间的经济效应。

如前所述，物流系统是由运输、储存、装卸、搬运、包装、配送、流通加工、信息处理等各环节所组成的，它们也称为物流的子系统。作为系统输入的是输送、储存、装卸搬运、包装、物流情报、流通加工等环节所消耗的劳务、设备、材料等资源，经过物流系统的处理转化，以物流服务的方式输出系统。整体优化的目的就是要使输入最少，即物流成本最低，消耗的资源最少，而使作为输出的物流服务效果最佳。

2．物流系统分析的步骤

系统分析是通过对现有系统的调查和分析，以确定新系统的目标的极为重要的阶段，是系统工程的技术前导。系统分析首先要对现有系统进行详细调查，包括调查现有系统的工作方法、业务流程、信息数量和频率、各业务部门之间的相互联系，在对现有系统从时间和空间上对信息的状态做详细调查的基础上，分析现有系统的优缺点，并了解其功能。一般来说，对物流系统分析需要回答下面几个问题：

（1）我们为什么要进行这项工作？

（2）进行该项工作能增加什么价值？

（3）为什么要按照现有程序进行该项工作？

（4）为了提高效率，能否改变作业步骤的次序？

（5）为什么要有某一个小组或个人来完成这项工作？

（6）其他人可以完成这项工作吗？

（7）还有更好的系统运行方式吗？

对物流系统的分析、设计可以由企业专职的系统分析设计师完成，但更多的企业乐于借助外部咨询机构。

3．物流系统分析常用的理论及方法

（1）数学规划法（运筹学）

它是一种对系统进行统筹规划，寻求最优方案的数学方法。其具体理论与方法包括线性规划、动态规划、排队论和库存论等。线性规划、动态规划和库存论等是解决物流系统中物料储存的时间与数量问题的。

（2）统筹法（网络分析法）

运用网络来统筹安排，合理规划系统的各个环节。它用网络图来描述活动流程的线路，把事件作为结点。在保证关键线路的前提下，安排其他活动，调整相互关系，以保证按期完成整个计划。

（3）系统优化法

在一定约束条件下，求出使目标函数最优的解。物流系统包括许多参数，这些参数相互制约、互为条件，同时受外界环境的影响。系统优化研究，在不可控参数变化时根据系统的目标如何来确定可控参数的值，使系统达到最优状态。

（4）系统仿真

系统仿真是指利用模型对实际系统进行实验研究。

上述方法各有特点，在实际中都得到了广泛的应用，其中系统仿真技术是近年来应用最为普遍的方法。系统仿真技术的发展及应用依赖于计算机软硬件技术的飞速发展。今天，随着计算机科学与技术的快速发展，系统仿真技术的研究也在不断完善，应用也在不断扩大。

4．物流系统分析的应用范围

物流系统分析贯穿于从系统构思、技术开发到制造安装、运输的全过程，其重点放在物流系统发展规划和系统设计阶段。具体包括：指定系统规划方案；生产力布局（厂址选择、库址选择、物流网点的设置和交通运输网络设置等）；工厂内（库内、货场内）的合理布局；库存管理，对原材料、在制品和产成品进行数量控制；成本（费用）控制等。

2.2　包装

在社会再生产过程中，商品包装处于生产过程的末尾和物流过程的开端。传统的生产观念认为商品包装是生产过程的最后一个环节，所以，在实际的生产过程中，商品包装的设计都是从生产的角度来考虑的，但这样不能满足物流的需要。在现代物流领域，一般都把商品包装看作是物流过程的起点。

2.2.1　包装的含义及功能

1．包装的含义

根据中国国家标准《物流术语》（GB/T 18354—2006），包装（packaging）是为在流通过程中保护产品、方便储运、促进销售，按一定技术方法而采用的容器、材料及辅助物等的总体名称。也指为了达到上述目的而采用容器、材料和辅助物的过程中施加一定技术方法等的操作活动。简言之，包装就是包装物和包装操作的总称。

2．包装的功能

包装有以下几种功能：保护商品、方便物流、促进销售以及方便消费。

（1）保护商品

商品包装的一个重要功能就是要保护包装内的商品不受损伤。在商品运输、储存过程中一个好的包装，能够抵挡侵袭因素。在设计商品的包装时，要做到有的放矢。要仔细分析商品可能会受到哪些方面的侵扰，然后针对这些方面来设计商品的包装。

（2）方便物流过程

商品包装的一个重要作用就是提供商品自身的信息，如商品的名称、生产厂家和商品规格等，以帮助工作人员区分不同的商品。在传统的物流系统中，商品包装的这些功能可以通过在包装上印刷商品信息的方式来实现，如今，随着信息技术的发展，更多使用的是条形码技术。条形码技术可以极大地提高物流过程的整体效率。

（3）促进商品的销售

一般来说，商品的外包装必须适应商品运输的种种要求，更加注重包装的实用性。而商品的内包装要直接面对消费者，必须注意它外表的美观大方，要有一定的吸引力，促进商品的销售。商品的包装就是企业的面孔，优秀的、精美的商品包装能够在一定程度上促进商品的销售，提高企业的市场形象。

（4）方便顾客消费、提高服务水平

企业对商品包装的设计工作应该考虑适合顾客的使用，要与顾客使用时的搬运、储存设施相适应。

2.2.2 包装的分类

包装的分类就是把包装作为一定范围的集合总体，按照一定的分类标准或者特征，将其划分为不同的类别。

1. 按包装在物流中发挥的不同作用划分

按包装在物流中发挥的作用不同，可以将包装分为商业包装和工业包装。

（1）商业包装

商业包装，也称消费者包装或内包装，其主要目的是为了吸引消费者、促进销售。一般来说，在物流过程中，商品越接近顾客，越要求包装起到促进销售的效果。因此，这种包装的特点是造型美观大方，拥有必要的修饰，包装上有对于商品详细的说明，包装的单位适合于顾客的购买以及商家柜台摆设的要求。

（2）工业包装

工业包装，也称运输包装或外包装，是指为了在商品的运输、储存和装卸的过程中保护商品所进行的包装。它更强调包装的实用性和费用的低廉性。

2. 按照包装材料的不同划分

按包装材料的不同，可以将包装分为纸制品包装、塑料制品包装、木制容器包装、金属容器包装、玻璃陶瓷容器包装、纤维容器包装、复合材料包装和其他材料包装。

3. 按照包装保护技术的不同划分

按照商品包装保护技术的不同，可将包装分为防潮包装、防锈包装、防虫包装、防腐包装、防震包装以及危险品包装等。

2.2.3　包装器材的选择

1. 包装器材的发展趋势

包装器材是随着材料科学、工业技术和文化艺术的发展而发展的。复合材料、复塑材料和新材料将是包装材料发展的大趋势。新包装技术、新包装材料和新包装方法将使包装容器从形式到功能进一步科学化、系列化、适用化，尤其是组合包装方法的运用，将使包装容器在追求降低成本的同时，向着力求节省材料、节省空间、构造简单、大小适当、重视安全的方向发展。随着环境保护意识的加强，开发无公害包装材料以及制造可再生利用的包装容器已成为一个重要的课题。

2. 包装器材的选择

选择包装器材应遵循的原则：

（1）包装器材与被包装物的特性相适应。根据被包装物的种类、物理化学性能、价格价值、形状形态、体积重量等，在实现包装功能的基础上，应以降低材料费、加工费和方便作业为目的选择包装器材。运输包装中，贵重易碎、易破损物资，包装容器应相应坚实，用材上应予以保证；一般物资包装器材的选择，只要有一定防护功能、方便功能即可。应注意防止过分包装的倾向。

（2）包装器材与包装类别相协调。运输包装、销售包装在包装器材的选择上不尽相同。运输包装器材的选择着重注意包装的防护与储运方便性，不太讲究美观和促销问题；销售包装器材的选择着重注意商品信息的传递、开启的方便及促销功能，而不太注重防护功能，所以在包装器材的选择上，销售包装常用纸袋、纸盒、纸箱、瓷瓶、玻璃瓶和易拉罐等，而运输包装常用托盘、集装箱、木箱、大纸箱和铁皮等。

（3）包装器材应与流通条件相适应。包装器材必须保证被包装的商品在经过流通和销售的各个环节之后，最终能数量正确、质量完好地到达消费者手中。因此，要求包装器材的物理性能良好，在运输、堆码、装卸搬运中，包装器材的强度、阻热隔热性、吸湿性不因气候变化而变化；还要求包装器材的化学性能稳定，在日光、空气、温湿度和酸碱盐作用下不发生化学变化，有抗老化、抗腐蚀的能力；包装器材的选择还应有利于实施包装技法和实现包装作业。

（4）有效防止包装物被盗及促进销售。选择包装器材时，应从包装器材的结构与强度上做好防盗准备，应该结构牢固，封缄严密；同时包装器材应能起到宣传商品、刺激购买欲、促进销售的作用。

2.2.4　包装的标识

商品包装时，在外部印刷、粘贴或书写的标识，其内容包括：商品名称、牌号、规格、等级、计量单位、数量、重量、体积，收货单位，发货单位，指示装卸搬运、存放注意事项、图案和特定的代号等。

包装的标识是判别商品特征、组织商品流转和维护商品质量的依据，对保障商品储运安全、加速流转、防止差错有着重要作用。

包装的标识，通常分为两种：一是包装的标记；二是包装的标志。

1．包装的标记

包装的标记是指根据包装内装物商品的特征和商品收发事项，在外包装上用文字和阿拉伯数字标明的规定记号。它包括：

（1）商品标记。这是注明包装内的商品特征的文字记号，反映的内容主要是商品名称、规格、型号、计量单位、数量。

（2）重量体积标记。这是注明整体包装的重量和体积的文字记号，反映的内容主要是毛重、净重、皮重和长、宽、高尺寸。

（3）收发货地点和单位标记。这是注明商品起运、到达地点和收发货单位的文字记号，反映的内容是收发货的具体地点和收发货单位的全称。例如，国外进口商品在外包装表面刷上标记，标明订货年度、进口单位和进口单位的代号、商品类别代号、合同号码、贸易国代号以及进口港的地名等。

2．包装的标志

包装的标志，是用来指明包装内容物的性质，为了运输、装卸搬运、储存、堆码等的安全要求或理货分运的需要，在外包装上用图像或文字标明的规定记号。它包括指示标志和危险品标志两类共 27 种。

（1）指示标志。这是为了保证商品安全，指示运输、装卸、保管的作业人员如何进行安全操作的图像、文字记号。它反映的内容主要是指示商品性质和商品在堆放、开启、吊运等方法。

（2）危险品标志。用来表示该种危险品的物理、化学性质以及其危险程度的图像和文字记号。反映的主要内容有爆炸品、易燃品、有毒品和腐蚀品等。

（3）标志的尺寸和使用方法

① 标志的尺寸

一般分为以下三种，如表 2-1 所示。

表 2-1 包装标志尺寸

尺寸 号别	长（mm）	宽（mm）
1	105	74
2	148	105
3	210	148

② 标志的使用方法
- 用坚韧纸张、木板、塑料、布条或铁皮写描或印刷标志、拴挂、钉附或粘贴在包装上。
- 用坚韧纸片、铁皮刻出标志漏板,刷在包装上。
- 做标志模印,打印在包装上。
- 在包装上直接写描标志。
- 标志颜色与标底颜色要明显区别开,易于看清。
- 标志位置一般应在包装两端或两侧上部。切忌在包装的顶盖上,以避免重叠高码时,看不见指示标志。特定的指示标志,如"由此吊起"、"重心点"等的标志位置应在包装的实际位置上。标志图样举例,如图2-2所示。

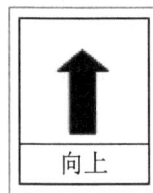   

| 向上 | 防湿 | 小心轻放 | 由此吊起 |

图 2-2 常用包装标志图例

阅读资料 2-1 绿色包装

绿色包装(green package),又可以称为无公害包装和环境之友包装(environmental friendly package),指对生态环境和人类健康无害,能重复使用和再生,符合可持续发展的包装。它的理念有两个方面的含义:一个是保护环境,另一个就是节约资源。这两者相辅相成,不可分割。其中保护环境是核心,节约资源与保护环境又密切相关,因为节约资源可减少废弃物,其实也就是从源头上对环境的保护。中国环境科学学会绿色包装标志,如图2-3所示。

从技术角度讲,绿色包装是指以天然植物和有关矿物质为原料研制成对生态环境和人类健康无害,有利于回收利用,易于降解、可持续发展的一种环保型包装,也就是说,其包装产品从原料选择、产品的制造到使用和废弃的整个生命周期,均应符合生态环境保护的要求,应从绿色包装材料、包装设计和大力发展绿色包装产业三方面入手实现绿色包装。

图 2-3 中国环境科学学会绿色包装标志

具体而言，绿色包装应具有以下的含义。

（1）实行包装减量化（Reduce）。绿色包装在满足保护、方便、销售等功能的条件下，应是用量最少的适度包装。欧美等国将包装减量化列为发展无害包装的首选措施。

（2）包装应易于重复利用（Reuse）或易于回收再生（Recycle）。通过多次重复使用，或通过回收废弃物，生产再生制品、焚烧利用热能、堆肥化改善土壤等措施，达到再利用的目的。既不污染环境，又可充分利用资源。

（3）包装废弃物可以降解腐化（Degradable）。为了不形成永久的垃圾，不可回收利用的包装废弃物要能分解腐化，进而达到改善土壤的目的。世界各工业国家均重视发展利用生物或光降解的包装材料。Reduce、Reuse、Recycle 和 Degradable 即是 21 世纪世界公认的发展绿色包装的 3R 和 1D 原则。

（4）包装材料对人体和生物应无毒无害。包装材料中不应含有有毒物质或有毒物质的含量应控制在有关标准以下。

（5）在包装产品的整个生命周期中，均不应对环境产生污染或造成公害。即包装制品从原材料采集、材料加工、制造产品、产品使用、废弃物回收再生，直至最终处理的生命全过程均不应对人体及环境造成公害。依据生命周期评价，用系统工程的观点，对绿色包装提出的理想的、最高的要求。

从以上的分析中，绿色包装可定义为：绿色包装就是能够循环复用、再生利用或降解腐化，而且在产品的整个生命周期中对人体及环境不造成公害的适度包装。

资料来源：百度百科 http://baike.baidu.com/view/543523.htm。

2.3　装卸和搬运

在工业尚不发达的年代，货物装卸主要依靠人力来完成，装卸现场的劳动强度大、劳动环境艰苦。在发展中国家，即便到了今天，仍有相当部分的装卸活动依然是依靠人力来完成的。改善装卸作业的环境，提高装卸效率是物流现代化的重要课题。装卸的机械化不仅可以减轻人的作业压力，改善劳动环境，而且可以大大提高装卸效率，缩短物流时间。

2.3.1　装卸搬运概述

1. 装卸搬运的概念

根据我国《物流术语》国家标准（GB/T 18354—2006），装卸（loading and unloading）是指物品在指定地点以人力或机械实施垂直位移的作业。搬运（handling carrying）是指在同一场所内,对物品进行水平移动为主的作业。装卸搬运是在某一物流节点范围内进行的,以改变物料的存放状态和空间位置为主要内容和目的活动。

在习惯使用中,物流领域(如铁路运输)常将装卸搬运这一整体活动称作"货物装卸";在生产领域中常将这一整体活动称作"物料搬运"。实际上,活动内容都是一样的,只是领域不同而已。

在实际操作中,装卸与搬运是密不可分的,两者是相伴发生的。搬运的"运"与运输的"运"区别之处在于,搬运是在同一地域的小范围内发生的,而运输则是在较大范围内发生的,两者是量变到质变的关系,中间并无一个绝对的界限。

2．装卸搬运的地位与作用

装卸活动的基本动作包括装车(船)、卸车(船)、堆垛、入库、出库以及连接上述各项动作的短程输送,是随运输和保管等活动而产生的必要活动。

在物流过程中,装卸活动是不断出现和反复进行的,它出现的频率高于其他各项物流活动,每次装卸活动都要花费很长时间,所以往往成为决定物流速度的关键。装卸活动所消耗的人力也很多,所以装卸费用在物流成本中所占的比重也较高。以我国为例,铁路运输的始发和到达的装卸作业费大致占运费的20%左右,船运的装卸费占40%左右。因此,为了降低物流费用,装卸是个重要环节。

此外,进行装卸操作时往往需要接触货物,因此,这也是在物流过程中造成货物破损、散失、损耗、混合等损失的主要环节。如袋装水泥纸袋破损和水泥散失主要发生在装卸过程中,玻璃、机械、器皿、煤炭等产品在装卸时最容易造成损失。由此可见,装卸活动是影响物流效率、决定物流技术经济效果的重要环节。据统计,我国火车货运以500千米为分界点,运距超过500千米,运输在途时间多于起止的装卸时间;而运距低于500千米,装卸时间则超过了实际运输时间。美国与日本之间的远洋船运,一个往返需25天,其中运输时间13天,装卸时间12天。我国机械工厂每生产1吨成品,需进行252吨次的装卸搬运,其成本为加工成本的15.5%。

3．装卸搬运的分类

(1)按装卸搬运施行的物流设施、设备对象分类

装卸搬运以此可分为仓库装卸、铁路装卸、港口装卸、汽车装卸等。

① 仓库装卸是配合出库、入库、维护保养等活动进行的,并且以堆垛、上架、取货等操作为主。

② 铁路装卸是对火车车皮的装进及卸出,特点是一次作业就需实现一车皮的装进或卸出,很少有像仓库装卸时出现的整装零卸或零装整卸的情况。

③ 港口装卸包括码头前沿的装船,也包括后方的支持性装卸搬运,有的港口装卸还采用小船在码头与大船之间"过驳"的办法,因而其装卸的流程较为复杂,往往经过几次的装卸及搬运作业才能最后实现船与陆地之间货物过渡的目的。

④ 汽车装卸一般一次装卸批量不大，由于汽车的灵活性，可以减少或根本减去搬运活动，而直接、单纯利用装卸作业达到车与物流设施之间货物过渡的目的。

（2）按装卸搬运的机械及机械作业方式分类

装卸搬运以此可分成使用吊车的"吊上吊下"方式、使用叉车的"叉上叉下"方式、使用半挂车或叉车的"滚上滚下"方式、"移上移下"方式及散装方式等。

① "吊上吊下"方式。采用各种起重机械从货物上部起吊，依靠起吊装置的垂直移动实现装卸，并在吊车运行的范围内或回转的范围内实现搬运或依靠搬运车辆实现小搬运。由于吊起及放下属于垂直运动，这种装卸方式属垂直装卸方式。

② "叉上叉下"方式。采用叉车从货物底部托起货物，并依靠叉车的运动进行货物位移，搬运完全靠叉车本身，货物可不经中途落地直接放置到目的处。这种方式垂直运动不大而主要是水平运动，属水平装卸方式。

③ "滚上滚下"方式。港口装卸的一种水平装卸方式，即利用叉车或半挂车、汽车承载货物，将货物连同车辆一起开上船，到达目的地卸货后再从船上开下，称"滚上滚下"方式。利用叉车的滚上滚下方式，在船上卸货后，叉车必须离船；利用半挂车、平车或汽车，则托车将半挂车、平车拖拉至船上后，托车离船而载货车辆连同货物一起运到目的地，再原车开下或拖车上船拖拉半挂车、平车开下。滚上滚下方式需要有专门的船舶，对码头也有不同要求，这种专门的船舶称"滚装船"。

④ "移上移下"方式。两车之间（如火车及汽车）进行靠接，然后利用各种方式，不使货物垂直运动，而靠水平移动从一车辆推移到另一车辆上，称移上移下方式。移上移下方式需要两种车辆水平靠接，因此，需对站台或车辆货台进行改造，并配合移动工具实现这种装卸。

⑤ 散装方式。对散装货物进行装卸。一般从装点到卸点，中间不再落地，这是集装卸与搬运于一体的装卸方式。

2.3.2 装卸搬运作业和设备配置

1. 装卸作业的准备

（1）决定装卸作业方式

根据"物"的种类、体积、重量、到货批量、运输车辆或其他设施状况确定装卸作业方式，确定装卸设备及设备能力的选用。

（2）决定装卸场地

预先规划好装卸地点及卸货后货物的摆放位置及放置状态，预先确定站台及车辆靠接位置等。

（3）准备吊具、索具等附属工具

配合装卸方式，选择和准备有效的吊索具，是提高装卸效率、加快装卸速度及减少装卸损耗的重要一环。

2. 装卸搬运机器及设施的配置

装卸搬运活动的种类很多，在不同领域为配合不同活动所进行的装卸搬运工作，机器的选用有较大区别，分述如下。

（1）在物流设施内的装卸搬运活动及机器配置

在物流设施内的装卸搬运活动是很频繁的。一般而言，物流设施都有特定的用途，如铁道站、场、机场、港口、转运站、配送中心等，这些有特定用途的物流设施都是根据处理货物种类、方式，物流设施与物流线的衔接运输方式设计和建造的专用的物流设施，如立体或平面仓库、高站台、低站台、铁道专用线及站台、汽车站台等，同时，在特定的物流设施中，往往配置最理想的专用物流机器。这样一来，在这一特定物流设施中，便可以进行专业化的装卸搬运，形成一个完善的装卸搬运工艺，使这种特定物流设施中有很高的工作效率和很完善的机械配置。物流设施中的装卸设施和机具的特点是：有按设计建成的专用性强的设施和专用装卸搬运设备。如果这种设施移作他用，则因设施设备不配套而有较大困难。下面介绍两种常见的装卸设施。

① 卡车站台。在物流设施内，不同领域所选用的卡车站台不同。处理多品种、少批量、多次数的货物（如配送中心）一般采用高站台的设计，即站台高度与汽车货台高度相同，站台平面与配送处理场连成一体，配送处理的货物可以方便地水平装入车内；处理少品种、大批量的货物，一般采用低站台，即站台面和地平面等高。车货台高度有利于铲斗车、叉车、吊车进行装卸。

② 火车站台。一般散杂货及包装货装卸，采用高站台，站台与车厢底板同高，各种作业车辆、小型叉车及人力可方便地从站台进出车厢从事装卸作业；集装箱、托盘等大型货体，采用吊车或大型叉车作业，一般采用和地面平的低站台。

物流设施内的高站台和低站台适于配合的装卸方法、装卸机械及适合的对象货物，如表2-2所示。

表2-2 设施内外装卸方法及机器选用

场所		装卸方法	装卸机组	对象货物
物流设施内	高站台口	人力装卸		少量货物
		利用搬运装卸机械装卸	手推车、手车、搬运车、手推平板车、电动平板车、带轮的箱式托盘	一般货物托盘货物
		输送机装卸	动力式输送机	箱装货物、瓦楞纸箱
	低站台	叉车装卸	叉车+侧面开门的车身	托盘货物
			叉车+托盘等带移动装置的车体	
		输送机装卸	动力式输送机	箱装货物、瓦楞纸箱

续表

场　　所	装卸方法	装卸机组	对象货物
物流设施外	人力装卸	（和重力式输送机并用）	一般杂货
	机械装卸（利用卡车上装设的装卸机械）	卡车携带小型吊车	机械类托盘货物建筑材料
		自动杆升降板装置	桶罐、储气罐小型搬运车或带轮箱式托盘货物和手推板车

（2）在物流设施外的装卸搬运活动及机器

一般而言，这个领域装卸是成本较高、装卸水平较低的，在物流过程中是制约物流总水平提高的领域。在物流设施外的装卸是经常遇到的，如许多用户没有专门物流设施，如家庭、商店、一般工厂等，因此，不可能有专门的设施和专用装卸机具，在这种情况下装卸方式有如下三种。

① 人力装卸，人力配合移动机具搬运。除去全部利用人力外，还可采用手动叉车、移动式输送机升降台车和手推车等机具配合。

② 随车的装卸工具装卸。主要有三种装置，一种是车载小型卡车吊，可有效完成设施外装卸；一种是车尾部升降板。

③ 租用装卸机械装卸。自动翻卸、自动收集垃圾、自动吸排污物、带辊道输送带等专用车辆，到目的地后可完成一部分装卸搬运的操作。租用装卸机械办法是常用的办法，尤其是不经常发生的重型货物装卸，则需要租用专用吊车，这会造成装卸费用的大幅度上升，是设施外装卸很难克服的缺点。

3．装卸作业方法

（1）单件装卸

单件装卸指的是非集装按件计的货物逐个进行装卸操作的作业方法。单件作业对机械、装备、装卸条件要求不高，因而机动性较强，可在很广泛的地域内进行而不受固定设施、设备的地域限制。

单件作业可采取人力装卸、半机械化装卸及机械装卸。由于逐件处理装卸速度慢，且装卸要逐件接触货体，因而容易出现货损，反复作业次数较多，也容易出现货差。单件作业的装卸对象主要是包装杂货，多种类、小批量货物及单件大型、笨重货物。

（2）集装作业

集装作业是对集装货载进行装卸搬运的作业方法。每装卸一次是一个经组合之后的集装货载，在装卸时对集装体逐个进行装卸操作的作业方法，和单件装卸的主要异同在于，都是按件处理，但集装作业"件"的单位大大高于单件作业每件的大小。

集装作业由于集装单元较大，不能进行人力手工装卸。虽然在不得已时可用简单机械偶尔解决一次装卸，但对大量集装货载而言，只能采用机械进行装卸，同时也必须在有条件的场所进行这种作业，不但受装卸机具的限制，也受集装货载存放条件的限制，因而机动性较差。

集装作业一次作业装卸量大，装卸速度快，且在装卸时并不逐个接触货体，而仅对集装体进行作业，因而货损较小，货差也小。

集装作业的对象范围较广，一般除特大、重、长的货物和粉、粒、液、气状货物外，都可进行集装。粉、粒、液、气状货物经一定包装后，也可集合成大的集装货载；特大、重、长的货物，经适当分解处置后，也可采用集装方式进行装卸。集装作业有以下几种方法。

① 托盘装卸。利用叉车对托盘货载进行装卸，属于"叉上叉下"方式。由于叉车本身有行走机构，所以在装卸同时可以完成小搬运，而勿需落地过渡，因而有水平装卸的特点。托盘装卸常需叉车与其他设备、工具配合，以有效完成全部装卸过程，如叉上之后，由于叉的前伸距离有限，有时需要利用托盘搬运车或托盘移动器来解决托盘水平短距离移动。由于叉车叉的升高距离有限，有的又需与升降机、电梯、巷道起重机等设备配套，以解决托盘垂直位移的问题。

② 集装箱装卸。集装箱装卸主要用港口岸壁吊车、龙门吊车、桁车等各种垂直起吊设备进行"吊上吊下"式的装卸，同时，各种吊车还可以做短距离水平运动。因此可以同时完成小范围的搬运。如需有一定距离的搬运，则还需与搬运车相配合。小型集装箱也可以和托盘一样采用叉车进行装卸。

③ 货捆装卸。主要采用各种类型起重机进行装卸，货捆的捆具可与吊具、索具有效配套进行"吊上吊下"式装卸。短尺寸货捆还可采用一般叉车装卸，长尺寸货捆还可采用侧式叉车进行装卸。货捆装卸适于长尺寸货物、块条状货物、强度较高无须保护的货物。

④ 集装网袋装卸。主要采用各种类型吊车进行"吊上吊下"作业，也可与各种搬运车配合进行吊车所不能及的搬运。

货捆装卸与集装网袋装卸有一个共同的突出优点，即货捆的捆具及集装袋、集装网本身重量轻，又可折叠，因而无效装卸少，装卸作业效率高。而且相对货物而言，货捆具与集装袋、网成本较低，装卸后又易返运，因而装卸上有优势。

⑤ 挂车装卸。利用挂车的可行走机构，连同车上组合成的货物一起拖运到火车车皮上或船上的装卸方式，属于水平装卸，是所谓"滚上滚下"的装卸方式。

其他集装装卸方式还有滑板装卸、无托盘集装装卸、集装罐装卸等。

（3）散装作业

散装作业指对大批量粉状、粒状货物进行无包装散装、散卸的装卸方法。装卸可连续进行，也可采取间断的装卸方式。但都需采用机械化设施、设备。在特定情况下，且批量不大时，也可采用人力装卸。散装作业方法主要有以下几种。

① 气力输送装卸。主要设备是管道及气力输送设备，以气力运动裹挟粉状、粒状

物沿管道运动而达到装、搬、卸之目的,也可采用负压抽取方法使散货沿管道运动。管道装卸密封性好,装卸能力高,容易实现机械化、自动化。

② 重力装卸。利用散货本身重量进行装卸的方法,这种方法必须与其他方法配合,首先将散货提升到一定高度,具有一定势能之后,才能利用本身重力进行下一步装卸。

③ 机械装卸。利用能承载粉粒货物的各种机械进行装卸,有两种主要方式:一是用吊车、叉车改换不同机具或用专用装载机,进行抓、铲、舀等形式作业,完成装卸及一定的搬运作业;二是用皮带、刮板等各种输送设备,进行一定距离的搬运卸货作业,并与其他设备配合实现装货。

2.4 运输

运输的功能主要是实现物品远距离的位置移动,创造物品的"空间效用",或称"场所效用"。所谓空间效用,是指物品在不同的位置,其使用价值实现的程度是不同的,即效用价值是不同的。通过运输活动,将物品从效用价值低的地方转移到效用价值高的地方,使物品的使用价值得到更好地实现,即创造物品的最佳效用价值。除创造空间效用外,还创造时间效用,具有一定的储存功能。

2.4.1 运输的概念

根据中国国家标准《物流术语》(GB/T 18354—2006),运输(transportation)是指用专用运输设备将物品从一地点向另一地点运送,其中包括集货、分配、搬运、中转、装入、卸下、分散等一系列操作。运输和搬运的区别在于,运输是在较大范围内进行的活动,而搬运是在同一场所内进行的活动。

2.4.2 运输的地位

1. 运输是物流的主要功能要素之一

按物流的概念,物流是"物"的物理性运动,这种运动不但改变了物的时间状态,也改变了物的空间状态。而运输承担了改变空间状态的主要任务,运输是改变空间状态的主要手段,运输再配以搬运、配送等活动,就能圆满完成改变空间状态的全部任务。

2. 运输是社会物质生产的必要条件之一

运输是国民经济的基础。马克思将运输称之为"第四个物质生产部门",是将运输看成是生产过程的继续,这种继续虽然以生产过程为前提,但如果没有这种继续,生产过程则不能最后完成。所以,虽然运输的这种生产活动和一般生产活动不同,它不创造新的物质产品，不增加社会产品数量，不赋予产品以新的使用价值，而只变动其所在的空间位置，但这一变动则使生产能继续下去，使社会再生产不断推进，所以将其看成一种物质生产部门。

运输作为社会物质生产的必要条件，表现在以下两个方面。

（1）在生产过程中，运输是生产的直接组成部分，没有运输，生产内部的各环节就无法连接。

（2）在社会上，运输是生产过程的继续，这一活动联结生产与再生产、生产与消费的环节，连接国民经济各部门、各企业，连接着城乡，连接着不同国家和地区。

3．运输可以创造"场所效用"

场所效用的含义是：同种"物"由于空间场所不同，其使用价值的实现程度则不同，其效益的实现也不同。由于改变场所而最大发挥使用价值，最大限度提高了投入产出比，这就称之为"场所效用"。通过运输，将"物"运到场所效用最高的地方，就能发挥"物"的潜力，实现资源的优化配置。从这个意义来讲，也相当于通过运输提高了物的使用价值。

4．运输是"第三利润源"的主要源泉

（1）运输是运动中的活动，它和静止的保管不同，要靠大量的动力消耗才能实现这一活动，而运输又承担大跨度空间转移的任务，所以活动的时间长、距离长、消耗也大。消耗的绝对数量大，其节约的潜力也就大。

（2）从运费来看，运费在全部物流费用中占最高的比例，一般综合分析计算社会物流费用，运输费在其中约占50%，有些产品的运费甚至高于产品的生产费，所以，节约的潜力是大的。

（3）由于运输总里程大，运输总量巨大，通过体制改革和运输合理化可大大缩短运输吨千米数，从而获得比较大的节约。

2.4.3 运输的分类

1．按运输的范畴分类

（1）干线运输

这是利用公路、铁路的干线或大型船舶的固定航线进行的长距离、大数量的运输，是进行远距离空间位置转移的重要运输形式。干线运输一般速度较同种工具的其他运输要快，成本也较低。干线运输是运输的主体。

（2）支线运输

这是与干线相接的分支线路上的运输。支线运输是干线运输与收、发货地点之间的补充性运输形式，路程较短，运输量相对较小，支线的建设水平往往低于干线，运输工具水平也往往低于干线,因而速度较慢。

(3) 二次运输

这是一种补充性的运输形式,路程较短。干线、支线运输到站后,站与用户仓库或指定接货地点之间的运输,由于是单个单位的需要,所以运量也较小。

(4) 厂内运输

在工业企业范围内,直接为生产过程服务的运输。一般在车间与车间之间、车间与仓库之间进行。小企业中以及大企业车间内部、仓库内部的这种运输一般不称"运输",而称"搬运"。

2. 按运输的作用分类

(1) 集货运输

将分散的货物汇集集中的运输形式,一般是短距离、小批量的运输,货物集中后才能利用干线运输形式进行远距离及大批量运输,因此,集货运输是干线运输的一种补充形式。

(2) 配送运输

将据点中已按用户要求配好的货分送各个用户的运输,一般是短距离、小批量的运输,从运输的角度讲是对干线运输的一种补充和完善。

3. 按运输的协作程度分类

(1) 一般运输

一般运输是指孤立地采用不同运输工具或同类运输工具而没有形成有机协作关系的运输。

(2) 联合运输或多式联运

根据中国国家标准《物流术语》(GB/T 18354—2006),联合运输(joint transport)是指一次委托,由两个或两个以上运输企业协同将一批货物运送到目的地的活动。

联合运输,简称联运,是使用同一运送凭证,由不同运输方式或不同运输企业进行有机衔接运输货物,利用每种运输手段的优势以充分发挥不同运输工具效率的一种运输形式。采用联合运输,可以简化托运手续、方便用户,同时可以加速运输速度,也有利于节省运费。

根据中国国家标准《物流术语》(GB/T 18354—2006),多式联运(multimodal transport)是指联运经营者受托运人、收货人或旅客的委托,为委托人实现两种以上运输方式(含两种)或两程以上(含两程)运输的衔接,以及提供相关运输物流辅助服务的活动。

4. 按运输中途是否换载分类

(1) 直达运输

在组织货物运输时,利用一种运输工具从起运站、港一直运送至到达站、港,中途不经过换载、中途不入库储存的运输形式。

直达运输的优点在于：避免中途换载所出现的运输速度减缓、货损增加、费用增加等一系列弊病，从而能缩短运输时间、加快车船周转、降低运输费用。

（2）中转运输

在组织货物运输时，在货物运往目的地的过程中，途中的车站、港口、仓库进行转运换装，包括同种运输工具不同运输路线的转运换装，不同运输工具之间的转运换装，称中转运输。

中转运输的优点在于：通过中转可以将干线、支线运输有效地衔接，可以化整为零或集零为整，从而方便用户、提高运输效率；可以充分发挥不同运输工具在不同路段上的最优水平，从而获得节约或效益，也有助于加快运输速度。中转运输方式的缺点是在换载时会出现低速度、高货损、增加费用支出。

中转运输及直达运输的优劣不能笼统言之，两者在一定条件下各有优势。因此，需要具体问题具体分析，并以总体效益为最终判断标准。

2.4.4 运输方式

1. 汽车运输方式

（1）长距离干线运输

长距离干线运输是采用越来越多的一种汽车运输形式。以往对各种运输方式进行技术经济分析时，将汽车运行的经济里程限定在 200 千米范围，主要是地区和城市内部运输。汽车大型化以后，装载吨位成倍地提高，司乘人数却未增加，单位运量的汽车自重相对降低，故而汽车运行的经济里程大大扩展。此外，汽车的"门到门"性质可省去转运换载的时间及成本，从而汽车的干线运输不仅在水、铁运无法覆盖的地区不能不用，而且，即使在水、铁运条件具备的地区也有相当强的竞争能力。在我国铁路运力十分紧张的地区，对汽运分流的形式还给予政策上的鼓励。

长距离干线的方式往往需要以首末的集配运输配合，汽车的长距离干线"门到门"的运输受用户需求量的制约，不是很普遍，和集配运输结合才算完成完整的物流。

（2）近、中距离"门到门"运输

汽车的近、中距离运输，较多采用"门到门"的形式，车辆大小可在较大范围选择，因而批量的制约不大，使用的局限性便很小。此外，即使对小用户，还可以用"共同化"方式实行"门到门"运输。

（3）配送运输

配送运输以短距离汽车运输为主，是汽车运输的重要形式，往往以"中心到门"、"店到门"方式完成。

（4）集配运输

集配运输是与干线运输衔接的短程运输形式，尤其是铁、水、空干线运输，用汽车进行集配衔接是必然的,可以说是干线运输的必要补充和辅助形式,集配运输主要以"门到站"、"站到门"的形式实现。

（5）汽车联运

汽车运输是联运的一个环节。参加联运的汽车运输形式主要是集装箱车、半挂车等。

2. 铁道运输方式

（1）整车运输

铁路以整车皮装运同种货物的运输方式,整车运输可发挥整装整卸的优势,可充分使用一辆车的运力,因而整车成本较低,有关经营单位取费也较低。

（2）合装整车运输

同一发到站的不同货主或同一货主的不同货物凑整一车的运输方式。主要是充分利用车辆运力,有利于加速车辆周转。

（3）零担运输

货主需要运送的货不足一车,则作为零星货物交运,承运部门将不同货主的货物按同一到站凑整一车后再发运的服务形式。零担运输需要等待凑整车,因而速度慢,为克服这一缺点,已发展出定路线、定时间的零担班车,也可利用汽车运输的灵活性,发展上门服务的零担送货运输。如日本现在大量使用的"宅配便"、"宅急使"就属于这种形式。

（4）二三站分卸

整车起运,在最多三个车站分别卸货的一种运输服务方式。这种方式既利用了整车装车起运的优点,又可分别在有限的几个站卸货,方便了用户,同时不过分影响车辆周转和运力的使用。

（5）集装箱专列运输

在站与站间或站与港间进行集装箱专列的快速运输,是铁道运输的新形式,这种运输形式对于加快集装箱货运速度及集装箱周转速度,加快港口的集疏运输有很大作用。

（6）铁路集装箱运输

铁路集装箱运输在铁道运输系统内的整车、零担运输方面发挥了很大的作用,由于铁道集装箱吨位不大,可利用货站原有装卸设备,因而可在很大范围内办理这种运输业务。

阅读资料 2-2 电子商务时代下的铁路运输信息化

随着信息化时代的到来,铁路运输也必须适应这一潮流,为自己的发展开拓一个新的局面,当代的网络信息化给铁路运输提供了良好的契机,要想在与其他运输业激烈竞争的环境下求生存、谋发展,就必须在技术和方法上完善自己,发展自己,建立一种新型的铁路运输经营模式。

1. 电子商务时代下的铁路运输主要表现为信息化特征

主要包括铁路运输生产组织、经营管理和指挥决策的信息化建设、运行和管理等关键核心技术，通过铁路运输信息化总体规划、铁路运输管理信息系统、铁路电子商务系统、铁路地理信息系统、列车运行自动控制系统和决策支持与综合应用系统等六个方面，建立铁路信息共享平台、信息化标准规范、生产指挥自动化、电子商务营销系统等铁路运输现代化保障体系架构。

2. 电子商务应用于铁路运输的优点

铁路运输具有安全性、速达性、准确性、经济性、操作性强等特点，在运输市场中具有较强的竞争力。因此，在铁路运输领域发展电子商务，会大大提高铁路运输的效率与效益，待运作成熟后，可逐步在全铁路系统推广。

（1）网络信息优势

目前，以 TMIS 为核心的铁路信息化系统建设已经进入实践应用阶段，铁路信息化的建设趋势正在以 TMIS 为基础向全面建设铁路信息化方向转变。铁路范围内的物料管理系统的建设与应用已初见端倪，财务会计结算系统、客票跟踪查询系统等应用系统已经成熟。

（2）营销管理优势

我国的铁路系统实行集中统一指挥的管理模式，铁路运输的特殊性决定了它是制度化很强的企业，不适合完全的市场放开。另外，铁路运输还具有快速、准确、经济等特点，在这个特定行业的基础上发展电子商务有利于对运输业务进行统一的计划、组织、执行与控制，从而达到整体效益的最大化。

（3）铁路路网优势

铁道部部长盛光祖在 2013 年 1 月 18 日召开的全国铁路工作会议上透露，到 2012 年底，全国铁路营业里程达到 9.8 万公里，居世界第二位；高铁运营里程达到 9356 公里，居世界第一位。目前我国铁路完成的旅客周转量、货物发送量、换算周转量居世界第一位。在速度方面，我国将以大力发展开行时速达 250km 以上的高速铁路和客运专线为目标，在全国主要干线重要的铁路枢纽开行时速 180km～200km 的准高速列车；在普通线路上开行时速约 120km 的快速列车。我国铁路基本遍布全国各省、区及直辖市，巨大的路网构成了强大的实体物流集输运网络体系，这是其他运输方式所无法超越的巨大优势。

3. 有效实施铁路运输信息化

（1）改造和完善现有的铁路分支，形成全路数据库。它的传输速度可以得到极大地提高，能够满足开通数据通信、邮件传递和远程会议的需要，显著提高网上信息服务能力，也可以为铁路信息高速公路提供铺垫。

（2）尽快完善售票系统，利用多样化的软件，以适应不同的结算方式，整个路段都要使用统一的客票格式。

（3）建立并完善铁路运营信息系统，也称作OIS，它的规模要比铁路运输管理系统更大，数据库更多，且利用率可以很大的提高，可以交换网上的传输信息，并逐渐走向铁路高速公路。

（4）大力推广信息控制系统，建立统一的指挥中心，保证信息传输高速率和高可靠性，此外，还要考虑到卫星系统和无线信息渠道对信息传输的高要求，在实践中逐渐推广。

（5）实现铁路运输调度指挥的现代化。铁路部门应该积极开发新一代集中调度指挥系统，包括列车运行控制系统。

另外，要建立一支素质过硬的信息技术人才队伍，高效的铁路信息化系统需要一批知识结构合理、专业技术过硬的高素质人才来准确应用。这就要求铁路部门应与专业的铁路、交通院校以及相关科研机构合作，以人才培训、技术交流与合作等方式培养一大批业务骨干，来推动电子商务在铁路运输信息化的建设向更高的层次迈进。

资料来源：中国物流产品网 http://www.56products.com/News/2012-9-3/IH700KCA1FBJ5GA4320.html。
中华铁道网 http://www.chnrailway.com/news/20130119/0119432176.html

（7）"大陆桥"运输

根据中国国家标准《物流术语》（GB/T 18354—2006），大陆桥运输（land bridge transport）是指用横贯大陆的铁路或公路作为中间桥梁，将大陆两端的海洋运输连接起来的连贯运输方式。铁路是"大陆桥"运输的"陆桥"部分，是"大陆桥"联运的核心。

3．水运（船运）方式

（1）货物定期船运。又称定期班轮，是远洋运输按确定路线及运行时刻表运行的货船，主要装运杂货等包装货。

（2）不定期船运。发到时间、航期、航线都不确定的货运方式，是按运货要求配船运输。一般装运数量大、运价低的货物。

（3）水陆联运。国际集装箱多式联运及一般水陆联运的水运部分，航线是固定的。

4．航空运输

空运设备主要有货机和客货机两类，现在客货机的使用越来越多。

在运输方式上有包机运输和一般行李托运、货物托运等运输形式。

5．管道运输

管道运输是将管道中的液态或气态货物加压液化使之产生位移的运输方式，主要用于输送石油和天然气，也有煤浆。输送固体货物仅仅是实验，没有达到应用阶段。这是一种运输通道和运输工具合而为一的运输方式，安全、快速、不污染环境，但随着地形的变化，管道或是埋入地下或是架空，铺设技术复杂、成本高、要求有长期稳定的单向资源，没有得到广泛采用。

阅读资料 2-3　新亚欧大陆桥的优势

新亚欧大陆桥，又名"第二亚欧大陆桥"。是从中国的江苏连云港市和山东日照市等港群，到荷兰的鹿特丹、比利时的安特卫普等港口的铁路联运线。新亚欧大陆桥途经山东、江苏、河南、安徽、陕西、甘肃、山西、四川、宁夏、青海、新疆11个省、区，89个地、市、州的570多个县、市，到中俄边界的阿拉山口出国境。出国境后可经3条线路抵达荷兰的鹿特丹港。中线与俄罗斯铁路友谊站接轨，进入俄罗斯铁路网，途经阿克斗亚、切利诺格勒、古比雪夫、斯摩棱斯克、不列斯特、华沙、柏林达荷兰的鹿特丹港，全长10 900公里，辐射世界30多个国家和地区。以此为纽带，将中国与独联体国家、伊朗、罗马尼亚、南斯拉夫、保加利亚、匈牙利、捷克、斯洛伐克、波兰、德国、奥地利、比利时、法国、瑞士、意大利及英国紧密相连。新亚欧大陆桥对环太平洋经济圈的协调发展起到重要作用，也使中国与世界大市场的距离更近。它将亚欧两个大陆原有的陆上运输通道缩短了2 000公里运距。比绕道印度洋和苏伊士运河的水运距离缩短了1万公里。

与西伯利亚大陆桥相比，新亚欧大陆桥具有明显的优势：第一，地理位置和气候条件优越。整个陆桥避开了高寒地区，港口无封冻期，自然条件好，吞吐能力大，可以常年作业。第二，运输距离短。新亚欧大陆桥比西伯利亚大陆桥缩短陆上运距2000～2500公里，到中亚、西亚各国，优势更为突出。一般情况下，陆桥运输比海上运输运费节省20%～25%，而时间缩短一个月左右。第三，辐射面广。新亚欧大陆桥辐射亚欧大陆30多个国家和地区，总面积达5 071万平方公里，居住人口占世界总人口的75%左右。第四，对亚太地区吸引力大。除我国（大陆）外，日本、韩国、东南亚各国、一些大洋洲国家和我国的台湾、港澳地区，均可利用此线开展集装箱运输。

如果从20世纪50年代初期由日本经美洲大陆向欧洲运输集装箱算起，大陆桥问世已近半个世纪。但这仅仅是个开端，从发展趋势看，大陆桥运输前景广阔，开发潜力巨大。由于现代科学技术的迅速发展，包括火车、轮船等在内的交通工具的现代化、高速化、特别是时速超过500公里的磁悬浮列车的试运成功，对以铁路运输为主的大陆桥运输，必将产生不可估量的推动作用。还有集装箱运输的迅速普及，既为大陆桥运输提供了稳定的箱源，促进着大陆运输发展，又展示了大陆桥运输的巨大潜力。

资料来源：百度百科 http://baike.baidu.com/view/136836.htm。

2.5　仓储

仓储是伴随着社会生产的产品剩余和产品流通的需要而产生的。在原始社会，已经出现了存放多余猎物和食品的场所；进入资本主义社会后，随着商品生产和物流业的快速发展，产生了具有现代意义上的仓库；作为经济领域专门从事于仓储的行业——仓储业也伴随着商品生产的发展而产生。而现在，作为物流系统重要支柱的仓储业也发生了巨大的变革，成为追求"第三利润源"的重要来源。

2.5.1 仓储的概念

根据中国国家标准《物流术语》（GB/T 18354—2006），仓储（warehousing）是利用仓库及相关设施、设备进行物品的入库、存贮、出库的活动。其中，"仓"也称仓库，是存放物品的建筑物或场所，它可以是房屋建筑物、大型容器、洞穴或其他特定的场所，具有存放和保护物品的功能；"储"表示收存以备使用，具有积蓄、保管和交付使用的意思。

2.5.2 仓储活动的性质

仓储活动的性质是指仓储活动具有的生产性和非生产性两方面的性质。

1. 仓储活动的生产性

仓储活动的性质具有生产性，无论是处在生产领域还是处在流通领域，其生产性是不变的。这是因为：

（1）仓储活动是社会再生产中不可缺少的一环。任何产品的生产过程，只有当产品进入消费后才算终结，因为产品的使用价值只有在消费中才能实现。而产品从脱离生产到进入消费，一般情况下都要经过运输和储存，所以说商品的储存和运输一样，都是社会再生产过程的中间环节。

（2）仓储活动具有三要素。商品仓储活动和其他物质生产活动一样，具有生产三要素，即劳动者、劳动资料和劳动对象，三者缺一不可。物质生产过程，就是劳动者借助于劳动资料，作用于劳动对象的过程。商品仓储活动同样具有生产三要素，劳动者——仓库作业人员；劳动资料——各种仓库设施和设备；劳动对象——储存保管的商品。商品仓储活动是仓库作业人员借助于仓储设施，对商品进行收发保管的过程。

（3）仓储活动中的某些环节，实际上已经构成生产过程的一个组成部分。例如，卷板在储存中的碾平及切割、原木的加工、零部件的配套、机械设备的组装等都是为投入使用做准备，其生产性更为明显。

2. 仓储活动的非生产性

仓储活动具有生产性，但它与一般的物质生产活动相比，又具有非生产性，主要表现在以下各方面。

（1）仓储活动所消耗的物化劳动和活劳动,不改变劳动对象的功能、性质和使用价值,只是保持和延续其使用价值。

（2）仓储活动本身并不生产产品,被储存保管物品的使用价值并不因保管劳动的消耗而增加,但商品经过保管之后,它的价值是增加的。这是因为商品仓储活动的一切劳动消耗,包括一定数量的原材料和适当的机械设备相配合,这部分消耗要追加到物品的价值中去,从而导致物品价值的增加。

（3）作为仓储活动的产品——仓储劳务,同服务一样,其生产过程和消费过程是同时进行的,既不能储存也不能积累。

2.5.3 仓储的基本功能

从物流系统角度看,仓储的功能可以按照其所实现的经济利益和服务利益加以分类。

1. 经济利益

仓储的基本经济利益有堆存、拼装、分类和交叉、加工/延期四个方面。

（1）堆存

仓储设施最明显的功能就是用于保护货物及整齐地堆放产品。其经济利益来源于通过堆存克服商品产销在时间上的隔离（如季节生产但需全年消费的粮食）,克服商品生产在地点上的隔离（如甲地生产、乙地销售）,克服商品产销量的不平衡（如供过于求）等来保证商品流通过程的连续性。

（2）拼装

拼装是仓储的一项经济利益,通过这种安排,拼装仓库接收来自一系列制造工厂指定送往某一特定顾客的材料,然后把它们拼装成单一的一票装运,其好处是有可能实现最低的运输费率,并减少在某收货站台处发生拥塞。图2-4说明了仓库的拼装流程。

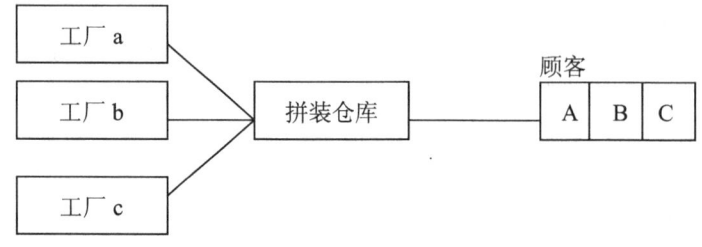

图2-4 拼装作业

拼装的主要利益是,把几票小批量装运的物流流程结合起来联系到一个特定的市场地区。拼装仓库可以由单独一家厂商使用,也可以由几家厂商联合起来共同使用出租方式的拼装服务。通过这种拼装,每一个单独的制造商或托运人都能够享受到物流总成本低于其各自分别直接装运成本的优惠。

（3）分类和交叉

分类作业与拼装作业相反。分类作业接收来自某一工厂制造货物，并把它们装运到个别的顾客处去。图2-5 说明了这种分类流程。分类仓库或分类站把组合订货分类或分割成个别的订货，并安排当地的运输部门负责递送。由于长距离运输转移的是大批量货物，所以运输成本相对较低，进行跟踪也不太困难。

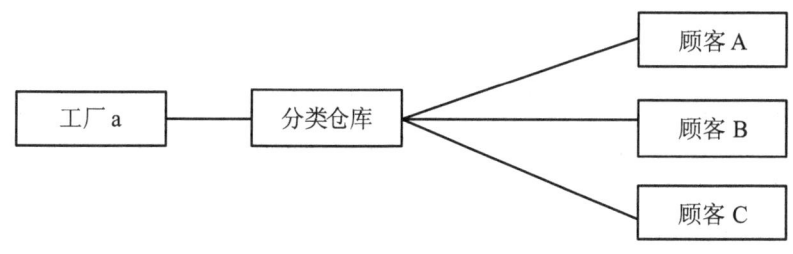

图2-5 分类作业

当涉及多个制造商和多个顾客时，就需要采取交叉作业，如图2-6 所示。在这种情况下，交叉站台先从多个制造商处运来整车的货物组合产品后，如果有标签，就按顾客进行分类，如果没有标签，则按地点进行分配；然后，产品就像"交叉"一词的意思那样穿过"站台"装上指定去适当顾客处的拖车；一旦该拖车装满了来自多个制造商的组合产品后，它就被放行运往零售店去。由于所有的车辆都进行了充分装载，因而更有效地利用了站台设施，使站台装载利用率达到最大程度。

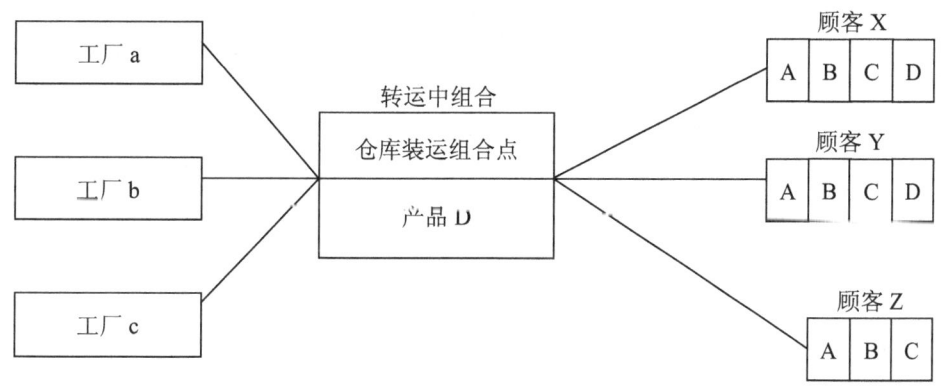

图2-6 交叉站台作业

（4）加工/延期

仓库还可以通过承担加工或参与少量的制造活动，用来延期或延迟生产。具有包装能力或加标签能力的仓库可以把产品的最后一道生产工序一直推迟到知道该产品的需求时为止。例如，蔬菜可以在制造商处加工，制成罐头"上光"。上光是指还没有贴上标签的罐头产品。一旦接到具体的顾客订单，仓库就能够给产品加上标签，完成最后一道加工，并最后敲定包装。

加工/延期提供了两个基本经济利益：第一，风险最小化，因为最后的包装要等到敲定具体的订购标签和收到包装材料时完成；第二，通过对基本产品（如上光罐头）使用各种标签和包装配置，可以降低存货水平。于是，降低风险与降低存货水平相结合，往往能够降低物流系统的总成本，即使在仓库包装的成本要比在制造商的工厂处包装更贵。

2．服务利益

在物流系统中通过仓储获得的服务利益应该从整个物流系统来分析。例如，在特许安排一个仓库来服务于某个特定的市场时可能会增加成本，但也有可能增加市场份额、收入和毛利。通过仓库实现的五个基本服务利益分别是：现场储备、配送分类、组合、生产支持以及市场形象。

（1）现场储备。在实物配送中经常使用现场储备，尤其是那些具有高度季节性的产品品种，制造商偏好这种服务。例如，农产品供应商常常向农民提供现场储备服务，以便在销售旺季把产品堆放到最接近关键顾客的市场中去，销售季节过后剩余的存货就被撤退到中央仓库中去。

（2）配送分类。提供配送分类服务的仓库为制造商、批发商或零售商所利用，按照对顾客订货的预期，对产品进行组合储备。配送分类仓库可以使顾客减少其必须打交道的供应商数目，并因此改善了仓储服务。此外，配送分类仓库还可以对产品进行拼装以形成更细的装运批量，并因此降低运输成本。

（3）组合。除了涉及几个不同的制造商的装运外，仓库组合类似于仓库分类过程。当制造工厂在地理上被分割开来时，通过长途运输组合，有可能降低整个运输费用和仓库需要量。在典型的组合运输条件下，从制造工厂装运整卡车的产品到批发商处，每次大批量的装运可以享受尽可能低的运输费率。一旦产品到达组合仓库，卸下从制造工厂装运来的货物后，就可以按照每一个顾客的要求或市场需求，选择每一种产品的运输组合。

通过运输组合进行转运，在经济上通常可以得到特别运输率的支持，即给予各种转运优惠。组合之所以被分类为服务利益，是因为存货可以按照顾客的精确分类进行储备。

（4）生产支持。仓库可以向装配工厂提供稳定的零部件和材料供给。由于较长的前置时间，或使用过程中的重大变化，所以在对向外界采购的基础上进行安全储备是完全必要的。对此，大多数总成本解决理论都建议，经营一个生产性支持仓库，以经济又适时的方式，向装配厂供应加工材料、零部件和装配件。

（5）市场形象。尽管市场形象的利益也许不像其他服务利益那样明显，但是它常常被营销经理看作是地方仓库的一个主要优点。地方仓库比起距离远的仓库，对顾客的需求反应更敏感，提供的递送服务也更快。因此，地方仓库将会提高市场份额，并有可能增加利润。

2.5.4　仓储在物流中的作用

1. 仓储是保证社会再生产过程顺利进行的必要条件

货物的仓储过程不仅是商品流通的必要保证，也是社会再生产过程得以进行的必要条件，缺少了仓储，流通过程便会终止，再生产过程也将停止。

2. 仓储是物流系统中不可缺少的重要环节

从供应链角度看，物流过程由一系列的"供给"和"需求"组成，在供需之间存在物的"流动"，也存在物的"静止"，这种静止是为了更好地使前后两个流动过程衔接，缺少必要的静止，会影响物的有效流动。仓储环节正是起到了物流中的有效静止作用。

3. 仓储能对商品进入下一环节前的质量起保护作用

货物在物流过程中，通过仓储环节，在进入下一环节前进行检验，可以防止伪劣商品混入市场。因此，为保证商品的质量，把好仓储管理这一关，以保证商品不变质、不受损、不短缺和有效的使用价值是非常重要的。

4. 仓储是加快商品流通，节约流通费用的重要手段

商品在仓库内的滞留，表面上是流通的停止，而实际上恰恰促进了商品流通的畅通。一方面，仓储的发展，在调配余缺、减少生产和销售部门的库存积压，在总量上减少地区内商品存储量等方面起到了非常积极的作用。另一方面，加快仓储环节的收发和出库前为流通所做的充分准备，将直接影响到商品流通的时间。

5. 仓储为商品进入市场做好准备

仓储可以使商品在进入市场前完成整理、包装、质检、分拣、加标签等加工，以便缩短后续环节的工作和时间，加快商品的流通。

阅读资料 2-4　新概念仓库形式——网络仓库

网络仓库是一个与传统仓库在概念上完全不同的仓库形式，网络仓库不是一个可以看得见摸得着的特定的仓库。网络仓库是一个借助先进通信设备可以随时调动所需物资的若干仓库的总和。

网络仓库覆盖的地域可以很大，根据订货的数量和距离，通过网络传递到网络中心进行处理，用最短的时间做出选择，选择一个离需求地有足额库存并且距离最近的仓库向需求地发货。网络仓库改变了传统的仓储观念，仓库的网络化使物资在仓库之间的调动变得毫无意义，物资从出厂到最终目的地可能只经过一到两次运输，大大节

省运输费用。并且使生产厂商和消费者的距离又近了一步,这对生产厂商正确计划生产数量和安排生产计划有重要意义。

网络仓库实际上是一个虚拟的仓库,它利用强大的信息流统筹网络内仓库可以利用的资源,用以满足对订货的需求,可以减少在时间和空间上造成的迂回物流和仓储费用的增加。仓库的网络化是现代信息技术的产物,同时也是经济进步的要求。

资料来源:中国物流与采购网 http://www.chinawuliu.com.cn/xsyj/201204/16/181263.shtml。

2.6 配送

工业生产企业的产品制造出来以后一般要经过物流中心、配送中心送到店铺销售或由配送中心直接送达消费者。从配送中心到零售店铺或到消费用户手中,需要以汽车进行短途运输或配送。可见,配送是生产过程的重要组织部分,是正常生产的必要条件,不可缺少。随着电子商务的兴起,人们网上购物也离不开运输和配送。因此,配送在人们日常生活中非常普遍,而且又是形式复杂多样的物流活动。

2.6.1 配送的含义

配送的含义有许多种表述。

日本工业标准的表述:配送是将货物从物流结点送交收货人。

日本1991年版《物流手册》的表述:生产厂到配送中心之间的物品空间移动叫"运输",从配送中心到顾客之间的物品空间移动叫"配送"。

美国《物流管理供应链过程的一体化》的表述:实物配送这一领域涉及制成品交给顾客的运输。实物配送过程,可以使顾客服务的时间和空间的需求成为营销的一个整体组成部分。

根据中国国家标准《物流术语》(GB/T 18354—2006),配送(distribution)是指在经济合理区域范围内,根据客户要求,对物品进行拣选、加工、包装、分割、组配等作业,并按时送达指定地点的物流活动。

根据"物流术语"对配送的定义,配送的内涵包括以下几个要点。

1. 配送强调时效性

配送不是简单的"配货"加上"送货"。它有着特定的含义,配送更加强调在特定的时间、地点完成交付活动,充分体现时效性。

2. 配送强调满足用户需求

配送从用户的利益出发、按用户的要求为用户服务。因此,在观念上必须明确"用户至上"、"质量为本"。配送企业与用户的关系是处于服务地位，而不是主导地位。在满足用户利益的基础上取得本企业的利益。

3. 配送强调合理化

对于配送而言，应当在时间、速度、服务水平、成本、数量等方面寻求最优。因为过分强调"按用户要求"是不妥的，受用户本身的局限，要求有时存在不合理性，在这种情况下会损失单方或双方的利益。

4. 处于末端的线路活动

在一个物流系统中，线路活动不可缺少，有时可能有多个线路活动相互衔接，但如果有配送活动存在，则配送是处于末端的线路活动。

2.6.2 配送与运输及送货的关系

1. 配送与运输的关系

（1）配送和运输都是线路活动

物流活动根据物品是否产生位置移动可以分为两大类，即线路活动和节点活动，产生位置移动的物流活动称为线路活动，否则为节点活动。节点活动是在一个组织内部的场所中进行，不以创造空间效用为目的，主要是创造时间效用或场所效用，如在工厂内、仓库内、物流中心或配送中心内进行的装卸搬运、包装、储存、流通加工等，都是节点活动。

（2）配送与运输的差别

运输和配送虽然都是线路活动，但它们也有区别。运输与配送的区别主要表现在以下几个方面。

① 活动范围不同。运输是在大范围内进行的，如国家之间、地区之间、城市之间等；配送一般仅局限在一个地区或一个城市范围之内。

② 功能上存在差异。运输是实现以大批量、远距离的物品位置转移为主，运输途中客观上存在着一定的储存功能，配送以实现小批量、多品种物品的近距离位置转移为主，但同时要满足用户的多种要求，如多个品种、准时到货、多个到货点、小分量包装、直接到生产线、包装物回收等。为了满足用户的上述要求，有时需要增加加工、分割、包装、储存等功能，因此，配送具有多功能性。

③ 运输方式和运输工具不同。运输可采用各种运输工具，只需根据货物特点、时间要求、到货地点以及经济合理性进行选择即可。配送则由于功能的多样化，运输批量小、频率高，只适于采用装载量不大的短途运输工具，主要是汽车。

（3）配送与运输的互补关系

运输和配送虽都属于线路活动，但由于功能上的差异使它们并不能互相替代，而是形成了相互依存、互为补充的关系。物流系统创造物品空间效用的功能是要使生产企业制造出来的产品最后到达消费者手中或进入消费环节，否则产品生产者的目的就无法达到。从运输、配送的概念以及它们的区别可以看出，仅有运输或仅有配送是不可能达到上述要求的，因为根据运输的规模原理和距离原理，大批量、远距离的运输才是合理的，但它不能满足分散消费的要求；配送虽具有小批量、多批次的特点，但不适合远距离输送。因此必须由两者互相配合、取长补短，方能达到理想的目标。一般来说，在运输和配送同时存在的物流系统中，运输处在配送的前面，先通过运输实现物品长距离的位置转移，然后交由配送来完成短距离的输送。

为了更直观地了解运输与配送的关系，下面以中转供货系统为例予以说明。

生产企业生产的产品可通过两种途径到达用户手中：一种是直达供货，即产品不经过中转环节直接送到用户手中，如图 2-7 所示。图 2-7（a）为直接运输方式，图 2-7（b）为直接配送方式。直接运输方式对那些批量大、距离远或大型产品才是适合的，如大型机电设备，大批量消耗的钢材、水泥等均采取直接运输方式。但如果用户需求量不大，或在时间上很分散，而且又不是大型产品，这时就应采取配送方式，图 2-7（b）的箭头表示巡回送货。

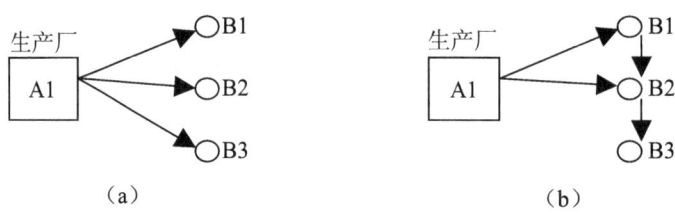

图 2-7 直达供货

产品从生产厂到达用户手中的另一种途径是中转供货，即产品要经过物流中心或配送中心后再运送到用户手中，如图 2-8 所示。

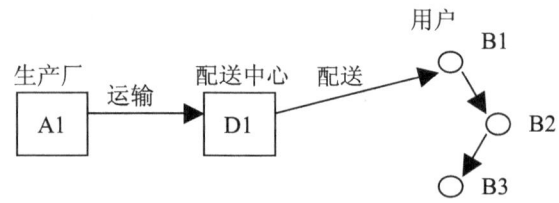

图 2-8 中转供货

中转供货方式中产品的转移是由两次线路活动（实际中还可能有多次）来完成的，从生产厂到配送中心（如果是多次线路活动，则在生产厂与配送中心之间还要经过物流中心）由于运送的批量大，采用运输方式是合理的；而从配送中心到用户之间，一般运量小、批次多，则采用配送方式较为有利。

从以上的讨论可以看出，运输和配送要根据产品特点和用户要求的状况来选择。在一个物流系统中，运输和配送至少有一种形式存在，当两种形式同时存在时，配送处于末端位置。这正像商流活动中的批发环节与零售环节的关系一样，批发和零售至少有一个环节存在，并由它完成商品交易功能。当零售环节存在时，它一定处在商流过程的末端，商品经过零售环节后即退出流通领域。实际上，配送正是为商流中零售交易提供的一种配套的物流作业方式。

2. 配送与一般送货业务的区别

配送与一般送货业务的区别如表 2-3 所示。

表 2-3 配送与一般送货业务的区别

项 目	配 送 活 动	送 货 活 动
目的	是社会化大生产、专业化分工的产物，是物流领域内物流专业化分工的反映，是提升企业竞争力的重要手段，是物流社会的必然趋势	只是企业的一种推销手段，通过送货上门服务达到提高销售量的目的
内容	根据客户需求将所需物品经过分类、配组、分装、货物整理等项工作	客户仅需要送货，没有分类、配组等理货工作
组织管理	是流通企业的专职，要求有现代化的技术装备作保证，要有完善的信息系统，有将分货、配货、送货等活动有机结合起来的配送中心	由生产企业承担，中转仓库的送货只是一项附带业务
基础设施	必须有完善的现代交通运输网络和管理水平作为基础，同时还要和订货系统紧密联系，必须依赖现代信息的作用，使配送系统得以建立起来	没有具体要求
时间要求	送货时间准确，计划性强	时间不一定准确，计划性相对差
工作效率	充分利用运力，考虑车辆的货物配载。重视运输路线优化，强调距离最短，并且一辆货车向多处运送	不考虑车辆配载，不科学制定运输规划，货车一次向一地运送
技术装备	全过程有现代化物流技术和装备的保证，在规模、水平、效率、速度、质量等各方面占优势	技术装备简单
行为性质	是面向特定用户的增值服务	是企业销售活动中的短期促销行为，是偶然行为

2.6.3 配送在生产和流通中的作用

1. 配送是影响商品成本的重要因素

首先，配送是物流活动的主要环节，其费用占总物流费用较大的比重，一般为 10%

左右,而物流费用又是商品成本的主要组成部分之一,因此配送费用是直接影响商品价值较为重要的因素;其次,配送还会影响其他物流环节和生产过程,间接地影响商品成本。如果配送或到货不及时,为了保证生产,必须增大库存量,否则会造成缺货而停产,但增大库存量和因缺货而停产都会导致商品成本上升。

就单个具体厂商而言,根据业务的类型、作业的地理区域,以及产品和重量/价值比率,物流开支一般在销售额的5%~35%之间,物流成本通常被认为是企业业务工作中的最高成本之一,仅次于制造过程中的材料费用或批发零售产品的成本。很明显,物流对物品的生产和营销获得成功至关重要,但其费用也是昂贵的。

2. 准时制配送促进了生产方式的变革

(1) 配送与准时制生产

传统生产方式是建立在对市场需求预测的基础上,即通过需求预测制定生产计划和采购计划。在传统生产方式下,一个重要的观念就是用库存来保证需求,用库存来保证生产。因为市场需求是随机的,变化莫测,如果生产系统不能适应需求的变化,只能单纯依靠库存来保证需求就变得理所当然了。因此,生产系统要能适应需求的变化,原材料、零部件的及时供应就显得至关重要。海尔集团首席执行官张瑞敏指出:"现代企业运作的驱动力是订单,如果没有订单,现代企业就不可能运作。要实现这个订单,就意味着靠订单去采购,为订单去制造,为订单去销售……"张瑞敏指的订单就是用户的需求,"强调的就是按需求组织生产制造,组织采购和销售"。张瑞敏还进一步指出:"如果要实现完全的订单去销售、采购、制造,那么支持它的最重要的一个流程就是物流。"(2001年在"海尔现代物流同步模式研讨会"上的讲话)

准时制(Just In Time, JIT),是以订单为基础的一种生产方式。这种生产方式生产的品种多、批量小,其目的是减少浪费,特别是由于库存造成的浪费。实现准时制生产的重要条件之一是高效率、低成本的运输和配送。由于品种多、批量小、变化频繁,因此要求原材料、零部件的供应也应及时,而且必须是小批量、多批次。又由于小批量、多批次运输成本高,必须做到合理组配和寻找集运机会。同时生产系统为了提高反应速度,适应需求的变化,还会将某些生产准备活动向外委托,即交由第三方物流企业承担,如原材料的初加工、零部件检测、包装物的拆解和回收等。这就要求配送功能更加完善,能够提供多功能的增值服务,使供应物流与生产物流的衔接紧密无缝。

海尔集团2001年提出"定制冰箱"的概念,以订单为中心,依托物流技术和计算机信息管理技术,实行JIT采购、JIT配送、JIT分销与生产流程同步,采购周期由过去的10天减到3天,生产过程降到1周之内。产品一下线,中心城市在8小时之内、辐射区域在24小时之内、全国在4天之内可送达用户手中,完成客户订单的全过程仅为10天时间。如果没有高效率、低成本、多功能的运输和配送,这种生产方式是不可能实现的。

（2）配送与敏捷制造

敏捷制造是指为了适应市场的变化和用户的不同要求而做出快速、灵敏和有效反应的一种生产方式。敏捷制造以全球通信网络为基础，采用虚拟企业的组织形式，将生产企业生产所需的零部件与代理商、用户紧密地联系在一起，及时了解市场需求的变化，进行新产品的开发、设计和制造。产品变化越快，对零部件的配送要求也就越高，也就是说，如果没有高效率的配送，敏捷制造将是一句空话。

（3）配送与精细生产

精细生产起源于日本丰田汽车公司，它是从企业的整体出发，合理地配置资源，科学地安排生产过程，保证质量，消除一切不能增加效用价值的活动。精细生产追求完美、零缺陷和零库存，即质量要尽可能高，库存要尽可能少。在精细生产方式下，企业与用户的关系是"用户至上"、"用户第一"，与供应商的关系是合作伙伴，工厂按订单排出生产日程，并将日程表交给零部件生产企业组织生产和供应。日本汽车厂采用精细生产方式能在两周内将用户所需的汽车交给用户。精细生产方式要求原材料、零部件实行准时采购，使原材料、在制品和产成品的库存向零靠近。显然，为了满足精细生产的要求，与JIT方式一样，必须实行小批量、多批次、具有多功能服务的准时制配送。

3．现代配送促进了零售业态的发展

现代商品零售业态主要有百货店、超级市场、大型综合超市、专业店、专卖店、便利店、仓储超市、连锁店等。这些零售业态的形成与发展，根本原因是生产制造业的发展和消费的不断变化共同作用的结果，中间环节的物流业发挥了重要的促进作用，特别是运输和配送。"个性化消费"是消费变化的主流，消费个性化推动商品生产朝着多品种、小批量生产方向发展（前面已讨论过），同时也促使商品流通必须不断更新服务方式，增加服务功能，从而形成了多种零售业态，满足了不同消费者个性化消费的需要。当今，零售业态发展最具代表性的是连锁店，包括连锁超市、连锁专业店、连锁方便店、连锁仓储超市等。连锁店实际是某种零售业态的联合体，目的是追求规模效益。实现连锁的重要条件之一是商品的合理配送，做到商品的合理配送，不仅能按时、按质、按量地把商品送到零售点上，而且通过在配送中心的流通加工、分割、包装、贴标等作业更方便消费者购买，还能给消费者提供购买所需要的信息，更好地满足消费者的个性化需求，从而促进商品的销售。

2.7　流通加工

在物流领域中，流通加工可以成为具有高附加值的活动。这种高附加值的形成，主要着眼于满足用户的需要,提高服务功能而取得的,是贯彻物流战略思想的表现,是一种低投入、高产出的加工形式。它与生产型加工有较大的区别,在生产和流通的许多领域表现出不同的类型。

2.7.1 流通加工的概念

根据中国国家标准《物流术语》(GB/T 18354—2006),流通加工(distribution processing)是指物品在从生产地到使用地的过程中,根据需要施加包装、分割、计量、分拣、刷标志、拴标签、组装等作业的总称。

流通加工是流通中的一种特殊形式。商品流通是以货币为媒介的商品交换,它的重要职能是将生产与消费联系起来,起"桥梁和纽带"作用,完成商品所有权和实物形态的转移。因此,流通与流通对象的关系,一般不是改变其形态而创造价值,而是保持流通对象的已有形态,完成空间的位移,实现其"时间效用"及"场所效用"。

流通加工则与此有较大的区别。总的来讲,流通加工在流通中,仍然和流通总体一样起"桥梁和纽带"作用。但是,它不是通过"保护"流通对象的原有形态而实现这一作用的,它是和生产一样,通过改变或完善流通对象的原有形态来实现"桥梁和纽带"作用的。流通加工是在物品从生产领域向消费领域流动的过程中,为了促进销售、维护产品质量和提高物流效率,对物品进行加工,使物品发生物理、化学或形状的变化。

2.7.2 流通加工的特点

流通加工和一般的生产型加工在加工方法、加工组织、生产管理方面并无显著区别,但在加工对象、加工程度方面差别较大,其差别主要表现在以下几点。

(1) 流通加工的对象是进入流通领域的商品,具有商品的属性,以此来区别多环节生产加工中的一环。而生产加工对象不是最终产品,而是原材料、零配件、半成品。

(2) 流通加工大多是简单加工,而不是复杂加工,一般来讲,如果必须进行复杂加工才能形成人们所需的商品,那么,这种复杂加工应专设生产加工过程,生产过程理应完成大部分加工活动,流通加工对生产加工则是一种辅助及补充。特别需要指出的是,流通加工绝不是对生产加工的取消或代替。

(3) 从价值观点看,生产加工的目的在于创造价值及使用价值,而流通加工则在于完善其使用价值并在不做大改变的情况下提高其价值。

(4) 流通加工的组织者是从事流通工作的人,能密切结合流通的需要进行这种加工活动,从加工单位看,流通加工由商业或物资流通企业完成,而生产加工则由生产企业完成。

（5）商品生产是为交换和消费而生产的，流通加工的一个重要目的，是为了消费所进行的加工，这一点与商品生产有共同之处。但流通加工有时也是以自身流通为目的，纯粹是为流通创造条件，这种为流通所进行的加工与直接为消费进行的加工从目的来讲是有区别的，这又是流通加工不同于一般生产的特殊之处。

2.7.3　流通加工的地位及作用

1．流通加工在物流中的地位

（1）流通加工有效地完善了流通

流通加工在实现时间、场所两个重要效用方面，确实不能与运输和储存相比，因而，不能认为流通加工是物流的主要功能要素。流通加工的普遍性也不能与运输、储存相比，流通加工不是在所有物流中必然出现的。但这不是说流通加工不重要，实际上它起着补充、完善、提高、增强功能要素的作用，能起到运输、储存等其他功能要素无法起到的作用。所以，流通加工的地位可以描述为是提高物流水平，促进流通向现代化发展的不可少的形态。

（2）流通加工是物流中的重要利润源

流通加工是一种低投入高产出的加工方式，往往以简单加工解决大问题。实践证明，有的流通加工通过改变装潢使商品档次跃升而充分实现其价值，有的流通加工将产品利用率一下子提高 20%～50%，这是采取一般方法提高生产率所难以企及的。根据我国近些年的实践，流通加工单凭向流通企业提供利润一点，其成效并不亚于从运输和储存中挖掘的利润，是物流中的重要利润源。

（3）流通加工在国民经济中也是重要的加工形式

在整个国民经济的组织和运行方面，流通加工是其中一种重要的加工形态，对推动国民经济的发展和完善国民经济的产业结构与生产分工有一定的意义。

2．流通加工的作用

（1）提高原材料利用率

利用流通加工环节进行集中下料，是将生产厂直接运来的简单规格产品，按使用部门的要求进行下料。如将钢板进行剪板、切裁，钢筋或圆钢裁制成毛坯，木材加工成各种长度及大小的板、方等。集中下料可以优材优用、小材大用、合理套裁，有很好的技术经济效果。

北京、济南、丹东等城市对平板玻璃进行流通加工（集中裁制、开片供应），玻璃利用率从 60%左右提高到 85%～95%。

（2）进行初级加工，方便用户

用量小或临时需要的使用单位，缺乏进行高效率初级加工的能力，依靠流通加工可以省去进行初级加工的投资、设备及人力，从而搞活供应，方便了用户。目前发展较快的初级加工有将水泥加工成生混凝土、将原木或板方材加工成门窗、冷拉钢筋及冲制异型零件、钢板预处理、整形、打孔等。

（3）提高加工效率及设备利用率

由于建立集中加工点，可以采用效率高、技术先进、加工量大的专门机具和设备。这样做的好处：一是提高了加工质量；二是提高了设备利用率；三是提高了加工效率。其结果是降低了加工费用及原材料成本。

例如，一般的使用部门在对钢板下料时，采用气割的方法留出较大的加工余量，不但出材率低，而且由于热加工容易改变钢的组织，加工质量也不好。集中加工后可设置高效率的剪切设备，在一定程度上克服了上述缺点。

（4）充分发挥各种输送手段的最高效率

流通加工环节将实物的流通分成了两个阶段。一般来说，由于流通加工环节设置在消费地，因此，从生产厂到流通加工这第一阶段输送距离长，而从流通加工到消费环节的第二阶段距离短。第一阶段是在数量有限的生产厂与流通加工点之间进行定点、直达、大批量的远距离输送，因此，可以采用船舶、火车等大量输送的方式；第二阶段则是利用汽车和其他小型车辆来输送经过流通加工后的多规格、小批量、多用户的产品。这样可以充分发挥各种输送手段的最高效率，加快输送速度，节省运力运费。

（5）改变功能，提高收益

在流通过程中进行一些改变产品某些功能的简单加工，其目的除上述几点外还在于提高产品销售的经济效益。

例如，内地的许多制成品（如洋娃娃玩具、时装、轻工纺织产品、工艺美术品等）在深圳进行简单的装潢加工，改变了产品外观功能，仅此一项就可使产品售价提高20%以上。

2.7.4 流通加工的类型

1. 为弥补生产领域加工不足的深加工

有许多产品在生产领域的加工只能到一定程度，这是由于存在许多限制因素限制了生产领域不能完全实现终极的加工。例如，钢铁厂的大规模生产只能按标准规定的规格生产，以使产品有较强的通用性，使生产能有较高的效率和效益；木材如果在产地完成成材制成木制品的话，就会造成运输的极大困难，所以原生产领域只能加工到圆木、板方材这个程度。进一步的下料、切裁、处理等加工则由流通加工完成。

这种流通加工实际是生产的延续，是生产加工的深化，对弥补生产领域加工不足有重要意义。

2．为满足需求多样化进行的服务性加工

从需求角度看，需求存在着多样化和多变化两个特点，为满足这种要求，经常是用户自己设置加工环节，例如，生产消费型用户的再生产往往从原材料初级处理开始。

就用户来讲，现代生产的要求，是生产型用户能尽量减少流程，尽量集中力量从事较复杂的技术性较强的劳动，而不愿意将大量初级加工包揽下来。这种初级加工带有服务性，由流通加工来完成，生产型用户便可以缩短自己的生产流程，使生产技术密集程度提高。

对一般消费者而言，则可省去繁琐的预处置工作，而集中精力从事较高级能直接满足需求的劳动。

3．为保护产品所进行的加工

在物流过程中，直到用户投入使用前都存在对产品的保护问题，防止产品在运输、储存、装卸、搬运、包装等过程中遭到损失，使其使用价值能顺利实现。和前两种加工不同，这种加工并不改变进入流通领域的"物"的外形及性质。这种加工主要采取稳固、改装、冷冻、保鲜、涂油等方式。

4．为提高物流效率，方便物流的加工

有一些产品本身的形态使之难以进行物流操作。如鲜鱼的装卸、储存操作困难，过大设备搬运、装卸困难，气体物运输、装卸困难等。进行流通加工，可以使物流各环节易于操作，如鲜鱼冷冻、过大设备解体、气体液化等，这种加工往往改变"物"的物理状态，但并不改变其化学特性，最终仍能恢复原物理状态。

5．为促进销售的流通加工

流通加工可以从若干方面起到促进销售的作用。如将过大包装或散装物分装成适合一次销售的小包装的分装加工；将原以保护产品为主的运输包装改换成以促进销售为主的装潢性包装，以起到吸引消费者、指导消费的作用；将零配件组装成用具、车辆以便于直接销售；将蔬菜、肉类洗净、切块以满足消费者要求等。这种流通加工可能是不改变"物"的本体，只进行简单改装的加工，也有许多是组装、分块等深加工。

6．为提高加工效率的流通加工

许多生产企业的初级加工由于数量有限加工效率不高，也难以投入先进科学技术。流通加工以集中加工形式，解决了单个企业加工效率不高的弊病。以一家流通加工企业代替了若干生产企业的初级加工工序，促使生产水平有一个发展。

7．为提高原材料利用率的流通加工

流通加工利用其综合性强、用户多的特点，可以实行合理规划、合理套裁、集中下料的办法，这就能有效提高原材料利用率，减少损失浪费。

8．衔接不同运输方式，使物流合理化的流通加工

在干线运输及支线运输的结点，设置流通加工环节，可以有效解决大批量、低成本、长距离干线运输多品种、少批量、多批次末端运输和集货运输之间的衔接问题，在流通加工点与大生产企业间形成大批量、定点运输的渠道，又以流通加工中心为核心，组织对多用户的配送。也可在流通加工点将运输包装转换为销售包装，从而有效衔接不同目的的运输方式。

9．以提高经济效益，追求企业利润为目的的流通加工

流通加工的一系列优点，可以形成一种"利润中心"的经营形态，这种类型的流通加工是经营的一环，在满足生产和消费要求基础上取得利润，同时在市场和利润引导下使流通加工在各个领域中能有效地发展。

10．生产—流通一体化的流通加工形式

依靠生产企业与流通企业的联合，或者生产企业涉足流通，或者流通企业涉足生产，形成的对生产与流通加工进行合理分工、合理规划、合理组织，统筹进行生产与流通加工的安排，这就是生产—流通一体化的流通加工形式。这种形式可以促成产品结构及产业结构的调整，充分发挥企业集团的经济技术优势，是目前流通加工领域的新形式。

本章小结

本章介绍了物流系统基本内涵及其特点、构成要素及运行模式、物流系统的分析步骤等，然后详细阐释了物流系统的各个基本功能，包括包装、装卸搬运、运输、仓储、配送和流通加工等，描述了它们在物流系统中的地位和作用及其相关概念的区别与联系。

物流系统是指在一定的时间和空间里，由所需位移的物资、包装设备、装卸搬运机械、运输工具、仓储设施、人员和通信联系等若干相互制约的要素所构成的具有特定功能的有机整体。具有人机性、跨度大、可分性、动态性、复杂性及多目标等特点，以服务、快速、低成本等为目标。

包装处于生产过程的终点、流通过程的起点，具有保护商品、方便物流、促进销售以及方便消费的功能，要明确包装的重要作用及分类，熟悉包装器材选用原则和常见包装标识，提倡绿色包装。

装卸搬运是生产和流通过程必不可少的环节，是关系到货损、货差等物流质量的重要指标。本章中主要介绍其作用、分类及作业的设备设置。

运输功能主要学习运输在物流系统中的地位，并从不同角度对运输进行分类，介绍汽车运输、铁路运输、水运、航空运输和联合运输等各种运输方式的特点。

仓储是利用仓库存放、储存未使用物品的行为，具有生产性和非生产性。仓储的

基本经济利益有堆存、拼装、分类和交叉、加工/延期四个方面。通过仓库实现的五个基本服务利益分别是现场储备、配送分类、组合、生产支持以及市场形象。仓储在物流中同样起着至关重要的作用。

配送部分主要介绍先进发达国家及我国对其的定义,并与运输和送货相比较,指出它们的区别和联系,并阐明其在生产流通中的重要作用。

流通加工是在物品从生产领域向消费领域流动的过程中,为了促进销售、维护产品质量和提高物流效率,对物品进行加工,使物品发生物理、化学或形状的变化。流通加工和一般的生产型加工在加工对象、加工程度方面差别较大,在物流领域中发挥重要作用,并表现出各种形式。

 思考题

1. 物流系统的构成要素有哪些?
2. 简述物流系统分析的基本步骤。
3. 简述商业包装与运输包装的区别。
4. 简述按机械及其作业方式的装卸搬运的分类。
5. 简述多式联运与集装化运输。
6. 仓储的含义是什么?仓储的种类有哪些?
7. 简述配送与运输及送货的关系。
8. 简述流通加工和一般的生产型加工的区别。

 案例分析

案例 2-1　第五类物流系统兴起

"我们飞行在空中,我们航行在水上,我们奔驰在路面,我们行驶在轨道,"德国波鸿大学的教授斯坦恩说,"但未来的交通还有其他选择。"

近年来,随着城市交通量的日益增长,城市货运的通达性和质量受到了严重制约,尤其在人口密集的区域。面对严峻的城市交通形势,仅靠现有各种交通基础设施的扩充和改善已无法解决根本问题。况且,由于城市的土地和空间资源已严重短缺,再加上历史文化古迹保护等方面的需要,不可能持续地大幅度扩充城市道路设施。据统计,地面上载货车辆大约占总车辆的 60%,如果采用地下物流系统将这些货物转到地下运输,将会极大缓解地面的交通拥挤状况。

城市地下物流系统(Underground Logistics System,ULS)作为一种具有广阔应用前景的新型城市物流系统,具有速度快、成本低、全自动化、准确性高等优势,是解决城市交通拥堵、减少环境污染、提高城市货物运输通达性和质量的重要有效途径。

地下物流运输系统是除传统的公路、铁路、航空及水路运输之外的第五类运输和供应系统。由于近年相关技术的不断成熟（如电子技术、电子商务、地下管道的非开挖施工技术等），该领域的研究也越来越受到重视，西方许多发达国家正积极开展这方面的研究。此外，伦敦早已开始使用地下物流系统。英国皇家邮政从上世纪初开始就建成一条37公里长的专门用于传输信件和邮包的轨道，这条在伦敦大街地面下21米的管道，每天运营19小时，每年286天，在其最高峰时每天处理9个州400多万信件和包裹，现在正计划利用该系统向牛津街上的大超市和商店配送货物。

以上应用实例只能看作是管道物流的初级形式，美、荷以及日本的研究主要集中在管道的水力和气力输送以及大型地下货物运输系统（UFTS），德国波鸿鲁大学斯坦恩教授领导的课题组在1998年得到北莱茵威斯特法伦州政府的资助开始研究地下管道物流配送系统。1998年，地下物流国际研讨会执行委员会委员斯坦恩教授组建起了一个15人的跨学科研究小组，开始研究地下货物运输的新途径，这个项目被命名为Cargo-cap。

资料来源：李联卫. 物流案例与实训. 北京：化学工业出版社，2009

讨论题：
1. 讨论我国城市物流存在哪些问题。
2. 结合案例，谈谈第五类物流系统的研究和实践对我们有什么启示？

案例2-2　日本包装减量化的典型案例

1. 索尼公司电子产品的新包装

索尼公司以四原则来推进该公司的产品包装。它们不但遵循"减量化、再使用、再循环"循环经济的"3R"原则，而且还在替代使用（replace）上想办法，对产品包装进行改进。我们来看几个实例。1998年，该公司对大型号的电视机的泡沫塑料材料（EPS）缓冲包装材料进行改进，采用八块小的EPS材料分割式包装来缓冲防震，减少了40%EPS的使用；有的产品前面使用EPS材料，后面使用瓦楞纸板材料，并在外包装采用特殊形状的瓦楞纸板箱，以节约资源；另外对小型号的电视机采用纸浆模塑材料替代了原来的EPS材料。

2. 大日本印刷株式会社的新型包装

该企业产品包装贯彻环境意识的四原则，即包装材料减量化、使用后包装体积减少、再循环使用、减轻环境污染的原则。

（1）包装材料减量化原则采用：减少容器厚度、薄膜化、削减层数、变更包装材料等方法。

（2）使用后包装体积减少原则采用：箱体凹槽、纸板箱表面压痕、变更包装材料

（3）再循环使用原则：如采用易分离的纸容器，纸盒里面放塑料薄膜，使用完毕后，纸、塑分离，减少废弃物，方便处理；还有一种易分离的热塑成型的容器。

（4）减轻环境污染原则：该企业在包装产品的材料、工艺等方面进行改进，减少生产过程中二氧化碳（CO_2）的排放量，保护环境。

3．东洋制罐株式会社的包装产品

由东洋制罐开发的塑胶金属复合罐（Toyo Ultimate Can，TULC），以PET及铁皮合成两片罐，主要使用对象是饮料罐。这种复合罐既节约材料又易于再循环，在制作过程中低能耗、低消耗，属于环境友好型产品。东洋制罐还研发生产了一种超轻级的玻璃瓶。像用这种材料生产的187毫升的牛奶瓶的厚度只有1.63毫米，重89克（普通牛奶瓶厚度为2.26毫米，重130克），比普通瓶轻40%，可反复使用40次以上。该公司还生产不含木纤维的纸杯和可生物降解的纸塑杯子。东洋制罐为了使塑料包装桶、瓶在使用后方便处理，减少体积，在塑料桶上设计了几根环形折痕，废弃时可很方便折叠缩小体积，这类塑料桶（瓶）种类多达从500毫升到10升容积等。

资料来源：中国食品产业网 http://www.foodqs.com/news/gjspzs01/200672715494.htm。

讨论题：

1．我国生产和流通领域中的包装存在哪些问题？
2．日本公司的产品包装对我们有什么启示？

实际操作训练

实训项目2-1 企业物流系统建设现状调研

（1）实训目的：通过实训，了解企业物流系统建设现状。

（2）实训内容：对当地企业的物流系统进行调研，了解企业物流系统的构成。

（3）实训要求：将参加实训的学生分组，在教师指导下进行调研，完成实训报告。

实训项目2-2 运输不合理现象调研

（1）实训目的：通过实训，了解学校所在城市的货物运输的不合理现象，对运输合理化有更深入的理解。

（2）实训内容：选择2～3种运输方式进行调研。

（3）实训要求：将参加实训的学生进行分组，在教师指导下进行调研，完成实训报告。

实训项目 2-3　货运企业货场作业调研

（1）实训目的：通过实训，到货运车站实习调研，体会装卸搬运合理化作业。

（2）实训内容：到货运企业，了解物流作业设备设施，熟悉货场作业流程，认识装卸搬运规范化作业的重要性。

（3）实训要求：将学生进行分组，在实习单位的安排下开展实训，完成实训报告。

实验教学建议

实验项目　物流装备与物流功能合理化

项目名称	实验课时	内容提要	教学要求	实验类别	实验方式
物流装备与物流功能合理化	2	（1）访问物流装备和物流产品网站 （2）了解自动化仓库系统（Automated Storage and Retrieval System，AS/RS）、搬运机器人、自动导引车（Automatic Guided Vehicle，AGV）等物流装备在物流活动中的应用以及对实现物流功能的作用	通过本实验教学，访问物流装备和物流产品网站，熟悉各种常用物流装备；理解各种物流装备在物流活动中的应用及对实现物流功能的作用	综合性	教师指导独立完成

第 3 章　电子商务物流市场及物流模式

知识架构

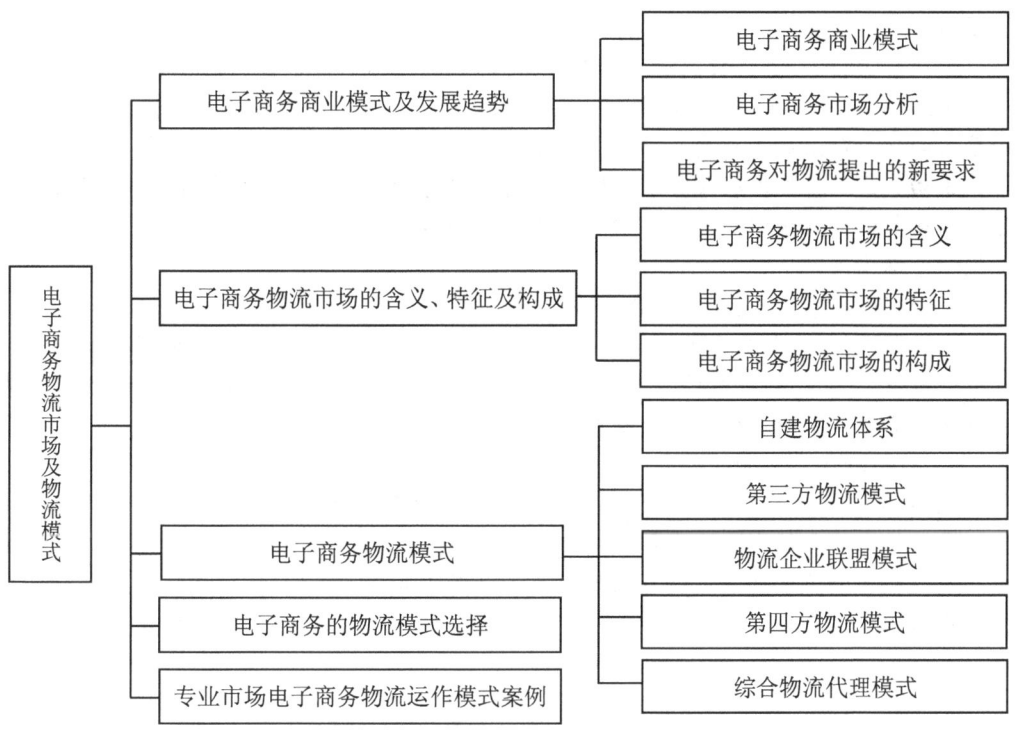

教学目标与要求

通过本章的学习，掌握电子商务物流市场含义、特征及其构成要素；理解电子商务物流市场运行模式，了解第三方物流在国内外的发展情况，熟悉第三方物流的概念、物流外包及其运作优势，理解第三方物流的分类；通过案例分析，明确电子商务下物流模式选择亟待解决的问题。

基本概念

电子商务物流市场　电子商务物流模式　第三方物流　第四方物流　物流企业联盟　物流一体化

 引导案例：国内家电企业物流模式比较

1. 物流模式：组建物流网络，自营物流　代表企业：海尔

1999年，海尔成立了物流推进本部，之后多次对物流体系进行调整，如创造出了充分体现现代物流特征的"一流三网"，从而使海尔物流成为国内自营物流的典范。尤其是在企业内部物流和整合采购资源方面成绩斐然，基本实现了其希望的零库存、零距离、零运营资本的三零目标。

2. 物流模式：剥离物流业务，组建第三方物流公司　代表企业：美的

2000年1月，美的集团把物流业务剥离出来，成立了安得物流公司。公司作为美的集团的一个独立的事业部，成为美的其他产品事业部的第三方物流公司，同时也作为专业物流公司对外发展业务，美的可以使用安得物流，也可以选择其他的物流公司。为了满足美的物流需求并适应公司对外物流业务发展的需要，安得也建成了全国一体化的仓储体系。

3. 物流模式：与大型物流企业共组家电物流平台　代表企业：科龙、小天鹅

2001年7月，中国远洋物流公司、广东科龙电器股份有限公司、无锡小天鹅股份有限公司等5家公司共同投资了安泰达物流有限公司，这是国内首家由大型物流企业和多家著名家电企业联合成立的第三方物流公司。

4. 物流模式：自营+外包　代表企业：长虹

2005年2月，长虹成立了整合了内部物流管理职能的新物流公司，确定了新的物流组织框架，从仓储、运输、信息化3处着手实施了其物流改革。与国内家电同行相比，长虹销售物流的仓储点数量明显过高，于是当年6月，长虹对这些库房进行了整合，基本形成了仓储、配送的一体化运作框架。随后，长虹还对采购模式、物流系统进行了改革。

5. 物流模式：与第三方物流合作，全面外包物流业务　代表企业：伊莱克斯

1995年，伊莱克斯与长沙中意电冰箱厂合资组建了伊莱克斯—中意电冰箱有限公司，经过全面考虑，公司最终决定采用物流外包策略，将公司物流业务全部交给第三方物流企业去做，伊莱克斯只负责产品生产，而中意电冰箱厂也只全权负责产品的销售与售后服务工作，从而充分利用第三方物流企业拥有的专业市场知识、网络和信息技术、规模经济和灵活性，以适应企业对物流环节的各种需求。

资料来源：林振强. 国内家电物流模式比较. 现代物流报，2009

3.1 电子商务商业模式及发展趋势

随着信息网络化进程的加快，电子商务已经成为未来企业生存和发展的重要手段，企业由单纯的电子商务演变为电子商务企业。物流演变为电子商务物流，标志着现代物流发展进入一个新的阶段。传统企业在销售过程中，由于采取货款当面两清的结算方式，除少数大件商品外，商品转移基本上是由消费者自主完成，企业不考虑货物的售后运输、仓储分散等物流问题。电子商务情况则不同，无论是 B2B，还是 B2C，网上销售活动都是集信息流、资金流、物流运作于一身，采用的是一体化服务。

3.1.1 电子商务商业模式

近年来，在全球经济保持平稳增长和互联网宽带技术迅速普及的背景下，世界主要国家和地区的电子商务市场保持了高速增长态势。以美国为首的发达国家，仍然是世界电子商务的主力军；而中国等发展中国家电子商务异军突起，正成为国际电子商务市场的重要力量。2009 年以来，受国际金融危机影响，我国多数行业都遭受了不同程度的冲击，但包括网络购物在内的电子商务却逆势上扬，成为危机背景下经济增长的一个亮点。交易额同比大幅攀升、商务交易类网络应用逐步增加、电子商务产业链不断完善、新的商务服务模式层出不穷。电子商务是网络化的新型经济活动，已经成为我国战略性新兴产业与现代流通方式的重要组成部分。随着第三代移动通信技术（3rd-generation，3G）的全面启动和"三网融合"的实质性推进，我国电子商务进入一个高速增长期。

根据中国国家标准《物流术语》（GB/T 18354—2006），电子商务（e-commerce，EC）是指以电子形式进行的商务活动，它在供应商、消费者、政府机构和其他业务伙伴之间通过任意电子方式实现标准化的业务信息的共享，以管理和执行商业、行政和消费活动中的交易。电子商务包括商品和服务交易、金融汇兑、网上广告、在线数据传播、电子资金的划拨、商业拍卖、电子证券交易等。

电子商务商业模式的研究已经成为当前国内外研究的热点问题。所谓"商业模式"，是指一个企业从事某一领域经营的市场定位和盈利目标，以及为了满足目标顾客主体需要所采取的一系列的、整体的战略组合。

1. 麦肯锡（McKinsey）管理咨询公司认为存在三种新兴电子商务模式：销售方控制的商业模式、购买方控制的商业模式和中立的第三方控制的商业模式

（1）销售方控制的商业模式，只提供信息的卖主网站，可通过网络订货的卖主网站。

(2)购买方控制的商业模式,通过网络发布采购信息,是采购代理人和采购信息收集者偏好的模式。

(3)中立的第三方控制的商业模式,提供特定产业或产品的搜索工具,包括众多卖主的店面在内的企业广场和拍卖场。

2. 美国"网络就绪组织"认为包括以下商业模式

(1)电子商店,作为电子经济中买卖发生的场所,从传统的市场渠道中获取价值。

(2)信息中介,是内容、信息、知识及经验的代理商,能为某一特定电子商务领域增加价值,也称为内容集成商。

(3)信用中介,是在买卖双方建立信用的机构。

(4)电子商务实施者,特点是为其他电子商店或信息中介提供组件、功能及相关服务,使得电子商务得以进行或者进行得更好。

(5)基础设施供应商/商务社区,作为由跨越不同领域(如产品、内容及服务)机构,由于共同的兴趣,通过一个共同的基础设施组织到一起的商业集合体。

3. 把企业和消费者作为标准划分商业模式

获得业内一致认同的电子商务模式分类方法,以企业和消费者作为标准分别划分出企业—企业(B2B)、企业—消费者(B2C)、消费者—企业(C2B)和消费者—消费者(C2C)等模式。通过深入分析这些商业模式,可以发现,它们是相互依存、互为运作的手段和载体,只是分类基准不同而已。举例而言,在"企业—消费者"(B2C)模式下,企业将自己的商品在网上进行销售,即形成了"卖主网站",卖主网站又通常被称为"电子商店"。研究电子商务的商业模式,即打破了这些分类的界线,将这些模式作为一个整体,并且是体现物流效益的载体。其商务模式如图3-1所示。

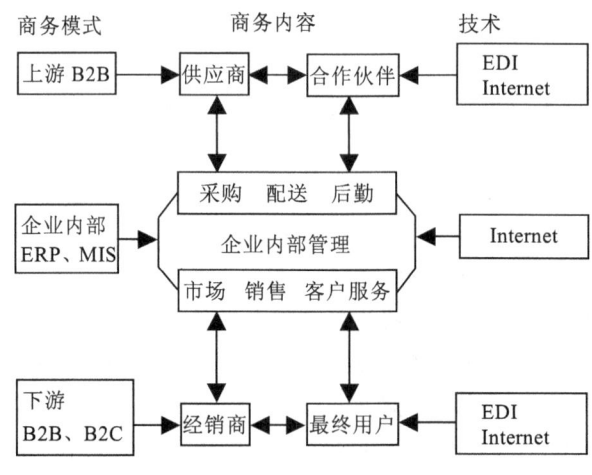

图3-1 电子商务商业模式

3.1.2 电子商务市场分析

2007年6月,国家发改委、国务院信息化工作办公室联合发布了我国首部电子商务发展规划——《电子商务发展"十一五"规划》(以下简称《规划》)。《规划》明确提出:2010年,网络消费将成为我国市场上重要的消费形态,网络化生产经营方式将基本形成。其目标是:电子商务服务业成为重要的新兴产业,在国民经济和社会发展各领域中应用水平大幅提高并取得明显成效。

电子商务交易市场主要由B2C、C2C和B2B三部分构成。近日,DCCI互联网数据中心发布了《Netguide 2008中国互联网调查报告》,报告中从B2B、B2C、C2C三个方面对我国电子商务市场进行了分析,报告显示,我国电子商务市场正处于快速增长状态中。

1. B2B电子商务市场规模及分析

2006年,我国B2B电子商务交易规模为9 957亿元人民币,2007年增长率高达25.5%,交易规模达到12 500亿元人民币。能源、化工、制造、流通等领域大型行业企业对电子商务的深入介入,是市场规模大幅度增长的核心动力。近年来我国B2B电子商务交易规模继续高速增长,2009年达到约16 200亿元人民币,2010年交易规模达21 300亿元人民币。而2006年我国互联网B2B电子商务网站总营业收入为28.1亿元人民币,2007年增长率为49.8%,总营业收入为42.1亿元人民币。我国B2B电子商务网站的总营业收入规模进一步增加,2009年达61.7亿元人民币,2010年市场规模达89.8亿元人民币。

B2B市场格局:市场份额高度集中,竞争激烈,综合类B2B电子商务平台与垂直类B2B电子商务平台相互博弈,2007年,我国第三方B2B电子商务平台营收份额如图3-2所示。

B2B电子商务分为四大竞争阵营。

- 阿里巴巴市场份额接近六成,优势明显,是市场领先者。
- 网盛科技、环球资源、中国制造网和慧聪网发展迅速,上市后实力增加迅速。
- 中国供应商、中国钢铁网、EC21、中国化工网等约20家网站,在B2B电子商务市场或行业垂直市场内也有较高的知名度,处于较为稳定的发展阶段。
- 大量规模较小的行业B2B电子商务网站或地方性B2B电子商务网站属于补缺者,对B2B电子商务市场的整体影响有限,但是它们与综合电子商务平台之间市场的互相侵消现象值得关注。

DCCI认为我国B2B电子商务市场发展将呈现如下七大趋向。

趋向一:B2B电子商务交易平台凸显行业特性。大型B2B网站正考虑向细分行业深入，分行业提高服务能力，按行业特性降低交易成本。与此同时，垂直行业 B2B 交易平台显示出良好的发展势头，国内将出现大量的行业 B2B 网站。行业 B2B 网站竞争差异化特征明显，一批有特点、有潜力、初具规模的行业 B2B 网站将成为风险投资商的关注重点。

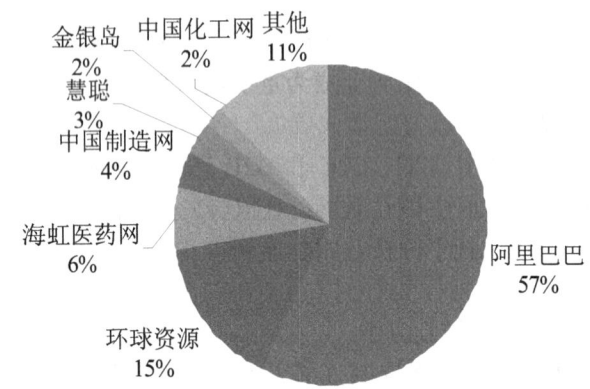

图 3-2　2007 年，我国第三方 B2B 电子商务平台营业收入份额

注：2007 年总营收 39 亿元，市场份额计算以各第三方 B2B 电子商务平台 2007 年全年 B2B 相关营业收入计算。

Source：上市公司财报 B2B 相关业务的会计收入（非现金收入）、企业访谈，基于季度数据检测，经过年度数据统计核算及相关模型调整。

趋向二：行业 B2B 联盟发展迅速，成为垂直 B2B 平台发展的重要途径。行业 B2B 网站联盟策略将持续，为克服垂直行业 B2B 网站的规模限制，该类网站之间将进一步表现出联盟趋向以获得规模效应和协同效应，联盟形式包括相互推广、共享信息资源、共享广告资源等。此类模式与网络招聘网站的分行业、跨行业联盟高度类似。

趋向三：B2B 网站市场前景看好，仍有较大上升空间，各类投资将继续涌入。近年来网盛科技、阿里巴巴的上市极大刺激了 B2B 交易模式的增长，B2B 电子商务模式仍有巨大的市场发展空间，各类资金将继续涌入，B2B 领域的上市公司队伍将继续壮大。

趋向四：继续完善产品交易规则是 B2B 交易平台矢志不渝的前进方向。尤其是诚信交易规则的建设，如何让交易对象放心大胆地使用，如何继续降低交易成本，成为 B2B 交易平台思考的方向，也是成功的关键。

趋向五：B2B 电子商务平台的交易配套服务将趋于更加完善。用户体验继续提高，交易配套服务逐步完善。以阿里巴巴为例，为用户提供支付类平台服务，阿里巴巴商贸通交流工具，B2B 平台将推出更具选择性的多版本服务和辅助措施。

趋向六：B2B 电子商务平台间不断创新交易模式，开展差异化竞争。

趋向七：B2B 电子商务平台从信息提供向服务提供平台转变。目前国内 B2B 电子商务平台的模式还比较简单，仅满足企业寻找和获取商机的需求。但是，当网络信息的信息扩充、B2B 电子商务搜索的完善，获取商机不再成为难题时，现有的 B2B 电子商务平台的模式便不再能满足人们的需求。同时，随着中国贸易渠道的多样化，贸易客户对中国电子商务渠道的依赖性有可能减弱。因此，无论从客户要求的提高还是其他渠道的冲击来看，B2B 电子商务平台都将加快平台服务的功能，由资讯提供向交易服务转变，帮助企业有效获取商机并最终拿到订单。

2．B2C 电子商务市场规模及分析

2007 年，我国各 B2C 电子商务网站总收入为 52.2 亿元人民币，较 2006 年的 39.1 亿元人民币增长 33.5%。随着网络购物环境的好转，B2C 电子商务交易模式将更受欢迎。用户数和年平均消费金额均会提高，2009 年 B2C 电子商务营收规模超过 70.9 亿元人民币，2010 年达到 98.6 亿元人民币。

B2C 市场格局：B2C 市场发展逐渐趋于稳定，2007 年，B2C 电子商务市场份额如图 3-3 所示。

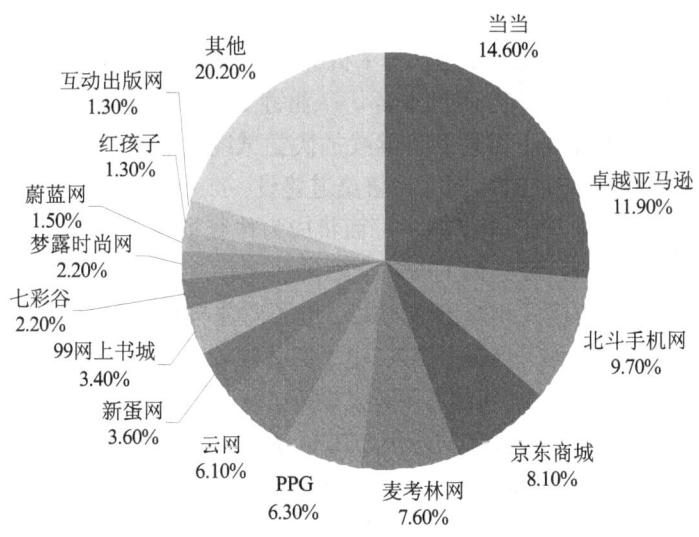

图 3-3　2007 年中国 B2C 电子商务市场份额

注：2007 年 B2C 电子商务市场规模为 43 亿元，市场规模中不包含在线旅行业务销售额，市场份额以 2007 年 B2C 电子商务网络相关销售额计算；基于季度数据监测，经过年度数据统计核算及相关模型调整。

我国 B2C 电子商务竞争分为三个阵营：

- ▸ 第一阵营为市场领先者，当当网和卓越网，两者在收入、用户数、线下物流建设等方面都远远领先于其他 B2C 厂商，新推出的淘宝 B2C 平台，凭借着良好的技术、物流、支付和人气等优势，有望成为强有力的市场挑战者。

> 第二阵营包含京东商城、北斗手机网、新蛋网、麦考林网、互动出版网、七彩谷等，以及部分产品直销企业，如 Dell、PPG 等，这些网站均为各个产品细分领域的领先网站，处于稳定增长状态。

> 第三阵营为其他市场参与者与长尾网站，如大量个人或作坊式的 B2C 网站或一些地方性 B2C 网站，这些网站数量众多，但对目前我国 B2C 电子商务市场份额的影响有限。

DCCI 认为 B2C 电子商务市场发展将呈现如下五大趋向。

趋向一：B2C 市场大而全的概念逐渐被放弃，专注于某一行业的 B2C 网站得到认可。经过几年的发展，行业细分开始出现在 B2C 电子商务市场，专注于垂直行业的 B2C 网站发展迅速，国内垂直行业 B2C 网站数量将迅速增长，在业内的影响力逐渐增大。与此同时，随着数量的增加，同行业的 B2C 网站之间竞争激烈。

趋向二：B2C 市场百花齐放，产品种类不断拓宽，突破有形商品局限，向数字商品和服务扩展，数字商品和服务的扩展既填补了 B2C 电子商务市场的空白，也使电子商务优势得以充分发挥。图铃类 B2C 电子商务市场蓬勃发展，数字商品和服务的交易规避了 B2C 电子商务中普遍存在的物流难题，与手机绑定的方式也使支付环节大大完善。

趋向三：线下零售商逐步开展 B2C 业务，产业链上下游将深度合作，随着线上零售环境的进一步好转，传统线下零售商将继续加快尝试线上业务，包括线下的大型卖场（如国美）、直销厂商等加快 B2C 网上销售渠道建设。产业链上下游将深度合作，作为拥有大量消费人群的综合 B2C 电子商务厂商将成为传统领域厂商进入互联网进行推广的门户，B2C 网站与传统厂商之间的合作会继续加深。

趋向四：各种电子商务模式相互渗透，B2C 电子商务与 C2C 电子商务的界限日益模糊。一些 B2C 电子商务网站开始涉足 C2C 电子商务领域，一些 C2C 平台也开始进入 B2C 市场，各类资源互补，彼此之间的界限越发模糊，这一趋向在未来两年将更加明显。

趋向五：随着业务的进一步推广与应用，B2C 企业的物流渠道建设将逐步好转。物流一直是 B2C 企业深为烦恼的问题，第三方配送常常难以满足其需要，建立符合自身实际需要的供应及配送渠道体系，是发展的关键，当当、卓越等知名 B2C 企业都在加速物流建设。

3．C2C 电子商务市场规模及分析

2007 年，我国各 C2C 电子商务网站交易规模为 410.4 亿元人民币，较 2006 年增长 90%。C2C 模式一直是我国网上购物的主要形式，近年来我国 C2C 电子商务网站的总营业收入规模将继续迅速增加。2009 年 C2C 电子商务网站交易规模达到 678 亿元人民币，增长率为 65.2%，2010 年交易规模达到约 1 023 亿元人民币。

C2C 市场格局：巨大的成本投入、有限的收入来源以及市场的高集中度，使得 C2C

平台的进入门槛非常高。2007年中国C2C电子商务市场份额如图3-4所示。

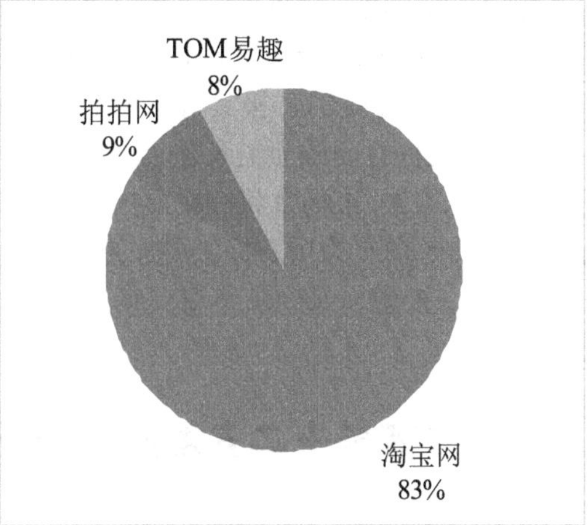

图3-4 2007年中国C2C电子商务市场份额

注：2007年C2C电子商务市场规模为528亿元，市场份额以2007年各C2C电子商务平台或成交商品总额计算；基于季度数据监测，经过年度数据统计核算及相关模型调整。

C2C电子商务分为三大竞争阵营：
- 淘宝网目前为市场领导者，市场表现和业务创新能力都处于前列。
- 拍拍网和易趣网分别占有一定市场份额，尤其是TOM易趣拥有大量的用户群体，是市场的有力挑战者。
- 以百度为代表的潜在竞争梯队，主要由尚未进入这一市场但有进入意愿的网站构成。由于需要巨大的人力、物力和财力的支撑，还需具有巨大的号召力，目前仅有百度具有这一实力。

DCCI认为C2C电子商务市场发展将呈现如下五大趋向。

趋向一：C2C电子商务尚处于市场发展初期，未来存在巨大的上升空间。有C2C购物经历的网民不足三成，且集中在大城市，普及率比较低，在这背后所隐藏的是一个巨大的增量市场，有着非常大的上升空间。未来几年，我国C2C市场的发展将由量变到质变，进入快速发展阶段。

趋向二：C2C平台有限，进入门槛高。现阶段C2C平台的免费策略需要大量的资金投入来维持，市场的进入者除了有大量的资金外还需要有超强的人气和技术实力。

趋向三：充分利用自身资源，开展差异化竞争。C2C平台间的竞争是人气、信息流、物流、资金流的竞争，如何结合既有自身资源，是C2C平台取得领先优势的关键。易趣被TOM收购后可以考虑利用增值业务来提高吸引力，拍拍则可以发挥腾讯即时通信等整体平台优势，百度最强大的当然是搜索能力、广告竞价系统和人气。

趋向四：C2C 平台新的盈利模式将出现，广告模式有望成为盈利重点。C2C 平台的盈利问题一直摆在参与者面前，包括淘宝网推出的"招财进宝"，但是寻找到适合国内市场的盈利模式是一个艰难的旅程。C2C 平台收费是必然，但是"付费"必须基于"价值"，如何推出卖家和买家需要的、可以接受的、极具价值的服务是盈利的前提和关键。而为 C2C 用户推广业务的广告模式将有望成为盈利重点。在此方面，百度利用其搜索能力以及关键字竞价排名系统切入 C2C 市场，将有明显的优势。

趋向五：C2C 电子商务平台趋向于为用户提供更加完整的解决方案，目的是降低交易成本。即时通信、社区资源、搜索以及物流等都是降低交易成本的关键环节，以上诸多领域会逐步融入该平台。

阅读资料 3-1　电子商务十二五发展目标及重点工程

1. 我国电子商务发展现状

中国商务部 2011 年 10 月 18 日发布《"十二五"电子商务发展指导意见》明确提出，到 2015 年，我国规模以上企业应用电子商务比率将达 80%以上，应用电子商务完成进出口贸易额将占我国当年进出口贸易总额的 10%以上，网络零售额相当于社会消费品零售总额的 9%以上。中国电子商务研究中心中国电子商务市场数据监测报告显示，2009 年我国电子商务交易额达 3.5 万亿元，2010 年我国电子商务市场交易额已达 4.5 万亿元，同比增长 22%。商务部预计，未来五年我国电子商务交易额将保持年均 20%以上的增长速度，2015 年将达到 12 万亿元的规模。

截至 2011 年 6 月 30 日，我国互联网用户已达 4.85 亿，互联网普及率达 36.2%。全社会电子商务应用意识不断增强。从发展规模来看，我国电子商务已经接近世界发达国家水平，大力发展电子商务已经引起我国高层重视。2010 年《政府工作报告》明确提出要"加强商贸流通体系等基础设施建设，积极发展电子商务"。而根据此前商务部提出的目标，到"十二五"末，我国电子商务的市场规模将有望占到 GDP 的 5%。电子商务将会成为未来经济的新增长点。由于很好地融合了新技术与传统行业，无论是从发展新型产业还是扩大内需的角度来讲，电子商务的前景都非常看好。

我国政府正全面、积极、稳妥地推进中国电子商务的发展。1998 年以来，政府对电子商务的支持与协调力度明显增加。我国电子商务发展的总体框架（包括整体战略、发展规划、发展措施、技术体制标准以及相关法律法规）的推出，将会使电子商务有一个更加规范有序的应用与发展环境。不少地方政府也都对电子商务给予了前所未有的关注与支持，开始将电子商务作为重要的产业发展方向。

2. 电子商务市场特点

根据目前的市场发展情况，未来中国电子商务市场将呈现以下特点。

（1）中国电子商务市场将继续平稳发展。从市场结构来看，以网络购物和在线旅游预订为主的 C2C 市场交易规模继续高于 B2C 市场交易规模，由此网络购物和在线旅游预订市场占电子商务市场份额将逐步提高，发展空间仍较大。中国网络购物市场交易规模及其构成，如图 3-5 所示。

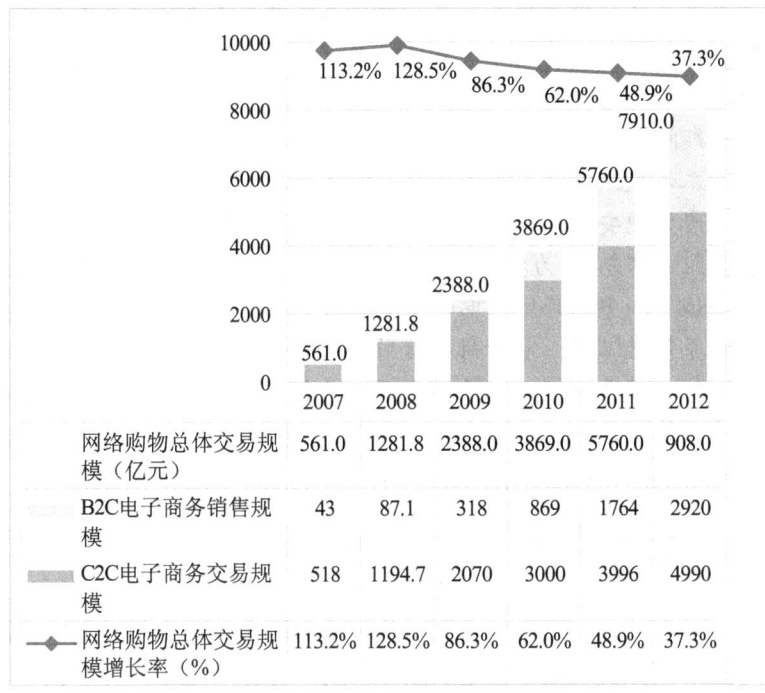

图 3-5　中国网络购物市场交易规模及其构成

注：B2C 交易额统计不包括网络代缴费（如水电费等）、旅行预订及航空客票交易额；同时，B2C 企业非网络销售额部分不统计在内。

（2）联盟合作多元发展，推动 B2B 企业将不断提高其服务水平。如 2011 年 5 月，阿里巴巴与交通银行达成战略合作，双方将在快捷支付、手机支付、中小企业网络融资等众多方面开展合作。2011 年 6 月，B2B 电商服务联盟成立并斥资 3 000 万元扶持大量传统中小企业的发展。

（3）网购市场逐步规范。2011 年 4 月商务部发布的《第三方电子商务交易平台服务规范》，允许消费者在冷静期内无理由取消订单。该规范将大力促进我国电子商务尤其是网络购物市场的标准化，从而不断提升消费者购物体验，网络购物市场将持续高速增长。

电子商务作为现代服务业中的重要产业，有"朝阳产业、绿色产业"之称，具有

"三高"、"三新"的特点。"三高"即高人力资本含量、高技术含量和高附加价值;"三新"是指新技术、新业态、新方式。电子商务产业具有市场全球化、交易连续化、成本低廉化、资源集约化等优势。有专家预计未来3～5年内,电子商务市场交易额规模持续快速的增长态势仍将维持。特别是随着近两年来政府对电子商务的重视程度日益加大,相继出台多个支持鼓励政策,会对电子商务市场未来的发展起到极大的助推作用。同时,随着电子商务配套服务体系(物流、支付、客服等)的建立完善,我们相信未来电子商务市场将逐渐走向稳健和成熟。

"十二五"期间,我国电子商务发展将有三大目标,即"到2015年我国电子商务法规标准体系基本形成;电子商务成为企业拓展市场、推动'中国制造'转型升级的有效手段,消费者方便安全消费的重要渠道;电子商务服务业成为我国现代商贸流通体系建设的重要组成部分。"为实现上述目标,商务部将实施九大重点工程:电子商务示范工程;中小城市和中西部地区电子商务促进工程;传统流通企业电子商务应用工程;农村流通体系促进工程;电子商务信用体系建设工程;肉类蔬菜、酒类流通追溯体系建设工程;城市社区便利店电子商务促进工程;电子商务人力资源发展工程;国际电子商务交流合作工程。

资料来源:中国中央政府网站 http://www.gov.cn/gzdt/2011-10/19/content_1973303.htm。

3.1.3 电子商务对物流提出新的要求

一方面,电子商务成功实现了商流、信息流、资金流在交易过程中的网络化,此时物流却成为电子商务发展的一个重要瓶颈。另一方面,电子商务不仅孕育了巨大的物流市场,又因为自身的特点对物流提出了更高的要求。在互联网开放的网络环境下,电子商务的买卖双方已经习惯了在线的交易方式。其消费习惯呈现网络化和信息化的特征,这是交易过程高效率、低成本的基本保障。

首先,电子商务买卖双方网络化的消费习惯,要求物流企业逐渐实现"只有货物在路上,其他全部在网上"的物流电子商务。

其次,电子商务买卖双方信息化的消费习惯,要求物流企业实现业务流程的信息化,具有较强的信息收集、处理以及传输能力。因此,需要通过网络化和信息化的途径,实现企业自身低成本、高效率运作,同时为客户降低成本、节省时间。

截止到2007年6月底,全国网民人数已经达到1.62亿。这个特殊的群体,十分注重新鲜的服务体验。当然,电子商务的买卖双方也不例外。例如,一个网络卖家通过电子商务把商品销售出去后,物流服务的第一步,在线提交订单要更吸引他;第二步,在线订单查询和货物查询要更吸引他;第三步,定时通过短信反馈货物的位置要更吸引他;第四步,可以自主随时随地通过短信和无线应用通信协议(Wireless Application

Protocol，WAP）进行货物查询要更吸引他。因此，这就要求物流企业除了实现网络化和信息化之外，还要配备全球定位装置（GPS）、电子标签设备（RFID），并开通服务提供商（Service Provider，SP）短信增值业务和 WAP 无线查询业务。

目前，不论是 UPS、DHL、FedEx 等跨国公司，还是中邮物流、宝供等国内知名企业，都已经实现了不同程度的网络化和信息化。它们以雄厚的资本和巨大的投入为保障，不仅建设了在线查询和提交订单、在线支付的 B2C 物流电子商务网站，实现了业务流程的信息化，更是斥巨资引入了全球定位系统、地理信息系统、电子标签等先进的技术，更有领先者已经实现短信和 WAP 无线查询业务。

开放的 B2B 电子商务平台为中小物流企业实现网络化"大开方便之门"。借助电子商务物流平台，"远程租用、分期付费"的信息化软件运营模式，有利于缺乏资金的中小物流企业实现信息化，实现交易流程和业务流程的信息顺畅交互，面向客户提供横向性价对比的需求服务。不仅为广大中小物流企业搭建了一个交易网络化和企业信息化的平台，还会提供 GPS、RFID、SP 等多种解决方案。

阅读资料 3-2　网购市场规模扩大促进我国快递市场发展

近年来，我国的快递市场得到了井喷式的发展。据中国国家邮政局局长马军胜透露，政企分开的邮政体制改革以来，中国快递业务总量五年翻了一番半，年均增长率达 27.23%，日均处理量从 2007 年的 300 万件增长到 2011 年的 1 300 万件。他还表示，由于中国快递市场成长速度快、潜力大，市场规模已排名世界第三位。分析认为，我国快递业是跟随网购的蓬勃发展而迅速扩大规模的，鉴于网购市场尚处于初期阶段，快递发展的未来空间会更大。具体而言，目前中国电子商务市场已名列全球第二位，预计到 2015 年我国网络消费者数量将激增至 3.29 亿人，届时我国将拥有全球最大的电子商务市场。网购人数的暴增必然带动快递业的高速发展。如此估算，到 2015 年，我国快递业市场规模将再翻一番以上，达到年经营规模 1 430 亿元，年处理快件量超过 61 亿件。

实际上，我国的快递业务量和收入确实屡创新高。国家邮政局最新发布的邮政业运行报告显示，2011 年 10 月份，快递业务量完成 3.3 亿件，同比增长 65.7%；业务收入完成 66.3 亿元，同比增长 30.9%。2011 年前 10 个月，全国规模以上快递服务企业业务量累计完成 28.5 亿件，同比增长 54.7%；业务收入累计完成 597.8 亿元，同比增长 29.1%，超越 2010 年全年的 574.6 亿元。其中，同城业务收入累计完成 52.3 亿元，同比增长 58.5%；异地业务收入累计完成 346.6 亿元，同比增长 38.1%；国际及港澳台业务收入累计完成 151 亿元，同比增长 4%。

资料来源：中国电子商务研究中心 http://b2b.toocle.com/detail--6012413.html。

3.2 电子商务物流市场的含义、特征及构成

电子商务物流市场是电子商务市场的基础,一个成熟的电子商务物流市场是电子商务市场运行的保障,因为电子商务物流市场的运行和发展状况直接决定和影响电子商务的交易规模和实现程度。

3.2.1 电子商务物流市场的含义

狭义的市场是指商品交换的场所,广义的市场是指商品交换关系的总和。

电子商务物流市场是指在电子商务环境下,构成物流服务的各种交换关系的总和。这些交换关系主要包括以下几个方面。

1. 市场主体之间的关系

此关系不仅包括物流的提供者与需求者,而且也包括生产者、经营者以及消费者与物流服务提供商之间的关系,以及以上各市场主体与物流软件服务商的关系。

2. 市场客体之间的关系

此关系不仅包括与货物实体运动相关的物流作业服务,而且也包括物流管理咨询以及支持物流运作的其他服务。

3. 市场运行过程中的有关关系

此关系包括物流市场的运行方式、运行机制以及不同市场态势下的有关关系。

与传统商务活动相同,电子商务这种电子化的商务形式在交易过程中也包含着信息流、商流、资金流和物流。这"四流"相互协调整合,能有效确保交易的实现。物流作为商务过程中的重要环节,担负着原材料提供商与产品生产商之间,以及商家与顾客之间的实物配送服务,高效的物流体系是使电子商务优势得以充分发挥的保证。然而,与物流重要作用形成鲜明对比的却是其自身管理的滞后,以至于成为制约电子商务发展的"瓶颈"。缺乏相应程度的物流体系支持,电子商务的运作效率将大大降低。物流管理已成为除支付认证、安全保密之外电子商务发展亟待解决的问题。

3.2.2 电子商务物流市场的特征

电子商务物流市场的特征表现在以下几个方面。

1. 电子商务物流市场具有服务性的特征

在电子商务物流市场上,各方交易的不是商品,也不让渡商品的所有权,而是一种物流服务。对于委托方来说,得到的是受托方提供的物流服务,同时支付受托方为

自己提供物流服务的费用；对于受托方来说，得到的是通过提供物流服务，获得劳动的价值收入。同时，更加重视物流的系统化、标准化、服务的规范化等。

2．电子商务物流市场具有技术性的特征

在物流业务委托代理关系的建立过程中，各方将会广泛地通过互联网络、使用各种先进的信息技术与管理进行商务往来，物流的运作方也将会采用先进的信息技术进行作业与管理，更加重视现代管理方法的运用，如 JIT、快速反应、物料需求计划、分销需求计划以及物流资源计划等。

3．电子商务物流市场具有虚拟化的特征

电子商务为物流创造了虚拟空间，物流的各种职能及功能可以通过虚拟化的方式表现出来，人们可通过各种组合方式，寻求物流的合理化。电子商务改变物流的运作方式，电子商务可使物流实现网络的实时控制，网络对物流的实时控制是以整体物流形式来进行的。

4．电子商务物流市场具有响应性和灵活性的特征

电子商务使得客户的期望值不断提高，客户对配送的要求经常是最紧迫的及时送货（JIT），隔日送货甚至当日送货已成趋势。同时，大量货物直接送达消费者，使得分拣和配送批量减小，批次增多，要求物流系统具有更好的响应性。传统物流可以根据产品数量、高峰期等确定的设施与人员配置，但电子商务的业务量难以预测，这就要求物流部门能迅速有效地适应需求的变化。同时，退货的增多，也要求物流更加灵活地进行退货处理。

为满足客户响应性与灵活性要求，需要高效的物流操作以快速发运产品，高效操作超出传统的分拣、包装和发货功能而形成扩展的仓库管理系统能力，包括寻址、增值服务、理货区管理以及与射频（RF）处理一体化。

5．电子商务物流市场具有竞争性的特征

电子商务将竞争的压力提高到一个新高度。随着越来越多的提供同样或相似产品的网上商店和网上交易的出现，产品正在变为商品，品牌优势正在消失，服务成为区分竞争对手的主要因素。为了保持竞争力，企业必须从整体上优化供应链，在不断改进服务的同时，尽可能降低物流成本，在提高劳动率的同时，使仓库和设备的利用率最大化。

6．电子商务物流市场具有可视性的特征

交易伙伴之间的协作一直是企业希望达到的目标，因为这样会降低对库存和安全储备的要求，消除因供应不足造成的停工，并通过整个供应链可视性来改进生产、配送计划。互联网以其实时性、通用性和较低的成本使交易伙伴之间的协作更加可行。电子商务使得协作必不可少，为满足客户对订单处理和可视性要求，供应链中的交易伙伴必须作为一个整体运作。这种"点到点"的物流覆盖了从供应商的供应到客户的获得，这种系统间的协作要求各个层面的一体化。

3.2.3 电子商务物流市场的构成

电子商务物流市场的构成要素包括电子商务物流市场的主体和客体。

1. 电子商务物流市场的主体构成

（1）电子商务物流市场主体的含义

电子商务物流市场主体是指以独立形态从事、参加物流运作的有关当事人或机构组织。由于"商品不能自己到市场去，不能自己去交换……必须寻找它的监护人"。只有市场主体也就是商品的监护人才能实现商品的交易，推动商品的运动。在这一运动过程中，由于现实情况的不同，商品实体的运动及与其相关的其他活动（物流）可能存在着多种方式。既可能是商品的监护人自己去完成商品实体的运动及与其相关的其他活动（物流），也可能是商品的监护人委托其他当事人或机构组织去完成商品实体的运动及与其相关的其他活动（物流），或采取其他方式完成商品实体的运动及与其相关的其他活动（物流）。

（2）电子商务物流市场主体所具备的条件

电子商务物流市场主体一般应具备以下条件：第一，具有独立的经济利益，能够独立自主地进行自身的经济活动。第二，平等、自愿的权利让渡构成了其行为基础。在市场活动中，市场对自身权利的每一种（次）让渡，都必须有相应的价值反向让渡来进行补偿。

（3）电子商务物流市场的主体构成

从不同的角度来看，电子商务物流市场具有不同的构成，一般来说，其主要包括以下几个方面。

① 按组织性质划分，电子商务物流市场包括企业、政府和消费者三大类。

- 企业。企业是社会经济活动的基本细胞，是依法自主经营、自负盈亏、自我约束、自我发展的经济实体，是市场主体中最具有拓展能力的组成部分，在电子商务物流市场中处于绝对的主导地位。一般来说，企业具有稳定的组织结构和科学决策系统。在电子商务物流市场中，企业可用多种标准来进行划分。
- 政府。中央或地方政府职能部门为实施其社会组织和管理职能而直接进入市场时，它们也就成为市场主体的一个组成部分。目前，随着我国电子政务的快速发展，政府通过网上进行采购，给电子商务物流增添了新的发展机遇。需要注意的是：一方面，政府机构通常通过公开招标和协议合同的方式进行采购，而且也通过这种方式选择其采购货物的物流服务代理商；另一方面，强调低价优先和繁杂的文书程序是政府选择供货商和物流服务代理商的一个基本条件。

▸ 消费者。消费者作为市场主体在进行网上采购时,也会形成对物流服务的要求。目前的情况是,消费者在网上购买商品后,一般都是由销售者即卖方或销售者委托物流服务商进行送货。

② 按作用划分,电子商务物流市场主体可以划分为物流服务需求者(即物流服务消费者)和物流服务的提供者两类。其构成、内容与特点如表3-1和表3-2所示。

表3-1 物流需求者的构成、需求内容与特点

物流需求者		需求内容	需求特点
企业	生产企业	物流作业服务 物流管理咨询	具有稳定性和连续性
	商业企业	物流作业服务 物流管理咨询	具有稳定性和连续性
	网站	物流作业服务 物流管理咨询	具有稳定性和连续性
政府		物流作业服务	稳定性相对差、规模变化较大
消费者		物流作业服务 物流管理咨询	不稳定、规模小

表3-2 物流供给者的构成

分类依据	物流供给者(物流服务提供商)
按主导业务	提供物流作业服务
	提供物流信息服务
	提供物流咨询服务
	提供物流技术软件
按综合程度	专业物流服务
	综合物流服务
按资产组成	有限公司、股份公司等
按所有制	全民、集体、混合、三资以及个体等
按规模	大、中、小

2. 电子商务物流市场的客体构成

(1) 按货物的自然属性划分

按货物的自然属性划分,有金属材料、化工材料、机电产品、建筑材料、木材、燃料、机械产品、食品、服装等。

(2) 按物流服务的内容划分

按物流服务的内容划分,有物流作业服务市场、物流信息服务市场、物流管理服

务市场和综合物流服务市场等。

① 物流作业服务市场是指提供专项物流作业服务的市场，如运输市场、保管市场等。

② 物流信息服务市场是指提供物流信息服务的市场。

③ 物流管理服务市场是指提供物流咨询与管理等各项物流服务的市场。

④ 综合物流服务市场是指提供全方位物流服务的市场。

3．电子商务物流市场中市场主体与客体的关系

（1）电子商务物流市场主体的运行，是以电子商务物流市场中客体运动为目的和内容的；而电子商务物流市场客体的运行则依靠电子商务物流市场主体的推动和支持。

（2）电子商务物流市场对客体的需求规模，取决于电子商务物流市场主体所拥有的货币购买力；对市场客体的供给规模和结构，取决于市场主体的供给能力及其结构。

（3）从时期上进行分析，在较短的时期内，电子商务物流市场主体对电子商务物流客体的制约作用较为明显，电子商务物流市场的供求情况主要受主体因素的影响；在长时期内，电子商务物流市场主体与客体之间的关系，因供求关系的不同而呈现出不同的状况。供不应求时，电子商务物流市场客体对市场主体形成制约，其制约作用的强度随短缺程度的上升而增大；供过于求时，过剩的客体则只能受控于市场主体，市场主体对客体的控制程度，随过剩程度的增加而增强。

3.3 电子商务物流模式

目前，电子商务物流发展方兴未艾，各种物流企业层出不穷，物流模式也各不相同。所谓物流模式，又称物流管理模式，是指从一定的观念出发，根据现实的需要，构建相应的物流管理系统，形成有目的、有方向的物流网络，采用某种形式的物流解决方案。在电子商务环境下，大致有以下五种主要的物流管理模式：电子商务营运商自建物流体系（企业自营物流）、第三方物流模式、物流企业联盟模式、第四方物流模式、综合物流代理模式。这些模式方案各具特色，但无疑都凸显出物流管理创新的主旨。

3.3.1 自建物流体系

基于目前国内物流水平不能满足电子商务的要求，也有部分电子商务营运商选择自建物流系统，即自营物流。其好处是可以参考国内外的成功范例，完全规范化开展业务，并取得经验。但是存在投入资金的大幅增加，投资回报周期延长的问题。同时，由于我国地域的辽阔，地区的差异，行业发展的趋势等，存在着跨行业经营的风险。

电子商务企业自营物流，电子商务公司自身组织商品配送，可以说是自己掌握了交易的最后环节，有利于控制交易时间。企业可以根据自身具体情况开展自营物流。

（1）业务集中在企业所在城市，送货方式比较单一。由于业务范围不广，企业独立组织配送所耗费的人力不是很大，所涉及的配送设备也仅限于汽车以及人力车而已。

（2）拥有覆盖面很广的代理、分销、连锁店，而企业业务又集中在其覆盖范围内。

（3）对于一些规模比较大、资金比较雄厚、货物配送量巨大的企业来说，投入资金建立自己的配送系统以掌握物流配送的主动权也是一种战略选择。

电子商务企业自建物流系统主要有两种情况：一是传统的大型制造企业或批发企业经营的 B2B 电子商务网站，由于其自身在长期的传统商务中已经建立起初具规模的营销网络和物流配送体系，在开展电子商务时只需将其加以改进、完善，就可满足电子商务条件下对物流配送的要求。二是具有雄厚资金实力和较大业务规模的一些传统的大型企业集团经营的电子商务公司，凭借原有的庞大的连锁分销渠道和零售网络，利用电子商务技术构建自身的物流体系，进行物流配送服务，在第三方物流不能满足其成本控制目标和客户服务要求的情况下，自行建立适应业务需要的畅通、高效的物流系统，并可向其他的物流服务需求方（如其他的电子商务公司）提供第三方综合物流服务，以充分利用其物流资源，实现规模效益。

自建物流系统的核心是建立集物流、商流、信息流于一体的现代化新型物流配送中心，而电子商务企业在自建物流配送中心时，应广泛地利用条码技术（Bar Code）、数据库技术（Database）、电子订货系统（EOS）、电子数据交换（EDI）、快速反应（QR）以及有效的客户反应（ECR）等信息技术和先进的自动化设施，以使物流中心能够满足电子商务对物流配送提出的如前所述的各种新要求。

3.3.2 第三方物流模式

1. 第三方物流模式的发展

第三方物流是近年来被广泛讨论的一个全新模式，它凭借其所具有的传统物流不可比拟的种种优势，满足了电子商务的空前发展对物流领域提出的更多要求。作为电子商务时代的新生事物，它值得我们予以进一步地关注和研究。

第三方物流的占有率与物流产业的水平之间有着非常规律的相关关系。西方国家的物流业实证分析证明，独立的第三方物流要占社会的 50%物流产业才能形成。第三方物流的发展程度反映和体现着一个国家物流业发展的整体水平，而一个国家物流业的发展水平在一定程度上反映了该国的综合国力和企业的市场竞争能力。面临新世纪全球经济新秩序正在建立和调整的现状，世界各国以及区域经济组织都非常重视物流水平对于本国经济发展、国民生活素质和军事实力的影响。值得注意的是：物流一体化的方向和专业化的第三方物流的发展，已成为目前世界各国和大型跨国公司所关注、探讨和实践的热点。

电子商务的迅速发展对物流服务提出了更高的要求。由于技术先进，配送体系较为完备，第三方物流成为电子商务物流配送的理想方案之一。这也是社会分工日益明确的产物。除了有实力自建物流体系的大企业之外，更多的中小企业倾向于采用这种"外包"方式。在国外，第三方物流较为盛行。据调查，欧洲的第三方物流占整个物流份额的20%～50%，美国和日本的这一比例分别为50%和80%。

目前，美国联合包裹运送服务公司（UPS）的首架"UPS 中国速递"号货机首飞北京，已获得中国直航权，并专门成立了物流方面的公司（UPS Logistics），准备主攻中国物流市场。在国内第三方物流中，中国邮政具有其他物流企业无法比拟的优势，如拥有遍布全国的运输网、营业网、投递网及结算网等，但这些传统业务留下来的"硬件"优势并不足以保证中国邮政能够在现代物流中取得有利的竞争地位。无论是对于传统部门还是新兴的物流公司，信息技术、经营理念、管理模式、服务质量等方面将成为电子商务时代开展第三方物流的核心内容。

2．第三方物流的含义

第三方物流（Third Party Logistics，TPL 或 3PL）是指由供方与需方以外的物流企业提供物流服务的业务模式，也称合同物流、契约物流。可见，第三方物流实际上就是指由物流劳务的供方、需方之外的第三方去完成物流服务的物流运作方式。第三方是指提供物流交易双方的部分或全部物流功能的外部服务提供者。在某种意义上讲，可以说它是物流专业化的一种形式。

3．第三方物流模式的优势

较之传统的物流供应商，第三方物流作为一种战略联盟，对所服务的对象企业（开展电子商务的企业）而言，具有突出的战略优势，主要表现为以下几个方面。

（1）使客户企业集中于核心能力

日趋激烈的市场竞争使企业越来越难以成为业务上面面俱到的专家，企业要想维持其市场竞争优势，出路在于将其有限的资源集中于其核心能力（Core Competence）上。在这种情况下，电子商务营运商把经营重点投入到自己的核心业务中去，物流环节全部分包给专业物流企业，即通常说的第三方物流。这种物流模式的好处在于，对电子商务营运商来说，可以把精力集中于电子商务平台的建立和完善，加大专业业务的深度；对专业物流企业来说，既可以拓展服务范围，又可以借以提高自身的信息化程度。两者都在自己熟悉的业务范围内工作，对成本的降低和盈利的提高有较高的确定性。而第三方物流，凭借其物流专长，正好为其所服务的对象企业提供了一种充分利用外部资源（Out Sources）、处理非核心业务（物流管理）、集中精力于其最擅长领域的机会。换言之，对于物流并非其核心竞争力所在的企业而言，物流问题最好外包由 3PL 来解决。

（2）为客户企业提供技术支持或解决方案

随着技术进步和需求的变化，供应商或零售商有着越来越高的物流配送与信息技术方面的要求。例如，需要使用特殊的软件来设计一个把商品发送给客户的优化顺序和路线；或者需要一种公共的电子信息交换平台以实现信息共享。物流企业要满足这些需求就必须具备较强的技术创新能力，这同时也是物流企业得以生存和发展的关键。而普通的物流公司受限于其技术单一、实力薄弱，往往难以做到这点。可以说，只有 3PL 供应商这样的具备丰富专业知识（包括最新的 IT 知识）、深谙物流中存在的各种问题，把物流作为自己核心业务的企业，才肯投入 100%的力量来进行物流领域的技术创新，并且往往能够以一种更快速、更具成本有效性的方式来满足用户对新技术的需求。

国内有一个很好的例子：一家有着物流与 IT 双重专业背景的快步易捷（广州）信息服务有限公司提出了物流数据交换新概念——XDI，推出了基于 XDI 的"快步物流平台"，引起了业界的关注和企业的好评。快步公司创新性地提出了基于"XDI"的电子化物流解决方案，这是一种基于最先进的技术，能够安全、可靠地实现供应链伙伴之间物流业务协作的端对端服务。目前，在我国 EDI 应用尚不普及、应用水平较低的现实条件下，这种方案较为成功地实现了企业间的信息共享，极大地改善了物流过程。快步公司是宝供物流企业集团有限公司（P.G.LOGISTICS GROUP CO., LTD）的信息技术合作伙伴，宝供利用 XDI 物流信息平台建立了与众多客户间以及宝供各分支机构间的网络沟通，使得宝供可以直接从客户的信息系统中获得订单，而无须传真和手工录入。宝供的一个客户采用 XDI 物流信息平台后使每一个订单运行的时间缩短了 3 天，减少的库存占压每年有 1 亿元。

（3）为客户提供灵活性增值服务

3PL 提供各类物流增值服务，满足客户在诸如地理分布或个性化服务等多方面的灵活性要求。例如，美国 UPS 的一个部门，向那些哪怕一小时的设备停顿都会造成巨大损失的特殊客户提供一种更加复杂的第三方物流服务。这一服务明显节省了客户的成本，同时，由于客户"愿意为速度付钱"，因而这项业务也使这家物流企业获利颇丰。另外，3PL 供应商可以不拥有任何车辆、仓库及人力等物流资源，但却可以凭借其独特的解决方案，通过资源的外包，为客户组织这些物流资源。

（4）节省物流费用，减少库存

专业的 3PL 服务提供者利用规模优势、专业优势和成本优势，通过提高各环节的利用率节省费用，使客户企业能从费用结构中获益。3PL 服务提供者还借助精心策划的物流计划和适时配送等手段，最大限度地盘活库存，改善企业的现金流量。

（5）提升客户企业形象

3PL 企业的利润并非仅源于运费、仓储费等直接收入，而且来源于与客户企业共同在物流领域创造的新价值。所以，3PL 与客户企业的关系不是竞争对手而是战略伙伴。为实现"双赢"的结果，3PL 企业会处处为客户企业着想：例如，通过全球性的信息网络使客户企业的供应链管理完全透明化，企业可随时了解供应链情况；极大地缩短交货期，以利于企业改进服务，树立自己的品牌形象；通过"量体裁衣"式的设计，制定出以顾客为导向、低成本、高效率的物流方案，为企业在竞争中取胜创造有利条件等。

正因为 3PL 具有如上所述的诸多优点，因而已在国际范围内获得了蓬勃的发展，近年来，第三方物流正以较高的增长率成长着，其市场发展潜力极大，它的突出优势和特点使它成为了一种适合电子商务的全新物流模式。

4．第三方物流模式的分类

（1）按照物流企业完成的物流业务范围的大小和所承担的物流功能，可将物流企业分为功能性物流企业和综合性物流企业。功能性物流企业，也可叫单一物流企业，即它仅仅承担和完成某一项或几项物流功能，按照其主要从事的物流功能可将其进一步分为运输企业、仓储企业、流通加工企业等。而综合性物流企业能够完成和承担多项甚至所有的物流功能，综合性物流企业一般规模较大、资金雄厚，并且有着良好的物流服务信誉。

（2）按照物流企业是自主完成和承担物流业务，还是委托他人进行操作，还可将物流企业分为物流自理企业和物流代理企业。物流自理企业就是平常人们所说的物流企业，它可进一步按照业务范围进行划分。物流代理企业同样可以按照物流业务代理的范围，分成综合性物流代理企业和功能性物流代理企业。功能性物流代理企业，包括运输代理企业（即货代公司）、仓储代理企业（仓代公司）和流通加工代理企业等。

在西方发达国家第三方物流的发展实践中，有以下几点值得注意。

① 物流业务的范围不断扩大。一方面商业机构和各大公司面对日趋激烈的竞争不得不将主要精力放在核心业务，将运输、仓储等相关业务环节交由更专业的物流企业进行操作，以求节约和高效；另一方面，物流企业为提高服务质量，也在不断拓宽业务范围，提供配套服务。

② 很多成功的物流企业根据第一方、第二方的谈判条款，分析比较自理的操作成本和代理费用，灵活运用自理和代理两种方式，提供客户定制的物流服务。

③ 物流产业的发展潜力巨大，具有广阔的发展前景。

5．物流一体化

随着市场竞争的不断加剧，企业建立竞争优势的关键，已由节约原材料的"第一利润源泉"、提高劳动生产率的"第二利润源泉",转向建立高效的物流系统的"第三利润源泉"。20世纪80年代,西方发达国家,如美国、法国和德国等就提出了物流一体化的现代理论,在发展第三方物流,实现物流一体化方面积累了较为丰富的经验,应用和指导其物流发展取得了明显的效果,使他们的生产商、供应商和销售商均获得了显著的经济效益。实现物流一体化,发展第三方物流,关键是拥有一支优秀的物流管理队伍。物流一体化的理论为中国的国有大中型企业带来了一次难得的发展机遇和契机,即探索适合中国国情的物流运作模式,降低生产成本,提高效益,增强竞争力。

(1) 物流一体化的含义

所谓物流一体化,是以物流系统为核心的、由生产企业经由物流企业到销售企业,直至消费者的供应链的整体化和系统化,是物流业发展的高级和成熟的阶段。物流业高度发达,物流系统完善,物流业成为社会生产链条的领导者和协调者,能够为社会提供全方位的物流服务。还有物流专家指出,物流一体化就是利用物流管理,使产品在有效的供应链内迅速移动,使参与各方的企业都能获益,使整个社会获得明显的经济效益。

物流一体化是物流产业化的发展形式,它必须以第三方物流充分发育和完善为基础,物流一体化的实质是一个物流管理的问题,即专业化物流管理人员和技术人员,充分利用专业物流设备、设施,发挥专业化物流运作的管理经验,以求取得整体最优的效果。同时,物流一体化的趋势为第三方物流的发展提供了良好的发展环境和巨大的市场需求。

(2) 物流一体化发展的三个层次

物流一体化的发展可进一步分为物流自身一体化、微观物流一体化和宏观物流一体化三个层次。

① 物流自身一体化是指物流系统的观念逐渐确立,运输、仓储和其他物流要素趋向完备,子系统协调运作及系统化发展。

② 微观物流一体化是指市场主体企业将物流提高到企业战略的地位,并且出现了以物流战略作为纽带的企业联盟。

③ 宏观物流一体化是指物流业发展到这样的水平:物流业占国家国民总产值的一定比例,处于社会经济生活的主导地位。它使跨国公司从内部职能专业化和国际分工程度的提高中获得规模经济效益。

从物流业的发展看,第三方物流是在物流一体化的第一个层次时出现萌芽的,但是这时只有数量有限的功能性物流企业和物流代理企业;第三方物流在物流一体化的第二个层次得到迅速发展,专业化的功能性物流企业和综合性物流企业以及相应的物流代理公司出现,发展很快;这些企业发展到一定水平,物流一体化就进入了第三个层次。

3.3.3　物流企业联盟模式

1．物流企业联盟的含义

物流企业联盟是指在物流方面通过签署合同形成优势互补、要素双向或多向流动、相互信任、共担风险、共享收益的物流伙伴关系。企业之间不完全采取导致自身利益最大化的行为,也不完全采取导致共同利益最大化的行为。

绝大多数物流服务利益产生于规模经济,这种规模经济导致了物流企业联盟的产生。物流企业联盟的效益在于物流联盟内的成员可以从其他成员那里获得过剩的物流能力,或处于战略意义的市场地理位置以及卓越的管理能力等。

2．物流企业联盟模式的特征

物流企业联盟模式一般具有以下特征。

（1）相互依赖。组成物流联盟的企业之间具有很强的依赖性,这种依赖来源于社会分工和核心业务的回归。

（2）分工明晰。物流联盟的各个组成企业明确自身在整个物流联盟中的优势及担当的角色,内部的对抗和冲突减少,分工明晰,使供应商把注意力集中在提供客户指定的服务上。

（3）强调合作。既然是联盟,当然要强调合作。许多不同地区的物流企业正在通过联盟共同为电子商务客户服务,实现跨地区的配送,满足电子商务企业全方位的物流服务需要。对于电子商务企业来说,通过物流联盟可以降低成本、减少投资、控制风险,提高企业竞争能力。

3.3.4　第四方物流模式

1．第四方物流的概念

第四方物流（Fourth Party Logistics,4PL）的概念是由 1998 年美国埃森哲咨询公司率先提出的。它将第四方物流定义为:"所谓第四方物流是一个供应链的整合者以及协调者,调配与管理组织本身与其他互补性服务所有的资源、能力和技术来提供综合的供应链解决方案。"这个概念虽然得到物流行业人士的认可,但是距离实践仍然存在着相当的距离。尽管如此,应该看到,随着第三方物流的快速发展和现代物流技术的广泛应用,必将为第四方物流的发展提供商机,使得第四方物流具有巨大的发展潜力。

2．第四方物流模式的特征

第四方物流主要是在第三方物流的基础上,通过对物流资源、物流设施、物流技术的整合和管理，提出物流全过程的方案设计、实施办法和解决途径，为客户提供全面意义上的供应链的解决方案。第四方物流模式具有以下特征。

（1）第四方物流是供应链的集成者、整合者和管理者

第四方物流能够降低实时操作和传统外包产生的成本，通过第三方物流和优秀的技术专家、管理顾问之间的联盟，集成管理咨询和第三方物流的能力，为客户提供最佳的供应链解决方案。

（2）第四方物流通过影响整个供应链来进行增值

第四方物流充分利用一批服务提供商的能力，包括第三方物流信息技术供应商、呼叫中心、电信增值服务等，提供全方位供应链解决方案来满足企业的复杂需求，它关注供应链的各个方面，既提供不断更新和优化的技术方案，又能满足客户的独特需求。

（3）第四方物流的解决方案共有四个层次——执行、实施、变革、再造

第四方物流发展的思路是：首先大力发展第三方物流，为第四方物流发展作铺垫；其次加速电子商务与现代物流产业的融合，建立全国物流公共信息平台；再次转变政府职能，做好物流基础设施建设和产业服务，加快物流标准化建设。

3.3.5 综合物流代理模式

根据我国的实际情况，我国物流产业应积极采取代理形式的客户定制物流服务的物流模式。我国目前物流企业在数量上供大于求，供给数量大于实际供给能力；在质量上有所欠缺，满足不了需求的质量；物流网络资源丰富，利用和管理水平低；缺乏有效的物流管理者。因此，作为物流企业可以采用委托代理的形式，运用自己成熟的物流管理经验和技术，为客户提供高质量的服务。一般将这种方式概括为以综合物流代理为主的物流运作模式。

从事综合物流代理业务的主要思路为：不进行大的固定资产投入，降低经营成本；将主要的成本部门及产品服务的生产部门的大部分工作委托他人处理，注重建立自己的销售队伍和管理网络；实行特许代理制，将协作单位纳入自己的经营轨道；公司经营的核心能力就是综合物流代理业务的销售、采购、协调管理和组织设计的方法与经验，并且注重业务流程创新和组织机制创新，使公司经营不断产生新的增长点。

为了提高管理效率、降低运作成本，物流代理企业不但要提出具有竞争力的服务价格，还必须采取以下措施：坚持品牌经营，产品（服务）经营和资本经营相结合的系统经营；企业的发展和目标与员工、供应商、经营商的目标和发展充分结合；重视对员工和外部协作经营商的培训，以协助其实现经营目标；建立和完善物流网络，分级管理，操作和行销分开；开发建设物流管理信息系统，应用物流信息技术，对货物

进行实施动态跟踪和信息自动处理；组建客户俱乐部，为公司提供一个稳定的客户群。

国际著名的专门从事第三方物流的企业有：美国的联邦快递、日本的佐川急便等。国内专业化的物流企业主要是一些原来的国有大型仓储运输企业和中外合资独资企业，如中国储运公司、中外运公司、大通、敦豪、天地快运等。近年来，上述公司营业范围涉及了全国配送、国际物流服务、多式联运和邮件快递等，已经在不同程度上进行了综合物流代理运作模式的探索实践。尤其是一些与外方合资或合作的物流企业充分发挥了国外公司在物流管理经验、人才、技术、观念和理论上的优势，率先进行了综合物流代理运作。

3.4 电子商务的物流模式选择

1．根据电子商务环境下物流的特点和企业自身的情况选择适合的物流模式

在电子商务物流运作中，强调商流、信息流、资金流与物流的整合作用，物流是实现电子商务的保证，是电子商务的基本要素和重要组成部分。电子商务的物流模式可以有多种选择，企业完全可以针对电子商务环境下物流的特点和企业自身的情况做出合理的决策。

（1）电子商务和其他商务活动使用同一物流系统

已经开展商务活动的机构，可以利用互联网建立电子商务营销系统，也可以使用现有的物流资源经营电子商务的物流业务、流通渠道良好的商家从事电子商务业务，这样具有较强的优势和有利条件。就制造商来说，他们的主要业务是产品的开发、设计和制造，但是，随着时代的发展和社会的进步，制造商已经开始涉足销售活动并积累了丰富的经验。他们不仅拥有完善的销售网络，而且还拥有覆盖整个销售区域的物流配送网络。制造商的物流实施比很多流通公司的物流实施更加先进和完备，这些制造企业完全有可能利用现有物流设施、技术和网络支持电子商务，开展电子商务下的物流业务。对这些企业而言，尤为重要的是物流程序的设计、物流服务的提供以及物流资源的有效利用。中间商的主要业务是流通，所以他们从事物流业务更有优势。

（2）自建网上物流系统

网上物流是以互联网为基础的信息管理系统，对发货、收货、运输等信息进行采集、归纳和分析，同时对用户的数据库进行维护。其显著特点是使用互联网平台、安全数据交换技术，通过互联网与厂商和用户的系统来相互支持。将来的物流企业提供服务的程序将简化为四个步骤，如表3-3所示。

表 3-3 网上物流服务的程序

步 骤	服 务 内 容
第一步	寻找供货网页,互联网在组织信息时把信息放在一起,可以打开供应商的网页,咨询公司的服务、产品、价格、公司概况、经营现状、商誉等情况,极其顺利地进行市场调查,快速地获取全面信息,在很短的时间内完成网上订货
第二步	打开运输企业网站,选择理想的运输伙伴,在网上签订运输契约
第三步	利用自己公司的网页把本公司推销出去,让人们了解本公司的产品、服务、优势、特点等方面的内容,同时还为本公司客户提供网上订货功能,随时处理顾客的订货要求
第四步	对订单进行分析、统计并选择恰当的运输方式

以上功能是在网上虚拟的环境中实现的,这要求各方建立数据信息库。

(3) 第三方物流公司开展电子商务

第三方物流公司扩大到一定规模以后,也希望将业务沿着供应链的上游或下游移动,向上移动到制造业,向下延伸到销售业。第三方物流公司开展电子商务的销售活动,可以利用有利的物流和信息网络资源,使两个领域的业务都做到专业化,使公司利润最大化。物流服务不同于信息服务,它需要专业性很强的管理技术,第三方物流公司进军电子商务的销售和信息服务领域需要三思而后行。美国联邦速递(FedEx)是世界上最大的快递公司,成立于 1973 年。该公司在 200 多个国家和地区通过 300 多个机场从事快运业务,它的物流网络几乎覆盖了世界的每一个角落,该公司拥有货机 600 多架,货车 4 万多辆,为全世界的客户提供 24~48 小时门到门的配送服务,运输量每天大约为 9 400t。航空货运量每月大约为 280×10^4 t。FedEx 公司在物流配送领域取得了惊人的业绩。1995 年以第三方物流企业的身份开始从事电子商务业务,1997 年就像一家规范的电子商务公司一样开展电子商务活动,目前业绩非凡。

应根据现有的物流设施和物流手段,扩展电子商务交易商品的范围。在我国,大件物品送货上门的业务已开展十几年了。许多厂家(如家具制造厂),在送货服务、售后服务方面也都有丰富的经验。它们完全能利用电子商务在网上开展商品的式样、质地、材料、性能等的宣传并运用送货的有效手段而成为电子商务的新军。有关资料显示,我国在配送、代理、连锁等流通方式都具备了一定的基础。通过借鉴这方面的经验,应将传统的物流模式转化为电子商务下的新型物流模式。此外,新型的物流配送要有完善、健全的物流配送网络体系,网络上点与点之间的物流配送活动保持系统性和一致性,使整个配送网络具有最优的库存分布、最理想的库存水平、最快捷的市场反应和最快的输送手段等。分散的物流配送单体只有形成网络才能满足更高层次的生产和流通的需要。应大力利用邮政运输部门为电子商务提供物流和配送服务,因为邮政运输网络已经深入到农村(包括偏远的小山村),在城市,邮政网点更是覆盖了每一条街区。

（4）发展电子商务、接轨现代物流是专业市场的必然选择

发展电子商务、接轨现代物流是专业市场在新经济条件下实现功能创新、向现代流通业态转型的规律使然。由于专业市场所依赖的产业基础、商品标准化程度、商品属性的不同，决定了不同类型的专业市场发展电子商务物流的差异性。

作为区域经济的一个重要组成部分，专业市场在以贸促工、加快区域产业结构调整、推动区域经济发展中的显著作用已毋庸置疑。随着经济体制改革的深化和产业结构的不断调整，企业独立型销售网络的建立，特别是中国加入WTO后流通领域的全面开放，使得以电子商务、连锁超市、仓储和大卖场为主体的新型流通业态迅速发展，专业市场原先的体制优势逐步丧失、功能趋于弱化。面对发展中的危机，传统专业市场必须要实现交易方式、服务对象与服务内容等功能的创新，向现代流通业态转型。现代流通业态具有大市场、大流通、产供销联盟、全球性销售等特点，对信息流、物流的反应速度提出了更高的要求。互联网技术的应用和现代物流业的发展，给专业市场的商品流通注入了新的生机和活力。从传统模式下的现场、现货、现金交易到对各种资源的整合，专业市场通过发展电子商务搭建网上交易平台，并建立高效、畅通的物流体系来支持网络交易，对改善专业市场周边产业价值链和提高产业竞争力有着极大的作用。在新经济条件下，专业市场的进一步发展，关键在于如何运用信息技术、现代流通方式来改造提升传统专业市场，将传统专业市场的交易模式与电子商务有机融合起来并接轨现代物流，发展电子商务物流，整合和提升专业市场的功能。

可以通过采取以下策略，推进专业市场电子商务物流发展。

① 加强专业市场信息化建设。加大专业市场信息化基础设施建设的投入，建立市场内部局域网，运用现代信息技术完善和加强市场经营管理，为经营者开展电子商务提供便利条件。对尚未建立网站的大型专业批发市场，要帮助其提高认识，创造条件，加快建立自己的网站，利用网站发布信息、对外联络。已经建立网站的大型专业市场要进一步扩充功能，建设有自身特色的网上市场，积极开展电子商务，开展网上交易，以商品目录查询、网上导购、价格比较、在线洽谈为基础，逐步开展商情分析、行业动态、网上支付与结算等信息和商务活动，实现有形市场和无形市场的互动发展。

② 建立专业市场信用监管评价体系。加快法律法规、技术标准、安全保障等信息化环境的建设，探索有效的信用评价方法，逐步建立专业市场监管评价体系，为专业市场发展电子商务物流体系提供信用保障。加强对网上经营行为的监督检查，坚决查处虚假信息、虚假广告、欺诈经营行为，严厉打击利用网络进行的违法违章行为。完善举报投诉系统，建立网上网下双重受理机制，保障生产经营者和消费者的合法权益。

③ 完善专业市场发展电子商务接轨现代物流的服务体系。推动传统专业市场向现代流通业态转型，把市场改造成企业连接现代流通网络的一座桥梁；加强市场举办者与相关部门的协调，尽快完善与发展电子商务、接轨现代物流相适应的金融结算、商品检测、物流配送、加工服务、信息网络等配套服务体系，实行通信、仓储、联运、

装卸、货运代理、海关、商检、商务和社区服务等全方位配套，推动区域性、单一化的市场向跨区域、开放式的市场拓展。

④ 整合区域市场分散的物流资源。专业市场内的不同产业、不同种类、不同批量的商品对电子商务物流系统提出了较高的要求，这就需要依托专业市场发展起来的第三方物流企业具有强大的运作、管理能力，能够整合分散的物流资源如运输车辆、仓库等设施或通过对其他一些运输、仓储、货代企业进行兼并或控股，实现物流资源的优化和整合，达到专业化的运作而带来的整体优势和规模优势。对于客户来说，他们可以共享一些基础设施和配套服务设施，降低信息搜寻成本和费用支出，获得规模效益，从而实现业主与客户的双赢。例如，义乌中国小商品市场通过整合一些分散的物流资源建立起来的联托运公司，把仓储、联托站和通往全国大中城市的160多条托运线黏合在一起，形成了传统物流基础上的现代物流（详见本书3.5节相关内容）。

⑤ 探索不同类型专业市场的电子商务物流运作模式。由于不同经济区域的专业市场所依赖的产业类型、商品标准化程度、商品属性不同，因而各区域专业市场电子商务物流的运作模式有其独特的方式。作为专业市场的子系统——专业市场电子商务物流系统，必然是在专业市场发展战略的总体目标和模式框架下，根据专业市场的区位优势、产业类型、商品属性、流通活动的特点，开展有效的电子商务物流服务方式。

电子商务的优势之一就是能大大简化业务流程，降低企业运作成本。而电子商务下企业成本优势的建立和保持必须以可靠的和高效的物流运作为保证。现代企业要在竞争中取胜，不仅需要生产适销对路的产品、采取正确的营销策略以及强有力的资金支持，更需要加强"品质经营"，即强调"时效性"，其核心在于服务的及时性、产品的及时性、信息的及时性和决策反馈的及时性。这些都必须以强有力的物流能力作为保证。

2. 我国当前物流模式选择亟待解决的问题

如果从一个行业的发展周期来看，我国的物流市场目前尚处于发展初期。当前的许多分销渠道只专注于物流流程的末端部分，相当多的公司对第三方物流、价值链和供应链的理解十分有限。甚至在许多人的头脑中，物流还只是一个"仓库+卡车"的概念。在这样的现状下，要想尽快地将第三方物流模式应用于电子商务，亟待解决以下问题：

（1）经营理念亟待转变——应首先摒弃"大而全"、"小而全"的传统意识

对于我国的电子商务，"物流配送是电子商务的瓶颈"已是一句被说滥了的话。人们一般都认为这个瓶颈来源于电子商务企业的外部环境，其实并不尽然。这里来看一个实例：2000年某网站企业承诺一小时北京四环以内免费送货。为实现此承诺，这家网站在北京建了20余座仓库，雇有400人的送货队伍，仅仓储与配送两个环节的成本，每年至少800万元。撇开这样一种仅凭简单体力劳动进行商品运送的做法是否称得上是电子商务的物流体系不论，这家网站的前景首先就令人堪忧：如此浩大的开支，它能支撑多久？更为重要的是，这样的物流管理方法并不能支持网站订单数量的快速增长。

如若此"大而全"、"小而全"的传统经营意识不加以彻底摒弃，就无法发挥 3PL 的专业优势，电子商务的物流瓶颈也就很难突破。须知，对于网络这样一个现阶段鲜有利润可言的新生事物而言，大量资金积压在配送网络的固定资产上不仅可惜，更使网络公司由于双重风险（传统物流和科技研发）的压力而难以发展其核心能力。

（2）通过提高专业技术，提供全方位、综合性的物流服务

电子商务企业要求第三方物流向它们提供的是全方位、综合性的物流服务，而不仅仅是单一的服务项目。目前，我国大多数的 3PL 公司都是以传统的"类物流"业（如仓储业、运输业、空运、海运、货运代理和企业内的物流部门等）为起点而发展起来的。从总体上看，其经营管理和技术实力普遍较弱，许多小型的服务商只能提供单一的物流服务。因此，提高技术水平是解决问题的根本。虽然业内一些先行者已拥有了自己的特色技术，但对于大多数新建的 3PL 公司来说，提高自己的技术水平仍需要一个过程。近几十年来，国外不仅提出了 SCM（供应链管理）等先进的管理思想，并在现代物流管理科学的推广方面不断产生了许多新的概念和应用，如 QR（快速反应）、ECR（有效的客户反应）、VMI（供应商管理的库存），Cross Docking（交叉堆放）等。这些新的概念和应用，完全可以实行"拿来主义"为我所用，以促进我国第三方物流业的发展。事实上，已经有实例表明，国外基于 SCM 的物流管理模式已通过合资企业的形式在我国出现。可见，通过这样一些方式，我国新兴的 3PL 企业完全可以掌握国外最新的物流管理思想和技术，向电子商务企业提供全方位的综合服务。

（3）物流过程重组是解决物流问题的关键

目前在我国物流市场，存在着这样一种现象：一方面，仓库、运输车辆一直大量闲置，各配送公司进入高度的价格竞争，似乎每一个环节的物流资源都已经供过于求；另一方面，无论传统型企业还是新兴的电子商务公司又都众口一词地强调"物流是个瓶颈"。这种"瓶颈"和"过剩"之间表面上的矛盾，值得我们深思。它恰恰反映出这样一个问题——物流的关键不在于某一个环节，而是物流过程的重组。物流过程的重组是供应链管理（SCM）方式对物流领域的必然要求。而 3PL 供应商们，作为供应链中涉及复杂、多对多物流及信息流交叉的节点单位，应当成为整个物流过程重组的驱动者。3PL 企业应当从以下两方面来把握物流过程的重组。

① 物流过程重组的重点在于通过改善供应链伙伴之间的协作降低总体库存。长期以来，反向物流、订单流程、批量变化成本及库存成本等因素导致了我国供应链中一直都存在着巨大的隐性成本，此隐性成本使得我国的平均物流总成本是美国的 2～3 倍。而从本质上说，上述这些导致隐性成本的诸因素，都不是通过单纯考虑物流过程的一个环节（如降低单位运输成本和仓储成本）所能解决的，甚至不是单纯一个企业内部的流程重组所能解决的。其根本解决之道，在于从供应链的整体出发，从物流的全过程出发，改善企业及业务合作伙伴之间的协作关系和运作模式。尤其是库存成本，它

最依赖于供应链的协作方式，又是影响供应链效率的最大因素。换言之，改善供应链伙伴之间的协作以降低总体库存，是物流过程重组的重点和精髓所在。

② 改善供应链伙伴之间协作的首要前提是实现物流各方的信息共享。没有伙伴之间有效的信息沟通，也就谈不上协作的实现，而目前我国物流各方信息共享十分有限，甚至基本不存在共享。以下几个原因导致了信息共享的缺乏。

首先，一些企业（包括 3PL 企业）不愿与合作伙伴共享信息的观念尚未消除，而这不利于持久关系的建立。

其次，缺少 IT 系统。例如，不论物流服务提供商还是最终用户都很少使用专用的仓库管理系统，库存管理仍主要由手工操作，最多不过是 Excel 等软件的运用。

最后，未充分发挥条形码在实物流和信息流之间的沟通桥梁作用。目前我国手写产品识别信息的情况很普遍，而能够利用条形码的零售终端占整个社会销售额的比例较低，即使使用了条形码，基本上也是将扫描条形码得到的统计信息"自用"。也就是说，零售单位的后台数据库并没有和供应商连接起来，没有实现信息的共享。

上述这几点，是造成物流过程中缺乏信息共享的主要障碍，同时也是 3PL 企业应努力、大有可为的方向所在。

阅读资料 3-3　第 N 方物流

随着物流的发展，有关的新概念和新名词层出不穷，就在大家刚刚理解和接受第一方物流、第二方物流、第三方物流、第四方物流时，第五方物流、第六方物流又接连被提了出来。根据实际物流承担方的不同，以及相关社会组织在物流过程中所扮演的角色不同，可以将这些物流形式分别称为不同方物流。

1. 第一方物流

第一方物流（First Party Logistics，1PL）是指由物资提供者自己承担向物资需求者送货，以实现物资的空间位移的过程。传统上，多数制造企业都自己配备有规模较大的运输工具（如车辆、船舶等）和运输自己产品所需要的仓库等物流设施，来实现自己产品的空间位移。特别是在产品输送量较大的情况下，企业比较愿意由自己来承担物流的任务。但是，随着市场竞争日趋激烈，企业越来越注重从物流过程中追求"第三利润"，由此企业感到，由制造商自己从事物流确实存在一系列问题，如效率低、成本高、资源利用率低、专业化程度低等。

2. 第二方物流

第二方物流（Second Party Logistics，2PL）是指由物资需求者自己解决所需物资的物流问题，以实现物资的空间位移的过程。传统上的一些较大规模的商业部门都备有自己的运输工具和储存商品的仓库，以解决从供应站到商场的物流问题。但是，传统的由第二方承担的物流同样存在诸多问题。

3. 第三方物流

随着市场竞争的加剧,以及对效率的追求,使得在组织之间的社会劳动分工日趋细化。企业为了提高自己的核心竞争能力,降低成本,增加企业发展的柔性,越来越愿意将自己不熟悉的业务分包给其他社会组织承担。正因为如此,一些条件较好的,原来从事与物流相关的运输企业、仓储企业、货代企业开始拓展自己的传统业务,进入物流系统,逐步成长为能够提供部分或全部物流服务的企业。人们把这种服务称为第三方物流(Third Party Logistics,3PL)。

4. 第四方物流

随着信息技术和计算机网络技术的发展,在物流行业中必然会出现凭借对物流信息和知识的拥有从事物流服务的行业,这就是所谓的第四方物流(Forth Party Logistics,4PL)。

5. 第五方物流

关于第五方物流(Fifth Party Logistics,5PL)的提法目前还不多,但是确实有人已经注意到这一领域。一般认为,第五方物流是指从事物流业务培训的一方,提供现代综合物流的新的理念以及实际运作方式,即物流人才的培养。美国有学者认为专门为物流企业提供软件支持的信息公司为第五方物流。

6. 第六方物流

第六方物流(Six Party Logistics,6PL)的概念是由我国泰隆集团董事长、中国国际海运网 CEO 康树春提出的。2006 年,康树春提出"蓝色新经济"的概念,并首次推出第六方物流模式,向社会阐述了一个代表未来并蕴含巨大潜力的蓝色经济构想,瞬间在业内广泛传播。第六方物流是以电子网络为服务平台,将产业链和第三方物流进行资源虚拟组合,用数字化集成系统完成流程操作的现代综合物流服务方式。

资料来源:国际海事信息网 http://www.simic.net.cn/news_show.php?id=1945。

3.5 专业市场电子商务物流运作模式案例

从开展电子商务企业的角度看,物流模式可以有多种选择。针对电子商务下物流的新特点,对各种模式及其在电子商务环境下的应用实例进行深入分析,是十分必要的。

专业市场电子商务物流运作模式是指在已经形成的区域商品交易市场背景下,专业市场通过发展电子商务为供需双方提供商品交易信息平台,并将市场交易服务与商品运输、仓储、配送服务相结合的一种运作模式。不同专业市场所依托的产业类型的差异性,决定了不同产业类型和商品类型的专业市场发展电子商务模式以及电子商务物流运作模式的差异性。以浙江嘉兴中国茧丝绸交易市场、义乌中国小商品市场、绍兴中国轻纺城市场及农产品市场为例,分析探讨专业市场电子商务物流运作模式。

1. 嘉兴中国茧丝绸交易市场的电子商务物流运作模式

嘉兴中国茧丝绸交易市场的商品主要涉及茧、丝、绸等三大类,品种较单一,每一类都有严格的分级标准,等级清晰,相对于工业品来说标准化程度较高,交易双方只需看有无标准检验证书即可,不需要亲自到市场上检验商品的优劣。对于这一类商品标准化程度较高的市场来说,可以引导其采用会员制形式,发展网上交易,并建立相配套的信息系统、交易系统、结算系统、第三方物流配送系统等较为完善的电子商务模式。

商品标准化程度高的专业市场,完全可以实现一体化的电子商务物流运作模式。生产者、经营者与客户通过商务网络系统进行商务谈判,业务成交等相关信息会通过互联网传递到专业市场网络信息中心,由专业市场直接通过自身发达的联托运市场或由第三方物流企业,提供便捷的包括签证、报关、运输、仓储、保管和配送等的服务。

2. 义乌中国小商品市场和绍兴中国轻纺城市场电子商务物流运作模式

义乌中国小商品市场和绍兴中国轻纺城市场,经营的小商品、轻纺商品种类繁多,标准化程度低。如在义乌小商品市场上经营的商品,主要以服装、工艺品、小五金、玩具等日用品为主,包括了28个大类10万余种类型;绍兴中国轻纺城市场经营的国内外生产的面料可达万种。商品标准化程度不高且市场辐射能力较强的专业市场,可以通过在专业市场商务网络上建立自己的网站,与客户进行"网上交易,网下结算",达成交易后,联托运市场负责将货物运往外地交易市场或本地经销商等目的地;对于需要签证、报关的企业,客户可直接联系报关公司或经由市场内的货运代理企业或第三方物流企业来代理。

义乌中国小商品市场物流运作与小商品市场商流、信息流运作的遥相呼应。流通的整体过程由商流、物流和信息流组成,商流主要集中于小商品市场,物流主要集中于各类物流中心、货运中心,通过电子商务信息联系商流中心和物流中心,几大中心相互渗透,物流中心也延续商流过程,物流中心是物流市场承托双方交接的场所,集中大量货运信息,通过信息的接收、汇总、储存、分析和传输,提供各种代理、结算、集合竞价交易,满足物流委托方的要求。

义乌中国小商品市场通过电子商务技术,加快了现代信息传输技术的应用和推广,加强了市场信息网络建设,推动了市场交易技术、交易手段的创新;依托联托运市场和完备的物流网络体系的优势,采取了电子商务物流一体化和先进行"网上交易、网下结算"、再进行物流业务操作的两种并行的电子商务物流运作模式。

客户先在批发市场中看货、选货,确定货物的价格、数量、交货日期等,完成商流,即商品所有权转移的过程;或者是通过小商品市场电子商务系统浏览商品的种类、款式,并确认购货的价格、数量、交货日期,通过网上交易系统,完成商流。当商品市场收到客户订单并完成资金流的转换后,电话通知或网上传递信息给客户业主提供的相应的货物,或从其他地区调货,通过小型车辆把货物运输至货运中心或物流中心,在确认货物代理如运输线路的选择、价格的相关谈判工作程序后,进行货物的分拣、储存、加工,然后通过集装箱运输或直接发货。至于商品市场和商家的资金流转换则是在商家将谈判好的货物送达商品市场物流中心后,由商品市场将资金打入商家的账户;而客户的物流费用问题则由客户与联托运市场众多的物流经营者或其他第三方物流企业进行谈判,完成资金流的转换。当货物集中在物流中心准备发货时,如为国内货物则直接在其集货中心集货后配载运输,一般以地区为划分标准,把到一个地区的货物集中在一个集装箱货运车辆中进行运输,从而有效降低成本,提高货运效益;如为国际货物则先在集货中心集货,往往把到某一国家的货物集中在一起,集货完成后经过海关检查,贴上封条后再通过货运车辆运至指定港口、铁路机场、航空港出口。

3. 农产品交易市场电子商务物流运作模式

对于农产品交易市场来说,由于大多数农产品的易腐烂性以及农产品价格对供求比较敏感的固有属性,通常以网上拍卖的形式进行销售。就电子商务物流运作模式而言,农产品与非农产品交易市场具有较大的差异性。由于农产品的鲜活易腐性,在流通过程中必须采取一定的保鲜措施,才能保证农产品合乎质量要求地进入消费。也就是说,农产品在进入流通领域之后,还需要进行分类、加工、包装及整理等流通加工活动,以保证农产品在物流过程中不变质、不污染。另外,农产品的种类繁多,可分为高温、常温、低温、生鲜及冷链等类别,所以在农产品交易市场的电子商务物流运作中,应对不同需求的农产品采取不同的配送和仓储方式,要求建立相配套的仓储(冷库)中心、农产品分类加工包装中心及电子结算中心等农产品电子商务配套设施。

综上所述,对于那些能按标准化实施分类的商品,可以发展基于电子商务的第三方物流配送,在整个电子商务物流运作系统上,工商企业与客户之间以网络为技术平台,以物流为运作平台,通过充分利用各种专业性的物流资源,实现联系网上商家与客户的物流处理功能;对于不能按标准化进行分类的商品,可以利用传统联托运市场的优势,并对传统联托运市场的分散的资源进行有效整合,建立物流中心,提升货运站场现代物流功能,引导其利用现货市场的优势,创办网上市场,搭建网上交易平台,实行与现货交易并行的电子商务物流模式;对大型农副产品批发市场,要充分发挥互联网的信息优势,探索配送、拍卖等交易方式,扩大农产品流通。总之,通过发展电子商务、接轨现代物流,为传统专业市场实现交易手段的创新、以物流带动商流和信息流提供了实时的交易平台和强大的物流运作支持,有力地推动了专业市场的持续繁荣。

资料来源:朱传波. 中国物流学会论文. 专业市场电子商务物流运作模式及对策

本章小结

由于信息化程度不高、基础设施不完善和物流配送体系不发达所导致的过高的物流成本,已或多或少地抵消了电子商务的种种优势,物流问题已成为电子商务发展过程中越来越凸显的一大障碍。为了突破电子商务的物流瓶颈，研究和探讨适合我国国情的电子商务物流模式就成为当务之急。本章阐述了电子商务物流市场的含义、特征及其构成要素；探讨了电子商务物流市场的运行模式，分析了传统物流模式存在的问题，重点介绍了国内外第三方物流理论与实践的发展，阐述了第三方物流的含义、优势及其分类，讨论了目前电子商务物流模式选择亟待解决的问题。

电子商务物流市场是电子商务市场的基础，电子商务物流市场的运行和发展状况直接影响和决定着电子商务的交易规模和实现程度。电子商务成功实现了商流、信息流、资金流在交易过程中的网络化，此时物流却成为电子商务发展的一个重要瓶颈。电子商务不仅孕育了巨大的物流市场，又因为自身的特点而进一步对物流提出了更高的要求。

目前，电子商务环境下大致有以下五种主要的物流管理模式：自建物流体系、第三方物流模式、物流企业联盟模式、第四方物流模式、综合物流代理模式。

在电子商务不断发展的情况下，工商企业的物流大都会采取第三方物流的模式，把与自己商务相关的物流活动通过委托代理方式委托给专业的物流企业去完成，来集中精力从事自己最为擅长的业务活动。由于专业市场所依赖的产业基础、商品标准化程度、商品属性的不同，决定了不同类型的专业市场发展电子商务物流的差异性。

我国物流业正在蓬勃发展，物流一体化和第三方物流正在引起我国物流业界和理论界人士的重视和关注。开展物流一体化的研究，促进第三方物流发展，探索适合我国国情的物流运作模式任重而道远。

 思考题

1. 简述电子商务物流市场的含义及特征。
2. 分析电子商务物流市场的构成。
3. 电子商务物流管理模式有哪几种？各有什么特点？
4. 简述第三方物流模式的含义、分类。
5. 分析我国当前物流模式选择亟待解决的问题。
6. 探讨电子商务物流模式选择的策略。

案例3-1 锦程集团电子商务物流解决方案

1. 锦程国际物流集团概况

锦程国际物流集团（www.jctrans.cn）（以下简称锦程）创立于1990年6月，主要为客户提供门到门的全程国际物流服务，是中国最大的国际物流企业之一。公司在管理上与国际接轨，2001年通过了ISO9001质量体系认证，成为国际货运代理协会联合会（FIATA）会员。自1999年中国货运业大奖评选以来，在历次评选中，锦程均被评为"中国十大优秀国际货运公司"。2005年在中国货代百强企业排名评选中，锦程综合实力排名第五位，位居民营物流企业30强榜首，中国货运代理民营企业15强榜首。在2005年中国物流百强企业评选中排名第三位，并荣获"中国最具竞争力物流企业"和"中国物流十大知名品牌"等称号。2006年锦程被评为"中国最具影响力物流企业"，是东北地区首家达到AAAAA级国家标准的综合物流企业。2007年9月14日，经国家工商行政管理总局审核批准，"锦程"商标被认定为中国驰名商标，这也是首个物流行业的中国驰名商标。

2. 锦程创办"锦程物流网"，搭建电子商务平台

锦程在实体服务网络建设基础上组建锦程全球订舱中心（Global Booking Center，GBC，(www.95105556.com)），对进出口海运集装箱箱量资源进行整合，向承运船东集中订舱，获取优势运价，实现集中采购。同时投资"锦程网上物流"项目，自主开发和应用业务管理系统，创办"锦程物流网"（www.jctrans.com），搭建电子商务平台，目前该网站已成为中国物流行业最大的网上物流交易市场。"锦程网上物流"项目已被列入大连市信息化示范项目、国家电子信息系统倍增计划。

3. 锦程物流战略发展目标

本着"先做国内资源，再做海外资源"和"先做资源整合，再做产业整合"的发展战略，锦程以独特的经营理念和不懈的创新精神，借鉴连锁经营的商业模式，在国内主要口岸城市、内陆大中型城市以及国外设有200多家集团成员企业，与数十家国内外大型船运公司建立了战略合作关系，与海外三百余家国际物流企业保持着长期稳定的业务合作关系，形成了覆盖全球的国际物流服务网络。

锦程未来战略发展的总目标，是使锦程发展成为一个覆盖全球的以实体服务网络为基础，为客户提供网上在线服务的国际化综合物流集团，即依托锦程全球物流的实体服务网络和信息服务网络，集合遍布全球的客户资源进行分类，实现集中采购，共享资源利益，同时为客户提供从采购到运输的门到门"一站式"综合物流服务。

资料来源：大物流网 http://www.max56.com/crop/crop_view.asp?id=20906。

案例3-2 京东网上商城自建物流策略

在上海嘉定占地200亩的京东商城"华东物流仓储中心"内，投资上千万的自动传送带已投入使用。工人们手持PDA，开着小型叉车在数万平方米的仓库内调配商品。这是京东迄今最大的物流仓储中心，承担了一半销售额的物流配送，也是公司将2009年底融到的2100万美元的70%投放到物流建设的结果。在这里，京东每日能正常处理2.5万个订单，日订单极限处理能力达到5万单。在此基础上，公司计划在嘉定建成一

座15万~18万平方米的超大型仓储中心，其规模将是鸟巢的8倍。随着这项"亚洲一号"计划的公布，京东预计未来三年投入20亿~30亿到物流建设中。

不难发现，京东对仓储物流的"热衷"并不是个案。此前，马云便参股了星晨快递、百世物流，当当亦宣布，今年将斥资10亿元在华北、华东、华南新增三个物流基地。而京东的老对手新蛋更是先行一步，在全国7个分公司都设有分仓和自主配送队伍。大笔的资金换成了实实在在的土地和库房，B2C电子商务公司俨然迎来了一阵"仓储热"，各地的物流竞赛正在上演。

令人好奇的是，B2C公司为何要不惜血本地大建物流？这轮竞赛背后的商业本质又是什么？降低配送成本，是电子商务自建仓储中心的原因之一。京东老总刘强东认为，京东有两大重要成本，即仓储成本与配送成本。"去年我们核算数字发现，从北京发到西安的大家电，平均成本是每件400多元。但如果在西安租一个库房，每件的配送成本只有48元，能省下90%，所以我们把很多城市的大家电配送停止了。"刘强东称。家电的利润率本身不高，有时配送费甚至高过产品本身的利润率。

但话说回来，自建物流队伍的成本并不低。在刘强东看来，只有城市的日订单达到10万个以上，买地自建物流的投入产出才能算作合理。而对于租赁库房，当地的日订单量也要达到5 000个以上。如果低于5 000个，将物流外包就会更加经济。

除了成本的考量，提高供应链的响应速度亦是京东自建物流的出发点。刘强东不止一次地抱怨，由于订单增长太快，物流中心的处理能力根本跟不上，越来越多的消费者体验不佳。换句话说，京东成长的脚步正在被物流环节拖累。就在今年初，由于物流能力与处理订单能力尚未匹配，公司还通过媒体向消费者喊话：请暂时不要来京东购物了，去别的地方买吧。

巨大的订单量成为京东"甜蜜的负担"，由于业务发展得过于迅猛，京东每10个月就要搬一次家。刘强东坦言，倘若今年完成100亿元的销售，明年的增长目标仍是100%，这对整个公司的系统和流程造成了极大的难题。"无论过去还是现在，物流都是我们最大的挑战。公司能不能继续平稳地发展，就在于物流体系建设的成功与否。"

业内似乎正在慢慢形成共识，一家B2C企业的本质和传统零售业并无二致，物流都是其价值链上最重要的一环。B2C的由轻变重，一方面是经济效益和用户需求决定的，包括物流、仓储、呼叫中心是否需自建等；另一方面则是为了管理效率的提升，包括库存精准率、订单与财务管理、供应商管理等。销售额做得越大，仓储与物流便愈发重要。

在物流后台具有优势的苏宁面前，京东的投入可谓倾尽全力。毕竟，眼下国内的物流体系远远跟不上电子商务的发展速度，"配送成了电子商务公司的核心业务"。B2C的物流操作比B2B复杂很多，需要重新构建场地、设备和人员，并重新设计拣货、配货、包装等一系列流程。刘强东甚至认为，B2C公司发展下去实际就是个物流公司，正如"当今世界上最大的物流公司是沃尔玛,而非 DHL"。

　　基于这项考虑,京东对物流仓储的投资周期越来越长,投资的金额越来越大,只有前瞻性的规划才能满足未来三年的发展速度。"两年前,要搬一个库房,只要提前三个月租赁和装修就行。但刚建成的华东物流中心,我们花了 10 个月来规划建设。在建的"亚洲一号"项目,我们至少得花两年时间才能投入运营。"刘强东称。

　　2012 年 4 月,京东商城"亚洲一号"上海项目(一期)举行奠基仪式。此后,京东商城还将在北京、广州和武汉等地陆续启动该项目的建设。项目建成后,京东商城的日订单处理能力将达到目前的数十倍。据了解,"亚洲一号"项目采用自动存取系统、自动输送设备、高速自动分拣系统等自动化设备,打造自动化电子商务订单处理中心。该项目建成后华东区订单处理能力将得到大幅提升。京东商城相关负责人表示,京东商城作为一家网络零售企业,同时也是 B2C 物流公司,自建物流不仅可以提升服务质量,而且也是和用户交流的一个窗口。未来,京东商城配送物流将向更多的商家开放。

　　奔跑在通向网络沃尔玛梦想的道路上,刘强东选择了"仓库决胜"的战略方向。可以预见的是,随着规模的不断扩张,仓储物流就像 B2C 水桶的底座,决定了整个水桶的体积。资料显示,京东商城现已在 228 个城市实现自建配送队伍,自有物流配送比例达到七成。

资料来源:新浪网 http://tech.sina.com.cn/i/2010-05-15/01544189077.shtml。

腾讯网 http://finance.qq.com/a/20120412/000322.htm。

讨论题:
1. 分析京东商城电子商务物流模式存在的问题。
2. 讨论京东商城自建物流策略实施的效果。

实际操作训练

实训项目 3-1　第三方物流企业调研

　　(1)实训目的:通过实训,了解学校所在地区第三方物流企业的类型和发展现状。

　　(2)实训内容:对当地企业调研,理解第三方物流企业的类型以及地区第三方物流企业发展现状。

　　(3)实训要求:将参加实训的学生分组,在教师指导下进行调研,完成实训报告。

实训项目 3-2　电子商务商城物流模式调研

　　(1)实训目的:通过实训,定位目前国内一著名电子商务商城,对其电子商务物流模式进行调研。

(2)实训内容:定位国内一著名电子商务商城,推荐"京东商城"、"凡客诚品"或"库巴网",分析其网上业务,调查其物流管理实现模式。

(3)实训要求:将参加实训的学生分组,在教师指导下进行调研,完成实训报告。

实验教学建议

实验项目 3-1　第三方物流运作

实验项目 3-2　网上交易物流解决方案

序号	项目名称	实验课时	内容提要	教学要求	实验类别	实验方式
1	第三方物流运作	2	(1)学习第三方物流运作与管理模拟软件 (2)熟悉物流运作环节与管理要求	通过本实验教学,利用相关软件了解第三方物流运作与管理过程;熟悉物流运作环节与管理要求;了解第三方物流企业运营管理模式	综合性	教师指导独立完成
2	网上交易物流解决方案	2	(1)要求学生定位目前国内一著名电子商务网站,调查其电子商务下的物流运营管理的业务内容 (2)定位国内一著名电子商务网站,推荐"淘宝网"(易趣网、当当网),分析其网上业务,理解其物流管理实现模式	通过本实验教学,要求学生定位国内一著名电子商务网站,推荐"淘宝网"(易趣网或当当网),调查其电子商务物流管理业务流程;了解电子商务环境下的新型物流管理模式以及利用电子商务的交易平台实现物流运作的情况	综合性	教师指导独立完成

第4章 电子商务采购与库存管理

知识架构

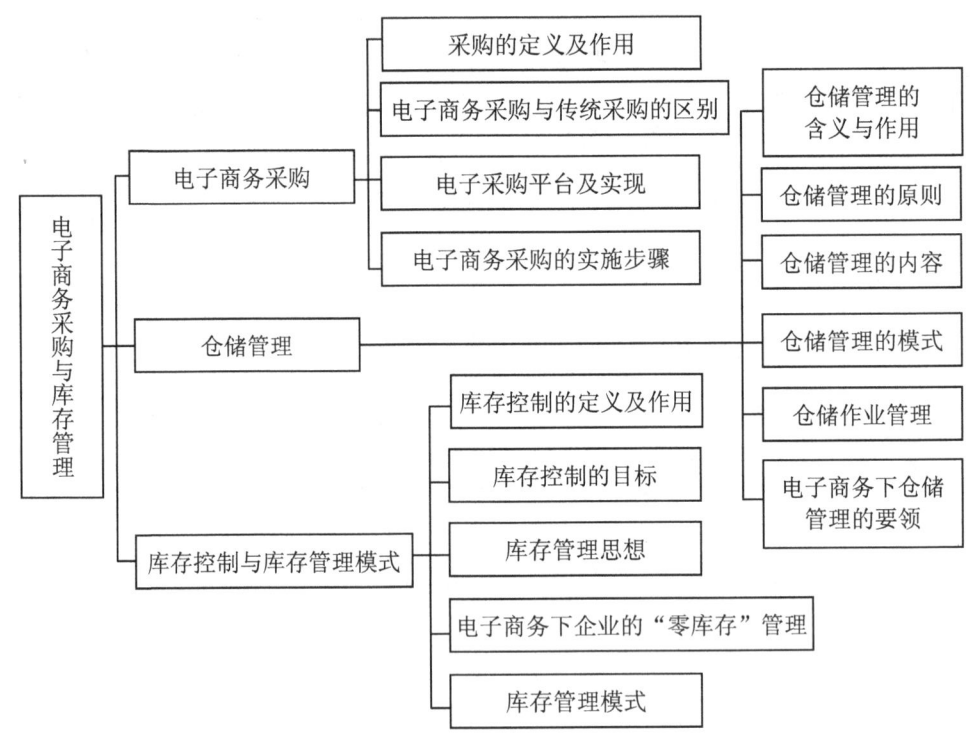

教学目标与要求

通过本章的学习,了解电子商务采购的定义及在供应链中的价值,掌握电子商务采购与传统采购的区别,熟悉电子商务采购平台的功能及实施步骤;掌握仓储管理的内容、模式,熟悉仓储管理的出入库管理主要内容,理解电子商务下仓储管理的要领;理解电子商务下零库存管理的思想,熟悉常见的库存管理模式。

第 4 章 电子商务采购与库存管理

> **基本概念**
>
> 电子商务采购 仓储管理 库存控制 库存管理 零库存

 引导案例：通用电气公司运用电子商务进行采购

采购信息可以在网上进行招标、开标和评标，从而大大加速采购速度。通用电气公司（GE）每天都要向合作者发出零部件采购招标书，为此，要从库房中找出该零部件的蓝图并复印成册，附在采购单后面，装入信封并邮寄给供应商，得到他们的报价后开标采购。1996 年 GE 公司开发了一个开放式的在线采购系统 TPN，用来进行原材料和零部件的招标采购。GE 照明器具公司采用该系统后，企业处理采购事务的人员减少了 60%，相关费用降低了 30%，采购周期也从 18～23 天缩短到 9～11 天，缩减了将近一半，并发现了新的合格供应商。

2007 年 12 月，通用电气（GE）与阿里巴巴网络有限公司（1688.HK）达成深度战略合作：GE 将通过阿里巴巴实现网络采购与推广，而这是 GE 首次在中国选择通过互联网进行大规模的营销推广等实质性合作。

根据协议，2008 年起，GE 将在阿里巴巴投放金额数以百万计，面向数千万中小企业投放 GE 的产品广告；GE 还将通过阿里巴巴物色和筛选新的供应商，将阿里巴巴平台作为自身采购的重要渠道。资料显示，通用电气近年在华年采购额平均超 50 亿美元。

资料来源：新浪网 http://finance.sina.com.cn/globe/globe/2000-03-21/24387.html。
腾讯网 http://tech.qq.com/a/20071212/000169.htm。

4.1 电子商务采购

随着科学技术的不断发展和网络技术的普及，电子商务采购作为一种新型的采购方式迅速得到应用。它依赖于电子商务技术的发展和物流技术的提高，依赖于人们思想观念和管理理念的改变，通过互联网来增强日常采购的管理能力，许多企、事业单位已在一定范围内和相当程度上运用了电子商务采购技术，简化了采购流程，节约了采购成本，提高了采购效率，为杜绝采购腐败起到了十分积极的作用，因此应该大力提倡这一新的采购方式。

4.1.1 采购的定义及作用

1. 采购的定义

采购职能传统上包括确定需求、选择供应商、达成一个合适的价格、确定条款和条件、发出合同或订单和随后的确定合适的交货。即从正确的来源获得满足质量、数量和价格要求的合适的设备、原料、储备物资和服务。或者被定义为：从外部获得的，使运营、维护和管理公司的基本活动和辅助活动处于最有利位置与必需的所有货物、服务、能力和知识。在类似的描述中，采购被认为主要是一种生产作业活动，即是一种商业采购，因此要注意与消费者购买的区别。

消费者购买一般认为：市场运作是一种零售型的，相对于一般的商品都有很多供应商，每个顾客都是在当前需求的基础上购买并同时是所购产品或服务的最终消费者；产品价格可能会随供应商的不同而变动，这主要取决于供应商选择的营销策略；消费者可以自由选择产品质量和类型以及合适的供应商；除非是例外，否则单个顾客没有能力影响产品价格和营销方式，也无法改变由供应商所选定的生产企业，各个顾客的交易量占供应商销售总量的比例也非常小。

商业采购则与消费者采购完全不同。大多数企业的需求通常是专业化的，并且采购规模一般都很大。潜在的货源也很少，甚至可能在整个市场中也只有几个客户能提供。很多采购企业的规模比它们的供应商大得多，因此在与供应商打交道的过程中可能会扮演多重角色。由于涉及的金额很大，供应商为单个顾客承担了很大风险。为了获得一笔交易，供应商通常会运用多种策略。在这种情况下，能否得到交易象征着供应商的真正实力。一方面，需要有专门的技能来保证满足需求；另一方面，为了达到连续有效和满意的运行效果，还需要有合适的体系和程序做保证。

2. 采购在价值链中的作用

根据波特的价值链理论，价值链由价值活动和由这些活动创造的边际利润组成。价值活动可以按照物质和技术活动分成不同的组。波特将其区分为基本活动和辅助活动，如图4-1所示。

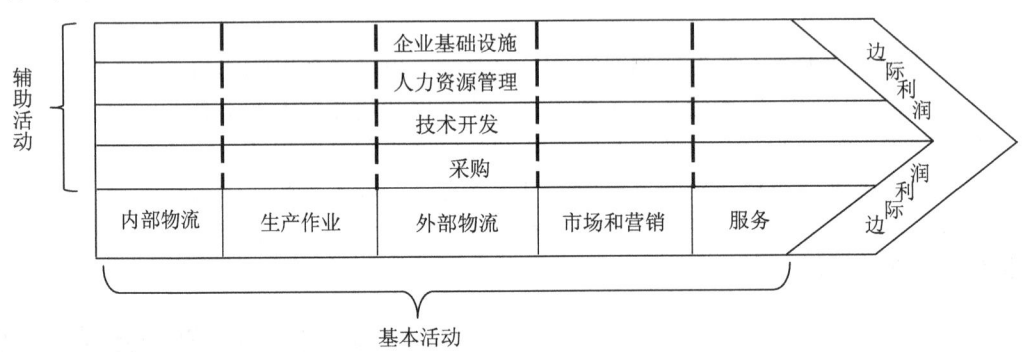

图4-1　采购和价值链（Redrawn from Porter，1985）

基本活动与公司交付给客户的最终产品的物理变化和加工有直接关系。从图4-1中可以看出，向客户交付产品和提供服务（产品）是这些基本活动的一部分。

辅助活动作用于基本活动并给它以支持。它们可被用来支持某一基本活动，也可用来支持整个基本过程。

波特将基本活动分为如下五种基本类型。

（1）内部物流。与接收、储存和分配相关联的各种活动。如原材料的搬运、仓储、库存控制、车辆调度和向供应商退货。

（2）生产作业。与将投入转化为最终产品形式相关的各种海运，如机械加工、包装、组装、设备维护、检测、印刷和种种设施管理。

（3）外部物流。与订货、储存和将产品发送给买方有关的各种活动，如产成品库存管理、原材料搬运、送货车辆调度、订单处理和生产进度安排。

（4）市场和销售。与买方购买产品的方式和引导他们进行购买有关的各种活动，如广告、促销、销售队伍、报价、渠道选择、渠道关系和定价。

（5）服务。与提供服务以增加产品价值有关的各种活动，如安装、维修、培训、零部件供应和产品调整。

辅助活动被分为以下四种基本类型。

（1）采购。采购是指购买用于企业价值链各种投入的活动。采购的投入包括原材料、储备物资和其他易耗品；也包括各种资产，如机器、实验设备、办公设备和建筑物。这些例子表明，采购投入在基本活动和辅助活动中都存在。这也是为什么波特将采购划入辅助活动而不是基本活动的一个原因。

（2）技术开发。技术在此范围内有着广泛的含义。在波特看来，每一项活动都包含了技术、程序或技术包含在过程或产品设计中。大多数价值活动都用到了许多涉及不同学科的交叉技术。

（3）人力资源管理。人力资源管理包括涉及所有类型人员的招聘、雇佣、培训、开发和报酬的各种活动。它在基本活动和辅助活动中都起作用。

（4）企业基础设施。整个公司是这些活动的消费者。他们不只支持一项或更多基本活动，相反，他们支持全部的公司活动。这些活动包括管理、计划、筹资、会计、法律、行政事务和质量管理。在通常包括不同业务部门的大公司中，这些活动可按照总部和业务部门来划分。这种划分会因为经常改变而成为讨论的主题。

所有的活动都应当在公司产生的价值大于其消耗的成本的前提下进行。在波特看来，公司的总价值是由其销售总价决定的。边际利润反映了公司风险的报酬。波特把采购看成辅助活动。他使用"采购"而不是"购买"，因为购买的通常含义仅仅局限于管理人员。采购职能的分散性常导致总的购买量不清晰，并意味着很多购买活动很少得到详细研究。

在这些观察的基础上，可以得出采购能够为下列活动提供支持的结论：

（1）基本活动。采购职能应该满足与内部物流、外部物流，特别是与业务运作有关的物料需求。制造企业中的业务运作可能具有不同的结构。通常，制造过程可以按照下面几种类型加以划分。

① 按库存制造（和分配）（make to stock，MTS）。标准产品被制造和储存，消费者按照最终产品清单接受服务。生产通常由专用机器大批量进行。物料需求在销售预测的基础上做出。钢板、大多数维护、修理和运营用品就是这样的例子。

② 按订单生产（make to order，MTO）。在收到和接受客户订单后，用原材料或库存的已购部件制造产品。这在有相当大的或是有明确顾客的产品范围（如包装材料）的情况下，或者对于储存起来非常昂贵的散装物品（如绝缘材料）是很常见的。

③ 按订单设计（engineer to order，ETO）。所有的制造活动，从设计到组装，甚至购买所需的原料都和明确的顾客订单有关。生产通常在多用途机器上进行，要求有非常熟练的操作者。

这些制造情况的对比解释了为什么公司和行业的采购活动有根本的区别。在物料需求计划下控制的、大批量生产小汽车的制造商的采购业务，与那些每一个项目对组织来说都是新的，从广泛并经常改变的供应商那里获取原料的工作车间环境中的制造商有很大的不同。为基本活动进行采购也被称作"生产采购"或"生产物品的采购"。通常，这一领域得到管理层的较大重视。

（2）辅助活动。采购活动也可能与和其他辅助职能有关的辅助产品和服务有关，如下列各项的购买。

① 研发所用的实验设备。
② 计算机中心所需要的计算机硬件和软件。
③ 为销售部门和高级管理层租借的汽车。
④ 财务用办公设备。
⑤ 执行部门所需的食品和饮料。
⑥ 内务所需的清洁材料等。

再一次看到，以辅助活动为目标的采购职能在性质上有很大的不同。一些采购活动是日常的（维护、修理及运营用品，MRO用品）、重复性的和低价值的。其他的采购活动会有"突出的特征"，并且是唯一的和高价值的（投资品、固定设备、建筑物）。总的来说，这类采购指的是"非生产采购"或"普通开支"。它们可以分为MRO用品、投资品和服务。这种类型的采购的多样性使其获得统一的计算机信息系统和/或采购程序的支持非常困难，其特征也解释了为什么采购的专业化水平如此之低。这也是一些在这一领域设立了专门程序的国际公司已经获得较高结余的原因之一。表4-1总结了为基本活动进行采购和为辅助活动进行采购之间的主要区别。

表 4-1　为基本活动进行采购和为辅助活动进行采购的主要区别

项　　目	为基本活动进行采购	为辅助活动进行采购
产品种类	可多可少	非常多
供应商的数量	有限，清楚	非常多
采购金额	非常大，相当可观	有限
购货订单的数量	相当多	非常多
平均订货量	高	低
控制	依赖于生产计划的类型	有限，与预测有关或与项目有关的计划
决策制定单位	设计、制造部门的专业人员支配	各个部门，随产品或服务而变化

阅读资料 4-1　家乐福商超密切配合采购冷链各环节以保鲜

家乐福货品的新鲜是与其精细的商品采购营运制度分不开的，"零售就是细节"（retail is detail）就是形象的写照。要做到这点并不容易，需要采购、存货、销售等环节的密切配合，在营运过程的每个环节都加一个控制点。

1. 采购和内部监控

采购是保证生鲜食品质量最重要的一个环节，家乐福对于生鲜食品有严格的采购标准。这些标准基本上通过严格的挑选，家乐福会在当地建立稳定的供应链，有专门的供应商及时供应货品。在内部监控方面，家乐福中国区总部设有专人负责全国各分店商品的检验，每隔两个月要对各个分店的商品质量、库房、卖场和服务等进行全面的检查和分析。

2. 自有生鲜品牌的开发

"家乐福质量体系"是家乐福生鲜自有品牌，该产品本着长期合作的关系以确保在整个产品生命周期中符合特定的质量水准。产地和类型及可追溯性是供应链的质量主要体系。已应用质量体系的定牌产品有：猪肉、三文鱼（鲑鱼）、柚子、荔枝、苹果、橙子等。

3. 库存控制

库存控制是生鲜食品管理中非常重要的一个环节，为了保证商品的新鲜度，必须做到一次订货量要适当，订货频率要高。家乐福针对不同的生鲜食品，设定不同的库存量，当天卖不出去就扔掉。即使有的货第二天可以卖，但这种货不符合家乐福的存货标准，一定要扔掉。

4. 订货

每个店都根据电脑反映的销量来订货，尽可能做到零库存。同时，家乐福尽可能通过加强内部管理来最大限度地减少缺货现象的发生，平时各分店都制定了相应措施，及时反馈缺货信息,此外还安排专人负责卖场巡视,掌握存货动态。为确保安全库存,家乐福尽可能选择当地最优秀的供应商,使其能在规定的配送时间内及时补货。

5. 保鲜设备

超市中的冷冻、冷藏设备在食品保鲜中发挥着很大作用,所以,家乐福对制冷设备的要求很高。在选择制冷设备时,家乐福要求厂家必须有售后安装和维修服务,对设备进行定期检查,保证制冷系统昼夜不停地工作,以保持商品的新鲜与质量。

资料来源:中国物流与采购网 http://www.chinawuliu.com.cn/xsyj/201107/27/168194.shtml。

4.1.2 电子商务采购与传统采购的区别

1. 电子商务采购的内涵及作用

从采购在价值链中的作用可以看出,采购直接影响着生产经营过程、企业效益,是企业竞争力的重要方面。同时,采购也会带来很大的经济风险,存在着所谓的采购黑洞,如何控制这些漏洞,成了摆在现代企业面前的一项重要任务。电子商务的产生使传统的采购模式发生了根本性的变革,电子商务采购是在电子商务环境下的采购模式,也就是网上采购,或称电子采购。

根据中国国家标准《物流术语》(GB/T 18354—2006),电子采购(e-procurement)是指利用计算机网络和通信技术与供应商建立联系,并完成获得某种特定产品或服务的活动。电子商务环境下的采购,通过建立电子商务交易平台,发布采购信息,或主动在网上寻找供应商、寻找产品,然后通过网上洽谈、比价、网上竞价实现网上订货,甚至网上支付货款,最后通过网下的物流过程进行货物的配送,完成整个交易过程。

可见,电子采购比一般的电子商务和一般性的采购在本质上有了更多的概念延伸,它不仅仅完成采购行为,而且利用信息和网络技术对采购全程的各个环节进行管理,使商业交易开始变得具有无缝性,提供了一个全天候、全透明、超时空的采购环境,即 365×24 小时的采购环境。电子商务采购制度与模式的改变,实现了采购信息的公开化,扩大了采购市场的范围,缩短了供需距离,避免了人为因素的干扰,简化了采购流程,减少了采购时间,提高了采购效率,使采购交易双方易于形成战略伙伴关系。同时,使企业采购成本和库存量得以降低、采购人员和供应商数量得以减少、资金流转速度得以加快。作为一种新的采购模式,电子商务采购充分利用了现代网络的开放性、信息的多样性、交易的快捷性和低成本性等特点,从某种角度来说,电子商务采购是企业的战略管理创新,是政府遏制腐败的一剂良药。

2. 电子商务采购的发展及原理

电子商务采购最先兴起于美国,它的最初形式是一对一的电子数据交换系统,即 EDI,

该电子商务系统大幅度地提高了采购效率，但早期的解决方式价格昂贵、耗费庞大，且由于其封闭性仅能为一家买家服务，令中小供应商和买家却步。为此，联合国制定了商业EDI标准，但在具体实施过程中，由于标准问题在行业内及行业间的协调工作举步维艰，真正商业伙伴间EDI并未广泛开展。20世纪90年代中期，电子采购目录开始兴起，供应商通过将其产品信息发布在网上，来提高供应商的信息透明度、市场涵盖面。近年来，全方位综合电子采购平台出现且通过广泛连接买卖双方来进行电子采购服务。

电子采购是一种在互联网上创建专业供应商网络的、基于Web的购物方式。它能够使企业通过网络寻找合格的供货商和物品，随时了解市场行情和库存情况，编制销售计划和在线采购所需的物品，并对采购订单和采购的物品进行在途管理、台账管理和库存管理，实现采购的自动统计分析。实施电子采购，不仅方便、快捷，而且交易成本低，信息公开程度透明，的确是一种很有发展前途的采购方式。实现电子采购的方式有两种：使用EDI（电子数据交换）的电子采购和使用互联网的电子采购。电子采购门户站点对购买简单商品最为有效，它可以让供应商创建和维护其产品的在线目录，其他公司可以从这些目录中搜索商品、下订单以及当场确定付款和装运选择。在试图购买那些必须定制的产品时，常需要人力判断以及人与人之间的协商。首先，要整理叫做RFP（建议请求）的信息包，其中包括有某一商品的技术规格和供应要求。其次，必须找到能够满足该请求的供应商。为了节省时间和资金，只需要与有资格的供应商联络，这样花费的精力最少。使这一过程自动化的一种方式就是使用EDI网络，它能够让供应商和买主交换采购信息。只要交纳一点事务处理费，就能通过EDI网络提交信息包，并通过同一网络收到答复。

3．传统采购的弊端

（1）物料采购与物料管理为一体。目前，绝大多数企业行使采购管理的职能部门为供应部（科），也有企业将销售职能与采购职能并在一起，称为供销科。在这种模式下，其管理流程是：需求部门提出采购要求、指定采购计划、订单、询价/处理报价、下发运通知、检验入库、通知财务付款。

上述过程是一个完整的采购业务流程，在实际操作中有些流程如询价/报价在很多企业中不是每次都进行的，该流程的主要缺点是：物料管理、采购管理、供应商管理由一个职能部门来完成，缺乏必要的监督和控制机制；同时在这种模式下，供应部（科）担负着维系生产用原材料供给的重任，为保证原材料的正常供应，必然会加大采购量，尤其是在原料涨价时，这样容易带来不必要的库存积压和增加大量的应付账款。

（2）业务信息共享程度弱。由于大部分的采购操作和与供应商的谈判是通过电话来完成，没有必要的文字记录，采购信息和供应商信息基本上由每个业务人员自己掌握，信息没有共享。其带来的影响是：业务的可追溯性弱，一旦出了问题，难以调查，同时采购任务的执行优劣在相当程度上取决于人,人员的岗位变动对业务的影响很大。

(3)采购控制通常是事后控制;其实不仅是采购环节,许多企业对大部分业务环节基本上都是事后控制,无法在事前进行监控。虽然事后控制也能带来一定的效果,但事前控制毕竟能够为企业减少许多不必要的损失,尤其是如果一个企业横跨多个区域时,其事前控制的意义将更为明显。

总之,传统的采购模式存在下列问题:采购、供应双方为了各自利益互相封锁消息,进行非对称信息博弈,采购很容易发展成为一种盲目行为;供需关系一般为临时的或短期的,竞争多于合作,容易造成双输后果;信息交流不畅,无法对供应商产品质量、交货期进行跟踪;响应用户需求的能力不足,无法面对快速变化的市场;利益驱动造成暗箱操作,舍好求次、舍贱求贵、舍近求远,产生腐败温床;设计部门、生产部门与采购部门联系脱节,造成库存积压,占用大量流动资金。

4.电子商务采购优势

(1)能大幅度降低采购费用。传统采购手续繁琐复杂,由于购销双方信息的不对称,使双方都需要支付大量的费用进行市场调查。而进行网上集中采购,可以按需求商品的各方面属性提出采购要求,使符合条件的供货商通过互联网沟通信息,消除了诸多中间环节,导致采购费用大幅度降低。

(2)采购范围国际化。传统采购往往选择范围狭窄。而网上集中采购通过互联网将采购视角伸向世界各国,保证供货信息公开、公正、公平、透明,可以使产品质量、价格、服务、物流之间实现最佳组合,及时满足本企业需要。

(3)同行业之间变竞争为多赢。为能获取物美价廉的货源,无论什么行业,在传统采购中竞争对手之间常常是相互提防,相互封锁市场信息,使竞争双方在同种商品的采购上遭受不平等待遇。网上集中采购改变了这种被动局面,一些过去互为竞争对手的买家开始尝试着以采购领域为起点开展不同层次的合作,逐步实现采购联盟化。联盟网上采购有纵深行业和水平行业两种类型。在像世界零售巨人沃尔玛、家乐福、麦德龙共同搭建的纵深行业联盟采购平台中,联盟买家多为竞争对手,采购商品种类也大致相同,在共同的采购中可极大地扩展采购总批量,从而导致单位采购成本的共同下降,形成若干个联盟买家共赢的局面。而在水平行业联盟采购平台中,联盟买家并不一定是同业对手,完全可能是毫不相干的行业制造商。但它们可能就某一类、同一种产品有着同一种需求。当这种共同需求积累到一定程度时,联盟采购也就成为必然,并为多个买家带去利益。

通过以上的分析可以看出,电子商务采购的根本目的是获取比传统采购更多的利润。传统采购观念常习惯于"我需要什么就采购什么",网上集中采购却是"什么赚钱就采购什么"。和国际接轨首先是交易观念上的转变,只有进一步解放思想,主动适应国际惯例,才能跟上全球网上采购迅猛发展的步伐。

4.1.3 电子采购平台及实现

1. 电子采购系统

（1）协同招投标管理系统

它是一个协同的、集成的招标采购管理平台，使各种类型的用户（包括组织者、采购业主、投标商、审批机构等）都能在同一且个性化的信息门户中协同工作，摆脱时间和地域的限制。协同招投标管理系统，以招投标法为基础，融合了招投标在中国的实践经验，实现了整个招标过程的电子化管理和运作，可以在线实现招标、投标、开标、评标和决标等整个复杂的招标投标流程，使招标的理念和互联网技术完美结合，从时间上、价格上、质量上都全面突破了传统的招投标方式，最大限度实现招标方的利益。协同招投标管理系统以自主开发的国内领先的工作流系统作为系统的核心，可以帮助客户快速高效地实现各种复杂的招标投标流程，包括各种内部审批流程。

（2）企业竞价采购平台

它是一个供应商之间以及供应商和采购商之间互不见面的网上竞价采购管理平台，使得供应商可以远程地参与采购竞价。竞价采购，又称反拍卖采购技术（RAT），是由采购招标和网上竞价两部分有机结合在一起的采购方式。它用电子商务取代以往的谈判公关，帮助采购商最大限度地发现卖主，并引发供应商之间的竞争，大幅度降低了采购成本，同时有力地变革了采购流程，是对企业具有跨时代意义的零风险采购的辅助手段。在传统招标采购中，供应商总是在确保低价中标的同时尽量争取价格最高，并且由于比值、比价、招投标过程较长，供应商之间相互见面等因素，容易产生供应商之间的价格同盟，因此不能在最大范围内挑起各投标方的反复竞价，从而使降价空间缩小，导致采购品降价不足；而 RAT 技术则是根据工业采购品的不同特点，由采购商制定产品质量标准、竞价规则，通过 B2B 的方式，使采购商得以更好地发现卖主，并激起供应商竞争。成交价格可以是一个，也可以是一组，对供货方来说只有竞争价格是透明的，博弈阵容对其并不透明，从而很好地强化了降价竞争，使采购品价格大大降低。经过各个卖主之间一番激烈的降价竞争，一条降价曲线会自动输出，竞价结果客观、公开，不再需要人为的议标过程。

（3）电子目录采购系统

它是一套基于国内领先工作流技术的集办公自动化、产品目录管理、供应商管理以及电子采购于一体的综合解决方案。可以帮助客户快速高效地实现内部采购供应系统的任意商业运作流程及业务规则，搭建符合其自身需求的涵盖包括招标采购、竞价采购、商务谈判在内的多种采购方式的在线采购平台，并能有效地管理供应商和产品目录。主要功能模块包括工作流引擎、可视化流程定义工具（WFVISIO）、流程监控工具（WFMONITOR）、流程节点定义、信息发布系统、视图定义、综合查询统计定义、文档自动生成、电子文档管理、组织结构管理、权限管理、供应商管理、专家管理、产品目录管理、在线投标、开标大厅、在线评标、竞价大厅、谈判大厅、合同管理、采购效果分析、项目任务管理、日志管理、在线编辑器等。

2. 主要实现环节

在电子采购过程中，从招标方发布招标信息到最后的双方签约，主要实现环节如下：

招标方主要工作是编辑标书并且生成 XML 格式的标书文件，然后再将招标书生成 XML 文件，发送到系统，由系统将招标文件入库，招标方在标书发布后可以接收投标方的投标书，并且在开标后可以审阅投标书，在评标方评标后可以接收评标书，审阅评标书决定中标者，在决定中标者后给中标者发送订单。投标方主要工作是查阅招标书，编辑投标书签名，将投标书生成 XML 文件，加密并发送给招标方，如果中标接收订单。评标方主要工作是在开标后审阅投标文件，生成评标书并且签名，生成 XML 文件，登录、查看信息加密，发送给招标方。

4.1.4 电子商务采购的实施步骤

电子商务采购的实施步骤如图 4-2 所示。

第一步，要进行采购分析与策划，对现有采购流程进行优化，制定出适宜网上交易的标准采购流程。

第二步，建立网站。这是进行电子商务采购的基础平台，要按照采购标准流程来组织页面。可以通过虚拟主机、主机托管、自建主机等方式来建立网站，特别是加入一些有实力的采购网站，通过它们的专业服务，可以享受到非常丰富的供求信息，起到事半功倍的作用。

第三步，采购单位通过互联网发布招标采购信息（即发布招标书或招标公告），详细说明对物料的要求，包括物料质量、数量，招标时间、地点等，对供应商的资质要求等。也可以通过搜索引擎寻找供应商，主动向他们发送电子邮件，对所购物料进行询价，广泛收集报价信息。

第四步，供应商登录采购单位网站，进行网上资料填写和报价。

第五步，对供应商进行初步筛选，收集投标书或进行贸易洽谈。

第六步，网上评标。由程序按设定的标准进行自动选择或由评标小组进行分析评比选择。

第七步，在网上公布中标单位和价格，如有必要对供应商进行实地考察后签订采购合同。

第八步，采购实施。中标单位按采购订单通过运输交付货物，采购单位支付货款，处理有关善后事宜。按照供应链管理思想，供需双方需要进行战略合作，实现信息的共享。采购单位可以通过网络了解供应单位的物料质量及供应情况，供应单位可以随时掌握所供物料在采购单位中的库存情况及采购单位的生产变化需求，以便及时补货，实现准时化生产和采购。

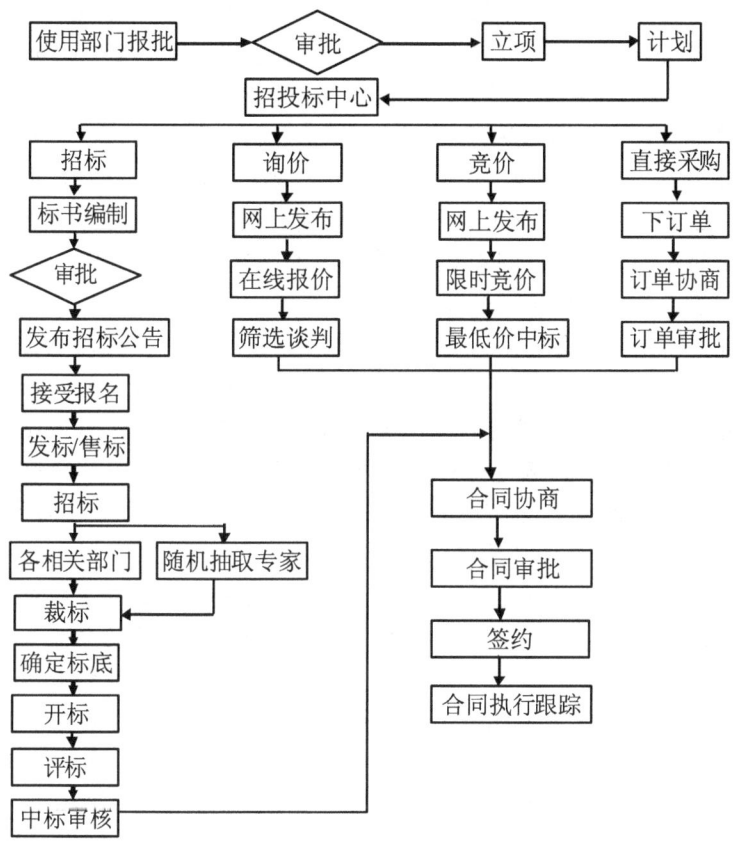

图 4-2 电子商务采购流程

阅读资料 4-2 慧聪网采购通上市一个月 20 亿成交创开门红

日前，记者从慧聪网得到消息，其新产品采购通推出不到一个月时间，签约大客户已经达到近 500 家，签订采购合同金额近 20 亿元。"这还只是一个开始，"慧聪网 CEO 郭江（微博）说，"用户对采购通目前还处于一个认知期，但认可度已经达到相当高的程度。"据悉，采购通是慧聪网于 2012 年 5 月 8 日推出的一款新产品，它聚焦于买家服务，是目前国内 B2B 行业第一款专业、系统的买家服务产品。该产品从策划到研发花了半年多时间，动用了慧聪网几十名技术人员。采购商可以借助采购通获得海量的供应信息，便捷、高效地找到卖家资源，从而完成采购。

"采购通目前采用免费使用的策略，"郭江介绍说，"但免费并不等于低质量，求质更重要。比如我们会对优质大买家进行买家认证，对采购量大并且守信的客户悬挂优企勋章，从而提高买家的诚信度。"显然，增加采购通入门的难度，是为了真真正正地提高成交率与交易额，而不是仅仅以追求客户数量为目的。求质是采购通真正的目标。"目前阶段，我们的主要工作是把慧聪多年合作的大买家引导到采购通平台上来，帮助他们更快地适应采购通系统。"郭江说，"第一批入驻的企业，比如三一重工、黄河旋风、旺旺集团、2688商城、瑞迪机械、正源地产、湖南一建等，很多都是上市公司，采购经额也相当可观。"据了解，经过第一阶段的努力，到目前为止，已经签约并通过买家认证的采购通用户达到480家，其中VIP大客户达到60家，金牌客户232家，基础客户104家。总的签购采购金额达到19.1亿元。

采购通开通不到一个月时间，近20亿的签约采购金额，对慧聪网上的卖家来说，有着足够的诱惑力。近期慧聪网流量大幅增加，卖家非常活跃，与此应该有着密切的关系。正如郭江之前所说，"没有买家，卖家的存在没有意义。B2B网站必须汇集大量的买家，才可能吸引卖家前来做生意。""采购通的目的是把随机、分散、不定期的企业采购习惯用系统平台的方式管理起来，让采购更快捷、更高效、更具性价比。"郭江说，"企业采购经理们只要适应了这款平台，就必然离不开它。"

北京三一重机营销公司副总经理兼市场总监王斌表示："三一重机是个大型集团企业，供应商的选择极有难度。慧聪采购通帮助我们做了供应商的初选工作，我们可以通过采购通对供应商进行选择，进行追踪，进行管理，对我们节约成本、实现采购都有极大的帮助。"中国重汽集团杭州发动机进出口备品备件采购负责人牛筋介绍说："慧聪网有海量的供应商信息，这是市场上其他采购软件做不到的。我们的求购信息刚刚发布，平台马上自动匹配了适合的信息。采购通专为我们这些采购经理而设，附和企业采购行为习惯，标准化，专业化。""用户的认可是我们努力工作的回报，"郭江表示，"采购通将依据用户的反馈做进一步的升级，最终必将成为采购经理们电脑桌面的必备产品。"

中国电子商务研究中心发布的报告显示，采购管理一直是我国企业管理中的薄弱环节，传统采购方式明显不适应现代企业的发展，而网络采购已经越来越得到中小企业的青睐。数据表明，中小企业通过网络寻找长期供应商的比例达到38%，临时采购的有25%。而据商务部"十二五"规划，企业网上采购比例在2015年将超过50%，这都表明网络采购已成趋势。采购通在此种背景之下诞生，其未来及前景值得行业期待。

资料来源：中国物流与采购网http://www.chinawuliu.com.cn/xsyj/201206/06/183459.shtml。

4.2 仓储管理

在物流过程中,没有仓储就不能解决生产集中性与消费分散性的矛盾,也就不能解决生产季节性与消费常年性的矛盾。换言之,在物流中如无仓储,生产就会停止,流通就会中断。由此可见仓储的重要性非同一般。仓储是企业供应链中的一个重要环节,从成本分析来看,仓储运作作业成本相当于总物流成本的 70%~80%,故仓储运作效率管理是物流管理的核心环节。

4.2.1 仓储管理的含义与作用

"仓"也称为仓库,为存放物品的建筑物和场地,可以为房屋建筑、大型容器、洞穴或者特定的场地等,具有存放和保护物品的功能;"储"表示收存以备使用,具有收存、保管、交付使用的意思,当适用有形物品时也称为储存。"仓储"则为利用仓库存放、储存未即时使用的物品的行为。简言之,仓储就是在特定的场所储存物品的行为。

仓储管理就是对仓库及仓库内的物资所进行的管理,是仓储机构为了充分利用所具有的仓储资源提供高效的仓储服务所进行的计划、组织、控制和协调过程。其内涵随着其在社会经济领域中的作用不断扩大而变化。

仓储系统是企业物流系统中不可缺少的子系统。物流系统的整体目标是以最低的成本提供令客户满意的服务,而仓储系统在其中发挥着重要作用,具体如下。

1. 良好的仓储管理能保证社会生产的连续进行

供应单位从社会和本单位的经济利益考虑,通常是以一定批量和时间间隔向需求单位供应物资,而企业的生产时时刻刻都在进行,每人都要消耗一定数量的物资,所以需要足够的物资储备来加以协调。而在生产过程中,上道工序生产和下道工序生产间,总避免不了有一定的时间间隔,为了保证生产的连续性,需要有一定的物资储备。

2. 保值作用

任何一种物资,从生产到消费,由于本身性质、所处的条件,以及自然的、社会的、经济的、技术的因素,都可能使物资使用价值在数量上减少、质量上降低,如果不创造必要条件,就不可避免地使物资遭到损害。因此,必须进行科学管理,加强对物资的养护,搞好仓储管理,以保护好处于暂时停滞状态物资的使用价值。同时,在物资仓储管理过程中,努力做到流向合理,加快物资流转速度,注意物资的合理分配和合理供应,不断提高工作效率,使有限的物资能发挥最大的效用。

3. 促进资源合理利用，优化配置

当物资离开生产过程进入消费过程的准备阶段时，对于实际的再生产过程是必需的，但此时物资处于闲置状态，不产生利润（对在库物资进行整理、加工、分类除外）。所以当部分企业储备物资超过了保证再生产所必需的界限时，从整个社会来看，这就是对资源的一种浪费。在实际经济生活中，即便是同类产品，在一些行业长期闲置不用，在另一些行业却短缺，使得开工不足，影响正常生产。积压和短缺并存产生的一部分原因是物资流通体制不合理和库存管理不适宜。从技术上讲，现有的仓储理论能够解决库存的合理数量问题，这就为合理利用资源提供了可能。

4. 提高企业经济效益

良好的仓储管理不仅保证企业生产过程获得及时、准确、质量完好的物资供应，而且有利于企业通过占用较少的流动资金，降低产品成本，从而提高企业经济效益的竞争力。库存的首要目的是为了企业获得稳定的原材料、零配件供应。库存过多，不仅造成物资积压，增加保管费用，而且过多占用流动资金。一般认为，企业库存资金占资金总额比重的大小与企业性质或行业特点有关，但在很大程度上也取决于仓库管理水平的高低。此外，在企业产成品的成本构成中，物料成本占有很大比重，仓储管理可以通过对物资订购的计量和储存数量的控制，降低物料，从而达到降低企业产成品成本，提高企业经济效益的目的。

4.2.2 仓储管理的原则

仓储管理的目标是快进、快出、多储存、保管好和费用省，因此其基本原则应该是保证质量、注重效率、确保安全、讲求效益。

1. 保证质量

仓储管理最基本的原则是保证质量。仓储管理中的一切活动，都必须以保证在库商品的质量为中心。没有质量的数量是无效的，甚至是有害的，因为这些商品依然占用资金、产生费用、占用仓库空间。因此，为了完成仓储管理的基本任务，仓储活动中的各项作业必须有质量标准，并严格按标准进行作业。

2. 注重效率

仓储成本是物流成本的重要组成部分，因而仓储效率关系到整个物流系统的效率和成本。在仓储管理过程中，要充分发挥仓储设施设备的作用，提高仓库设施和设备的利用率；要充分调动生产人员的积极性，提高劳动生产率；要加速在库商品的周转，缩短商品在库时间，提高库存周转率。

3. 确保安全

仓储活动中不安全因素很多，有的来自仓储物，有的来自装卸搬运作业过程，还有的来自人为破坏。因此特别要加强安全教育，提高安全意识，制定安全制度，贯彻执行"安全第一，预防为主"的安全生产方针。

4．讲求效益

仓储活动中所消耗的物化劳动和活劳动的补偿是由社会必要劳动时间决定的。为实现经济效益目标，必须力争以最少的人、财、物消耗，及时、准确地完成最多的储存任务。因此，对仓储生产过程进行计划、控制和评价是仓储管理的主要内容。

4.2.3 仓储管理的内容

1．仓库的选址与建设

仓库的选址和建设问题是仓库管理战略层面所研究的问题，它涉及公司长期战略与市场环境相关联的问题的研究，对仓库长期经营过程中的服务水平和综合成本产生非常大的影响，所以必须提到战略层面来对待和处理。

2．仓库机械作业的选择与配置

仓库机械作业的选择与配置包括如何根据仓库作业特点和储存商品的种类及其理化特征，选择机械设备以及应配套的数量；如何对这些机械进行管理等。现代仓库离不开仓库所配备的机械设施和设备，如叉车、货架、托盘和各种辅助设备等。恰当地选择适用于不同作业类型的仓库设施和设备将大大降低仓库作业中的人工作业劳动量，并提高商品流通的顺畅性和保障商品在流通过程中的质量。

3．仓库作业组织和流程

仓库作业组织和流程包括组织结构的设置，各岗位责任的分工，仓储过程中信息流程和作业流程的确定等。仓储的作业组织和流程随着作业范围的扩大和功能的增加而变得复杂。设计合理的组合结构和分工的明确是仓储管理的目标得以实现的基本保证。合理的信息流程和作业流程使仓储管理高效、顺畅，并达到客户满意的要求。

4．仓库管理技术的应用

现代仓储管理离不开现代管理技术与管理手段，例如，选择合适的编码系统，安装仓储管理系统（WMS 系统），实行 JIT 管理等先进的管理方法。现代物流越来越依靠现代信息和管理技术，这也是现代物流区别于传统物流的主要特点之一。现代仓储管理技术极大地改善了商品流通过程中的识别和信息传递与处理过程，使得商品的仓储信息更准确、快捷，成本也更低。

5．仓库的作业管理

仓库作业管理是仓储管理日常所面对的最基本的管理内容。例如，如何组织商品入库验收，如何安排库位，如何对在库商品进行合理保管、盘点和发放出库等。仓库的作业管理是仓库日常所面对的大量和复杂的管理工作，只有认真做好仓库作业中每一个环节的工作,才能保证仓储整体作业的良好运行。

6. 仓储成本控制

成本控制是任何一个企业管理者的重要工作目标,仓储管理也不例外。仓储综合成本控制不但要考虑库房内仓储运作过程中各环节的相互协调关系,还要考虑物流过程中各功能间的背反效应,以平衡局部利益和全局利益最大化的关系。选择适用的成本控制方法和手段,对仓储过程每一个环节的作业表现和成本加以控制,是实现仓储管理目标的要求。

4.2.4 仓储管理的模式

仓储管理模式是库存保管方法和措施的总和。企业、部门或地区拥有一定数量的库存是客观需求,库存控制和保管是企业生产经营过程和部门管理的重要环节,仓储成本是企业物流总成本的重要组成,因此选择适当的仓储管理模式,既可以保证企业的资源供应,又可以有效地控制仓储成本。

仓储的基本功能是对商品的储存和保管,但由于运作方、仓储对象、经营方式和仓储功能的不同,使得不同的仓储活动具有不同的特征。只有加以正确划分,才能正确认识仓储任务,做好仓储管理工作。

1. 按仓储活动的运作方分类

仓储管理模式可以按仓储活动的运作方分为自建仓库仓储、租赁仓库仓储和第三方仓储。

(1) 自建仓库仓储

自营仓库(private warehouse)是指由企业或各类组织自营自管,为自身提供储存服务的仓库。自建仓库仓储就是企业自己修建仓库进行仓储。这种模式的优缺点如下:

① 可以更大程度地控制仓储。由于企业对仓库拥有所有权,所以企业作为货主可以对仓储实施更大程度的控制,而且有助于与其他系统进行协调。

② 管理更具灵活性。此处的灵活性并不能迅速增加或减少仓储空间,而由于企业是仓库的所有者,所以可以按照企业要求和产品特点对仓库进行设计与布局。

③ 长期仓储时成本低。如果仓库得到长期的充分利用,可以降低单位货物的仓储成本,在某种程度上说这也是一种规模经济。

④ 可以为企业树立良好形象。当企业将产品储存在自有自建的仓库中时,会给客户一种企业长期持续经营的良好印象,客户会认为企业经营十分稳定、可靠,是产品的持续供应者,这有助于增强企业的竞争优势。

⑤ 仓库固定的容量和成本使得企业的一部分资金被长期占用。不论企业对仓储空间的需求如何,仓库的容量是固定的,不能随着需求的增加或减少。当企业对仓储空

间的需求减少时,仍需承担仓库中未利用部分的成本;而当企业对仓储空间有额外需求时,仓库却又无法满足。

⑥ 存在位置和结构的局限性。如果企业只能使用自有仓库,则会由于数量限制而失去战略性优化选址的灵活性;市场的大小、位置和客户的偏好经常变化,如果企业在仓库结构和服务上不能适应这种变化,企业将失去许多商业机会。

(2) 租赁仓库仓储

租赁仓库仓储就是委托营业性仓库进行仓储管理。这种模式的优点如下:

① 无资本投资,财务风险低。任何一项资本投资都要在详细的可行性研究基础上才能实施,但租赁仓储可以使企业避免资本投资和财务风险。企业可以不对仓储实施和设备做出任何投资,只需支付相对较少的租金即可得到仓储服务。

② 满足企业在库存高峰时大量额外的库存需求。如果企业的经营具有季节性,那么采用租赁仓储的方式将满足企业自销售淡季所需要的仓储空间;而自建仓库仓储则会受到仓库容量的限制,并且在某些时期仓库可能闲置。大多数企业的库存水平会因为产品的季节性、促销活动或其他原因变化,利用租赁仓库,则没有仓库容量的限制,从而满足企业在不同时期对仓储空间的需求,尤其在库存高峰时大量额外的库存需求。同时,仓储的成本将直接随着储存货物数量的变化而变化,便于管理者掌握。

③ 仓储管理的难度降低。工人的培训和管理是仓储企业所面临的重要问题。尤其是对于产品需要特殊搬运、储存或具有季节性的企业,而使用公共仓储则可以避免这一难题。

④ 可以降低货主的仓储成本。营业型仓储由于对众多企业保管大量商品,可以大大提高仓库的利用率,从而降低库存商品的单位储存成本;另外,规模经济还使营业型仓库能够采用更加有效的物料搬运设备,从而提供更好的服务;最后,营业型仓库的规模经济还有利于拼箱作业和大批量运输,降低货主的运输成本。

⑤ 企业的经营活动可以更加灵活。如果企业自己拥有仓库,那么当市场、运输方式、产品销售或企业财务状况发生变化,或者企业搬迁时需要设立仓库的位置发生变化,那么原来的仓库就有可能变成了企业的负担。如果企业租赁营业型仓库进行仓储,租赁合同通常都有期限,企业能在已知的期限内灵活地改变仓库的位置;另外,企业也不必因仓库业务量的变化而增减人员,还可以根据仓库对整个分销系统的贡献以及成本和服务中的因素,临时签订或终止租赁合同。

⑥ 企业能准确掌握保管和搬运成本。由于定期可以得到仓储费用单据,租赁仓库仓储可使企业清楚地掌握保管和搬运成本,预测和控制不同仓储水平的成本;而企业自己拥有仓库时,很难确定其可变成本和固定成本变化情况。

这种模式的缺点如下:

① 增加了企业的包装成本。由于营业型仓库存储的是不同企业的各种不同种类的

商品，而各种不同性质的商品有可能相互影响，因此，企业进行仓储时必须增强对货物的保护性包装，从而增加了包装成本。

② 增加了企业控制库存的难度和风险。企业与仓库经营者都有履行合同的义务，但由于种种原因对商品损坏给货主造成的损失将远远大于得到的赔偿。另外，在租赁仓库中泄漏有关商业机密的风险也比自建仓库大。

（3）第三方仓储

近年来，越来越多的企业转向利用第三方仓储（third party warehousing）或称合同仓储（contract warehousing）来进行仓储管理。

① 第三方仓储的概念

第三方仓储是指企业将仓储等物流活动转包给外部公司，由外部公司为企业提供综合物流服务。

第三方仓储不同于一般的租赁仓库仓储，它能够提供专业化的、高效、经济和准确的分销服务。企业若想得到高水平的质量和服务，则可利用第三方仓储，因为这些仓库设计水平高，并且符合特殊商品的高标准、专业化的搬运要求；如果企业只需要一般水平的搬运服务，则可以选择租赁仓储。从本质上看，第三方仓储是生产企业和专业仓储之间建立的伙伴关系；正是由于这种伙伴关系，第三方仓储公司与传统仓储公司相比，能为货主提供储存、装卸、拼箱、订货分类、现货库存、在途混合、存货控制、运输安排、信息和货主要求的其他一整套物流服务。

② 第三方仓储的特点

第一，有效利用资源。利用第三方仓储比自建仓储更能有效地处理季节性生产普遍存在的产品的淡、旺季储存问题，能够有效地利用设备与空间。同时，第三方仓储的管理具有专业性，管理专家拥有更具有创新性的分销理念、掌握更多降低成本的方法，因此物流系统的效率更高。

第二，扩大市场范围。第三方仓储企业具有经过战略性选址的设备与服务，货主在不同位置得到的仓储管理和一系列服务都是相同的。许多企业将其自有仓库数量减少到有限几个，而将各地区的物流转包给合同仓储公司。通过这种自有仓储与合同仓储相结合的网络，企业在保持对集中仓储设施直接控制的同时，利用合同仓储来降低直接人力成本，扩大市场的地理位置。

第三，降低运输成本。第三方仓储企业同时处理不同货主的大量商品，经过拼箱作业后可通过大规模运输大大降低运输成本。

第四，新市场的测试。货主企业在促销现有产品或推出新产品时，可以利用短期第三方仓储来考察产品的市场需求。当企业试图进入一个新的市场区域时，要花费很长时间建立一套分销设施，而通过第三方仓储网络，企业就能达到目的。

尽管第三方仓储具有一定的优势，但也存在一些不利因素，其中对物流活动失去直接控制是企业最担心的问题。企业对合同仓库的运作过程和雇佣员工等控制较少,这一因素成为商品价值较高的企业利用合同仓储的最大障碍。

(4) 管理模式的决策依据

自建仓库仓储、租赁仓库仓储和第三方仓储各有优势,企业决策的依据是物流总成本最低。

① 三种模式的成本比较。租赁仓库仓储和第三方仓储的成本只包含可变成本,随着存储总量的增加,租赁的空间就会增加;由于营业型仓库一般按库存产品所占用的空间来收费,这样成本就和总周转量成正比,其成本函数是线性的。自建仓库仓储的成本结构中存在固定成本,但由于营业型仓库具有盈利性质,因此自建仓库仓储的可变成本增长速率通常低于租赁仓库仓储和第三方仓储的成本增长速率。当总周转量达到一定规模时,两条成本线相交,即成本相等。这表明在周转量较低时,选择租赁仓库仓储或第三方仓储较好;随着周转量的增加,由于可以把固定成本均摊到大量存货中,因此自建仓库仓储则更经济。

② 仓储管理模式的适用条件。一个企业是自建仓库仓储、租赁仓库仓储还是采用第三方仓储的仓储管理模式,主要是由货物周转总量、需求的稳定性和市场密度三大因素决定,具体情况如表 4-2 所示。

表 4-2 仓储模式的适用条件

仓储模式	周转总量		需求的稳定性		市场密度	
	大	小	是	否	集中	分散
自建仓库仓储	√	×	√	×	√	×
租赁仓库仓储	√	√	√	√	√	√
第三方仓储	√	√	√	√	√	√

由于自建仓库的固定成本相对较高,而且与使用程度无关,因此,只有在存货周转量较高,使得自建仓库仓储的平均成本低于公共仓储的平均成本时,自建仓库仓储才更经济;相反,当周转量相对较低时,选择租赁仓库仓储或第三方仓储则更为明智。

需求的稳定性是选择自建仓库与否的一个关键因素。如果厂商具有多种产品线,仓库具有稳定的周转量,自建仓库仓储的运作将更为经济;反之,采用租赁仓储和利用第三方仓储会使生产和经营更具有灵活性。

当市场密度较大或供应商相对集中时,自建仓库将提高企业对供应链的稳定性和成本的控制能力;相反,当供应商和用户比较分散而使得市场密度较低时,在不同地区同时使用几个公共仓库要比一个自有仓库服务一个很大的地区更经济。

从表 4-2 中可以看到,自建仓库仓储的前提非常苛刻,租赁仓库仓储和第三方仓储更具有灵活性,而且符合物流社会化的发展趋势。在许多时候,企业可以根据各个区域市场的具体情况，分别采用不同的仓储管理模式。

阅读资料4-3　美国某药品和杂货零售商的混合仓储管理模式

美国某药品和杂货零售商成功实现其并购计划之后销售额急剧上升，需要扩大分拨系统以满足需要。一种设计是利用6个仓库供应全美约1 000家分店。公司既往的物流战略是全部使用自有仓库和车辆为各分店提供高水平的服务，因而此次公司计划投入700万美元新建一个仓库，用来缓解仓储不足的问题。新仓库主要供应匹兹堡附近的市场，通过配置最先进的搬运、存储设备和进行流程控制降低成本。管理层已经同意了这一战略，且已经开始寻找修建新仓库的地点。

然而，公司同时进行的一项网络设计研究表明，新仓库并没有完全解决仓储能力不足的问题。这时，有人建议采用混合战略——除使用自建仓库外，部分地利用营业型租赁仓库，这样做的总成本比全部使用自建仓库的总成本要低。于是企业将部分产品转移至营业型仓库，然后安装新设备，留出足够的自有空间以满足可预见的需求。新设备的成本为20万美元。这样，企业成功地通过混合战略避免了单一仓储模式下可能导致的700万美元的巨额投资。

资料来源：[美]罗纳德·H.巴罗.企业物流——供应链的规划、组织和控制.北京：机械工业出版社，2002

2. 按仓储的功能划分

（1）储存仓储

储存仓储为商品较长期的仓储。由于商品存放时间长，储存费用低廉和储存条件保证就很有必要；储存仓储地点一般较为偏远，储存商品较为单一，品种少，但存量较大。

（2）物流中心仓储

物流中心仓储是以物流管理为目的的仓储活动，对物流的过程、数量、方向进行控制的环节，是为了实现物流的时间价值的环节。物流中心活动一般在一个经济地区的中心、交通较为便利、储存成本较低的地区进行。其仓储对象品种较少，批量较大，整批进分批出，整体上吞吐能力强，设备比较先进。

（3）配送仓储

配送仓储也称配送中心仓储，是商品在配送交付消费者之前所进行的短期仓储，是商品在销售或者供生产使用前的最后储备，并在该环节进行销售或使用的前期处理。配送仓储一般在商品的消费经济区间内进行，能迅速地送达消费和销售地，其仓储对象品种繁多、批量少，需要一定量进货、分批少量出库操作，往往需要进行拆包、分拣、组配合贴标签等增值作业，主要目的是为了支持销售，注重对商品存量的控制。

（4）运输转换仓储

运输转换仓储是为了保证不同运输方式的高效衔接，减少运输工作的装卸和停留时间,在不同运输方式的相接处如港口、车站和空港库场所进行的仓储。运输转换仓储需具有大进大出的特性,货物存期短,注重货物的周转作业效率和周转率。

3．按仓储物的处理方式划分

(1) 保管式仓储

保管式仓储又称纯仓储,是以保管物原样保持不变的方式所进行的仓储,即存货人将特定的商品交由保管人进行保管,到期时保管人原物交还存货人,保管物除了所发生的自然损耗和自然减量外,其数量、质量不发生变化。保管式仓储又分为仓储物独立保管仓储和将同类仓储物混合在一起的混藏式仓储。

(2) 加工式仓储

加工式仓储是保管人在仓储期间根据存货人的要求对保管物进行一定加工的仓储方式,一般来说,可以是对仓储物进行外观、形状、成分构成及尺寸等进行加工,使仓储物发生委托人所希望的变化,以适应消费者的需要。

(3) 消费式仓储

消费式仓储是保管人在接受保管物时,同时接受保管物的所有权,保管人在仓储期间有权对仓储物行使所有权,在仓储期满时,保管人将相同种类、品种和数量的替代物交还给委托人所进行的仓储。消费式仓储特别适合于保管期较短、市场供应变化较大的商品的长期存放,具有一定的商品保值和增值功能,是仓储经营人利用仓储物开展经营的增值活动,已成为仓储经营的重要发展方向。

4.2.5 仓储作业管理

仓储作业的流程形式有许多种类,从一般的仓库到复杂的综合物流中心,其流程的区别主要取决于仓库本身的业务模式、规模大小、设施条件、客户方向和服务功能等诸多因素。仓储的基本作业流程如图 4-3 所示。仓储作业过程可归纳为订单处理作业、采购作业、入库作业、盘点作业、拣货作业、出库作业和配送作业七个环节。现代仓储一般都有专业仓储管理软件,对每个作业流程进行实时管理。在仓储管理中,出入库管理、存储保管(即在库保管)等业务是其主要工作的着眼点。

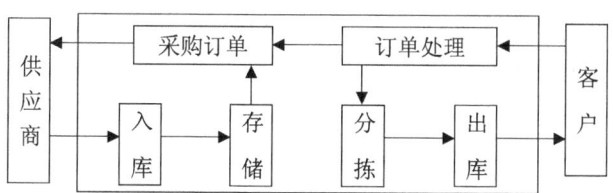

图 4-3 仓储的基本作业流程

1. 仓储入库作业管理

商品入库要经过验单、接货、卸载、分类、商品点验、签发入库凭证、商品入库堆码、登记入账等一系列作业环节。对这些作业活动要进行合理安排和组织。

入库作业组织的目的是为了及时、安全、准确地组织货物入库,因此,在规划入库作业时须按照集中作业、保持顺畅和合理安排的原则进行。

商品入库作业的基本业务程序流程如图 4-4 所示。

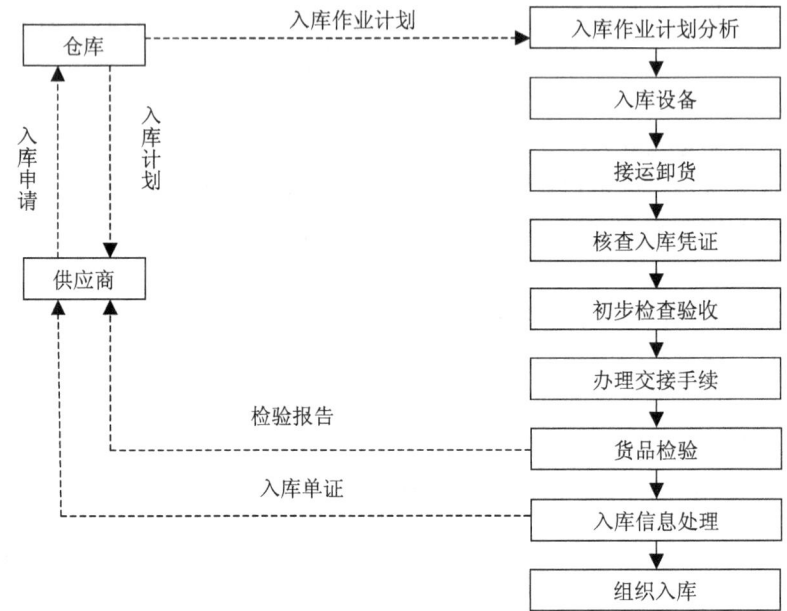

图 4-4　商品入库作业的基本业务程序流程

商品入库业务管理是指管理人员根据入库凭证接收商品入库储存时,进行卸货、搬运、清点数量、检查质量、办理入库手续等一系列操作的总和。在整个入库业务操作过程中,其主要任务包括如下几方面。

（1）根据商品入库凭证,清点商品数量。

（2）对入库商品进行接收检查。

（3）按照规定程序办理各种入库手续和凭证。

2. 仓储在库作业管理

商品在库作业管理是指对商品进行合理的保存和经济的管理。所谓合理的保存是指将商品存放在适宜的场所和位置;所谓经济的管理是指对商品实体和商品仓储信息进行科学的管理,包括对商品进行科学的保养和维护、为货物提供良好的保管环境和条件,以及对库存商品有关的各种技术证件、单据、凭证、账卡等进行信息化管理。

总的来说，商品在库管理的内容主要包括商品分类分区和货位编号，合理堆码和苫垫，货账保管、盘点和商品保管养护等工作。

（1）商品的分类分区

商品分类分区是根据商品的类别、性能和特点，结合仓库的建筑结构情况、容量、装卸设备等条件，确定各储存区域存放商品的种类、数量，然后分类分区编成目录并绘制平面图。

（2）货位的选择及编号方法

货位是指仓库中实际可用于堆放商品的面积。货位的选择是在商品分区分类的基础上进行的，所以货位的选择应遵循确保商品安全、方便吞吐发运、力求节约仓容的原则。

（3）保管账卡登记

商品入库登账，除仓库财务部门有商品账凭以结算外，保管业务部门则要建立详细反映库存商品进、出和结存的保管明细账，如表4-3所示，用以记录库存商品动态，并为对账提供主要依据。

表4-3　商品明细账

商品入库明细卡									
							卡号		
							货主名称		
							货位		
品　　名		规格型号							
计量单位		供货商名称							
应收数量		送货单位名称							
实收数量		包装情况							
	年			入库数量		出库数量		结存数量	
月　日	收发凭证号	摘　　要		件数		件数		件数	
									商品验收情况

① 登账

登账应遵循以下规则:

第一,登账必须以正式合法的凭证为依据,如商品入库单和出库单、领料单等。

第二,一律使用蓝、黑色墨水笔登账。

第三,账应连续、完整,依日期顺序,不能隔行、跳页,账页应依次编号,年末结存后转入新账,旧账页入档,妥善保管。

第四,登账时,其数字书写应占空格的 2/3 空间,便于改错。

② 货卡

货卡又叫料签、料卡、保管卡。它是一种实物标签,上面标明商品的名称、规格、数量或出入状态等内容,一般挂在上架商品的下方或放在堆垛商品的正面。货卡按其作用不同可分为货物状态卡、商品保管卡。商品保管卡包括货物标识卡和储存卡等。

- 货物状态卡,是用于表明货物所处业务状态或阶段的标识,根据 ISO9000 国际质量体系认证的要求,在仓库中应根据货物的状态,按可追溯性要求,分别设置待检、待处理、不合格和合格等状态标识,如图 4-5 所示。

待 检	待 处 理	合 格
供应商名称_____	供应商名称_____	供应商名称_____
商品名称_____	商品名称_____	商品名称_____
进货日期/批号/生产日期 _____	进货日期/批号/生产日期 _____	进货日期/批号/生产日期 _____
标记日期__年__月__日	标记日期__年__月__日	标记日期__年__月__日
标记人_____	标记人_____	标记人_____
备注_____	备注_____	备注_____

图 4-5 不同形式的货卡

- 货物标识卡,是用于表明货物的名称、规格、供应商和批次等。根据 ISO9000 国际质量体系认证的要求,在仓库中应根据货物的不同供应商和不同入库批次,按可追溯性要求,分别设置标识卡(如图 4-5 中的合格卡)。
- 储存卡,是用于表明货物的入库、出库与库存动态的标识,参见表 4-4。

商品保管卡采用何种形式,应根据仓储业务需要来确定。

③ 商品档案

建立商品档案是对商品出入库凭证和技术资料进行分类归档保存。建立商品档案的目的是为了更好地管理商品的凭证和资料,防止散失,查阅方便,同时便于了解商品入库前后的活动全貌,有助于总结和积累仓库保管经验,研究管理规律,提高科学管理水平。建立商品档案的要求有:商品档案一物一档和商品档案应统一编号,妥善保管。

表 4-4 储存卡

品名_____   规格_____

年		摘　要	收入数量	发出数量	结存数量
月	日				

(4)商品的堆码与苫垫

商品堆码是根据商品的特性、形状、规格、重量及包装质量等情况,同时综合考虑地面的负荷、储存的要求,将商品分别叠堆成各种码垛。科学的商品堆码技术,合理的码垛,对提高入库商品的储存保管质量,提高仓容利用率,提高收发作业及养护工作的效率,都有着不可低估的重要作用。

商品在堆码时一般都需要苫垫,即把货垛垫高,露天货物进行苫盖,只有这样才能使商品避免受潮、淋雨、暴晒等,保证储存养护商品的质量。

3.仓储出库作业管理

商品出库业务是商品储存业务的最后一个环节,是仓库根据使用单位或业务部门开出的商品出库凭证(提货单、领料单、调拨单),按其所列的商品名称、规格、数量和时间、地点等项目,组织商品出库、登账、配货、复核、点交清理、送货等一系列工作的总称。

由于各种类型的仓库具体储存的商品种类不同,经营方式不同,商品出库的程序也不尽相同,但就其出库的操作内容来讲,一般的出库业务程序(见图 4-6)主要包括出库凭证审核、拣货、发货检查、包装、分货及贴标签、出库信息处理等。

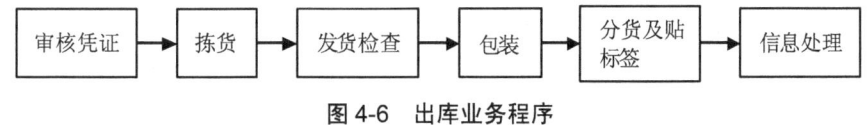

图 4-6 出库业务程序

4.2.6 电子商务下仓储管理的要领

在现实管理当中,很多结果是违背管理者当初意愿的。如随着信息技术的发展,很多企业建立了 ERP 系统，与供应商、销售商等在统一信息平台下实现了电子商务以降低各类成本。但不久，管理者却发现库存并没有真正降低，反而越来越高了。事实证明，造成这些后果的真正原因不是系统，而是人。是因为人没有严格地执行系统的建议，或者是对配件的产出率或者是损耗率的经验把握不足。严格按照系统的物料需求计划进行采购或生产是很关键的，任何超出订单的采购或者是生产都会导致较多物料的呆滞，所以针对采购订单（PO）和生产订单（MO）必须建立一套审核的机制，认真分析系统的需求产生情况，对超出订单数的情况严格控制。对仓储管理者而言，其观念及责任心等都应相应改变。具体而言，电子商务环境下仓储管理的要领如下。

1. 运行 ERP 系统后，管理者的时间观念首先要改变

因为这是一个共享的信息化平台，任何一个动作都会影响到这个数据库，任何一个失误的操作都会对生产产生致命的打击，如计算机输单员输单的准确率、输单的及时性、仓库管理员对手上单据的及时传递、任何移库的动作及时反馈到系统等。其实，仓库的各种基础数据是 ERP 系统数据库非常重要的组成部分。ERP 基础数据库主要包括三部分：其一是仓库的基础数据，其二是工程的 BOM 表，其三是各种计划参数、采购参数的设置等。从这一点可知仓库基础数据的重要性。这就要求操作人员的计算机输入速度要快，准确率要高，同时要养成良好的工作习惯，及时处理完各种单据，保证当日的单据当日处理完毕，不能留着单据过夜。做不到这一点，很难保证系统数据的准确。输单员同时必须严格根据流程来操作，保证任何一个动作都清楚、明白，更不能根据个人意志随意来调整库存（INVA）/修改发料需求（PICK-BOM）或随意建立库位（LMMT）。输单员还要养成事后检查的习惯，经常去分析发料差异，发现可疑的数据及时处理并更正。所以说，输单员的素质很关键。还有一些影响系统数据的其他因素，如物料编码的规范性和单一性，物料编码尽量用数字进行组合，含义要简单明了，具有扩张性。要绝对避免一物多码和重复编码的情况，否则就会产生错误的物料需求。

2. 仓库管理员要主动配合 ERP 信息平台

应用 ERP 系统后，仓库管理员要完全抛掉做手工账这一方法，必须去适应用系统做账的思维习惯，这对他们来讲既是一种解放，也是一种提高业务水平的动力源。丢掉手工账后，仓库管理员记录的工作量减小了，他们有更多的时间去整理物料，去处理手中的单据。完全依赖系统做账的工作模式对他们来说是一种全新的体验，然而，这种工作过程也是相辅相成的，只有系统数据准确无误，仓库管理员才能完全信赖系统，才会给他们的工作带来较大的帮助；仓库管理员只有细心认真的工作才能保证系统数据的准确。他们必须熟悉和深刻地体会仓库管理的要领。他们必须和计算机输单员一样，认识到单据及时传递的重要性，单据千万不要积压和丢失，并按照规范的要求填写等。

3. 仓库管理员必须对所管物料的数据非常敏感，保证账物相符

保证库存物料的账物相符和库位相符，与一名物料管理员的管理水平、工作态度等是分不开的。从物料到仓、然后送检这一刻开始，他们必须保证其对库位的锁定，对位入库。当然，为了节省材料入库的等待时间，可以采取逆势思维，先将材料入到"0"库位，然后送检，如果不合格再退货。因为合格材料的概率肯定大于不合格的概率。仓库管理员的工作是一个外向型的工作，他除了要求内部领料员的配合外，更多的是要求合作供应商的大力支持，如送货单是否规范、物料编码和行号是否对应、材料包装是否定额统一等，为了改变这种现状，最好的办法是除了对自己进行培训外，还要对合作供应商进行培训，引导他们走向规范化。ERP系统运行后，之前一些好的方法和管理原则一定要坚持，这些都是保证这个信息化平台正常运行的有效基础，如实行仓库的封闭式管理，避免闲杂人员进入；为了保证材料储存不变质，一定要坚持按照先进先出来发料；为了避免材料的混淆，对发出的材料要求一次性出库等。

在现代企业管理中，人与人之间的沟通交流是非常重要的，但在企业建立信息化平台后，一名合格的管理者除了要提高人与人之间沟通交流的水平外，也要重视与企业的这个信息化平台的沟通交流，也就是所谓的"人机对话"。只有这样，管理层对这个信息平台的期望才能真正实现。

4.3 库存控制与库存管理模式

库存控制的目的是在满足顾客服务要求的前提下通过对企业的库存水平进行控制，尽可能降低库存水平、提高物流系统的效率，不断提高企业的竞争力。库存多，占用资金多，利息负担加重。但如果过分降低库存，则会加大短缺成本，造成货源短缺。如何控制好库存供应链是各个企业共同面临的任务。

4.3.1 库存控制的定义和作用

1. 库存控制的定义

库存控制也称库存管理，是指对制造业或服务业生产、经营全过程的各种物品、产成品以及其他资源进行管理和控制，使其储备保持在经济合理的水平上，是企业根据外界对库存的要求与订购的特点，预测、计划和执行一种库存的行为，并对这种行为进行控制。它的重点在于确定如何订货、订购多少、何时订货等问题。传统的观念认为仓库里的商品多，表明企业兴旺，现在则认为零库存是最好的库存管理。

当库存管理控制不当时会导致库存的不足或过剩，前者将会错过销货机会，失去销售额,甚至失去客户,商誉下降,后者会加大库存的持有成本。

2. 库存控制的作用

库存控制的作用主要体现在以下几个方面。

(1) 平滑生产要求

季节性需求模式的企业淡季库存过剩,旺季库存不足。这种库存被命名为季节性库存。加工新鲜水果、蔬菜的公司会涉及季节性库存,出售滑雪板、贺卡、羽绒服的商店也一样。

(2) 分离运作过程

过去的制造企业用库存做缓冲,为持续生产而持续运作,否则就会由于设备故障而陷于混乱,并导致部分业务的终止。缓冲使得在解决这种问题时,不必中断其他业务。同样,运用原材料库存的公司使生产过程和来自供应商的运送中断问题隔离出来,制成品库存割裂了销售过程和制造过程。但一些公司对库存缓冲进行进一步的研究发现,缓冲库存会占用资金和空间,可以通过外包加工和消除供应商不确定性来减少运作过程中对库存的需要。

(3) 阻止脱销

延迟送货和意外的需求增长都会导致缺货风险。发货延迟可能由于供应商缺货、气候、运货失误、质量问题等。持有安全库存能够降低缺货风险,安全库存是指为考虑需求和交付时间的时间差而持有的超过平均需求的库存。

(4) 避免价格上涨

由于市场的不确定性,未来的物价会发生上涨,为避免增加成本,公司会以超过平时正常水平的数量进行采购,这是为了获取价格折扣而储备多余商品。

(5) 利用订货周期

保存库存能够使公司以经济的批量采购和生产,无须为短期需求与购买或生产的平衡而花费太多时间和精力,这时会导致产生订货周期或定期订单,订货周期并不总是由经济批量所决定,在有些情况下,集中订货和固定时间订货更现实或更经济。

4.3.2 库存控制的目标

为了保证企业正常经营活动,库存是必要的,但库存的同时又占用了大量的资金。怎样既能保证经营活动的正常进行,又能使流动资金的占用达到最小,即在期望的顾客服务水平和相关的库存成本之间寻找平衡,是库存管理人员最关注的问题。若对库存不进行控制,可能既满足不了经营的需要,还会造成大量商品的积压,占用大量的库存资金。

库存管理涉及各个方面的管理,库存管理的目标就是防止超储和缺货,在企业现有资源约束下，以最合理的成本为用户提供满意的服务。而对任何一种商品的仓储来说，这两者之间往往是相互矛盾的，存在着"效益背反"现象，为了提高服务水平，需要保持相当多的库存以防需求的不确定性，这反过来又需要增加库存成本。最佳的库存管理就是平衡库存成本与库存收益的关系，从而确定一个合适的库存水平，使库存占用的资金带来的收益比投入其他领域的收益要高。

从成本核算的角度看，库存成本又是一个财务上的目标，它将随着经济和企业财务状况的变化而变化。例如，如果企业的流动资金紧缺，那么企业就可能需要对库存成本进行严格的控制。尽管企业库存会带来一系列的耗费，但也不能因此无条件地降低库存，在平衡库存成本与顾客服务水平时，应该注意的是顾客所期望的服务水平。

4.3.3 库存管理思想

根据对待库存物资的态度不同，可以将库存管理思想分成先进先出、后进先出以及零库存三种。

1．先进先出的库存管理思想

先进先出是在库存管理中经常使用的方法，当使用时，先入库的物品先出库，又称为吐故纳新法。这种管理思想的优点是，先入库的物品先使用，剩下的物品都是新的。反之，先入库的物品不先用，剩下的物品必定都是旧的，这就有可能发生变质或贬值。例如，某些饮料、酒在仓储中，会离析出纤细絮状的物质而出现浑浊沉淀的现象，引起商品的质量变化。其不足表现在，库存商品质量没有变化，而库存增加，忽视了库存管理的根本任务。

2．后进先出的库存管理思想

为了避免在采用先进先出管理思想时，忽视对库存数量管理的现象，可以采用后进先出法。这是一种新型管理方法，强制后入库的物品必须先发放，剩下的物品都是旧的。这就会促使有关人员设法改进工作，从而实现采用这种方法的目的。例如，当库存中旧物品增多时，管理人员就要倾听各方面意见，研究怎样改进工作，从而制定出调整库存量的好办法。这时，可以根据剩余量的具体情况，在做到物品不变质的同时，积极提出入库的适宜时间，或者提出调整库存量的意见。后进先出管理思想的优点是：可以督促相关人员随时跟踪库存情况，杜绝呆滞物品存在。所以，这种方式开始受到库存管理人员的普遍重视。

3．零库存管理思想

零库存的提出可以解决库存管理中的部分浪费现象，零库存是一种特殊的库存概念，其含义是以仓库储存形式存在的某种或某些种类物品的储存数量为"零"，即不保持库存。不以库存形式存在就可以免去仓库存货的一系列问题，如仓库建设、管理费用、存货维护、保管、装卸搬运等费用、存货占用流动资金及库存物的老化、损失、变质等问题。库存管理是企业管理系统四大流中的物流部分，库存管理对物品进、存、出进行台账管理，也就是管理各物品供应和需求的关系，达到供需间的平衡，又要尽量压低物品的库存量，因为它会占用（积压）企业宝贵的流动资金。

4.3.4 电子商务下企业的"零库存"管理

所谓电子商务就是"企业运营与客户、供应商、合作伙伴的电子连接"的网络，为买方和卖方提供快速寻找机会、快速匹配业务和快速交易的网上交易平台。通过这一平台供需双方能够快速建立联系，从而使订购和销售能够快速履行。而且，加入的商家越多，信息沟通越有效。因此，当把采购方与供应方的生产系统、财务系统、供应链系统及客户关系管理系统等支撑生产运营的系统连接起来，使来自生产的信息进入采购系统，来自销售的信息进入生产计划时，才能体现电子商务的优越性。通过电子商务网络系统可将供应方、采购方的生产运营系统连接起来，从而实现自动采购、自动订单履行和自动信息交换。所以，电子商务环境下的库存管理通过网络把企业的供应商、客户和企业本身有效地连成一个整体，打破了个人和厂商固有的边界，以最快的速度将全世界的库存集中起来供企业使用，而且所有工作都在网上进行，既可以有效加速物资和资金的流动，又能实现"零库存"。

电子商务环境下"零库存"管理的方法主要有以下几种。

1. 配送方式

配送方式是根据电子商务的特点，对整个物流配送体系实行统一的信息管理和调度，按照采购方订货要求，在物流基地进行理货工作，并将配好的货物送交采购方的一种物流方式。这一先进的、优化的流通方式可以有效地降低企业物流成本、优化库存配置，保证及时供应，从而使企业实现"零库存"。配送方式作为现代物流的一种有效的组织方式，代表了现代市场营销的主流方向，是网络经济时代最有发展潜力和经济效益的物资供应体系。因此根据生产的需要，对有些物资实行了配送制，按照生产单位的实际需要，将物资直接送到第一生产现场，实行采购、发料一体化，大大节约了物资的储存、运送成本，并且使生产急需物资进一步靠近现场，保证了稳定、高效的生产。

2. 委托保管方式

通过一定的程序，将企业所属物资交由专门的公司保管，而由企业向受托方支付一定的代管费用，从而使企业不再持有库存，从而实现"零库存"。这种"零库存"形式的优势在于：受托方利用其专业的优势，可以实现较高水平和较低费用的库存管理，企业不再设库，同时省去了仓库及库存管理的大量事务，集中力量于生产经营。但这种"零库存"方式主要是靠库存转移实现的,并不能使库存总量降低。这主要适用于需要专业保管的物资。日本宫山售药及我国天津通信广播器材公司就是采用这种方式实现零库存的。

3．协作分包方式

它主要是制造企业的一种产业结构形式,这种结构形式可以以若干分包企业的柔性生产准时供应,使主企业的供应库存为零;同时主企业的集中销售库存使若干分包劳务及销售企业的销售库存为零。

在许多发达国家,制造企业都是以一家规模很大的主企业和数以千百计的小型分包企业组成一个金字塔形结构。主企业主要负责产品装配和开拓市场的指导,分包企业各自分包劳务、分包零部件制造、分包供应和分包销售。如分包零部件制造的企业,可采取各种生产形式和库存调节形式,以保证按主企业的生产速率,按指定时间送货到主企业,从而使主企业不再设一级库存,达到零库存的目的。主企业的产品(如家用电器、汽车等)也分包给若干推销人或商店销售,可通过配额、随时供给等形式,以主企业集中的产品库存满足各分包者的销售,使分包者实现零库存。

4．轮动方式

轮动方式也称同步方式,是在对系统进行周密设计的前提下,使各个环节速率完全协调,从而根本取消甚至是工位之间暂时停滞的一种零库存、零储备形式。这种方式是在传送带式生产基础上,进行更大规模延伸形成的一种使生产与材料供应同步进行,通过传送系统供应从而实现零库存的形式。

5．准时供应系统

在生产工位之间或在供应与生产之间完全做到轮动,这不仅是一件难度很大的系统工程,而且需要很大的投资,同时,有一些产业也不适合采用轮动方式。因而,广泛采用此轮动方式有更多灵活性的、较容易实现的准时方式。准时方式不是采用类似传送带的轮动系统,而是依靠有效的衔接和计划达到工位之间、供应与生产之间的协调,从而实现零库存。如果说轮动方式主要靠"硬件",那么准时供应系统则在很大程度上依靠"软件"。

6．看板方式

看板方式是准时方式中一种简单有效的方式,也称"传票卡"制度或"卡片"制度,是日本丰田公司首先采用的。在企业的各工序之间,或在企业之间,或在生产企业与供应者之间,采用固定格式的卡片为凭证,由某一环节根据自己的节奏,逆生产流程方向,向上一环节指定供应,从而协调关系,做到准时同步。采用看板方式,有可能使供应库存实现零库存。

7．水龙头方式

该方式是一种像拧开自来水管的水龙头就可以取水,而无须自己保有库存的零库存形式。由日本索尼公司首先采用。这种方式经过一定时间的演进,已发展成即时供应制度,用户可以随时提出购入要求,采取需要多少就购入多少的方式,供货者以自己的库存和有效供应系统承担即时供应的责任,从而使用户实现零库存。适于这种供应形式实现零库存的物资,主要是工具及标准件。

8. 无库存储备

国家战略储备的物资,往往是重要物资,战略储备在关键时刻可以发挥巨大作用,所以几乎所有国家都要有各种名义的战略储备。由于战略储备的重要,一般这种储备都保存在条件良好的仓库中,以防止其损失,延长其保存年限。因而,实现零库存几乎是不可想象的事。无库存的储备,是仍然保持储备,但不采取库存形式,以此达到零库存。有些国家将不易损失的铝这种战略物资做成隔音墙、路障等储备起来,以备万一。在仓库中不再保有库存就是一例。

总之,"零库存"是综合管理实力的体现。在物流方面要求有充分的时空观念,以严密的计划、科学的采购,达到生产资料的最佳衔接;要求资金高效率运转,原材料、生产成本在标准时间内发挥较好的作用与效益,达到库存最少的目的。要做到"零库存",就得重视市场,把市场需求摸得滚瓜烂熟。要以销定产、以产定购,做到产得出、销得掉,发运及时。任何企业都须明白"市场是产品的最后归宿",仓库不过是产品的休息室,只有产品投向市场的快捷反应,才会顺利跨出生产至销售的惊人一跳,达到"零库存"的目标。

4.3.5 库存管理模式

有效的库存管理模式应该是既能保证供给、满足市场需求,又可以减少采购次数及管理费用,这无疑是企业管理者们共同期盼的目标。这里介绍几种有效的库存模式。

1. 定期库存管理模式

定期库存管理模式,又称为订货间隔期法。它是一种以固定检查和订货周期为基础的库存控制法。它是基于时间的订货控制方法,它的基本原理是:预先确定一个订货周期和最高库存量,周期性地检查库存,根据最高库存量、实际库存和在途订货量,计算出每次订货批量,发出订货指令,组织订货。其订购量计算公式为:

$$订购量=平均每日需用量×(订购时间+订购间隔期)+保险储备定额-实际库存量-在途订货量$$

这种控制方式可以省去许多库存检查工作,在规定订货的时候检查库存,简化了工作。其缺点是如果某时期需求量突然增大,则会发生缺货。所以,这种方式主要用于重要性较低的物资。

2．ABC 重点管理模式

一般来说，企业的库存物资种类繁多，而各个品种的价格又有所不同，且库存数量也不等。有的物资品种不多但价值很大，很多物资品种数量多但价值却不高。由于企业的资源有限，因此，对所有库存品种均给予相同程度的重视和管理不太可能，也有些脱离实际。为了使有限的时间、资金、人力、物力等企业资源能得到更有效的利用，要对库存物资进行分类，根据关键的少数和次要的多数的原理，按物资重要程度的不同，分别进行不同的管理，这就是 ABC 库存管理法的基本思想。

ABC 分类管理的基本原理：将库存物品按品种和占用资金的多少分为特别重要的库存 A 类、一般重要的库存 B 类和不重要的库存 C 类，其核心是"抓住重点，分清主次"。一般来说，A 类物资种类占全部库存物资种类总数的 10%左右，而其需求量却占全部物资总需求量的 70%左右；B 类物资种类占 20%左右，其需求量为总需求量的 20%左右；C 类物资种类占 70%左右，而需求量只占总需求量的 10%左右。

ABC 三类物资重要程度各不同，其中 A 类物资最重要，是主要矛盾；B 类物资次之；C 类物资再次之。这就为物资库存管理工作抓住重点、照顾一般提供了数量上的依据，针对各种类物资分别进行控制。对 A 类物资要重点、严格控制。对 A 类物资的采购订货，必须尽量缩短供应间隔时间，选择最优的订购批量，在库存控制中，采取重点措施加强控制。对 B 类物资也应引起重视，适当控制。在采购中，其订货数量可适当照顾，与供应企业确定合理的生产批量以及选择合理的运输方式。对 C 类物资放宽控制或一般控制。由于品种繁多，资金占用又小，如果订货次数过于频繁，不仅工作量大，而且从经济效果上也没有必要。一般来说，根据供应条件，规定该物资的最大储备量和最小储备量，当储备量降低到最小时，一次订货到最大储备量，以后订购照此办理，不必重新计算。这样就有利于采购部门和仓库部门集中精力抓好 A 类和 B 类物资的采购和控制。但这不是绝对的，若对 C 类物资放任不管，有时也会造成严重损失。

实行 ABC 重点控制模式的好处是可以对物资控制做到重点与一般相结合，有利于建立正常的物资秩序，降低库存，节约仓库管理费用，加速资金周转，提高经济效益。同时，这种方法简便运用，易于推广，有利于简化控制工作。因此，这种库存管理方法往往并不是单独使用，而是作为进行库存管理时首先要做的一件事，将物品分类，再针对不同的类别选取不同的库存控制模式。

3．CVA 库存管理法

CVA 库存管理法又称关键因素分析法，CVA 库存管理法比 ABC 库存管理有更强的目的性。在使用中，不要确定太多的高优级物品，因为太多的高优级物品，结果是哪种物品都得不到重视。在实际工作中可以把两种方法结合起来使用，结果会更好。

表 4-5 为按 CVA 库存管理法所划分的库存种类及其管理策略。

表 4-5 CVA 库存管理法库存品种及其管理策略

库存类型	特点	措施
最高优先级	经营管理中的关键物品或 A 类重点客户的存货	不允许缺货
较高优先级	生产经营中的基础性物品或 B 类客户的存货	允许偶尔缺货
中等优先级	生产经营中比较重要的物品或 C 类客户的存货	允许合理范围内缺货
较低优先级	生产经营中需要，但可替代的物品	

4. 经济订货批量控制模式

最优的库存控制应该是既能满足生产需要，保证生产正常进行，又最经济。经济订货批量（EOQ）即总库存成本最小时的每次订货数量。通常，年总库存成本的计算公式为

年总库存成本 = 年采购成本 + 年订货成本 + 年保管成本 + 缺货成本

假设不允许缺货的条件下，年总库存成本 = 年采购成本 + 年订货成本 + 年保管成本

即
$$TC = DP + \frac{DC}{Q} + \frac{QH}{2}$$

式中，TC：年总库存成本；D：年需求总量；P：单位商品的购置成本；C：每次订货成本，元/次；H：单位商品年保管成本，元/年（$H = PF$，F 为年仓储保管费用率）；Q：批量或订货量。

经济订货批量就是使库存总成本达到最低的订货数量，它是通过平衡订货成本和保管成本两方面得到。其计算公式为

$$经济订货批量\ EOQ = \sqrt{\frac{2CD}{H}} = \sqrt{\frac{2CD}{PF}}$$

此时的最低年总库存成本 $TC = DP + H(EOQ)$

$$年订货次数\ N = \frac{D}{EOQ} = \sqrt{\frac{DH}{2C}}$$

平均订货间隔周期 $T = 360/N = 360EOQ/D$

例如，某公司某商品年需求量为 2 000 单位，单位商品的购买价格为 60 元，每次订货成本为 270 元，单位商品的年保管费为商品价格的 20%，求该商品的经济订购批量。

解：经济批量 $EOQ = \sqrt{2 \times 270 \times \dfrac{2\,000}{60 \times 20\%}} = 300$（单位）

5. 定量订货管理模式

所谓定量订货法是指当库存量下降到预定的最低库存量（订货点）时，按规定数量（一般以经济批量为标准）进行订货补充的一种库存控制方法。实施定量订购法主

要靠控制两个参数：一个是订货点，即订货点库存量；另一个是订货批次的数量，即经济批量 EOQ。

订货批次的数量，即经济批量 EOQ 的确定，可以按上一个问题的方法确定，这里重点介绍订货点的确定。

通常订货点的确定主要取决于需要量、订货提前期和安全库存这三个因素。在需要量固定均匀、订货提前期不变的情况下，订货点的计算公式为

订货点=平均每天需要量×订货提前期+安全库存

安全库存=（预计每天耗用量-每天正常耗用量）×订货提前期

6．MRP 与 JIT 模式

定量订货模式和定期订货模式等都是适用于具有独立性质的物资；而当物资的需求具有相关性时，最适用的方式就是 MRP（包括 MRPII、ERP 等系列模式）以及 JIT 模式等。这些模式本来是制定生产计划用的，应用到库存管理中，也就成了一种库存管理模式。

本章小结

采购、仓储和库存是物流成本控制的极其重要的环节，本章主要内容是电子商务采购、仓储管理和库存控制三部分。本章介绍了电子商务采购的内涵及在供应链中的价值，并将之与传统采购进行比较，以期能对电子商务采购有较全面的认识，在此基础上简要介绍电子商务采购平台的功能及实现。介绍了仓储管理的内容、模式及其主要作业管理和电子商务下仓储管理的要领，阐述了电子商务环境下零库存管理的思想及库存管理的模式。

电子商务采购是指通过建立电子商务交易平台，发布采购信息，或主动在网上寻找供应商、寻找产品，然后通过网上洽谈、比价、网上竞价实现网上订货，甚至网上支付货款，最后通过网下的物流过程进行货物的配送，完成整个交易过程。在供应链中起着至关重要的作用，与传统采购相比具有不可比拟的优势，其平台与功能及实现需要相关技术的配备。

仓储管理要遵循保证质量、注重效率、确保安全和讲求效益的原则。内容包括仓库的选址与建设、仓库机械作业的选择与配置、仓库作业组织和流程、仓库管理技术的应用、仓库的作业管理及仓库成本控制等。按仓储活动的运作方可分为自建仓库仓储、租赁仓库仓储及第三方仓储模式；按仓储功能可分为储存仓储、物流中心仓储、配送仓储和运输转换仓储；按仓储物的处理方式可分为保管式仓储、加工式仓储和消费式仓储三种模式。仓储作业管理需要按有关规则进行具体的工作，电子商务下的仓储管理要求管理人员及时改变观念、主动配合信息平台并做到账物相符。

库存控制是企业根据外界对库存的要求与订购的特点，预测、计划和执行的一种库存的行为，并对这种行为进行控制。根据对待库存物资的态度不同，可以将库存管理分成先进先出、后进先出以及零库存三种基本方式。库存管理模式主要包括定期库存管理模式、ABC 重点管理模式、CVA 库存管理法、经济订货批量（EOQ）控制模式、定量订货管理模式和 MRP 与 JIT 模式。

 思考题

1. 什么是电子商务采购？
2. 电子商务采购与传统采购的区别是什么？
3. 试述仓储管理的主要内容。
4. 简述电子商务环境下仓储管理的重点。
5. 简述零库存管理思想。
6. 说出几种常见的库存管理模式原理。

 **案例分析**

案例 4-1　海尔建立仓储管理系统

海尔集团创立于 1984 年，20 多年来持续稳定发展，已成为在海内外享有较高美誉的大型国际化企业集团。为应对网络经济和我国加入 WTO 的挑战，海尔从 1998 年开始实施以市场链为纽带的业务流程再造，以订单信息流为中心带动物流、资金流的运动，加快了与用户零距离、产品零库存和零营运成本"三个零"目标的实现。业务流程再造使海尔在整合内外部资源的基础上创造新的资源。目前，海尔物流、商流、制造系统等都已在全球范围内开始社会化运作。海尔集团坚持全面实施国际化战略，已建立起一个具有国际竞争力的全球设计网络、制造网络、营销与服务网络。为了使仓储管理信息化，海尔通过合作，建立了以无线通信网络为基础的仓储管理系统，在解决仓储管理操作人员的流动性问题的同时，实现了数据的实时采集和传输。在海尔仓储信息管理系统的组建中成功地应用了 RF-WMS 无线条码应用系统。

系统简介：无线实时仓储管理系统是以商品条码技术为核心线索，应用无线网络通信技术和无线手持计算机终端，结合 C/S 和 B/S 体系结构，建立自动化实时仓储管理系统。

1. RF 系统的建立基础针对系统需求

从技术角度而言，系统的建立考虑以下条件。

（1）ERP/MRPII/MIS 系统的建立与完善。建立无线商品数据管理系统的基础：有一个运行良好的后台管理系统做支持,在此基础上才能发挥无线系统的高效作用。

（2）实时数据采集。由于人员操作的流动性及采集数据处理的非延时性(实时性)的要求(采集上来的数据,需要实时提供给其他作业部门操作),系统设计必须采用无线网络通信技术和移动无线手持终端。

（3）货品条码。货品条码是货品的唯一标识,现代商业管理(包括工业仓储管理系统)的基础是商品/货品的条码化。

（4）货位规范化。自动化的仓储管理必须借助条码技术建立货位管理规范化。

2. 基于仓储管理的 RF 无线管理系统

RF 无线仓储管理系统大幅提高了仓储运作与管理的工作效率,大幅度减少了现有模式中查找货位信息的时间(经检测可以缩短 2/3 左右),提高了查询和盘点精度(精确度可达 99.95%以上),大大加快出、入库单的流转速度,增强了处理能力。同时系统的实现还减少了人力资源浪费,由于采用了人力资源动态综合分配,经统计可以减少 20%左右,最重要的是提高了人员的利用率,减少了不必要的耗费。因此,仓储管理信息系统可以满足现代物流管理模式下仓储管理系统的需求。

3. RF 无线管理系统应用的特点

（1）手持终端不需要网络连接线。

（2）灵活的移动和结构。

（3）能在任何时间、任何地点操作和检索资料。

（4）实时性资料收集和传输提高工作效率。

（5）方便的管理模式,准确快捷的信息交流。

（6）用高科技的管理方式,提高企业形象。

（7）友好的中文交互式界面。

4. 应用效果

（1）由于整个过程使用了 RF 条码无线实时双向通信技术,使得操作变得简单容易。

（2）单个管理流程没有手工和纸张单据。

（3）一个步骤通过主系统紧紧相连,每一项新任务都是主系统接受到上一任务完成指令后的下达。

（4）RF 条码技术的应用是仓储物流系统真正与 ERP 系统的完美结合。

资料来源：RFID 商务网 http://www.99rfid.com/AnLi/NewsList.Asp?DonforType=administrator20078239125。

讨论题：

1. 试讨论海尔仓储管理系统的先进性。
2. 我国仓储管理过程中有哪些不足？

案例4-2 沃尔玛的全球采购策略

沃尔玛（Wal-Mart）公司是全世界零售业销售收入位居第一的巨头企业，素以精确掌握市场、快速传递商品信息和最好地满足客户需求著称，是著名的"全球500强排行"的冠军。早在20世纪80年代末，就有人质疑巨无霸的沃尔玛是否能够继续增长。但是，接下来的10年，沃尔玛每年都实现两位数的营业额增长，年均增长的绝对数在250亿美元以上。2004年，沃尔玛全球销售达到2852亿美元。其中在中国的销售额达76.4亿元，中国已成为沃尔玛全球的重要采购基地之一。

1. 沃尔玛发展全球采购网络

1）沃尔玛的全球采购

在沃尔玛，全球采购是指某个国家的沃尔玛店铺通过全球采购网络从其他国家的供应商进口商品，而从该国供应商进货则由该国沃尔玛公司的采购部门负责采购。

（1）全球采购网络的地理布局。沃尔玛结合零售业务的特点以及世界制造业和全球采购的总体变化趋势，在全球采购网络的组织上采取以地理布局为主的形式。四大区域中，大中华及北亚区的采购量最大，占全部采购量的70%多，其中中国分公司又是采购量第一的国别分公司，因此，沃尔玛全球采购网络的总部就设在中国的深圳。

（2）全球采购总部。全球采购总部是沃尔玛全球采购网络的核心，也是沃尔玛的全球采购最高机构。在这个全球采购总部里，除了四个直接领导采购业务的区域副总裁要向总裁汇报情况以外，总裁还领导着支持性和参谋性的总部职能部门。沃尔玛在深圳设立全球采购总部，不仅能在这里采购到质量、包装、价格等方面均具有竞争力的优质产品，更重要的是，深圳顺畅、便捷的物流系统及发达的海陆空立体运输网络，特别是华南地区连接世界市场的枢纽港地位，将为沃尔玛的全球采购赢得更多的时间，提供更多的便捷。

2）沃尔玛全球采购网络的职责

沃尔玛的全球采购网络相当于一个"部服务公司"，为沃尔玛在各个零售市场上的店铺买家服务。

（1）商品采集和物流。全球采购网络要尽可能地在全球搜索到最好的供应商和最适当的商品——沃尔玛的全球采购网络实际上担当了商品采集和物流的工作，对店铺买家来说，他们只有一个供应商，向买家推荐新商品。对于新产品，沃尔玛没有现成的供应商，它通过全球采购网络的业务人员参加展会、介绍等途径找到新的供应商和产品。店铺买家会到全球采购网络推荐的供应商那里和他们直接谈判以及购买。

（2）帮助其他国家的沃尔玛店铺采集货品。沃尔玛的全球采购为全世界各个国家的沃尔玛店铺采集货物。而不同国家之间的贸易政策往往不一样，这些差别随时都需要加以跟踪，并在采购政策上做出相应的调整。

（3）调查、比较厂商和产品。沃尔玛的全球采购中心同时还对供应商的注册资金、生产能力等进行查证，对产品的价格和质量进行比较。对满意的厂商和产品，他们就会安排买家来直接和供应商进行谈判。

2. 沃尔玛的全球采购流程

采购是一个比较复杂的过程，为了提高采购活动的科学性、合理性和有效性，就必须建立和完善系统的采购流程，从而保证采购活动的顺畅进行。下面从宏观和微观方面说明沃尔玛的采购流程。

（1）宏观方面

全球采购办公室是沃尔玛进行全球采购的负责组织。但是这个全球采购办公室并没有采购任何东西。在沃尔玛的全球采购流程中，其作用就是在沃尔玛的全球店铺买家和全球供应商之间架起买卖之间的桥梁。因此，沃尔玛的全球采购活动都必须以其采购的政策、网络为基础，并严格遵循其采购程序。在全世界商品质量相对稳定的情况下，只有紧密有序的采购程序才能保证沃尔玛采购足够量的货物。

（2）微观方面

沃尔玛的商品采购是为保证销售需要，通过等价交换取得商品资源的一系列活动过程，包括以下环节：

① 筛选供应商。沃尔玛在采购中对供应商有严格的要求，不仅在提供商品的规格、质量等方面，还对供应商工厂内部的管理有严格要求。

② 收集产品信息及报价单。通过电子确认系统（EDI），向全世界4 000多家供应商发送采购订单及收集产品信息和报价单，并向全球2 000多家商场供货。

③ 决定采购的货品。沃尔玛有一个专门的采办会负责采购。经过简单的分类后，该小组会用E-mail的方式和沃尔玛全球主要店面的买手们沟通，这个过程比较长。在世界各大区买手来到中国前（一般一年两到三次），采办会的员工会准备好样品，样品上标明价格和规格，但绝不会出现厂家的名字，由买手决定货品的购买。

④ 与供应商谈判。买手决定了购买的产品后，买手和采办人员对被看上的产品进行价格方面的内部讨论，定下大致的采购数量和价格，再由采办人员同厂家进行细节和价格方面的谈判。谈判采取地点统一化和内容标准化的措施。

⑤ 审核并给予答复。沃尔玛要求供应商集齐所有的产品文献，包括产品目录、价格清单等，选择好样品提交。并会在审核后的90天内给予答复。

⑥ 跟踪检查。在谈判结束后，沃尔玛会随时检查供应商的状况，如果供应商达不到沃尔玛的要求，则根据合同，沃尔玛有权解除双方的合作。

3. 沃尔玛全球采购政策

沃尔玛的全球采购中心总部中有一个部门专门负责检测国际贸易领域和全球供应商的新变化对其全球采购的影响，并据以指定和调整公司的全球采购政策。沃尔玛的采购政策大致可以分为以下三方面。

（1）不要买得太多

沃尔玛提出，减少单品的采购数量，能够方便管理，更主要的是可以节省营运成本。沃尔玛的通信卫星、GPS 以及高效的物流系统使得它可以以最快的速度更新其库存，真正做到零库存管理，也使"永远不要买得太多"的策略得到有力的保证。

（2）价廉物美

"沃尔玛采购的第一个要求是价廉物美"。在沃尔玛看来，供应商都应该弄清楚自己的产品跟其他同类产品有什么区别，以及自己的产品中究竟哪个是最好的。供应商最好尽可能生产出一种商品专门提供给沃尔玛。沃尔玛最希望以会员价给顾客提供尽可能多的在其他地方买不到的产品。

（3）突出商品采购的重点

沃尔玛一直积极地在全球寻找最畅销的、新颖有创意的、令人动心并能创造"价值"的商品。造成一种令人高兴、动心的购物效果，从而吸引更多的顾客。

沃尔玛的商品采购的价格决策和品项政策密不可分，它以全面压价的方式从供应商那里争取利润以实现天天低价。沃尔玛还跟供应商建立起直接的伙伴关系以排斥中间商，直接向制造商订货，消除中间商的佣金，在保证商品质量的同时实现利润最大化。

4. 沃尔玛全球供应商的选择

优秀的供应商是零售企业的重要资源，它对零售企业的成长具有重大影响。对沃尔玛来说，选择了合适的供应商，才有可能采购到合格的商品，因此，在全球采购战略中，沃尔玛挑选供应商的条件和标准都是一样的。

沃尔玛对全球供应商的选择条件是非常严格的，要成为它的供应商，必须满足以下条件。

- 所提供的商品必须质量优良，符合国家以及各地方政府的各项标准和要求。
- 所提供的商品价格必须是市场最低价。
- 文化认同：尊重个人、服务客户、追求完美、城市增值。
- 首次洽谈或新品必须带样品。
- 有销售记录的增值税发票复印件。
- 能够满足大批订单的需求。在接到沃尔玛订单后，如有供应短缺的问题，应立即通知。连续三次不能满足沃尔玛订单将取消与该供应商的合作关系。
- 供应商应提供以下的折扣：A、年度佣金：商品销售总额的 1.5%；B、仓库佣金：商品销售总额的 15%～3%；C、新店赞助费：新店开张时首单商品免费赞助；D、新品进场费：新品进场首单免费。
- 供应商不得向采购人员提供任何形式的馈赠，如有发现，将做严肃处理。

▶ 沃尔玛鼓励供应商采取电子化手段与其联系。

沃尔玛在确定资源需求方面看重的是供应商提供的商品的质量以及价格,必须符合高品质的要求,又要求最低价格,以此来实现其天天低价。

资料来源:百度文库 http://wenku.baidu.com/view/af6c7631ee06eff9aef807b5.html。

讨论题:
1. 谈谈电子采购与传统采购的区别。
2. 探讨沃尔玛全球采购的优势及流程。

实际操作训练

实训项目 4-1　企业的采购方法及采购流程调研

(1) 实训目的:通过实训,了解企业的采购方法及采购流程。

(2) 实训内容:对当地大中型零售企业的采购方法及采购流程进行调研,了解企业采购过程中存在的问题,提出提高企业采购效率和降低企业采购成本的对策。

(3) 实训要求:将参加实训的学生进行分组,在教师指导下进行调研,完成实训报告。

实训项目 4-2　网上商城物流中心仓储管理调研

(1) 实训目的:通过本次项目的实训,使学生进一步熟悉仓储管理中货物堆码的原则与要求,并结合具体行业的仓储业务以及具体货物的堆码作业,了解现实作业中几种常见的堆码垛形及其适用条件,实现理论知识与企业应用实际的有机结合。

(2) 实训内容:参观企业仓库露天货场中货物的堆码和苫垫;参观企业仓库室内库房中货物的堆码。

(3) 实训要求:将参加实训的学生进行分组,在教师指导下进行调研,完成实训报告。

第5章 电子商务物流配送与配送中心

知识架构

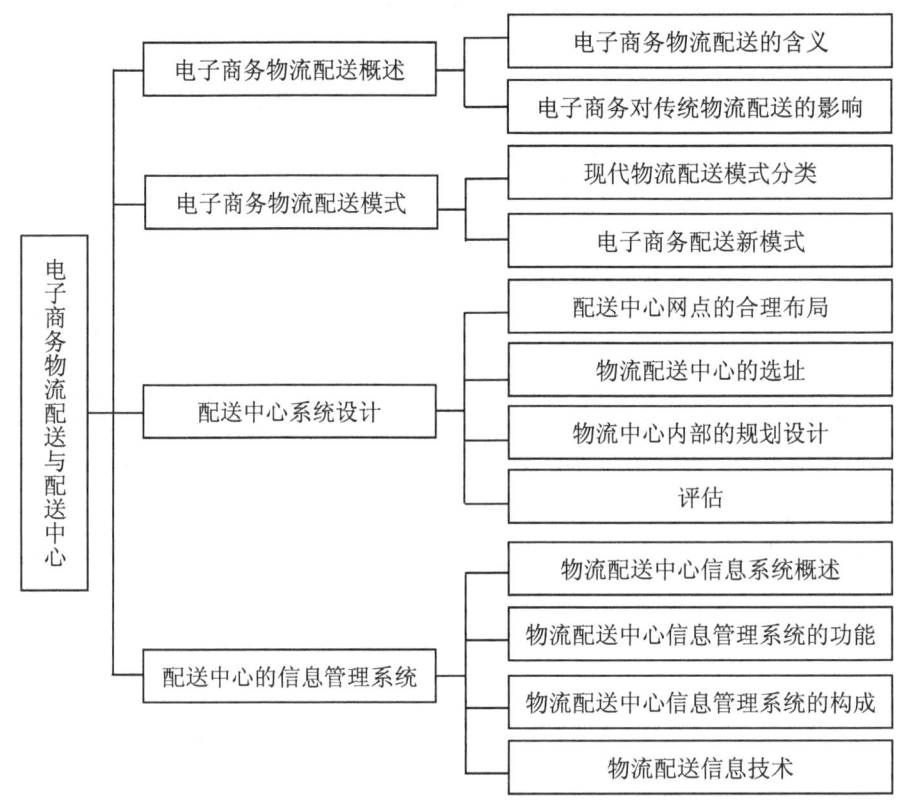

教学目标与要求

通过本章的学习,掌握物流配送与电子商务的关系,理解电子商务物流配送的特点；熟悉现代物流配送的模式，掌握电子商务物流配送的特点及模式；熟悉配送中心网点布局及选址原则，掌握物流配送中心的内部布局方法；熟悉配送中心的管理信息系统功能及构成，了解相关信息技术。

> **基本概念**
>
> 电子商务物流配送　配送模式　虚拟配送　配送中心　配送中心信息管理系统

 引导案例：7-11 的电子商务物流配送

日本著名的 7-11 连锁店，是一家电子商务购物站点。顾客在线订货，第二天早上就可以在最近处的店面取物和付款，充分体现了既降低成本又方便顾客的优点。7-11 连锁店在美国和加拿大有 6 000 多家店面，在美国，每天有 600 万人访问 7-11 的网站，为网上购物的商品配送发挥了无与伦比的作用。

从 2006 年开始，7-11 公司就在得克萨斯州奥斯汀市的 35 家商店测试 V.com 终端。2007 年夏天，7-11 连锁店又与美国快递公司合作，联手推出一批 V.com 在线购物终端（日本公司称之为 Kiosk），顾客可以用这种设备兑现和支付个人支票，支付账单，申请和接收贷款，也可以购买体育门票、邮票、礼品及购物。这种 V.com 终端具有标准灯 ATM 机的所有功能，还可以访问 Web 网站。按 7-11 的设想，在不久的将来，顾客一大早就能从 V.com 订购日用杂货，并在当日从临近的店面取货。当顾客下班后取货时，还可以再买早上订货时遗漏的物品。

7-11 的目的是利用现有的资源降低销售成本，即利用现有的人员、设备和车辆进行网上购物，从电子商务方式中实现成本的大幅度降低。盖得副总裁认为，7-11 连锁店的最大优势在于公司分布广泛的物流管理网络，依此实现了向 7-11 的大部分商店当日送货。盖得先生认为，很多人不想在家里等着送货上门；对商家而言，如果顾客住的地方太远，住地不安全或不好找，送货到家的确也不见得是一种好办法。7-11 连锁店一直坚持着自己的想法和做法，现在还在继续扩大自己的物流网络，计划在一年多的时间内实现每天向全部 8 000 家商店至少送货一次。这样做的结果是，将使其当天购物、当天取货的地域覆盖美国和加拿大的绝大部分地区。

资料来源：闫平，彭卫华. 物流成本管理. 北京：中国商业出版社，2007，325～326

5.1　电子商务物流配送概述

电子商务的出现刺激了物流配送的发展，物流配送的发展进而又促进了电子商务的发展,两者是一种相互促进的辩证关系;同时,物流配送的滞后阻碍了电子商务的发展,但是,不管电子商务如何发展,物流配送的发展趋势都是不可遏制的。

5.1.1 电子商务物流配送的含义

电子商务物流配送是利用现代通信技术和计算机技术所进行的配送活动,或者是把现代信息技术应用于配送活动中。具体来讲,就是指配送企业采用网络化的计算机技术和现代化的硬件设备、软件系统及先进的管理手段,针对社会需求,严格地、守信用地按用户的订货要求,进行一系列分类、编配、整理、分工、配货等理货工作,定时、定点、定量地交给没有范围限度的各类用户,满足其对商品的需求。

5.1.2 电子商务对传统物流配送的影响

电子商务物流配送能使商品流通较传统的物流配送方式更容易实现信息化、自动化、现代化、社会化、智能化、合理化和简单化。电子商务环境下的物流配送,使货畅其流,物尽其用,既减少了生产企业库存、加速了资金周转、提高了物流效率、降低了物流成本,又刺激了社会需求,有利于整个社会的宏观调控,也提高了整个社会的经济效益,促进市场经济的健康发展。

1. 给传统的物流配送观念带来了深刻的变革

传统的物流配送企业需要置备大面积的仓库,而电子商务系统网络化的虚拟企业将散置在各地的、分属不同所有者的仓库通过网络系统连接起来,使之成为"虚拟仓库",进行统一管理和调配使用,服务半径和货物集散空间放大了。这样的企业在组织资源的速度、规模、效率和资源的合理配置方面都是传统的物流配送所不可比拟的,相应的物流观念也是全新的。

2. 网络对物流配送的实施控制代替了传统的物流配送管理程序

一个先进系统的使用,会给一个企业带来全新的管理方法。传统的物流配送过程是由多个业务流程组成的,受人为因素影响和时间影响很大。网络的应用可以实现整个过程的实时监控和实时决策。新型的物流配送业务流程都由网络系统连接,当系统的任何一个神经末端收到一个需求信息的时候,该系统都可以在极短的时间内做出反应,并可以拟订详细的配送计划,通知各环节开始工作。这一切工作都是由计算机根据人们事先设计好的程序自动完成的。

3. 网络缩短了物流配送的时间

物流配送的持续时间在网络环境下会大大缩短,对物流配送速度提出了更高的要求。在传统的物流配送管理中,由于信息交流的限制,完成一个配送过程的时间比较长，但这个时间随着网络系统的介入会变得越来越短，任何一个有关配送的信息和资源都会通过网络管理在几秒钟内传到有关环节。

4．网络系统的介入简化了物流配送过程

传统物流配送整个环节极为繁琐，在网络化的新型物流配送中心可以大大缩短这一过程，主要表现在如下几个方面。

（1）在网络支持下的成组技术可以在网络环境下更加高效地被使用，物流配送周期会缩短，其组织方式也会发生变化。

（2）计算机系统管理可以使整个物流配送管理过程变得简单和容易。

（3）网络上的营业推广可以使用户购物和交易过程变得更有效率、费用更低。

（4）可以提高物流配送企业的竞争力。随着物流配送业的普及和发展，行业竞争的范围和残酷性大大增加，信息的掌握、信息的有效传播和其易得性，使得用传统的方法获得超额利润的时间和数量会越来越少。由于网络的出现，信息不对称所带来的盈利机会越来越少，任何投机取巧的机会都会在信息共享的条件下化为乌有，只有具有真正的创新和实力才能获得超额利润。

（5）网络的介入，使人们的潜能得到了充分的发挥，自我实现的需求成为多数员工的工作动力。

在传统的物流配送企业中，大量的人从事简单的重复劳动，人是机器、数字和报表的奴隶，劳动的辛苦是普遍存在的。在网络化管理的新型物流配送企业，这些机械的工作都会交给计算机和网络，而留给人们的是能够给人以激励、挑战的工作。人类的自我实现的需求得到了充分的满足。

5.2　电子商务物流配送模式

物流配送是物流系统的一个子系统，是直接面对用户提供配送服务的子系统。由于服务的对象不同，特别是电子商务下的定制化服务需求，使得物流配送系统的网络结构、配送模式和服务方式呈现多样化，正确地选择物流配送模式，对提高物流效率和经济有着重要的影响。

5.2.1　现代物流配送模式分类

1．按经营主体划分

（1）自营配送。这种配送模式是指企业根据自己的经营规模、企业的商品配送量、企业的经营策略以及业务网点等多种因素，在合适的地点自己建造一个或多个配送中心，依靠自己构建的网络体系开展物流配送业务，实现对企业内部及外部货物配送的模式。

自营配送模式的优点：企业围绕自己的销售直接管理和运作商品的配送业务，能最大限度地满足企业销售服务的要求，提供更灵活、更便捷的配送业务，服务质量和水平较高。

（2）外包配送。企业不建配送中心，而以签订合同的形式把企业的配送业务委托给专业化的第三方物流配送公司，并且与第三方物流配送公司形成长期合作的战略联盟，互赢互利。这样，对第三方物流配送公司的选择就显得十分重要，一旦选择能力差的物流配送公司，不但不能节省物流费用，反而使商品不能准时送达，形成脱销，对公司的信誉造成不良的影响。所以选择与配送业务广、现代化程度高、科技水平高、按照现代物流理念经营的专业化物流配送公司合作就显得特别重要。

在外包配送模式中，企业将自己的配送业务委托给第三方物流公司，相对来说企业对销售的整个流程的控制力就低一点。但是，这种集约式的作业方式显然是和现代化生产的专业化分工相呼应的，而且随着科技的不断进步和 GPS 等新的物流配送管理技术的发展，物流公司与企业的联系加强，协调更加紧密。现在全球的大型公司特别是跨国公司越来越倾向于把自己的物流配送业务外包，原因就在于此。外包式物流配送模式，如图 5-1 所示。

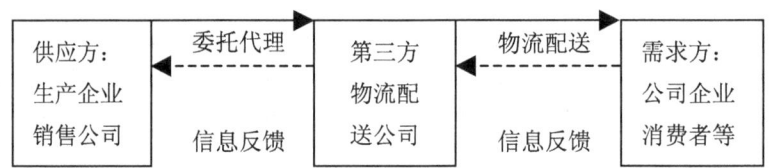

图 5-1　外包式配送模式

（3）共同配送。共同配送（joint distribution）又称协同配送，是指由多个企业联合组织实施的配送活动。国内大多相关专家认为，共同配送是指把过去按不同货主、不同商品分别进行的配送，改为集中运货的"货物及配送的集约化"，也就是把拟配送的货物都装入在同一条路线上运行的运输车辆里，用同一辆车为更多的客户运送货物，这是企业间为实现整体的配送合理化，以互惠互利为原则，互相提供便利的配送服务的协作型配送模式。

（4）混合配送。混合配送模式是指企业自身适当地建立小型配送系统，大范围的配送采用外包配送模式，小范围的配送采用自营配送模式。混合配送模式考虑自营配送与外包配送的优劣势，根据企业本身的特点，建立小范围的配送体系，如城市配送中心，而长距离的配送问题由专业的第三方配送公司承担，企业不用太大的投资就可以保证城市内恰当的商品供应，避免因脱销而影响企业的市场份额；同时，又控制着对客户配送的主动权，一旦市场情况变化，需要调整企业经营战略，配送就可以积极地配合销售过程。

2．按配送商品的种类及数量划分

按配送商品的种类及数量划分，如表 5-1 所示。

表 5-1　按配送商品的种类及数量划分

类　　别	描　　述	特　　点
少品种大批量配送	有些物资，单独一个品种或几个品种就可能凑成一个装卸单元，因而可以组成大批量配送	品种少、数量大，便于合理安排运输和计划管理，物流成本低，可收到规模效益
多品种小批量配送	现代社会用户的需求往往是差异很大的，导致需求的品种多、数量少，使配送工作呈现出多品种、小批量的状态	品种多、批量小，配送难度大，技术要求高，使用设备复杂，要求管理严格，计划周密且要有灵活性
配套型配送	是按照生产企业、建设单位的要求，将其所要的多种物品配备齐全后直接送去的配送方式	有利于生产企业或建设单位专心致力于生产，加速生产进度

3．按配送时间及数量划分

按配送时间及数量划分，如表 5-2 所示。

表 5-2　按配送时间及数量划分

类　　别	描　　述	特　　点
定时配送	与用户签订协议，在商定的时间内准时配送货物	方便安排工作计划和运输；用户方便安排接货人员和设备
定量配送	在一定的时间、范围内，按规定品种和数量对用户进行货物的配送	可以充分利用集装箱和车辆能力，提高作业效率，便于合理调度车辆；用户便于合理安排人力和物力
定时定量配送	按规定的时间、数量对用户进行配送	兼有定时和定量两种特点
即时配送	按用户提出的时间要求和供货品种、数量进行配送	灵活性大，组织能力和应变能力强，用户可以充分压缩库存，趋向零库存
定时定路线配送	按运行时间表，在规定的线路上进行配送	适用于消费者集中地区，同时为多用户配送，运输工具利用充分，方便送货和接货的安排

5.2.2　电子商务配送新模式

电子商务环境下，也存在前面提及的几种配送模式，随着科学技术的进步，可以在虚拟环境下建立虚拟配送中心，采用虚拟配送模式，又称越库配送模式。虚拟配送模式，就是商品到了虚拟配送中心仓库后不进库，直接在站台上，向需求客户进行配送，这样就使物流成本大大地降低了。但为了防止由于各种特殊情况而造成的运输车辆的滞后、延误，必须建立一个小型的配送中心或者在当地租借一个仓库，作为暂时库存的周转地。整个虚拟配送过程，如图5-2所示。

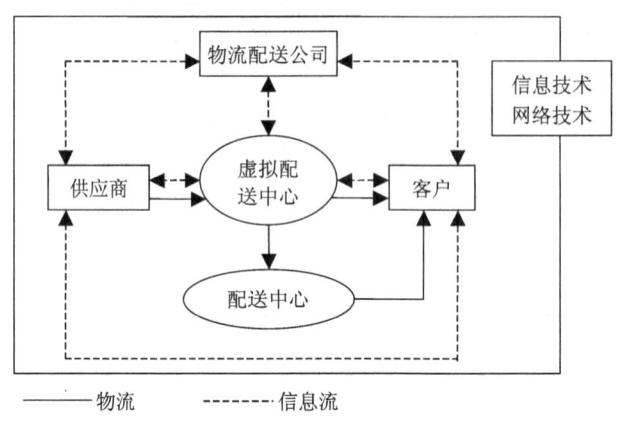

图 5-2　虚拟配送模式

虚拟配送模式的关键是整个配送系统的联系信息要实时、准确，各个环节的配合协调工作必须精准，这需要先进的计算机技术及网络技术的支持。具体来说，也就是供应方利用条形码技术给全部货物记上标志，按照计算机的优化配装策略进行装载，供应方、需求方及物流配送方（不管是自营或外包）都可以通过全球定位系统准确地知道货物所在地，并做好相应的准备工作。即使如远洋舰队这样大量运输的货物，一到目的地也不用进仓库，而是在码头上按照计算机的指令迅速进行分拣、配装，再运送到各个经销商手中。

虚拟物流配送中心利用计算机技术、网络技术、通信技术，以外界物流资源为依托进行物流代理业务，可以有也可以没有仓库、运输、包装等物流配送过程各个环节所需要的各种硬件设施，只要有发达的信息收集、加工、处理、监控网络系统，就可以通过信息网与供应商、需求商和第三方专业物流配送公司建立广泛联系。

虚拟物流配送模式可以提高物流配送资源的利用率，避免重复建设，实现低成本、高效率、优质量的配送服务。虚拟物流配送的主要优点是虚拟性、经济性、灵活性和高效率性；缺点是过分依赖网络技术及计算机技术，而这些系统又没有相应的紧急备用系统，一旦计算机系统或网络系统出现问题，那么整个物流配送系统甚至整个供应链管理系统就崩溃了。

阅读资料 5-1　虚拟配送中心与传统配送中心的区别

虚拟配送中心是以盟主企业为核心，通过若干物流企业联合起来执行配送任务的，每个企业执行配送作业的一个或几个环节,其目标就是最大限度的利用社会资源,以最低的成本、最快的速度把货物安全、准确地送到客户手中,并通过扩大服务网络覆盖地域范围和增加服务内容为客户提供"一站式"服务。

从传统配送中心的矩形组织结构向虚拟配送中心的网络化的组织结构的转换,反映了配送中心的"虚拟化"的过程。虚拟组织作为一种新型组织模式,由于其活性结点的网络联接结构、信息流驱动特征、协作创新机制,加之有效的运作管理,使其能更好地应对复杂、不确定、持续变化的环境,是信息时代组织的理想模式。虚拟配送中心与传统配送中心的区别在于:

(1)虚拟配送中心的价值链的各个环节分布在组成虚拟配送中心的企业中。

(2)由于虚拟配送中心中没有一个专门的配送中心仓库,它的存储业务由价值链两端的生产商和客户承担。所以,虚拟配送企业的价值链从生产商的产品存储开始,结束于客户的存储和生产商的售后服务。

(3)虚拟配送中心不存在某些辅助的组织机构,如人力资源管理,虚拟企业的人力资源直接来自于成员企业。

(4)虚拟配送企业突出强调了配送调度活动以及运用于调度的信息系统。

(5)在虚拟配送中心中,正式的层次命令和控制组织结构被非正式的电子网络(即虚拟的组织)所取代,虚拟配送中心的组织与管理,其实就是组成成员间的协调。

(6)虚拟配送企业管理更加强调可以快速重组的单元,能够自治并享有充分自主权的团队工作使企业的管理更加灵活。

(7)虚拟配送中心的核心是一种从必要的配送过程或资源(人或配送设备)中综合出来的新的配送能力。相对于传统配送中心,它们的物理位置不再重要。

(8)虚拟配送中心通过最大价值原则组建虚拟工作团队,通过虚拟工作团队的合作达到最大配送效益。虚拟配送中心通过VWT选择和构建VCT形成最优的价值增值链,而传统的配送中心则常常因配送队伍组织的固定和不灵活而产生低效的配送。

资料来源:百度百科 http://baike.baidu.com/view/4422946.htm。

5.3 配送中心系统设计

根据中国国家标准《物流术语》(GB/T 18354—2006),配送中心(distribution center)是指从事配送业务且具有完善信息网络的场所或组织,应基本符合下列要求:第一,主要为特定客户或末端客户提供服务;第二,配送功能健全;第三,辐射范围小;第四,多品种、小批量、多批次、短周期。随着现代生产和商业的发展,建立现代物流配送中心具有重要性和必要性,配送中心的设计也面临着越来越大的挑战。如何更快地完成大批量货物的快速核对、收取、出库、复核，如何降低库存成本、加强库存控制、提高空间、人员和设备的使用率，如何快速地找到指定的货物，如何在不停业情况下实现配送中心的自动盘点等，已经成为配送中心设计的热点和难点问题。

5.3.1 配送中心网点的合理布局

1. 物流网点布局的基本内容

物流网点是指物资在流通过程中的中转仓库。如果将物流系统中的物流活动分为节点活动与线路活动，物流网点则是进行节点活动的位置和场所；同时，物流网点也是线路活动的起点或终点。物流网点是从物流的角度提出来的，它与从事物资经营的商流网点不一样。物流网点主要进行物资的包装、装卸、储存保管、配送等物流活动，一般不发生物资的供销业务。

物流网点按照不同的分类方法可分为多种类别。

（1）按物流网点中转物资种类的多少将其粗略地分为单品种网点和多品种网点两大类型。单品种网点只中转一种物资，而且该种物资的品种规格简单，互相之间的可替代性也比较强，如煤炭、水泥等；多品种网点中转多种类型的物资，或者虽然只中转一种类型的物资，该品种规格复杂，如机电产品、化工原料、金属材料等。通常物流网点都应该是多品种的，因为同类物资一般都有不同的品种规格，质量上的好坏和性能上的差异也总是存在的，它们的用途和使用方向也都有所不同。

（2）按物流网点的经营方式和服务对象，可将其分为公共物流网点和自营物流网点。所谓公共物流网点，是指物流网点由第三方物流提供商经营，面向社会提供物流服务，构成网点的各物流中心具有公共物流平台的性质；而自营物流网点则是以自身企业为依托进行物流服务的，其在运营方式和产品品种方面与公共物流网点有较大的不同。

2. 物流网点布局目标的分析与确定

以费用低、效益好为网点建设和经营的目的，进行物流网点的结构、环境、目标和功能等的分析。主要考虑以下几个方面的问题。

（1）物流网点系统的外部环境分析。如经济、社会大环境，经营管理环境，物理和技术条件，网点与外部的进、供货关系等。

（2）物流网点的结构关系分析。如计划区域内应设置的物流网点的数目，网点的地理位置，各网点之间的相关性，计划区域中中转供货和直达供货的比例等。

（3）物流网点布局的目标分析。如物流网点建设的技术先进性，经济合理性，系统多目标之间的兼容性，网点系统对环境条件变更的适应性等。

（4）物流网点系统的功能分析。如建立物流网点系统功能结构图，定义所需的功能技术条件，分析和阐明建立物流网点系统的约束条件，制定量化功能的定量指标。

5.3.2 物流配送中心的选址

1. 物流配送中心合理选址的意义和基本原则

经过不断优胜劣汰的市场竞争,物流配送中心这一现代的、先进的流通机构已被发达国家企业和政府所接受并在积极推进。对于物流配送中心来说,不管是在何种市场经济条件下,都是提高流通行业组织化程度、实现集约化经营、优化社会资源配置、创造规模效益、推动流通科技进步、实现流通现代化的有效形式。

物流中心的合理选址是物流系统中具有战略意义的投资决策问题,物流中心选址是否合理,对整个系统的物流合理化和商品流通的社会效益有着决定性的影响。

物流中心是连接生产和消费的流通部门、利用时间及场所创造效益的设施。因而,不同的货物类别和不同的流通方式,决定设置物流中心的目的和必要性也是多种多样的,即

(1) 为了调整大量生产和大量消费的时间差而进行的保管。

(2) 为了调整生产和消费波动而进行的保管。

(3) 为了以经济的运输批量发货和进货而进行的储备。

(4) 把分散保管的库存物资汇集在一起,并提高包括保管、装卸在内的效率。

(5) 从各个方面把多种供应商品集中起来,或者为了向消费者计划运输而将商品集中起来。

(6) 为了提高对顾客的配送服务水平,而在靠近消费的地区保管。

(7) 为了维持对顾客的服务水平,平时保持合理的库存。

(8) 为了降低运输成本,组织批量运输或者设置货物集结点向终端用户配送。

(9) 商流和物流活动分开,以提高效率。

(10) 为了提高运输效率,在消费地点进行装配和加工等。

2. 物流配送中心的选址原则

(1) 系统原则

物流配送中心的工作,包括收验货、搬运、储存、装卸、分拣、配货、送货、信息处理以及供应商、连锁商场等店铺的连接,如何使它们之间保持十分均衡、协调地运转是极为重要的。其关键是做好物流量的分析和预测,把握住物流的最合理流程。

(2) 价值原则

在激烈的市场竞争中,配送的准点及时和低缺货率等方面的要求越来越高,在满足服务高质量的同时,又必须考虑物流成本。特别是建造配送中心耗资巨大,必须对建设项目进行可行性研究,并对多个方案的技术、经济进行比较,以求最大的企业效益和社会效益,而选址方案的确定正是其中关键的一环。

（3）发展原则

在进行物流配送中心的选址时，应考虑到方案的选择应有较强的应变能力，以适应物流量扩大和经营范围的拓展。在规划设计第一期工程时，应将第二期工程纳入总体规划，并充分考虑到扩建时业务工作的需要。

5.3.3 物流中心内部的规划设计

配送中心的总体设计是在物流系统设计的基础上进行的。由于配送中心具有收货验货、库存保管、挑选分拣、流通加工、信息处理以及采购组织货源等多种功能，配送中心的总体设计首先要确定总体的规模。

（1）预测物流量。包括历年业务经营的大量原始数据分析，及根据企业发展的规模和目标进行的预测。在确定配送中心的能力时，要考虑商品的库存周转率、最大库存水平。通常以备齐商品的品种作为前提，根据商品数量的 ABC 分析，做到 A 类商品备齐率为 100%，B 类商品为 95%，C 类商品数量为 90%，由此来研究、确定配送中心的平均储存量和最大储存量。

（2）确定单位面积的作业量定额。即根据范围和经验，可确定单位面积的作业量定额，从而确定各项物流活动所需的作业场所面积。例如，储存型仓库比流通型仓库的保管效率高，即使使用叉车托盘作业，储存型仓库的走支道面积占仓库面积的 30% 以下，而流通型仓库往往要占 50%。但也要避免一味追求储存率高，而造成理货场堵塞、作业混杂等现象，以致无法达到配送中心要求的周转快、出货迅速的目标。

（3）确定配送中心的占地面积。一般来说，辅助生产建筑的面积为配送中心建筑面积的 5%～8%，另外还要考虑办公、生活用户建筑面积，为配送中心的 5%左右。于是，配送中心总的建筑面积便可大体确定。再根据规划部门对建筑覆盖率和建筑容积率的规定，可基本上估算出配送中心的占地面积。

在物流中心内部的规划设计这个阶段中，应做的工作是对基本资料的分析，固化条件的设定，作业程序和信息系统框架的规划，物流设备的规划和选择，周边设施的规划和选择，最后的程序是区域的布置规划。这种系统规划设计程序实际是一个逻辑分析的反复过程，在此过程中，对初步资料进行分析试算，初步得到概略性的规划和布置方案。再经过对设备的选用，逐步修正原来的规划与布置，从而得到较明确的规划内容和方案。

1. 基本规划资料分析

来自有关企业的原始资料，必须通过整理分析，并结合欲建物流中心的实际情况加以修订，才能作为规划设计的重要参考。定量分析的内容有品相和数量分析、供需变化预测分析及储存单位和数量分析。定性分析的内容有作业时序分析、人力需求分析、作业流程分析、作业功能分析和事务流程分析。在分析过程中,结合实际需要,有效掌握分析数据是很重要的。

(1) 订单变化趋势分析

在物流中心的规划过程中,要首先总结历年来销售和发货资料,并进行分析,从而了解销售趋势和变化情况。若能得出有关的变化趋势或周期性变化,则有利于后续资料分析物流中心的建立。

就货物销售趋势而言,主要分析长时间内是渐增或渐减的趋势,以一年为周期的因自然气候、文化传统、商业习惯等因素影响的季节变化;以固定周期为单位(如月、周)的变化趋势的循环变动;以及一种不规则变化趋势的偶然变动等。

根据预测不同种类的变化趋势,制定相应的对策和目标值。通常设峰值的 80%为目标值。当某订单的峰值与谷值之比超过 3 倍时,要在同一个物流系统内处理,就会使效率降低,运营将更为困难。此时需要制定适宜的运营政策和方法,以取得经济效益和运营规模的平衡。

关于分析过程的时间单位,视资料的收集范围及广度而定。对于未来的发展趋势的预测,以一年为单位;对季节变化的预测,则以月为单位;分析月或周内的变化倾向,则以周或日为单位。常用的分析方法有时间序列分析法、回归分析法和统一分析法等。

(2) 订单品项和数量分析

众所周知,订单是物流配送中心的生命线,如果没有订单,物流配送中心就失去了意义。掌握了订单就能掌握物流中心的特性。然而订单的品名、数量和发货日期始终在变化,它是物流配送中心的活力和不确定因素。这经常使物流中心的规划人员,无论在规划新系统还是改造旧系统时,都感到无从下手。若能掌握数据分析原则,做出有效的资料群组,再进行相关分析,简化分析过程,得出有益的规划结果,那就再好不过了。EIQ 规划法用于物流配送中心设计规划,颇有成效。所谓 EIQ 即是订单件数(Entry)、货品种类(Item)和数量(Quantity)的意思。由此可见,EIQ 是物流特性的关键因素。

EIQ 规划方法是针对在不确定的和波动的条件下物流中心系统的一种规划方法,其意义在于根据设置物流中心的目的,掌握物流特性,从物流特性衍生出来的物流状态(注入从物流中心设备到用户为止的物流特性)到运作方式,均规划出合适的物流系统。这种 EIQ 方法能有效地规划出系统的大的框架结构,从宏观上有效地掌握系统特色。

(3) 物品特性与储存单位分析

在进行订单品项和数量分析时,最好结合相关物料性质(如物态、储存保管特性、湿温度特性、可压缩性、外观等)、包装规格及特性和储运单位等因素进行分析,这样更有利于对仓储和拣货区的规划。

根据储存保管特性可分为干货区、冷冻区、冷藏区。按货物重量可分为重物区、轻物区。按货物价格可分为贵重品区和一般物品区。

（4）物流与信息流分析

在进行物流中心规划时，除了数量化分析之外，一般物流与信息流等定性化的资料分析也很重要。如作业流程分析、事务流程分析和作业时序分析等。

所谓作业流程分析，即是针对一般常态性和非常态性的物流作业加以分类，并整理出物流中心的基本作业流程。因为产业与产品不同，物流中心的作业流程也不相同。一般物流配送中心作业流程内容的分析，如表5-3所示。

表5-3 物流配送中心作业流程分析

作业性质	作业分类	作业内容
一般常态物流作业	进货作业	车辆进货；进货卸载；进货点收；理货
	储存保管作业	入库；调拨补充
	拣货作业	订单拣取；拣货分类；集货
	发货作业	流通加工；品检作业；发货点收；发货装载
	运输配送作业	车辆调度指派；路线安排；车辆运送；交递货物
	仓储管理作业	定期盘点；不定期抽盘；到期物品处理；即将到期物品处理；移仓与储位调整
非常态物流作业	退货物流作业	退货；退货卸载；退货点收；退货责任确认；退货良品处理；退货瑕疵品处理；退货废品处理；其他
	换货补货作业	退货或换货作业；误差责任确认；零星补货拣取；零星补货包装；零星补货运送；其他
	物流配合作业	车辆货物出入管制；装卸车辆停泊；容器回收；空容器暂存；废料回收处理

所谓事务流程分析，即物流中心在运转过程中，除了物流与信息流相结合之外，还有大量表单和资料在传递。一般物流中心由于品项繁多，每日订单量大，使得处理订单和相关发货表单的工作量很大。每日接单与发货量太大，使事务员难以胜任。要使物流业逐步实现无纸化作业，关键在于信息流域信息传递方面的分析与规划。物流配送中心事务流程分析，如表5-4所示。

表5-4 物流配送中心事务流程分析

作业性质	作业分类	作业内容
一般常态物流作业	接单作业	客户资料维护；订单资料处理；货量分配计算；订单资料维护；订单资料异动；退货资料处理；客户咨询服务；交易分析查询；其他

续表

作业性质	作业分类	作业内容
一般常态物流作业	发货作业	发货资料处理；发货资料维护；发货与订购差异之处理；换货补货处理；紧急发货处理；其他
	采购作业	厂商资料维护；采购资料处理；采购资料维护；采购资料异动；货源规划；其他
	进货作业	进货资料处理；进货资料维护；进货与采购差异之处理；进货时程管理；其他
	库存管理作业	产品资料维护；储位管理作业；库存资料处理；到期日管理；盘点资料处理；移仓资料处理；其他
	订单拣取作业	配送计划制作；拣取作业指示处理；配送标签列印处理；分类条码列印处理；其他
	运输配送作业	运输计划制作；车辆调度管理；配送路径规划；配送点管理；货物运行基本资料维护；运输费用资料处理
一般事务性作业	财务会计作业	一般进销存账务处理作业；成本会计作业；相关财务报表作业；其他
	人事薪资作业	差勤资料处理；人事考核作业；薪资发放作业；员工福利；教育训练；绩效管理；其他
	厂务管理作业	门禁管制作业；公共安全措施；厂区整洁维护；一般物料订购发送；设备财产管理；其他
决策支援作业	效益分析	物流成本分析；运营绩效分析
	决策支援管理	车辆指派系统；配送点与道路网络分析

所谓作业时序分析，即是物流中心在工作过程中，必须了解作业时间分布。为此，必须根据用户作息时间安排，以满足用户需要。许多物流中心采取夜间进货，首先，可以避免白天车流量大导致运输上的低效率；其次，在此时间段购物人少便于处理进货、验收作业。物流中心作业时序分析，如图5-3所示。

2. 作业功能的规划

物流系统的规划是一个系统工程，要求规划的物流中心合理化、简单化和机械化。所谓合理化就是各项作业流程具有必要性和合理性。所谓简单化就是使整个系统简单、明确、易操作，并努力做到作业标准化。所谓机械化就是规划设计的现代物流系统应力求减少人工作业，尽量采用机械化设备来提高生产效率，降低人为可能造成的错误。

（1）作业流程的规划。物流配送中心的主要活动是订货、进货、发货、仓储、订单拣货和配送作业。首先确定了物流中心的主要活动及其程序之后，才能规划设计。有的物流中心还要进行流通加工、贴标和包装等作业。当有退货作业时，还要进行退货品的分类、保管和退货等作业。

作业分类	作业时序																							
	7	8	9	10	11	12	13	14	15	16	17	18	19	20	21	22	23	0	1	2	3	4	5	6
1. 订单处理																								
2. 派车																								
3. 理货																								
4. 流通加工																								
5. 发货																								
6. 配送																								
7. 回库处理																								
8. 退货处理																								
9. 进货验收																								
10. 入库上架																								
11. 仓库管理																								
12. 库存反应资料上下传																								

图 5-3 物流配送中心作业时序分析

在经过基本资料分析和基本条件设定之后，便可针对物流中心储存特性进一步分析，并制定合理的作业程序，以便选用设备和规划设计空间。通过对各项作业流程的基本分析，便可以进行作业流程合理分析，从而找出作业中不合理和不必要的作业，力求简化物流中心内可能出现的不必要的计算和处理单位。这样规划出的物流中心减少了重复堆放和搬运、翻堆和暂存等工作，提高了整体物流中心的效率。尽量简化储运单位，以托盘或储运箱为容器。把体积、外形差别不大的物品归类成相同标示的储存单位。储运单位过多时，可将各作业单位予以分类合并，避免内部作业过程中储运单位过多的转换。

（2）作业区域的规划。在作业流程规划后，可根据物流中心运营特性进行作业区域的功能规划。作业区域包括物流作业区及周边辅助活动区。物流作业区包括如装卸货、入库、订单拣取、出库和发货等作业，周边辅助活动区如办公室、计算机室和维修间等，都要进行规划。

通过归类整理，可把物流中心作业区分类如下。

① 一般性物流作业区。
② 退货物流作业区。
③ 换货补货作业区。
④ 流通加工作业区。
⑤ 物流配货作业区。
⑥ 仓储管理作业区。
⑦ 厂方使用配货作业区。
⑧ 办公事务区。

⑨ 计算机作业区。
⑩ 劳务性活动区及相关活动区。
（3）作业区的功能规划。在确定作业区之后，应进一步确定各作业区的具体内容，如表5-5所示。

表5-5　物流中心作业区域的功能规划表

项次	作业区域	规划要点		作业区域功能设定	作业需求运转能量
1	装卸货平台	□进发货共用与否 □装卸货车辆进出频率 □有无装卸货物配合设施 □装卸货车辆回车空间 □供货厂商数量 □进货时段	□进发货相邻与否 □装卸货车辆形式 □物品装载特性 □每车装卸货所需时间 □配送客户数量 □配送时段		
2	进货暂存区	□每日进货数量 □容器流通程度 □进货等待入库时间	□托盘使用规格 □进货点收作业内容		
3	理货区	□理货作业时间 □品检作业时间 □有无叠卸托盘配合设施	□进货品检作业内容 □容器流通程度		
4	库存区	□最大库存量需求 □产品项目 □储位指派原则 □自动化程度需求 □储存环境需求 □物品周转效率	□物品特性基本资料 □储区划分原则 □存货管制方法 □产品使用期限 □盘点作业方式 □未来需求变动趋势		
5	拣货区	□物品特性基本资料 □每日拣出量 □订单分割条件 □客户订单数量资料 □有无流通加工作业需求 □未来需求变动趋势	□配送品项 □订单处理原则 □订单汇总条件 □订单拣取方式 □自动化程度需求		
6	补货区	□拣货区容量 □每日拣出量 □拣取补充基准	□补货作业方式 □盘点作业方式 □拣取补充基本量		

一般在规划物流中心各个区域时，应以物流作业区为主，再延伸到相关周边。对物流区的规划，可根据流程进出顺序逐区规划。当缺乏有关资料而无法逐区规划时，可

对仓储和拣货区进行详细分析，再根据仓储和拣货区的规划进行前后相关作业的规划。

3. 设施规划与选用

一个完整的物流配送中心包含的设施相当完备，大致可分为主要物流作业区域设施、辅助作业区域设施和厂房建筑周边设施三类。

（1）主要物流作业区域设施。物流中心内的主要作业活动，基本上均与物流仓库、搬运和拣取等作业有关。为此，规划的重点是对物流设备的规划设计和选用。不同功能的物流设备要求具有与之相适应的厂房布置与面积。在系统规划阶段，由于厂房布置尚未定形，物流设备规划主要以要求的功能、数量和选用型号等内容为主。在自动化物流系统中主要系统设备包括自动仓库设备、钢架结构分析、物流管理系统、堆卸托盘设备、监控设备、控制系统、通信网络系统、识别系统、无人搬运车设备、堆垛设备、输送设备和分级分类设备等。

（2）辅助作业区域设施。在物流中心的运营过程中，除了主要的物流设备之外，还需要辅助作业区域的配合，主要的周边设施有办公设备、计算机及其周边设施和劳务设施等。

（3）厂房建筑周边设施。在规划物流配送中心时，必须要考虑到交通、安全和消防等与厂房建筑相关的周边设施条件。

4. 信息系统规划

在物流中心的全部运营中，信息流始终伴随着各项物流活动。当作业区域及基本作业程序建成时，通过对物流中心全体事务流程的分析，便可进行信息系统框架结构及其主功能系统的规划。当相关物流设备和周边设施的规划实际完成之后，便可配合设备管理和控制要求，进行全体信息系统的详细设计。

在完成了物流中心的作业程序分析及其设备规划之后，可根据各项作业的功能特性及物流中心主管部门对管理的要求程度，规划物流中心的信息系统的功能，并建立功能结构。一般要求物流中心主要信息系统的功能如下。

（1）销售功能。以商业活动的相关业务为主，如订单处理、采购定价和市场分析等。

（2）仓储保管功能。以仓储作业相关的业务为主，如进、销、存资料管理，储位管理和库存管理等。

（3）运输配送功能。以配送运送的调度和指标工作为主，如拣货计划、配派车辆和路线规划等。

（4）信息提供功能。进一步提供分析完整的管理信息，如业绩管理、决策分析和资源计划等。

就现代化物流中心而言，信息系统的功能不只是处理作业信息，而是进一步向业绩管理和决策支持分析的高层次发展。为此，在规划物流中心信息管理系统功能框架时，应基本包括采货进货管理系统、销售发货系统、库存储位管理系统、财务会计系统、运营业绩管理系统和决策支持系统六个单元。

5．区域布置规划

在完成各作业程序、作业区域以及主要物流设备和周边设施等的规划之后，便可进行空间区域的布置规划和作业区域的区块布置工作以及标示各作业区域的面积和界限范围。

（1）活动关系的分析

在各类作业区域之间可能存在的活动关系如下：程序上的关系，即建立在物料流和信息流之间的关系；功能上的关系，即是区域之间因功能需要而形成的关系；环境上的关系，即考虑到操作环境和安全需要而保持的关系。

对上述各种关系加以分析之后，分析结果可作为区域布置规划的参考。在物流中心的布置规划中，可分为物流作业区域、辅助作业区域和厂区活动区域等三大部分。进行布置规划时首先应在对规划区域特性和活动相关性进行分类之后，再进行活动关系的分析。图5-4为物流配送中心活动关系分析流程。

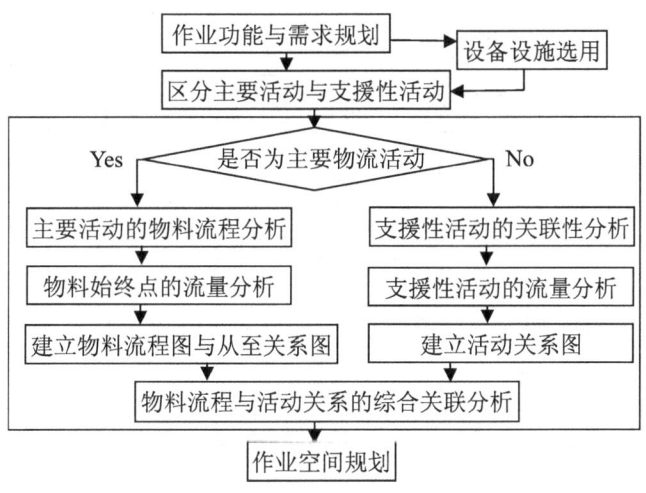

图5-4 物流中心活动关系流程

- 物流作业区域以物流作业流程为主。为此，必须进行物料搬运分析、物料的始点和终点之间的流量分析，从而了解各区域之间物理量规模的大小。
- 物料搬运分析是以每个独立的物流作业为分析单元，如一级物流作业、运货作业和盘点移仓作业等。物料的始点和终点之间的流量分析是在各项物流作业活动中对物料在某一区域的物料流量大小进行研究。
- 辅助作业区域是辅助性的区域，必须考虑信息流和有关组织、功能、环境等方面相配合的区域。按重要程度把这些相关区域分为不同级别。在区域之间必须考虑人员往返接触程度、文件传递频率、组织管理上的关系、是否共用设备和相同的空间区域以及是否进行类似性的活动等因素。如果区域间关系程度较大，区域间布置应尽量相邻或接近，如发货区和称重区应相邻。而关系程度低的区域则不宜接近，如库存区和司机休息室。

（2）作业空间规划

作业空间规划在整个物流中心规划设计中占有重要的地位。这一规划将直接影响到运营成本、空间投资与效益。在规划空间时，首先根据作业流量、作业活动特性、设备型号、建筑物特性、成本和效率等因素，确定满足作业要求的空间的大小、长度、宽度和高度。在完成物流设备和周边设备规划并选定各项设备型号和数量之后，便可进行各作业区的布局规划工作。

在规划作业空间时，除了估计设备的基本使用面积外，还要估计操作活动、物料暂存作业空间和通道面积等。图 5-5 为物流配送中心作业空间规划的分析流程。

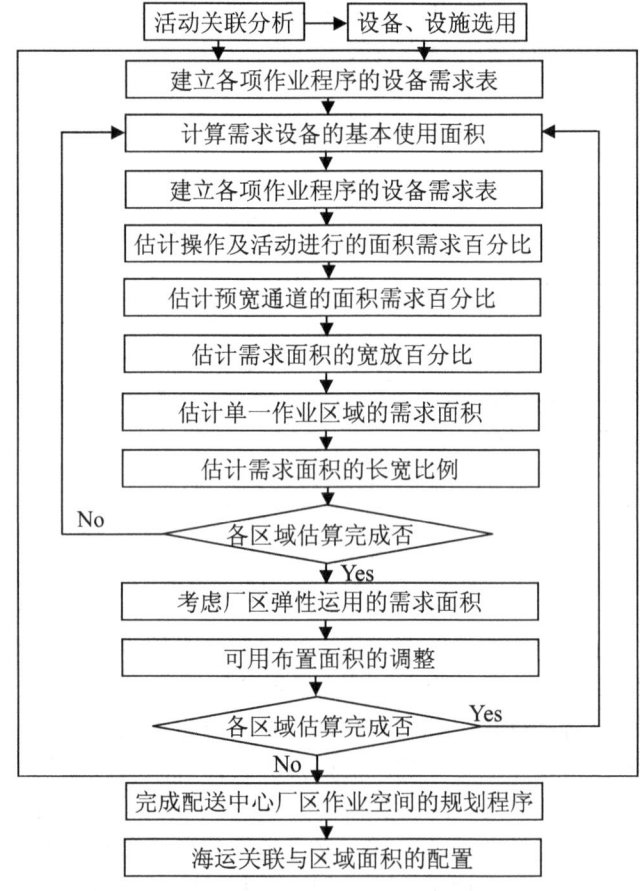

图 5-5 物流中心作业空间规划程序分析

① 通道空间的布置规划。通道的正确安排和宽度的设计直接影响物流效率。一般在规划布置厂房时首先设计通道位置和宽度。影响通道位置和宽度的因素有：通道形式，搬运设备的型号、尺寸、能力和旋转半径，储存货物尺寸，到进出口和装卸区的距离，储存的批量尺寸，防火墙位置，行列空间，服务区和设备的位置，地板负载能力，电梯和斜道位置以及出入方便性等。

② 进出货区的作业空间规划和进出货平台的规划。众所周知，货品在进货时可能需要拆装、理货、检查或暂存以待车装载配送。为此在进出货平台上应留出空间作为缓冲区。为了使平台与车辆高度满足装卸货的顺利进行，进出货平台需要一种连接设备。为此，这种连接设备需要 1m～2.5m 的空间。为使车辆及人员顺畅进出，在暂存区和连接设备之间应有出入通道。

第一，进出货码头配置形式的设计。可根据作业性质、厂房形式以及仓库内物流动线来决定码头的安排形式。为使物料顺畅进出仓库，进货码头与发货码头的相对位置是很重要的，两者的位置将直接影响进出货效率。

- 进出货共用码头。这种形式可提高空间和设备利用率，但管理困难。特别是进出货高峰时间，容易造成进出货相互影响的不良后果。这种形式适合于进出货时间错开的仓库。
- 进出货区分开使用码头，两者相邻管理。这种设计方案使进出货空间分开，不会使进出货相互影响，但是空间利用率低，这种设计适用于厂房空间较大，进出货容易互相影响的仓库。
- 进出货区分别使用码头，两者不相邻。这是进出货作业独立完全的两个码头，不但空间分开而且设备也独立。优点是进货与出货动线更加畅通迅速，但设备利用率较低。这种设计适用于厂房空间不足的情况。
- 多个进出货码头。适用于进出货频繁且空间足够的仓库。

第二，码头形式的设计。码头形式有锯齿形（见图 5-6（a））和直线形（见图 5-6（b））两种。锯齿形的优点是车辆旋转纵深较浅，缺点是仓库内部空间较大。直线形的优点是占用仓库内部空间小，缺点是车辆旋转纵深较大，且需要较大的外部空间。

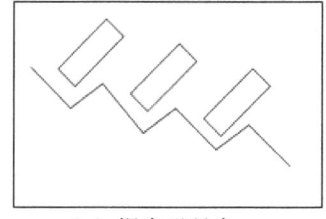 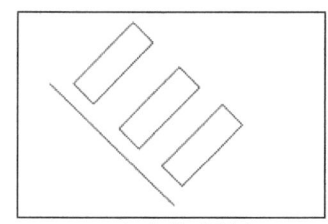

（a）锯齿形码头　　　　　　　　（b）直线形码头

图 5-6　码头的设计形式

究竟选用哪种形式的停车码头，可根据土地和建筑物的价格而定。如果土地费用远低于仓库造价时，以选直线形为最佳。

在设计进出货空间时，除考虑效率和空间之外，还应该考虑安全问题。尤其是设计车辆和码头之间的连接部分时必须考虑到如何防止大风出入仓库内部和雨水进入仓库。此外，还应该避免库内空调的冷暖气外溢和能源损失。为此停车码头有以下三种形式。

- 内围式。把码头围在厂房内、进出车辆可直接入厂装卸货。其优点在于安全、不怕风吹雨打以及冷暖气不外溢。
- 齐平式。月台与仓库外边齐平，优点是整个月台仍在仓库内，可避免能源浪费。此种形式造价低，目前被广泛采用。
- 开放式。月台全部突出厂房之外，月台上的货物完全没有遮掩，库内冷暖气更易外溢。

第三，月台数量计算。为了计算月台数量，首先应确实掌握有关进出货的历史资料、高峰时段的车数和每车装卸货需要的时间。此外，还应该考虑到将来厂房的扩大发展。为了使设备顺利进出码头，必须考虑每一个停车月台的门面尺寸。一般物流中心月台门高为 2.44m，门宽为 2.75m。

③ 仓储区的作业空间规划。规划仓储区空间时首先应考虑如下因素：货品尺寸和数量，托盘尺寸和货架空间，设备的型号、尺寸、能力和旋转搬进，走廊宽度、位置和需要的空间，柱间距离，建筑尺寸与形式，进出货及搬运位置，补货区服务设施的位置（防火墙、灭火器、排水口）以及作业原则（经济性、单元化负载、货品不落地、减少搬运次数和距离、有效利用空间）。总之，不论仓储区如何布置，应先求出存货所占空间的大小、货品尺寸及数量、堆放方式、托盘尺寸和货架储位空间。

第一，托盘平置堆放。当大量发货时，应把托盘放在地板上平置堆放为宜。此时应考虑托盘数量、尺寸和通道。在考虑实际仓储所需空间时还应考虑到高层叉车存取作业所需的空间。此外，中枢型通道约占全部面积的 30%～35%。

第二，使用托盘货架存取。当使用托盘货架储存货品时，在计算存货空间时除了考虑货品尺寸和数量、托盘尺寸、货架形式和层数之外，还要考虑相应的通道空间。

由于托盘货架又有区块特性，即每个区块由两排货架和通道组成，实际仓储区空间包括存取通道和仓库区块空间。在计算货架的货位空间时，应以一个货位为计算基础。

第三，利用轻型货架储存。对于尺寸不大的小量多品种货物采用轻型货架储存。如以箱为储存单位时，在计算空间时应考虑货品尺寸、数量、货架形式及层数、货架的储位空间等因素。

④ 拣货区作业空间规划。拣货作业是物流中心最费时的工作，如能最佳布置拣货方式必将提高整个物流中心的效率。常见的拣货方式如下。

第一，储存和拣货区共用托盘货架。体积大、发货量也大的物品适合这种模式。

一般是托盘货架第一层（地面层）为拣货区，第二层和第三层为库存区。当拣货结束后再由库存区向拣货区补货。在空间计算时首先应考虑拣货区的货物品项总数，品项数的多少将影响地面上的托盘空间。实际空间的多少取决于品项总数和库存量所需的托盘数。因为实际库存单位为托盘单位，所以，不足一个托盘的品项仍按一个托盘来估计。为此，库存空间需适当放大，一般以放大 1.3 倍为宜。

第二，储存和拣货区共用的零星拣货方式。常见的有以下几种方式。

- 流动货架拣货方式。这种方式适用于进出货量较小，体积不大或外形不规则的货品的拣货工作。因为进货—保管—拣货—发货都是单项物流动线，可配合入、出库的输送机作业，让流动货架来实现储存和拣货的功能，这可达到先入先出的管理效果。在进货区把货品直接从车上卸到入库输送机上，入库输送机自动把货品送到储存机上，再把货品送到储存区和拣货区，这种方式的拣货效率高。拣取完的货物立即被放在出库输送机上，把货品送到发货区。流动货架的优点在于：仅在拣货区通路上行走便可方便拣货，使用出库输送机提高效率。
- 一般货架拣货方式。用单面开放式货架进行拣货作业，但入库和出库是在同一侧。为此，可共用一条入库输送机来进行补货和拣货作业。虽然节省空间，但是需注意入库和出库时间必须错开，以免造成作业混乱。
- 积层式货架的作业方式。在拣货作业时，拣取位置高度不宜超过 1.8m，否则操作困难。如利用有限空间进行大量拣货作业，可用积层式货架区。下层为大型货架，用于储运箱拣取。上层为轻量小型货架，用于单品拣取。这样可充分利用仓储空间。

第三，储存与拣货区分开的零星拣货方式。指储存与拣货区不是同一个货架，通过补货作业把货品由库存区送到拣货区。这种方式适合于进出货量中等的情况。如果作业是多品种小批量的单品发货方式，则可在拣货区出库输送机两侧增设无动力拣货输送机，其优点是拣货员拣取货物是利用拣货输送机，以便推着空储运箱一边按拣货单依箭头方向在流动货架前边走边拣货。当拣货完毕便把储运箱移动到动力输送机上。这种方式工作方便、效率较高。

第四，分段拣货的少量拣货方式。当拣货区内拣货品项过多时，会使得流动货架的拣货路线很长，这时可考虑接力棒式的分段拣货方式。如果订单品项分布都落在同一分区中，则可跳过其他分区，缩短拣货行走的距离。

第五，U 形多品种小批量拣货补货方式。为减少拣货人员或要兼顾输送机两侧货架的拣取作业，可采用 U 形拣货路径和输送机方式。

⑤ 集货区的规划。在物流中心的作业中，当货品经过拣取出库后，需进行集货、清点、检查和准备装车作业。由于拣货方式和装载容器的单位不同，在发货前进行暂

存和准备工作时需要有一定的集货空间。

第一，单一订单拣取。以单一订单用户为单元，拣取后的发货单元可能是储运箱、笼车、台车或托盘。集货区以此为单位规划暂存区以待发货。

第二，订单分区拣货。以单一订单用户为主，根据拣货单把储存区分成几个区，拣取之后的发货单元可能同时包括储运箱、笼车或托盘等组合。为此，可能有另外的装拼、组合或贴标、注记等工作。这样有利于装车送货员识别不同用户的货品。这种方式要求有较大的集货空间。在设计时可分为主要用户和次要用户的集货区。

第三，订单批量拣取。这是多张订单批量拣取的作业方式。这种方式在拣取后需要进行分类作业，因此需要有分类输送设备或者人工分类的作业空间。

分类输送设备：当发货量大、品项包装或装载类型相似时，可采用分类输送设备。按批量拣取的货品按用户分类之后的发货单元，可能是以单品为主，之后在合并点再把单元装在储运箱、笼车或托盘等负载单位上。这种集货区的空间设计和单一订单拣取方式相同。

人工分类：人工分类适合于发货的用户少且货品种类及物理性变化较大的物品。拣取货品以单品为主，经过批量拣取后再进行人工分类，并按车次的发货暂存区进行合并。为此，需要有行走通道和发货码头前的暂存空间。一般集货区货位设计以地区堆放为主，同时考虑发货装载顺序和动线畅通性，在空间允许的条件下以单排为宜。否则容易造成装车时在集货区反复查找货物及搬运工作，降低装载作业效率。

另外，在规划集货区空间时还要考虑每天平均发货订单、发货车次和出车路线以及每天拣货和出车工作的时序安排等因素。例如，有的工作是一天发货两次或夜间配货，拣货时段则在白天上班时间完成，在不同发车时序的要求下需要集货空间配合工作，以方便车辆达到物流中心，可以立即进行货物清点和装载作业，减少车辆的等待时间。

有时也可以把集货区和发货暂存区放在一起，但是发货暂存区的空间常作装载工作之用。如果拣出的货物需要等待较长的时间才能装车，则有必要把发货码头和发货暂存区分开。

⑥ 行政区的规划。行政区的规划主要是指非直接从事生产储运或流通加工部门的规划。如办公室、会议室和福利休闲设施等。

⑦ 厂区规划。除了厂房内的物流、仓储和行政区外，厂区还包括停车场、警卫室和环境美化区等。现说明如下：

第一，大门和门卫室。配合厂区对外出入大门和外连道路形式进行规划。如果出入共用一个大门时，警卫室设置在大门一侧，并可进行出入车辆管理。如果出入口相邻并位于厂区同侧时，出入道路较大，可把出入动线分开，警卫室设于出入口中间，分别进行出入车辆管理。若出入口位于厂区不同侧时，可分别设立警卫室，严格执行一边进厂一边出厂的出入管理制度。这种情况适用于进出货时段重合，进出车辆频繁的情况。

第二，停车场。一个现代化的物流中心对停车场的设计是十分重视的。停车种类主要是进货车辆、来宾用车和职员用车。根据物流中心的现实和发展情况、车辆类型来估计车辆数。

第三，运输车辆回车空间。在设计停车场时，必须对进出物流中心的车辆型号和尺寸进行分析，并留出停车和回车的空间。

第四，车辆停泊与绿化空间。在停车场周围的围墙边设计绿化区，以美化环境。

（3）各区域位置的设计

在完成各作业区域的计算和基本规划之后，必须决定各部门区域的相互位置。方法是按各作业区域的计算面积大小和长宽比例做成缩小的模块，并根据生产流程和相关部门的关系来设计相互的位置。

在分析区域性质的基础上设计各作业区域间物流动线的形式，如表5-6所示。

表5-6 作业区域间物流动线形式

项次	物流动线形式	项次	物流动线形式
1	直线式	4	U字形
2	双直线式	5	分流式
3	锯齿形	6	集中式

① 直线式。适合于出入口在厂房两侧、作业流程简单、规模较小的物流作业，无论订单大小和拣货品项多少，均要通过厂房全程。

② 双直线式。适合于出入口在厂房两侧，作业流程相似但有两种不同进出货形态的物流作业。

③ 锯齿形。通常适用于多排并列的库存货架区内。

④ U字形。适合于出入口在厂房同侧，根据进出频率大小安排靠近进出口端的储区，缩短拣货搬运路线。

⑤ 分流式。适用于批量拣货的分流作业。

⑥ 集中式。这种方式运用于因储区特性把订单分割在不同区域拣货后再进行集货

作业的情况。

在进行各区域位置的安排时，第一步决定物流中心对外的道路形式；第二步决定物流中心厂房空间的范围、大小和长宽比例；第三步决定物流中心内由进货到发货的主要物流动线形式，如U字形、双直线式等；第四步是根据作业流程顺序安排各区域的位置。物流作业区域是由进货作业开始进行布置，根据物料流程前后关系顺次安排相关位置。其中作业区域中如有面积较大、长宽比不宜变动的区域时，应首先安排在建筑平面中，如自动化立体仓库、分类输送机等作业区，之后再插入面积较小但长宽比例容易调整的区域，如理货区和暂存区等；第五步决定行政办公区和物流仓储区的关系。一般物流中心行政办公区是集中式布置的。为了提高空间利用率，多采用多楼层办公方案。

根据上述原则，各种区域的布置也可用计算机进行规划布置。其规划布置的过程为：根据流程动线布置方案图；决定各区的面积大小和比例；决定发货月台的形式和厂内物流动线；根据物流动线及作业流程，配置面积较大但长宽比例不易变更的区域；配置面积较大但长宽比例可变更的物流作业区；布置其余面积较小且长宽比例可变更的区域；布置现场行政管理和办公区。根据上述精心布置的各区位置，绘制出区域布置图，图中要求说明各区域的界限和尺寸。

（4）物流动线分析

在区域布置阶段，没有指出各项设备的规格型号和尺寸，但是按生产要求基本确定了各种设备的类型。根据这些设备性能逐一分析各区之间和区域内的物流动线是否流畅，如图5-7所示。

从图5-7中可看出，物流动线分析首先是根据厂房装卸的出入形式、厂房内物流动线形式以及各区域相对位置设计出厂房内的主要通道。其次是进行物流设备方向和面积的规划。在此规划过程中需要考虑作业空间和区域内的通道情况。最后是分析各区域之间的物流动线形式，绘制物流动线图，进一步研究物流动线的合理性和流畅性。

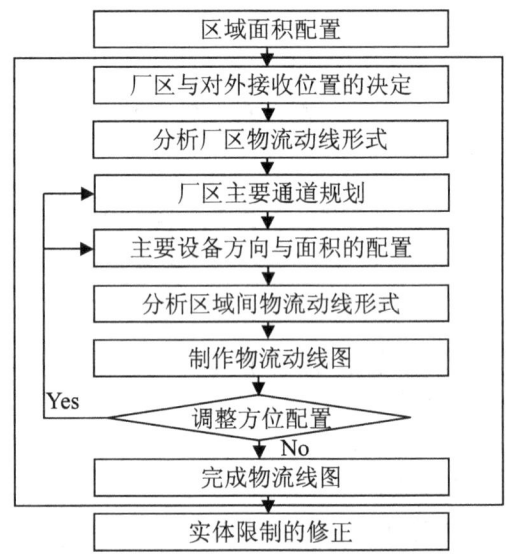

图5-7 物流动线分析

5.3.4 评估

在物流中心系统的规划基本完成之后，必须对这个规划进行评估。评估依据如下。

1．经济性

经济性评估包括土地面积、库房建筑面积、机械设备成本、人力成本以及耗能等内容。

2．技术性

技术性评估包括自动化程度、设备可靠性和设备维护保养等内容。所谓自动化程度是指搬运省力化、出入库系统自动化、拣货系统自动化和信息处理自动化；所谓设备可靠性是指在发生任何故障时都可进行配置作业，当主要系统发生故障时，可迅速修复或由备用系统代替等；所谓设备维护保养是指有人定期保养设备。

3．系统作业方面

这方面包括的内容有储位柔性程度、系统作业柔性程度、系统扩充性、人员安全性和人员素质等。所谓储位柔性是指存取空间可否调整、储位可否按需要弹性应用和储位是否限定存放特性物品等；所谓系统作业柔性是指系统是否易于改变、系统作业的原则、程序和方法是否可以变更；所谓系统扩充性是指当系统扩充时是否改变原有布置形式和现有建筑、原有设备是否能用、是否改变现有作业方式以及是否增加土地等；所谓人员安全性是指仓库货架的稳定性如何、人员搬运设备与路径之间是否交错和频繁接触、自高处向下搬运货物是否存在危及人员安全的潜在因素、电气设备是否有不安全隐患、通道是否畅通、遇险时可否安全逃生等。

5.4 配送中心的信息管理系统

现代化的物流配送中心除了具备自动化的物流设备和物流技术外，还应具备现代化的物流管理信息系统，这样才能取得最大的效率和效益。建立物流配送管理信息系统的作用在于提高发货、配送准确率，提高服务和管理水平，降低成本和增加效益。

5.4.1 物流配送中心信息系统概述

1．物流配送中心信息系统的作用

配送中心的信息管理涉及三个不同的层次：业务运作层、业务管理层和战略决策层，分别对配送中心的日常业务、子系统内的作业、各子系统之间的联系乃至经营战略，起到支撑、管理和辅助决策作用。

（1）业务运作层信息管理的作用是进行日常作业组织，合理规划利用配送中心的资源，向上层提供必要的管理数据。配送中心业务运作层的信息管理内容包括单证信息的传输处理与监控、价格的确定、车辆搬运等设备信息的维护与利用、包装及流通加工规划、出入库信息、业务状态信息的追踪与查询、出口货物的报关和财务信息等。

（2）业务管理层信息管理的作用是通过对日常动作信息的统计分析，进行绩效考核，以便根据实际情况，编制或修订配送中心的作业计划。配送中心业务管理层的信息管理内容包括成本的审核和结算、客户关系信息的管理与分析、运输配送调度计划信息以及库存计划与分析等。

（3）战略决策层信息管理的作用是根据企业的日常动作情况和分析，结合与配送中心相关的外部信息分析，应用模型进行分析和模拟，进行配送中心业务的全面评价和制定配送中心的资源配置方案，同时进行科学合理的预测，明确业务发展的目标和经营战略。战略决策层的信息管理内容包括市场环境信息、预测信息、模型信息以及仿真结果分析与战略计划等。

2. 物流配送中心信息系统应满足的基本要求

信息系统是物流配送中心的重要组成部分，它必须满足现代化物流配送中心的以下要求：

（1）从本质上提高对顾客的各种信息服务的质量。
（2）满足商品组成变化和顾客需要变化的信息系统。
（3）对物流配送中心各工序的迅速作业批示。
（4）迅速吸收各工序中新的信息。
（5）提供有利于营业活动的信息。
（6）降低营运成本。

5.4.2 物流配送中心信息管理系统的功能

物流配送中心信息管理系统的总体功能可以归纳为如下几个方面。

（1）提供日常动作的计划与监控，具备搬运、运输等资源的合理优化与货物追踪。
（2）提供电子数据交换能力，满足与供应链合作伙伴之间的信息交互。
（3）提供信息增值服务能力，如货物状态的查询等。
（4）连接金融部门和政府部门，提供电子商务营运环境功能。
（5）提供管理决策辅助功能。

就配送中心日常作业管理而言，其信息系统的功能，如图 5-8 所示。

（1）业务管理。业务管理包括入库、出库、退货、残损管理，进货商品数量、发货商品数量管理，打印商品单据，便于仓库保管人员正确进行商品的确认。

（2）查询统计。入库、出库、退货、残损及库存信息的查询统计，可按相应的商品编号、分类、供应商、用户进行查询和统计。

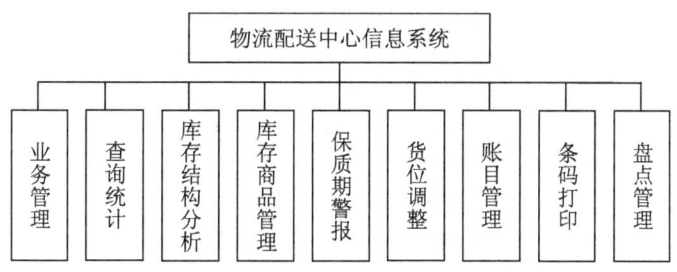

图 5-8　配送中心管理信息系统功能图

（3）库存结构分析。库存结构分析指库存商品的入库、出库、退货、残损的统计及各种商品库存量、品种结构等的分析。

（4）库存商品管理。库存商品管理主要包括：库存商品上下限报警，即对库存商品数量高于库存上限或低于下限的商品进行信息提示；库存停滞商品报警，即对某一段时间内有入库但没有出库的商品进行信息提示；缺货商品报警，即对某一段时间内有出库但没有入库的商品进行信息提示。

（5）保质期警报。保持期警报包括：将逾保质期的商品的报警，即对库存商品的保质期在本日后某一时间段内到期的商品进行信息提示；已逾保质期的商品的报警，即对库存商品的保质截止期已超过的商品进行信息提示；商品保质期查询，即对库存的商品的保质截止期在某一时间段内到期的商品进行查询。

（6）货位调整。货位调整主要包括：库存货位调整，即按库存商品的货位号进行调整；货位调整查询，即将库存商品按货位号进行统计。

（7）账目管理。统计某一时间段的单一商品明细账。

（8）条码打印。条码打印包括商品自编条码打印、商品原有条码打印、收银台密码条码打印等。

（9）盘点管理。盘点管理包括盘点清单制成、盘点清单打印、盘点数据输入或手持电脑输入、盘点商品确认、盘点结束确认、盘点利润统计、盘点商品查询以及浏览统计。

5.4.3　物流配送中心信息管理系统的构成

物流配送中心信息管理系统包括五大子系统：采购入库管理系统、销售出库管理系统、财务会计管理系统、配送管理系统和运营绩效管理系统（见图5-9）。每个子管理系统之下又有许多子系统，每个子系统又能实现许多功能。正是由于这些功能齐全的管理软件和各种相应的物流设备相配合，才使一个现代化的物流配送中心能高效有序地运行。

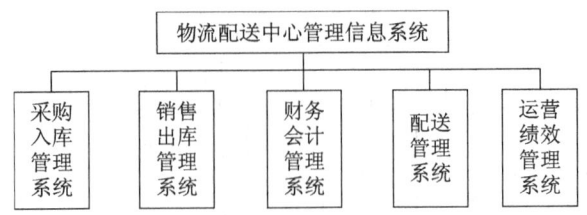

图 5-9　物流配送中心信息系统的构成

1．采购入库管理系统

采购入库管理系统主要负责处理厂商相关作业，包括商品实际入库、根据入库商品内容做库存管理、根据需求商品向供货厂商下订单。采购入库管理系统的工作内容包括入库作业处理、库存控制、采购管理系统和应付账款系统等。

2．销售出库管理系统

销售出库管理系统所涉及的对外作业主要是自客户处取得订单、进行订单处理、仓库管理、出货准备到实际将商品运送至客户手中为止，均以对客户服务为主。对内作业的内容则是进行订单需求统计，传送到采购入库管理系统作为库存管理的参考，并从采购入库管理系统处取得入库数据；在商品发货后将应收账款账单送至财务会计管理系统；并由运营绩效管理系统处取得各项经营指标。

3．财务会计管理系统

财务会计部门对主要依据采购部门传来的商品入库数据核查供货厂商送来的催款数据，并据此付款；由厂商或由销售部门取得出货单来制作应收账款催款单并收取账款。会计系统还制作各种财务报表提供给运营绩效管理系统作参考。财务会计管理系统主要包括一般会计系统与人事工资管理系统。

4．配送管理系统

配送管理系统包括派车计划，货物追踪管理系统，运输调度计划，车辆保养维修、燃料耗材管理系统，出货配送系统。

配送管理既是最后一个主要环节，也是全部配送工作的核心业务。要想合理、经济地进行货物配送，必须尽可能地实现"六个最"。即最少环节、最短距离、最低费用、最高效率、最大效率、最大效益和最佳服务。配送管理中的配送路线的选择和配送车辆的安排都要紧紧围绕上述目标来展开工作。配送管理的实施框架，如图 5-10 所示。

配送作业中车辆是必备工具。车辆的保养维修是很重要的工作。车辆保养维修系统主要是收集车辆数据，如车辆数、行车里程、行车最高时速和车辆使用时间等，然后与每辆车所需的保养资料进行对比，当行车里程数到一定数量时由系统发出维修通知，送厂保养或更换零件耗材等。

燃料耗材是车辆的能量来源，燃料耗材管理系统主要对车辆的用油量加以管理及成本计算，使燃料耗材的使用更具成效并节省成本。

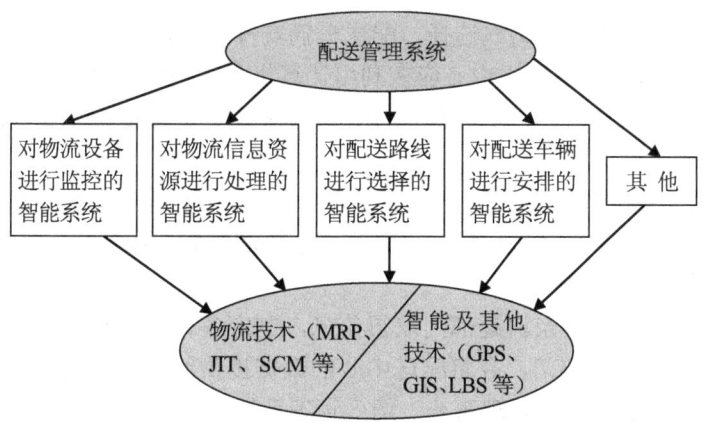

图 5-10 配送管理系统实施框架

出货配送管理部门执行派车计划系统,即由管理人员调用订单数据库,将当日预定的出货订单汇总,查询车辆数据库、车辆调用数据库、客户数据库及地图数据等,先将客户按其配送地址划分区域,然后统计该区出货商品的体积与重量,以体积最大者或最重者为条件来分配配送车辆的种类及派车数量。而后即访问外车调用数据库、公司自有车调用数据库、设备调用数据库、工具调用数据库和人力资源调用数据库,来制定出车批次、装车及配送调度,并打印配送批次规划报告、批次配送调度报表等。批次调度报表包括月台、人机设备、车辆、装车搬运人力、配送司机及随车人员分配报表。自动规划的派车计划可人工修改,修改后的数据即注入出货配送数据库,并作为车辆、月台、机具设备及人力调派等分派工作单打印的基础数据,以及设备调用数据库、车辆调用数据库、工具调用数据库和车辆调用数据的加项。

确定配送装车批次后由出货配送系统按客户打印出货单,拣货人员持出货单及批次调度报表将商品由拣取区取出并核定商品内容,然后集中于出货月台前准备装车。此时出货配送系统可提供配送线选择系统来决定每辆车按订单所需要的装车程序。配送路线选择系统访问出货配送成本等最佳解,以决定配送顺序。商品装车后即由送货司机持出货单予以配送,出货单通常有多联,用于客户及配送司机的签收核定。商品送达客户处后,出货单由送货司机交回并输入数据,作为订单数据库、出货配送数据的减项,并转入会计系统作为应收账目的加项。出货单还需通过计算机网络直接送至客户计算机系统中,由对方在收到商品后传回确认收货凭证。这就要求系统具备对外的数据传办、接收和转换功能。配送系统还应具备配送途中数据传输及控制的功能,来跟踪商品动向、控制车辆及车上设备;在配送途中有意外状况发生时,还可通过通信系统重新设定配送模式所需的参数,重新取得新的配送途径并告之配送人员,使配送工作能顺利完成。系统主要的输出报表包括出货配送报表、出货配送差异分析报表和客户反应报表等。

出货配送系统包括配送路线选择、配送车辆安排等内容。

（1）配送路线选择。配送中心应在利用计算机系统进行货物配送路线大量模拟的基础上，选择适宜的配送路线。配送路线的选择要避免迂回运输、相向运输、空车往返等不经济的现象。

（2）配送车辆安排。可利用一些车辆配送安排的软件模型作为决策的参考依据。要立足于对车辆实行单车经济核算，提高配送车辆的装载使用效率。

5．运营绩效管理系统

运营绩效从各子系统及流通部门取得信息，制定各种经营政策，然后将政策以及执行方针告知各个经营部门，并将配送中心的数据提供给相关系统。运营绩效管理系统包括配送资源计划、经营管理系统、绩效管理系统及其系统构成功能。

阅读资料 5-2　沃尔玛公司配送中心

沃尔玛公司共有六种形式的配送中心：第一种是"干货"配送中心，该公司目前这种形式的配送中心数量最多。第二种是食品配送中心，包括不易变质的饮料等食品，以及易变质的生鲜食品等，需要有专门的冷藏仓储和运输设施，直接送货到店。第三种是山姆会员店配送中心，这种业态批零结合，有1/3的会员是小零售商，配送商品的内容和方式同其他业态不同，使用独立的配送中心。由于这种商店1983年才开始建立，数量不多，有些商店使用第三方配送中心的服务。考虑到第三方配送中心的服务费用较高，沃尔玛公司已决定在合作期满后，用自行建立的山姆会员店配送中心取代。第四种是服装配送中心，不直接送货到店，而是分送到其他配送中心。第五种是进口商品配送中心，为整个公司服务，主要作用是大量进口以降低进价，再根据要货情况送往其他配送中心。第六种是退货配送中心，接收店铺因各种原因退回的商品，其中一部分退给供应商，一部分送往折扣商店，一部分就地处理，其收益主要来自出售包装箱的收入和供应商支付的手续费。

资料来源：价值中国网 http://www.chinavalue.net/Management/Article/2006-3-29/25109.html。

5.4.4　物流配送信息技术

物流配送信息技术包括计算机网络、条码技术（Bar Code）、电子数据交换（EDI）、射频技术（RF）、地理信息系统（GIS）、全球定位系统（GPS）、IC卡技术、传感器技术和全球移动通信系统（GSM）等，它们都属于在物流配送中心使用的智能技术，其应用与物流配送中心功能要素的关系如表5-7所示。在物流中心功能要素上应用智能技术时，应该遵循这样的原则：实现同一功能要素中的某项作业时，要在不影响实施效果的前提下，尽量采取简便易行、投入成本较小的技术。在选择智能技术时，尽量选择多功能的技术，即选择用于多种物流要素的技术，这样可能减少引进或研发成本，节约时间，很快适应市场。

表 5-7 智能技术与物流功能要素关系表

要素名称	服务功能	主要技术
运输	在途驾驶员信息 路径引导 电子付费服务 运输车辆管理 紧急事件与货物安全 危险预警 货物跟踪	地理信息系统、条码技术、电子数据交换、计算机网络、射频技术、全球定位系统、IC卡技术、传感器技术、全球移动通信系统
储存	货位管理 自动补货 储存安全	条码技术、计算机网络、传感器技术、射频技术
包装	自动识别 自动包装	条码技术、计算机网络
装卸搬运	自动分拣 自动分货	条码技术、计算机网络、人工智能
流通加工	作业管理	计算机网络
物流管理	订单管理 客户管理 设备管理	电子数据交换、计算机网络、人工智能、客户关系管理、全球移动通信系统

本章小结

本章阐述了电子商务与物流配送的相互关系，介绍了电子商务下物流配送的特点，分析了电子商务物流配送的基本模式和特点。阐述物流配送中心网点的合理布局、物流配送中心的选址、物流配送中心的内部布局，强调建立相应的评估体系。最后介绍了配送中心信息管理系统的功能、构成及涉及的信息技术。

物流配送是电子商务的重要环节，而电子商务又影响着物流配送的发展，两者相互影响，相互促进。配送中心的设计对物流配送的发展又起着至关重要的作用。

现代物流配送模式按不同标准可分为多种形式。如按经营主体分为自营配送、外包配送、共同配送和混合配送等，还可按配送商品的种类及数量、配送时间及数量等标准划分。电子商务下物流配送呈现了信息化、网络化、实时性等特点。在电子商务环境下,也存在前面提及的几种配送模式,但由于科学技术的进步,可以在虚拟环境下建立虚拟配送中心,采用虚拟配送模式,又称越库配送模式,这样就使物流成本大大地降低了。

配送中心网点的合理布局及选址都有较成熟的方法,需要遵循一定的原则。物流配送中心内部的规划设计首先要确定总体规模,包括预测物流量、确定单位面积的作业量定额和确定配送中心的占地面积。在这个阶段中,应做的工作是对基本资料的分析、固化条件的设定、作业程序和信息系统框架的规划、物流设备的规划与选择、周边设施的规划和选择以及区域的布置规划。最后需要建立相应的评估体系以对规划的经济性、技术性和系统作业等方面做出评价。

为了满足物流信息的需求,配送中心应建立采购入库、销售出库、财务会计、配送管理和运营绩效管理信息系统。总体功能包括提供日常动作的计划与监控、电子数据交换、信息增值服务等功能。物流配送信息技术要在不影响实施效果的前提下,尽量采取简便易行、投入成本较小的技术。

思考题

1. 物流配送对电子商务发展有何影响?
2. 电子商务下的物流配送特点有哪些?
3. 现代物流配送模式有哪些类型?
4. 物流配送中心合理选址的意义和基本原则有哪些?
5. 如何进行物流中心内部的规划设计?
6. 物流配送中心信息系统的作用有哪些?物流信息系统对满足现代化物流配送中心有哪些要求?
7. 物流配送中心信息管理系统的总体功能有哪些?它是由哪几个子系统构成的?

案例分析

案例 5-1 华联——以物流配送为本

1993 年 1 月,华联正式开业,经过十几年的发展,公司已经由最初的 6 家门店发展成为网点遍布上海市各区县,并辐射苏、浙、赣、皖等省市的全国规模最大的超市连锁集团之一。2003 年,国内加盟店总数达到 1 100 家。作为一家以连锁经营为特征、以开拓全国市场为目标的集约化、自我滚动扩张能力强的连锁超市公司,华联迅速、稳健发展的核心支撑是它的物流配送系统。

华联的物流配送体系是与华联一同诞生并发展壮大的。随着公司经营范围从江、浙两省向全国的辐射,华联更是将配送中心的建设放在了首位。2002 年 5 月,通过对

公司优质存量资产的重新配置,将华联原有的配送系统独立出来,组建了上海华联超市物流有限公司。它不仅极大地增强了华联的核心竞争力,并且成为这家公司新的经济增长点。按华联董事长华洲的设想,华联最终要建立起来的是"配销联盟",是包容了供货商、销售商与终端客户的完整的供应链。这意味着,华联超市要走沃尔玛的发展模式,即以配送中心支撑连锁店铺的发展。华洲最欣赏沃尔玛的正是这一点:物流的好坏已经决定了企业经营的好坏。华联的物流配送体系建设概况如下。

1. 配送中心

华联在配送中心的选址、规模、功能上都具有独到的眼光。目前已投入运行的新配送中心位于享有"上海物流第一站"美誉的桃浦镇,可为1 000家门店配货,其智能化、无纸化、机械化程度在国内首屈一指;随着华联走向华东地区,公司于1999年初和2001年分别在南京、北京建立了配送中心,构建当地物流网络;同时考虑到超市业的竞争焦点之一是大副食、生鲜食品的经营,华联于1998年底成立了自己的生鲜食品加工配送中心。随着特许经营网络的拓展,华联还兴建了4个大型配货中心,以高效率、低成本、集约化、多功能、现代化的物流体系,促进商品配送的科学化、合理化、高效化、经济化。

2. 信息系统

为使物流配送体系发挥更高的效率,华联先后投资8 000万元建立了强大的信息管理系统,各配送中心以及公司所有门店的计算机均与总部信息中心联网。通过这个系统,实现了每个门店的商品销售情况以及各配送中心的库存、配送情况的信息共享,并可利用该系统进行诸如商品购销情况、市场供需变化等的分析,实现订单信息一步到位和自动补货等功能。同时,通过导入POS(Point of Sales)系统和EOS(Electronic Order System)系统作业,提高了运营质量和运营效率,从技术手段上提高总部对门店的控制能力,保证管理质量,使门店与总部之间的纽带更牢固。

另外,为适应公司管理模式的转型与业务流程的IT化,华联将建设企业内部网络型的办公自动化系统,实现内网和外网的统一。建立数据仓库系统,包括客户情报系统、门店自动化补货系统,将实现较高的CRM(Customer Relationship Management)、ERP(Enterprise Resource Plan)管理。

3. 补货系统自动化

2000年,华联与上海捷强集团、宝洁公司等供应商建立了自动补货系统,将"连锁超市补货"转变为"供货商补货"。而后与上海电信合作,希望以EDI方式与绝大多数供应商建立自动补货系统。经过一年多的努力,终于实现了这一目标。此举大大缩短了库存周转的天数。如今,这一做法已推广到600多家供应商。前不久,华联对宝洁公司的补货提出新的要求:宝洁的商品供货期从17天缩短为10天,这将减少宝洁产品在华联配送中心占用的仓储面积。作为回报,华联增加了宝洁商品的上架品种。

4. 物流配送运作模式

每天工作结束前,各个门店的订货需求通过 Modem 方式传递给总部,总部计算机对所有的订货需求进行汇总后生成总的订货单,这些数据通过 DDN 专线直送配送中心。华联根据经销商品的不同情况和 ABC 分析,按三种类型物流来运作。

储存型物流——这类商品进销频繁,整批采购、保管,经拣选、配货、分拣,配送到门店;中转型物流(即越库配送)——这类商品通过计算机网络系统,汇总各商场门店的订货信息,然后整批采购,不经储存,直接在配送中心进行拣选、组配和分拣,再配送到门店;直送型物流——这类商品由供货商直接组织货源送往超市门店,不经过配送中心,但配货、配送信息由配送中心集中处理。

同时,建立客户服务窗口,通过电话、E-mail 和 Web 网站,听取加盟店对总部供货系统的意见,实现了信息的内部共享。

资料来源:金融界 http://www.jrj.com.cn/NewsRead/Detail.asp?NewsID=431332。

讨论题:
1. 简述华联物流配送的先进性。
2. 华联物流配送体系对我国连锁企业有何借鉴?

案例 5-2　伊藤洋华堂的物流配送

创立于 1958 年的伊藤洋华堂是日本著名的超市型零售企业。虽是日本第二大规模的超市,在销售额和利益方面却往往力拔头筹。尽管近年来日本经济不太景气,伊藤洋华堂却一直保持着较高的利润水平。1996 年销售额为 15 297 亿日元,1999 年为 15 451 亿日元,即使在动荡的 2000 年度,仍实现销售额 14 907 亿日元。2003 年,伊藤洋华堂又以 272.066 亿美元的销售业绩位居财富全球企业 500 强第 148 位。能长期保持如此良好的经营业绩,其卓越的物流管理功不可没。其物流配送体系概况如下。

1. 配送中心

目前,承担伊藤洋华堂主要配送业务的是 4 个自营配送中心(崎玉、群马、札幌、中京)和一些共同配送中心。这两类配送中心处理和配送的商品种类有所不同。

以崎玉物流中心为例,其地产和房产归伊藤洋华堂所有,但整个中心的运营由伊藤洋华堂和日本运通共同进行,以后者管理为主。该中心主要处理杂货、日用品、服装和储藏性较好的加工食品,平均每天处理商品 14 万~15 万件,高峰时可达到 20 万件,年处理的商品高达 5 500 亿~5 600 亿日元,占伊藤洋华堂全部销售额的 20%~25%。

共同配送中心以松下铃木鸠谷中心为代表,主要配送加工食品。该中心自 1991 年成立以来,一直是伊藤洋华堂的专用共同配送中心,配送范围主要是公司在崎玉地区的 37 个店铺。

2. 物流业务外包

1997年6月,伊藤洋华堂与日用品生产商花王公司合作,开始实现业务外包。外包范围涉及伊藤洋华堂36家店铺的5 500种商品,花王公司的系统物流中心针对这36家商店各自的营业范围,提供包括采购、包装、运输、配送在内的物流服务。实施外包后,各商店只要将花王送来的商品摆到货架上就行了。利用花王的土地、仓库、人员、设备和物流设施,伊藤洋华堂一改以前那种"一切事务都由自己做"的"自我拥有主义",不需要再扩建自己的物流中心,开始采取"零售商就应该专心做好零售工作"的新经营方针。物流业务被委托出去以后,公司从商品进货到上架的时间缩短了近30%,提高了物流效率,也降低了物流成本。

3. 信息系统

20世纪90年代初,伊藤洋华堂斥巨资与著名的计算机系统研发机构合作,开发了独有的以POS为前端的计算机网络信息系统,并不断进行升级。营业人员借助POS上的数据,可以确定商品销售同季节、气候、一天中的不同时段以及节假日等因素之间的关系,掌握这些难以通过调查表和样本调查获得的信息。这些数据除用来订购和展示商品外,还将立即反馈给商品开发环节。伊藤洋华堂还在其计算机系统中引进了名为GOT的图形订货终端,使销售现场的营业人员可根据销售的现况进行现场订货。这套信息系统从根本上解决了单品管理对大量信息处理的要求,为单品管理的实施奠定了基础。

4. 配送方式

店铺中的作业实行各单品POS数据的灵活运用,主要是根据前一天的销售数据(生鲜产品和乳制品是当天的数据),预测当日打烊时的商品销售量,并根据店铺库存情况及时订货。这种作业有两种形式,即陈列补货和商品订货。陈列补货是在货架缺货时及时进行补货,作业时间是在早上8点到10点;商品订货是店铺出现断货时,通过自动订货终端向总部请求进货,作业时间一般是早上10点到中午12点。所有作业全部在中午完成,下午各店铺便专心从事经营活动。店铺早上发送的订单到中午时开始在伊藤洋华堂总部处理,下午2点到3点将各订单发给相对应的合作生产商。共同配送中心(窗口批发企业)和物流中心经一夜的物流作业后,第二天再将所订商品发往店铺。目前,物流配送实行的是早上、下午各一次的一日两次配送体制。

资料来源:http://www.chinawuliu.com.cn/xsyj/200807/04/139754.shtml。

讨论题:

1. 简述伊藤洋华堂物流配送的先进性。
2. 与案例5-1比较,指出两者在物流配送管理方面的异同。

实际操作训练

实训项目 5-1　网上商城配送中心管理调研

（1）实训目的：熟悉配送中心的各个环节及作业流程。

（2）实训内容：参观网上商城配送中心，分析电子商务环境下配送管理业务流程。

（3）实训要求：将参加实训的学生分组，在教师指导下进行调研，完成实训报告。

实训项目 5-2　电子商务商城物流配送信息系统分析

（1）实训目的：通过实训，在5-1实训基础上，对电子商务商城物流配送信息系统进行分析。

（2）实训内容：对电子商务商城配送信息管理进行调研，分析电子商务商城配送信息管理系统的组成及功能。

（3）实训要求：将参加实训的学生分组，在教师指导下进行调研，完成实训报告。

实验教学建议

实验项目　配送管理软件操作

项目名称	实验课时	内容提要	教学要求	实验类别	实验方式
配送管理软件操作	2	（1）熟悉配送信息管理系统 （2）明确配送系统在整个物流活动中的重要地位	通过本实验教学，分角色模拟配送中心各个作业环节，了解配送业务流程，明确配送系统在整个物流活动中的重要地位	综合性	教师指导独立完成

第6章 电子商务物流技术与信息管理

知识架构

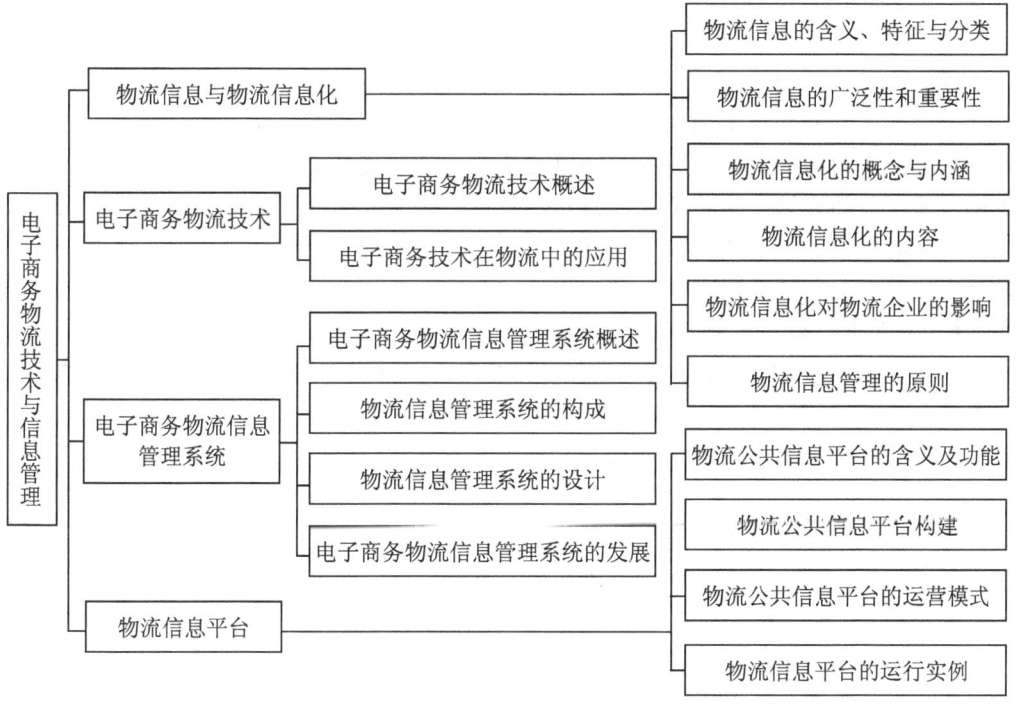

教学目标与要求

通过本章的学习,熟悉物流信息的含义、特点及分类,掌握物流信息化的概念与内容,了解物流信息化对现代物流企业的影响;掌握理解电子商务物流技术的含义、构成,熟悉条码技术(Bar Code)、电子数据交换(EDI)、射频识别技术(RFID)、地理信息系统（GIS）、全球定位系统（GPS）、物联网（IoT）等物流信息技术在电子商务物流中的应用，充分认识信息技术在电子商务物流发展中的重要作用；理解电子商务物流信息管理系统的含义、功能、类型及层次结构，了解物流信息管理系统的构成、设计方法；掌握物流信息平台的含义及其功能，理解物流信息平台的构建及其原则，通过相关实例分析了解物流信息平台的运行。

基本概念

物流信息化　物流信息技术　条形码　电子数据交换　射频识别技术　地理信息系统　全球定位系统　物联网　电子商务物流信息管理系统　物流信息平台

引导案例：物联网技术促进苏宁物流模式转型

苏宁将加快物流、信息化体系的升级建设，不断夯实后台，在 2015 年前完成 12 个区域拣选中心、60 个区域配送中心的建设，形成全国协同、立体覆盖的物流网络；加大云计算、物联网技术的研究，为消费者提供最优的用户体验与增值服务，为供应商提供更完善的供应链管理服务，并通过苏宁易购研发总部及美国硅谷与北京、深圳等地研发中心的建设，实现搜索、推荐、数据挖掘等方面的研究突破；通过在全国建设云计算数据中心，形成向合作伙伴、中小企业与消费者提供云服务与系统解决方案的能力。

1. 上半年营业总收 471.91 亿元人民币

2012 年 8 月 30 日，苏宁电器股份有限公司（SZ.002024）发布 2012 半年度报告，报告显示，2012 年 1~6 月，公司实现营业总收入 471.91 亿元人民币，其中主营业务收入 465.07 亿元人民币，比上年同期分别增长 6.69%、6.57%；实现营业利润 21.78 亿元人民币，利润总额 22.04 亿元人民币。截至报告期末，苏宁在中国大陆、中国香港地区、日本市场共有连锁店 1 728 家。

2. 线上线下并进实现净利 17.54 亿元人民币

报告期内，苏宁新进 8 个地级以上城市，新开连锁店 79 家，实现营业总收入 471.91 亿元人民币，归属于上市公司股东的净利润 17.54 亿元人民币。苏宁搭建大集采平台，支撑新品类的拓展。线下实体店坚持"旗舰店"战略，调整绩效较差的店面，渗透二、三级市场；推进苏宁与乐购仕双品牌运营，增强乐购仕自主的采购、销售和服务能力。

线上部分，苏宁易购 2012 年 1~6 月继续保持高增长态势，组织架构进一步完善：建立从总部到各地区管理公司的完整管理体系；品类经营进一步丰富：酒类、母婴、商旅、彩票等频道陆续上线，7 月上线开放平台，SKU 总量近 100 万；品牌影响进一步提升：启用新 LOGO，增强品牌认知，持续开展 E18 促销、全网比价月等系列宣传推广活动。

3. 加强后台建设助推苏宁转型

2011年苏宁提出"科技转型 服务升级"的新十年战略，目前苏宁战略转型已步入正轨。基于顾客对购物体验要求的不断升级，下半年苏宁将加快推进"苏宁Expo超级旗舰店"等店面业态，在经营品类、购物氛围、互动体验、服务方式等方面实现全面升级；借助互联网的优势打破线下店面空间的局限，充分利用移动互联网技术，拓展店面的产品经营品类，有效实现线上线下互动。

资料来源：RFID世界网 http://news.rfidworld.com.cn/2012_09/56881ddc482a1d75.html。

6.1 物流信息与物流信息化

在企业经营中，采购、生产、销售、物流、人力资源及财务等各部门处于同等重要的地位。企业的产品库存量、库存产品周转率、库存产品积压和滞销等信息，客观地反映了该企业产品的适销对路与否、流动资金占压的大小以及产品销售部门工作业绩等情况。如果企业决策者懂得物流在企业经营中的重要程度，十分关注企业库存变化等物流信息，便可以及时调整产品生产计划、产品品种，杜绝采购上的浪费，减少物流成本，提高企业竞争力。如果企业将各个销售点、各个城市和各个地区的销售、库存、在途产品、原材料和零部件采购、付款和回款等所有物流、商流、资金流的信息一并收集、整理、筛选和分析，则可大大提升企业的经营管理水平。

6.1.1 物流信息的含义、特征与分类

1. 物流信息的含义与内容

根据中国国家标准《物流术语》(GB/T 18354—2006)，物流信息是指反映物流各种活动内容的知识、资料、图像、数据和文件的总称。在紧密联系的物流网络系统中，每个节点回答上游节点的询问，向下游节点发出业务请求，根据上下游节点的请求和反馈提前安排货物输送过程。信息流在物流过程中起到了事前测算流通路径、即时监控输送过程和事后反馈分析的作用。在环环相扣的物流过程中，虚拟的场景和路径简化了操作程序，极大地减少了失误和误差，使得每个环节之间的停顿时间大幅度降低。

物流信息的内容可以从狭义和广义两方面来考察。

(1) 狭义的物流信息。从狭义范围来看，物流信息是指与物流活动（如运输、保管、包装、装卸、流通加工等）有关的信息。在物流活动的管理与决策中，如运输工具的选择、运输线路的确定、每次运送批量的确定、在途货物的跟踪、仓库的有效利

用、最佳库存数量的确定、订单管理和如何提高顾客服务水平等，都需要详细和准确的物流信息，因为物流信息对运输管理、库存管理、订单管理及仓库作业管理等物流流动具有支持保证的功能。

（2）广义的物流信息。从广义范围来看，物流信息不仅指与物流活动有关的信息，而且包含与其他流通活动有关的信息，如商品交易信息和市场信息、政策信息，还有来自企业内生产、财务等部门的与物流有关的信息。商品交易信息是指与买卖双方的交易有关的信息，如销售和购买信息、订货和接受订货信息、发出货款和收到货款信息等；市场信息是指与市场活动有关的信息，如供货人信息、顾客信息、消费者的需求信息、竞争者或竞争性商品的信息、促销活动信息、交通通信等基础设施信息等。从广义上看，物流信息不仅连接生产厂家和最终消费者，而且在整个供应链上与物的流动起着相辅相成的作用。

2．物流信息的特征

物流信息一般具有如下特点：

（1）物流信息涉及面广，信息量大。物流信息随着物流活动以及商品交易活动的展开而大量发生。多品种少量生产和多频度小量配送使库存、运输等物流活动的信息大量增加。零售商广泛应用销售时点系统（POS）读取销售时点的商品品种、价格和数量等即时销售信息，并对这些销售信息加工整理，通过电子数据交换系统（EDI）向相关企业传送。同时为了使库存补充合理化，许多企业采用了电子订货系统（EOS）。随着企业合作倾向的增强和信息技术的发展，物流信息的信息量在今后将会越来越大。

根据物流信息的这一特点，在收集物流信息时必须注意其全面性，凡是与物流相关的国内外信息，政治、经济、文化信息，生产、流通、消费信息，商流、物流、资金流信息等应该全面进行收集、筛选、整理、加工和分析研究。例如，有时因天气预报信息被忽视，下暴雨、下雾、下雪等可能造成配送中断，商品脱销。有时因一场重大体育比赛、演出或一条新闻被忽视，也可能造成热卖商品的供货断档。

（2）物流信息时间价值性强。要求物流信息与商品流通的时间相适应，及时性强，更新快。多品种少量生产、多频度小数量配送、利用 POS 系统的即时销售时的各种作业活动频繁发生，从而要求物流信息不断更新，而且更新的速度越来越快。信息是瞬息万变的，应及时捕捉、及时筛选和研究分析。

（3）物流信息要具有较强的真实可靠性。物流信息和与物流相关的信息，都可能有真有假、有虚有实。因此，对信息要进行严格的筛选，去伪存真，把握真谛。要善于把握信息的脉搏，驾驭信息主流。

（4）物流信息技术手段配套利用，发挥综合效果。在信息日新月异发展的时代，各种新的信息技术和手段如雨后春笋层出不穷。要将各种信息技术和手段配套利用，物流信息技术和物流软件技术并用。还应该与物流硬件设施，如仓库、配送中心、集装箱、托盘及自动分类分拣系统等相匹配。

（5）信息来源多样化。物流信息发生的来源、处理场所、传达对象地域分布很广。物流信息不仅包括企业内部的物流信息（如生产信息、库存信息等），而且包括企业间的物流信息和与物流活动有关的基础设施的信息。企业竞争优势的体现需要各供应链与企业之间相互协调合作。协调合作的手段之一是信息及时交换和共享。许多企业把物流信息标准化和格式化，利用EDI在相关企业之间进行传送，实现信息分享。另外，物流活动往往利用道路、港湾、机场等基础设施，因此为了高效率地完成物流活动，必须掌握与基础设施有关的信息，如在国际物流过程中必须掌握与保税、通关和港湾作业等信息。

3．物流信息的分类

（1）按物流活动功能不同分类

按物流活动功能不同，可以将物流信息分为运输信息、仓储信息、装卸搬运信息、包装信息和加工信息等。

① 运输信息。运输信息是产生于货物运输环节的物流信息，这是物流信息的主要信息之一。包括陆地货物运输信息、水上货物运输信息、航空货物运输信息、管道货物运输信息、邮政特快专递货物运输信息以及各种货物代理运输信息。

② 仓储信息。仓储信息是产生于仓储环节的重要的物流信息。包括各种仓库、货场的货物储存信息和代储信息。

③ 装卸搬运信息。装卸搬运信息是产生于货场和装卸搬运环节的物流信息。包括各种港口、码头、机场、车站、仓库、货场的货物装上、卸下、移送、挑选、分类、堆垛、入库、出库等信息。

④ 包装信息。包装信息是产生于物品包装环节的物流信息。包括各种仓库货物的包装和修改包装以及包装物生产的信息。

⑤ 加工信息。加工信息是产生于流通加工环节的物流信息。包括商业配送进行的计量、组装、分类、保鲜、贴商标以及商务快送、住宅急送等信息。

（2）按管理层次不同分类

按管理层次不同，可以将物流信息分为战略型物流信息、经营决策型物流信息和管理型物流信息。

① 战略型物流信息。战略型物流信息主要用于制定企业经营战略时参考。企业的经营战略多种多样，复杂多变，企业的战略型物流信息在企业经营中占有重要地位，特别是在商品销售竞争激烈，消费者需求个性化、多样化时代，物流信息显得更为重要，它甚至关系到企业的生存和发展。

② 经营决策型物流信息。企业的战略型物流信息侧重于全局性和经营理念性，企业经营决策型物流信息是根据企业的总体发展战略和经营理念，制定企业的经营决策

模式,并按照经营决策模式确定企业物流计划、收集与企业有关的物流信息。企业的经营决策型物流信息的内容有企业物流发展规划、企业物流机构设置、企业物流人员配备、企业物流投资比重、企业物流网络构筑、企业物流设施建设、企业物流经营策略和企业物流合理化措施等。

③ 管理型物流信息。与战略型物流信息和经营决策型物流信息相比,管理型物流信息更具体、更细致一些。管理型物流信息的运用目的是更好地提高物流作业效率,最大限度地发挥物流系统的整体功能。其侧重点在于通过管理,使所有相关环节协调化、整合化、最优化。同时,使物流与商流、资金流同步。管理型物流信息,关联因素很多,牵涉的面也很广,信息量相当大。

以化妆品生产企业的配送为例,管理型物流信息的活动内容十分丰富。

- 研究分析产品特点,如品种多、品牌杂、消费需求变化大、商品变化周期短等。
- 以销售为轴心,在各地区建一个物流基地,将各地生产工厂的产品批量地运至地区物流基地汇总。
- 在各个城市建配送中心,负责向各商店、营业网点供货。
- 为防止出现断货,一方面按订单计划生产,另一方面在各商店和营业网点设终端计算机,使用手持终端随时将卖出的商品输入计算机,并传送至配送中心、物流中心、生产工厂和公司本部各相关管理部门。
- 各营业网点负责制定其所负责的若干个商品的供货计划,传递给各地区营业所汇总后上报公司本部。
- 各配送中心随时将库存变化情况上报各地区物流中心,各地区物流中心随时将各种数据上报公司本部。
- 公司本部的销售部门、物流部门、生产部门和采购部门,分别根据自己掌握的信息,结合自己的市场调查分析和预测,向公司决策者提出采购计划、生产计划、销售计划和物流计划。
- 公司决策者再根据各个部门的意见,结合自己掌握的经营决策信息和战略信息,综合研究、判断和分析,做出决策,指挥全局。
- 各商店、营业网点、配送中心、物流中心的管理部门,使用统一的信息标准,定时、定期填报汇总,信息的处理方式、传递时间、内容、种类等均按标准规定进行。

6.1.2 物流信息的广泛性和重要性

1. 物流信息的广泛性

可从两个角度来谈,一是物流系统本身信息的广泛性;二是物流相关信息的广泛性。

（1）物流系统本身信息的广泛性

就物流系统本身信息而言，包括交通运输信息、仓储信息、装卸搬运信息、包装信息、流通加工信息和配送信息。仅交通运输信息，就可列举出铁路、公路、水运、航空、管道等各种运输基础设施的建设进度、网络疏密、利用状况、畅通程度、收费标准、质量等级、营运能力、管理水平以及火车、卡车、轮船、飞机等各种运输工具相互转换的难易度、物流结点的作业效率等。单说交通运输中的道路信息，又可分为道路路基、道路施工质量、道路长度、宽度、弯度、道路通行能力、道路标志及通信状态、道路发生交通事故的频度、道路周围环境及气候、桥梁高度及桥面负荷、道路上人与车辆的混杂情况、道路两旁山体滑坡及水浸的可能性等。物流是一个系统工程，强调系统的整合性和协调性。所以，运输、保管、装卸搬运及包装等各环节的协调运转，除了管理因素外，就是信息传递的及时性和顺畅程度。各个物流环节信息的整合和系统化筛选是十分重要的。每个环节的信息都不能间断，否则物流系统的整体优势就会受到影响。

（2）物流相关信息的广泛性

① 物流信息与商流信息、资金流信息的关联。一般来说，没有商流就没有物流，商流信息是物流活动之源，而商流的后面是资金流的后盾支撑，因此说，物流、商流、资金流和信息流是四位一体的关系。商流是一种买卖交易，国内外贸易，可能是批发、零售、采购或交换的过程，可能发生在人与人之间，也可能发生在计算机与计算机之间，即所谓的网上购物。不管是哪种方式的商流，成交后都必然有一个物流的过程。商流规模的大小、批次的多少等都直接关系到物流信息量的大小。

② 物流信息与生产信息的关联。一方面，从库存货物的数量和种类可以大体了解到商品的销售状态，企业把库存信息和销售信息作为安排生产计划的参考；另一方面，物流企业反过来也可以把生产企业的信息，如原材料采购、生产产品种类、数量、生产进度、备料、出厂日期以及批量等收集起来，作为自己的信息资源有效地利用。

③ 物流信息与消费信息的关联。可以这样理解，市场需求决定生产，消费决定市场需求，购买力和购买欲望又决定消费，而购买力和购买欲望又取决于消费者收入的多少和生活水平的高低。如果消费者生活水平高了，人的追求倾向变了，商流会随之改变。例如，现在喝牛奶的人多了，对食品、肉类、蔬菜、海产品要求的新鲜度关注了，这就要求物流企业多使用冷藏车运输、冷冻仓库保管、恒温一贯化物流，航空货运的数量也会不断增加，这类信息物流企业不可忽视。

④ 物流信息与国内外政治、经济以及文化的关联。在国际形势缓和的状态下，经济全球化进展就顺利，进出口贸易量增加，国际物流活跃，运输量上升。反之，国际形势一紧张，情况则正好相反。从国外的实践来看，国家的大政方针、国民经济发展计划、产业政策、资金投向、大型项目计划、流通发展蓝图、城市规划以及铁路、公

路、港口、物流园区建设等信息与物流都有紧密的关联。

2．物流信息的重要性

人们把现代经济称为网络经济，人类现已进入信息化时代，每个人时时处处都在接触、收集和利用信息。信息能帮人们学习知识、提高技能；信息能帮人们节约时间，减少浪费；信息还能帮人们成就事业、发财致富。对于生产企业来讲，市场供求信息、销售状况信息、价格升降信息、消费者动态信息、同行企业信息、物流信息、资金流信息、商流信息乃至国内外时事、重大事件、金融、股市、保险、国家政策法规、领导人讲话、大型社会活动等信息都不可忽视。企业如果没有信息来源，就如人没有眼睛和耳朵，周围茫然一片，结果不可想象。假如卫星信号中断、国际通信失灵、雷达停转，或者找不到外语翻译，互联网没有画面，其结果更是不可想象。

（1）信息是物流的重要功能。信息在物流中本来就是重要的功能之一，物流信息对于物流活动来讲，犹如灵魂和生命一样的重要。可以说，物流活动中没有信息的支撑，就没有物流系统。这是因为：信息提高了物流各个功能环节的效率。在运输环节中，由于使用了全球定位系统，对地面运输车辆和水运船只进行精确的跟踪定位，提供交通气象信息，异常情况报警信息和指挥信息，不仅能确保车辆、船只的运营质量和安全，而且能进行各种运输工具的优化组合、运输网络的合理编制，大幅度提高了运输效率；在货物保管环节中，由于使用了条形码信息技术，使商品的出入库、库存保管、商品统计查寻、托盘利用等所有保管作业实现了自动检测、自动操作和自动管理，大幅度降低了保管成本，提高了仓储效率；在装卸搬运和包装环节中，由于使用了电子数据信息和条形码信息技术，实现了自动化装卸搬运、模块化单元包装、机械化分类分拣和电子化显示作业，大幅度提高了装卸搬运和包装作业效率，加强了为用户服务的效率。

（2）信息提升物流系统的整体效益。由于使用了电子数据交换系统，使运输、保管、装卸搬运、包装等各环节功能之间，实现了数据的快速、批量传送。特别是各部门、各种运输工具、各种类型单位之间的横向数据交换。这就把物流的各个环节功能有效地衔接和整合起来，发挥了物流系统整体和综合优势。

（3）信息提升物流、商流、资金流的整体效益。由于有了互联网，充分利用事务处理系统（TPS）、管理信息系统（MIS）、决策支持系统（DSS）、销售时点信息系统（POS）等信息系统，把生产企业、批发零售企业、供应商、分销商、物流企业、金融信贷企业等通过现代信息技术联系在一起，及时、准确、批量地交换有关数据；商流、物流和资金流有机地连接起来，提升了整体效益；使生产、流通和消费能动地协调起来，克服了横向阻隔，实现了良性循环，避免了大量不必要的浪费，提高了经济和社会效益。

6.1.3 物流信息化的概念与内涵

物流信息化，包括商品代码和数据库的建立、运输网络合理化、销售网络系统化和物流中心管理电子化建设等。物流信息化表现为物流信息收集的数据化和代码化、物流信息处理的电子化和计算机化、物流信息传递的标准化和实时化，物流信息存储的数字化、物流信息管理的高技术化、物流信息的商品化等。因此，要求数据库技术（Database）、电子订货系统（EOS）、电子数据交换（EDI）、条码技术（Bar Code）、快速反应（QR）、有效客户反应（ECR）及企业资源计划（ERP）等技术与观念在物流中得到普遍应用。

1．物流信息化的概念

物流信息化是指物流企业以业务流程重组为基础，广泛使用现代物流信息技术，控制和集成企业物流活动的所有信息，实现企业内外信息资源共享和有效利用，以提高企业的经济效益和核心竞争力。

物流信息化程度的高低，是衡量现代物流企业实力的一个重要标志，是物流企业市场核心竞争力的表现。现代物流企业必须广泛使用现代物流信息技术，控制和集成所有的信息。有几台计算机，开发几个信息系统，买几台物流设备，不能称其为物流信息化。物流信息化意味着整个物流作业环节从运输、仓储、装卸搬运、包装、流通加工到配送全面使用现代信息技术，实现企业内外信息资源的优化配置和集成化管理，企业的发展更多的是利用信息。物流信息化的最终目的是提高企业的经济效益和核心竞争力，企业的经营管理要较以前有本质的、根本性的变化。

2．物流信息化具有深刻的内涵

具体来说有以下五个方面。

（1）以现代物流信息技术为基础。信息化从某种意义上来说，就是现代信息技术的广泛应用过程。物流信息化也是这样，是现代物流信息技术在物流活动中的广泛应用过程。

（2）以物流信息资源开发利用为核心。物流信息资源是物流企业最重要的资源之一，开发利用物流信息资源既是物流信息化的出发点，又是物流信息化的目标，在整个物流信息化体系中处于核心地位。物流信息资源分内部信息资源和外部信息资源，内部信息资源是指物流企业内部经营管理和各个环节产生的信息资源，如物流计划信息、物流财务信息、物流运输信息、物流仓储信息、物流配送信息等。外部信息资源是存在于物流企业外部，对物流企业有影响的信息资源，如物流市场信息、物流宏观经济信息、物流政策法规信息等。物流信息资源的开发利用，不仅要收集、掌握、加工、处理、储存、传递、使用和拓展内外物流信息资源，而且还要在此基础上重新设计物流业务流程，重新定位物流企业内外关系，重新构造物流企业组织架构，重新设计物流制度框架，重新考虑物流企业文化和重新变革管理模式。未来的物流市场竞争，更多的将是物流信息资源的开发和利用效能的竞争。

（3）物流信息化覆盖物流活动的各方面。物流信息化涵盖了物流企业生产经营活动的各个方面和全部过程，包括运输信息化、仓储信息化、装卸搬运信息化、包装信息化、流通加工信息化、配送信息化等。物流信息化除覆盖物流活动的各个环节外，还会引起物流企业组织结构、企业文化、企业经营管理理念和模式的变化。

（4）物流信息化的最终目的是增强企业的核心竞争力。在市场经济条件下，只有具有市场竞争和利润驱动的内在动力，才会使企业产生使用先进的物流信息技术改造传统物流的迫切要求。尽管物流信息化会使企业在物流上投入一笔资金，还要承受物流信息化带来的组织变革的阵痛，并承担可能失败带来的风险，但一旦成功将会给企业带来很大的经济效益。沃尔玛从美国一个小镇的杂货店发展成为今天的全球零售商巨头，一个重要的原因是得益于其先进的物流信息化系统，我国海尔集团的强大很大方面也是得益于物流信息化。因此，物流信息化的根本动力就是增强企业核心竞争力，提高企业的经济效益。

（5）物流信息化是一个过程。物流信息化不是一朝一夕能够实现的。特别是对传统物流企业来说，信息技术的开始使用只是战术层次，只是某个物流环节的使用。随着其不断向物流活动各个环节的渗透，会进一步形成战略性影响。从作为自动化的工具和信息沟通的手段，到整个物流活动的信息化，是一个渐进的发展过程。物流信息化随着企业的发展而发展，而物流信息化水平的提高又反过来促进企业的发展，形成一个良性循环，从而推动企业不断向前发展。物流信息化的发展速度和水平提高一方面取决于企业的发展水平，企业发展快，物流信息化需求高，资金投入也大，从而推动企业物流信息化发展；另一方面，取决于物流企业员工的信息化知识和水平的高低，员工的物流信息化知识的水平高，乐意使用信息化技术和设备，可大大降低劳动强度，提高劳动效率，员工有舒适感和成就感，从而推动物流信息化进程。反之，就会阻碍物流信息化发展。因此，大力加强对员工的信息化知识和技术的培训，是提高物流信息化水平的一个重要条件。物流信息化还是一个不断学习的过程，企业要不断向物流信息化建设得好的和成功的企业学习，借鉴同类企业物流信息化建设的成功经验，使自己在建设过程中事半功倍，少走弯路。同时，还要不断总结自己在物流信息化建设道路上的成功经验和失败教训，加深对物流信息化的认识，从而促进物流信息化的发展和水平的提高。

6.1.4 物流信息化的内容

1. 现代物流信息技术的广泛应用

现代物流信息技术的应用是物流信息化的基本内容和基础，没有现代物流信息技术的广泛应用，不能称其为物流信息化。现代物流信息技术主要包括计算机技术、通信技术、网络技术、条码技术、电子数据交换技术、无线射频识别技术、地理信息系统、全球定位系统、快速反应技术和电子自动订货系统等。

计算机的广泛应用是物流信息化最基本的内容，是基础的基础。因为企业大多数信息现在都是以电子信息的形式出现，这就必须借助于计算机来进行信息处理。在信息化时代，没有计算机的企业，无法与社会交流信息，将是一个封闭的企业，从而会使企业失去很多发展机会，甚至会使企业陷入困境。计算机应用包括硬件建设和软件应用，购买计算机硬件，企业必须投入一笔资金；开发和购置软件同样需要企业投入一笔资金，要克服重硬轻软的思想。

现代通信技术是计算机和通信技术的结合体，包括两个方面的内容：一是将计算机应用于通信中，解决复杂、庞大、快速的通信交换问题；二是将通信技术应用于计算机，使分散在异地的计算机或其终端联结，组成计算机通信网络，实现信息资源的共享。网络技术又叫计算机网络技术，是将具有独立功能的多台计算机、终端及其附属物流设备，通过通信设备和线路联结起来，并配以相应的网络软件构建的网络系统。既可以联结成简单的网络，也可以联结成复杂的网络，通常根据网络覆盖范围不同和应用技术不同可划分为局域网、城域网和广域网。局域网的覆盖面积一般在数千米内，特别适合企业内部信息化建设。城域网是将各个独立的局域网联结起来形成的一个规模更大的适合于大城市使用的网络。广域网又叫远程计算机网络，可以跨城市、跨地区，伸延到全国和全球，它可以租用公共电话网或专用线路，把远程的计算机联结起来，互联网是地球上最大的广域网。

2．物流过程信息化

物流过程信息化即建设以适应物流市场变化，可迅速、快捷、灵敏反应的物流信息系统，形成以物流市场为核心，使物流要素的资源信息化、数字化、自动化，实现物流活动过程的优化和高度集成的信息体系。其主要体现在实现物流运输信息化、仓储信息化、装卸搬运信息化、包装信息化、流通加工信息化、配送信息化和信息处理的数字化等方面。

3．物流管理信息化

物流管理工作包括计划、组织、指挥、协调和控制等功能，是一项复杂的系统工程。物流管理信息化彻底改善物流管理工作费时费力的状况，大大提高物流管理工作效率。通过建立物流管理信息系统，使物流计划制定更加科学合理，更加切合实际，并具有前瞻性。组织职能也将大大优化，更有效率。指挥路线不再是自上而下的单向指挥，而是自上而下和自下而上的双向指挥，指挥的效果能够得到及时反馈，协调交流更加快捷、直接、通畅。控制职能将进一步发挥作用，特别是事前控制将发挥更大作用,各种误差事故将及时得到反馈和纠正。管理信息化将覆盖物流管理的各个方面,通过建立人力资源、劳动工资、财务管理、成本核算、物耗能耗管理、技术管理等管理信息系统,使人流、财流、物流和技术流更加规范合理。彻底改变传统物流那种封闭的、强制的、分而治之的、以纵向层次组织为主体的信息流程,代之以开放的、民主的、组合分工的、以横向组织为主的信息化运作管理。

4. 加强企业信息网络及网站建设

现代物流企业必须充分利用计算机网络开展物流业务活动,必须构建企业内部信息网络和建立企业网站,企业网要与外部互联互通,实现物流信息资源共享。加强企业信息资源的开发利用,要根据企业的特点,建立企业信息资源库。充分利用企业内外信息资源,为企业管理和决策提供依据。

5. 重视信息管理机构的建立和人才培养

企业必须建立相应的信息管理机构,配备相应的信息管理人才,要建立物流企业首席信息官(Chief Information Officer,CIO)制度,培养自己的 CIO 人才。做好信息化基础工作,加强企业信息化标准工作,建立行之有效的规范的信息管理制度,严格操作程序和规程,按信息化要求加强企业业务流程重组和优化。

6.1.5 物流信息化对物流企业的影响

物流信息技术的飞速发展,物流信息设备和产品的日新月异,物流信息技术在物流领域的广泛渗透和应用,已对物流企业产生了重大影响,其主要表现在以下几个方面。

1. 物流信息化拓宽了物流企业的生存发展空间

由于物流信息技术在物流领域的广泛应用,使物流市场和物流企业逐步实现信息化、数字化、网络化,有效、合理地配置使用各种资源,方便物流企业进入其他地区、其他行业或其他企业的市场,甚至冲出国门、走向全球,从而大大地拓宽了物流企业的生存发展空间,有利于物流企业适应经济全球化的发展需要。

2. 物流信息化有利于物流企业经营规模的扩张

物流企业由于市场空间的扩大,往往会带来经营规模的扩张,而物流企业经营规模的扩张又常会带来自身的组织成本及管理费用增加,从而减弱组织的管理控制能力,物流企业只有通过信息化、数字化、网络化才能缩短由于经营规模扩张所带来的空间距离,降低组织成本和管理费用,从而形成物流企业的规模竞争优势,提高物流企业的市场竞争实力。

3. 物流信息化为物流企业赢得了时间竞争优势

物流信息技术的强大功能不仅可以在物流企业内加速物流信息的处理、存储、传递、使用和反馈，大大提高物流作业效率，而且可以整合企业间的不同信息系统，使物流供应链成员之间沟通信息更为方便、快捷，缩短了时间上的距离，为物流企业建立了一个有效的快速反应系统，从而赢得时间上的竞争优势。

4. 物流信息化为物流企业走向世界提供了有利条件

物流企业要冲出国门、走向世界，开展国际物流，就必须以物流信息化作为信息交流平台。在国际物流条件下，企业的经营管理是准时管理、精益化管理和柔性化管理。而所有这些管理，都需要现代技术的支持，都需要有一个信息化支撑平台。如准时管理，就需要资金流、物流、信息流合而为一，需要有能支持多功能集成的网络与物流信息化平台。现代物流是当代计算机技术与物流信息技术的运用，是先进物流思想的真实体现。

近年来，我国的物流业和物流信息化，正处在一个快速发展的时期。国内物流市场或者是物流信息化市场逐渐呈现出二元化的结构。以跨国公司和国内少数先进企业为主要客户群形成高端市场，而以国内中小企业客户为主，通过逐步实现信息化来完善自身物流这样的一个低端市场，也是不可忽视的。物流信息化是物流现代化的基础，没有物流信息化，物流领域中就不可能应用和发展如此多的先进技术和设备，计算机技术特别是信息技术的广泛应用彻底改变了当今物流的面貌。

阅读资料 6-1 物流企业网络信息化建设

随着中国加入 WTO 以及分销服务业的对外开放，国外一流的物流企业也随之进入中国。美国联邦快递收购大田集团、荷兰 TNT 收购华宇物流、美国 UPS 收购中外运合资公司 50%股权，2008 年，中国申通快递又被国外的 DHL 收购。中国物流企业正面临国际物流企业的巨大压力，如何发展民族物流企业？中国物流企业与国际物流企业的差距在哪里？

根据国家发改委日前公布的相关信息，中国物流业除了资金以外，与国际物流企业的更大差距在于物流企业的信息化和自动化程度，在国外物流企业的信息流是非常发达的，系统化管理与自动化设备、互联网高科技利用之高是中国物流企业无法比拟的；据中国互联网络信息中心（CNNIC）统计，中国有 70%以上的物流公司竟然还没有自己的网站。很多物流公司还是按照传统的"口碑"来做业务，获取物流供求信息渠道极度有限，互联网信息平台的利用与电脑系统化管理等高科技的利用相当滞后，严重影响了国内物流公司的发展。

物流企业信息化建设大致分为两个部分，首先是物流行业信息平台的打造。国家在"十一五"计划中一再强调要加快中国物流行业的"大"发展，建设"大物流"的首要任务就是要解决"物流信息平台的建设"，着重扶持国内少数较大的全国性的物流信息网站，打造中国大物流的"信息流"，为中国广大物流企业提供一个快速生存发展的平台。第二就是物流企业要利用互联网、电脑系统化等高科技手段，迅速建设自己的物流网络和企业网站，实现企业物流网络信息化。

资料来源：中国物流与采购网 http://www.chinawuliu.com.cn/information/201005/11/153610.shtml。

6.1.6 物流信息管理的原则

1．系统原则

物流信息管理是多个管理层面的组合，物流信息管理最终是通过系统完成的。要有整体性观念，而不是简单、机械地叠加，要分阶段，有计划地实行。

2．激活原则

繁多的信息，必须转化为有效信息系统的输入信息，即把物流管理信息激活，为我所用。

3．整序原则

物流信息涵盖面广，信息量大，但实行要求较高，所以要求物流信息管理必须遵循整序原则。一个厂商的物流系统的设计越有效，它对信息的准确性越敏感，而协调的、准时的物流系统是不可能用过度的存货来适应作业上的差错，这是因为安全库存已被控制在最低限度。信息流反映了一个物流系统的动态，不准确的信息和作业过程中的延迟都会削弱物流的功能。因此，物流信息的质量和及时性是物流作业的关键因素。

4．防范原则

一般来说，物流管理信息被本企业获得，则成为物流管理的钥匙，但若为竞争对手企业所获，则成为危害。所以自信息产生以来，安全性是永不会停止的话题。

5．搜索原则

领导者只关心具体管理结果，而管理者要关心管理信息的来源，而这些信息往往不是表面的事情，是要有一定深度的挖掘才能得到的，要得到这些信息，就要遵循搜索原则。

6.2 电子商务物流技术

信息、物质和能源是人类社会发展的三大资源。当今，随着以计算机技术、通信技术和网络技术为代表的现代信息技术的飞速发展，人们越来越重视对信息资源的开发和利用，人类社会正从工业时代阔步迈向信息时代。电子商务物流技术的广泛应用，改变了传统的物流管理过程，使物流各节点之间的信息实时沟通和共享，提高了物流运作的效率和精确性，实现了对物流信息的有效管理与控制。

6.2.1 电子商务物流技术概述

电子商务物流的发展是以电子商务技术和物流技术为支撑的。没有现代的电子商务技术和先进的物流技术的支撑，物流是难以得到发展的。目前飞速发展电子商务，一方面给物流技术增添了新的内容，如条码技术（Bar Code）、电子数据交换（EDI）、地理信息系统（GIS）、全球定位系统（GPS）及物联网（IoT）等；另一方面，它不仅给传统的以实物运作为主的物流技术提供了发展的机遇，而且也使传统的物流技术面临着挑战，传统的物流技术只有与现代的电子商务技术紧密地结合，才能发挥更大的作用，电子商务物流也才能得到有效的发展。

1. 电子商务给物流技术带来的变革

电子商务的发展不仅给物流带来了新的发展机遇，而且也使现代物流具备了信息化、网络化、智能化、柔性化和虚拟化等一系列新特点。这些特点不仅要求物流向系统化、社会化和高效化的方向发展，而且也给物流技术带来了新的变革。

（1）信息化给物流技术带来的变革

现代物流与传统物流的区别，主要在于现代物流有了计算机网络和信息技术的支撑，并应用了先进的管理技术和组织方式，将原本分离的商流、物流、信息流和采购、运输、仓储、代理、配送等环节紧密联系起来，形成了一条完整的供应链。现代物流技术包括现代物流技术手段和方法、物流技术标准、物流作业规范、物流基础设施设备和物流信息交换等方面的信息化研究。可见，物流信息技术是现代物流技术的重要组成部分。如条码技术（Bar Code）、数据库技术（Database）、电子数据交换（EDI）、自动数据采集（ADC）、增值网（VAN）、电子订货系统（EOS）、计算机辅助订货系统（CAO）、电子货币转账（EFT）、自动存取系统（AS/RS）、IC卡、供应商管理库存技术（VMI）、连续补货计划（CRP）、仓库管理系统（WMS）、快速反应（QR）、有效客户反应（ECR）、准时制（JIT）、配送资源计划（DRP）、物流资源计划（LRP）、企业资源计划（ERP）、射频识别系统（RFID）、全球定位系统（GPS）、地理信息系统（GIS）、智能交通系统（ITS）和物联网（IoT）技术等，信息化构成了电子商务物流的基础，没有物流的信息化，任何先进的物流技术设备都不可能在物流过程中发挥有效的作用，电子商务物流也会有名无实。

（2）网络化给物流技术带来的变革

这里的网络化主要指的是物流技术在物流系统中的计算机通信网络与企业内部网的应用。电子商务的发展要求与之相对应的物流系统网络与其相适应。一是物流系统的计算机通信网络，它不仅包括物流配送中心与供应商、制造商的联系要通过计算机网络，而且包括其与下游顾客之间的联系也要通过计算机网络通信。如物流配送中心向供应商提出订单的过程，就可以使用计算机通信方式，借助于增值网（VAN）上的电子订货系统（EOS）和电子数据交换技术（EDI）来自动实现，物流配送中心通过计算机网络收集下游客户的订货过程也可以自动完成。二是组织的网络化，即企业内部网（Intranet）。例如，我国台湾地区的计算机业在 20 世纪 90 年代创造出了"全球运筹式产销模式"，这种模式的基本点是按照客户订单组织生产，生产采取分散形式，即将全世界的计算机资源都利用起来，采取外包的形式将一台计算机的所有零部件、元器件、芯片外包给世界各地的制造商去生产，然后通过全球的物流网络将这些零部件、元器件和芯片发往同一个物流配送中心进行组装，由该物流配送中心将组装的计算机迅速发给订户。这一过程需要有高效的物流网络支持。

（3）智能化给物流技术带来的变革

为提高物流作业的效率，需要提高物流作业各个环节的智能化水平，如库存水平的确定、运输（搬运）路径的选择、自动导向车的运行轨迹和作业控制、自动分拣机的运行以及物流配送中心经营管理的决策支持等。在物流自动化的进程中，物流智能化是不可回避的技术难题，它对于实现物流的高效化有着非常重要的作用。物流的智能化已成为电子商务下物流发展的一个新趋势。

随着电子商务的发展与普及，企业对物流系统集成的要求越来越高，这主要取决于软件系统的发展与完善。目前物流系统的软件开发与研究正朝着集成化物流系统软件、物流仿真系统软件以及制造执行系统软件与物流系统软件合而为一，并与企业资源计划（ERP）系统集成的方向发展。

（4）柔性化给物流技术带来的变革

随着市场变化的加快，产品寿命周期正在逐步缩短，小批量、多品种的生产已经成为企业生存的关键。目前，国外许多适用于大批量制造的刚性生产线正在逐步改造为小批量、多品种的柔性生产线。这种发展趋势要求物流配送向柔性化的方向发展，也要求与传统的物流技术相结合。如工装夹具设计的柔性化、托盘与包装箱设计的标准化、生产线节拍的无级变化与输送系统调度的灵活性管理等。

（5）虚拟化给物流技术带来的变革

随着全球定位系统的应用，社会大物流系统的动态调度、动态储存和动态运输将逐渐代替企业的静态固定仓库。由于物流系统的优化目的是减少库存直到零库存，这种动态仓储运输体系借助于全球定位系统，充分体现了未来宏观物流系统的发展趋势；随着虚拟企业和虚拟制造技术的不断深入，虚拟物流系统已经成为企业内部虚拟制造系统一个重要的组成部分。例如，英国一家公司采用三维仿真系统对拟建的一条汽车装配线及其相关的仓储输送系统进行了虚拟仿真，经过不断完善和修改，最终的系统降低了成本，提高了效率。

2．电子商务物流技术的含义

电子商务物流技术一般是指与电子商务物流要素活动有关的所有专业技术的总称，可以包括各种操作方法、管理技能等，如流通加工技术、物品包装技术、物品标识技术及物品实时跟踪技术等；物流技术还包括物流规划、物流评价、物流设计及物流策略等；当计算机网络技术的应用普及后，物流技术中综合了许多现代技术，如条码、电子数据交换、射频识别技术、地理信息系统和全球定位系统等。

3．电子商务物流技术的构成和种类

电子商务物流技术作为与电子商务物流要素活动有关的、实现物流目标的所有专业技术的总称，从不同的方面来划分，电子商务物流技术的构成和种类也不同。一般来说，电子商务物流技术的构成和种类主要有以下几个方面。

（1）按范围划分，电子商务物流技术有狭义和广义之分。狭义的电子商务物流技术主要是指电子商务物流活动过程中的有关物流技术。如货物实体在运动过程中的一些物流技术、有关物流信息运动的一些物流技术等。广义的电子商务物流技术不仅包括电子商务物流活动过程中的有关物流技术，而且也包括其构成之外的一些物流技术以及物流技术的发展规律等，如物流规划技术、物流效率分析与评价技术等。

（2）按内容划分，电子商务物流技术可划分为实物作业技术和电子商务技术。实物作业技术主要包括包装技术、运输技术、储存保管技术、装卸搬运技术和流通加工技术等；电子商务技术主要包括条码、电子数据交换、射频识别技术、地理信息系统和全球定位系统等。

（3）按领域划分，电子商务物流技术可划分为物流硬技术和物流软技术。物流硬技术是指组织实现电子商务物流过程所需要的各种材料、物流机械和设施，如各种包装材料、运输工具、仓储设施以及服务于物流的电子计算机、通信设施等方面的技术；物流软技术是指为组织实现高效率的电子商务物流所需要的计划、分析、评价等方面的技术和管理方法等，如物流设施的合理使用和调配、运输路径选择等技术。

就目前来看，在我国电子商务物流的发展过程中不仅要重视物流硬技术的建设，更要重视物流软技术的建设，通过物流软技术的建设，来更好地发挥物流硬技术的作用，提高电子商务物流的效率。

（4）按物流的实物作业过程划分，电子商务物流技术可划分为包装技术、运输技术、储存保管技术、装卸搬运技术、流通加工技术以及配送技术等。

4．电子商务物流技术的评价标准

电子商务物流技术的评价标准一般包括以下几个方面。

（1）先进性标准

先进性标准是在采用电子商务物流技术时，应尽可能采用先进的电子商务物流技术。对于电子商务物流技术先进性的评价，不仅要从技术的功能性、稳定性、可靠性上进行评价，而且也要从技术是否具有拓展性、是否安全等方面进行评价；不仅要重视和考虑电子商务技术和物流作业技术的先进性，而且也要考虑两者的配套性和协调性，谨防两者脱节，给电子商务物流活动产生不必要的损失，影响电子商务物流效率的提高。

（2）经济性标准

经济性标准是指在采用电子商务物流技术时，要考虑电子商务物流技术在经济上的合理性。一是要考虑采用某项电子商务物流技术时的投资规模。投资规模不能脱离企业的财务现实，如果投资规模过大，脱离了企业的实际，不仅会使企业背上沉重的财务负担，而且也会造成投资效益的下降。二是要考虑企业的物流规模和发展方向。一般来说，对于物流规模较小、且不把物流作为主要发展方向的企业来说，应尽量减少在物流硬技术方面的投资，相应地扩大在物流软技术方面的投资；而对于物流规模较大、且把物流作为主要发展方向的企业，不仅要进行物流硬技术方面的投资，而且更为重要的是，应适当加大在物流软技术方面的投资。三是要考虑电子商务物流技术在应用过程中的费用问题。

（3）适用性标准

适用性标准是指电子商务物流技术的应用应适合物流的现实经济状况。在当代，技术的发展与社会经济的发展关系是紧密相关的，技术的先进性必须同经济上的合理性相结合，只有这样，物流技术的应用才能给社会经济带来最佳的经济效益，物流技术才有其发展价值。适用性的评价标准产生了"适用技术"的概念。

所谓"适用技术"，就是在具体条件下使用能带来实际效益的技术。先进的技术并不一定都是适用的技术，只有能够带来实际效益的技术才能成为适用的技术。从这一观念出发，在物流管理中，无论是对于物流硬技术的采用，还是对于物流软技术的采用，都必须采用物流中的适用技术，既要考虑电子商务物流技术上的先进性，又要考虑物流经济上的合理性，不能片面地追求物流技术上的先进性，而不讲经济上的合理性。因而在物流活动的实际过程中，对于物流过程中的某一个项目、技术方案或新的措施等，都应进行技术分析和评价（或可行性研究），务必使技术和经济相统一，使两者处于最佳的状态之中。

5. 电子商务物流技术的作用

电子商务物流技术存在于电子商务物流活动的各个方面和各个环节，电子商务物流技术是否先进、合理，直接影响着电子商务物流活动的运行状况。电子商务物流技术的作用主要表现在以下几个方面。

（1）电子商务物流技术是提高电子商务物流效率的重要条件。电子商务物流的优势之一就是能简化物流业务流程，提高物流的作业效率。人们可以通过电子商务技术，对物流活动进行模拟、决策和控制，从而使物流作业活动选择最佳的方式、方法和作业程序，提高物流作业的质量和效率。

（2）电子商务物流技术是降低电子商务物流费用的重要因素。先进的、合理的电子商务物流技术不仅可以有效地提高电子商务物流的效率，而且也可以有效地降低电子商务物流费用。这主要是由于先进的、合理的电子商务物流技术的应用不仅可以有效地使物流资源得到合理的运用，而且也可以有效地减少物流作业过程中的货物损失。

（3）电子商务物流技术可以提高电子商务物流的运作质量、提高顾客的满意度，电子商务物流技术的应用不仅提高了电子商务物流效率，降低了物流费用，而且也提高了客户的满意度，密切了与客户的关系。电子商务物流技术的应用，快速响应系统的建立，可使企业能及时地根据客户的需要，将货物保质保量迅速地送到客户所指定的地点。

此外，先进合理的电子商务技术的应用，还有利于实现物流的系统化和标准化，有利于企业开拓市场，扩大经营规模，增加收益。

6.2.2 电子商务技术及其在物流中的应用

如前所述，电子商务物流技术是与电子商务物流要素活动有关的、实现物流目标的所有专业技术的总称，它包括许多方面。按内容划分，电子商务物流技术可划分为实物作业技术和电子商务技术。在此，主要介绍电子商务技术及其在物流中的应用。电子商务方面的技术主要包括条码技术、电子数据交换、射频识别技术、地理信息系统和全球定位系统等。

1．条码技术及应用

（1）条码技术概念与作用

根据中国国家标准《物流术语》（GB/T 18354—2006），条码（barcode）是指由一组规则排列的条、空及其对应字符组成的标记，用以表示一定的信息。条码技术（Bar Code）是在计算机的应用实践中产生和发展起来的一种自动识别技术。它是为实现对信息的自动扫描而设计的。它是实现快速、准确而可靠地采集数据的有效手段。条码技术的应用解决了数据录入和数据采集的"瓶颈"问题，为供应链管理提供了有力的技术支持。

条码技术为用户提供了一种对物流中的物品进行标识和描述的方法，借助自动识别技术、POS 系统、EDI 等现代技术手段，企业可以随时了解有关产品在供应链上的位置，并即时做出反应。当今在欧美等发达国家兴起的有效客户反应（ECR）、快速反应（QR）及自动连续补货（ACEP）等供应链管理策略，都离不开条码技术的应用。条码是实现 POS 系统、EDI、电子商务和供应链管理的技术基础，是物流管理现代化、提高企业管理水平和竞争能力的重要技术手段。

条码技术是实现自动化管理的有力武器，有利于进货、销售、仓储管理一体化；是实现 EDI、节约资源的基础；是及时沟通产、供、销的纽带和桥梁；是提高市场竞争力的工具；可以节省消费者的购物时间，扩大商品销售额。物流条码是条码中的一个重要组成部分。它的出现，不仅在国际范围内提供了一套可靠的代码标识体系，而且为贸易环节提供了通用语言，为 EDI 和电子商务奠定了基础。因此，物流条码标准化在推动各行业信息化、现代化建设进程和供应链管理的过程中将起到不可估量的作用。

（2）物流条码的标准体系的内容

物流条码的标准体系的内容主要包括码制标准和应用标准。

① 码制标准。主要有通用商品条码（EAN-13）GB/T 12904—91、交叉二五条码 GB/T 16829—97 和贸易单元 128 条码（EAN/UCC-128）GB/T 15429—94 等。

这三种条码是物流条码中常用的码制，它们的具体应用在实际中又有所不同。一般来说，通用商品条码用在单个大件商品的包装箱上；交叉二五条码可用于定量储运单元的包装箱，ITF-14 和 ITF-6 附加代码共同使用也可以用于变量储运单元；贸易单元 128 条码的使用是物流条码实施的关键，它能够标识贸易单元的信息，如产品批号、数量、规格、生产日期、有效期及交货地等。

② 应用标准。物流条码体系的应用标准主要包括位置码、储运单元条码和条码应用标识。

- 《EAN 位置码》主要提供了国际共同认可的标识团体和位置的标准，也正逐渐用于标识交货地点和起运地点，成为 EDI 实施的关键。
- 《储运单元条码》国家标准起到了对货物储运过程中物流条码的规范作用及实际应用中具有标识货运单元的功能，是物流条码标准体系中一个重要的应用标准。
- 《条码应用标识》是商品统一条码有益的和必要的补充，填补了其他 EAN/UCC 标准遗留的空白，它将物流和信息流有机地结合起来，成为连接条码与 EDI 的纽带。

（3）条码技术在仓储配送业中的应用

仓储配送是产品流通的重要环节。美国最大的百货公司沃尔玛在全美有 25 个规模很大的配送中心，一个配送中心要为 100 多家零售店服务，日处理量约为 20 多万个纸箱。每个配送中心分三个区域：收货区、拣货区和发货区。在收货区，一般用叉车卸货。先把货堆放到暂存区，工人用手持式扫描器分别识别运单上和货物上的条码，确认匹配无误才能进一步处理，有的要入库，有的则要直接送到发货区，称作直通作业以节省时间和空间；在拣货区，计算机在夜班打印出隔天需要向零售店发运的纸箱的条码标签，白天，拣货员拿一叠标签打开一只只空箱，在空箱上贴上条码标签，然后用手持式扫描器识读。根据标签上的信息，计算机随即发出拣货指令，在货架的每个货位上都有指示灯，表示那里需要拣货以及拣货的数量，当拣货员完成该货位的拣货作业后，按一下"完成"按钮，计算机就可以更新其数据库；装满货品的纸箱经封箱后运到自动分拣机，在全方位扫描器识别纸箱上的条码后，计算机指令拨叉机构把纸箱拨入相应的装车线，以便集中装车运往指定的零售店。

在国内，条码在加工制造和仓储配送业中的应用也已有了良好的开端。例如，某卷烟厂，成箱的纸烟从生产线下来，汇总到一条运输线。在送往仓库之前，先要用扫描器识别其条码，登记完成生产的情况，纸箱随即进入仓库，运到自动分拣机。另一台扫描器识读纸箱上的条码。如果这种品牌的烟正要发运，则该纸箱被拨入相应的装车线。如果需要入库，则由第三台扫描器识别其品牌。然后拨入相应的自动码托盘机，码成整托盘后送达运输机系统入库储存。条码的功能在于极大地提高了成品流通的效率，而且提高了库存管理的及时性和准确性。

2．电子数据交换技术及应用

（1）电子数据交换技术简介

根据中国国家标准《物流术语》（GB/T 18354—2006），电子数据交换（electronic data interchange，EDI）是指采用标准化的格式，利用计算机网络进行业务数据的传输和处理。电子数据交换，按照同一规定的一套通用标准格式，将标准的经济信息，通过通信网络传输，在贸易伙伴的电子计算机系统之间进行数据交换和自动处理，俗称"无纸贸易"。以往世界每年花在制作文件上的费用达3 000亿美元，所以"无纸化贸易"被誉为一场"结构性的商业革命"。

构成EDI系统的4个要素是EDI软件、硬件、通信网络以及数据标准化。一个部门或企业若要实现EDI，首先，必须有一套计算机数据处理系统；其次，为使本企业内部数据比较容易地转换为EDI标准格式，须采用EDI标准；另外，通信环境的优劣也是关系到EDI成败的重要因素之一。由于EDI是以事先商定的报文格式形式进行数据传输和信息交换，因此，制定统一的EDI标准至关重要。世界各国开发EDI得出一条重要经验，就是必须把EDI标准放在首要位置。EDI标准主要分为以下几个方面：基础标准、代码标准、报文标准、单证标准、管理标准、应用标准、通信标准以及安全保密标准。

在这些标准中最首要的是实现单证标准化，包括单证格式的标准化、所记载信息标准化以及信息描述的标准化。单证格式的标准化是指按照国际贸易基本单证格式设计各种商务往来的单证样式；在单证上利用代码表示信息时，代码应处位置的标准化。目前，我国已制定的单证标准有中华人民共和国进、出口许可证，原产地证书，装箱单和装运声明等。信息内容的标准化涉及单证上哪些内容是必需的，哪些不一定是必需内容。例如，在不同的业务领域，同样的单证上所记载的内容项目不完全一致。信息格式的标准化指在单证上所记载的信息的表示必须符合国际或国家标准，否则势必无法与外界交换信息，如图6-1所示。

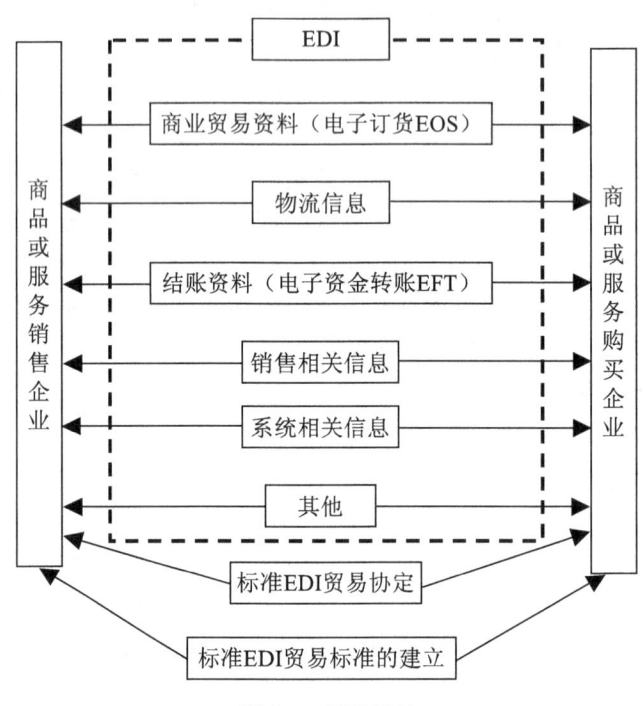

图6-1 EDI系统

（2）电子数据交换技术在物流过程中的应用

EDI是一种信息管理或处理的有效手段，它可以对物流供应链上物流、信息流进行有效的运作，如传输物流单证等。EDI在物流运作中的目的是充分利用现有计算机及通信网络资源，提高交易双方信息的传输效率，降低物流的运作成本。具体来说，主要包括以下几个方面。

① 对于制造业来说，利用EDI可以有效地减少库存量、缩短生产线待料时间，降低生产成本。

② 对于运输业来说，利用EDI可以快速通关报检、科学合理地运输资源，缩短运输距离、降低运输成本费用、节约运输时间。

③ 对于零售业来说，利用EDI可以建立快速响应系统，减少商场库存量与空架率，加速资金周转，降低物流成本。同时也可以建立起物流配送体系，完成产、存、运、销一体化的供应链管理。

3．射频识别技术及应用

（1）射频识别技术简介

根据中国国家标准《物流术语》（GB/T 18354—2006），射频识别（radio frequency identification，RFID）是指通过射频信号识别目标对象并获取相关数据信息的一种非接触式的自动识别技术。射频识别技术的基本原理是电磁理论，其优点是不局限于视线，识别距离比光学系统远，射频识别卡具有读写能力，可携带大量数据，难以伪造，且具有智能性。

射频识别（RFID System）系统是由射频标签、识读器、计算机网络和应用程序及数据库组成的自动识别和数据采集系统。射频识别系统的传送距离由许多因素决定，如传送频率、天线设计等。对于应用射频识别的特定情况应考虑传送距离、工作频率、标签的数据容量、货物尺寸、重量、定位、响应速度及选择能力等。RFID 适用于物料跟踪、运载工具和货架识别等要求非接触数据采集和交换的场合，由于 RFID 标签具有可读写能力，对于需要频繁改变数据内容的场合尤为适用。

近年来，便携式数据终端（PDT）的应用多了起来，PDT 可把那些采集到的有用数据存储起来或传送至一个管理信息系统。便携式数据终端一般包括一个扫描器、一个体积小但功能很强并带有存储器的计算机、一个显示器和供人工输入的键盘。在只读存储器中装有常驻内存的操作系统，用于控制数据的采集和传送。PDT 存储器中的数据可随时通过射频通信技术传送到主计算机。操作时先扫描位置标签，货架号码、产品数量就都输入到 PDT，再通过 RFID 技术把这些数据传送到计算机管理系统，可以得到客户产品清单、发票、发运标签、该地所存产品代码和数量等信息。

（2）射频识别技术在物流中的应用

射频识别技术在物流中的应用主要表现在：首先，射频识别技术可用于物流过程中货物的库存管理；其次，射频识别技术可用于物流过程中货物的运输管理；最后，射频识别技术可用于物流过程中货物的分拣管理。

因为，无论货物是在订购之中，还是在运输途中，都可通过射频识别技术以及由其所组成的系统使各级物流管理人员和作业人员都可以实时掌握所有的信息，避免货物的重复运输。该系统的运输功能就是靠贴在集装箱和装备上的射频标签（radio frequency tag）实现的。RFID 接收转发装置通常安装在运输线的一些检查点上（如门柱上、桥墩旁等），以及仓库、车站、码头、机场等关键地点。接收装置收到 RF 标签信息后，连同接收地的位置信息上传至通信卫星，再由卫星传送给运输调度中心，送入中心信息数据库中。对于库存管理来说，也可以通过射频识别技术以及由其所组成的系统，及时地掌握和了解各种货物的库存数量，通过网络系统传输给管理中心，以便及时地进行决策。可见射频识别技术不但可大大地提高物流的效率，而且也可大大地降低物流的作业成本。

4. 地理信息系统及应用

(1) 地理信息系统简介

根据中国国家标准《物流术语》(GB/T 18354—2006),地理信息系统(geographical information system,GIS)是指由计算机软硬件环境、地理空间数据、系统维护和使用人员四部分组成的空间信息系统,可对整个或部分地球表层(包括大气层)空间中有关地理分布数据进行采集、储存、管理、运算、分析显示和描述。地理信息系统是20世纪60年代迅速发展起来的地理学研究新成果,是多种学科交叉的产物,它以地理空间数据为基础,采用地理模型分析方法,适时地提供多种空间的和动态的地理信息,是一种为地理研究和地理决策服务的计算机技术系统。

GIS的基本功能是将表格型数据(无论它来自数据库、电子表格文件或直接在程序中输入)转换为地理图形显示,然后对显示结果浏览、操作和分析。其显示范围可以从洲际地图到非常详细的街区地图,显示对象包括人口、销售情况、运输线路以及其他内容。

GIS主要由四部分组成:计算机硬件系统、软件系统、空间地理数据库、GIS系统维护及使用人员。GIS的基本组成,如图6-2所示。

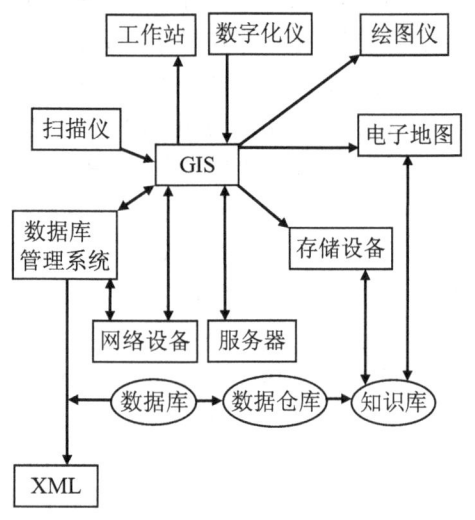

图6-2 GIS的基本组成

(2) 地理信息系统在物流中的应用

① 地理信息系统在仓库规划中的应用。地理信息系统本身是把计算机技术、地理信息和数据库技术紧密结合起来的新型技术,其特征非常适合仓库建设规划,从而使仓库建设规划走向规范化和科学化,使仓库建设的经费得到最合理的使用。仓库地理信息系统作为仓库管理信息系统的一个子系统,依据地理坐标、图标的方式更直观地反映仓库的基本情况,如仓库建筑情况、仓库附近公路和铁路情况和仓库物资储备情况等。它是仓库管理信息系统的一个重要分支和补充。

② 地理信息系统在铁路运输中的应用。铁路运输地理信息系统便于销售、市场、服务和管理人员查看客运站、货运站、货运代办点、客运代办点之间的相对地理位置,以及运输专用线和铁路干线之间的相对地理位置。不同颜色和填充模式区分的各种表达信息,使用户便于识别销售区域、影响范围、最大客户、主要竞争对象、人口状况及分布、工农业统计值等。由此可看到能够增加运输收入的潜在地区,从而扩大延伸服务。通过这种可视方式,可以更好地制定市场营销和服务策略,有效地分配市场资源。

③ 车辆监控系统。车辆监控系统是集全球定位系统、地理信息系统和现代通信技术于一体的高科技系统。其中主要功能是对移动车辆进行实时动态的跟踪，利用无线技术将目标的位置和其他信息传送至控制中心，在控制中心进行地图匹配显示监控和查询，从而科学地进行调度和管理，提高运营效率。移动车辆如果遇到麻烦或者其安全受到侵害，可以向控制中心发送报警信息，及时得到附近报案部门的支援，因此车辆监控系统还能够提供车辆安全服务，其应用是相当广泛的。

④ 在物流分析方面的应用。地理信息系统在物流分析方面的应用，是指利用地理信息系统强大的地理数据功能来完善物流分析技术。国外公司已经开发出了利用地理信息系统为物流提供专门分析的工具软件。完整的地理信息系统物流分析软件集成了车辆路线模型、最短路径模型、网络物流模型、分配集合模型和设施定位模型等。

第一，车辆路线模型。用于解决一个起点、多个终点的货物运输中如何降低物流作业费用，并保证服务质量的问题。包括决定使用多少辆车、每辆车的路线等。

第二，网络物流模型。用于解决寻求最有效的分配货物路径问题，即物流网点布局问题。

第三，分配集合模型。是根据各个要素的相似点把同一层上的所有或部分要素分为几个组，主要用以解决和确定服务范围、销售市场范围等问题。如某一公司要设立 X 个分销点，要求这些分销点要覆盖某一地区，而且要使每个分销点的顾客数目大致相等。

第四，设施定位模型。用于确定一个或多个物流设施的位置。在物流系统中，物流中心、仓库和运输线共同组成了物流网络，物流中心和仓库处于网络的节点上，节点决定着线路，如何根据经济效益等原则并结合供求的实际需要，在既定区域内确定设立多少个物流中心和仓库，每个物流中心和仓库的位置及规模等。

5. 全球定位系统及其应用

（1）全球定位系统简介

根据中国国家标准《物流术语》（GB/T 18354—2006），全球定位系统（global positioning system，GPS）是指由一组卫星组成的、24 小时提供高精度的全球范围的定位和导航信息的系统。全球定位系统具有在海、陆、空进行全方位实时三维导航与定位的能力。GPS 系统由 21 颗工作卫星和 3 颗在轨备用卫星组成 GPS 卫星星座，记作(21+3) GPS 星座。24 颗卫星均匀分布在 6 个轨道平面内，轨道倾角为 55°，各个轨道平面之间相距 60°，即轨道的升交点赤经各相差 60°。每个轨道平面内各颗卫星之间的升交角距相差 90°，一轨道平面上的卫星比西边相邻轨道平面上的相应卫星超前 30°。这种结构与设备配置使 GPS 具有全天候、高精度、自动化和高效益等显著特点，能在全球绝大多数地方进行全天候、高精度、连续实时的导航定位测量。

（2）全球定位系统在物流领域的应用

GPS 在物流领域可应用于汽车自定位、跟踪调度以及铁路运输等方面的管理，也可用于军事物流。

① 在汽车自定位、跟踪调度方面的应用。利用 GPS 的计算机管理信息系统，可以通过 GPS 和计算机网络实时收集全路汽车所运货物的动态信息，可实现汽车、货物追踪管理，并及时进行汽车的调度管理。据丰田汽车公司的统计和预测，日本公司利用全球定位系统开发的车载导航系统，使日本车载导航系统的市场在 1995—2000 年间平均每年增长 35%以上，全世界在车辆导航上的投资平均每年增长 60.8%，因此，车辆导航成为未来全球定位系统应用的主要领域之一。

② 在铁路运输方面的管理。利用 GPS 的计算机管理信息系统，可以通过 GPS 和计算机网络实时收集全路列车、机车、车辆、集装箱及所运货物的动态信息，可实现列车、货物追踪管理。只要知道货车的车种、车型、车号，就可以立即从近 10 万千米的铁路网上流动着的几十万辆货车中找到该货车，还能得知这辆货车现在何处运行或停在何处，以及所有的车载货物发货信息。铁路部门运用这项技术可大大提高其路网及其运营的透明度，为货主提供更高质量的服务。

③ 用于军事物流。全球定位系统首先是因为军事目的而建立的，在军事物流中，如后勤装备的保障等方面，应用相当普遍。通过 GPS 技术及系统，可以准确地掌握和了解各地驻扎的军队数量和要求，无论是在战时还是在平时，都能及时地进行准确的后勤补给。

阅读资料 6-2　物联网及应用案例

物联网（Internet of Things，IoT），也称为 Web of Things，即通过各种信息传感设备，如传感器、射频识别（RFID）技术、全球定位系统、红外感应器、激光扫描器、气体感应器等各种装置与技术，实时采集任何需要监控、连接、互动的物体或过程，采集其声、光、热、电、力学、化学、生物、位置等各种需要的信息，与互联网结合形成的一个巨大网络。物联网被视为互联网的应用扩展，以用户体验为核心的创新是物联网发展的灵魂。物联网的目的是实现物与物、物与人，所有的物品与网络的连接，方便识别、管理和控制，具有普通对象设备化、自治终端互联化和普适服务智能化 3 个重要特征。

物联网（Internet of Things）将无处不在（Ubiquitous）的末端设备（Devices）和设施（Facilities），包括具备"内在智能"的传感器、移动终端、工业系统、楼控系统、家庭智能设施、视频监控系统等和"外在使能"（Enabled）的，如贴上 RFID 的各种资产（Assets）、携带无线终端的个人与车辆等"智能化物件或动物"或"智能尘埃"（Mote），通过各种无线/有线的长距离/短距离通信网络实现互联互通(M2M)，应用大集成(Grand Integration)以及基于云计算的 SaaS 营运等模式，提供安全可控乃至个性化的实时在线监测、定位追溯、报警联动、调度指挥、预案管理、远程控制、安全防范、远程维保、在线升级、统计报表、决策支持、领导桌面（集中展示的 Cockpit Dashboard）等管理和服务功能，实现对"万物"的"高效、节能、安全、环保"的"管、控、营"一体化。

2009 年 9 月，在北京举办的"物联网与企业环境中欧研讨会"上，欧盟委员会信息和社会媒体司 RFID 部门负责人 Lorent Ferderix 博士给出了欧盟对物联网的定义：物联网是一个动态的全球网络基础设施，它具有基于标准和互操作通信协议的自组织能力，其中物理的和虚拟的"物"具有身份标识、物理属性、虚拟的特性和智能的接口，并与信息网络无缝整合。物联网将与媒体互联网、服务互联网和企业互联网一道，构成未来互联网。物联网有以下几种类型。

1. 私有物联网（Private IoT）：一般面向单一机构内部提供服务。
2. 公有物联网（Public IoT）：基于互联网（Internet）向公众或大型用户群体提供服务。
3. 社区物联网（Community IoT）：向一个关联的"社区"或机构群体（如一个城市政府下属的各委办局，如公安局、交通局、环保局、城管局等）提供服务。
4. 混合物联网（Hybrid IoT）：是上述两种或两种以上的物联网的组合，但后台有统一运维实体。

这里的"物"要满足以下条件才能够被纳入"物联网"的范围。
（1）要有数据传输通路。
（2）要有一定的存储功能。
（3）要有 CPU。
（4）要有操作系统。
（5）要有专门的应用程序。
（6）遵循物联网的通信协议。
（7）在世界网络中有可被识别的唯一编号。

物联网用途广泛，遍及智能交通、环境保护、政府工作、公共安全、平安家居、智能消防、工业监测、环境监测、老人护理、个人健康、花卉栽培、水系监测、食品溯源、敌情侦查和情报搜集等多个领域。2009 年 2 月 24 日在 2009 IBM 论坛上，IBM 大中华区首席执行官钱大群公布了名为"智慧的地球"的最新策略。此概念一经提出，即得到美国各界的高度关注，并在世界范围内引起轰动。IBM 认为，物联网把新一代 IT 技术充分运用到各行各业之中，具体地说，就是把感应器嵌入和装备到电网、铁路、桥梁、隧道、公路、建筑、供水系统、大坝和油气管道等各种物体中，然后将"物联网"与现有的互联网整合起来，实现人类社会与物理系统的整合，在这个整合的网络当中，存在能力超级强大的中心计算机群，能够对整合网络内的人员、机器、设备和基础设施实施实时的管理和控制，在此基础上，人类可以以更加精细和动态的方式管理生产和生活，达到"智慧"状态，提高资源利用率和生产力水平，改善人与自然间的关系。

毫无疑问，如果物联网时代来临，人们的日常生活将发生翻天覆地的变化。然而，不谈什么隐私权和辐射问题，就单把所有物品都植入识别芯片这一点现在看来还不太现实。人们正走向物联网时代，但这个过程可能需要很长的时间。

物联网的应用案例：

1. 物联网传感器产品已率先在上海浦东国际机场防入侵系统中得到应用

系统铺设了 3 万多个传感节点，覆盖了地面、栅栏和低空探测，可以防止人员的翻越、偷渡、恐怖袭击等攻击性入侵。而就在不久之前，上海世博会也与中科院无锡高新微纳传感网工程技术研发中心签下订单，购买防入侵微纳传感网 1 500 万元的产品。

2. ZigBee 路灯控制系统点亮济南园博园

ZigBee 无线路灯照明节能环保技术的应用是此次园博园中的一大亮点。园区所有的功能性照明都采用了 ZigBee 无线技术达成的无线路灯控制。

3. 智能交通系统

智能交通系统（ITS）是利用现代信息技术为核心，利用先进的通信、计算机、自动控制及传感器技术，实现对交通的实时控制与指挥管理。交通信息采集被认为是 ITS 的关键子系统，是发展 ITS 的基础，成为交通智能化的前提。无论是交通控制还是交通违章管理系统，都涉及交通动态信息的采集，交通动态信息采集也就成为交通智能化的首要任务。

4. 首家高铁物联网技术应用中心在苏州投用

我国首家高铁物联网技术应用中心 2010 年 6 月 18 日在苏州科技城投用，该中心将为高铁物联网产业发展提供科技支撑。

高铁物联网作为物联网产业中投资规模最大、市场前景最好的产业之一，正在改变人类的生产和生活方式。据中心工作人员介绍，以往购票、检票的单调方式，在这里升级为人性化、多样化的新体验。刷卡购票、手机购票、电话购票等新技术的集成使用，让旅客可以摆脱拥挤的车站购票；与地铁类似的检票方式，则可实现持有不同票据旅客的快速通行。

清华易程公司工作人员表示，为应对中国巨大的铁路客运量，该中心研发了目前世界上最大的票务系统，每年可处理 30 亿人次，而目前全球在用系统的最大极限是 5 亿人次。

5. 国家电网首座 220 千伏智能变电站

2011 年 1 月 3 日，国家电网首座 220 千伏智能变电站——无锡市惠山区西泾变电站日前投入运行,并通过物联网技术建立传感测控网络,实现了真正意义上的"无人值守和巡检"。西泾变电站利用物联网技术,建立传感测控网络,将传统意义上的变电设备"活化",实现自我感知、判别和决策,从而完成自动控制。完全达到了智能变电站建设的前期预想,设计和建设水平全国领先。

6. 首家手机物联网落户广州

将移动终端与电子商务相结合的模式,让消费者可以与商家进行便捷的互动交流,随时随地体验品牌品质,传播分享信息,实现互联网向物联网的从容过度,缔造出一种全新的零接触、高透明、无风险的市场模式。手机物联网购物其实就是闪购。广州闪购通过手机扫描条形码、二维码等方式,可以进行购物、比价、鉴别产品等功能。专家称,这种智能手机和电子商务的结合,是"手机物联网"的其中一项重要功能。有分析表示,预计 2013 年手机物联网占物联网的比例将过半,至 2015 年手机物联网市场规模达 6 847 亿元,手机物联网应用正伴随着电子商务大规模兴起。

资料来源:百度百科 http://baike.baidu.com/view/1136308.htm。

6.3 电子商务物流信息管理系统

信息技术是信息管理系统的基础,只有把信息技术与物流管理结合起来,才能真正发挥物流信息管理系统的作用。物流信息管理系统是由人员、计算机硬件、软件、网络通信设备及其他办公设备组成的人机交互系统,其主要功能是进行物流信息的收集、储存、传输、加工整理、维护和输出,为物流管理者及其他组织管理人员提供战略、战术及运作决策的支持,以达到组织的战略竞优,提高物流运作的效率与效益。

6.3.1 电子商务物流信息管理系统概述

1. 电子商务物流信息管理系统的含义

电子商务物流信息管理系统是一个由人、计算机网络等组成的能进行物流相关信息的收集、传送、储存、加工、维护和使用的系统。由于电子商务物流是信息网络和传统物流的有机结合,物流企业本身正以崭新的模块化方式进行要素重组,所以电子商务物流信息管理系统不仅是一个管理系统,更是一个网络化、智能化、社会化的系统。

物流系统的不同阶段和不同层次之间通过信息流紧密地联系在一起,因而在物流系统中,总存在着对物流信息进行采集、传输、储存、处理、显示和分析的物流管理信息系统。它的基本功能主要有数据的收集和录入、信息的储存、信息的传播、信息的处理和信息的输出等几个方面。

2. 电子商务物流信息管理系统的功能

该系统的功能定义在以计划、运输和仓储为主线，贯穿到配货、运输、仓库、分货、取货、送货、信息服务等物流服务的一系列基本环节，控制物流服务的过程，实现统一管理、统一配送、统一核算的物流服务。网上物流信息管理系统的主要功能如下。

（1）集中控制功能。该功能提供对物流全过程的监控，并能对各环节数据进行统计、分析，得出指导企业运营的依据。所涉及的环节有：业务流程的集中管理；责任管理；运输管理；费用结算管理；仓储管理以及统计报表等。

（2）运输管理功能。运输管理分为制定计划、接单、发运、路线和签收五个环节，在发运和到站过程中可能存在短暂的中转。

① 计划管理。包括分拨配送管理及运输计划管理。物流业务中的一个重要的服务内容就是保证货物安全、准确、及时到达目的地。为了保证货物在运输过程中不混乱、不丢失，就必须知道分拨配送货物的明细信息。厂商根据产品在全国各地市场的销售情况和生产情况向运输商发送产品的分拨配送指令，即分拨配送货物的明细信息，运输商根据指令做出运输计划，并向厂商确认。

② 接单管理。依据已审批的运输计划对需要运输的货物做出相应的交接单，以确保送货时货物不混乱、不丢失。

③ 发运管理。在发运过程中，除了货物的发运信息外，还记录着运输企业（如运输工具、承运人）的相关信息等。有了这些信息，当运输过程中出现货损、货差时，可以很容易地进行责任管理。

④ 路线管理。提供在途跟踪功能，对运输过程中的路线进行跟踪管理。

⑤ 签收管理。提供正常和非正常的签收管理。

⑥ 运输过程中的单证管理。如分拨配送单、运输计划单及货物交接单等。

（3）仓储管理功能。包括入库管理、出库管理和库存管理。

（4）统计报表功能。统计报表是物流信息系统中最主要的信息输出手段，是企业领导和客户了解业务状况的依据。该系统可以提供动态的统计报表功能，也可以提供多种固定的统计报表。

（5）客户查询功能。该功能为客户提供灵活多样的查询条件，使得客户可以共享物流企业的信息资源，如货物物流分配情况，货物在途运输状况——实时货物跟踪，货物库存情况等。

3. 电子商务物流信息管理系统的控制

在物流业务发生过程中，伴随着物流产生数据流。在数据的发生过程中，有许多相对固定的数据，很少需要维护，这些将作为基础资料。另外，作为系统，还需要设置某些权限，来对某些操作权限进行限制。

（1）安全加密功能。使用本系统的每个用户都需要经过严格的认证管理。
（2）权限设置功能。对每个经认证的用户所有的权限进行设置控制。
（3）代码管理功能。对本系统所用的基础代码进行管理维护。
（4）用户信息反馈功能。对每一个进入本系统的用户提供信息反馈功能。

4．电子商务物流信息管理系统的层次结构

处在物流系统中不同管理层次上的物流部门或人员，需要不同类型的物流信息。因而一个完善的物流信息管理系统，应具有以下几个层次。

（1）数据层。将收集、加工的物流信息以数据库的形式加以存储。
（2）业务层。对合同、票据、报表等进行日常处理。
（3）运用层。包括车辆运输路径选择、仓库作业计划、库存管理等涉及当前运行的短期决策。
（4）控制层。建立物流系统的特征值体系，制定评价标准，建立控制与评价模型，根据运行信息监测物流系统的状况。
（5）计划层。建立各种物流系统分析模型，辅助高层管理人员制定物流战略计划。

5．电子商务物流管理信息系统的类型

（1）按系统的结构分类可分为单功能系统和多功能系统

单功能系统只能完成单一的工作，如合同管理系统、物资分配系统等，这种系统属于淘汰型，在电子商务物流中的作用不大，只是构成电子商务物流管理信息系统的基础子系统。多功能系统能完成一个部门或一个企业所包含的全部物流信息管理工作，如仓库管理系统、运输管理系统等。这类系统是目前我国物流企业常用的信息管理系统，其作用在电子商务物流中将大大削弱，也必将被网络物流信息管理系统所代替。

（2）按系统的功能性质分类可分为操作型系统和决策型系统

操作型系统是按照某个固定模式对数据进行固定的处理和加工的系统，它的输入、输出和处理均是不可变的，如财务会计管理系统。决策型系统能根据输入数据的不同，运用知识库的方法，对数据进行不同的加工和处理，并给用户提供决策的依据，现行电子商务就是一种人机对话共同决策的系统。

（3）按系统的配置分类可分为单机系统和网络系统

单机管理信息系统仅能在一台计算机上运行，虽然可以有多个终端，但主机只有一个。网络信息系统使用多台计算机，相互间以通信网连接起来，使各计算机实现资源共享。显然，单机系统只是一个过渡，网络系统才是发展方向。

6.3.2 物流信息管理系统的构成

根据中国国家标准《物流术语》（GB/T 18354—2006），物流管理信息系统（logistics

management information system）是指由计算机软硬件、网络通信设备及其他办公设备组成的，在物流作业、管理、决策方面对相关信息进行收集、存储、处理、输出和维护的人机交互系统。物流管理信息系统构成主要包括以下内容。

1．智能运输系统

智能运输系统（intelligent transportation system，ITS）是指综合利用信息技术、数据通信传输技术、电子控制技术以及计算机处理技术对传统的运输系统进行改造而形成的新型运输系统。

2．货物跟踪系统

货物跟踪系统（goods-tracked system）是指利用自动识别、全球定位系统、地理信息系统、通信等技术，获取货物动态信息的技术系统。

3．仓库管理系统

仓库管理系统（warehouse management system，WMS）是指为提高仓储作业和仓储管理活动的效率，对仓库实施全面管理的计算机信息系统。库存信息管理系统是对保存在物流中心内的商品进行实际管理、指定货位和调整库存的信息管理系统，是物流管理信息系统的中心，对于制定恰当的采购计划、接受订货计划、收货计划和发货计划，正确把握和控制商品库存是必不可缺的。

（1）收货信息管理系统

收货信息管理系统是指根据收货预定信息，对收到的货物进行检验，与订货要求进行核对无误之后，计入库存、指定货位等的收货信息管理系统。

（2）发货信息管理系统

如何通过迅速、准确的发货安排，将商品送到顾客手中，是物流信息管理系统需要解决的主要课题。发货信息管理系统是一种与接受订货信息管理系统、库存信息管理系统互动，向保管场所发出拣选指令或根据不同的配送方向进行分类的信息管理系统。

4．销售时点系统

销售时点系统（point of sale，POS）是指利用光学式自动读取设备，按照商品的最小类别读取实时销售信息以及采购、配送等阶段发生的各种信息，并通过通信网络将其传送给计算机系统进行加工、处理和传送，以便使各部门可以根据各自目的有效地利用上述信息的系统。

销售点系统在对销售商品进行结算时，通过自动读取设备（如收银机）在销售商品时直接读取商品销售信息（如商品名、单价、销售数量、销售时间、销售店铺、购买顾客等），并通过通信网络和计算机系统传送至有关部门进行分析加工以提高经营效率的系统。关于销售时点系统的说明，如表6-1所示。

表 6-1　销售时点系统说明表

效　益	内　容	说　明
提高服务品质	缩短结账时间 减少收银结账错误 提供多样化的销售形态 改变商家形象	解决高峰时刻顾客等候时间 减少因人为错误所引起的误会 接受非现金购物服务 提供顾客现代化购物环境
降低成本	畅通物流 人员效率提升 精确行政账务管理	利用 POS 系统，提高商品效益 缩短时间，有效利用人力资源 防范作业人员舞弊，使现金管理合理化
增加效益	提高销售量 提升采购效率 最佳商品计划 有效运用陈列空间 掌握营业目标 资金灵活调度 增加商场竞争能力	客户分析，调整适当商品结构，增加销售业绩 精确掌握单品库，适时适量采购策略 精确统计分析单品销售量，掌握畅、滞销商品 使商品陈列位置合理化 透过 POS 系统，达成营业目标 营业资料的收集迅速属实，数据可靠 分析消费趋势，以调整销售策略及经营方针

5．电子订货系统

电子订货系统（electronic ordering system，EOS）是指不同组织间利用通信网络和终端设备进行订货作业与订货信息交换的体系。按应用范围可分为企业内的 EOS、零售商与批发商之间的 EOS 以及零售商、批发商与制造商之间的 EOS。EOS 的基本框架，如图 6-3 所示。

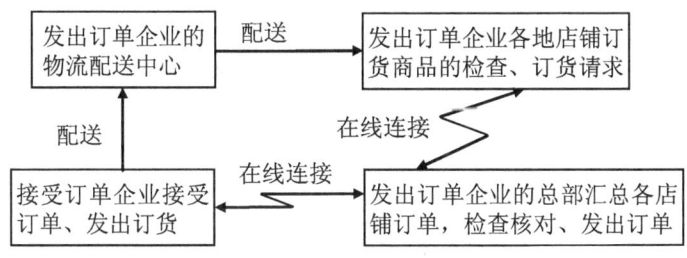

图 6-3　EOS 的基本框架

（1）应用电子订货系统的基础条件

① 订货业务作业标准化，是有效利用 EOS 的前提条件。

② 商品代码的设计。商品代码设计是应用 EOS 的基础条件。在零售业的单品管理中，每一个商品品种对应一个独立的商品代码，商品代码应该使用国家统一规定的标准。

③ 订货商品目录账册的设计和运用。订货商品目录账册的设计和运用是 EOS 成功

的重要保证。

④ 订货终端设备。计算机和订货信息输入、输出终端设备和 EOS 系统设计是 EOS 的基础条件。

（2）电子订货系统在物流管理中的作用

① 提高订货效率。传统的订货方式效率低下，如上门订货、邮寄订货、电话订货、传真订货、会议订货等往往效率都不高，EOS 系统可缩短从接到订单到发出订货的时间，缩短订货商品的交货期，降低商品订单的出错率，节省人工费用。

② 减少商品库存。EOS 有利于提高企业的库存管理效率，同时也能防止特别畅销商品缺货的现象，使企业保持一个合理的库存水平。

③ 正确判断市场行情。对于生产厂商和批发商来说，通过分析零售商的订货信息，有利于正确判断市场行情，哪些商品畅销，哪些商品滞销，有利于调整生产和销售计划。

④ 提高物流信息系统效率。由于实行电子自动订货，各个业务子系统之间的数据交换更加方便迅速，从而有利于提高企业的物流信息系统效率。

除了上述信息管理系统以外，物流信息管理系统还涉及运输信息管理系统、包装信息管理系统、流通加工信息管理系统、成本管理信息系统、配送信息管理系统、EDI 处理信息系统及物流综合管理信息系统等。

6.3.3　物流信息管理系统的设计

1. 电子商务物流信息管理系统的开发过程

建立电子商务物流信息管理系统，不是单项数据处理的简单组合，必须要有系统规划。因为它涉及传统管理思想的转变、管理基础工作的整顿提高，以及现代化物流管理方法的应用等许多方面，是一项范围广、协调性强、人机紧密结合的系统工程。

物流信息系统规划是系统开发最重要的阶段，一旦有了好的系统规划，就可以按照数据处理系统的分析和设计持续进行工作，直到系统的实现。物流信息系统的总体规划分为四个基本步骤。

（1）定义管理目标。确立各级管理的统一目标，局部目标要服从总体目标。

（2）定义管理功能。确定管理过程中的主要活动和决策。

（3）定义数据分类。把数据按支持一个或多个管理功能分类。

（4）定义信息结构。确定信息系统各个部分及其相互数据之间的关系，导出各个独立性较强的模块，确定模块实现的优先关系，即划分子系统。

2. 电子商务物流信息管理系统开发的内容

有了系统规划以后，还要进行非常复杂的开发过程，作为电子商务物流信息管理系统开发的内容,主要包括以下几个方面。

(1)系统分析。主要对现行系统和管理方法以及信息流程等有关情况进行现场调查,给出有关的调研图表,提出信息系统设计的目标以及达到此目标的可能性。

(2)系统逻辑设计。在系统调研的基础上,从整体上构造出物流信息系统的逻辑模型,对各种模型进行优选,确定出最终的方案。

(3)系统的物理设计。以逻辑模型为框架,利用各种编程方法,实现逻辑模型中的各个功能块,如确定并实现系统的输入、输出、存储及处理方法。此阶段的重要工作是程序设计。

(4)系统实施。将系统的各个功能模块进行单独调试和联合调试,对其进行修改和完善,最后得到符合要求的物流信息系统软件。

(5)系统维护与评价。在信息系统试运行一段时间以后,根据现场要求与变化,对系统做一些必要的修改,进一步完善系统,最后和用户一起对系统的功能、效益做出评价。

阅读资料 6-3　河北快运集团有限公司物流信息管理系统

2006年,河北快运集团自主开发和实施了具有自主知识产权的物流信息管理系统,对原有管理系统进行了业务及管理流程的再造,完善和扩展了订单管理、车辆管理、运输管理、配送管理、仓储管理及网上货物跟踪查询等系统,同时引入无线射频技术实行车辆进出场站刷卡跟踪管理;通过进一步开发和完善现有物流管理系统,实现电子报关、电子标签、物流仿真、与货主企业数据对接等功能。开发出适用于国内第三方物流企业应用的软件产品,走产业化道路。

河北快运集团下属26个分公司遍布10个省份,全部实现微机联网,分支机构通过应用公司"物流信息管理系统"及"全球卫星定位系统"实现了全公司的业务数据共享和车辆监控,同时在互联网上为客户提供便捷的货物跟踪查询,实现了货物的受理、仓储、运输、配送、查询等全过程的信息化管理。利用全球卫星定位系统(GPS)向社会提供车辆监控服务,2006年吸引运输车队及个体车辆累计130余辆,收到良好效果。企业信息化使得河北快运集团实时掌握全国各地分支机构的受理、运输、仓储、配送等业务环节情况及其财务数据,规范了业务流程及管理流程,车辆实载率由原来的85%提升到98%,客户满意度由90%提升到96%,资金上解率由95%提升到100%,货损货差率由0.2%降低到0.05%。直接收益30万元/年,节省办公费用60万元/年,提高了企业的核心竞争力。

资料来源:赛迪网 http://industry.ccidnet.com。

6.3.4 电子商务物流信息管理系统的发展

1. 电子商务物流信息管理系统发展的意义

物流管理信息系统应向信息采集的在线化、信息存储的大型化、信息传输的网络化、信息处理的智能化以及信息输出的图形化、社会系统化的方向发展。其中,向社会系统化方向发展,今后将越来越具有战略意义。

(1)企业日益重视经营战略,建立物流信息系统是必要的。具体地说为确保物流竞争优势,建立将企业内部的销售信息系统、物流信息系统、生产、供应系统综合起来的信息系统势在必行。

(2)由于信息化的发展,各企业之间的关系日益紧密。如何与企业外销售渠道的信息情报系统、采购系统中的信息情报系统,以及与运输信息系统连接起来将成为今后重点研究解决的课题。也即建立不仅限于本企业,还包括社会上多个企业之间的信息情报系统的重要性将日趋增加。

(3)物流信息情报系统将日益成为社会信息情报系统的一个组成部分。企业的物流已经不只是一个企业的问题,被编组进入社会系统的部分将日益增多。在这种形势下,物流信息情报系统将日益成为社会信息情报系统的一个组成部分。

总之,上述数据关系在信息系统中非常广泛。它们之间的关联总是通过一定的数据交换来实现的,这些可以说是它们的共性。因此,利用这些共性,可以将这些类似关系的数据维护抽象成一个类型,从而降低了软件的费用并大大方便了系统维护。

2. 计算机辅助采购及物流支持

计算机辅助采购及物流支持(computer-aided acquisition and logistic support,CALS)是一种利用互联网技术、现代化管理方法、生产技术、自动控制、系统工程技术将整个社会经济运行中的各经济要素有机地结合起来,实现资源优化配置、降低成本、提高效益的综合管理系统。CALS 是在计算机集成制造系统(CIMS)的基础上,结合了电子商务而发展起来的。

1985 年,美国国防部为解决武器的开发成本、质量以及时间问题,实施了比较简单的 CALS。冷战之后,CALS 的重要作用为工商界所认识,美国商业部开始将 CALS 引入美国的社会经济体系中。随后,日本和西欧发达国家也相继开发了 CALS,并已取得了良好的效果。

CALS 的技术基础是互联网络和统一数据格式。它的优点是其对象超越单个企业,面向整个社会经济。CALS 利用广域网(如 Internet)与局域网(如 Intranet/Extranet)的互联技术,把企业内部的 CIMS 系统与企业间的电子商务系统结合起来。这样,它就能立足于服务全社会的经济运行,将社会经济的各个环节连成一体,为克服市场机制的盲目性和滞后性提供了一种很好的管理和调控方式。CALS 的信息流还可以通过信息的集成化、标准化实现信息共享,联系了产需双方,实现对商品流通过程的主动调控。它还能调动各个环节协调动作,完成材料采购、商品生产、运输、仓储、包装、装卸以及流通加工等一系列物流活动。这样,不仅提高了物流设备利用率,还可以达到准时生产和准时流通(JIT)以及零库存,企业将节省大量的流通费用。而且由于 CALS 是由计算机控制的,因而出错率极低,物流质量就会大幅提高。由于 CALS 既是管理系统又是生产系统,它还可以在流通过程中根据内外部环境的变化,利用弹性生产系统(FMS)对包装和流通加工进行辅助设计,有利于流通服务的发展。

另外,CALS 在流通过程中,还有辅助决策的功能。它从社会各个方面收到信息后,自动地加以分析和处理数据,并能提供决策建议,使物流企业能比较方便地从 CALS 中找出适应市场需求变化的最终决策方案。

从社会角度看,CALS 加快了整个社会经济的运行速度,提高了运营质量以及系统内的整体竞争能力。如果能形成国际统一的技术标准,则 CALS 将成为国际化物流的基础,为世界经济一体化做出重大贡献。

3. 中国物流软件开发与应用情况

物流运作管理软件是需求最为广泛的物流软件,在调查的企业中有 50.6%的企业准备开发物流运作管理软件;有 33.8%的企业准备开发库存分析软件;有 24.7%的企业准备开发条码扫描系统;有 22.1%的企业准备开发配送资源系统;有 21.4%的企业准备开发运输决策软件;有 9.7%的企业准备开发仓库选址软件,如表 6-2 所示。

表 6-2 中国物流软件应用情况

企业数量	物流运作管理软件	库存分析软件	条码扫描系统	配送资源系统	运输决策软件	仓库选址软件
生产企业	53	39	28	16	20	8
商业企业	6	6	4	5	4	3
物流企业	19	7	6	13	9	4
总计	78	52	38	34	33	15
比例(%)	50.6	33.8	24.7	22.1	21.4	9.7

6.4 物流信息平台

物流业已成为世界各国公认的新的经济增长点,是提高国家综合实力和企业国际竞争能力的重要保证。物流信息平台规划是区域物流规划的重要组成部分。政府在区域物流信息平台的规划和建设中应定位在具有公共性质的部分,统一称为区域物流"公共"信息平台。物流信息化是制约区域物流发展的"瓶颈",区域物流公共信息平台的规划和建设,对加速区域物流业发展和中小企业物流信息化具有重要的现实意义。

6.4.1 物流公共信息平台的含义及功能

1. 物流公共信息平台的含义

根据中国国家标准《物流术语》(GB/T 18354—2006),物流公共信息平台(logistics information platforms)是指基于计算机通信网络技术,提供物流设备、技术、信息等资源共享服务的信息平台。物流公共信息平台是 GPS/GIS 和电子商务等多种技术在经贸、交通运输、仓储、货运代理、联运、集装箱运输以及政府行业管理等物流相关领域的集成应用,物流公共信息平台是物流产业的重要组成部分,其对物流产业的发展起着基础性的支撑作用。

2. 构建物流公共信息平台的意义与目标

(1) 构建物流公共信息平台的意义

构建物流公共信息平台的意义主要表现在以下几个方面。

① 整合现有物流信息资源,避免重复建设,推进流通现代化进程。

② 加快物流企业信息化进程,降低企业信息化投资成本,提供多样化物流增值服务,增强企业竞争能力。

③ 推进物流综合信用体系和物流交易的网络安全建设,推动电子商务的发展。

④ 推动物流信息标准化的建设,建立物流相关政府职能部门间协同工作机制,有利于政府制定物流产业发展规划。

(2) 构建物流公共信息平台的目标

物流公共信息平台旨在大力推进信息化发展,发挥信息技术和电子商务在现代物流业中的应用作用,积极拓展经济发展的新空间;加快传统物流企业实现向现代物流的转变,以适应当今世界现代信息技术高速发展的趋势;强化政府对市场的宏观管理与调控能力,支持物流行业的创新、标准化、规范化管理;积极开拓国内市场、进入国际市场,打造一个提高企业竞争力、提升经营效益的公共服务性平台。

3. 物流信息平台的功能

(1) 总体功能:以服务为本,满足企业需求和提高政府服务效率为目标;建立整合物流企业需求,合理配置现有资源,促进协同经营的机制,提高政府行业管理部门对物流市场的宏观管理和调控能力。

（2）基本功能：综合信息服务功能、异构数据交换功能、物流业务交易支持功能、货物跟踪功能、行业应用托管服务功能等，如图6-4所示。

① 综合信息服务功能。综合信息服务平台连接区域物流企业、物流运作设施以及政府管理部门与相关职能部门的信息系统，是区域物流信息资源的汇集中心，也是国内外了解区域物流资源的窗口。综合信息服务平台应具有信息发布和查询功能，要满足不同的物流信息需求、主体的信息需求和功能需求。

② 异构数据交换功能。数据交换平台应担负起物流信息系统中公共信息的标准化和规范化定义、采集、处理、组织和存储，以及解决异构系统和异构数据格式之间的数据交换和格式转换功能，实现区域不同物流信息系统之间的跨平台连接和交互，促进区域

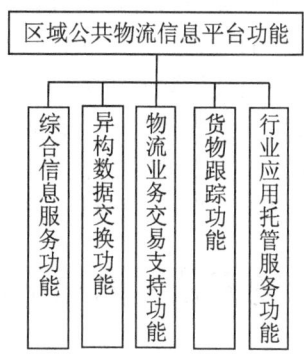

图6-4　区域公共物流信息平台功能

物流系统的通畅运行，为物流企业提供"一站式"接入服务，有利于我国物流企业提高参与国际竞争的能力。

③ 物流业务交易支持功能。电子商务时代要求电子化物流与之相适应。电子化物流业务交易平台的主要功能包括物流综合信用认证、安全认证、网上采购招标、电子订舱、电子支付与结算、网上保险、网上报关、网上交税和网上出入境商品检验检疫等。

④ 货物跟踪功能。随着通信、互联网技术的发展和GPS/GIS技术的广泛应用，物流企业和客户可以利用GPS/GIS技术，通过局域网或互联网实时跟踪货物及运输车辆的状况，从而为物流企业的高效率管理及高质量的服务提供技术支持。公共物流信息平台为物流企业提供货物跟踪支持功能，各物流企业只需购买GPS/GSM智能车载单元即可为客户提供高质量的物流状态跟踪服务。

（5）行业应用托管服务功能。公共物流信息平台不仅为大型物流企业实现物流一体化搭建桥梁，还应承担为中小物流企业提供物流信息化服务的职责。我国众多中小型物流企业规模小，无力投资完善的信息系统，导致整体服务质量不高，造成地方产业升级困难，物流成本高等现象。应用服务提供商（ASP）为中小企业提供物流应用软硬件设施租赁服务，与ASP合作搭建物流行业应用服务平台是解决中小企业物流信息化的有效途径。通过应用服务平台，中小物流企业能方便地应用所需的物流管理系统，降低中小物流企业信息化投资成本及风险，实现仓储、运输、调度、客户、财务等作业管理与日常管理的信息化，提高整体物流行业服务质量。

4. 物流公共信息平台功能需求分析

公共物流信息平台的建设目的主要在于满足物流系统中各个环节的不同层次的信

息需求和功能需求，这就要求信息平台不仅要满足货主、物流企业等对物流过程的查询、设计、监控等直接需求，还要满足他们对来自于政府管理部门、政府职能部门、工商企业等与自身物流过程直接相关的信息需求。公共物流信息平台在通过对物流公共数据的采集、处理和公共信息交换为企业物流信息系统完成各类功能提供支撑的同时，还起到为政府相关职能部门做信息沟通枢纽的作用，从而为政府的宏观规划与决策提供信息支持。一个有效集成的公共物流信息平台，应该能够为物流服务提供商、货主/制造商、交通、银行及海关、商检、税务等政府相关部门提供一个统一、高效的沟通界面，为客户提供完整、综合的供应链解决方案。

6.4.2 物流公共信息平台构建

1. 物流公共信息平台构建原则

物流公共信息平台的建设是一个复杂的系统工程，涉及多个新的子系统的建设，并将原来已经建设的各行各业各部门相关的系统统一进来。为了保证整个平台功能最优化和效益最大化，需要对各种因素进行权衡考虑，并遵照一定的原则进行建设。

（1）积极建设与充分整合相结合

物流公共信息平台涉及现有社会结构中的交通、银行及海关、商检、税务等政府相关部门，因此平台架构的建设要考虑现有这些机构的管理模式，进行资源整合。

（2）前瞻性与阶段性相结合

技术和需求都是在不断的变化之中，因此建设需要具有适当的前瞻性，充分考虑到未来的技术发展方向和需求变化方向。

（3）标准化与可扩展性相结合

在物流产业发展过程中，第三方物流（甚至是第四方物流）已经逐步发展起来，系统设计和建设时要充分考虑到这些发展情况，为将来的发展预先留好接口和数据字段，使系统在一定阶段内都能够适应物流的发展需要。

（4）先进性与安全性相结合

物流信息平台承载着各种各样的物流基础数据信息和物流交易信息，直接服务于众多物流企业，在采用先进技术的同时也要保证系统运行时的稳定与安全。

2. "基础层—支撑层—平台层—应用层"的架构模型

采用"基础层—支撑层—平台层—应用层"的架构模型来构建和协调公共物流信息平台、政府各行业管理部门的信息系统、枢纽城市物流公共信息平台以及物流企业信息系统之间的跨部门、跨行业、跨地域的协同关系，如表6-3所示。

物流公共信息平台作为与政府单位各种平台的单一接口，物流相关的政府部门多，对于各种信息要求也不同。对于企业而言，将面临不同的信息系统建立及转换问题，要求物流信息平台以产业发展为主导，服务企业，与政府的电子化对接。

表 6-3 "基础层—支撑层—平台层—应用层"的架构模型

基础层	信息化基础设施，如电信网络、计算机硬件及物流设施，物流信息标准（产品电子编码及数据交换标准）应用及推广，物流政策环境及人才培养等
支撑层	认证中心、公共数据库、安全管理机制及软件发展标准等
平台层	多对多数据交换中心，实时监控主动响应系统，数据及系统复原机制，防毒、防核、数据传输加密及密钥等安全解决方案，系统服务水平及运营成本平衡，客户服务中心机制及运营，收费机制规划及运营等
应用层	企业对企业（B2B）及企业对政府（B2G）两大部分，主要实现跨组织流程的物流信息整合应用，对于各个企业内部的信息化系统，将以国际标准为参考，采取开放式的接口

物流信息平台建设涉及各种各样的技术和管理问题，这就要求各相关环节在整个物流公共信息平台架构下，在努力做好自己工作的同时，积极配合其他相关环节，通过规范流程、制定相应的标准和法律法规，通过具体项目实施，使得物流公共信息平台的建设顺利地开展起来，从而不断进行物流服务创新，实现对客户的物流增值服务，在实现整体效益最大化的同时，实现个体利益的最大化。

6.4.3 物流公共信息平台的运营模式

物流公共信息平台原则上应坚持谁建设谁运营的策略，采用企业化运作模式，并建立相应的运营机制和信息共享机制。政府应筹集适当的引导资金作为股份投到公共信息平台的建设中，制定相关政策拉动物流市场需求，引导企业积极参与平台建设。平台建设的参与者应包括政府、企业、物流相关政府职能部门、相关行业协会、高等院校和科研院所。

物流公共信息平台的运营方式基本上可以分为三种模式。

（1）以政府为主的业务模式。在这种业务模式下，公共物流信息平台的规划、建设和运营维护都由政府直接负责，政府主导的力量很强，但也存在很多弊端，如容易造成与市场结合的紧密度不够、需要长期投入等。

（2）由政府选择并组合具有公共服务及相关执行经验的单位作为公共物流信息平台建设单位，并选择信息化管理水平较高，具有建设及运营经验的厂商作为运营单位，有利于推进物流信息标准化建设和降低实施成本。

（3）以企业为主的业务模式。在这种模式下，企业自主经营，不会给国家带来太大资金压力，而且由于企业盈利的需要，也会积极探索平台营销的方案，与市场需求的结合度也会比较好，企业也会对平台的具体功能和服务质量持续改进。但企业行为有一定的局限性，整体规划性不强，投资压力较大。

物流公共信息平台应采取政府引导、行业约束、企业自主的市场化运营模式。应面向企业，通过政府相关政策和行业协会制度的制约，引入行业准入机制和会员制管理方式。对于加入平台的企业会员，平台可通过收取会费、用户服务费、租赁费、广告费等方式进行市场运作的自主经营，提供有偿服务。政府主要行使宏观调控职能，负责指导公共物流信息平台共享信息服务价格的制定和市场引导政策的出台等。

6.4.4 物流信息平台的运行实例

1. 物流服务企业的信息化与电子商务化

物流涉及的环节众多，地域和时间跨度大，如何提高物流效率、降低物流成本以及提供物流全过程的信息反馈，是物流企业能否吸引客户并取得竞争优势的关键。物流企业应通过技术手段，建立管理信息系统，为提高物流企业物流效率和管理水平以及实现资源整合提供解决手段。联邦快递公司对物流的理解是"利用信息技术方案和增值操作流程以及全球运输网络为客户创造或赢得时间上的一种方法"。它看似简单，却体现出物流服务最关键的要素和实现这种服务所必要的途径。

案例6-1 宝供物流构建基于互联网的综合物流信息系统

宝供物流企业集团有限公司的客户绝大多数都是外资企业，宝供提供这些企业在中国地区的全程物流或区域物流。通过信息系统的建设把物流优势集中到客户服务和减少流通环节这一方面，是宝供成功的要点。宝供的利润产生于提供全程物流合同价格与内部控制实际分项成本（仓储、运输、配送）的差额，虽然宝供的报价并不低，由于它有健全的物流网络，使客户的商品在不同的地域受到相同的对待，所以很多外企客户宁愿多花一点钱委托宝供去管理。因此，宝供储运向客户灌输现代物流观念和帮助他们规范管理流程是需要一个长期过程的。根据客户业务量和区域消费水平，将物流运作网点分为两个层次：在北京、上海、广州、武汉、成都、沈阳等6个中心城市设立分公司。在福州、厦门、深圳、香港、海口、长沙、贵阳、昆明、重庆、合肥、西安、郑州、济南、苏州、杭州、南京、青岛、大连、长春、哈尔滨、天津、石家庄、太原、兰州、乌鲁木齐，以及南宁、宁波、襄樊、齐齐哈尔、烟台等城市设置物流运作点或办事处。

根据供应链物流信息管理系统的要求，把物流管理中的货物运输系统分解为接单、发运、到站、再发运、再到站、接收等环节进行操作。在运输方式方面分为短途运输、公路运输、铁路运输，加入内河运输、海运和空运，使得系统能够涵盖所有的运输方式。

针对宝供物流企业仓库面积大、分布广的特点，把仓储部分分为仓库管理和货品仓储管理，通过综合物流信息系统将总公司、分公司和四十多个物流运作点或办事处联为一体，实现了能够支持供应链管理集成化的物流网络。

宝供物流是由一家从事传统储运业务的公司发展起来的，实现了从传统、单一的物流向现代化集成、综合的物流功能转换。运用综合物流信息系统完善物流服务，整合物流资源，实现商流、物流、信息流、资金流的一体化。宝供物流企业集团对电子化物流管理方面给予特别关注，取得显著成效：1997年10月宝供物流在国内率先提出并实现了互联网上的物流信息系统架构；1998年10月实现与客户共享物流信息资源；1999年10月建立业务成本的核算系统；2000年底建立了基于XML标准的电子数据交换平台，采用XML技术为客户提供个性化的服务，实现了物流、信息流、资金流一体化管理的电子化物流服务。正是因为宝供的决策人员认识到信息化在物流管理中的重要性，宝供在短短几年里总业务量增长了近十倍，全国网点增长近30个，客户由创建初期的10家增至50余家。

宝供物流企业集团将物流运作网络分为总部监控、分公司管理、物流运作点操作三个层次。形成了物流运作网络组织与物流信息网络管理的良好结合。宝供集团将物流运作点、分公司和客户有关信息建立在以互联网、内联网为基础的综合物流信息系统，该系统利用了虚拟专用拨号网，可以实现供应商、客户及运作节点在水平基础上的实时运作。

信息网络服务根据客户需求进行货物跟踪，记录物流运作绩效，分析物流运作质量、效率，可为客户提供提高物流效率、质量的基础数据。

根据宝供的经验，第三方物流企业要想在激烈的竞争中争取到属于自己的一片领域，就必须清醒地认识到这几点：注重建设一套完整的物流信息管理系统，为物流运作提供电子化管理；注重应用一个能快速、方便、安全可靠地交换数据的方法，即电子数据交换平台应用；注重为客户提供个性化的物流信息服务，如为客户设计网页等。

广东宝供物流集团的物流信息系统给企业带来的效益是显而易见的，它可以优化客户供应链管理，为客户提供个性化服务以争取到更多的客户，可以支持企业决策。

资料来源：蒋长兵. 现代物流管理案例集. 北京：中国物资出版社，2005

案例6-2 中远集团电子商务发展战略

不同的企业或行业，因为主营业务的不同，其信息技术的应用都带有深刻的行业色彩。具体到中远集团，可以说他们信息系统的建设历程实际上就是一个对电子商务不断认知、探索、发展的过程。

1. EDI起步

中远集团主要从事海洋运输，在货物运输的过程中，打交道的部门涉及银行、海关、港口、码头、商检和卫生检疫等各种各样的单位，货物的流转和信息传递息息相关。如果采用纸面文件形式进行信息传输，工作量之大是不可想象的。所以，从20世纪80年代初中远集团就开始了电子数据交换（EDI）方面的研究，当时研发出的EDI标准后来成为了中国海运界的通用标准，一直沿用至今。

中远集团EDI中心的建设起步于20世纪90年代初，当时主要是与国际著名的GEIS公司合作，由他们为中远集团提供报文传输服务。1995年，中远集团正式立项，1996—1997年完成了中远集团EDI中心和EDI网络的建设，该EDI网络基本覆盖了国内50多家大、小、中货和外代网点，实现了对海关和港口的EDI报文交换，并通过北京EDI中心实现了与GEIS EDI中心的互联，连通了中远集团海外各区域公司。之后，中远集团已经通过EDI实现了对舱单、船图及箱管等数据的EDI传送，在电子商务方面走在了国内运输行业的前列。

2. "中远网"建设渐入佳境

1997年，中远集团投入大量资金和人力，建成中远集团全球通信专网，并以该网络为基础，构建了中远集团Intranet网络平台。该平台的建成，促进了中远集团全球E-mail中心的建设。截至1999年10月，中远集团已经建成以北京为中心，覆盖中国、新加坡、日本、美洲、欧洲、澳大利亚等国家和地区的电子邮件网络，中远集团海内外的大部分业务人员就已经开始通过其全球E-mail系统进行日常业务往来。

1997年1月，中远集团总公司正式开通公司网站。北美、欧洲中远集运、中远散运和广远等集团各所属单位的网站也相继建成。网站的建立在树立中远集团良好企业形象、扩大中远集团影响、为用户提供高效便捷服务等方面取得了一定的成效，同时也为中远集团开辟了一条通过互联网与外界沟通信息、加速中远信息流转的新途径。

1998年9月，中远集运在网站上率先推出网上船期公告和订舱业务。这一业务的开展，突破了传统服务中速度慢、效率低、工作量大及差错率高的问题，将货运服务直接送到客户的办公桌上，使客户足不出户便可办理货物出口业务流程中的委托订舱、单证制作、信息查询等多种业务手续。在网上订舱业务的基础上，中远集团又向全球客户推出了中转查询、信息公告及货物跟踪等多项业务，从而使全球互联网用户均可直接在网上与公司开展商务活动。公司推出的整套网上营销系统，已具备虚拟网上运输的雏形，具有较强的双向互动功能和较高的服务效率。其中电子订舱系统可使每一位网上用户在任何地区和时间内，通过互联网与公司开展委托订舱业务，任何一位客户只要具备上网条件，都可足不出户地直接访问中远的电子订舱系统。货物运输及中转查询系统则体现出方便、快捷、准确的操作特色。这项功能可使客户对货物实行动态跟踪，在网上随时查询单证流转、海关申报、进出口及中转货物走向等相关信息。信息公告系统还可以在最短的时间内将中远有关船期调整、运价变化等情况在互联网上做出反映。中远集团电子商务应用的成功开展，极大地提高了市场营销的科技含量，新的客户群越来越多地从互联网上聚集而来。

"中远网"的建设已初具规模,中远集团近二十个所属单位网站的建设基本完成,各站点间也实现了链接,组成了"中远网"的基本框架,无论从企业形象还是业务功能上,都在向世界辐射着中远的影响。

3. 电子商务发展战略

中远发展电子商务的战略目标定位在从全球客户的需求变化出发,以全球一体化的营销体系为业务平台,以物流、信息流和业务流程重组为管理平台,以客户满意为文化理念平台构建基于互联网的、智能的、服务方式柔性的、运输方式综合多样并与环境协调发展的网上运输和综合物流系统。

(1) 动力平台——满足全球客户需求变化

随着电子商务的发展,客户的需求正由实体交易转向虚拟交易,客户最终关心的是以消费者为本的"供给链"、"供给链管理"以及"供给链一体化"在网上与现实之间的完美结合。因此,中远发展电子商务的根本出发点和唯一动力就是围绕全球客户的需求变化,为企业创造最佳的效益。

(2) 业务平台——全球一体化的市场营销体系

包括中远在内的国际上各大航运企业的内部资源配置模式正在由航线型资源配置模式向全球承运的资源配置模式转变,将全球各地的人员、设备、信息、知识和网络等资源进行全方位、立体化的协调和整合,形成全球一体化的营销体系。中远电子商务是其全球营销体系的网上体现,中远全球营销体系则是中远全球性电子商务的基础平台。

(3) 管理平台——物流、信息流和业务流程的重组

中远电子商务的管理平台是实现物流、信息流和业务流三流的统一,以创造更科学、更合理、更节约的生产与消费的衔接。这一管理体系从构成上讲,不是单纯的硬、软件技术,而是从市场上收集各种物流提供者所提供的信息,包括服务内容、方式、费用和时间等,以及以客户需求为准提供服务水平、质量和成本等信息,并将两方面的信息进行集中、加工整理、分析和融会贯通,从而在供求关系上达到互动性交易。中远作为全球承运人,航运作为全球物流的主干环节,与客户和其他环节的物流提供商存在天然密切的联系而使得其发展电子物流具备先天优势,其中,关键是要以互联网为基础,整合客户供应链各环节的物流提供者,构造面向客户的虚拟综合物流网络。

(4) 服务平台——"一站服务"和"绿色服务"

中远独具特色的"一站服务",现在是由其全球营销网络中的每一个服务窗口全部接受客户原先需在公司其他几个部门或窗口才能完成的托运操作手续。客户只要找一位业务员,进一道门,办理一次委托手续,就可以将极其繁琐的出运操作流程交付处理。中远推出的"绿色服务",是业务人员进驻客户单位进行联合办公,客户只需提供

委托书或订舱书,整个出运业务流程便全部由这些业务人员来完成。将"绿色服务"的功能直接嵌入客户的内部网络中,参与客户的电子商务过程,给客户提供更优良的服务平台。

(5) 技术平台——互联网和中远全球信息管理系统

完善的电子商务的前提和基础是完善的企业级计算机网络及金融、贸易和法律环境,中远集团正致力于从系统设计、数据标准、功能模块、网络技术上,将现有信息系统按照电子商务的更高要求进行完善和调整,致力于在国内外推广电子提单的应用,并在中国航运电子商务业内标准的建立上做出自己应有的贡献。

如果说企业过去建网、做信息系统多源于提高办公效率的目的,现在搞电子商务则更多了一重关乎企业生存发展的使命感。企业做电子商务,首先都是搭平台建网站,但这只是第一步,电子商务之路应该怎么走,还要看企业想用这个平台做什么。产品制造型企业想建的可能是网上市场,通过它更好地卖东西;服务型企业可能更希望通过网站增强、延伸自己的服务内容和手段,使自己更具竞争力。但这也只是泛泛而谈,让电子商务真正成为促进企业发展的有效手段,最重要的还是应该从核心业务入手,切入企业的关键需求。

以中远集团为例,它的核心业务是物流运输,涉及的单位多,处理的信息量大,为用户提供服务最需要解决的就是方便用户的办事流程,进行高效、准确、安全的信息服务。多年来,他们一直围绕这个主题,在运输服务领域进行信息技术的探索应用,从 EDI 中心、企业内部网到现在的"中远网"建设,先实现了信息流转电子化,然后一步步地把自己的各种业务搬上网,现在又在筹划开拓新的服务内容。他们看清了物流运输中自己应该扮演的角色,走出了一条具有中远特色的电子商务发展之路。

资料来源:中国物流设备网 http://china.56en.com/Info/8973/Index.shtml。

2. 基于互联网的物流信息与商务平台的建立及应用

通过在互联网上建设物流信息商务平台的方式,使物流需求方可以通过此平台提供物流需求,物流服务商也可借此平台进行低成本的全球网络营销。这样,物流需求方在选择物流服务商时,有更大的选择余地,减少盲目性与随机性,同时也可大幅度降低物流企业的营销宣传费用,提高物流与相关资源的利用程度。除了公共的物流信息与商务平台之外,物流供求双方在长期合作、相互信任的基础上,也可通过联网,实现信息的共享与及时的信息传递,这也是快速反应系统、有效的客户反应系统、持续补货系统以及供应商管理存货系统等先进的管理技术方法实施的保证。

案例 6-3 青岛港建立现代物流电子商务平台

现代物流与电子商务是现代港口的发展方向,因而青岛港将发展现代物流与电子商务作为其发展战略的重点。信息化对于一个百年大港到底能起到什么作用?2007 年

6月中旬，国家电子商务专项《青岛港现代物流及电子商务系统工程》正式通过验收。专家表示，这一项目有力地促进了港口现代化建设，产生了显著的经济效益和社会效益，在全国港口的现代物流及电子商务建设中具有很强的示范作用。2007年青岛港年增加港口吞吐量3 000万吨、集装箱吞吐量100万吨以上，其中信息化所占比重约10%。

面对当前全球电子商务和现代物流的飞速发展，作为具有116年历史的国家特大型港口的青岛港，于2005年9月开工建设了《青岛港现代物流及电子商务系统工程》项目。该项目是国家发改委组织的技术创新项目，也是交通运输部在国家发改委立项主持的电子商务项目，旨在为我国现代物流和电子商务的建设发展发挥示范作用。这一工程把建立现代物流及电子商务平台作为首要任务。对口岸用户而言，最需要的就是"一站式"的物流业务，而物流业务管理中的船舶一站式申报系统、危险品申报系统、国检快速查验系统、集装箱箱体鉴定系统、危险品监管系统、网上对账系统、网上支付系统、在线订舱系统和集中采购系统等成功实现了各个业务系统之间的信息互动；对普通用户而言，希望能够找到更多的交易信息，如船期、货盘、运价、仓储、配送及租船等，信息发布和信息检索平台的建立，将极大地方便用户。电子交易功能以该平台为依托，为买卖双方提供交易过程管理、交易风险控制的综合服务，从而有效提升交易机会，降低交易风险，整合业务流程，实现信息共享。

据悉，该项目构建的现代物流与电子商务平台，现已拥有用户6 000多家；项目加强了与口岸监管部门的合作和协同，提高了通关效率，为港口发展创造了优越的口岸环境；建设和应用了物流供需链基础应用系统，已被青岛、日照、威海等市的几十家大型物流企业使用；建立了以港口为核心的物流枢纽网络系统，实现了物流过程的数据集成，形成了集成化的物流信息中心；与农业银行、工商银行、交通银行等金融机构达成合作，实现电子商务平台的网上交易和电子支付；推动、完善了现代物流和电子商务相关的标准化体系建设，遵循我国已建立或正在建立的物流及电子商务标准，同时根据口岸物流和电子商务业务应用及发展需求，建立结构合理、技术先进的实用标准，实现以标准化为基础，科学的信息采集、处理和传递；项目还实现了港口与铁路之间的信息交互。

另外，这一工程还实现了一系列技术创新：通过对物流供需链业务流程的整合优化，形成了接口开放、适合青岛口岸监管模式的物流供需链管理解决方案；通过改善码头作业流程，创新性地建立实施了全国海关的新型放行模式——闸口比对放行模式；建立实现了山东口岸，集船代、海事、海关、引航和港口为一体的协同船舶申报模式；采用RFID红外信号、自动识别等技术，将车牌号码和过磅数据一并保存至数据库，提高车辆过磅效率，提货安全性大大增强。

青岛港现代物流及电子商务系统工程的建设完成，不仅推动了港口电子商务服务，通过该项目还为海关、国检、海事、铁路、货主、船公司及船代等重要口岸单位和物流企业建立了信息交换共享的途径，为进一步优化物流行业业务流程、整合信息资源和拓展应用区域奠定了良好的基础。

资料来源：和讯网 http://news.hexun.com/2008-06-27/107013299.html。

案例6-4 医药物流电子商务平台运营

集成了信息、增值业务、第三方物流的中国民生医药配送中心电子商务平台已经运营。这是我国首家按良好供应规范（Good Supply Practice，GSP）标准建立的专业化、现代化、网络化、信息化的特大型公用医药物流中心。在电子商务中，药品这种特殊商品，具备严格、统一、完善的技术标准、名称、质量体系，而且流通量大，单位价值高，非常适合采用电子商务方式购销。但据有关专家介绍，以往的医药类电子商务网站往往以提供信息为主，更多的是"企业的门面"，真正实现交易的没有多少。

"只有信息是不够的，我们需要的是一种全新的医药流通模式，而这种模式需要互联网作为基础来解决"，北京某大药房的负责人表示。经国家药监局批准，中国民生医药作为第一家试点企业建立配送中心电子商务平台，不仅发布大量的行业信息，还提供了遍及医药制造、医药产品、监管法规、药品信息以及遍布全国的生产、流通信息20余万条。

上下游企业都对这种"网上药交会"赞不绝口。一家医药企业的销售代表表示，必须全面提供销售、采购、招商、代理、科研成果、资源合作等医药行业的完整业务需求，并具备发布、查询、通知、业务配对等功能，才叫真正的电子商务。现在，通过该网站，企业不仅可以查到药品的订单，还可以查询药品的流向以及某个区域对于某种药品的需求程度。用户可以通过网站提供的数据库服务，做到以销定产。

资料来源：中国自动化网 http://www.ca800.com/news/html/2007-5-10/n14579.html。

本章小结

新世纪，人类社会进入了网络经济和电子商务时代。大力发展以现代物流和电子商务为代表的现代流通体系，促进我国物流产业升级，推动中国传统物流业向现代物流业的转变势在必行。本章介绍了物流信息的含义、特征与分类，阐述了物流信息化的内涵、内容，分析了物流信息化对现代物流企业的影响；阐述了电子商务物流技术的含义、构成、评价标准以及作用，重点介绍了条码技术（Bar Code）、电子数据交换（EDI）、射频识别技术（RFID）、地理信息系统（GIS）、全球定位系统（GPS）、物联网（IoT）等技术及其在电子商务物流中的应用；阐述了电子商务物流信息管理系统含义、功能、类型、控制及层次结构，介绍了物流信息管理系统的构成、设计方法及其评价；阐述了物流信息平台的含义及功能，介绍了物流信息平台的构建及其运营模式，通过相关实例讨论了物流信息平台的运行。

物流信息是指反映物流各种活动内容的知识、资料、图像、数据及文件的总称。信息和通信技术与物流紧密关联,现代物流离不开信息,信息的传输离不开通信技术。物流信息是保证及时运输、及时供货以及零库存的关键,使物流过程中的生产、运输、仓储管理最优化,充分发挥物流资源的配置作用。物流信息在物流作业流程中无时不在,正确采集这些信息,并加以正确处理、分析,对物流管理无疑有重要的意义。

现代物流技术包括现代物流技术手段和方法、物流技术标准、物流作业规范、物流基础设施设备、物流信息交换等方面,特别是条码(Bar Code)、电子数据交换(EDI)、射频识别系统(RFID)、地理信息系统(GIS)、全球定位系统(GPS)、物联网(IoT)等技术在物流领域中得到越来越广泛的应用。

由于有了互联网,充分利用管理信息系统(MIS)、决策支持系统(DSS)、电子自动订货系统(EOS)、销售时点信息系统(POS)等技术,把生产企业、批发零售企业、供应商、分销商、物流企业、金融信贷企业等供应链上的各要素连接在一起,及时、准确、批量地实现有关数据交互,促使商流、物流和资金流有机地衔接起来,生产、流通和消费能动地协调起来,克服了横向阻隔,实现了良性循环,避免了大量无谓的浪费,提高了经济和社会效益。

信息化是发展现代物流的灵魂,加快物流行业信息化、标准化及物流信息平台的建设,对推动我国物流产业发展有着极其重要的意义。

 思考题

1. 物流信息的含义是什么?从狭义与广义上而言,分别包括哪些内容?
2. 物流信息的特点是什么?物流信息有哪几种类型?
3. 物流信息系统设计的过程应该是怎样的?分哪些步骤?
4. 结合某一物流企业的现状,说明物流信息化的重要性,并提出针对该企业的物流信息管理系统的具体方案。
5. 举例说明物联网技术在物流领域中的应用。
6. 简述物流信息平台的含义及功能。
7. 简述物流信息平台的构建原则。
8. 物流信息平台的运营模式有哪几种?

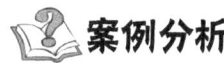 案例分析

案例 6-5 多方参与构建上海市 EDI 中心

1997 年 6 月,由上海市计划委员会、上海市外经贸委、上海市交通办、上海海关

和上海市邮电管理局联合通过有关实体共同投资组建上海市 EDI 中心的决议，该中心又称"上海电子数据交换网络服务有限公司"。中心成立后，主要承担"上海市国际经贸网络"的建设任务。

其改造主要是：连通 EDI 市级中心与各 EDI 行业分中心，实现各 EDI 行业分中心的 EDI 电子数据交换、互联和网络管理；提供各 EDI 行业分中心的国际国内出入口交换，提供跨行业、跨地域的 EDI 服务，网络的交换业务提供追踪、查询、存证、协调、管理、计费以及软件开发、系统集成、培训、技术支撑等综合服务；连接上海海关、上海市外经贸委、港航 EDI 分中心，实现各行业间的 EDI 电子数据交换；提供异地企业进入上海 EDI 网络的服务；负责有关通信网络的建设和工程承包；为用户提供有关通信网络、设备及软件的维护服务。

至 1998 年底，上海市 EDI 中心已开发完成了"海关 EDI 通关电子申报系统"、"电子单证存证管理系统"、"商检 EDI 报验系统"、"EDI 空运仓单导入、核销系统"、"邮政 EDI 电子报关系统"、"上海医药信息电子商务系统"和"上海国有资产数据库管理系统"等。此外，上海市 EDI 中心注意消化、吸收国际上先进的信息技术，将其应用于电子报关、电子商务、航运 EDI 等诸多领域，建立了连接上海航运交易所、上海港航 EDI 中心、上海海关 EDI 中心和上海外经贸 EDI 中心等专线网络的国际出口信息系统，为接入用户提供宽带安全接入通道。整个系统实现 24 小时全天服务。这为上海全面推行 EDI 打下了良好的基础。据测算，采取了 EDI 等多种措施后，船舶在港平均时间缩短了两个小时，提高码头利用率 3.5%，相当于增加了 4.5 亿元的营运收入，其中 EDI 因素约占 35%。

EDI 中心作为一种区域物流信息平台，推动了物流信息化工作，使各类企业物流及供应链管理的计算机应用水平迈上了新的台阶，不仅改善了供应链管理服务质量，增加了竞争能力，而且也为政府加强对港口的船、箱、货的监管和规范航运、货运、物流市场提供了强有力的手段，极大地改善了口岸对外形象，创造了口岸国际物流环境。

资料来源：万志坚. 供应链管理运营实务与案例分析. 北京：中国物资出版社，2006

讨论题：
1. 谈谈上海 EDI 中心运营的效果。
2. 分析物流信息平台有哪些功能。

案例 6-6　中商集团应用物联网技术加速冷链物流信息化建设

近日，中商企业集团下属的中商集团经济技术合作公司宣布，在未来三年内投资 20 亿元，在山东济南高新技术产业开发区中心区内建设国内一流、国际领先的物联网研发基地。这是中商企业集团充分利用自身优势和作为商业物流特别是冷链物流行业的领先者，抢先布局物联网，在为企业的后续发展抢得先机。

冷链物流几乎介入了食品从生产到销售的全生命周期，其间涉及生产和流通过程的多个部门，所以必须运用专业的物流管理信息系统来建立物品全生命周期信息档案，科学地整合生产、分销、仓储运输、配送等供应链上下游的信息。由于基础建设条件的限制，相比发达国家，我国冷链物流信息化发展滞后，管理也没能形成一体化。

因此，要应用物联网创新技术，加快冷链物流信息化建设。充分利用现有技术，加快建设一批冷链物流示范工程，实现冷链产品（食品、农产品与医药等）全生命周期和全过程的实时监管，促进冷链运输管理的透明化、科技化、一体化。不过，硬件建设只是物联网发展的前端，后端的数据传输、信息处理、智能化业务管理与运营则是整个物流网链条的未来核心部分与价值高端，这也恰恰是推广物联网应用的难点。

济南高新技术产业开发区，作为刚刚获批的山东省首批5家物联网产业基地之一，同时又是国家级信息通信国际创新园。区内齐鲁软件园，是认定的国家级软件产业基地，园内汇集着550家入园企业，拥有自主知识产权的软件产品600余种，从业人员达3万多人。

中商企业集团正是看中了济南高新技术产业开发区在物联网技术、人才和政策上的优势，提出在这里建设中商物联网研发基地，以实现构建智慧"数字泉城"的总目标。

资料来源：中国网 http://news.china.com.cn/rollnews/2011-10/08/content_10517050.htm。

讨论题：
1．讨论物联网技术应用领域。
2．谈谈冷链物流的特点。

实际操作训练

实训项目6-1　自动识别技术认识实习

（1）实训目的：通过实训，认识并理解条形码技术、RFID技术，熟悉GPS及GIS技术的特点及功能，理解物联网技术在物流活动中的应用过程。

（2）实训内容：指导学生使用相关的识读设备进行操作，充分认识信息的收集、传输及存储等过程。

（3）实训要求：将参加实训的学生进行分组，在教师指导下进行实训，完成实训报告。

实训项目6-2　连锁企业物流信息管理系统调研

（1）实训目的：通过实训，调研连锁企业物流信息管理现状及存在的问题。

(2)实训内容:了解连锁企业物流信息系统开发流程及应用情况,针对存在的问题,提出相应对策。

(3)实训要求:将参加实训的学生进行分组,在教师指导下进行调研,完成实训报告。

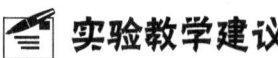
实验教学建议

实验项目 电子商务物流技术应用

项目名称	实验课时	内容提要	教学要求	实验类别	实验方式
电子商务物流技术应用	2	(1)选择访问2~3个典型物流企业网站,了解电子商务物流所涉及的现代信息技术 (2)分析电子商务物流的条码(Bar Code)、电子数据交换(EDI)、射频(RF)、地理信息系统(GIS)、全球定位系统(GPS)的技术特征 (3)这些技术在物流哪些环节中得到应用	通过本实验教学,了解电子商务物流所涉及的信息技术,分析电子商务物流的Bar Code、EDI、RF、GIS、GPS技术特征,调研这些技术在物流哪些环节中得到应用,充分认识电子商务技术对现代物流发展的作用	综合性	教师指导独立完成

第7章 电子商务物流服务与物流成本管理

知识架构

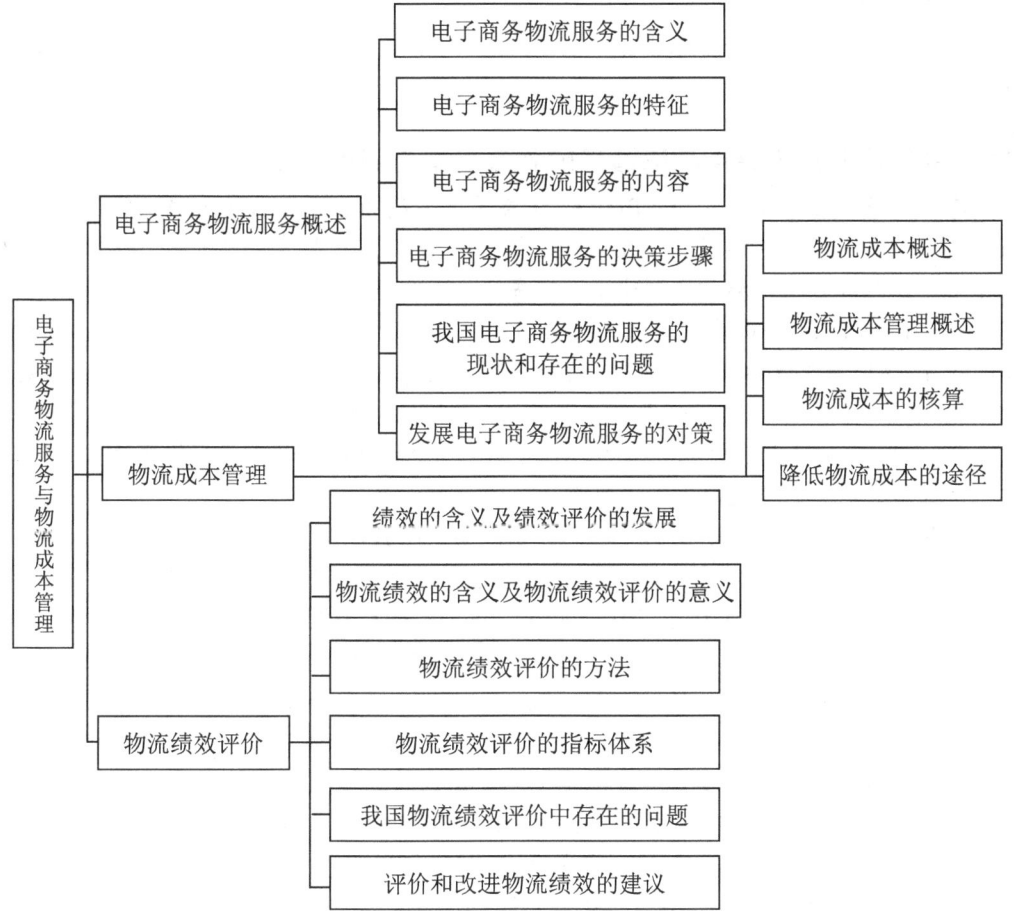

教学目标与要求

通过本章的学习，掌握电子商务物流服务的含义及内容，特别是增值性服务的具体内容，了解我国电子商务物流服务的现状、存在的问题及发展对策；掌握物流成本的含义、构成、特点、分类及影响物流成本的因素，认识物流成本管理的作用，理解物流成本管理目标、原则和物流成本的计算方法，了解我国企业物流成本管理存在的问题及降低物流成本的途径；掌握物流绩效的含义、物流绩效评价系统的目标，认识物流绩效评价的意义，掌握物流绩效评价的方法和指标体系，了解我国目前物流绩效评价存在的问题及对策。

基本概念

物流服务　电子商务物流服务　物流成本　绩效评价系统　物流绩效　主成分分析法　层次分析法

 引导案例：布鲁克林酿酒厂的物流成本与服务管理

布鲁克林酿酒厂（BrooNyn Brewery）在美国分销布鲁克林拉格（酿造后再储藏熟成的啤酒）和布郎淡色啤酒，并且已经经营了3年。虽然在美国它还没有确立起一种国家名牌，但在日本市场却已创建了一个每年200亿美元的市场。

Taiyo资源有限公司是Taiyo石油公司的一家国际附属企业。在这个公司的Kei ji Miyamoto访问布鲁克林酿酒厂之前，该酿酒厂还没有立即将其啤酒出口到日本的计划。Miyamoto认为，日本消费者会喜欢这种啤酒，并说服布鲁克林酿酒厂与Hiroyo贸易公司会面，讨论在日本的营销业务。Hiroyo贸易公司建议布鲁克林酿酒厂将啤酒航运到日本，并通过广告宣传其进口啤酒具有独一无二的新鲜度。

这种做法不仅是一种令人感兴趣的营销战略，而且也是一种独一无二的物流作业，因为成本高，目前还没有其他哪一家酿酒厂通过航空运输将啤酒出口到日本。布鲁克林啤酒厂于1989年11月装运了它的第一箱布鲁克林拉格到达日本，并在最初的几个月里使用了各种航空承运人。最后，日本金刚砂航空公司（Emery Worldwide—Japan）被选为布鲁克林酿酒厂唯一的航空承运人。金刚砂公司之所以被选中，是因为它向布鲁克林酿酒厂提供了增值服务。金刚砂公司在其J.F.K.国际机场的终点站接收啤酒，并在飞往东京的商务航班上安排运输。金刚砂公司通过其日本的报关行办理清关手续。这些服务有助于保证产品完全符合新鲜要求。啤酒之所以能达到新鲜要求，是因为这样的物流作业可以在啤酒酿造后的1周内将啤酒从酿酒厂立即运达顾客手中，而海外装运啤酒的平均订货周期为40天。啤酒的新鲜度使之能够超过一般价值定价，高于海运装运的啤酒价格的 5 倍。虽然布鲁克林拉格在美国是一种平均价位的啤酒,但在日本,它是一种溢价产品,获得了极高的利润。

拉格的高价并没有阻碍啤酒在日本的销售。1988 年,即其进入日本市场的第一年,布鲁克林酿酒厂取得了 50 万美元的销售额。1989 年销售额增加到 100 万美元,而 1990 年则为 130 万美元,其出口总量占布鲁克林酿酒厂总销售额的 10%。

同时,布鲁克林酿酒厂将改变包装,通过装运小桶装啤酒而不是瓶装啤酒来降低运输成本。虽然小桶重量与瓶装啤酒相等,但减少了因玻璃瓶破碎而造成的损失。此外,小桶啤酒对保护性包装的要求也较低,这将进一步降低装运成本。在不久的将来,布鲁克林酿酒厂将要把这种啤酒出口到其他国家。

资料来源:锦程物流网 http://info.jctrans.com/xueyuan/czal/2008325615717.shtml。

7.1 电子商务物流服务概述

随着网络技术和电子技术的发展,电子中介作为一种工具被引入到生产、交换和消费中,人类进入了电子商务时代。在这个时代,人们做贸易的程序并没有改变,还是要有交易前、交易中和交易后几个阶段,但进行交流和联系的工具变了,如从以前的纸面单证变为现在的电子单证。这个时代的一个重要特点就是信息流发生了变化(电子化),信息流更多地表现为票据资料的流动。此时的信息流处于一个极为重要的地位,它贯穿于商品交易过程的始终,在一个更高的位置对商品流通的整个过程进行控制,记录整个商务活动的过程,是分析物流、导向资金流和进行经营决策的重要依据。在电子商务时代,由于电子工具和网络通信技术的应用,交易各方的时空距离几乎为零,这有力地促进了信息流、商流、资金流和物流这"四流"的有机结合。随着电子商务在全球的迅速开展和现代物流日益向纵深方向发展,电子商务物流服务悄然而至,正成为物流服务的新方式。因此,毫无疑问,电子商务物流服务是影响企业发展的重要因素,有必要对电子商务物流做一概括性的认识。

7.1.1 电子商务物流服务的含义

国家质量技术监督局发布的《中华人民共和国国家标准物流术语》对物流作了如此定义:"物品从供应地向接受地的实体流动过程,根据实际需要,将运输、储存、装卸搬运、包装、流通加工、配送和信息处理等基本功能实施有机的结合。"根据已有的认识,那么电子商务物流服务就是指利用电子化的手段,尤其是利用互联网技术来完成物流全过程的协调、控制和管理,实现从网络前端到最终客户端的所有中间过程服务,最显著的特点就是各种软件技术与物流服务的融合和应用。

7.1.2 电子商务物流服务的特征

1. 信息化

电子商务时代,物流信息化是电子商务的必然要求。物流信息化表现为物流信息的商品化、物流信息收集的数据库化和代码化、物流信息处理的电子化和计算机化、物流信息传递的标准化和实时化及物流信息存储的数字化等。

2. 网络化

物流领域网络化的基础是信息化,这里的网络化有两个方面的含义:一是物流配送系统的计算机通信网络化,包括物流配送中心与供应商或制造商的联系要通过计算机网络,另外与下游顾客之间的联系也要通过计算机网络;二是组织的网络化,即所谓的企业内部网。上述两个方面的含义其实就是企业外部网和内部网的引申。物流的网络化是物流信息化的必然发展,是电子商务物流服务的主要特征之一。

3. 自动化

自动化的基础也是信息化,自动化的核心是机电一体化,自动化的外在表现是无人化,自动化的效果是省力化,另外还可以扩大物流作业能力、提高劳动生产率、减少物流作业的差错等。物流自动化的设施非常多,如条码/语音/射频自动识别系统、自动分拣系统、自动存取系统、自动导向车和货物自动跟踪系统等。这些设施在发达国家已普遍用于物流作业流程中,而在我国由于物流业起步晚、发展水平低,自动化技术的普及还需要相当长的时间。

4. 智能化

智能化是物流服务信息化的一种高层次应用,物流作业过程中大量的运筹和决策,如库存水平的确定、运输路径的选择和物流配送中心经营管理的决策支持等问题都需要借助于大量的知识才能解决。在电子商务物流服务中,物流服务智能化是不可回避的技术难题。目前,专家支持系统和智能机器人等相关技术已经在国际上有比较成熟的研究成果,也已被一些大的跨国企业所采用,如美国安利公司和日本的丰田汽车公司就是这方面的典范。为了提高物流现代化的水平,电子商务物流的智能化是一种新的趋势。

5. 柔性化

柔性化本来是为了实现"以顾客为中心"的理念而首先在生产领域提出的,而柔性化的物流正是适应生产、流通与消费的需求而发展起来的新型物流模式,它要求物流配送中心根据现代消费需求"多品种、小批量、多批次、短周期"的特点,灵活地组织和实施物流作业。在电子商务时代,物流发展到集约化阶段,一体化配送中心已不单单是提供仓储和运输服务,还必须开展配货、配送和各种提供附加值的流通服务项目，甚至还可按客户的需要提供其他特殊的服务。

6．一体化

电子商务物流服务一体化就是以物流系统为核心的、从生产企业经由物流企业、销售企业直至消费者供应链的整体化和系统化。电子商务物流一体化是物流产业化的发展形式，它还必须以第三方物流充分发育和完善为基础。电子商务物流一体化的实质是物流管理的问题，即专业化物流管理的技术人员，充分利用专业化物流设备、设施，发挥专业化物流运作的管理经验，以求取得整体最优的效果。

7．国际化

电子商务物流国际化，即物流设施国际化、物流技术全球化、物流服务全体化、货物运输国际化、包装国际化和流通加工国际化等。电子商务物流国际化的实质是按国际分工协作的原则，依照国际惯例，利用国际化的物流网络、物流设施和物流技术，实现货物在国际间的流动和交换，以促进区域经济的发展和世界资源的优化配置。国际化物流正随着国际贸易和跨国经营的发展而不断发展。

7.1.3 电子商务物流服务的内容

如果将电子商务物流的需求仅仅理解为门到门运输、免费送货或保证所订的货物都送到的话，那就错了。因为电子商务需要的不是普通的运输和仓储服务，它需要的是物流服务。那么电子商务物流服务到底包括哪些内容？一般认为，电子商务物流服务包括两方面的内容，即基本物流服务和增值性物流服务。

1．基本物流服务

基本物流服务覆盖全国或一个大的区域，因此，第三方物流服务提供商首先要为客户设计最合适的物流系统，选择满足客户需要的运输方式，然后具体组织网络内部的运输作业，在规定的时间内将客户的商品运抵目的地，除了在交货点需要客户配合外，整个运输过程，包括最后的市内配送都应由第三方物流经营者完成，以尽可能地方便客户。

（1）储存。电子商务既需要建立互联网网站，同时又需要建立或具备物流中心，而物流中心的主要设施之一就是仓库和附属设备。需要注意的是，电子商务服务提供商的目的不是要在物流中心的仓库中储存商品，而是要通过仓储保证市场分销活动的开展，同时尽可能降低库存占压的资金，减少储存成本。因此，提供社会化物流服务的公共型物流中心需要配备高效率的分拣、传送、储存和拣选设备。在电子商务方案中，可以利用电子商务的信息网络，尽可能通过完善的信息沟通，将实物库存暂时用信息代替，即将信息作为虚拟内存。

（2）装卸搬运。为了加快商品的流通速度必须具备的功能——装卸搬运功能，无论是传统的商务活动还是电子商务物流服务，都必须具备一定的装卸搬运能力，第三方物流服务提供商应该提供更加专业化的装卸、卸载、提升和运送等装卸搬运机械设备，以提高装卸搬运作业效率，降低订货周期，减少作业对商品造成的破损。

（3）包装。电子商务物流服务的包装作业目的不是要改变商品的销售包装，而在于通过对销售包装进行组合、拼配和加固，形成使用于物流和配送的组合包装单元。

（4）流通加工。其主要的目的是方便生产或销售，专业化的物流中心常与固定的制造商或分销商进行长期合作，为制造商或分销商完成一定的加工作业，如贴标签、制作并粘贴条形码等。

（5）运输。电子商务物流服务的运输功能负责为客户选择满足需求的运输方式，然后具体组织网络内部的运输作业，在规定的时间内将客户的商品运抵目的地。对运输活动的管理要求选择经济便捷的运输方式和运输路线，以实现安全、迅速、准时和经济的要求。

（6）配送。配送功能是物流服务的最终阶段，以配货、发送形式最终完成社会物流，并最终实现资源配置的活动。配送功能在电子商务物流服务中的作用是非常突出的，它不单是简单的送货运输，更重要的是集经营、服务、社会集中库存、分拣和装卸、搬运于一体。

（7）物流信息处理。电子商务物流服务作业离不开电子计算机，因此在电子商务物流服务中，将物流作业的信息进行实时采集、分析、传递，并向客户提供各种作业明细信息及咨询信息，这是相当重要的。

2．增值性物流服务

电子商务物流服务除提供基本物流服务外，还提供增值性的物流服务。所谓的增值性物流服务是指在完成物流基本功能的前提下进行的，根据客户需要提供的各种延伸业务活动。电子商务物流服务的增值性物流服务主要包括以下内容。

（1）增加便利性的服务，即解放人的服务。一切能够简化手续、简化操作的服务都是增值性服务。简化是相对于消费者而言的，并不是说服务的内容简化了，而是指为了获取某种服务，以前需要消费者自己做的一些事情，现在是由商品或服务提供商以各种方式代替消费者做了，从而使消费者获得这种服务变得简单。

例如，在提供电子商务物流时，一条龙门到门服务、完备的操作或作业提示、省力化设计或安装、代办业务、一张面孔接待客户、24小时营业、自动订货、传递信息和转账以及物流全过程追踪等都是对电子商务物流服务有用的增值性服务。

（2）加快反应速度的服务，即让流动过程变快的服务。快速反应已经成为电子商务物流服务的动力之一。传统的观点和做法是将加快反应速度变成单纯对快速运输的一种要求，但在客户对速度的要求越来越快的情况下，它也变成了一种约束，因此必须想其他办法来提高速度。而这正是电子商务物流所要求的，利用电子商务系统来优化物流过程和网络、加快反应速度的必然途径。

（3）降低物流成本的服务，即发现第三利润源泉的服务。电子商务物流发展的前期，物流成本将会高居不下，有些企业可能会因为根本承受不了这种高成本而退出电子商务领域，或者是选择性地将电子商务物流服务外包出去，这是很自然的事情。因此，发展电子商务物流服务，一开始就应该寻找能够降低物流成本的物流方案。

例如，企业可以采取以下方案：采用第三方物流服务商、电子商务经营者之间或电子商务经营者与普通经营者联合，采取物流共同化计划，同时，具有一定的企业规模，可以考虑对电子商务物流服务设备投资，从而从长期来看，降低企业的物流成本，增加物流运作的自主性。

（4）提供定制服务，即满足特定客户需求。企业在实现物流价值方面常常不仅限于快速交货，也包括根据不同客户的要求制定相应的物流方案，为客户提供定制的服务。例如，客户想要直接在码头提货，可以为客户自有车辆或其雇用的运输公司车辆提供回程运输货载，这对双方都有利。企业赢得效率，顾客也减少了车辆的空驶。有时，当客户相信企业有能力把货物准确有效地装到他们的卡车上时，可以采用甩挂方案，即客户的车辆达到企业配送中心时，摘掉挂车，由配送中心的工人装货，司机可原地等待。这样，企业也减少了有关装运、接受与验货等管理费用和时间。

（5）延伸服务。延伸服务向上可以延伸到市场调查与预测、采购及订单处理，向下可以延伸到物流配送、物流咨询、物流方案的选择与规划、库存控制决策建议、货款回收与结算、教育与培训、物流系统设计和规划方案的设计等。

（6）额外的劳动增值服务。电子商务物流服务可以使产品更适于销售给客户。针对特定的目标客户群，在电子商务物流服务中，有时需要采取特殊的包装。例如，饮料制造商将一车货物运到仓库后分解为较小的批量后再包装，将不同口味的饮料每若干个一组包装，就会出现多种包装形式、每包不同口味的组合，引起超市货架的变化。制造商是不可能做这种工作的，而应在尽可能接近最终客户的时候完成。通过改变每一包装内容，物流作业增加了商品对客户的吸引力和价值。

7.1.4 电子商务物流服务的决策步骤

电子商务物流服务管理能否制定出行之有效的物流服务策略，往往影响具体的物流服务水准和能力。因此，科学合理地进行物流服务策略的分析和策划是电子商务物流服务管理的一项十分重要的职能。

具体来讲，电子商务物流服务的决策主要有以下几个步骤。

1. 电子商务物流服务要素的确定

要开展电子商务物流服务，首先必须明确电子商务物流服务究竟包括哪些要素以及相应的具体指标，即哪些物流活动构成了服务的主要内容。一般来讲，备货、接受订货的截止时间、进货期、订货单位和信息等要素的明确化是物流战略策划的第一步，只有清晰地把握这些要素，才能使以后的决策循序进行，并可加以操作和控制。

2．向客户收集有关物流服务的信息

电子商务物流服务既然是客户服务的一个重要组成部分，就应当了解客户对物流活动的要求和认识。这种信息资源的收集可以通过调查问卷、座谈、访问以及委托作为第三方的专业调查公司来进行，调查的信息主要包括电子商务物流服务的重要性、满意度，以及竞争企业的电子商务物流服务是否具有优势等问题。

电子商务物流服务信息的收集和分析的具体方法主要有以下三种形式。

（1）客户服务流程分析

这种分析方法的基本思路是，为了正确测定企业与客户接触时的满意度，就必须明确企业与顾客之间究竟有哪些节点，把这些节点以时间序列为基轴加以标示。

（2）客户需求分析

这种方法主要是着眼于探明客户需求与本企业所实施的电子商务物流服务水平之间有什么差距。据此，明确本企业需要改善或提高的物流服务。这种方法的关键是所提出的问题要尽可能具体、全面，否则无法全面掌握客户的真实需求和对企业物流服务的愿望。此外，还应当注意的是，客户的需求肯定会有先后顺序，一般来讲位于优先位置的是企业物流服务的核心要素，而不同的细分市场，其服务要素的先后顺序也不尽一致。

（3）定点超越分析

电子商务物流服务的定点超越也是通过与竞争企业或优秀企业的服务水平相比较来分析的，找出本企业物流服务的不足之处，并加以改善。具体方法主要有服务流程的定点超越和客户满意度的定点超越两种方式。

3．客户需求的类型化

由于不同的细分市场客户服务的要求并不一致，所以电子商务物流服务水准的设定必须从市场特性的分析入手。此外，客户思维方式以及行动模式的差异也会显现多样化的客户需求。在这种情况下，以什么样的特性为基础来区分客户群成为制定物流服务战略和影响核心服务要素的重要问题。此外，在进行客户需求类型化的过程中，应当充分考虑不同客户群体对本企业的贡献度以及客户的潜在能力，也就是说，对本企业重要的客户群体，应在资源配置和服务等方面予以优先考虑。

4．制定电子商务物流服务组合

对客户需求进行类型化之后，首先要做的是针对不同的客户群体制定出相应的物流服务基本方针，从而在政策上明确对重点客户群体实现经营资源的优先配置。此后，进入物流服务水准设定的预算分析，特别是商品单位、进货时间、在库服务率及特别附加服务等重要服务要素的变更会对成本产生什么样的或多大的影响，这样，既能使企业实现最大程度的物流服务，又能将费用成本控制在企业所能承受或确保竞争优势的范围之内,在预算分析的基础上,结合对竞争企业服务水准的分析,根据不同的客户群体制定相应的物流服务组合。这里相当重视在物流服务水准变更的状况下,企业应事先预测这种变更会对客户带来什么样的利益,从而确保核心服务要素水准不会下降。

5. 电子商务物流服务组合的管理和决策流程

电子商务物流服务组合的确定是一个动态的过程,也就是说,最初客户群体的物流服务组合确定后,并不是一成不变的,而是要经常定期进行核查、变更,以保证物流服务的效率化。从电子商务物流服务管理决策的全过程来看,决策流程可以分为五个步骤,即客户服务现状把握、客户服务评价、服务组合制定、电子商务物流服务系统再构建和客户满意度的定期评价,这几个方面相互之间不断循环往复,从而推动电子商务物流服务不断深入发展,提高效率和效果。

7.1.5 我国电子商务物流服务的现状和存在的问题

我国作为一个发展中国家,物流服务业起步较晚、发展水平较低,在引进电子商务时,并不具备支持电子商务的现代化物流服务水平,电子商务物流服务的发展遇到了前所未有的"瓶颈",对企业竞争优势有很大的影响。概括来讲,目前,我国电子商务物流服务存在以下几个方面的问题。

1. 电子商务物流服务人才的短缺

国外物流和配送教育非常发达,引进电子商务后,国外形成了更加合理的物流服务和配送人才的教育培养系统,教育和企业的重视使得国外在电子商务物流服务上处于领先的优势地位。相比较而言,我国在电子商务物流服务和配送方面的教育还相对落后,高端人才教育也刚刚起步,职业教育则更加贫乏,通过委托培训和教育电子商务物流服务人才的企业也不多见。电子商务物流人才的短缺对我国电子商务物流服务产业的发展造成了重大的影响。

2. 企业对电子商务物流服务的重视不够

部分企业对电子商务物流重视不够,只是把物流服务水平看作是一种销售手段而不做出明确的制度规定。在大多数的企业中,并没有专门的电子商务物流部门,物流只是安排在生产或销售计划时才会考虑,这也导致企业对电子商务物流的投入不足,无法建立电子商务系统,无法利用信息系统的优势。并且,由于企业的各个部门之间存在多样的矛盾,致使企业无法从一个系统和全局的高度来看待本企业的物流系统。随着批发商和零售商要求的升级,这种对物流的态度将会使企业无法应对他们的要求。

例如,目前,许多企业或是由于销售情况不稳定,或是由于没有存放货物的地方,或是为了避免货物过时,都在努力削减库存。库存削减必然导致多批次、小批量配送,或多批次补充库存，因此，过度削减库存可能会使物流成本上升而不是下降。

3．电子商务物流服务绩效评价机制的缺失

目前，企业对电子商务物流服务绩效几乎不进行评价，这一评价机制长期缺失。主要是由于两方面的原因造成的。一是电子商务物流服务成本管理存在很大的困难，物流成本的不明确性和隐含性导致企业无法准确衡量和核算物流成本，尤其是在电子商务物流环境之中。二是我国对电子商务物流服务成本核算尚未建立统一的会计核算制度，缺乏统一的标准，这对企业进行电子商务物流服务成本核算和管理带来标准的缺失，无法找到物流成本核算和管理的模范标准与企业，也就无法评估现有电子商务物流服务的管理水平，无法找到问题的所在，对改进电子商务物流服务都造成了极大的困难。

4．电子商务物流服务制度环境的不完善

制度环境主要是指融资制度、产权转让制度、人才使用制度、市场准入或退出制度和社会保障制度等。企业在改善自身电子商务物流效率的同时，必须涉及各种物流资源在企业内部和企业与市场之间的重新配置与分配。但是，由于我国上述制度环境的不完善，企业根据经济合理原则对电子商务物流服务资源的再配置就会遇到很多困难，甚至难以前行。

5．电子商务物流服务定位的错位

从国内现状来讲，目前许多企业仍然把电子商务物流服务定位在传统物流服务上，对电子商务物流服务没有进行重新的认识。事实上，电子商务物流服务不仅是信息的电子化和网络化，更多的是由此带来的物流服务的变革。在电子商务物流服务中，其服务应该是传统物流服务和增值性物流服务的有机结合，并且后者逐渐成为电子商务物流服务的主体。因此，如何发展增值性的电子商务物流服务，便成为企业竞争优势持续的关键点。

7.1.6　发展电子商务物流服务的对策

目前，企业存在这样或那样的影响电子商务物流发展的因素，那么就有必要对电子商务物流发展的途径进行深入的认识。一般来讲，电子商务物流服务发展的途径主要有以下几个方面。

1．必须提高全社会对电子商务物流服务的重视，加大人才培养的力度

如果把电子商务物流服务和电子商务放在一起进行宣传，电子商务是商业领域内的一次革命，而电子商务物流服务则是物流服务领域的一次革命。要改变过去那种重视商流、轻视物流的思想，把物流提升到企业整体战略考虑之中的一个重要影响因素的高度，把发展电子商务物流服务作为一个产业来抓。因此，不仅必须提高全社会对电子商务物流服务的重视，针对我国电子商务物流服务教育和培训机制的落后、电子

商务物流服务人才的匮乏，我们更应该加大人才培养的力度。加大人才培养的力度可以通过改革现有人才培养机制，引进国外先进的电子商务物流人才和培养方式，将教育与公司物流产业相结合，扩展电子商务物流服务的产业链条，最终实现人才培养的跨越式发展，实现我国电子商务物流服务发展的远景目标。

2. 国家和企业共同参与，构建电子商务物流服务系统

电子商务物流服务系统最显著的特点就是信息系统的建立，物流信息的电子化和网络化。计算机技术和网络通信技术为电子商务物流服务系统的建立提供了强大的技术支持，但是企业建立电子物流服务系统需要耗费巨额的资金，并且由于物流服务的特殊性，它需要上游企业和下游企业或个体的配合，因此，电子商务物流服务系统不是一个企业的事情，它需要多方协作和共同努力。也就是说，要形成全社会的电子商务物流服务系统，需要政府和企业共同出资。具体而言，政府要在高速公路、铁路、航空和信息网络等基础设施方面投入大量的资金，以保证交通流和信息流的通畅，形成一个覆盖全社会的交通网络和信息网络，为发展电子商务物流服务提供良好的社会环境。而对于企业来讲，其需要投资于现代物流技术，要通过信息网络和物流网络，为客户提供便捷的服务，提高企业的竞争力。也就是说，在企业内部必须建立电子商务物流服务系统，与外界的信息网络形成一个有机的整体。

3. 鼓励发展第三方物流，提高物流企业的专业化和社会化水平

通过对国外物流企业功能的发展研究可以看出，物流企业所提供的服务内容已经远远超过传统的仓储、分拨和运送等物流服务，第三方物流企业发展迅速。在美国，由于不断削减供应链成本的需要，美国的制造商和零售商们要求物流公司做得更多一些，物流企业提供的仓储、分拨设施、维修服务、电子跟踪和其他具有附加值的服务日益增加。例如，新加坡环球公司亚太地区总裁保罗·格雷厄姆称，物流服务商正在变为客户服务中心、加工和维修中心、信息处理中心和金融服务中心。第三方物流企业借助信息技术提供越来越多的物流服务，能够对市场变化做出迅速的反应。鼓励发展第三方物流，提高物流企业的专门化和社会化水平，延伸服务领域，建立功能齐全、布局合理、层次鲜明的综合物流服务体系，已是全球物流服务业发展的潮流所在，也是我国电子商务物流服务业发展的重要方向。

第三方物流是一个新兴的领域。一般来讲，第三方物流供应者并不是经纪人，一个公司或企业要承担第三方物流供应者的角色，必须能管理、控制和提供物流作业。从战略重要性的角度来讲，第三方物流的战略意义是：工商企业与物流服务企业提供者双方建立长期关系，合作解决托运人的具体问题。第三方物流提供的服务更为复杂，包括了更广泛的物流功能，需要双方最高管理层的协调。在第三方物流服务中，物流服务提供者须为托运人的整个物流链提供服务，供求双方在协作中建立交易或长期合同关系。这两种关系可以有多种不同的选择，如短期合同、部分整合或合资经营。物

流服务供求双方的关系既可以只限于一种特定产品,也可以包括一组特定的物流活动,甚至还可以有更大的合作范围。例如,在计算机行业中,物流服务提供者还可以提供超出一般范围的物流服务,如在顾客的办公室安装、组装或测试计算机等。

发展电子商务物流服务的途径还很多,事实上,在发展电子商务物流服务的过程中,需要企业综合利用上述途径,这样才能加速企业电子商务物流服务的发展,提高企业的竞争力。

阅读资料 7-1　亚马逊物流促销策略

全球最大的网上书店亚马逊网上书店2002年底开始盈利,这是全球电子商务发展的福音。美国亚马逊网上书店自1995年7月在美国开业以来,经历了7年的发展历程。到2002年底全球已有220个国家的4 000万网民在亚马逊书店购买了商品,亚马逊为消费者提供的商品总数已达到40多万种。随着近几年来在电子商务发展受挫,许多追随者纷纷倒地落马之时,亚马逊却顽强地活了下来并脱颖而出,创造了令人振奋的业绩:2002年第三季度的净销售额达8.51亿美元,比上年同期增长了33.2%;2002年前三个季度的净销售额达25.04亿美元,比上年同期增长了24.8%。虽然2002年前三个季度还没有盈利,但净亏损额为1.52亿美元,比上年同期减少了73.4%,2002年第四季度的销售额为14.3亿美元,实现净利润300万美元,是第一个盈利的季度。亚马逊的扭亏为盈无疑是对B2C电子商务公司的巨大鼓舞。

为什么在电子商务发展普遍受挫时亚马逊的旗帜不倒?是什么成就了亚马逊今天的业绩?亚马逊的快速发展说明了什么?带着这一连串的疑问和思索探究亚马逊的发展历程后,我们经过研究后惊奇地发现,正是被许多人称为是电子商务发展"瓶颈"和最大障碍的物流拯救了亚马逊,是物流创造了亚马逊今天的业绩。那么通过亚马逊的生存和发展经历的研究带给我们现在的企业哪些有益的启示呢?

启示一:物流是亚马逊促销的手段

在电子商务举步维艰的日子里,亚马逊推出了创新、大胆的促销策略,为顾客提供免费的送货服务,并且不断降低免费送货服务的门槛。到目前为止,亚马逊已经三次采取此种促销手段。前两次免费送货服务的门槛分别为99美元和49美元,2002年8月亚马逊又将免费送货的门槛降低一半,开始对购物总价超过25美元的顾客实行免费送货服务,以此来促进销售业务的增长。免费送货极大地激发了人们的消费热情,使那些对电子商务心存疑虑、担心网上购物价格昂贵的网民们迅速加入亚马逊消费者的行列,由此产生了巨大的经济效益:2002年第三季度书籍、音乐和影视产品的销量较上年同期增长了17%。物流对销售的促进和影响作用,"物流是企业竞争的工具"在亚马逊的经营实践中得到了最好的诠释。

很多年来，网上购物价格昂贵的现实是使消费者摈弃电子商务而坚持选择实体商店购物的主要因素，也是导致电子商务公司失去顾客、经营失败的重要原因。在电子商务经营处于"高天滚滚寒流急"的危难时刻，亚马逊独辟蹊径，大胆地将物流作为促销手段，薄利多销、低价竞争，以物流的代价去占领市场，招揽顾客，扩大市场份额。显然此项策略是正确的，因为抓住了问题的实质。据某市场调查公司最近一项消费者调查显示，网上顾客认为，在节假日期间送货费折扣的吸引力远远超过其他任何促销手段。同时这一策略也被证实是成功的，自2001年以来，亚马逊把在线商品的价格普遍降低了10%左右，从而使其客户群达到了4 000万人次，其中通过网上消费的达3 000万人次左右。为此，亚马逊创始人贝佐斯得以对外自信地宣称："或许消费者还会前往实体商店购物，但绝对不会是因为价格的原因。"当然这项经营策略也是有风险的。因为如果不能消化由此产生的成本，转移沉重的财务负担，则将功亏一篑。那么亚马逊是如何解决这些问题的呢？

启示二：开源节流是亚马逊促销成功的保证

如前所述亚马逊盈利的秘诀在于给顾客提供的大额购买折扣及免费送货服务。然而此种促销策略也是一柄双刃剑：在增加销售的同时产生巨大的成本。如何消化由此而带来的成本呢？亚马逊的做法是在财务管理上不遗余力地削减成本：减少开支、裁减人员，使用先进便捷的订单处理系统降低错误率，整合送货和节约库存成本……通过降低物流成本，相当于以较少的促销成本获得更大的销售收益，再将之回馈于消费者，以此来争取更多的顾客，形成有效的良性循环。当然这对亚马逊的成本控制能力和物流系统都提出了很高的要求。此外，亚马逊在节流的同时也积极寻找新的利润增长点，比如为其他商户在网上出售新旧商品和与众多商家合作，向亚马逊的客户出售这些商家的品牌产品，从中收取佣金。使亚马逊的客户可以一站式地购买众多商家的品牌商品以及原有的书籍、音乐制品和其他产品，既向客户提供了更多的商品，又以其多样化的选择和商品信息吸引众多消费者前来购物，同时自己又不增加额外的库存风险，可谓一举多得。这些有效的开源节流措施是亚马逊低价促销成功的重要保证。

启示三：完善的物流系统是电子商务生存与发展的命脉

电子商务是以现代信息技术和计算机网络为基础进行的商品和服务交易，具有交易虚拟化、透明化、成本低、效率高的特点。在电子商务中，信息流、商流、资金流的活动都可以通过计算机在网上完成，唯独物流要经过实实在在的运作过程，无法像信息流、资金流那样被虚拟化。因此，作为电子商务组成部分的物流便成为决定电子商务效益的关键因素。在电子商务中，如果物流滞后、效率低、质量差，则电子商务经济、方便、快捷的优势就不复存在。所以完善的物流系统是决定电子商务生存与发展的命脉。分析众多电子商务企业经营失败的原因，在很大程度上是缘于物流上的失败。而亚马逊的成功也正是得益于其在物流上的成功。亚马逊虽然是一个电子商务公司,但它的物流系统十分完善,一点也不逊色于实体公司。由于有完善、优化的物流系统作为保障,它才能将物流作为促销的手段,并有能力严格地控制物流成本和有效地进行物流过程的组织运作。在这些方面亚马逊同样有许多独到之处。

1. 在配送模式的选择上采取外包的方式

在电子商务中亚马逊将其国内的配送业务委托给美国邮政和UPS,将国际物流委托给国际海运公司等专业物流公司,自己则集中精力去发展主营和核心业务。这样可以减少投资,降低经营风险,又能充分利用专业物流公司的优势,节约物流成本。

2. 将库存控制在最低水平,实行零库存运转

亚马逊通过与供应商建立良好的合作关系,实现了对库存的有效控制。亚马逊公司的库存图书很少,维持库存的只有200种最受欢迎的畅销书。一般情况下,亚马逊是在顾客买书下了订单后,才从出版商那里进货。购书者以信用卡向亚马逊公司支付书款,而亚马逊却在图书售出46天后才向出版商付款,这就使得它的资金周转比传统书店更顺畅得多。由于保持了低库存,亚马逊的库存周转速度很快,并且从2001年以来越来越快。2002年第三季度库存平均周转次数达到19.4次,而世界第一大零售企业沃尔玛的库存周转次数也不过在7次左右。

3. 降低退货比率

虽然亚马逊经营的商品种类很多,但由于对商品品种选择适当,价格合理,商品质量和配送服务等能满足顾客需要,所以保持了很低的退货比率。传统书店的退书率一般为25%,高的可达40%,而亚马逊的退书率只有0.25%,远远低于传统的零售书店。极低的退货比率不仅减少了企业的退货成本,也保持了较高的顾客服务水平,并取得良好的商业信誉。

4. 为邮局发送商品提供便利,减少送货成本

在送货中亚马逊采取一种被称之为"邮政注入"的方法减少送货成本。所谓"邮政注入"就是使用自己的货车或由独立的承运人将整卡车的订购商品从亚马逊的仓库送到当地邮局的库房,再由邮局向顾客送货。这样就可以免除邮局对商品的处理程序和步骤,为邮局发送商品提供便利条件,也为自己节省了资金。据一家与亚马逊合作的送货公司估计,靠此种"邮政注入"方式节省的资金相当于头等邮件普通价格的5%~17%,十分可观。

5. 根据不同商品类别建立不同的配送中心,提高配送中心作业效率

亚马逊的配送中心按商品类别设立,不同的商品由不同的配送中心进行配送。这样做有利于提高配送中心的专业化作业程度,使作业组织简单化、规范化,既能提高配送中心作业的效率,又可降低配送中心的管理和运转费用。

6. 采取"组合包装"技术,扩大运输批量

当顾客在亚马逊的网站上确认订单后,就可以立即看到亚马逊销售系统根据顾客

所订商品发出的是否有现货,以及选择的发运方式、估计的发货日期和送货日期等信息。如前所述,亚马逊根据商品类别建立不同配送中心,所以顾客订购的不同商品是从位于美国不同地点的不同的配送中心发出的。由于亚马逊的配送中心只保持少量的库存,所以在接到顾客订货后,亚马逊需要查询配送中心的库存,如果配送中心没有现货,就要向供应商订货。因此会造成同一张订单上商品有的可以立即发货,有的则需要等待。为了节省顾客等待的时间,亚马逊建议顾客在订货时不要将需要等待的商品和有现货的商品放在同一张订单中。这样在发运时,承运人就可以将来自不同顾客、相同类别、而且配送中心也有现货的商品配装在同一货车内发运,从而缩短顾客订货后的等待时间,也扩大了运输批量,提高了运输效率,降低了运输成本。

完善的发货条款、灵活多样的送货方式及精确合理的收费标准体现出亚马逊配送管理的科学化与规范化。亚马逊的发货条款非常完善,在其网站上,顾客可以得到以下信息:拍卖商品的发运、送货时间的估算、免费的超级节约发运、店内拣货、需要特殊装卸和搬运的商品、包装物的回收、发运的特殊要求、发运费率、发运限制、订货跟踪等。

亚马逊为顾客提供了多种可供选择的送货方式和送货期限。在送货方式上有以陆运和海运为基本运输方式的"标准送货",也有空运方式。送货期限上,根据目的地是国内还是国外的不同,以及所订的商品是否有现货而采用标准送货、2日送货和1日送货等。根据送货方式和送货期限及商品品类的不同,采取不同的收费标准,有按固定费率收取的批次费,也有按件数收取的件数费,亦有按重量收取的费用。

所有这些都表明亚马逊配送管理上的科学化、法制化和运作组织上的规范化、精细化,为顾客提供了方便、周到、灵活的配送服务,满足了消费者多样化需求。亚马逊以其低廉的价格、便利的服务在顾客心中树立起良好的形象,增加了顾客的信任度,并增强了其对未来发展的信心。

总之,亚马逊带给我们的启示很多,其中最重要的一点就是物流在电子商务发展中起着至关重要的作用。有人将亚马逊的快速发展称为"亚马逊神话",如果中国的电子商务企业在经营发展中能将物流作为企业的发展战略,合理地规划企业的物流系统,制定正确的物流目标,有效地进行物流的组织和运作,那么对中国的电子商务企业来讲,亚马逊神话将不再遥远。

资料来源:阿里巴巴 http://info.china.alibaba.com/news/detail/v0-d1043414941.html。

7.2 物流成本管理

物流成本管理是企业加强对物流管理的重要内容之一,企业能否对其进行有效的管理成为制约企业物流服务发展的重要影响因素之一。目前，物流成本管理还存在许多的困难，因此，本节将对物流成本管理进行一个全面的认识。

7.2.1 物流成本概述

1．物流成本的含义

长期以来，我国企业对物流成本的核算和管理的重视不够，企业很少进行物流成本的专门统计与核算，造成了物流成本的浪费。电子商务的发展把物流提高到了一个非常重要的地位，也使人们充分认识到了降低物流费用的重要性。因此，在电子商务物流过程中，加强电子商务物流成本的管理、建立电子商务物流管理会计制度以及降低电子商务成本不仅是我国物流经济管理需要解决的重要问题，而且是企业进行电子商务活动、开展物流配送和提高物流管理水平所必须解决的一个重要问题。

根据中国国家标准《物流术语》(GB/T 18354—2006)，物流成本（logistics cost）是指物流活动中所消耗的物化劳动和活劳动的货币表现。那么，电子商务物流成本是指在进行电子商务物流活动过程中所发生的人力、财力和物力耗费的货币表现，是衡量电子商务物流经济效益高低的一个重要指标。

2．物流成本的构成

具体而言，物流成本主要包括以下几部分。

（1）从事物流工作人员的基本工资、资金以及各种形式的补贴等。

（2）物流过程中的物资消耗，如包装材料、燃料、电力等消耗，企业固定资产的磨损等。

（3）物流运作过程中，物资的合理损耗。

（4）物流运作过程中承担的再分配项目支出，如银行贷款的利息支出等。

（5）物流运作过程中发生的其他费用，如因物流而发生的差旅费、办公费等。

上面所列示的是物流成本的主要构成部分，它还包括其他一切由产品空间运动引起的费用支出等。

3．物流成本的特征

目前，虽然很多企业意识到物流领域存在着巨大的潜力，但很多企业并没有对物流成本进行有效的控制和节约，这与缺乏对物流成本特殊性的认识是有重大关系的。

（1）隐含性

现有的企业财务会计制度中并没有单独的物流成本项目，这给物流成本的管理带来了困难。物流成本常常包含在销售费用、管理费用以及产品的制造费用等项目中，难以获得准确的数据。相对来说，企业比较容易核算外购物流服务支付的费用，因此企业多数重视外购物流成本的管理，而忽视占据很大比重的内部物流成本。物流成本的隐含性被称为"物流冰山现象",即向外支付的物流费用,常常被误解为是物流成本的全部,其实仅是被企业观察到的冰山一角。

(2) 复杂性

物流成本的构成复杂,它不仅涉及企业运营的各个环节,而且各个环节的成本组成多样化,既包括人工费、管理费,还包括固定资产的折旧费、维修费和资本利息的摊销等。物流部门很难掌握全部的物流成本,如仓储费中过量进货、过量生产和因安全库存降低而紧急输送等产生的成本等。此外,对物流信息进行处理所产生的费用也是物流成本组成的重要部分。

(3) 不明确性

企业因过量服务及其他因素等导致的成本都具有不明确性。例如,部分企业就将促销费用也计入物流成本,而这一费用应该是计入在企业的销售成本中的。

(4) 可比性差

当前,对物流成本的计算缺乏标准,各企业则根据自己的理解和认识来把握物流成本,企业间物流成本数据的可比性差,导致难以真实衡量物流绩效,对物流成本管理的改进显得举步维艰。

(5) 背反性

物流成本中各项目之间存在着此消彼长的关系,一个项目的降低,另一个或几个项目将升高。例如,企业包装费用的下降导致商品损耗的增加,从而使得一些传统的管理方法,如目标管理的目标分解等做法失去了意义,因而需要从总成本的角度出发,全盘考虑。

(6) 综合性

物流成本是以物流活动全部为计算客体的,涉及采购、生产和销售等生产经营活动的全过程,应该是企业唯一的、基本的和共同的管理数据,需要企业全部的部门对相关的物流活动进行整体的协调和优化,从而达到物流运作的高效和物流成本的最小化。

4. 物流成本的分类

物流成本根据考虑的角度不同,有不同的分类方法。对物流成本进行合理的分类,利于各个企业根据不同的情况来划定自身的物流成本范围。具体的分类如下。

(1) 按物流活动发生的领域分类

① 采购物流费——从原材料(包括空容器、包装材料)的采购到送达到购入者为止的物流活动所发生的费用。

② 工厂内物流费——从产成品包装时点开始到确定向顾客销售为止的物流活动所发生的费用。

③ 销售物流费——确定向顾客销售之后,到出库送达到顾客为止的物流活动发生

的费用。

④ 返品物流费——伴随着销售产品返品的物流活动发生的费用。

⑤ 废弃物流费——为了处理已经成为废弃物的产品、包装物以及运输用容器、材料等物品所进行的物流活动发生的费用。

(2) 按物流费用的支付形态分类

① 材料费——包装材料费、燃料费、消耗工具材料等物品的消耗生成的费用。

② 人工费——为物流从业人员支出的费用，如工资、奖金、退休金、福利费等。

③ 水电费——水费、电费、燃气费等。

④ 维持费——维修费、消耗材料费、房租、保险费等。

⑤ 管理费用——组织物流过程花费的各种费用，如差旅费、交际费、教育费、会议费、上网费、杂费等。

⑥ 特别经费——折旧费等。

⑦ 委托物流费——包装费、运费、保管费、入出库费、手续费等委托企业外部承担物流业务支付的费用。

(3) 按物流功能类别分类

① 物资流通费——运输费、保管费、包装费、装卸费、流通加工费等。

② 信息流通费——处理和传送物流相关信息发生的费用，包括库存管理、订单处理、顾客服务等相关费用。库存管理是指与库存的移动、计算、盘点等有关的信息处理、传达等相关的业务。订单处理是指顾客委托仓库出库的相关信息的处理业务，并不包括商流部分订货活动。顾客服务是指接受顾客的咨询和询问，提供有关信息的业务。以上业务的特点是离不开计算机和信息系统的支持，本质上属于信息活动。

③ 物流管理费——物流的计划、协调和控制等管理活动方面发生的费用，不仅包括现场物流管理费，而且包括本部的物流管理费。现场物流管理费是指配送中心、仓库、物流网点等物流作业部门的人工费、事务费以及维持费等。本部物流管理费是指企业综合物流管理部门发生的上述费用。

(4) 按不同的管理科目分类

① 部门类别物流费、商品类别物流费、销售地域类别物流费、顾客类别物流费。

② 直接物流费、间接物流费。

③ 固定物流费、变动物流费。

④ 管理可能物流费、管理不可能物流费。

上述各项物流费用存在相互作用、相互制约的关系。物流成本管理不是降低某一环节的费用支出，而是追求物流总成本最低。因此，需要用系统集成的观点分析和控制物流费用消耗。

5. 影响物流成本的因素

影响物流成本的因素有很多,最主要的有三个:竞争性因素、产品因素和空间因素。

(1) 竞争性因素

市场环境变幻莫测,充满了激烈的竞争,企业处于这样一个复杂的市场环境中,企业之间的竞争也并非单方面的,它不仅包括产品价格的竞争,还包括顾客服务的竞争。而高效的物流系统是提高顾客服务的重要途径。如果企业能够及时可靠地提供产品和服务,则可以有效地提高顾客服务水平,这都依赖于物流系统的合理化。而顾客的服务水平又直接决定了物流成本的多少,因此物流成本在很大程度上是由于日趋激烈的竞争而不断发生变化的。企业必须对竞争做出反应,而每一个回击都是以物流成本的提高为代价的。影响顾客服务水平的主要方面体现在:

① 订货周期。企业物流系统的高效必然可以缩短企业的订货周期,降低顾客的库存,从而降低顾客的库存成本,提高企业的顾客服务水平,增加企业的竞争力。

② 库存水平。企业的库存成本提高,可以减少缺货成本,即缺货成本与存货成本成反比。库存水平过低,会导致缺货成本增加,但库存水平过高,虽然会降低缺货成本,但是存货成本会显著增加,因此,合理的库存应保持在使总成本最小的水平上。

③ 运输。企业采用更快捷的运输方式,虽然会增加运输成本,却可以保证运输质量,缩短运输时间,提高企业竞争力。但这要建立在对顾客服务水平和自身成本的权衡上。

(2) 产品因素

产品的特性不同也会影响物流的成本,主要体现在以下几个方面。

① 产品价值。随着产品价值的增加,每一领域的成本都会增加。运费在一定程度上反映货物移动的风险,一般来说,产品价值越大,对其所需使用的运输工具要求越高,仓储和库存成本也随产品价值的增加而增加。高价值意味着存货中的高成本,高价值的产品其过时的可能性更大,在储存时所需的物理设施也越复杂和精密。高价值的产品往往对包装也有较高的要求。

② 产品密度。产品密度越大,每车装的货物越多,运输成本就越低,同样,仓库中一定空间领域存放货物也越多,此时降低了库存成本。

③ 易损性。易损性对物流成本的影响是显而易见的,易损性的产品对运输和库存都提出了更高的要求。

④ 特殊搬运。这种产品对搬运提出了特殊的要求,如利用特殊尺寸的搬运工具,或在搬运过程中需要加热或制冷等,这些都会增加物流成本。

(3) 空间因素

空间因素是指物流系统中工厂或仓库相对于市场或供货点的位置关系。若工厂距离市场太远,则必然要增加运输费用,或在此市场中建立库存,这两方面都将影响物流成本。

7.2.2 物流成本管理概述

互联网技术以及现代信息技术的发展为人们进行电子商务物流成本管理创造了一个有利的环境和基础,通过对电子商务物流成本的管理,不仅可以对物流成本进行有效的实时监控,而且也可以对物流成本进行有效的模拟,从而达到降低物流成本、提高经济效益的目的。

1．物流成本管理的含义

物流成本管理是通过成本去管理物流,即管理的对象是物流而不是成本。物流成本管理可以说是以成本为手段的物流管理方法。因为有两点:一是成本能真实地反映活动的实态;二是成本可以成为评价所有活动的共同尺度。就第一点而言,一旦用成本去掌握活动,活动方法上的差别就会以成本差别而明显地表现出来。就第二点而言,用成本这个统一的尺度来评价各种各样的活动,可以把性质不同的活动放到同一个场合进行比较、分析,决定优劣,利用这一点,可以轻易地计算出盈亏,且效果显著。由此看来,把物流活动转换成物流成本来管理,是有效管理物流的一种新思路。但它还被纳入到企业常规管理的范畴之内。因此,对于生产企业而言,物流成本管理还是一种管理的理念,而没有转化成管理行为。

2．物流成本管理的作用

具体而言,物流成本管理的作用主要体现在以下几个方面。

（1）可以有效地对物流成本实行实时监控,改进企业的物流成本管理,创造"第三利润源"

在电子商务物流情况下,可以通过电子商务系统、信息技术等对物流成本的实时情况进行实时掌握,并根据物流成本的管理目标以及企业目标,通过企业管理系统,及时地做出科学合理的决策,降低物流成本,提高物流效率。

（2）可以有效地对物流成本进行模拟,协调各方面物流成本的关系

在物流的实际运作过程中,物流成本之间存在背反规律,一种功能成本的削减会使另外一种功能成本增加,各种成本之间是相互关联的,并且在传统的物流成本运作中,各物流功能被分割,隶属于不同管理部门,缺乏统一管理,尤为重要的是企业物流信息系统的不健全,难以有效地使得物流成本的整体降低。在电子商务物流的情况下,可以通过虚拟方式对物流过程进行模拟,并通过最合理和科学的方法,对物流作业进行调整和管理,促进各环节之间的衔接和协调,有效地实现物流的合理化运作,降低物流成本,提高效率。

（3）降低产品价格，为社会节约财富

物流成本是产品价格的组成部分之一，因此物流成本的大小对产品价格的高低具有重大影响。通过对物流成本进行管理，使得物流成本尽可能降到最低，企业便可在一个较大的幅度内降低其产品价格，从而增强企业在市场上的竞争能力，提高利润。

物流成本是一种必要的耗费，但此种耗费不创造任何新的使用价值，因此是社会财富的一个减项。实行物流成本有效管理可以减少财产损失和商品损耗，减少社会财富的浪费，从而可以增加生产领域的投入，以便创造更多的物质财富。

3．物流成本管理的目标

物流成本管理的目标包括基本目标和具体目标，两者之间存在差异。

（1）物流成本管理基本目标是指企业进行电子商务物流活动时整体性的、长期的、导向性的目标，主要受企业财务管理目标和物流经营活动目标的制约。一方面，物流成本管理是企业财务管理的一个组成部分；另一方面，物流成本的大小与物流的经营规模密切相关。因此，物流成本管理的基本目标可以概括为：在保证企业经营活动需要的前提下，以最小的物流成本完成物流活动的运作。

（2）物流成本管理具体目标是指企业进行电子商务物流活动时局部的、短期的和操作性强的目标，是企业根据物流成本管理基本目标的要求，按照一定时期企业经营的具体情况和存在的具体问题加以制定和实施。

物流企业要在总成本最低的条件下，提供有竞争优势的客户服务，完成商品从供应地到消费地的流动。物流服务和物流成本具有权衡关系，即高标准的服务质量要求常常导致较高的物流费用，并不是服务水平越高越好。物流服务和物流成本之间有着简单的此消彼长的关系。无限度地提高服务水平，会因为成本上升的速度加快，反而使服务效率没有多大变化，甚至下降。

因此，从微观上来说，物流成本管理的目标就是在既定的物流总成本的前提下提供最优的物流服务。从宏观上来说，就是在一定的物流收益水平约束下追求物流成本最小化，或在一定的物流成本约束下追求物流收益水平的最大化。要实现这个目标，就必须将混入其他费用科目的物流成本全部抽取出来，使人们能够清晰地看到潜藏的物流成本。

物流成本中，有不少是物流部门无法控制的。如保管费中就包括了由于过多进货或过多生产而造成积压的库存费用，以及紧急运输等例外发货的费用。从销售方面看，物流成本并没有区分多余的服务和标准服务的不同。如物流成本中，多包含促销费用。

物流成本之间存在效益背反规律。在物流功能之间，一种功能成本的削减会使另一种功能成本增多，这就要求我们必须从总成本的角度出发，从系统的角度看问题，追求整个物流系统总成本的最低化。例如，仓储中心的建立可以降低运输费用，但仓储费用和库存费用可能增加了。

在对物流服务和物流成本做决策时通常考虑以下四种方法。

（1）保持物流服务水平不变，尽量降低物流成本。不改变物流服务水平，通过改进物流系统来降低物流成本，这种尽量降低成本来维持一定服务水平的方法称为追求效益法。

（2）提高物流服务水平，不惜增加物流成本。这是许多企业提高物流服务水平的做法，是企业对特定商品面临竞争时所采取的具有战略意义的做法。

（3）保持成本不变，提高服务水平。这是一种积极的物流成本对策，是一种追求效益的方法，也是一种有效的利用物流成本性能的方法。

（4）用较低的物流成本，实现较高的物流服务。这是一种增加销售、增加效益、具有战略意义的方法。只有要求企业合理运用自身的资源，才能获得这样的成果。

企业采取哪种物流成本策略，往往不是凭感觉而定的，而是通盘考虑各方面因素的结果。这些因素包括企业商品战略和地区销售战略、流通战略和竞争对手、物流成本、物流系统所处的环境以及物流系统负责人所采用的策略等。

4．物流成本管理的原则

物流成本管理的原则是指企业在进行物流成本管理过程中各环节和各方面遵循的基本行为准则，也就是处理物流成本关系的基本行为准则。具体来说，物流成本管理的原则主要包括以下几个方面。

（1）物流总成本最低的原则

物流总成本最低的原则是指在保证一定服务的前提下，企业在物流成本管理的过程中，积极地采取各种对策和措施，降低物流成本，并努力维持各种成本与服务质量之间的平衡，在尽可能的情况下使成本降到最小。

（2）保证需要的原则

保证需要的原则是指在物流成本管理的过程中，企业在保证需要的前提下对物流成本进行控制，不能为了实现物流成本的最小化而不管消费者的需要，以致降低企业的声誉，丧失市场。

（3）利益兼顾原则

利益兼顾原则是指在物流成本管理的过程中，企业应充分考虑各部门的利益，特别是各物流部门之间的利益，做到利益兼顾。在物流成本管理的具体控制中，应根据物流环节的重要程度、工作量规模的大小、所需承担的责任以及市场情况来进行。

（4）责任明确原则

责任明确原则是指在物流成本管理的过程中，企业应该对物流运作过程中的相关部门，对其责任做出严格的界定，明确各自的责任，以便控制各部分，提高物流成本管理的效率。

5．物流成本管理的基本思路

（1）从供应链的视角来降低物流成本。供应链各成员之间通过合作，可以对整个供应链的运作模式进行优化,降低企业物流成本。

（2）重视内部物流成本的控制。企业可以通过设立专门的物流成本项目,分清物流成本管理的关键点,对物流成本进行管理;同时,应用管理会计的方法分析物流成本的发生规律,改善物流成本管理。

（3）确定合理的客户服务水平。企业应该通过深入了解客户的需求和期望,确定合理的客户服务水平,消除过度服务。在整合客户服务水平的基础之上,实现物流服务的规模化、专业化和网络化。

（4）充分利用信息系统的支持。企业应该建立信息系统,及时、准确、全面地收集和处理物流过程中的信息,提高物流的运作效率,支持物流成本的科学管理,降低物流成本。

（5）标准化建设。企业物流标准化包括物流技术、作业规范、服务及成本核算等方面的标准化。技术上的标准化可以提高物流设施、运载工具的利用率和相互匹配性;物流作业和服务标准化可以消除多余的作业和过度的服务;物流成本核算的标准化使各企业的成本数据具有可比性,能够提高企业物流成本的管理水平。

（6）充分利用外部资源。企业对部分物流的外包,可以获得物流服务提供商的专业技术、规模经济和减少物流资产的闲置。此外,企业在面对突发事件和紧急调运等情况下,可以增强应变能力。

阅读资料 7-2 奥康：物流运营零成本

奥康提出的物流运营零成本并非是物流运营不花一分钱,只是通过一种有效的运营方式,极大限度地降低成本,提高产品利润。

现代市场的竞争,就是比谁看得准。特别是对皮鞋行业而言,许多产品是季节性的。对这类产品,就是比时间、比速度。对一些畅销品种,如果能抢先对手一星期上货、一个月出货,就意味着抢先占领了市场。而对于市场的管理终极目的也在于此,如果你的产品慢于对手一步,就会形成积压。

积压下来无法销售掉的鞋子将会进行降价处理,如此一来,利润减少,物流成本加大。实在处理不掉的鞋子,将统一打回总部,二次运输成本随之产生,物流成本也就在无形之中增加了。据了解,奥康将一年分为 8 个季,鞋子基本上做到越季上市。一般情况下,在秋季尚未到来的半个月前,秋鞋必须摆上柜台。这在一定程度上考验奥康的开发设计能力,必须准确地把握产品的时尚潮流信息。为此,奥康在广州、米兰等地设立信息中心,将国际最前沿的流行信息在第一时间反馈到温州总部。这样就可以做到产品开发满足市场需求、减少库存、增加利润。

很多消费者可能都有这样一种经历,电视台上有些大打广告的产品,当你心动准备去购买的时候,跑遍了所在城市的每一个角落,也找不到它们的踪影。如此一来,信息成本加大,进一步导致利润降低。

奥康的广告策略是广告与产品同时上市或广告略迟于产品上市。这样既可以使产品在上市之初进行预热,又可以收集到产品上市后的相关信息,有利于对返单的鞋子进行产品宣传及进一步的开发设计,达到高销量的要求,降低了物流运营成本。

资料来源:万联网资讯中心 http://info.10000link.com/newsdetail.aspx?doc=610122714。

7.2.3 物流成本的核算

1. 基于物流管理的基本功能的计算方法

目前,学术界普遍认可的物流总成本计算的概念性公式为

物流总成本=运输成本+存货持有成本+物流行政管理成本

企业在物流运作的过程中,物流活动产生的物流成本既分布在企业内部物流等不同职能部门中,又分布在企业外部的不同合作伙伴中,如物流服务商、企业供货商和销售商等。从企业产品的价值实现过程来看,物流成本既与企业的生产和营销管理有关,即实现产品的场所和时间效用,又与客户的物流服务要求直接相关,即作为与客户互动的界面要让客户满意。因此,这一简明的概念性公式,对企业实现对物流成本的把握实际上仍然存在很大的难度。

2. 基于活动的物流成本的计算方法

该方法是为了适应物流服务的过程特点和跨越现行财务会计制度的缺陷而设计和采用的。但是,这种管理会计方法的有效使用首先必须弄清楚物流成本和物流服务行为的活动关系;其次,必须有一套能够控制物流活动全过程的预算体系并且和物流服务绩效管理指标体系相配套。

例如,Ray Mundy 教授(2002)给出了一个基于 ABC 管理原理的物流总成本计算的概念性公式为

物流总成本=物流费用+所动用的物流服务资产的总价值×资产占用费率

这一类方法为认识和核算物流总成本提供了新的思路,但它们的实际应用与物流成本管理实践的要求还存在相当大的距离。

3. 基于活动的作业成本分析计算法

作业成本法(Activity Based Costing,ABC)被认为是确定和控制物流成本最有前途和最科学的方法。众所周知,进行物流成本管理,首先要解决物流核算的准确性问题。现行的会计制度并无物流费用项目,物流费用混杂在生产费用、销售费用等综合性项目之中,如果采用现行的会计核算方法,核算物流成本的途径是从现有的会计项目中,将有关物流费用提解出来并进行汇总。传统的计算方法是"以数量为基础的成

本计算",即采用与产量关联的分摊基础——直接工时、机器运行实践和材料耗费额等。但是现代生产的特点是生产经营活动复杂,产品生产工艺多变,大多数间接费用与产量关系不大,而与作业工作量密切相关。一个作业的发生成本与特定的因素(称为成本动因)有关,例如,在汽车制造商制造汽车的过程中,生产调度的成本动因是调度的总批数;装箱活动中,劳动力作业的成本动因是直接劳动力时间,消耗原料的成本动因是箱子数量,机器折旧的成本动因是运行时间。

作业成本法是指以作业成本为成本对象,通过成本动因来确认和计算作业量,进而以作业量为基础分配间接费用的成本计算方法。作业成本法的基本原理是:产品消耗作业,作业消耗资源并导致成本的发生。

应用作业成本法核算企业物流成本可以分为四个步骤进行。

(1) 分析和确定企业物流运作过程中涉及的作业。作业是构成业务流程的最基本因素,是工作的各个单位,作业的类型和数量会随着企业的不同而不同。例如,在一个顾客服务部门,可能包括了处理客户订单、解决产品问题和提供客户报告三项作业。能否准确地进行作业成本分析,决定着物流成本计算的质量。

(2) 确认企业物流运作过程中涉及的资源。资源的消耗是成本的源泉,它可以分为物质资源、人力资源、货币资源、信息技术资源、市场资源(如市场份额和品牌效应等)、组织资源(如企业文化、供应链合作伙伴关系和培训伙伴等)及法律资源(如专利、商业秘密、版权和合同等)。资源的界定是在作业界定的基础之上进行的,每项作业必涉及相关的资源,与作业无关的资源应该从物流成本核算中予以剔除。

(3) 确认各项物流运作作业所包含的资源动因。资源动因即是资源的种类和数量,联系着资源和作业,将资源分配到各受益的作业中。例如,对"采购"作业而言,首先,要确认其消耗的资源种类,如人工工资、管理费用、材料费用和设备折旧等;其次,则计算出作业中各项资源的具体数额。

(4) 确定成本动因,将作业成本分配到产品或服务中。作业动因反映了成本对象对作业消耗的逻辑关系,将作业成本分配到产品或服务中,如订单 X 的物流作业包括订单处理、库存和运输三项,则根据订单 X 的三项作业消耗的资源比率,计算完成订单 A 的物流作业成本。

毋庸置疑,作业成本法的成功实施有赖于先进的计算机信息管理系统,详细记录各个作业的数据资料,组织和存储从基础成本资料到业务活动,从业务活动到特定产品的详细信息。因此,与传统的成本核算方法相比,作业成本法的分配标准更加符合客观情况,为企业提供了相对较准确的成本管理信息。同时,通过对所有与产品相关联的作业活动的追踪分析,可以为企业确定和消除无效率的作业、改进和提高作业环节,进一步优化物流运作过程,提高企业物流管理水平。就某种程度而言,虽然由于资料来源的可靠性和真实性受到各种因素的制约,作业成本法存在一定的误差,但是它的方法科学，随着进一步的改进，会逐步完善，有较大价值。

4．全面成本管理计算方法

全面成本管理（Total Cost Management，TCM）的思想是全面质量管理，强调企业的全体人员均参与成本管理，以成本形成的全过程为管理对象，加强成本的事前、事中和事后的损失控制，并做到事前、事中和事后三位一体。进行全面成本管理关键是设立成本管理体系，它由目标成本确定和分解体系、成本计划执行体系、成本监督和控制体系，以及成本分析持续改善体系组成。

全面成本管理对物流活动的全过程进行系统统一管理，充分协调各部门和各环节的成本费用，以总成本降低为主要目的，最大程度地降低物流成本，有效地克服物流成本管理中的背反现象。全面成本管理可以加快物流合理化过程。全面成本管理认为物流作业质量、成本和时间经过协调，可以达到长期削减物流成本的目的。企业物流作业质量的提高，可以加快物流速度，而物流速度的加快，是物流成本效率提高的保证，充分协调质量、速度和成本三者之间的关系，可以达到物流运作系统整体优化的目的。

7.2.4 降低物流成本的途径

自 20 世纪 70 年代我国引入物流概念以来，各有关主体已经认识到物流在国民经济发展过程中对促进资源合理配置，改善国家基础设施建设，降低社会总成本，提高企业竞争力等方面都起着至关重要的作用，但是目前我国在物流成本管理方面存在三方面突出的问题，即企业对物流成本没有进行单独记账、对于物流费用的核算方法没有固定的标准，不能把握企业实际的物流成本，对物流成本的计算和控制分散进行。因此，对物流成本降低途径的了解和认识有利于我们寻求到解决这些问题的方法，从而提高企业进行物流成本管理的水平。

1．从物流运作全过程的视角来降低物流成本

对于一个企业来讲，物流成本管理不只是本企业的事，即在追求本企业的物流效率化的同时，应该考虑到从产品制成到最终客户整个物流供应链过程的物流成本效率化。此外，还应该协调好本企业和其他企业，如上游配套件供应商以及第三方物流之间的关系，以提高整个物流运作过程的效率。因此，在物流运作的全过程中，应该合理分配各项投资和支出，以便物流运作的全过程可以实现高效率。

2．借助于现代计算机信息系统来降低物流成本

目前，物流信息的系统化对企业降低物流成本具有重要作用。借助于现代计算机信息系统，可以快速地将本企业和其他企业、客户联系起来。具体而言，通过将企业订购的意向、数量和价格等信息在网络上进行传输，从而使生产、流通全过程的企业或部门分享由此带来的利益，充分对应可能发生的各种需求，进而从整体上协调企业

自身各部门和外部企业之间的沟通;其次,通过信息系统,企业与终端销售客户之间的联系更为紧密,有利于企业随时掌握库存等,从而安排生产和运输等。因此,也就是说,现代计算机信息系统的搭建有助于企业实现物流成本的降低。

3. 通过效率化的配送来降低物流成本

对应于客户的订货而建立短时期的和正确的进货体制是现代企业物流发展的必然趋势,但是,伴随配送产生的成本费用要尽可能降低,特别是最近多频度和小单位配送的发展,更要求企业采用高效率化的配送方法。一般来讲,企业要实现高效率化的配送,就必须重视配车计划管理、提高装载率和车辆运行管理。

所谓配车计划是指与客户的订货相吻合,将生产或购入的商品按照客户指定的时间进行配送计划。对于生产商而言,如果不能按客户指定的时间进行生产,也就不可能在客户规定的时间内配送,所以,生产商配车计划的制定必须与生产计划联系起来进行。同样,批发商也必须将配车计划与商品进货计划相联系开展。当然,要做到配车计划与生产计划或进货计划相匹配,就必须构建最为有效的配送计划信息系统。这种系统不仅是处理配送业务,而且是在订货信息的基础之上,管理从生产到发货全过程的业务系统,特别是制造商为缩短对客户的配送时间,同时降低成本,必须通过这种信息系统制作配送计划,商品生产出来后,装载在车辆中进行配送。对于发货量较多的企业,需要综合考虑并组合车辆的装载量和运行路线。也就是说,当车辆有限时,在提高单车装载量的同时,应事先设计好行车路线以及不同路线的行车数量等,以求在配送活动有序展开的同时,追求综合成本的最小化。

此外,在制定配车计划的过程中,还需要将客户的进货条件考虑在内,例如,进货时间、司机在客户作业现场搬运的必要性和客户附近道路的情况等都需要关注和综合分析。还有客户的货物配送计划也对配车计划具有影响,货物运输量小,相应的成本就高,配车应当优先考虑输送量多的地域。在提高装载率方面,先进企业的做法是,将本企业储集的商品名称、容积和重量等数据输入到信息系统中,再根据客户的订货要求计算出最佳装载率。从总体上看,对于需求比较集中的地区,可以较容易地实现高装载率运输,而对于需求相对较小的地区,可以通过共同配送来提高装载率。

4. 通过提高对客户的服务质量来降低物流成本

提高对客户的物流服务质量是企业确保经济利益的最重要的手段,客户是企业的上帝,只有客户满意才能给企业带来业务,企业才能生产和发展,因此提高对客户的服务质量,使客户满意才能保证企业获得源源不断的利润。但是企业一味地开展商品翌日配送或发货的小单位化而不充分考虑客户的产业特性和运送商品的特性,无疑将大大增加发货方的物流成本。因此,在正常情况下,为了既能保证提高对客户的物流服务质量,又防止出现过度的物流服务,企业应当在考虑客户产业特性和商品特性的基础上,与客户充分协调,探讨有关配送方案,从而在提高物流服务质量的前提下降低物流成本，达到双赢的目的。

5. 通过削减退货成本来降低物流成本

退货成本也是企业物流成本中一个重要的组成部分，它往往占有相当大的比例。退货成本之所以成为某些企业主要的物流成本，是因为随着退货会产生一系列的物流费、退货商品损伤或因滞销而产生的费用以及处理退货商品所需的人员费等各种事务性费用。特别是出现退货情况时，一般是由商品提供者承担退货所发生的各种费用，而退货方因为不承担商品退货而产生的损失，容易很随意地退回商品，并且由于这类商品大多数较少，导致配送费用有增高的趋向。不仅如此，由于这类商品规模较小，也很分散，商品入库和账单处理等业务也都非常复杂。因此，削减退货成本十分重要，它是物流成本管理活动中需要特别关注的问题。

控制退货成本首先要分析退货产生的原因，一般来讲，退货可以分为由于客户的原因产生的退货和由于企业自身的原因产生的退货两种情况。通常认为由于客户的原因所产生的退货是不可控的，但事实并非如此。企业应该根据客户反映的情况，查找原因，建立物流信息系统，及时掌握客户的经营情况，进而不断调整企业的产品生产量和产品种类，真正从根本上遏制退货现象的出现。造成退货的另一个根本原因是企业为了片面地追求自身的经济利益，采取推进式销售方式而引起的负效应，也即很多企业为了追求最大销售目标，一味将商品推销给最终客户，而不管实际销售的状况和销售中可能出现的问题，结果造成流通在库增加和销售不振。要有效降低退货成本，重要的是改变企业片面追求销售额的目标战略，在追求最终需求动向和流通在库的同时，实现最终需求增加而实施销售促进策略。

6. 通过第三方物流来降低物流成本

将物流外包给第三方物流公司是目前跨国公司管理物流的通行做法。按照供应链的理论，将不是自己核心业务的业务外包给从事该业务的专业物流公司去做，这样从原材料供应到生产，再到产品的销售等各个环节的各种职能，都是由在某一领域具有专长或核心竞争力的专业物流公司互相协调和配合来完成，这样所形成的供应链具有很大的竞争力。将物流、配送业务外包给第三方物流应该说是电子商务经营者组织物流的一种较为理想的模式，它在减少库存、降低物流成本和创造物流附加值等方面可谓是达到了物流管理的最高境界。尤其是在电子商务物流品种多、数量小和分布广的情况下，第三方物流的利用可以充分利用物流服务公司的规模效应，降低企业自身的物流成本。

7.3 物流绩效评价

物流作为提高企业竞争力的重要因素，已经成为企业在降低物资消耗，提高劳动生产率以外的第三利润源泉，在企业运营管理中具有极其重要的地位。要想使物流真正成为企业新的经济增长点,必须对物流活动进行有效的动态绩效评价和分析,从而正确诊断实际经营水平,全面监督企业资源,实现资源合理配置,以提高企业的核心竞争力。物流绩效评价已经成为企业计划和控制的有机组成部分,全面合理的绩效评价对企业的生存与发展具有举足轻重的作用。

在发达国家,物流的绩效研究起步较早。日本结合自身的特点,以整体物流成本最小化、顾客服务最适化、企业利益最大化为目标将物流绩效评价的重点放在了不断降低成本上,积累了一套行之有效的成本物流管理学说。美国早在 1978 年就开始在民航业中有限放松管制,1980 年又放松了对卡车运输业的管制,从而使物流企业更加自主地适应市场,依靠市场力量来决定物流服务的发展。1985 年就曾有研究指出,进行综合绩效衡量的公司,可提高总产量的 14%~20%。美国国家绩效评估中的绩效衡量小组把绩效管理定义为"利用绩效信息协助设定统一的目标计划,进行资源配置与优先顺序的安排,以告知管理者维持或改变既定目标计划,并报告成功符合目标的管理过程。"

现阶段我国的物流市场仍不成熟,物流所涉及的理论基础还不完善。尽管众多企业管理者已经认识到现代企业的发展在很大程度上已受制于物流的发展水平,但由于种种原因,高效的物流管理在我国企业中仍未得到实现。

7.3.1 绩效的含义及绩效评价的发展

1. 绩效的含义

绩效是业绩和效率的统称,包括活动过程的效率和活动的结果两层含义。经营业绩是指管理者在经营管理企业的过程中对企业的生存和发展所取得的成果所做出的贡献,效率是指在获得经营业绩过程中所表现出来的盈利能力和核心竞争能力。绩效是过程和结果的集合,绩效评价的根本任务是对价值创造进行过程管理,以提高价值创造的质量和效率。因此,绩效评价是对价值创造过程的评价,而非结果的度量。

2. 绩效评价的发展历程

绩效评价的发展经历了以下几个阶段,如表 7-1 所示。

表 7-1 绩效评价的发展历程

时 间	阶 段	主 要 特 点	评 价 体 系
20 世纪 20 年代以前	单一财务指标阶段	绩效评价的手段主要是一些简单的、没有内部关系的财务指标和经营指标,如利润率、市场占有率、各种周转率、资产负债率等	无
20 世纪 20 至 80 年代初	财务指标体系阶段	绩效评价主要是通过一些内部关系比较密切的多个财务指标和经营指标组成的指标体系进行绩效评价	"杜邦分析法"和"波士顿/GE 矩阵"

续表

时间	阶段	主要特点	评价体系
20世纪80年代中后期	价值评价指标阶段	绩效评价主要通过一些价值评价指标进行，比较关注长期绩效	"经济增加值"（EVATM）和净现值（NAV）
20世纪90年代以后	战略绩效评价体系阶段	绩效评价主要通过一些综合性的与企业战略密切联系的评价指标进行，比较关注财务指标和非财务指标的结合，短期绩效和长期绩效的结合	平衡记分卡（BSC）和Skandia导航器

3．绩效评价系统的含义及目的

（1）绩效评价系统的含义

绩效评价系统是企业管理者用来保持或者修正企业活动形式的所有正式的、以信息为基础的方法和程序的总称。通过比较实际结果和战略目标之间的差距来帮助管理者时时注意追踪企业战略的实施，成功的管理者借助这一系统能够认识到或者创造出机会使自己在竞争中领先。

（2）绩效评价系统的目的

企业绩效评价系统的复杂完善程度在很大程度上取决于组织绩效评价的目的，明确绩效评价目的是构建评价系统的前提。沟通企业战略和目标、通过愿景激励员工、实施战略控制和进行绩效管理已成为企业进行绩效评价的主要动因。绩效评价目的和用途的丰富对绩效评价系统自身提出了很高的要求。如何通过绩效评价系统贯穿公司战略，整合公司、部门、团队和个人目标，进而在公司内部形成持续改进的学习氛围、形成和提高公司的核心竞争力已成为绩效评价系统的首要任务。为此，需设计全新的绩效评价系统以确保组织长期目标的实现。

4．绩效评价的环节

绩效评价的环节如图7-1所示。

（1）确定评价的目的，选择评价的对象。

（2）建立评价的参照系统，确定评价主体、评价指标、评价标准和评价方法。

（3）收集相关信息。

（4）形成价值判断。

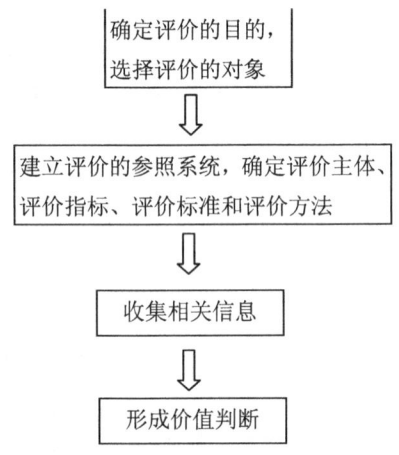

图7-1 绩效评价的环节

7.3.2 物流绩效的含义及物流绩效评价的意义

1. 物流绩效的含义

物流绩效是指一定时期内物流活动中投入物流资源与创造的物流价值的对比关系。纵观国内专家学者对物流理论的研究成果，目前多侧重于物流的过程、功能方面，对物流绩效评价的研究成果不多。在欧美等发达国家和地区，绩效评价正逐步成为企业管理的一项重要议程。据相关资料表明，在1994—1996年的三年间，就有3 615篇关于物流绩效评价的文章发表。1996年，仅在美国每两个星期就有一本关于物流绩效评价的著作问世，这充分表明了物流绩效评价的重要性。

物流作为提高经济竞争力的重要因素，要想使其健康发展，必须对物流企业的计划、顾客服务、运输和存货等物流活动进行绩效评价与分析。对物流绩效进行评价与分析，才能够正确判断企业的实际经营水平，提高企业的经营能力，进而增加企业的整体效益。由于物流活动具有多方性、过程复杂性（采购、运输、储存、保管及供应等）和形成多样性等特点，长期以来，物流绩效的衡量缺乏行之有效的标准。因此，如何科学、全面地分析和评价物流企业的绩效，已成为物流企业迫切需要解决的问题。

2. 物流绩效评价的意义

企业之所以采取绩效评价是基于企业越来越强调对过程的监控，通过对行动过程中各项指标的观察与评估，保证战略目标的实现。因此企业物流绩效评价的意义在于：

（1）决策支持。通过绩效评价使采购绩效和成果更具可见性，以提供企业一定时间内采购绩效的追踪记录并直接支持管理层对采购活动的战略决策的制定。

（2）良好沟通。绩效评价活动促使供应链成员之间更好地沟通，包括在采购部门内部、部门之间以及与供应商之间。

（3）绩效反馈。防止或改正可能在采购物流活动过程中出现的问题，也反映了买方、部门、团队、供应商为满足采购物流管理绩效目标所进行的努力。

（4）激励和指导。绩效评价活动激励和引导采购部门员工行为向良性结果方向发展。

7.3.3 物流绩效评价的方法

由于我国物流业发展的起步比较晚，物流企业的形式又多种多样，既有由传统的运输和仓储企业转型而来的物流服务企业，也有新兴的功能齐全的物流公司，还有企业内部的物流服务公司等。随着全球经济化和供应链理论的发展，市场竞争理论也发生了变化。现代企业的竞争已经不再是企业之间的竞争，而是供应链之间的竞争。物流作为供应链流程的一个部分，对于其绩效的评价也就不能只从物流企业的内部绩效去衡量，而应该从整个系统的集成环境下综合评价。物流绩效评价的方法主要有主成分分析法、基层层次分析法、类加权主成分分析法、模糊综合评判法和标杆法等。

1. 主成分分析法

各个物流企业可能从事的主要业务不同，那么对绩效评价选择的指标就不同，另外即使有相同的指标体系，各个指标在不同的物流企业里面的权重也肯定不同，例如，传统的仅提供运输服务的公司在绩效评价的时候，可能重点只注重运输活动过程中的绩效指标；而新兴的功能齐全的物流公司可能更加广泛地关注物流绩效的各个综合而成的指标。因此，利用主成分分析法可以很好地解决此类问题。

（1）主成分分析法的含义

主成分分析（Principal Components Analysis）是一种基于降维思想的多元统计方法，它用较少的综合变量来替代原来较多的变量，且使这几个综合变量尽可能多地反映原来变量的信息，并且彼此之间互不相关。

（2）主成分分析研究的目的

主成分分析研究的目的是如何将多指标进行最佳综合简化，最终转化为较少的综合指标。也就是说，要在力保数据丢失最少的原则下，对高维变量空间进行降维处理。

（3）主成分分析法的特点

主成分分析法的特点是在评价指标的相关性比较高时，能消除指标间信息的重叠，而且能根据指标所提供的原始信息生成非人为的权重系数。其缺陷是没有考虑指标（类）间存在的重要度。同时，该方法具有如下优点：

① 主成分分析方法基于原始数据本身，评价结果符合客观实际。

② 将多指标进行降维处理降低了评价的复杂度，削弱了指标间的多重相关性。

③ 易于发现影响物流绩效的关键因素，有利于促进企业改善经营管理，提升核心竞争力。

（4）主成分分析法在物流绩效评价中的应用步骤

① 确定物流企业的绩效评价指标体系。

② 根据以往的历史数据给各个指标赋值。

③ 根据各个指标的数据矩阵，求出其协方差矩阵。

④ 根据协方差矩阵，求出各个指标的特征值，并求出相应的正交单位特征向量。

⑤ 计算出前 N 个主成分的累计贡献率。

⑥ 根据不同企业的权重指标计算出指标综合得分。

⑦ 针对评价得到的综合得分 P，选择同类的企业进行比较，分析自身的强势和弱势，明确自身的定位点和改进发展的方向。

（5）主成分分析法在物流绩效评价中的注意事项

① 有些指标是通过标杆比较的方法得出的没有量化的指标，为此需要对物流绩效

评价的指标进行模糊化的量化处理。

② 评价指标体系的建立要全面而有效，本文中只是简单介绍了一些评价指标，但很多指标体系需要企业根据自己的情况不断地完善和发展。

③ 要注重绩效评价后所应采取的行动。很多企业进行了绩效评价，可是在评价之后经常忽视了对评价结果的分析和对分析结果的应用。其实，评价的目的是要能及时采取有效的方法和措施来进一步地提高物流绩效。

2．基层层次分析法

（1）权重的概念

权重是在考核过程中对被考核对象的不同侧面的重要程度的定量分配，对各考核要素在总体考核中的作用进行区别对待。事实上，没有重点的考核就不算是客观的考核。每个人员的性质和所处的层次不同，其工作的重点也肯定是不一样的。因此，相对工作所进行的绩效考核必须对不同内容对目标贡献的重要程度做出估计，即权重的确定。

考核权重的设计关系到工作行为的导向问题，对某一个指标过分看重或过分轻视，都会带来不良后果。假设一个部门有"服务质量"和"销售额度"两个指标，究竟是三七开，还是七三开，对员工会产生很大影响。可以说，权重设计是测量绩效与真实绩效是否一致的纽带。

一组权重体系 $\{V_i | i=1, 2, \cdots, n\}$ 必须满足下述两个条件

① $0 < V_i < 1$；$i=1, 2, \cdots, n$

（其中 n 是权重指标的个数）

② $\sum_{i=1}^{n} V_i = 1$

权重体系是通过相对指标体系来确立的。首先必须有指标体系，然后才有相应的权重体系。指标权重的选择，实际也是对系统考核指标进行排序的过程，而且权重值的构成应符合以上的条件。

（2）层次分析法

层次分析法是权重分析的方法之一。为了保证绩效考核的客观性和公正性，一般采用层次分析法进行权重分析。它的基本思路是把复杂事情分成若干有序层次，建立起一个描述系统功能或特征的内部独立的层次结构，然后根据对某一客观事物的判断，就每一层次的相对重要性做出定量表示，在通过一致性检验的前提下，确定每一层次中各元素的相对重要性次序的权重。通过对各层次的分析，进而导出对整个问题的分析，即总排序权重。

运用层次分析法可以降低专家打分法的主观随意性，这样得到的评价结果更加精

确,而在具体的实施过程中,企业可以根据具体的业务和经营管理目标设立相应的指标并通过专家赋予相应的权重,因而具有一定的灵活性和适应性。通过所计算出的各项指标的权重,可以清晰地看出公司业绩评价的价值取向和工作的轻重缓急;可以使企业的物流管理更加科学化、规范化,判断出企业的物流经营管理问题的状况。

3．类加权主成分分析法

(1) 类加权主成分分析法的含义

主成分分析法虽然能够简化指标,降低评价的复杂度,但其最大的缺陷在于没有考虑指标间存在的重要程度。类加权主成分分析法则是基于层次分析法和主成分分析法提出的,首先利用层次分析法确定全体指标的权重以及指标类的权重;其次进行主成分分析,建立类加权主成分模型,对企业物流绩效进行评价。即以企业物流绩效为研究对象,建立一种较全面的二层次指标体系,综合考虑财务、客户、市场、业务以及学习等各方面的绩效指标,并将上层指标看作是下层指标的指标类。利用层次分析法确定全体指标和每个指标类的权重系数,并对指标进行主成分分析,求得主成分;再对标准化指标进行加权处理,同时考虑指标类的权重,建立类加权主成分评价模型。

(2) 类加权主成分分析法的优点

① 将多指标进行降维处理,降低了评价的复杂度,削弱了指标间的多重相关性。

② 将层次分析法的主观分析与主成分分析法的客观分析相结合,更具有客观性和合理性。

③ 不仅考虑了全体指标的重要程度,而且考虑了物流绩效指标类的重要度差异,评价结果更加全面、合理。

④ 易于解释评价结果,并且能方便地发现企业物流绩效的关键因素。

⑤ 具有动态性。可以对不同时期、不同地区、不同企业的样本值进行跟踪动态评价。

4．模糊综合评判法

(1) 模糊综合评判法的含义

模糊综合评判法是基于模糊变化理论对于多因素影响的问题进行单层次或多层次综合评判的评估方法,也是对受多种因素影响的事物做出全面评价的一种多因素决策方法,在模糊的环境中,考虑了多种因素的影响,出于某种目的对某事物做出的综合决断或决策。

物流绩效评价的过程中存在许多的定性指标,有些指标的样本值很难精确得到,如对市场应变能力的评价、对学习发展能力的评价等,具有一定的模糊性。因此,采用模糊综合评判方法是一种行之有效的方法。对于这些定性的指标常采用专家评分或者问卷调查法来评价,具有一定的主观性,对此通过对评价指标赋予相应的权数进行综合评价,这样得到的评价结果更接近现实,更加合理。

(2) 模糊综合评判法的基本步骤

① 建立评价因素集。对绩效评价指标进行合理划分，具体产生评价因素集。

② 确定权重集。权重是各个评价因素重要程度的反映，它是与评价因素集相对应的模糊集合。具体评价指标的权重可通过以下步骤确定。

第一，成立评价小组。由配送中心相关管理人员和有关专家组成评估小组。

第二，制定评价指标权值因子判断表。

第三，填写权值因子判断表。方法是小组成员将行因子与列因子相对比，如若采用 4 分制时，两因子相比非常重要的指标记 4 分，比较重要的指标记 3 分，普通重要的指标记 2 分，不太重要的指标记 1 分，很不重要的指标记 0 分。

第四，确定评价指标的权值。

③ 建立评价集。根据评价指标体系的性质设定评价集，如把评价等级定为优、良、中、差四种，则评价集对应四维向量的评语集为｛优、良、中、差｝。

④ 找出评判矩阵。评判矩阵又叫隶属向量矩阵，它是对评价因素集内诸评价因素进行评定的一种模糊映射，它反应了各评判因素和评价等级之间的关系。

⑤ 进行模糊综合评判。

⑥ 多级综合评判。

由于物流绩效评价是相当复杂的过程，有些问题在实际评价时往往需将评估指标分为多层级，其评价方法是重复运用以上计算过程，从低级指标向高级指标逐级判断。如三级指标的综合评判向量集，可构成各二级指标的单因素矩阵，二级指标的单因素矩阵再乘以相应的权重系数进而得到二级指标的综合评判向量，类似地可得到一级指标的综合评判向量，最后可得到总体指标的综合评价值。

采取模糊综合评判的方法对物流绩效进行评价，关键是建立一套科学的评价指标体系，并合理地确定各个评价指标的权重。指标体系的建立应根据企业自身的特点，并结合企业发展的要求客观地加以制定。评价指标权重的确定，可以采用权值因子法，它是一种将定性问题定量化的权重确定法，与层次分析法中的最小平方法相比具有简单、易操作的特点，它不仅能够快速、准确地比较出各个评价指标的相对重要程度，而且能够比较科学、客观地对配送中心物流绩效进行综合评价。

5. 标杆法

(1) 标杆法的含义

标杆法是通过对先进的组织或者企业进行对比分析，了解竞争对手的长处和具体的行事方式，在此基础上，对比自己的行事方式，然后制定出有效的赶超对策来改进自己的产品服务以及系统的一种有效的改进方式或改进活动。简而言之，标杆法就是研究竞争对手的物流战略战术，学习竞争对手先进的物流模式，改进企业的物流流程及各种操作模式。采用物流标杆法，要特别注意寻找比较合适的参照企业，就是找一个企业作为参照系,这个参照系与自己企业的水平不能相差太多,否则就没有意义了。

(2)美国施乐公司"绩效标杆法"的运作

在北美,绩效标杆法(benchmarking)这个术语是和施乐公司同义的。以往15年,有100多家企业去施乐学习它在这个领域的专门知识。施乐创立绩效标杆法开始于1979年,当时日本的竞争对手在复印行业中取胜,他们以高质量、低价格的产品,使施乐的市场占有率在几年时间里从49%减少到22%。为了迎接挑战,施乐高级经理们引进了若干质量和生产率计划的创意,其中绩效标杆法就是最有代表性的一项。

在施乐公司,绩效标杆法是一个由如下四个阶段和10个步骤组成的程序,如表7-2所示。

表7-2 绩效标杆法的程序

阶　　段	步　　骤
第一阶段	1. 识别什么可成为标杆 2. 识别可作为对照或对比的企业 3. 数据的收集
第二阶段	4. 确定当今的绩效水平 5. 制定未来绩效水平计划 6. 标杆的确认
第三阶段	7. 建立改进目标 8. 制定行动计划
第四阶段	9. 执行行动计划和监督进程 10. 修正绩效标杆

一个绩效标杆作业往往需要6~9个月的实践,才能达到目标。需要这么长时间,是因为绩效标杆既包括战略的,也包括战术或运作的因素。从战略上讲,绩效标杆涉及企业的经营战略和核心竞争力问题;从战术上讲,一个企业必须对其内部运作有充分的了解和洞察,才能将之与外部诸因素相对比。

绩效标杆的实践运作主要包括以下三种类型。

① 工作任务标杆。如搬运装车、成组发运、排货出车的时间表等单个物流活动。

② 广泛的功能标杆。就是要同时评估物流功能中的所有任务,如改进仓储绩效的标杆(从储存、堆放、订货、挑选到运送等每一个作业)。

③ 管理过程的标杆。把物流的各个功能综合起来,共同关注诸如物流的服务质量、配送中心的运作、库存管理系统、物流信息系统及物流操作人员的培训与薪酬制度等,这种类型的标杆更为复杂,因为它跨越了物流的各项功能。

运用绩效标杆法实际上可打破根深蒂固的不愿改进的传统思考模式,而将企业的经营目标与外部市场有机地联系起来,从而使企业的经营目标得到市场的确认而更趋合理化。例如,施乐公司建立了物流顾客服务标准,鼓励员工进行创造性和竞争性的思维,并时常提高员工物流运作成本和物流服务绩效的意识。

缺乏准备是绩效标杆法失败的最大原因。对别的企业做现场视察,首先要求物流经理能完全理解本企业内部的物流运行程序,这种理解有助于识别哪些是他们要去完成的,哪些是要从绩效标杆中寻求的信息。

施乐公司物流绩效标杆已取得了显著的成效。以前公司花费 80%的时间关注市场的竞争,现在施乐公司却花费 80%的精力集中研究竞争对手的革新与创造性活动。施乐公司更多地致力于产品质量和服务质量的竞争而不是价格的竞争。结果,公司降低了 50%的成本,缩短了 25%的交货周期,并使员工增加了 20%的收入,供应商的无缺陷率从 92%提高到 95%,采购成本也下降了 45%,最可喜的是,公司的市场占有率有了大幅度增长。

资料来源:闫平,彭卫华. 物流成本管理. 北京:中国商业出版社,2007,337~338

7.3.4 物流绩效评价的指标体系

1. 建立物流绩效评价指标体系的原则

物流绩效指标体系的设计是进行物流绩效评价的基本前提,全面、合理的指标体系是保证评价结果全面性和客观性的关键所在。指标体系的建立一般应遵循以下原则。

(1) 全面性原则。不能仅仅局限于成本和利润这些传统指标,还应该包括客户指标、业务指标以及创新学习指标等。只有这样才能对企业物流绩效做出全面综合的评价。

(2) 可操作性原则。要求指标含义清晰、度量得当,尽量与企业的统计资料以及各种报表相匹配。

(3) 通用性原则。即指标体系既能突出重点,又能体现总体性。

(4) 可比性原则。在对指标的分析过程中,要求指标之间能够相互比较,指标应该能通过一定的操作进行量化。

另外,从客观评价出发,必须合理确定指标体系的规模。指标太少,虽然处理简单,但缺乏全面性和综合性;指标太多,则使建模复杂,而且可能掩盖对象间的差异性。

2. 物流绩效评价指标的选取

物流企业绩效评价指标的选取经过了从单一指标到多维指标的发展过程。在制定物流绩效评价时,最常考虑以下四个指标。

(1) 送货时间(交货周期)。送货时间指客户从订货到收货的整个时间,该指标反映了物流企业提供服务的迅捷性。

（2）送货可靠性。该指标反映了物流企业履行承诺的能力，即度量其能否正确地满足顾客的订货。

（3）送货灵活性。

（4）库存水平。每一项指标难以量化且单一，只有物流服务质量的评价指标，没有经济成本方面的评价。

因此，每一项指标都应有三个指标值，即理想值、目标值和当前值。物流绩效管理的目标就是按照理想值设定目标值，根据目标值改进现有的绩效状况。

还有观点认为，物流绩效评价的一个重要方面是定基（bench marking）。定基是对照最强的竞争对手或著名的顶级公司的有关指标而对自身的产品、服务实施连续不断衡量的过程。运作定基可分为四种类型，即工作任务定基、广泛的功能定基、管理过程定基和总体运作定基。定基是一种较积极的方法，定基过程将企业的目标与外部市场连接起来，从而使企业的目标得到确认和合理化。但是，一个良好的定基难以确定且定基研究需要花费较高成本。

如果从内部和外部两方面来衡量物流企业绩效，则外部绩效通常是从客户感觉衡量和最佳实施基准两方面来评价的，内部绩效衡量通常从以下五个方面来评价。

（1）成本。物流绩效最直接的反应是完成特定运作目标所发生的真实成本。物流成本绩效的代表性指标是以总金额（美元）表示的销售量的百分比或每个单位数量的成本。

（2）客户服务。它考察了一个公司满足客户需要的相对能力，通常用的评价指标有及时发运、周期时间、客户速度、客户调查等。

（3）生产率指标。生产率是系统用于生产该产品而投入的资源数量与产出（货物或服务）之间的相对关系，通常用比率或指数表示。如生产率指数、每销售代表的订货量。

（4）资产衡量。具有代表性的指标有存货周转率、净资产收益率、投资报酬率。

（5）质量。质量指标是指向全过程评估的最主要的指标，它是用来确定一系列活动的效率而不是个别的活动。物流质量绩效指标有损坏频率、客户退货数、退货费用等。

若从物流活动方面对物流绩效进行分析，则主要包括物流顾客服务、运输、存货及物流成本控制等。其中运输活动绩效从运输费用效益、合理运输和运输质量等方面来进行考核，其评价指标有运输费用效益、货损货差率、车船满载率、准时运输率和安全间隔里程等。存货绩效评价从仓储资源利用程度、服务水平、储存能力与质量三方面进行了评价，其量化指标有设备利用率、投资费用比、库存周转率、顾客满足程度、货损货差赔偿费率以及仓储吨成本。顾客服务业绩从对顾客价值重视程度、满足顾客需求等方面进行评价。物流成本绩效考核指标有单位成本、销售量百分比成本。

但是，按照物流活动进行评价，没有系统性，只能考核物流企业的各个部门的相对绩效。有学者使用数据包络分析方法对物流系统经济效益进行评价其可行性和优越性，而且使用该方法评价企业物流系统综合经济效益需具备两个前提条件：建立健全科学的评价指标体系，建立数据包络分析方法计算机评价支持系统。但是数据包络分析方法需要用较高深的数学知识，目前该方法在物流效率评价中的应用还不普遍。尽管如此，数据包络分析方法不需要预先估计参数，直接采用数据计算的特点，使它在解决比较复杂的多投入、多产出的效率评价中具有不可比拟的优越性。

总之，理想的评价指标应满足以下几项原则：能够反映顾客和企业自身的需求，易于理解和接受，应用广泛，与企业发展战略一致，具有应变性等。

3．采购物流绩效评价指标体系的特性

为保障企业能对采购物流进行有效绩效评价，其绩效评价指标体系应该具备一些特性，这些特性是在构建指标体系时所必须参考的。

（1）定量化。指标可以用一个客观值来表示。

（2）容易理解。指标能让人理解它是评价采购物流相关活动的，并清楚地了解如何操作才能得到评价结果。

（3）鼓励积极行为。评价指标应与采购活动过程的报酬成正比关系，激励采购过程中的积极行为，抵制采购过程中可能出现的轻视或松懈行为，包括供应商的行为。

（4）可见性。评价指标的效果在整个采购物流绩效评价过程中是显而易见的，能积极促进采购总监、采购经理、采购员及供应商继续推进绩效评价。

（5）形成共识。评价过程中，所有的参与者（包括内部的和外部的，如采购员和供应商）对评价指标有一致的理解。

（6）重点评价。在评价过程中，只关注那些对采购物流活动过程有重要作用的主要绩效指标或重点要素。

（7）平衡性。评价指标需在采购能力、实际利用率、绩效和供应商等多方面进行平衡和折中，考虑到多种可能为采购物流活动带来不同绩效的要素。

（8）经济性。评价过程中用于收集、分析的成本费用要低于评价带来的效益。

7.3.5 我国物流绩效评价中存在的问题

1．对物流绩效评价还没有形成一个系统的、完善的、统一的定义

这是导致在物流绩效指标体系的选取过程中，侧重点不同的主要原因。大部分情况下，大多选择以物流运作效率和物流服务方面作为考核指标，而对物流成本、物流经济效益以及物流的发展潜力方面关注得较少。

2．未形成一套统一的建立物流绩效评价指标的基本原则

由于对物流绩效评价的侧重点不同，导致在建立物流绩效评价指标时，所确定的

物流绩效评价指标选取基本原则各不相同。

3．未建立一套科学的物流绩效评价标准

只有建立科学的物流绩效评价标准，才能正确确定评价对象的物流绩效水平，并且对其物流绩效进行正确定位。可以建立横向评价和纵向评价两个标准，横向评价标准是和标杆企业的对比，纵向标准则是和企业的历史物流绩效水平对比，此外，还可以建立一个客户评价标准，也就是企业的市场适应能力方面的标准。物流企业只有准确掌握了自身在这三个标准下的物流绩效水平，才能更好地把握其物流发展方向。

4．对物流绩效评价方法的研究主要集中于理论研究

现有的物流绩效评价方法主要有层次分析法、模糊综合评判法、DEA 法、功效系数法和综合效用法等，需要比较多的数学知识，且在评价模型的建立上，对一般管理者而言，其建模过程相对复杂。然而，对评价方法的研究大部分是理论研究，与实际结合得较少，这就更加大了理解和掌握的难度。所以，在物流绩效评价方法的研究中，最好能结合具体的企业进行实证研究，将其评价思路、评价建模过程及评价分析过程进行具体阐述，以增加对物流绩效评价的理性认识和感性认识。

7.3.6　评价和改进物流绩效的建议

物流绩效评价研究的目的是为了通过绩效评价找到物流运作的薄弱环节，通过持续改进从而更好地实现物流目标。通过前面的分析，可以提出如下的物流绩效改进措施。

（1）要有明晰的与企业竞争战略匹配的物流战略，物流绩效要始终以战略为导向，围绕战略目标提出关键绩效指标，进行绩效评价指标设计、考核与改进。

（2）整合物流功能，包括内部整合与外部整合，实现物流绩效改进。实证研究发现，物流整合与物流绩效改进有显著相关。内部物流整合成功的重要因素包括高层管理者支持、公司范围内的承诺、态度变革、组合内的交流与培训、切实的计划、好的信息获取、支持顾客服务的系统设计、易于使用与系统柔性和成本收益比率等；与外部的整合就是要实施供应链管理，建立实时、互动、共享的集成信息平台。

（3）物流绩效是通过员工实现的，高素质的员工是实现物流绩效的根本保证。所以，加强员工知识、技能、技巧、服务意识等的培训十分重要，而更为重要的是要建立与物流绩效挂钩的管理激励体系，使员工的回报与工作质量、物流绩效、战略目标一致。

（4）加强顾客关系管理、知识管理。通过关系管理和知识管理，获取与共享信息和知识以及顾客的感知，寻找企业与顾客感知差距，从而缩小与顾客感知的差距，改进物流绩效。

（5）追踪优秀企业的物流绩效，以此为学习和持续改进的标杆，收集信息，制定追赶计划。

（6）建立与供应商、第三方物流提供商的战略伙伴关系，帮助他们改进物流绩效。

（7）优秀的物流绩效基于测量—评估—计划—改进循环的有效性。所以，要建立有效的物流绩效管理体系，要确保有效的监督和交流系统。

本章小结

本章介绍了电子商务物流服务的含义、特征及内容，着重阐述了电子商务物流服务中增值性服务的具体内容，介绍了我国电子商务物流服务的现状和问题，探讨电子商务物流服务发展对策。介绍了物流成本的含义、构成、特点及分类，分析影响物流成本的因素，强调物流成本管理的作用，介绍了物流成本管理目标、原则和物流成本的核算方法，阐述我国企业物流成本管理存在的问题，讨论了降低物流成本的途径。介绍了物流绩效的含义及物流绩效评价系统目标，强调物流绩效评价的意义，介绍了物流绩效评价的方法与指标，探讨我国目前物流绩效评价存在的问题及对策。

电子商务物流服务就是指利用电子化的手段，尤其是利用互联网技术来完成物流全过程的协调、控制和管理，实现从网络前端到最终客户端的所有中间过程服务，其最显著的特点就是各种软件技术与物流服务的融合和应用。在电子商务物流服务中，包括基本物流服务和增值性物流服务，认识到增值性物流服务是电子商务物流服务发展的必然趋势。

物流被称为"经济的黑暗大陆"，这是由于物流成本具有不同于其他经营成本的特征。不同之处中最突出的有两点，这两点被归结为物流"冰山现象"和"效益背反"（交替损益）现象。物流成本管理是通过成本去管理物流，即管理的对象是物流而不是成本。物流成本管理可以说是以成本为手段的物流管理方法。

对电子商务物流服务成本管理进行了讲述，介绍了电子商务物流服务和物流成本管理之间的关系，对物流成本管理的意义、途径和方式等方面做了比较详细的分析。重点对物流成本的核算方法进行了讲述，进一步认识到物流成本核算和管理的困难。

对物流绩效评价的含义进行了介绍，并对物流绩效评价的方法进行了比较全面的讲述，其中，主成分分析法、标杆法是物流绩效评价的重要方法。最后，对物流绩效评价指标的构建和目前我国物流绩效评价存在的问题和对策进行了探讨。

 思考题

1. 电子商务物流服务的含义及其优势体现在哪些地方？
2. 电子商务物流服务的内容有哪些？如何进行电子商务物流服务决策？
3. 当前，我国电子商务物流服务的现状和问题是什么？如何发展电子商务物流服务？

4. 解释电子商务物流服务与物流成本之间的关系。
5. 当前我国物流成本管理存在哪些方面的问题？降低物流成本的途径有哪些？
6. 考察一家汽车制造企业，用作业成本法为其核算物流成本，并通过无效作业分析与消除、最佳物流作业选择和物流作业消耗最低三种途径帮助企业实现物流作业优化和节约成本。
7. 解释物流绩效评价和物流绩效评价系统的含义。
8. 简述物流绩效评价方法包括哪几种？各种评价方法间的优劣对比。
9. 当前，我国物流绩效评价存在哪些问题？如何改进？

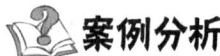

案例分析

案例 7-1　百利威：做成功的电子商务物流服务商

当电子商务发展遇到线下服务瓶颈时，当电子商务物流成了市场关注的热点，并成为诸多电子商务企业投资的一大重心时，当阿里巴巴集团董事局主席马云在 2011 年初宣布投资以 1 000 亿元进军物流时，在北京的京南物流基地，有一家企业早在 2004 年就看到了这一商机，并大举进军电子商务物流领域。经过几年的发展，取得了一系列的成功，获得了诸多电子商务企业的青睐。这家企业就是北京百利威物流有限公司（以下简称"百利威"）。

早在 1998 年，百利威就抓住北京市仓储和运输业由市中心向郊区调整的机遇，在大兴芦城投资 4 千万元人民币，建成 7 万平方米的百利威仓储中心。在短短的几年中，公司的仓储、运输和配送业务得到迅速发展。百利威还逐步走向现代物流管理，并为此划拨专项资金，耗时两年投资 100 多万元，自主开发了仓储管理系统（E-warehouse）。2003 年 12 月，在位于南六环京开高速大庄桥东南的大庄物流园区内，投资 7 000 多万元，建成了一座 12 万多平方米立体仓库。

2009 年，北京百利威公司再投资 3.5 亿元，在位于京开南六环高速公路大庄桥东南的京南物流基地内，建设了一个集配载中转、仓储配送、流通加工、商品交易展示及配套设施服务于一体的现代物流中心，建筑面积达 13 万平方米。该项目已经建成运营，并取得了良好的经营业绩。到目前，百利威的总仓储使用面积已达到 32 万平方米。

为了保证客户的商品能够方便、快捷地到达目的地，百利威与中铁、中邮全面合作，在全国范围内开通了 4 条铁路专线。实行邮包快运业务，全面采用高速度、低价位的方式来覆盖全国市场，尤其是火车的直接进入库区，为客户的出入库及配送作业提供了最便利的基础。百利威从成立以来，遵循现代化管理经营理念，迅速地发展壮大起来，从最初的几十人发展到目前的近 600 人，运输配送车辆从几辆发展到近百辆，逐步实现了"规模经营、整合运作、快速响应、个性化、专业化的物流服务"。

百利威总经理霍振禄向记者介绍,目前与百利威合作的电子商务公司有京东、当当、凡客、卓越亚马逊、上海一号店以及库巴等近20家电子商务企业,在电子商务物流领域具有了一定的成绩和声誉,并取得了这些客户的充分信任。当记者问及在物流业的成功经验时,霍总向记者强调了两个方面。第一,就是要诚信经营,要培育良好信誉。霍总说,信誉是企业发展的法宝,一旦失去信誉,企业将失去发展的基础。第二,凡事为对方着想,作为电子商务的物流服务供应商,要想到让对方省事、省钱。省事就是不让对方有麻烦,让对方感到在得到服务后,事情变得更简单方便。另外,让对方省钱并不是说自己赔本经营,而是做出规模效应让客户的成本保持一个低水平。

现代物流业的发展可以带动诸如运输、保管、包装、装卸、流通、加工及信息咨询服务业等领域的发展。而新型商业对物流的依赖性也越来越强。百利威以敏锐的战略眼光,从家电物流经过五六年的成功转型,成为了电子商务企业眼中的翘楚,这也体现了百利威公司一贯坚持的创新发展精神。

霍振禄说,百利威承诺24小时将货物配送到位。这一承诺的服务范围涵盖北京及周边500公里的辐射范围。而北京市区的配送时间,百利威控制在2小时以内送达。

在公司近百辆大、中、小配送运输车队的高效率运转下,百利威的服务承诺得到了实现。这得益于公司超前的信息化管理理念的落实。在几年前公司就开发了仓储管理软件(E-warehouse)系统,借此实现了对服务流程的系统化管理。业务流程全部使用供应链执行管理系统,实现了订单处理、库存控制、运输、仓储管理和顾客远程链接服务等网络程序管理和全程跟踪服务。这种超前创新给企业带来了财富,也创造了更多的商机。在百利威物流园区,记者看到来往穿梭的车辆井然有序,在国际化的仓库内各种货物整齐摆放,井然有序,像等待着重大检阅一样,等待着分发配送各地。一派现代化仓储物流园区的繁忙景象,印证了百利威良好的服务精神和发展势头。

目前,百利威公司正以标准化运作和物流新理念为导向,以管理创新为重任,以优质服务为根本,全力打造成国内重要的物流基地。霍总表示,百利威基于已经拥有的成功经验和现有的条件,下一步的发展重心是通过购买、租赁或合作经营,在全国再创建40家分公司,服务于全国的广大电子商务企业,为中国电子商务物流的发展贡献一份力量。

资料来源:言午.现代物流报.2011-9-6

讨论题:
1. 百利威电子商务物流服务取得哪些成效?
2. 探讨我国电子商务物流服务中存在的问题。

案例7-2 外贸企业借力电子商务控制物流成本

对于外贸企业来说,要控制物流成本,提高效率,降低运输风险,保证出口利润,可以考虑借力第三方服务机构。

1. 整合零散需求形成大订单

受到人民币汇率升值、劳动力成本上升等因素影响,外贸企业利润收窄,生存空间变小。特别是外贸中小企业在金融、物流配送等问题上缺乏管理运营经验,只能被动接受成本压力。

"国内中小外贸企业的进出口服务规模小,利润空间不大,一般物流巨头都不愿接单。中小企业没有议价能力,只能等拼箱、等货运期,造成货物运输时间长,单体成本高,物流成本大幅增加。"东莞一位从事玩具出口业务的老总感慨。

降低成本是提升利润的有效途径,但是,仅仅依靠中小企业自身的力量来降低成本很难,需要一个拥有强大资源及整合能力的机构来完成。

"我们做的事情就是整合外贸供应链资源,从模式看,类似一个外贸服务超市,集中把这些中小外贸企业零散的需求组织起来,形成大订单,并依靠订单规模与物流服务商议价,让中小企业也能享受'团购价'的优惠并大幅降低物流成本。"广新达运营总监杨学海表示。

广新达是一家从事外贸服务的电子商务平台,平台汇集了整条外贸供应链上的服务商,为客户提供一站式的买卖对接、融资、通关、仓储、物流、保险、资信调查及认证等服务,其业务均可在线上完成,企业可在网上选择适合自身的外贸服务供应商,并进行服务比价、查看服务口碑、做出精细筛选,从而提升管理效率。

2. 提高效率 降低物流成本

广新达作为国际商贸供应链集成服务平台,在外贸物流环节中有怎样的优势?

传统的服务模式,海关、船务公司、订仓等环节都要人去跑,由此,外贸公司就得培养一批人去跑这些流程,花费大量的人力物力,大大增加企业成本。对此,广新达运营总监杨学海表示:"广新达汇集了整条外贸供应链上的服务商,并制定一套严格的服务商标准,把优质服务商聚集在平台上。客户只要在平台上点点鼠标,选择服务商,就能完成对所需环节服务的购买,还能精挑细选,进行比价,减少不必要的成本支出。"广新达通过整合外贸供应链资源的模式,改变了线下企业要单独找每一个服务商的模式,大大提高企业的效率并节省了成本。

快递费作为企业降低物流成本的重要环节,广新达的快递优势显而易见。据实测显示,平台价的国际快递费比现行价优惠30%~40%。按此预计,广新达每年可为一般外贸企业节省多达上百万元的国际快递费。

对此,一位经营陶瓷出口业务的老总深有体会:现在的服务商多但质量参差不齐,要找好的服务商不容易。但在广新达平台,出口商品通过服务商专业的物流体系进行配送,大大提高了物流环节的效率,特别是在快递费方面,确实为我们这些外贸企业节省了不少物流费用。

简而言之,对于外贸企业来说,要控制物流成本,提高效率,降低运输风险,保证出口利润,可以考虑借力第三方物流服务机构。

资料来源:中国物流与采购网站 http://www.chinawuliu.com.cn/xsyj/201207/05/184568.shtml。

讨论题:
1. 外贸企业如何借力电子商务平台控制物流成本?
2. 探讨企业强化物流成本管理的途径。

实际操作训练

实训项目 7-1　企业物流成本分析

(1) 实训目的:通过实训,了解企业物流成本分析的基本方法与思路。

(2) 实训内容:认识企业物流成本分析的重要性,熟悉企业的物流成本内容,设计企业物流成本分析方案。

(3) 实训要求:将参加实训的学生进行分组,在教师指导下进行调研,完成实训报告。

实训项目 7-2　物流客户服务满意度调查

(1) 实训目的:通过实训,了解提高物流客户满意度的基本思路与对策。

(2) 实训内容:认识到物流客户服务的重要性,设计物流客户服务满意度调查问卷,熟悉物流客户服务满意度调查的基本方法。

(3) 实训要求:将参加实训的学生进行分组,在教师指导下进行调研,完成实训报告。

实训项目 7-3　企业物流绩效评价指标体系设计

(1) 实训目的:通过实训,进行企业的物流绩效指标体系设计。

(2) 实训内容:认识企业物流绩效评价的重要性,明确企业物流绩效评价指标体系构建的基本原则,结合某第三方物流企业实际设计一套绩效评价指标体系,并对绩效评价指标体系进行分析。

(3) 实训要求:将参加实训的学生进行分组,在教师指导下进行调研,完成实训报告。

第8章 电子商务环境下的供应链管理

知识架构

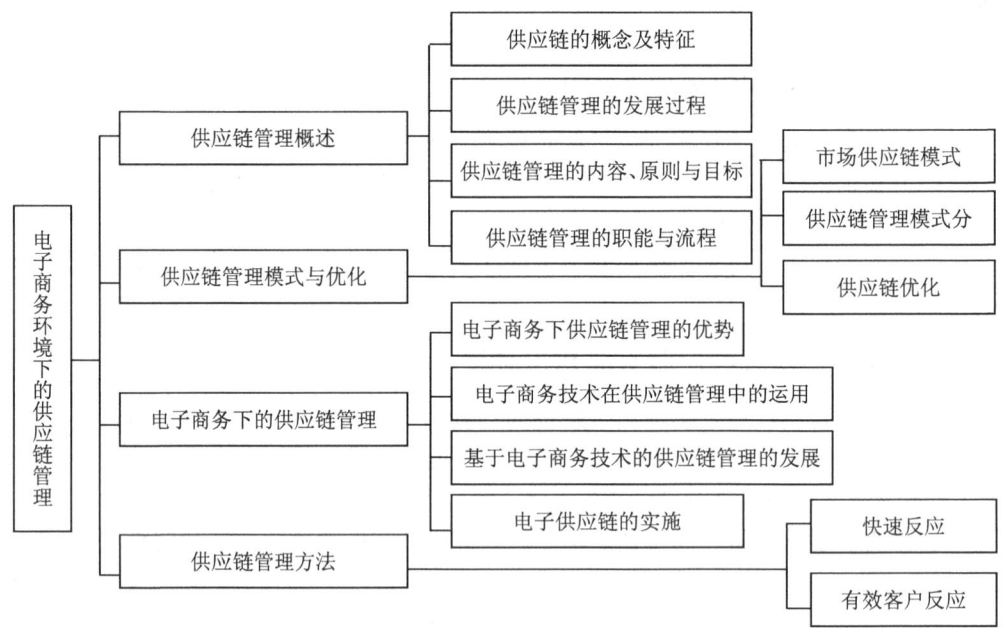

教学目标与要求

通过本章的学习，了解供应链管理理论及其发展，掌握供应链管理的概念、原则、职能与流程；掌握"推式"与"拉式"市场供应链模式及其区别，了解供应链管理优化方法；掌握电子商务环境下供应链管理优势，了解电子商务技术在供应链管理中的运用以及基于电子商务技术的供应链管理的发展趋势；了解供应链管理的实现方法。

第8章 电子商务环境下的供应链管理

> **基本概念**
>
> 供应链　供应链管理　电子供应链　快速反应（QR）　有效客户反应（ECR）　企业资源计划（ERP）

 引导案例：沃尔玛的供应链

美国零售业龙头沃尔玛公司（Wal-Mart）经营数千家超级市场，年营运收入高达两千多亿美元。当你走进沃尔玛在深圳的超级市场购买洗发精时，你也有幸成了沃尔玛巨大供应链的一部分。当然，这家超级市场也只是其供应链的一个环节。在摆上货架之前，你所中意的洗发精可能储存在沃尔玛的仓库或第三方配送中心。回溯到供应链上游，是产品的生产商宝洁公司（P&G）。宝洁从供应商那得到原材料（如包装材料来自 Tenneco 公司），在位于广州或者是美国东部的工厂进行生产，再运输到世界各地。现在你了解了沃尔玛供应链的物流情况，那你了解沃尔玛供应链上信息流和资金流的情况吗？沃尔玛向顾客提供产品，同时也提供了产品价格、存货等信息，顾客当然也把相应的资金转移给了沃尔玛。沃尔玛再用这些资金从配送中心获得相应的产品库存。需要多少库存订货呢？这是由顾客购买信息和现有库存水平决定的。沃尔玛把资金注入配送中心，同时也得到产品定价、交货数量、质量和时间等信息。当然，类似的物流、信息流和资金流在供应链网络的其他环节上也同时进行着。

资料来源：杨穗萍. 现代物流基础. 北京：高等教育出版社, 2005

8.1 供应链管理概述

供应链管理是当代世界商业管理的一大热点，也是最前沿的生产营销管理模式。供应链是一个包括市场采购、生产、运输、储存、配送、营销及客户管理等环节的网络系统。如何迅速了解供应链的运作原理，利用它来优化生产和营销各个环节，制定正确的决策，获取更大的商业利润，是当今高瞻远瞩的管理者和从业人员必须面对的课题。突飞猛进的信息技术的发展，恰好为供应链管理的科学化、自动化、电子化提供了必要的条件。数据库、互联网以及软件工业的蓬勃发展，正在迅速改变供应链管理模式。中国的供应链管理研究和应用相对滞后，尤其是在加入 WTO 后，世界先进的供应链管理潮流给中国带来了巨大的冲击。中国的供应链管理者有必要进一步学习供应链管理的相关知识，将科学的供应链思想和技术运用于供应链管理的实践。

8.1.1 供应链的概念及特征

1. 供应链形成的背景

20 世纪 90 年代以来，以互联网为核心的计算机网络技术的发展与应用，使社会步入了全新的网络经济时代。信息技术向供应链的渗透，极大地提高了信息的透明度和决策的科学性，从而大大缩短了产品进入市场的时间，降低了生产成本，提高了企业经营效益。互联网电子商务的发展更为供应链管理在信息共享、物流协调、整体优化和新商业模式的建立等方面提供了新的机会。

（1）在全世界的贸易对象国建厂，大幅度降低国际物流费用

20 世纪 80 年代以来，全球经济一体化的浪潮不断推进，资本流动国际化、跨国界生产和流通、在消费地生产和组装产品形成一种新趋势。跨国公司在全世界争夺市场的过程中发现，国际贸易这种传统做法，常常受国际风云变幻影响，受局部战争干扰，受对方国政策阻挠，受关税、反倾销的措施限制。如果在开展国际贸易的同时，在贸易对象国建厂，不仅能解决上述问题，还能充分利用当地廉价的劳动力资源、廉价的土地、电力和能源等，同时，还能够大幅度降低国际物流费用。于是在全球范围内寻求合作伙伴，在众多的选择对象中择优选择，结成广泛的生产、流通、销售网链便形成了一股潮流和趋势。

（2）国际专业分工日趋明显，全球采购、生产、销售趋势逐渐形成

由于新经济和信息时代的到来，国际专业分工日趋明显。国际贸易竞争、企业争夺国际市场的激化，为了降低成本，加强竞争力，越来越多的大企业集团采取加强核心业务，甩掉多余包袱的做法。他们将生产、流通和销售等多种业务外包给合作伙伴，只做自己最擅长、最专业的部分。这样做既维持了国际贸易份额，又与贸易对象国紧紧地融合在一起。全球采购、全球生产、全球销售趋势逐渐形成，增强了企业抗风险的能力，减少了外界干扰。

（3）全球网络化信息传递，使世界经济格局和贸易方式发生了"质"的变化

互联网公众平台的实现，把世界经济带入了信息化时代。信息传递打破了国界和行业局限，实现信息共享。全球网络化信息传递，使世界经济格局和贸易方式发生了"质"的变化。跨国公司、大型企业只要资金雄厚，市场定位准确，就能在全世界无限制地择优选择合作者，迅速构筑供应链，并能随时更换合作对象，维持供应链的最优化结构。

（4）高专业能力的社会咨询顾问机构，为企业设计可操作性极强的供应链管理方案

随着社会经济和科技的不断发展，管理学、系统学、运筹学和组织学有了长足的

进步。出现了高水平、高智商、高专业能力和组织筹划能力的社会咨询顾问机构,这些机构能够为企业设计出现代化、系统化和可操作性极强的供应链系统。这种社会咨询机构或组织,拥有一批高精尖的人才队伍,掌握了最新的专业知识和最新的信息手段。他们充分利用计算机和互联网技术,能为客户设计出最佳供应链组合,构筑一整套高效益、低成本的供应链管理方案。

(5)在当今时代,所有的企业都面临着更为严峻的挑战

企业必须在提高客户服务水平的同时,努力降低运营成本,必须在提高市场反应速度的同时,给客户以更多的选择。客户拥有了越来越大的权力,将满足客户实际需求作为供应链发展的原则和目标。因此,以前的竞争是企业与企业之间的竞争,以后的竞争将是供应链与供应链之间的竞争。

2. 供应链的概念

关于供应链的概念,目前国际上还没有统一的定义,各国相关机构及学者的表述也各不相同,如表8-1所示。

表8-1 供应链的概念描述

专家或机构	供应链含义
美国供应链协会	供应链是指涵盖着从原材料的供应商经过开发、加工、生产、批发、零售等过程到达用户之间有关最终产品或服务的形成和交付的每一项业务活动
英国著名物流专家马丁·克里斯多夫(Martin Christopher)	供应链是指涉及将产品或服务提供给最终消费者的过程和活动的上游及下游企业组织所构成的网络
美国学者史迪文斯(Stevens)	通过增值过程和分销渠道控制从供应商的供应商到用户的用户的流程就是供应链,它开始于供应的原点,结束于消费的终点
美国著名战略学家迈尔·波特(Michael E. Porter)	供应链即"附加价值链"(Value Chain),是指商品进入消费者手中之前行业与行业之间的联系,因为一件产品从原材料经过加工、流通等行业最终到达消费者手中的这段过程中,零件供货商、厂家、批发商和零售商等相关企业将通过某种附加的价值进行连锁
中国国家标准《物流术语》	供应链是指生产及流通过程中,涉及将产品或服务提供给最终用户活动的上游与下游企业,所形成的网链结构

有的学者把供应链称作"需求链"(Demand Chain),即企业间为了满足消费者的需求进行的业务联合。还有的学者认为供应与需求是不可分割的两部分,所以他们把供应链与需求链的概念结合起来统称为"供需链"(Supply and Demand Chain)。

通过上述分析,可以给出一个供应链比较确切的定义:供应链(Supply Chain)是围绕核心企业,通过对信息流、物流和资金流的控制,从采购原材料开始,制成中间

产品以及最终产品,最后由销售网络把产品送到消费者手中的将供应商、制造商、分销商、零售商、直到最终用户连成一个整体的网链结构和模式。它是一个范围更广的企业结构模式,它包含所有加盟的节点企业,从原材料的供应开始,经过链中不同企业的制造加工、组装、分销等过程直到最终用户。供应链基本结构如图8-1所示。

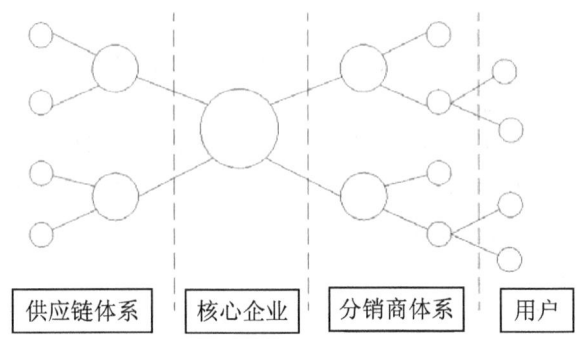

图 8-1 供应链基本结构图

例如,衬衣制造商是供应链的一部分,它的上游是化纤厂和织布厂,下游是分销商和零售商,最后到最终消费者。在这个网络中,每个贸易伙伴都具有双重角色:既是供应商,又是客户,他们既向上游伙伴订购产品,又向下游伙伴提供产品。

这个概念强调了供应链的战略伙伴关系,从形式上看,客户是在购买商品,但实质上客户是在购买能带来效益的价值。各种物料在供应链上移动,是一个不断采用高新技术增加其技术含量或附加值的增值过程。因此,供应链不仅是一条连接供应商到客户的物料链、信息链、资金链,而且是一条增值链。

3. 供应链的构成要素

一般来说,构成供应链的基本要素包括如下几个方面。

(1) 供应商(原材料或零部件供应商):指给生产厂家提供原材料或零件的企业。

(2) 厂家(产品制造业):产品生产的最重要环节,负责产品开发、生产和售后服务。

(3) 批发及物流企业:为实现将产品送到经营地范围每一角落而设的产品流通代理企业。

(4) 零售商:将产品销售给消费者的企业。

其中,批发及物流和零售行业也可以统称为流通业,如图8-2所示。

4. 现代供应链的特征

(1) 网链结构

供应链的特点在于网链结构由顾客需求拉动,高度一体化地提供产品和服务的增值过程,每个节点代表一个经济实体以及供需的两个方面,具有物流、信息流和资金流三种表现形态，如图 8-3 所示。

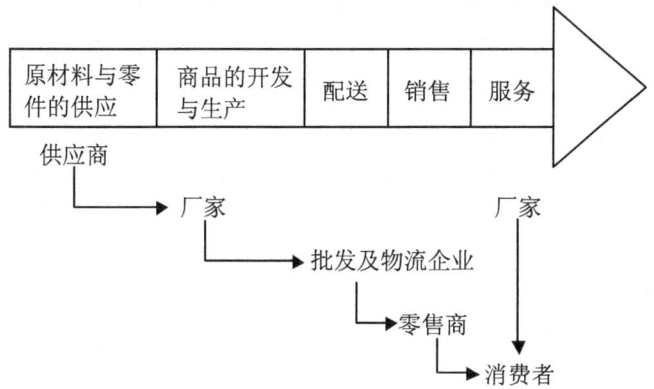

图 8-2 供应链的构成要素

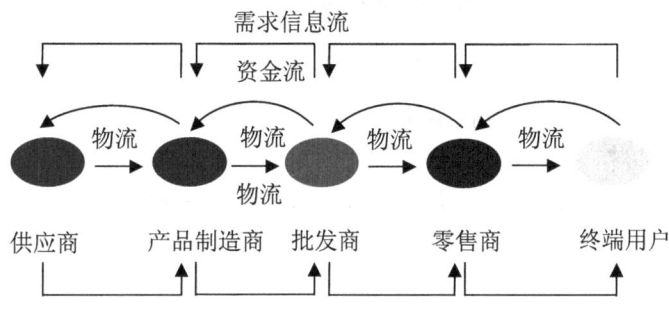

图 8-3 供应链中的物流、资金流和信息流

供应链由供应商组成，供应商是产品或服务的提供者，如原材料供应商，产品供应商，物流供应商（如第三方、第四方等），信息供应商（如网站、媒体、信息发布机构等）以及资金供应商（像银行、金融机构等）。各用户处在供应链不同的位置，供应商对各不同位置的用户来说提供的是产品或服务，对终端需求（最终用户）来说，不同位置的供应商提供的是半成品或中间服务。

（2）增值性

所有的生产运营系统都是将一些资源进行转换和组合，增加适当的价值，然后把产品"分送"到那些在产品的各传送阶段可能被考虑到也可能被忽视的顾客手中。制造业的增值包括物理形式的转变，生产有形产品；物流系统对产品、服务或顾客进行重新分布，在分送过程中可以通过重新包装或重新分割尺寸而产生价值，也可通过在商店集中展示汇集在一起的多品种的产品而增加价值；信息供应商组织并独立提供适合顾客使用的数据；在增加正面价值的同时，由于减小了浪费和挽回了损失，也就减小了负面的价值；金融服务的一些内容是提供服务来管理、控制、改善顾客的资金运营情况。供应商在某种程度上提供的是产品或服务适合消费者需求的一种"保证",而所有这些内容,都可以通过提供与产品和服务相关的一系列信息得到支持和加强。

供应链作为习惯称呼,是从上下游关系来理解从供应商到用户的关系。但事实上不可能是单一链状结构,而是交错链状的网络结构。在供应链竞争中,企业的竞争模式是这样的:企业处于相互依赖的网络中心,这个网络中的参与者通过优势互补结成联盟,供应链之间的竞争是通过这种网络进行的。因此,为了在供应链竞争中处于领导地位,必须在内部整合的基础上,集中于供应链的网络管理。供应链时代的网络竞争建立依赖于高水平的、紧密的战略发展规划,这就要求供应链中各合作者必须共同讨论网络的战略目标和实现战略目标的方法及手段,在相互合作中,共同提高绩效,获得双赢。这里的双赢不是指参与的双方各取盈利的 50%,而是指所有的合作者都从合作中受益。

阅读资料 8-1 凡客全国物流挑战"次日达"供应链优化后效果明显

1. 供应链升级库存周转率提高 3 倍

作为快时尚品牌,ZARA、H&M 每周一次的新货上架速度让行业惊叹。作为中国网络快时尚品牌,凡客诚品的库存周转速度正在向国际快时尚看齐。虽然不能像 ZARA 一样建立地下隧道来加速周转,但对供应链更加精确的把控,已经让凡客诚品尝到了甜头。

2011 年 9 月成立单独的供应链中心后,凡客诚品着力进行了供应链优化。目前,凡客诚品的库存周转率与去年平均水平相比,已提高了 3 倍。消费者在凡客诚品下单购物时,配送速度也在加快,可在最短时间内将本土网络快时尚品牌的最新时尚元素穿到身上。

2. 小城市的大改变

家住河北省邯郸市的消费者王先生发现了一个变化,以前在凡客诚品买的货经常要等上四五天,现在两三天就可以到手了。他知道的是,他对这个网站的满意度开始提升;他不知道的是,这源于凡客诚品对供应链的重视和优化。

记者调查发现,北京市内的订单,凡客诚品已基本可以做到"次日达",但一些二三线城市及地区,预计配送时间在 2~6 天左右。在凡客诚品助理总裁贾加看来,这与供应链优化一样,是用户体验和成本的博弈。经过前期的大规模投入,凡客诚品在一线城市的用户体验已经比较令人满意,但在二三线城市仍有很大提升空间。

贾加介绍,终端配送能力的差异只是一方面原因,还有一半的原因在于二三线城市在产品供应环节已经落后。"至少在供应链环节,我们可以节省出很多时间,为终端配送让路。"

据介绍，对于一般商品而言，终端配送时间仅需1~2天，一些地区之所以等待时间达到3~4天，主要是由于距离最近的库房没有存货，而需要从区域中心仓库发货。如果在供应链环节缩短"厂到仓"及"仓到仓"的时间，二三线城市的配送速度和用户体验都会得到大幅度提升。

3. 质检前置上货快5天

"如何缩短商品从工厂到分仓的旅程？"对于这个问题，凡客诚品似乎已经找到了答案，那就是质检前置。

2011年9月，凡客诚品进行了一系列内部结构调整，并成立单独的供应链中心。从2012年3月试水质检前置措施后，凡客诚品已经切实体会到它的诱人之处。据介绍，与此前的仓库质检不同，质检前置可以让商品从生产到入库的时间缩短5天。

据贾加介绍，质检前置是指生产商在某批次货品生产至80%时就可以向质检部门发出预约，在生产厂通过质检后，商品将直接分装配送至各个大区仓库。但在2012年3月之前，凡客诚品供应商生产的所有商品，都需要统一发送至仓库进行质检，检测结束后再二次运输到需要配货的各地仓库。

"质检流程从仓库提前到厂家之后，凡客可以省去协调仓库的人工成本、仓储成本、二次配送的打包及物流成本等，而且由于商品直接从工厂发货，上货的速度可以缩短5天，周期只是此前的一半。"贾加表示，这还会减少顾客在购买过程中需要"拆单送货"的概率，对凡客诚品自身而言也节省了配送成本。

4. 自主开发系统成利器

作为主管供应链业务的高管，来自亚马逊的贾加同时深知后台系统的重要性。在他看来，从2011年9月凡客诚品供应链中心成立至今，供应链得以优化的另一个主要推手，是凡客诚品自主开发的"多客户自适应供应链管理系统"。

从2011年初开始，凡客诚品大幅度扩充商品品类，但各品类的营销策略却截然不同。"比如VT和保暖内衣的销售方式和补货间隔肯定是不一样的。"据贾加介绍，该系统作为一个平台，为该公司不同定位的商品都制作了相对应的模块。从VT、帆布鞋到丝袜、牛仔裤，商品可以选择相应的模块进行组合，尽可能大的降低供应链成本。即使上线新产品线，产品线负责人也可以通过既有数据和产品特点对模块进行选择和组合。

凡客诚品还开发了供应商系统。记者了解到，目前，凡客诚品九成供应商都在使用凡客诚品的供应商系统。与此前相比，无论在库存管理还是供应效率上，都有了明显提高。"凡客诚品或者说B2C电商带来的一个客观事实是，它们为很多传统制造企业带来了新的体验，带动产业链进行数字化升级。"凡客诚品相关负责人表示。

资料来源：万联网 http://info.10000link.com/newsdetail.aspx?doc=2012072690016。

供应链中管理职能的延伸说明当今市场竞争已不再是单一企业的竞争，而是企业联盟之间的竞争，是终端产品厂家的价值链之间的竞争，即使企业非核心业务外包也要考虑产品价值链的增值性能。

(3) 协调性和整合性

协调性和整合性应该说是供应链的特点之一。供应链本身就是一个整体合作、协调一致的系统，它有多个合作者，像链条似的环环连接在一起，为了一个共同的目的或目标，协调动作，紧密配合。每个供应链成员企业都是"链"中的一个环节，都要与整个链的动作一致，绝对服从于全局，做到方向一致、动作也一致。

(4) 复杂性和虚拟性

不少供应链是跨国、跨地区和跨行业的组合。各国的国情、政体、法律、人文、地理、习惯以及风俗都有很大差异，经济发达程度、物流基础设施、物流管理水平和技术能力等也有很大不同；而供应链操作又必须保证其目的的准确性、行动的快速反应性和高质量服务性，这便不难看出供应链复杂性的特点。其虚拟性主要表现在供应链是一个协作组织，而并不一定是一个集团企业或托拉斯企业。这种协作组织以协作的方式组合在一起，依靠信息网络的支撑和相互信任关系，为了共同的利益，强强联合，优势互补，协调运转。由于供应链需要永远保持高度竞争力，必须是优势企业之间的连接，所以组织内的优胜劣汰是必然的。供应链犹如一个虚拟的强势企业群体，在不断地优化组合。

(5) 动态性和交叉性

现代供应链的出现就是因为企业战略适应市场需求变化的需要，供应链中的企业都是在众多企业中筛选出的合作伙伴，合作关系是非固定性的，供应链需要随目标的转变而转变，随服务方式的变化而变化，无论是供应链结构，还是其中的节点企业都需要动态地更新，这就使得供应链具有明显的动态性。其交叉性是指供应链节点企业既可以是这个供应链的成员，同时又可以是另一个供应链的成员，众多的供应链形成交叉结构，增加了协调管理的难度。

(6) 面向用户需求

供应链的形成、存在、重构，都是基于最终用户的需求，并且在供应链的运作过程中，用户的需求是供应链拉动信息流、物（产品/服务）流、资金流运作的驱动源。

5. 供应链的类型

(1) 根据供应链的研究对象及其范围，供应链分为三种类型：企业供应链（见图8-4）、产品供应链和基于供应链合作伙伴关系（供应链契约）的供应链。

(2) 以网状结构划分，供应链分为三种类型：发散性的供应链网（V型供应链网）、会聚型的供应链网（A型供应链网）和介于上述两种模式之间的供应链网（T型供应链网),如图8-5所示。

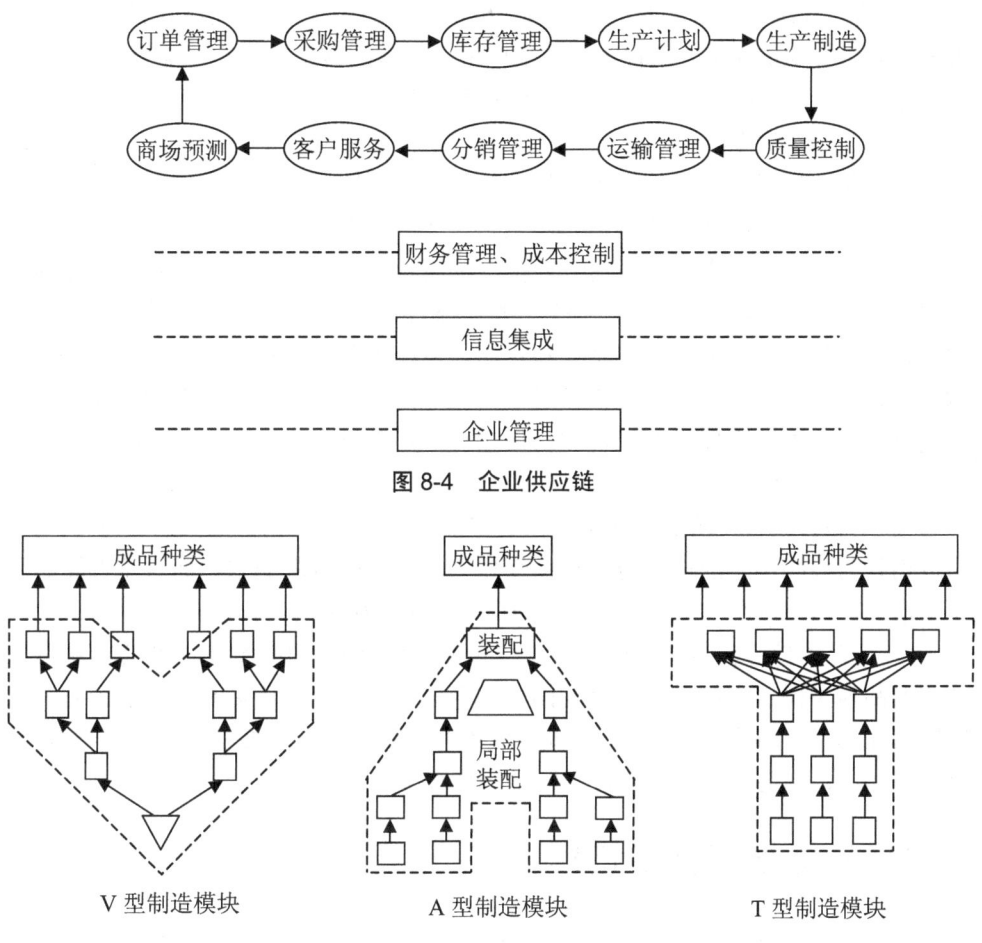

图8-4 企业供应链

图8-5 V型、A型、T型制造模块

(3) 以分布范围划分,供应链分为四种类型:公司内部供应链、集团供应链、扩展供应链和全球网络供应链。

(4) 以活动范围划分,供应链分为内部供应链和外部供应链。

内部供应链是指企业内部产品生产和流通过程中所涉及的采购部门、生产部门、仓储部门、销售部门等组成的供需网络。而外部供应链则是指企业外部的,与企业相关的产品生产和流通过程中涉及的原材料供应商、生产厂商、储运商、零售商以及最终消费者组成的供需网络。

(5) 其他供应链的类型。除上述基本分类以外,还可将供应链分为以客户要求为核心构筑的供应链、以销售为核心构筑的供应链和以产品为核心构筑的供应链。

① 以客户要求为核心构筑的供应链。根据客户的要求标准,达到以客户满意为目标来设计和组合的供应链。这种类型的供应链一是考虑该企业的实际需要和现有条件;二是考虑该企业的外围条件和环境;三是考虑该企业的可操作性。

例如,为一个汽车制造厂设计一个汽车零配件的采购与供应系统。首先要对该汽车制造厂每年、每月、每天的汽车零配件的使用量,厂区内汽车零配件的存放容量,生产线上汽车零配件的使用数量、使用频率等情况做充分的了解。如果采用零库存管理系统,该企业的管理水平能否达到要求,物流管理人才以及能力是否符合标准,该企业的汽车零配件运输条件、装卸条件、场地条件如何等都是设计中需要考虑的要素;其次,要考虑外购零配件的供应企业和零配件生产企业的供货率、信誉度以及零配件运输能力、配送方式以及交通运输路线、路况等情况;此外,还要考虑如果采取零库存供货方式,相关的条件能否配套和协调运转,是否符合该汽车制造厂的现有条件,配套能力能不能达到预定目标等。

② 以销售为核心构筑的供应链。在买方市场的条件下,销售是生产企业的主要矛盾。以销售为核心构筑的供应链往往是众多生产企业的客观需求,而且这方面的需求在不断增加,其重点在于销售的数量、时间、成本和服务水平。

③ 以产品为核心构筑的供应链。以产品为核心构筑的供应链,其重点是各供应链企业的产品质量保证和各供应链企业的服务水平。提高产品质量和服务的同时,还要达到降低成本,增加效益的目的。构筑这种类型的供应链往往要从最初的原材料开始,到采购、加工、制造、包装、运输、批发及零售为止的全过程。

8.1.2 供应链管理的发展过程

供应链管理(Supply Chain Management,SCM)是在现代科技进步、产品极其丰富的条件下发展起来的管理理念,是物流运作管理的扩展,是物流一体化管理的延伸,是物流管理的新战略。它涉及各种企业及企业管理的方方面面,是一种跨行业的管理,促使企业为追求共同经济利益的最大化而共同努力。

1. 供应链管理的概念

供应链管理的业务流程实际上包括了两个相向的流程组合:一是从最终用户到初始供应商的市场需求信息的逆流而上的传导过程;二是从初始供应商向最终用户的顺流而下且不断增值的产品和服务的传递过程。供应链管理就是对这两个核心业务流程实施一体化运作,包括统筹的安排、协同的运行和统一的协调。

关于供应链管理定义的描述,如表 8-2 所示。

表8-2 供应链管理定义描述

专家或机构	供应链管理的定义
全球供应链论坛	供应链管理是从最终用户到最初供应商的所有为客户及其他投资人提供价值增值的产品、服务和信息的关键业务流程的一体化
美国学者伊文斯（Evens）	供应链管理是通过前馈的信息流和反馈的物料流及信息流，将供应商、制造商、分销商、零售商，直到最终用户连成一个整体的结构模式
中国国家物流协会	以提高企业个体和供应链整体的长期绩效为目标，对特定企业内部跨职能部门边界的运作和在供应链成员中跨企业边界的运作进行战术控制即供应链管理
中国国家标准《物流术语》	供应链管理是利用计算机网络技术全面规划供应链中的商流、物流、信息流、资金流等并进行计划、组织、协调与控制

对供应链管理的认识过程可分为以下三个阶段。

第一阶段：企业内部流程。供应链管理是一种运作管理技术，能够使企业的活动范围从物流活动扩展为所有的企业职能。这些职能包括市场营销、加工制造和财务管理，所有这些职能都以最佳的方式紧密地结合在一起，成为一个整体。在这个层面上的企业集成将使企业管理者能够将他们日常的、在竞争中起决定性作用的主要价值活动的运作连接在一起，并保持高度的协同。这种运作活动包括四个方面：一是输入物流，包括销售预测、库存计划、寻找外部资源和采购以及内向运输；二是处理活动，包括生产、增值处理、处理过程中的库存管理以及产成品仓储；三是输出活动，包括产成品存货、顾客订单管理、外部和企业内的运输活动；四是计划与控制，包括物流系统计划、物流设计和物流控制。对供应链管理的运作进行高效管理，可以确保围绕着企业的战术目标，将所有的工作职能优化，并为顾客创造价值。

第二阶段：加强与外部企业联系。供应链管理是物流一体化管理的扩展，其目的是将组织的物流职能和供应链中合作伙伴使用的对等职能的物流部分进行合并或紧密连接，以便将企业内部物流职能和外部供应商和顾客，或者第三方物流联盟连接在一起，形成一个完整的集成化系统。另外，还能使库存计划人员直接通过计算机网络查看他们供应商的库存，或者使生产人员能够满足统一计划的顾客需求。

第三阶段：供应链整合。供应链管理的最重要的方面，是它的战略方面。供应链管理的实际应用是以一个共同的目标为核心整合在一起的。

在当今的业务环境中，任何企业都不能独立地参与竞争，或是自己占有保持市场领导地位的所有竞争优势，所以对物流环节的集成，是供应链运作管理，这种活动可以优化业务环节，并能使企业和供应链中的伙伴的活动保持同步，以在整个供应链中降低成本，提高生产率。供应链管理包含加快发货速度、降低成本的方面，也包含利用新的管理方法和信息技术，以便在针对市场具体需求的产品和服务方面实现重大突破。

供应链管理的运作方面能为企业提供生存能力及市场竞争能力，供应链管理的战略作用可以使得供应链中的合作伙伴达成共识，构筑发展和互利的供应链联盟。

对供应链管理的认识过程，如图8-6所示。

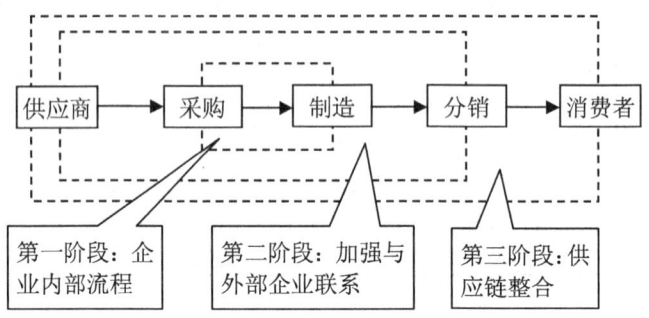

图8-6 供应链管理的认识过程图

2. 供应链管理的发展

在过去几十年间，企业组织结构和内部职能划分都发生了巨大的转变，供应链管理也从分散式发展到集中式。如今，技术已经能够使不断扩展的企业所有职能部门和地域的业务流程信息快速地传递，这使得决策者有可能从企业整体利润最大化的宗旨出发制定和执行计划。当前供应链发展的趋势在朝着集中计划与分散执行相结合的模式发展。

（1）分散式——职能部门化阶段

从20世纪50年代初到80年代末，企业的组织结构以其一系列各自为政的职能化或者区域性的条条框框为特征。各个职能部门分别在一个相互隔离的环境下制定和执行计划，由于业务信息缺乏标准化、数据完整性较差、分析支持系统不足、各自完全不同的技术系统，以及缺乏推动信息共享的激励机制，管理层在此环境下试图进行集中供应链计划的努力注定是徒劳无功的。供应链执行决策是由各独立业务部门的核心管理人员制定的，很少考虑与其他部门的相互影响。这些决策是被动反应式的，仅仅依据该决策将涉及的特定职能部门的需求而制定。

（2）集中式——集成供应链阶段

这个阶段是在20世纪80年代末90年代后期。高级计划排程（APS）系统、企业资源规划（ERP）系统的迅速传播和广泛采用，以及后来与业务流程重组（BPR）的相结合，是这次转变的主要推动因素。随着BPR的出现，企业领导人逐渐认识到，把企业的组织结构与主管人员的相关业务目标和绩效激励机制结合起来，可获得效益。技术的进步以及计算处理成本的降低，加快了全企业范围的业务处理系统，如ERP系统的渗透。如今，高层管理者可以容易地得到标准化的业务信息，以及一套一致的不同业务、职能部门和地理区域的评价指标。随着APS系统的引入，供应链优化成为一项切实可行的选择，这也提高了日益集中的供应链计划流程的效率。跨职能部门团队的协作推动供应链计划流程更加一体化,并将企业作为一个整体来看待。各行各业的领先性企业均开始认识到,如果要尽可能地提高效益,需求预测、供应链计划和生产调度应作为一个集成的业务流程来看待。因此,越来越多的跨职能部门团队以定期开会的方式,相互协调,制定最佳的销售和运营计划行动方案。与供应链计划一样,供应链执行决策也逐渐朝跨职能部门的一体化方向发展。现在,采购和制造部门能够共同进行原材料的采购决策,从而实现产品总体生产成本的最小化,同样,客户服务、分销和物流部门也可以通过共同进行订单履行的决策,实现客户服务成本的最小化。

(3)集中与分散结合式——价值链网络阶段

今天,因特网创造了一个对供应链具有深远影响的强有力手段——协同工作。随着计划流程所需的大部分输入信息已经可以从底层迅速传递到整个企业,以及更多的数据直接来自最终用户,一体化的集中供应链计划将变得更加有效。相关人员也将可以根据业务状况的最新进展来检查和调整有关信息,销售代表能够掌握最新的客户信息,迅速更新需求预测,并逐渐做到支持客户直接更新。同时,购买方和销售方有关产品季节性、促销活动以及新产品发布等信息的共享,将进一步强化此趋势的发展,从而提高相关的效益,如更高的客户服务水平和更低的供应链成本。

更高的可视性和更易于访问的实时信息,大大提高了供应链执行决策的预见性。供应链的实时可视性,以及与事件监控和管理系统的结合,将提高预见性决策的比例,最大程度地减少计划外情形所造成的不良影响。重大决策将越来越多地由跨部门的团队制定,这个团队的选拔和组建必须保证让该团队具备适当的技能、职责和权力。当然,有时也可能仅仅为了解决眼前的某个问题而组建这样的团队。

对供应链效率的不断追求将越来越强调分散与集中相结合的结构和方法,即集中计划与分散执行相协调的模式。这对供应链的实时可视性提出了很高的要求,必须具备监控管理和快速反应的机制,对出现的问题进行迅速调整和补救。因此,有效的供应链计划和管理必将采取包括执行层、中高级管理层的多层面一体化团队组织架构,并通过实际的或虚拟的途径执行计划和决策,如表8-3所示。

表8-3 供应链不同发展阶段供应链计划与供应链执行比较

项目 \ 阶段	职能部门化阶段	集成供应链阶段	价值链网络阶段
供应链计划	在各独立职能部门内进行供应链计划;信息缺乏横跨企业的标准,可视性有限,供应链计划的效率低下	关注业务流程变革;由于企业内信息的标准化供应链效率得以提高,集成的供应链计划、需求预测、计划与调度	协同计划;把企业计划流程扩展到企业之外,包括签约制造商、主要客户和供应商

续表

阶段 项目	职能部门化阶段	集成供应链阶段	价值链网络阶段
供应链执行	基于独立部门的供应链执行，通常是被动反应；决策通常由部门经理及其主要助手制定	集成的跨部门决策，仍主要属于被动反应模式；有限的协作	决策由企业内最适当的管理层制定；更高比例的协同、预见性决策

对一个企业而言，其由上下环节的需求关系形成的供应链结构关系是客观存在的。但是，供应链管理水平的高低，对企业管理效果影响很大，在不同企业间最终会形成极大的差异。企业对其所处供需关系中供应链构成、供应链环节、供应链流程、供应链组织和供应链技术等是否清楚、明白，供应链是否存在问题，存在哪些问题，应当怎样认识和解决问题，致使企业管理者不得不再进行更广、更深层次的思考。因为，回答这些问题往往涉及企业结构以外的关系、资源协调，涉及企业之间、企业内部战略、经营、组织和技术等层面的问题。

3．供应链管理的特点

（1）供应链管理是一种基于流程的集成化管理

传统的管理以职能部门为基础，往往由于职能矛盾、利益目标冲突、信息分散等原因，各职能部门无法完全发挥其潜在效能，因而很难实现整体目标最优。供应链管理则是一种纵横的、一体化经营的管理模式。它以流程为基础，以价值链的优化为核心，强调供应链整体的集成与协调，通过信息共享、技术扩散（交流与合作）、资源优化配置和有效的价值链激励机制等方法来实现经营一体化，要求采用系统的、集成化的管理方法来统筹整个供应链的各个功能。

（2）供应链管理是全过程的战略管理

供应链中各环节不是彼此分割的，而是环环相扣的一个有机整体，因而不能将供应链看成是由采购、制造、分销与销售等构成的一些分离的功能块。从总体上考虑，如果只依赖于部分环节的信息，则会由于信息的局限或失真，导致决策失误、计划失控、管理失效。进一步来说，由于供应链上供应、制造与分销等职能目标之间的冲突是经济生活中不可争议的事实，这样，只有最高管理层才能充分认识到供应链管理的重要性与整体性，只有运用战略管理思想才能有效实现供应链的管理目标。

（3）供应链管理提出了全新的库存观

传统的库存思想认为，库存是维系生产与销售的必要措施，它是基于"保护"的原则来保护生产、流通或市场，避免受到上游或下游在供需方面的影响，因而企业与其上下游企业之间在不同的市场环境下只是实现了库存的转移，整个社会库存总量并未减少。在买方市场的今天，供应链管理的实施可以加快产品通向市场的速度，尽量缩短从供应商到消费者的通道的长度；另外，供应链管理把供应商看作伙伴，而不是对手，从而使企业对市场需求的变化反应更快、更经济，总体库存得到大幅度降低。从供应链角度来看，库存不一定是必需的，它只是起平衡作用的最后的工具。

（4）供应链管理以最终客户为中心

不管供应链的链节企业有多少类型，也无论供应链是长还是短，供应链都是由客户需求驱动的，企业创造的价值只能通过客户的满意并产生利润来衡量。只有客户取得成功，供应链才得以存在、延续并发展。因此，供应链管理以最终客户为中心，将客户服务、客户满意与客户成功作为管理的出发点，并贯穿供应链管理的全过程；将改善客户服务质量，实现客户满意，促进客户成功作为创造竞争优势的根本手段。

（5）供应链管理采取新的管理方法

如用总体综合方法代替接口的方法，用解除最薄弱链方法寻求总体平衡，用简化供应链方法防止信号的堆积放大，用经济控制论方法实现控制，要求并最终依靠对整个供应链进行战略决策。

8.1.3 供应链管理的内容、原则与目标

1. 供应链管理的内容

根据供应链载体物流、信息流和资金流的构成，供应链管理的基本方法似乎应该按照供应链的物流管理、信息流管理和资金流管理方法进行阐述。在市场竞争激烈的今天，成功企业的标志之一是能对供应链末端顾客的需求形成快速反应。供应链中的物流管理就是以顾客为中心，在合适的时间把合适数量、合适质量的产品以合适的方式送到合适的地点。不仅如此，还要保证物流平衡，保证供应链系统的有效性。通过优化物流管理提高顾客满意的程度，提高顾客服务水平。而为了形成最强大的竞争优势，供应链中成员应当相互合作，这样，服务与顾客需求之间的缝隙才会越来越小，最终形成无缝隙供应链（Seamless Supply Chain）。无缝隙供应链形成的关键在于对供应链中信息流管理及其优化。有效的供应链资金流管理主要作用是在使供应链成员产品和服务令顾客满意的前提下尽量减少成本，从而使资金早日回收，提高企业资金的流动率。从供应链管理流程来看，供应链管理主要包括供应链设计、供应链合作伙伴选择、供应链业务外包、供应链时间管理、供应链采购管理、供应链成本管理和供应链管理绩效评估等内容。

面对 21 世纪愈加激烈的市场竞争和迅速变化的市场需求，为客户提供日益完善的增值服务、满足客户日益复杂的个性化需求将成为现代物流企业生存和发展的关键。物流企业的服务范围将不仅限于一项或一系列分散的物流功能，而是更加注重客户物流体系的整体运作效率与效益。供应链的管理与不断优化将成为物流企业的核心服务

内容。物流企业与客户的关系将越来越多地体现为一种风险共担的战略同盟关系,而不仅仅是现阶段一般意义上的买卖关系或服务关系。

2. 供应链管理的原则

(1) 对供应链中的核心能力和资源进行集成。供应链管理必须站在一个战略高度来对供应链中的核心能力和资源进行集成。

(2) 及时掌握市场的需求信息。通过销售和营运计划及时监测整个供应链运作,及时发现需求变化的早期警报,并及时据此安排和调整计划。由于市场需求的剧烈波动,因此,距离客户接受最终产品和服务的时间越早,需求预测就越不准确,而企业还不得不维持较大的中间库存,在实施大批量生产的时候,应先在企业内将产品加工结束,然后在零售店完成最终的包装。

(3) 根据客户所需的服务特性来划分客户群。供应链管理必须以客户为中心,使整个供应链成为一个具有高度竞争力并且能为消费者提供最大价值的源泉,即根据客户的状况和需求,决定服务的方式和水平。根据客户需求,如供货时间、数量、地点和企业可获利情况,设计企业的后勤网络。

(4) 与供应商建立双赢合作关系。强调供应链中贸易伙伴之间的密切合作,共享利益,共担风险;供应商之间相互压价,固然使企业在价格上收益,但相互协作则可以降低整个供应链的成本。

(5) 在整个供应链领域建立信息系统。应用现代信息技术和通信技术,如条码技术、POS 系统、电子数据交换等,遵从共同的标准和规范,将它们应用于原材料、产品、服务、运输单元和位置的标识至关重要。

(6) 建立整个供应链的绩效考核指标。建立供应链的绩效考核指标,不是局部的、个别企业的孤立标准,供应链的最终验收标准是客户的满意程度。

3. 供应链管理的任务和目标

供应链管理的任务是确定该链中不同节点之间的不同关系、类型、关系的紧密程度和联系形式。与主体企业的业务密切相关的关键供应商或客户可以确定为合作伙伴关系,以巩固企业间的关键业务联系,提高业务流程的效率,减小流程中断的风险。

供应链管理的目标可理解为:

(1) 持续不断地提高企业在市场上的领先地位。

(2) 不断对供应链中的资源及各种活动进行集成。

(3) 根据市场需求的扩大,不断地满足顾客需要。

(4) 根据市场的不断变化,缩短从产品的生产到消费者手中的时间。

(5) 根据物流在整个供应链中的重要性,企业要消除各种不合理损耗,从而降低整个物流成本和物流费用,使物、货在供应链中的库存下降。

(6) 提高整个供应链中所有活动的运作效率,降低供应链的总成本,并赋予经营者更大的能力来适应市场变化并做出及时反应,从而实现人尽其才、物尽其用、货畅其流。

如果所有节点间的关系都处理成合作伙伴关系,则可能虚耗大量的时间和精力。因此,供应链网链结构问题中最关键的是要综合考虑供应链的总体目标、背景环境以及企业能力等具体因素,确定供应链中各节点之间的恰当关系。如图 8-7 所示,反映了主体企业在供应链构建中的影响作用。

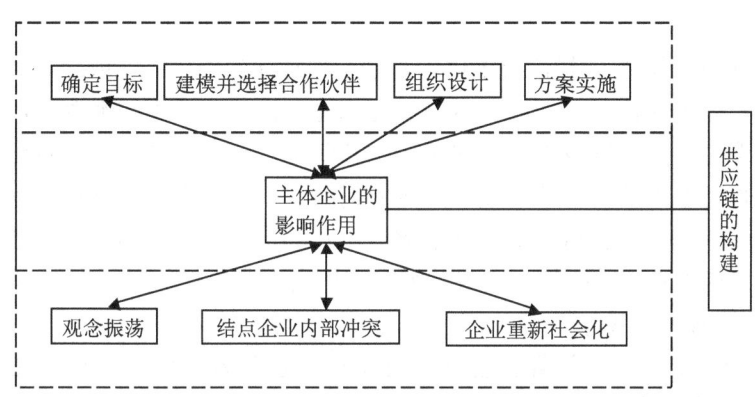

图 8-7 主体企业在供应链构建中的影响

4．供应链管理目标实现过程

(1) 合作机制。供应链合作机制体现了战略伙伴关系和企业内外资源的集成与优化利用。基于这种企业环境的产品制造过程,从产品的研究开发到投放市场,周期大大地缩短,而且顾客导向化(Customization)程度更高,模块化、简单化产品、标准化组件,使企业在多变的市场中柔性和敏捷性显著增强,虚拟制造与动态联盟提高了业务外包(Outsourcing)策略的利用程度。企业集成的范围扩展了,从原来的中低层次的内部业务流程重组上升到企业间的协作,这是一种更高级别的企业集成模式。在这种企业关系中,市场竞争的策略最明显的变化就是基于时间的竞争(Time-based)和基于价值链(Value Chain)及价值让渡系统的管理或基于价值的供应链管理。

(2) 决策机制。由于供应链企业决策信息的来源不再仅限于一个企业内部,而是在开放的信息网络环境下,不断进行信息交换和共享,达到供应链企业同步化、集成化计划与控制的目的,而且随着 Internet/Intranet 发展成为新的企业决策支持系统,企业的决策模式将会产生很大的变化,因此处于供应链中的任何企业决策模式应该是基于 Internet/Intranet 的开放性信息环境下的群体决策模式。

(3) 激励机制。供应链管理和任何其他的管理思想一样,都是要使企业在 21 世纪的竞争中在"TQCSF"上有上佳表现。其中,T 为时间,指反应快,如提前期短,交货迅速等;Q 指质量,控制产品、工作及服务质量高;C 为成本,企业要以更少的成本获取更大的收益;S为服务,企业要不断提高用户服务水平,提高用户满意度;F为柔性,企业要有较好的应变能力。缺乏均衡一致的供应链管理业绩评价指标和评价方法是目前供应链管理研究的弱点和导致供应链管理实践效率不高的一个主要问题。为了掌握供应链管理的技术,必须建立、健全业绩评价和激励机制,并知道供应链管理思想在哪些方面、多大程度上给予企业改进和提高,以推动企业管理工作不断完善和提高,也使得供应链管理能够沿着正确的轨道与方向发展,真正成为能为企业管理者乐于接受和实践的新的管理模式。

(4)自律机制。自律机制要求供应链企业向行业的领头企业或最具竞争力的竞争对手看齐,不断地对产品、服务和供应链业绩进行评价,并不断地改进,以使企业能保持自己的竞争力和持续发展。自律机制主要包括企业内部的自律、对比竞争对手的自律、对比同行企业的自律和比较领头企业的自律。企业通过推行自律机制,可以降低成本,增加利润和销售量,更好地了解竞争对手,提高客户满意度,增加信誉,企业内部部门之间的业绩差距也可以得到缩小,提高企业的整体竞争力。

5. 供应链管理的载体

供应链管理的载体是计算机管理信息系统,它分为两部分:其一是企业内部网(Intranet),即企业内部财务、营销、库存等所有的业务环节全部由计算机管理,目的是使企业内部管理明细化;其二是有严格的计算机管理的物流配送中心,制定适应供应链的配送原则和管理原则。

8.1.4 供应链管理的职能与流程

1. 供应链管理的主要职能

(1)营销管理。管理整个供应链的市场营销过程和销售过程,以及持续不断地提供客户价值。

(2)物流一体化管理。管理自供应商开始的物流,包括生产计划、采购和库存管理。

(3)生产过程管理。管理生产过程,降低生产成本。

(4)财务管理。利用财务媒体,与供应商及客户一起管理资金流。

2. 供应链管理的主要流程

(1)计划。包括需求预测和补货,旨在使正确的产品在正确的时间和地点交货,还可以使信息沿着整个供应链流动。为了支持"需求动力"模式,计划系统需要设定三个目标:一是有效地收集客户需求信息;二是适应需求变动;三是使需求信息服务于包括安全库存、库存周转和补货频率在内的库存投资。

（2）实施。主要关注运作效率，包括客户订单的执行、采购、制造、存货控制以及物流配送等应用系统，其最终目标是综合利用这些系统，以提高货物和服务在供应链中的流动效率。在传统理论中，它包括一些应用系统，如客户订单执行、存货控制以及生产与后勤系统。实施系统主要关注的是运作效率，因此有必要寻求一个新的解决方案，使日常的商业运作流水线化和自动化，以降低成本，提高生产率。

（3）评估。是指对供应链运行情况的跟踪，以便于制定更开放的决策，更有效地反应变化的市场需求。利用电子商务工具，如财会管理系统，可进行有效的信息审核和分析。为了解决信息通路问题，许多公司正在开发集成数据仓库，可以提供数据分析工具，管理者能够在不影响系统运作性能的情形下分析商业信息。还有一种执行评估趋势是利用基于 Web 的软件媒体做预先的分析。

供应链管理的流程，如图 8-8 所示。

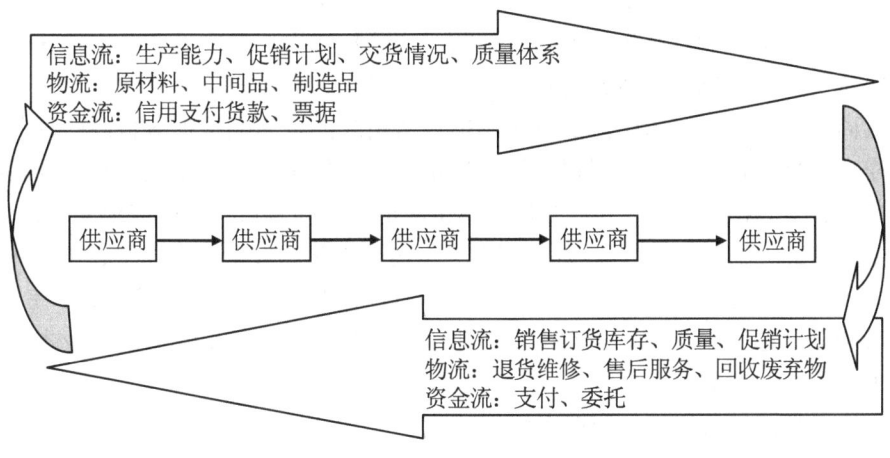

图 8-8　供应链管理流程

8.2　供应链管理模式与优化

随着现代物流和技术的发展，生产和供应链规划日益复杂。供应链呈现以下发展趋势：客户要求生命周期更短、并对特定配送有需求；大规模产品定制生产线和在库产品增加；经营全球化包括采购、生产、销售和市场；制造外包越来越多；第三方物流提供者增加；与供应商、客户共同管理库存，如供应商管理库存（VMI）和持续补充计划、敏捷制造的实施；实施供应链集成理念；公司兼并、收购和重组等。由于供应链发展日益复杂，必须运用软件来优化它们的计划流程。

8.2.1 市场供应链模式

通常把对一条供应链中的所有要素的物流、信息流和资金流进行一体化管理的战略称为供应链管理。传统的供应链模式叫做"推式"模式，而现今流行的供应链模式是"需求拉动"模式。

1."推式"与"拉式"市场的供应链系统

（1）"推式"市场的供应链系统

在"推式"市场的供应链系统中，必须根据长期预测进行生产决策。一般来说，产品的制造商是利用从零售商仓库接到的订单来预测顾客需求的，如图8-9所示。

"推式"市场的供应链系统对市场变化做出反应需要更长的时间，这可能会导致两种后果，一是该系统可能没有能够满足变化的需求方式；二是当市场对某些产品的需求消失时，该供应链系统的库存将过时。在"推式"市场中经常会出现这样一种情况，即从批发商到制造商接到的订单的变动性要比顾客需求的变动性大得多。这是由于制造商、批发商对需求信息的不正确把握所引起的。它们根据零售商的订单来预测顾客需求，然而，零售商为了提前期、批量订货，价格波动、安全库存等因素必然会使订单大于实际顾客需求，最后必然导致供应链上方即制造商处的需求变动程度增大，这就是所谓的"牛鞭效应"。这种效应会由于需要大量的安全库存而引起过多库存，产生更大和更容易变动的生产批量，会产生产品过时和服务水平低下等问题。在一个"推式"市场的供应链系统中，经常会发现由于紧急生产转换而引起的运输成本增加、高库存水平和高制造成本等。

（2）"拉式"市场的供应链系统

"拉式"市场的供应链系统是由需求驱动的，因此，生产是根据实际顾客需求而不是预测需求进行协调的。为此，"拉式"市场的供应链系统使用快速的信息流机制来把顾客需求信息传送给制造商，如销售点数据系统（POS），如图8-10所示。

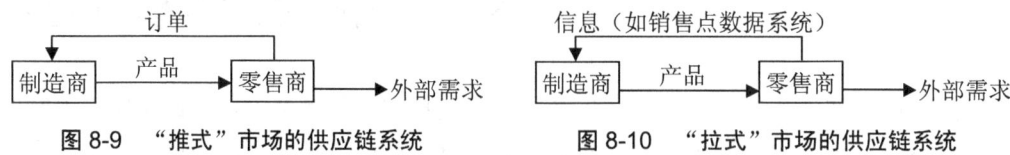

图8-9 "推式"市场的供应链系统　　图8-10 "拉式"市场的供应链系统

由于"拉式"市场的供应链系统能够通过外部实际需求信息的采集，更准确地预测零售商的订单而缩短提前期。进一步来说，零售商的库存水平随着提前期的缩短而减少，制造商面对的变动性也随着提前期的缩短而变小，而制造商的变动变小使得制造商库存能够降低。因此，在一个"拉式"市场的供应链系统中，经常能够看到系统的库存水平明显下降,管理资源的能力加强了,整个系统成本低于相应的"推式"市场的供应链系统。

正是由于同"推式"市场的供应链系统相比,"拉式"市场的供应链系统对需求信息的把握更加准确与及时,因此目前的供应链系统正在朝着"拉式"市场的方向进行改革。

2.企业经营战略调整使供应链管理由"推式"向"拉式"转变

供应链管理从企业管理的角度来看,最初起源于企业资源规划(ERP),是基于企业内部范围的管理。它将企业内部经营所有的业务单元如订单、采购、库存、计划、生产、质量、运输、市场、销售、服务等以及相应的财务活动、人事管理均纳入一条供应链内进行统筹管理。当时企业重视的是物流和企业内部资源的管理,即如何更快更好地生产出产品并把其推向市场,这是一种"推式"的供应链管理,管理的出发点是把原材料推到产成品、市场,一直推至客户端,随着市场竞争的加剧,生产出的产品必须要转化成利润企业才能得以生存和发展,为了赢得客户、赢得市场,企业管理进入了以客户及客户满意度为中心的管理,因而企业的供应链运营规则随即由"推式"转变为以客户需求为原动力的"拉式"供应链管理,这是一种企业经营战略的调整。这种供应链管理将企业各个业务环节的信息化孤岛连接在一起,使得各种业务和信息能够实现集成和共享。

3."推动式"管理与"拉动式"管理的区别

"推动式"供应链管理要求企业按计划来配置资源,即企业是被推动运作的,企业要根据顾客的偏好与消费者的需求,设计新产品,并由供应商提供部分原料、中间产品和相关服务,产品在内部制造出来后通过零售商上市销售到顾客手中。整个过程是由内而外,应付需求高度多样化,大量的备用存货,各个环节都会付出由于库存、拖延与过长的交货时间代价。

"拉动式"供应链管理是指根据市场需求由外而内决定生产什么、何时生产、生产多少。在这种管理下,顾客的需求、购买行为、潜在消费偏好、意见等都是企业谋求竞争优势所必须争夺的重要资源。是顾客而不是产品主导企业的生产和销售活动,顾客是核心和主要的市场驱动力。"拉动式"管理快速交换数据,低存货,迅速反应,高度一体化,这样就避免了不必要的浪费,从而实现成本最小化,收益最大化。这就使现代供应链管理通过"拉动式"管理实现了企业的战略目标。

现在,由于技术的发展,使得供应链管理的目标,即形成一体化的零售商—供应商系统成为可能。这使得顾客需求能迅速并且及时地转换为有效供给机制,从而达到"顾客满意"。从"推动"到"拉动"的供应链转变,如图8-11所示。

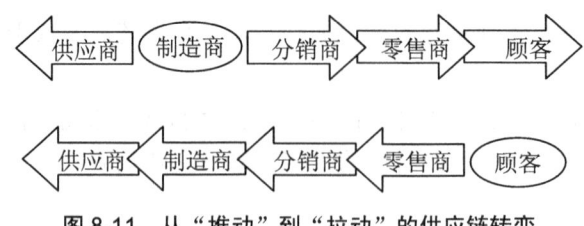

图 8-11 从"推动"到"拉动"的供应链转变

8.2.2 供应链管理模式分析

1. 传统管理向供应链管理的转变

(1) 从功能管理向过程管理转变

从传统上讲,组织是按纵向设置的。换句话说,企业的组织围绕生产、营销、销售和配送功能设置,每个功能都有自己的任务,这是一种已经被广泛应用的组织形式。这种形式存在的问题是组织只是集中于内部资源的使用而不是集中于产品价值的创造。传统的管理将供应链中的采购、制造、市场营销和配送等功能活动分割开来、独立运作,而这些功能都具有各自独立的目标和计划,这些目标和计划经常冲突。供应链管理就是达成这种一致和协调的机制,产出的成果通过组织结构中水平方向的协调与合作而产生,这些水平方向的连接反映了连接客户和企业以及供应商之间的物流和信息流,在横向组织中重点强调过程管理。

(2) 从利润管理向盈利性管理转变

传统的管理将利润作为企业管理的重点,但现代管理认为利润只是一个绝对指标,用绝对指标衡量企业的经营业绩是不具可比性的,应该用相对指标来衡量企业的经营业绩,而盈利性就是一个相对指标。所以,现在强调进行盈利性管理是建立在"双赢"基础上的,只有供应链各方均具有较好的盈利性,企业自身的盈利性才有可能得到保证。

(3) 从产品管理向顾客管理转变

产品和顾客都是供应链上的重要环节。传统卖方市场的企业管理是将产品作为重点的,而在买方市场上,顾客主导着企业的生产和销售活动,因此顾客是核心,顾客是主要的市场驱动力,供应链的中心是由生产者向消费者倾斜的,顾客是供应链上更为重要的一环,顾客管理就成为供应链管理的重要内容。

(4) 从交易管理向关系管理转变

传统的供应链成员之间的关系是交易和竞争关系,所考虑的主要是眼前的既得利益,因此不可避免地出现供应链成员之间为了自身利益而牺牲他人利益的情况。现代供应链管理理论指出的途径是通过协调供应链成员之间的关系同时增加供应链各方的利益。

(5) 从库存管理向信息管理转变

大型的生产系统日趋复杂,其复杂程度可从其复杂的产品物流中看到。不同的供应商以其不同的方式将原料、零部件送至生产现场，经过复杂的生产过程生产出各种零部件和最终产品，再将零部件和产品送至客户。这里，客户的含义不仅包括最终产品的外部使用者，也包括内部以此为原料的下游过程的生产者。原料经过了运输、生产、运输、再生产，最后成为产品，并送至客户手中。企业的库存存在着矛盾，一方面库存是提高服务水平和顾客满意度的财富，必须拥有；另一方面库存又是成本和累赘，必须尽可能摆脱。现代供应链管理用信息代替库存，使企业持有"虚拟库存"而不是实物库存，只有到供应链的最后一个环节才交付实物库存，以大大降低企业持有库存的风险。因此，用及时、准确的信息代替实物库存就成为供应链理论的一个重要观点。

2．供应链管理模式分析

（1）供应链管理把供应链中所有节点企业看作一个整体，供应链管理涵盖整个物流从供应商到最终用户的采购、制造、分销和零售等职能管理领域和过程。

（2）供应链管理最关键的是需要采用集成的思想和方法来统筹管理整个供应链的各个功能，而不仅仅是对传统管理节点企业、技术方法等资源简单的连接。

（3）供应链管理强调和依赖战略管理，最终是对整个供应链进行战略决策。"供应"是整个供应链中节点企业之间事实上的共同目标和共享的一个概念（任何两个节点之间都是供应与需求关系），它影响了或者可以认为它决定了整个供应链的成本和市场占有份额。

（4）供应链管理具有更高的目标，通过管理库存和合作关系去达到高水平的服务，而不是仅仅像传统管理完成一定的市场目标。

（5）传统管理把市场基于企业自己的状况如行业、产品、分销渠道等进行划分，然后对同一区域的客户提供相同水平的服务；供应链管理则强调根据客户的状况和需求，决定服务的方式和水平。

供应链管理战略伙伴关系与传统企业关系比较，如表 8-4 所示。

表 8-4　供应链管理战略伙伴关系与传统企业关系比较表

传统企业关系	战略伙伴关系
以交易为基础	以联盟为基础
短期关系	长期关系
供应商数目多	供应商数目少
对手关系	合作关系
价格支配	增值服务支配
供应商投资少	供应商和买方投资高
较少的信息共享	广泛的产品、营销和物流信息共享
公司独立	通过联合决策，公司相互依赖
各自职能领域相互作用小	买方和供应商职能领域相互作用

8.2.3 供应链优化

1. 供应链优化的含义

供应链优化即"在有约束条件或资源有限的情况下的决策方案",它主要有整体优化和局部优化两种类型。整体优化是从大量方案中找出最优方案,然而,实际情况下可能没有最优方案或者没有方法来检测所得方案是否最优,因此有必要进行局部优化。局部优化是在大量类似方案中找出最优方案,此法取决于方案的最初解,最初方案不同,优化结果也不同。

优化问题由决策变量、目标函数和约束条件组成。决策变量是需要做的决策,物流中有如下决策变量:何时、何地从供应商中订购原材料;何时生产;何时把产品交给客户、交多少。目标函数是经济上或其他方面所要达到的目标,物流中有如下目标函数:利润最大;供应链成本最低、生命周期最短;客户服务质量最高;延误最短;产量最大;满足所有客户需求等。约束条件是变量必须满足的条件,物流中有下列约束条件:供应商生产材料、零件的能力;生产线每天工作的时间、负荷;配送中心的处理收据等能力。

2. 供应链优化目标

一般来说,优化目标是从私营企业和公共组织两种完全不同的角度来考虑。

(1) 私营企业的目标

供应链管理系统中的优化目标的定义有很多种形式,如"优化是投资回报率(ROI)达到最高的关键,它的目标包括成本最低、顾客服务水平最高、生产周期最短";而在讨论库存链优化时,有人认为最大 ROI 的目标是"在增加利润的同时,提高顾客服务水平、减少总成本、减少工作负荷、减少库存";"资产回报率(ROE)最大或竞争力提高";"公司盈利最大,市场份额最大"等。然而,如果把这些目标用于决策模型中,这些目标必须转换成明确的、可以衡量的目标。更具体的目标通常是利润及其衍生物——成本和收入,其中成本包括资本、生产运营成本、仓储和运输、库存持有成本、行政管理成本、IT 成本和包装成本;收入受公司可提供服务质量的影响,包括准时性、产品可得性等。成本因素(最低)和客户服务质量(最大)通常是矛盾的。为了能相互比较,必须把所有的目标转成一个总目标。如果不是所有目标都能转换成和金钱有关的因素,必须使用权重,权重反映了不同目标的相对重要程度,这样问题就成为一个单目标规划。目前,可以用一些复杂的方法得出权重,也可以运用一些软件提供可视化的权重设置。另一种方法是先定义这些目标的优先级,然后再优化。

(2) 公共组织的目标

前面讨论了企业所追求的商业利润,同时,也应该注重公共利益。1987 年世界环境与发展委员会提出"发展要满足当前的需要,但不能以牺牲后代需求为代价"。可持续发展是体现未来趋向的代际公平，要足够公正地对待后人，当代人的发展不能以损害后人的发展能力为代价；可持续发展是体现整体观念的代内平等，任何地区的发展不能以损害别的地区的发展为代价，注意维护弱发展地区的需求。可持续发展包括经济、社会和环境三个方面的协调发展，每一方面都能对供应链设计产生影响。私营企业目标是设施和运输成本最低，而公共组织的目标不同。

① 经济方面，主要和经济系统的改进有关，包括提高国家竞争力（包括减少工业运输成本）；支援不发达地区；增强区域联系，扩大外延；市场标准化（标准的、开放的）；提高就业、改革和出口的经济绩效。

② 社会方面，主要和居民、员工有关，包括工作场地和运输中的活动安全；经营工作条件；关注残疾人；社会资产的改变（收入分配的影响）。

③ 环境方面，设施建设、交通运输会对环境造成影响，环境对人类身体和下一代有影响，主要包括当地空气质量（对人有影响，威胁健康）；区域空气质量（对庄稼、树木不利）；噪声；长期危害（能量危机、臭氧层变薄、温室效应）等。

私营企业在决策中不一定要考虑以上因素，然而政府必须要考虑。现在多方已经达成共识：必须制定相关环境标准。当然，单个组织在决策过程中也要尽量考虑这些标准。

运输行业的定价机制即是如此，它的目标是确保运输决策包含所有的成本。当前，外部成本在价格体制中没有体现，然而通过税收，价格体制就能够完全反映外部成本。这样，从私营企业的角度来考虑，公司对环境的关注会集成到目标成本和利润中。如果公司没有把环境成本考虑到外部成本中，公司决策时依然可以按照原计划实施。

3. 供应链优化方法

供应链优化方法有很多，下面是一些常用的优化方法。

（1）基于规则的系统。基于规则的系统广泛应用于控制系统中，能控制几百甚至几千个规则。规则系统与规则之间的相互关系非常复杂。如果系统改变而规则没有改变，系统不能保证所求出的解最优。基于规则的系统有神经元、ILOG 等。

（2）线性规划。线性规划是应用最广泛的优化工具，通常用于资源分配问题中。任何有决策变量、线性目标函数和线性约束条件的问题都属于线性规划。

（3）约束传播。受约束条件的影响，每一约束都有一定的变量范围。变量域的减少会引起与约束条件相关的变量数目减少。此法在大网络约束条件时尤其有效。

（4）遗传算法。通过改进已有的解找出最优解。尽管为了得到最优解遗传算法要做很多次迭代，然而它求解过程简单，运行速度很快。此类优化方法特别适合那些约束条件和目标函数比较复杂的问题，如非线性函数。

4. 供应链中的不同优化层次

对规划过程中的不同程度的优化作了比较分析之后，可以得出，供应链有三种优化层次：一是战略层，即高层规划，周期通常为长期；二是战术层，即中层规划，周期通常为一季或一月;三是经营层,即底层规划(规划、再次规划和实施),周期通常为1周、1天或1班。

同理,优化问题也分为如下几类:一是战略分析,用于分析获取资源和其他决策,如新设施的建立、新产品供应链的设计;二是长期战术分析,决策公司一年内的整个供应链的供应/制造/配送/库存计划;三是短期战术分析,包括物流优化、生产计划优化系统;四是经营分析,包括生产规划优化系统、配送优化系统。

尽管上面描述了不同的计划层次,然而它们没有完全解释不同决策对其他决策的影响,如战略决策优化必须假定战术和经营规划最优。下面将描述各种不同层次的优化问题。

(1)战略。供应链管理战略决策主要根据供应链的网络设计来决定车间、配送中心和供应商的地点、规模和数目,如"每一车间、配送中心和客户的采购和部署计划"。战略决策检测网络设计,同时也考虑供应链中的物流。一般认为,库存管理是战术决策,然而,仓库选址属于战略决策。

(2)战术。战术优化是"给定供应链结构的供应计划、物流设施优化"。供应链网络已经有如下实体:供应商、车间、配送中心和运输路线;供应计划基于时间缓冲理念(供应链计划一般是1月或1周);供应计划集成考虑车间生产计划和产品原料计划;考虑开工和改建周期。

(3)经营。经营层供应链规划可以理解如下:生产规划,包括人员、设备和材料的分配;运输路线和规划。此类规划实施频率高,需要定期规划以适应机器失效、物料库存、其他延误等。

实施供应链管理,就是企业通过一个基于ERP完整的、集成的信息系统将自己的供应商、采购活动、库存管理及必要的财务活动统一管理起来,从而大大提高供应商优化选择的效率。通过实施供应链管理,一般情况下可节约投资额达30%~70%,降低库存资金15%~40%,提高资金周转次数50%~200%,平均节约时间为1/3~1/2。通过外包方式获取更多的商业机会,实现供应链与销售的增值,并且可以在服务提供商(ASP)平台上与其他企业共同创造规模优势,实现规模经济,如可以与其他企业一起实现联合采购,提高企业的采购效率和透明度,节约采购费用和采购资金,获取更大的采购优势。

从信息系统的角度来看,供应链管理就是ERP的自然延伸和功能扩展。在信息系统与互联网应用于企业各类管理活动之前,企业通过各种手工方式同自己的供应商和客户进行交易,管理自己的采购活动,但这种管理方式效率低,准确性差,常引致相当高的采购费用和销售费用,而且由于没有将自己的供应商、客户纳入企业的价值链,无法实现内外同步与协作,严重影响了企业的运行效率和服务质量。

5. 实现供应链管理的方式

实现供应链管理有两种方式:一是企业自建系统,也就是企业自行建设机房设施、购置服务器和网络设备、向软件供应商购置软件系统、向咨询服务提供商购置咨询服务,并承担系统的日常维护管理工作;另一种是 ASP 外包方式,企业利用第三方服务提供商提供的公共平台实现自己的供应链管理,它不属于任何一家零售商,也与任何一家供应商没有关系,这样才能保证所有业务数据处理的安全性和公正性。采用租用式服务,企业不仅降低了初期投入的风险,而且还能保证其内部业务系统不受干扰。

8.3 电子商务下的供应链管理

电子商务是指在互联网上开展的商务活动,利用互联网技术,将企业、客户、供应商以及其他商业和贸易所需环节连接到现有的信息技术系统上,把市场的空间形态、时间形态和虚拟形态有机结合起来,将物流、信息流和资金流汇集成开放的、良性循环的环路,使经营管理者以市场为纽带,在市场上发挥最佳的作用,得到最大的效益,创造更多的机遇。从公司内部的角度看,更多免费的信息将在公司内部通过互联网流动,通过互联网可以接受外部的 E-mail 和利用外部的数据库,供应链就是这种应用的典范。供应链管理要求在供应链内的合作伙伴能够像一个整体一样工作,频繁地交流信息,满足客户的需求,即时对市场变化做出反应。电子商务供应链管理实践表明,该战略的实施不仅可以提高供应链运营的效率,提高顾客的满意度,而且可以使供应链管理的组织模式和管理方法得以创新,并使得供应链具有更高的适应性。

8.3.1 电子商务下供应链管理的优势

1. 电子商务在供应链管理中的应用

供应链管理的主要任务是要协调从订单的形成到完成订单,以及运送产品过程中的各项服务和信息的交流。随着电子商务技术的发展,可以有效地实现供应链各项功能的集成,电子商务在供应链管理中的应用主要包括:

(1) 采购过程的协调

企业通过外部网浏览供应商的产品目录,根据需求签发订单,并通过 EDI 发送。供应商接到订单后,合同审核人员通过内部网查看库存情况、生产计划情况和销售商的信誉度来确定是否接受订单,并与供应商通过网络进行信息交换、协商合同条件、签订合同。

(2) 物料计划人员与储运公司的业务协调

通过内部网,物料计划人员可以查看仓库的情况,即时安排物料的运输。库存管理人员根据原材料供应情况和产品销售情况即时更新数据库,以便于有关人员查询。

(3) 销售过程的协调

销售机构可以通过互联网进行产品宣传,与客户进行交流,并将信息反馈给生产计划部门，以帮助计划部门制定合理的生产计划。

（4）公司日常活动以及员工的交流

通过内部网，公司中的各个部门可以进行即时信息交换，在节省时间的同时，节约了大量开支。

（5）提供客户服务

应用电子商务系统，可以方便地联络有关服务问题，通知并要求解决所发生的任何服务问题，接受客户投诉，并向客户提供技术服务，以及可互发紧急通知等。缩短对客户服务的响应时间，改善与客户间的双向通信流，吸引更多的客户加入到供应链中。

（6）进行电子支付

通过电子商务系统，与网上银行紧密相连，并用电子支付方式替代原来的支票支付方式，用信用卡支付方式替代原来的现金支付方式，这样既可以降低结算费用，又可以加速货款回笼，提高资金使用效率。同时，利用安全电子交易协议，保证交易过程的安全，消除对网上交易的顾虑。

阅读资料 8-2　麦包包网络订单驱动供应链模式

"快"已成为麦包包在精细化管理、物流时间和成本的控制方面的核心竞争力。凭借独有的一套基于网络订单的驱动生产与管理，麦包包形成了独特的基于 M2C 系统的供应链管理模式，成功地走到了箱包产业链的上游。这种模式是将销售信息、库存信息、生产信息、成本信息与合作伙伴和供应商交流分享。通过电子数据交换（EDI）系统把销售时点信息管理（POS）数据传给供应方，供应企业就能及时调整生产计划和采购计划。当然，麦包包的库存空间也节省了不少。

以网络直接生成订单，驱动整条供应链，麦包包的尝试成为直销网站中的先行者。在过去的几年，麦包包一直在做的一个工作就是公司的后端系统。现在，麦包包的仓储系统和后端系统可以支撑几万单一天。虽说，现在麦包包的销量还远远没有达到这个水平，但在技术上已经做好了充足的准备。

现在，同时着手组建和完善的还有"麦包包数据中心"，为麦包包更精准、更快速找到目标客户，研究客户行为，新品研发和推广提供数据参考。通过细致的市场调研和分析，中国的消费品市场的高速增长必将催生对时尚产品巨大的需求。最终选择通过电子商务这一渠道来做"快时尚"产品，更是看中网络的快速和便捷。

2011 年，是麦包包的第 4 个年头，也是其"稳扎稳打"品牌战略走向成功的关键一年。除了继续在各大电子商务网站推出重磅广告这一传统手法外，采用"每周二新品推荐"等新型的促销手段也取得了满意的效果。以"麦芽糖"杂志、麦芽糖论坛、官方博客等，作为品牌塑造的补充。

资料来源：全国物流信息网 http://dx88.56888.net/news/201184/466658043.html。

2. 基于电子商务的供应链管理优势

基于电子商务的供应链管理是电子商务与供应链管理的有机结合，以顾客为中心，集成整个供应链过程，充分利用外部资源，实现快速敏捷反应，极大地降低库存水平。

(1) 有利于保持现有客户关系和促进业务增长

电子商务使企业间的竞争逐渐演化为供应链之间的竞争。为吸引更多新客户、维护现有客户，要求为其提供更快捷、成本更低的商务运作模式，保持和发展与客户达成的密切关系，使供应链提供新的业务增值，提升客户的满意度与忠诚度。而基于电子商务的供应链管理直接沟通了供应链中企业与客户间的联系，并且在开放的公共网络上可以与最终消费者进行直接对话。

(2) 有利于满足客户的各种需求，保留现有客户

通过实施基于电子商务的供应链管理，可以实现供应链系统内的各相关企业对产品和业务进行电子化、网络化的管理。同时，供应链中各企业通过电子商务手段实现有组织、有计划的统一管理，减少流通环节，降低成本，提高效率，使供应链管理达到更高的水平，与国外先进企业供应链绩效看齐，促进各相关企业的业务发展。

(3) 有利于开拓新客户和新业务

实施基于电子商务的供应链管理，不仅可以实现企业的业务重组，提高整个供应链效率，而且保留了现有客户。由于能够提供更多的功能、业务，必然会吸引新客户加入供应链，同时也带来新业务。本质上讲，通过实施基于电子商务的供应链管理，无论是企业还是客户都会从中获得利益，产生新的业务增值。

(4) 有利于提高营运绩效和分享信息

实施基于电子商务的供应链管理，不仅使供应链各个企业降低生产成本、缩短需求响应时间和市场变化时间，还能为客户提供全面服务，使客户获得最好品质的产品和服务，同时实现最大增值；而且能为供应链中各个企业提供完整的电子商务交易服务，实现全球市场和企业资源共享，及时供应和递送订货给顾客，不断降低运营和采购成本，提高运营绩效。基于电子商务的供应链交易涉及信息流、产品流和资金流，因而供应链中的企业借助电子商务手段可以在互联网上实现部分或全部的供应链交易，从而有利于各企业掌握跨越整个供应链的各种有用信息，及时了解顾客的需求以及供应商的供货情况，同时也便于顾客网上订货并跟踪订货情况。

8.3.2 电子商务技术在供应链管理中的运用

从电子商务和供应链管理各自的特征来看，两者具有很强的黏合性。电子商务利用互联网技术将企业、顾客、供应商以及其他商业和贸易所需环节连接到现有的信息技术系统上，将商务活动纳入互联网中，彻底改变了现有的业务作业方式和手段，从

而实现充分利用有限资源、缩短商务环节和周期、提高效率、降低成本、提高服务质量的目标,而供应链管理正是建立在各成员具有一个共同的战略目标,即满足顾客需求基础之上的;电子商务强调综合效益的提高,而供应链管理的实践证明了这种预期的合理性。电子商务强调人、技术和管理三者在商务活动中的有效集成,以及包括工作流程、商务活动组织等方面在内的创新,而供应链管理强调供应链各成员的集成,实现成员之间的信息共享,同时供应链成员之间的战略伙伴关系也为创新提供了有利条件和可行性。

1. 电子商务技术对供应链管理产生的影响

供应链管理的突破性发展始于20世纪末。科学技术的突飞猛进,社会生产效率的不断提高,带动了贸易国际化的发展,供应链的复杂程度也因此呈几何级数增加。同时,企业为了追求更大利润,往往希望在更高层面上整合供应链,甚至覆盖供应商和分销商,这也在客观上增加了供应链管理的困难程度。信息技术在供应链的整合和管理中发挥了巨大的作用。数据库(Database)的出现,为记录、监控供应链提供了可能性;计算机网络(Computer Network)的完善,实现了供应链信息共享(Information Sharing);数据分析(Data Analysis)和人工智能(Artificial Intelligence)的发展,帮助供应链管理者做出及时、正确的决策。

虽然电子商务技术的应用才刚刚起步,但它已经对供应链管理产生了巨大的影响。企业通过采用先进的信息技术来整合其供应链,从而提高营运效率,加快产品推向市场的速度,减少费用开支,最终增加公司的收益。通过信息技术,各种不同的数据可以被完整地搜集起来,经过自动分析和计算,形成一些可视性的结果,为管理者提供决策支持。同时,依靠信息技术,不同层次和地方的供应链管理者和执行者都能随时随地从供应链信息库内提取相关的实时数据和决策支持。这样的信息流动过程完整、快速,很难相信传统的手工统计方法能胜任这一日趋复杂的供应链管理支持任务。

2. 电子商务技术在供应链管理中运用的目标

(1)信息共享(Information Sharing)。现代供应链日趋复杂,大型跨国公司往往有数以百计的不同部门和办公地点,建立高速有效的计算机网络,使从不同地点采集到的不同形式的数据信息能快速进入整个供应链计算机系统。而每个供应链管理者,都能按照自己的工作特点和权限,从该计算机系统中取得符合自己要求的数据信息。所以,信息共享包括两层含义,信息的获取(Accessibility)和信息的个性化(Customization)。

(2)数据分析和决策支持(Data Analysis and Decision Support)。供应链管理者的任务是根据已知的信息,来为供应链的计划、实施和运行提供决策。共享实时信息为管理者提供了科学决策的条件,但如何通过分析信息获取结果呢?日新月异的信息技术为数据分析提供了数以千计的软件产品。运算速度突飞猛进的计算机以及不断突破的优化算法,为供应链管理者在合理的时间内,做出正确的决策提供了宝贵的支持。

（3）流程（或商业模式）再造（Re-engineering）。信息技术的另一个重要贡献是帮助企业审视自身供应链的构造，主动采用全行业通用的行之有效的商业模式。这一点对于中国的企业尤为重要。因为在采用、适应先进供应链管理软件的同时，企业自身供应链的模式、流程也应向先进公司看齐。这种管理思维、管理模式的进步，必将带来企业效益的提高。

企业要通过采用先进信息技术，来提高企业营运水平和创新能力；加强与供应商、分销商以及顾客的联系和互动，减少重复建设以及时间和资源的浪费；优化供应链的结构，从而在根本上获得效益化的供应链管理。

3．供应链管理中信息系统和支持技术的应用

有效的信息系统必须能让物流和工作流的信息有效地传递，各家软件公司和顾问公司都推出了不同的供应链管理软件方案。从实践供应链管理的角度来看，信息系统的选用和建立必须配合企业的具体业务和各个流程。企业应从以下四个方面对供应链管理中的信息系统进行评估。

（1）信息系统要具有集成性。即企业的信息要能配合各个内部和外部单位的工作和需要，信息系统要有整合采购、生产、销售、财务、人事的能力。

（2）跨平台的集成能力。如果两个技术平台不能沟通，企业间的资料交换就不能实现自动化，反而会降低效率。

（3）信息系统的应用性。如界面是否容易被员工和客户操作，能否将资料转化成有用的信息、报表和提示以配合各个单位的行动和流程。

（4）信息系统的可延伸性。未来环境不断变化，企业的操作也会随时调整，信息系统需要有伸展性以适应未来的企业流程，以节省未来的重复投入。

为了加快供应链中物流、信息流、资金流的流动，更加精确、可靠、快速采集和传送信息，必须采用供应链管理支持技术优化业务流程，降低运行成本和费用等，去对产品进行接收、跟踪、分拣、储存、提货及包装。这些技术包括电子数据交换技术、条码技术、计算机辅助订货、供应商管理库存和数据库等。利用信息系统优化供应链的运作。

8.3.3 基于电子商务技术的供应链管理的发展

从早期的通信工具到现代化的解决方案，供应链管理技术不是一蹴而就的，而是经历了逐步的演变和升级换代。供应链管理技术的演变既提供了一个独特的历史性视角，又对未来的发展趋势提供了一个有价值的透视。早期的电子商务和供应链协作是在电话和其他传统通信方式上进行的。电话、传真和早期的电子邮件使业务伙伴之间的远距离交流成为可能。然而，这些通信方式往往是低效能的。因为每一步都出现

的人工流程有着明显的局限性。此外，这些方式都没有规律或缺乏流程控制，或没有绩效考核能力，从而导致无数的沟通不善和低效率。

当今，网上商务迅速发展，并驱动供应链高速数字化。供应链管理技术所提供的一套更为完善的功能是电话和传真机时代很难想象的——人工流程变成自动化，公司之间可以公开地分享数据，合作伙伴之间可以在整个供应链上进行实时协作。

1. 企业资源规划系统阶段——企业内部各部门之间交易数据的处理

随着 20 世纪 80 年代末和 90 年代初企业级信息系统的升温，整个行业都意识到了利用物料需求计划（MRP）和制造资源规划（MRPII）系统来改善计划的价值。但是，由于早期供应链管理技术出现漏洞，许多企业开始寻找企业计划部门和其他部门之间更为高效能分享信息的手段。最终，大家发现了企业资源规划系统（EBP）和其他专门解决企业内部数据传输的解决方案。ERP 的成功主要在于它完成了使企业内部复杂的流程自动化的工作，使得人力资源、财务和制造各个职能部门之间的流程集成起来。这些系统使得企业内部部门之间的协调效率得到了提高。但是，这些早期的供应链技术仍然存在着明显的局限性。

2. 专门化的供应链解决方案阶段——企业内部供应链过程实施

在 20 世纪 90 年代中后期，新崛起的供应链技术推动了演化过程的向前发展。在现有 ERP 系统的基础之上，公司开始通过投资于先进的专门用于支持部门间决策的新系统来寻求改善各个部门的运作效率。专门致力于企业内部特定职能的企业内部供应链执行技术，包括计划、采购、生产、仓储、运输、财务结算和客户服务，引入了一定程度的专门化技术，使得简单的 ERP 系统的优势得以强化。然而，企业内部供应链执行应用系统也有一系列的缺点。最明显的一点是，所有这些解决方案的市场分割非常严重，大多数供应商只是为某一特定的用户群服务。结果这些解决方案都把信息储存在不同的"地窖"里，各个"地窖"之间无法传递信息，因此没有办法实现信息共享来提高运作或服务水平。此外，缺乏信息集成很容易导致整个企业运作的恶化，因为不同的信息系统可能会依赖互不相容甚至是互相矛盾的数据。它们都是以内部运作为重点，不能够对整个公司的运作提供一个全局性的观点，因而它们不能够使得供应链管理更为高效。所以，在下一步的演变中，这些弊端都需要改变。

3. 供应链信息集成方案阶段——企业之间供应链交互支持

在供应链技术上最大的进展发生在 20 世纪 90 年代晚期至现在。企业开始寻找新的方式，把离散的功能集成为一个整体的、综合的供应链管理解决方案。市场上基于互联网的信息传递应用系统应运而生。企业内部供应链执行应用系统时的基本挑战是连接问题，即使专门的供应链管理应用系统能够协同工作的问题，集成方案的出现使得企业可以解决这个问题。

具体来讲，互联网独特的构架为供应链上多个合作伙伴之间同时多对多协作提供了便捷的方式。这一方面增加了运作规模、范围、地域和复杂性，另一方面又增加了供应链基础设施的价值。同时，基于互联网的信息传递服务也使得企业之间（而不仅是企业内部），不同的信息系统连接起来，为从内部流程到外部流程整合的重点转移提供了巨大的机遇。因为企业间涉及更多流程，存在更多出错机会，同时也存在着更多的流程改善和巨大的成本节省的机会。

4．企业之间供应链的执行应用系统——基于信息技术供应链管理的最新阶段

传统的企业应用集成和中间件，除了企业间的基本连接之外很难增加更多的价值。虽然它们能够使企业得以互连，但并没有为延长的供应链提供更多的有附加价值的功能。此外，中间件并不能够利用互联网的优势，把传统的、时间上必须连续进行的供应链变成无缝隙的协作网络。新的供应链技术专门填补了这些空白。它们创立了一个跨企业的流程协作网络，把制造商、供应商、服务商和其他供应链伙伴连在一起，对每一个供应链物流功能进行端到端的控制。

新的供应链执行应用系统带来了很多好处。最明显的是它们整合了整个业务流程，包括流程的每一个部分。在实施和管理跨越不同系统的公司间交易和实时业务流程方面，它们的功能比信息传递应用系统更强大，使得不同业务流程内部任务的执行成为可能。在这种意义上，它们进一步强调了不同的信息系统应协同工作，使得整个供应链为了共同的利益而进行流程协作。同理，合作伙伴可以共同工作以优化计划、制造、采购和其他跨越数个系统和数个企业的作业。除了能够管理一个流程中不同的步骤之外，新的供应链执行应用系统还监控流程目前的状态，利用客户化的、事先约定的业务原则来改正每个流程的不完善的地方。换句话说，新兴技术使得工作流变得更加动态化，增强了客户化、智能化的功能，最终帮助改善整个供应链的整体效能。

这种结构使得新兴的供应链执行应用方案有很强的扩展性，很容易满足新增合作伙伴的需求，满足业务增长的需要。同时，新的技术往往构成了大多数平台的核心，支持了几乎无限制的扩展性。这些技术的可重用性和便携性使得供应链网络可以快速、简便和便宜地增加新的合作伙伴。基于信息网络和电子商务技术的供应链管理，如图8-12所示。

电子商务下供应链中物流管理的目标是：在恰当的时间和地点交付正确的产品（通常还包括以正确的质量水平交付）。该目标给出了物流管理必须解决的三个变量：需求的产品或服务（可利用性）等级；花费水平（它意味着提高操作效率）；减少整个供应链的库存水平。

第一，导入或更新企业内部的 ERP 或 MRP 软件；第二，与主要的供应商制定协作计划，订立进程表，利用供应链下订单；第三，采用互联网技术，使所有供应商和

客户数据建立电子连接,任一客户或供应商都能与企业交换信息,就像一个企业一样。

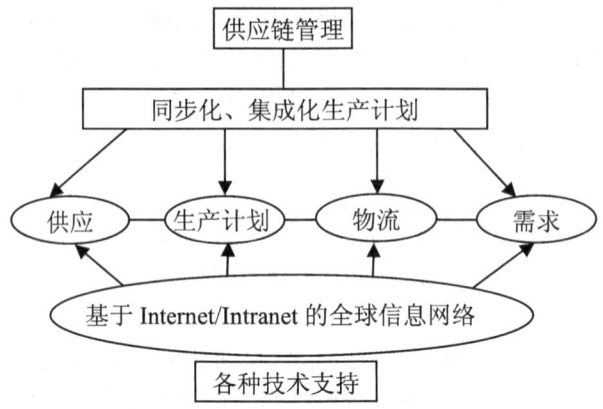

图 8-12　基于信息网络和电子商务技术的供应链管理

ERP 的发展过程如图 8-13 所示。

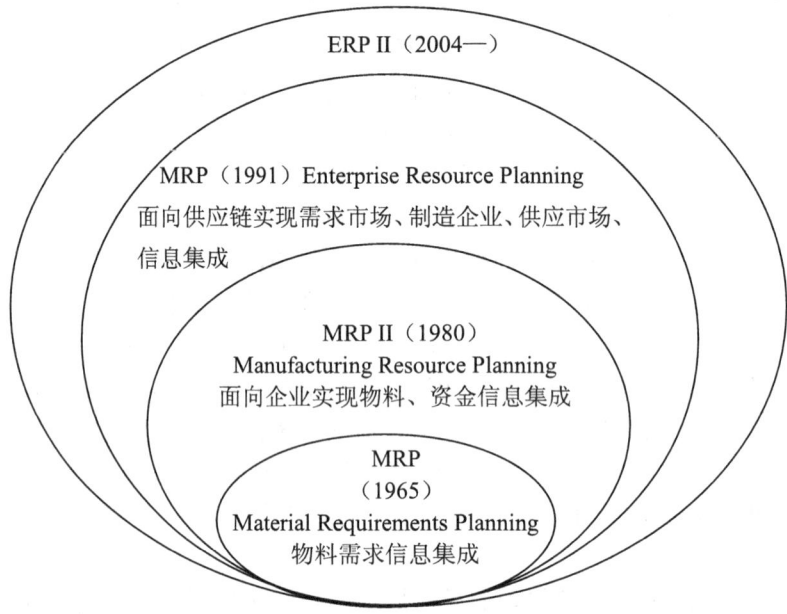

图 8-13　ERP 的发展过程

各种电子商务技术得到发展并日新月异,是形成一体化供应链或供应网络的核心,能够提供整个供应链的可见性,提供了链中所有参与者之间进行复杂的协作、计划和决策支持的手段。

8.3.4 电子供应链的实施

供应链管理电子化的过程经历了四个发展阶段,正在迈向第五个阶段。

第一阶段,公司利用网站、电子邮件等手段,向客户介绍自己或者供应原材料。

第二阶段,公司开始利用网站或其他方法,从客户那里得到反馈意见和信息。

第三阶段,公司利用互联网的发展,开始允许客户通过公司网站下单订购产品,并通过信用卡付账。

第四阶段,客户与公司开始通过供应链计算机网络,分享实时信息。

以上四个阶段,在不同公司内,可能都有一定应用。未来发展方向的第五阶段,就是整个供应链网络的同步化。多维的供应链网络迅速电子化,为各个公司之间基于实时信息分享的合作提供了可能,这将成为供应链管理的下一个热点。

由于越来越多的企业采用以客户为中心的模式以增加利润,对供应链的要求也越来越高,能对客户需求做出迅速、精确、可靠的反应。这就要求信息的实时交流,如投资水平、预计数量和销售趋势等。这不仅能对客户做出迅速应答,而且能有效降低存货,提高组织利润。互联网以一种更具协作性的模式代替了原来的那种专有的商业流程,已经开始改变公司、客户、合作伙伴、雇员在全球范围内的互动方式,促进企业朝着第五个阶段——供应链的自动化和能有效利用电子商务的电子供应链(E-Supply chain)方向发展。

1. 采用互联网作为网络标准的电子供应链优势

(1) 节约交易成本。互联网商务已经成为更加低成本、高效益进行商务活动的方式,用互联网整合供应链将大大降低供应链内各环节的交易成本,缩短交易时间,降低了供应链管理的费用。

(2) 降低存货水平。通过扩展组织的边界,供应商能够随时掌握存货信息,组织生产,及时补充,因此企业已没必要维持较高的存货水平。

(3) 降低采购成本。由于供应商能够方便地取得存货和采购信息,因此,应用于采购管理的人员等都可以从这种低价值的劳动中解脱出来,从事具有更高价值的工作。

(4) 减少循环周期。通过供应链的自动化,预测的精确度将大幅度地提高,这将导致企业不仅能生产出需要的产品,而且能减少生产的时间。

(5) 收入和利润增加。通过组织边界的延伸,企业能履行它们的合同,增加收入并维持和增加市场份额。互联网有利于建立适用于整个网络的公共标准,采用互联网这个全球通用的网络标准,商业伙伴之间能创建一个无缝的、自动的供应链互联,就像一个独立的整体一样运作。

(6) 提高顾客满意度。供应链中存在的快速变化要求公司更加具有灵活性,而互联网提供了原先不可得的灵活性。企业能够进行快速订货、存货跟踪与管理、有更加精确的订单以及对 JIT 制造的支持,从而提高客户服务水平。

2. 发展电子供应链应注意的问题

(1) 采用哪种软件进行供应链的管理

首先,如果某个企业只专注于供应链管理的某个环节,如美国联邦速递 FedEx 关心的是运输计划,那么购买该环节的最好软件是理所当然的。但是这种办法也显然会给企业带来整合不同软件产品的麻烦。即使每个环节都是最好的,但如果它们不能高效地整合在一起,就不能在整个供应链的层面上发挥作用。

第二种方法考虑到上述问题,因而采用由一家供应链软件公司提供的包括了所有环节的完整的供应链管理软件套装。一家软件公司的产品之间往往有更好的兼容性,更容易整合在一起。

另外,还有一部分大型公司有很强的信息技术开发能力,为了更好、更快地整合企业的供应链管理资源,它们也会建立和开发符合自己特点的供应链管理系统,其中最突出的代表就是沃尔玛公司。不同行业、不同规模的企业,选择软件的情况必然有所差异。关键是根据自己企业的特点和软件质量、操作性能、安装调试时间的要求,做出科学的选择。

(2) 是否利用应用服务提供者的服务

计算机应用服务提供者(Application Service Provider,ASP)不是软件开发商,而是向客户提供出租基于网络的商业软件运作服务的第三方。在这种新兴的商业模式中,客户企业不用再花费巨额固定投资从软件开发商处购买软件,而是转向 ASP 租用相关商业软件服务。

标准的计算机网络系统让客户能将信息上传至 ASP,由 ASP 对原始数据进行处理后,再将结果传送给客户。ASP 的责任就是为客户管理、运行其所租用的应用软件。经常被租用的软件包括 ERP 和一些决策支持软件。

ASP 模式的优点在于客户不必再向软件商交纳昂贵的软件许可证费用,而是按月或季度向 ASP 支付一定的软件订购费用。显而易见,这样的模式对资金相对拮据的小型公司来讲,具有非常大的吸引力。ASP 模式也有其缺陷:客户企业对租用的商业软件运作没有完全的控制权,而且 ASP 是否有能力在企业迅速成长以后继续支持其运作也是企业供应链管理者担心的问题。尽管 ASP 模式还在萌芽阶段,但其发展前景十分广阔。

一些重要的软件开发商,如 Asera,正在为其软件产品开拓更多的应用市场。Asera 始创于 1999 年,为客户提供基于互联网的 ASP 服务。这家公司让客户可以根据它们的需要租赁商业软件服务。客户从"订单管理"、"内容管理"、"社区服务"(包括工业论坛、信息发布等)等渠道,通过为其单独设立的网站来管理商业软件运行。Asera 的电子服务能根据客户的不同特点和需求,在 60~90 天内迅速改变其所提供的服务内容。

作为一个硅谷公司，Asera 创立时的客户多为高科技企业。现在，Asera 的 ASP 模式为客户节省了 40%～70%的成本，35%～45%的维护费用和多达 50%的软件升级费用。

3．电子供应链面临的挑战

（1）安全问题。当一家公司打算上供应链的时候，首先考虑的是互联网上的安全问题，大部分企业都采取了一定的措施保护数据，只有拥有权限的用户能接触到与之相关的数据。

（2）商业流程的变化。真正的挑战是商业流程发生了变化，E-Supply chain 改变了企业的各个方面，从计划到购买到下订单。为使 E-Supply chain 成功实施，企业必须能够在互联网上与它的供应商、客户充分合作，交换有关存货、生产时间表、预测、提升计划和例外处理的信息。许多企业仍不愿共享某些信息，如生产时间表，害怕这些信息会落入竞争对手手中，损害企业的利益。因此，企业应在共同的商业利益的基础上，建立与发展供应链内各成员的相互信任，这是整个供应链顺利运行的基础。

（3）供应链中的薄弱环节。由于供应链是一种协作活动，一旦有一个环节不能有效运作，整条链的效率都会遭到损失。一条供应链不可避免地会有力量较弱的成员，不具有与它们的商业伙伴相同的财力和技术支持。有些实力强大的成员有独占所有新供应链财务收益的意图。但从长远来看，大部分的高层管理者认为只有在所有成员之间分享投资成果才有利于供应链的成功。

（4）利益分配。财务利益的分配是公司成功的重要因素。例如，Bergen Brunswig，一个药品供应与分销商，与它的合作伙伴签订了一个协议：如果 Bergen Brunswig 成功降低了供应链成本，如 10%，那么 Bergen Brunswig 则把这部分节约的成本与合作伙伴进行分配。据 Bergen Brunswig 的 CEO Donald R. Roden 说，"这样做有助于合作伙伴之间作为一个团队来运作，如果把所有收益据为己有，合作伙伴就没有利益驱动。"

互联网前所未有的发展使之成为一种大众传媒，为商品化提供了机会。如果正确实施，它能为主要的商业活动带来收益，它通过降低成本，缩短时间等对原有的商业模式造成了巨大冲击。为了在当今的全球市场立于不败之地，企业如要与它的供应链伙伴之间锻造紧密的合作关系，那么就需要确保交易流程迅速、安全。互联网能使它们像一个整体一样工作。根据早期实施电子供应链的经验教训，必然存在新的挑战，电子供应链是否能成功取决于克服这些困难的能力。在新时期，电子供应链将成为企业获取新的市场份额的催化剂。

4．电子商务供应链管理的要素和应用的关键切入点分析

（1）电子商务与供应链管理的集成

供应链管理模式要求突破传统的计划、采购、生产、分销的范畴和障碍，把企业内部及供应链节点企业间的各种业务看作一个整体功能过程，通过有效协调供应链中的信息流、物流、资金流，将企业内部的供应链与企业的供应链有机地集成，以适应

新竞争环境下市场对企业生产和管理运作提出的高质量、高柔性和低成本的要求。基于电子商务的供应链管理的主要内容涉及订单处理、生产组织、采购管理、配送与运输管理、库存管理、客户服务及支付管理等几个方面。

电子商务的应用促进了供应链的发展，也弥补了传统供应链的不足。从基础设施的角度看，传统的供应链管理一般是建立在私有专用网络上，需要投入大量资金，只有一些大型的企业才有能力进行自己的供应链建设，并且这种供应链缺乏柔性。而电子商务使供应链可以共享全球化网络，使中小型企业以较低的成本加入到全球化供应链中。

从通信的角度看，通过先进的电子商务技术和网络平台，可以灵活地建立起多种组织间的电子连接，从而改善商务伙伴间的通信方式，将供应链上企业各个业务环节孤岛连接在一起，使业务和信息实现集成和共享，使一些先进的供应链管理方法变得切实可行。

（2）应用的切入点分析

企业的供应链管理是一个开放的、动态的系统，可将企业供应链管理的要素区分为两大类。

① 区域性因素：包含采购/供应、生产/计划、需求/分销三要素。

② 流动性因素：包含信息流、资金流和物流。根据供应链管理系统基本六元素的区域性和流动性，可形成供应链管理系统矩阵分析模型，如表8-5所示。

表8-5 供应链管理系统矩阵分析模型

流动性因素 \ 区域性因素	供应/采购	生产/计划	需求/分销
信息流	A1	A2	A3
	<------------------->		
资金流	B1	B2	B3
	<-------------------		
物流	C1	C2	C3
	------------------->		

借助电子商务实现集成化供应链管理是未来供应链管理的发展趋势，管理者可以从供应链管理矩阵的角度，根据供应链管理系统的具体内容，系统地认识和分析电子商务应用的关键切入点，并充分发挥电子商务的战略作用。

基于电子商务的应用，可以有效地实现供应链上各个业务环节信息孤岛的连接，使业务和信息实现有效地集成和共享。同时，电子商务应用将改变供应链的稳定性和影响范围，也改变了传统的供应链上信息逐级传递的方式，为企业创建广泛可靠的上游供应网关系、大幅降低采购成本提供了基础，也使许多企业能以较低的成本加入到供应链联盟中。

近年来,电子商务在我国得到了快速发展,许多企业通过电子商务与供应链的成功结合应用,从根本上改变了传统的经营方式和市场关系。然而从整体水平来看,我国电子商务与供应链发展仍处在起步阶段,与发达国家相比还存在缺乏整体规划、没有统一的标准、资源不能共享、技术开发与应用相脱节及应用范围不广等问题。

充分认识电子商务对国民经济和社会发展的重要作用,有利于发挥企业的主体作用,提升电子商务技术和服务水平,推动相关产业发展。供应链中的各成员应采取积极主动的态度,依靠自觉行动,遵循"与网络相容"的原则,形成与电子商务相融合的自我约束机制。电子商务对于制造和分销的重要性无疑是先进的供应链管理。如果以高速、低成本与客户、供应商进行交流和协作是有效供应链管理的关键成功因素,那么完全电子化的供应链就是对未来的展望,而支持未来供应链管理的信息系统将是ERP和电子商务平台的完美结合。

阅读资料 8-3　电子商务对传统零售供应链管理的影响

电子商务正在从时尚化向生活化转移,成为零售的一个不可忽视的渠道,也成为现代生活中的不可缺少的一部分,而电子商务的成功之道在于其后台的供应链管理。

1. 电子商务与传统零售的供应链管理的异同

电子商务和传统零售的供应链管理有许多相同点,也有许多相异点。

相同点是其供应链的组成部分,都是由厂商、经销商/批发商、运输、库房、零售商、顾客和商品等组成。只不过这里的零售商是通过互联网渠道销售。而供应链的管理也都是对物流、资金流和信息流的管理。

物流可细分为正物流(inbound logistics)和逆物流(outbound logistics),前者指的是从供应商处采购和运输入库的商品和过程,后者指的是顾客下单后由仓库配送到顾客手中的商品和过程。物流有顺向流动,即从厂商到经销商到零售商到顾客的流动。也有逆向物流,指顾客向零售商,零售商向经销商,经销商向厂商的退货。

资金流是指购买商品付款的资金的流动,一般是逆向流动,由顾客向零售商付款,零售商向经销商付款,经销商向厂商付款等。付款的方式可以有多种,比如说1号店就有货到付现金、信用卡、借记卡、银行转账、三方支付(支付宝、财付通等)、返利账户支付及邮局汇款等。对资金流进行有效管理才会有健康的现金流。电子商务一定要把现金流做成正向,也就是说,付款周期-收款周期-库存周转>0。

信息流顺向和逆向都有,逆向流动的主要是需求信息(商品询问,购买,预定,个性化需求,对市场的预测,对上游供应商的反馈和考核等)以订单、报告及其他形式由供应链下游向上游流动。顺向流动的主要是给下游客户的答复、询问、送货信息等。

供应链的实时控制是指全供应链的信息透明化,并且实时和动态的确定商品价格,决定采购来源和数量,指定仓库满足顾客订单,分派物流商去进行最后一公里配送。库存管理需要对市场有准确的预测。而对某个产品在市场上销售的预测,主要考虑以下因素:历史销售数据、价格弹性、促销、季节、竞争对手的价格和促销,替代品的价格和促销等。

第三方物流的时效性在中国确实是个问题。在美国有像UPS、Fedex等优秀的物流商,这个问题就小的多。1号店是靠精细的关键绩效指标法(Key Performance Indicator, KPI)管理、定期商业回顾和严格的奖惩措施来管理。

而电子商务和传统零售供应链管理的相异点来自电子商务的特征:无实体店铺(1网覆盖全国乃至全球)、无限货架(瓶颈仅在服务器和仓库的容量)、订单自动处理(24小时服务)及虚拟购物(送货上门或在指定处取货)。

2. 电子商务特性对传统零售供应链管理的影响

首先,传统零售有实体店铺,商品的展示靠实体货架,商品在货架上位置的摆放是根据顾客寻找商品的习惯和营销价值而定。一般用单位货架面积对营业额和利润的最大贡献度为目标。

电子商务将商品用图片和文字的形式展示在网站上的虚拟店铺里。很容易让顾客用商品名或品牌或品类搜索。也很方便用多种方法将同类的商品排序,如价格、新品、库存或其他属性。搜索结果的排序可根据营销策略而定。比如说,若希望打价格形象仗则可将促销力度大的商品排前,若想推动新品则将新品排前,若想增大销量则可将畅销品排前。

实体卖场把拣货的任务转给顾客,效率不重要,更希望顾客在卖场里逗留时间长一些,所以将顾客刚性需求的商品(鸡蛋、牛奶等)放在靠里的位置,让顾客在"逛"的过程中产生冲动购买。在付款处还放一些零星便利商品(口香糖、报纸、杂志等)让顾客最后付款前还可加进购物车。

电子商务拣货是商家自己做,所以主要追求效率。仓库一般是平面库,货位上的商品以销售的最小单位存放,而不是传统零售常用的立体库和按箱或托盘存放。货位的优化很重要,它直接影响到拣货的效率。传统零售仓库内的单次拣货量大,种类少,效率不是问题,而电子商务的单次拣货按波次,拣货量小,种类多。

电子商务的库位一般按照商品的关联度和畅销度来决定。一般有个畅销商品区,离包装区很近,以便快速拣货。商品的关联度越大(顾客在同一订单里同时购买两个商品的几率越大)则放的越近,拣完一个马上可以拣另一个。所以库位优化的目标为拣货密度(pick density)。

货品上架可按预先计算好配置的库位,也可动态的随机摆放(random stow)。后者库位的利用率要高不少,但需要 RF 技术支持,实时定位。随机摆放的另一个好处在于可以在上架现场根据实物商品的尺寸扩大或缩小库位,提高货架使用率。

根据每个订单的商品数量的多少,不同的拣货方法效率差异很大。比如说,1 号店的每个订单平均 16.7 件商品,若每个订单单独拣则浪费太多时间,把多个相类似的订单聚起来跑波次(wave picking)一起拣,然后再拆分(sort),效率会高。但若每个订单只有一两件商品,聚后再分则会降低效率。一般是两者的结合。

资料来源:阿里巴巴 http://info.china.alibaba.com/news/detail/v0-d1027327198.html。

8.4 供应链管理方法

供应链管理的实现方法主要指快速反应和有效的客户反应。为了改善整个供应链的运作效率,建立供应链上供应商、制造商、分销商以及客户之间的战略合作伙伴关系,必须实现快速反应和有效的客户反应。

8.4.1 快速反应

1. 快速反应的含义

根据中国国家标准《物流术语》(GB/T 18354—2006),快速反应(quick response,QR)是指供应链成员企业之间建立战略合作伙伴关系,利用 EDI 等信息技术进行信息交换与信息共享,用高频率小批量配送方式补货,以实现缩短交货周期,减少库存,提高顾客服务水平和企业竞争力为目的的一种供应链管理策略。

快速反应是在 20 世纪 70 年代后期从美国纺织服装业发展起来的一种供应链管理方法,是美国零售商、服务制造商及纺织品供应商开发的整体业务概念,以减少原材料到销售点的时间和整个供应链上的库存,最大限度地提高供应链的运作效率为目的。实施 QR 的重点在于能够对消费者的需求做出最快速的反应,它一般包含了待上架商品准备(Floor Ready Merchandise)、自动物料搬运(Automatic Material Handling)等一些具体策略。

依照快速反应原理,物流企业在面对多品种、小批量的买方市场时,不是储备了制成的成品,而是各种要素,在用户提出要求时,能以最快的速度抽取要素,及时组装,提供用户所需的服务或产品。快速反应系统,如图 8-14 所示。

2. 快速反应的实施可以分为三个阶段

第一阶段:对所有的商品单元条码化,即对贸易单元用 UCC/EA-128 条码标识,对商品储运单元用 ITF-14 条码标识,对商品消费单元用 EAN/UPC 条码标识。利用 EDI

传输订购单报文和发票报文。

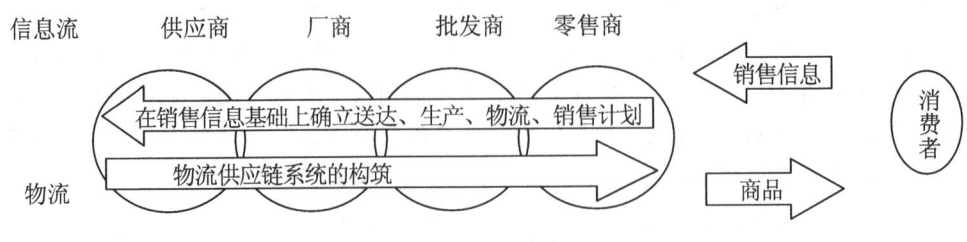

图 8-14 快速反应系统（QR）

第二阶段：在第一阶段的基础上增加与内部业务处理有关的策略。如自动补库与商品即时出售等，并采用 EDI 传输更多的报文，如发货通知报文、收货通知报文等。

第三阶段：与贸易伙伴密切合作，采用更高级的 QR 策略，以对客户的需求做出快速反应。从实际应用中来看，企业内部业务的优化相对来说比较容易，但在贸易伙伴间进行合作时，往往会遇到诸多障碍。在这一阶段，每个企业都必须把自己当作是集成供应链系统的一个组成部分，以保证供应链系统的整体效益。

3．快速反应的优点

（1）快速反应对厂商的优点

快速反应对厂商的优点表现在：更好的顾客服务、降低了流通费用、降低了管理费用以及更好的生产计划。

（2）快速反应对零售商的优点

快速反应对零售商的优点表现在：提高了销售额、减少了削价的损失、降低了采购成本、降低了流通费用、加快了库存周转及降低了管理成本。

4．快速反应实施对整个供应链上的企业产生重大影响

快速反应作为一项供应链管理方法，将 JIT 原理应用于整个供应链，从原材料供应商一直到最终客户，它的实施对整个供应链条上的企业产生了重大的影响，这种影响具体表现在如下方面。

（1）极大地缩短了企业的补货周期

快速反应是零售商与其供应商密切合作的策略，应用这种策略，零售商和供应商通过利用 EDI 来加快信息的流动，并共同重组他们的业务活动，以实现订货前导时间的最小化。在补货中应用快速反应可以将交货前导时间降低 75%，如图 8-15 所示。

（2）接驳式转运，降低库存

配送中心被要求"移动"产品，而不是"储存"产品。这种要求常常由接驳式转运过程来完成，包括卸下进货、按每个商店理货以及将发货重新装上前往指定商店的卡车。除了几个小时或最多一天外，产品几乎不发生仓储作业或储存。

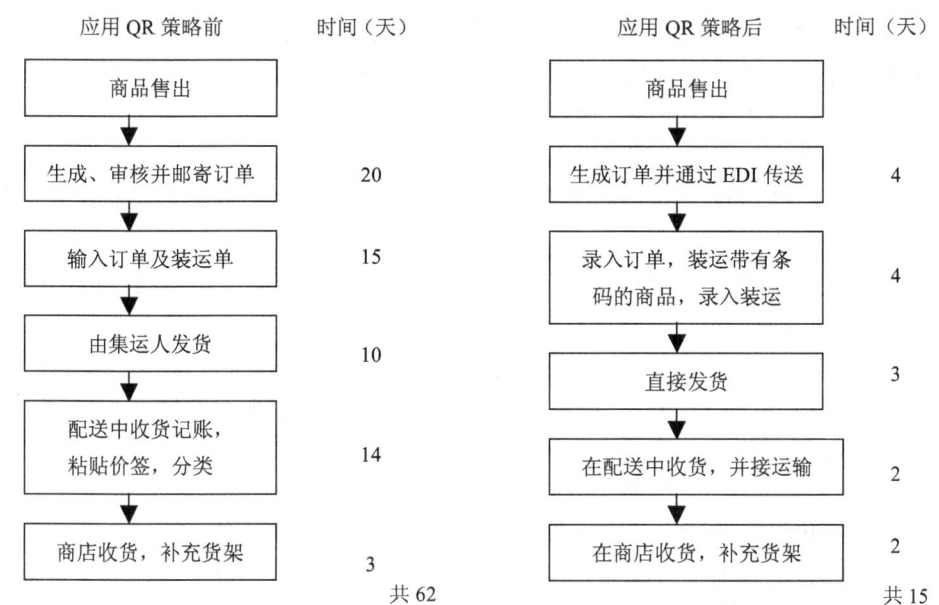

图 8-15　应用 QR 前后补货周期比较

（3）提高了供应链整体的运作效率

在实施快速反应以前，尽管整个供应链系统的各个部分具有较高的运作效率，但整个系统的效率却十分低，其原因主要在于供应链的长度。过长的供应链导致了信息在供应链中流通不畅，建立在不精确需求预测上的生产和分销，因数量过多或过少造成的损失非常大。采用 QR 后，零售商与供应商通过共享 POS 系统信息、联合预测未来需求、发现新产品营销机会等，对消费者的需求做出快速反应。

（4）提高了企业的服务水平与竞争能力

在对 20 世纪 80 年代美国服装供应链的调查中发现，整个供应链系统的总损失每年可达 25 亿美元，其中 2/3 的损失来自于零售或制造商对服装的降价处理以及在零售时的缺货。进一步的调查发现，消费者离开商店而不购买的主要原因是找不到合适尺寸和颜色的商品。在实施 QR 后，采购人员和财务经理就可以省出更多的时间来进行选货、订货和评估新产品。

5．实施快速反应成功的条件

在作为 QR 发源地的美国，已有许多企业实施 QR，并且取得了成功。据 Black Burn（1991）对美国纺织服装业调查研究，总结出了快速反应成功的五项条件。

（1）改变传统的经营方式，革新企业的组织结构

① 企业要打破传统的局限于依靠本企业独自的力量来提高经营效率的意识，通过与供应链各方建立合作伙伴关系，利用各方资源来提高经营效率，树立起现代经营意识。

② 零售商在垂直型 QR 系统中起主导作用，零售店铺是垂直型 QR 系统的起始点，通过 POS 数据的相互公开和实时交换，来提高供应链上各企业的经营效率。

③ 在垂直型 QR 系统内部，通过 POS 数据等销售信息和成本信息的相互公开和交换，来提高各个企业的经营效率。

④ 明确垂直型 QR 系统内各个企业之间的分工协作范围和形式，消除重复作业，建立有效的分工协作框架。

⑤ 改变传统的事务作业方式，通过利用信息技术实现事务作业的无纸化和自动化。

（2）开发和应用现代信息处理技术

信息技术是成功进行 QR 活动的前提条件，这些信息技术包括：条码技术（Bar Code）、电子订货系统（EOS）、销售点系统（POS）、电子数据交换技术（EDI）、电子资金转账（EFT）、供应商管理库存（VMI）等。

（3）与供应链各方建立战略伙伴关系

一方面积极寻找和发现战略合作伙伴，另一方面在合作伙伴之间建立分工和协作关系。将合作目标定为削减库存，避免缺货现象发生，降低商品风险，避免大幅度降价现象发生，减少作业人员和简化事务性作业等。

（4）建立信息共享机制

改变传统的对企业商业信息的保密做法，将销售信息、库存信息、生产信息、成本信息等与合作伙伴交流共享，并以此为基础，各方一起发现问题、分析问题并最终解决问题。

（5）供应方必须缩短生产周期，降低商品库存

① 缩短商品生产周期。

② 进行多品种小批量生产和多频次小数量配送，降低零售商的库存水平，提高顾客服务水平。

③ 对将要发生的实际需求采用 JIT 的组织方式生产,减少供应商自身的库存水平。

6．实施快速反应的收益

在供应链管理中实施 QR 的投入是巨大的，这些投入包括 EDI 启动软件，现有应用软件的改进，租用增值网，产品查询，开发人员费用，教育培训，EDI 工作协调，通信软件，网络及远程通信费用，CPU 硬件，条码标签打印的软件与硬件等。然而巨大的投资带来的是巨大的收益，其收益远远超过了其投入。有关资料显示，它可以节约销售费用的 5%，这些节省不仅包括商品价格的降低，也包括了管理、分销以及库存等费用的大幅度减少。Kurt Salmon 协会的 David Cole 在 1997 年时曾说过，"在美国，那些实施第一阶段 QR 的公司每年可以节省 15 亿美元的费用,而那些实施第二阶段 QR 的公司每年可以节省费用 27 亿美元。"他提出，如果企业能够过渡到第三阶段，每年可望节约 60 亿美元的费用。可见，实施 QR 在降低企业成本的同时，带来的是巨大的

经济收益,并且极大地增强了企业的竞争能力,使供应链的整体效益得到最大化。Blackburn(1991)对 QR 效果的研究,如表 8-6 所示。

表 8-6 QR 的效果

对象商品	构成 QR 系统的供应链企业	零售业者的 QR 效果
休闲裤	零售商:Wal-Mart 服装生产厂家:Semiloe 面料生产厂家:Milliken	销售额:增加 31% 商品周转率:提高 30%
衬衫	零售商:J.C.Penney 服装生产厂家:Oxford 面料生产厂家:Burlinton	销售额:增加 59% 商品周转率:提高 90% 需求预测误差:减少 50%

Blackburn 的研究结果显示,零售商在应用 QR 后,销售额大幅度增加,商品周转率大幅度提高,需求预测误差大幅度下降。

阅读资料 8-4 快时尚品牌 ZARA 希望自己可以更"快"一点

据第一财经周刊报道,ZARA 品牌母公司 Inditex 集团(Inditex SA)的 2011 全年财报,算得上是乌云笼罩的欧元区里一道耀眼的金边。该集团净销售额同比增长 10%,达到 137.9 亿欧元,而其中 ZARA 所占份额达到 64.8%。集团净利润也因此较去年上涨 12%,达到 19.3 亿欧元。过去一年,这家公司几乎以每天新增 1 家门店的速度在全球 82 个国家和地区拓展业务。其中 132 家新增门店位于中国,ZARA 品牌占了 30 家,还引入了 Oysho 和 Zara Home 两个新品牌。眼下,Inditex 在中国 42 个城市的门店总数达到了 275 家。

而 Inditex 主席、CEO Pablo Isla 透露的最新计划是在中国新开 150 家店,覆盖 50 多个城市。与此同时,他还宣布 ZARA 品牌将在 2012 年秋冬季在中国推出网上商店。

开设实体店高昂的成本是促使 ZARA 选择发展网上商店的原因,高昂的成本来自于包括租金、仓储、物流在内的多方面因素。发展网络商店对于 ZARA 来说不失为一个快速扩张又节约成本的好方法。ZARA 在实体店方面积累的经验将成为其一大核心优势。ZARA 向来以其强大的分销体系和产品更新速度让对手望尘莫及。这家公司拥有超过 2 000 名设计师组成的设计团队,保证 ZARA 能做到每周两次更新店内产品。与之相配合的是,强大的分销体系让 ZARA 可以在 48 小时内把最新款牛仔裤从西班牙分销中心送到美国。

目前 ZARA 在中国内地的门店主要集中在东部沿海城市,利用网上商店,ZARA

可以试探包括大量中西部城市在内的三四线市场，了解那里的消费潜力和顾客喜好。对此无论是优衣库（拓展选址信息）还是 GAP，都提供了良好的借鉴。早在 2010 年 11 月，刚刚进入中国不久的 GAP 就在自己的中国官网页面上增加了网上购物功能，并于 2012 年 3 月入驻淘宝天猫（微博）开设品牌商店，成为继优衣库（UNIQLO）之后，第二家入驻天猫的快时尚品牌。眼下 GAP 网上商店覆盖了 17 个欧洲国家，以及美国和日本。到 2011 年，GAP 的全球网络销售额突破了 13 亿美元。

"除了卖出更多产品，我们也把网络当成一种同消费者交流的方式。"Pablo Isla 说。此前在英法等 6 个欧洲国家，ZARA 已经推出了网上商店服务。在 ZARA 的官方网站上，人们可以浏览和购买商品，也可以通过"分享"按钮把自己喜欢的单品晒到 Facebook、Twitter 等社交网站中去。ZARA 还在 2011 年发布了自己的应用程序。所以尽管采取了"零广告"的营销策略，但 ZARA 还是可以利用社交网络、移动互联网和电子商务推动业务的发展。

资料来源：地产中国网 http://house.china.com.cn/commercial/view/496615.htm。

7. QR 的新发展

从 20 世纪 70 年代末提出 QR 策略到如今，QR 已有 30 多年的发展历史。虽然应用 QR 的初衷是为了对抗进口商品，但事实上却没有出现这样的结果。随着竞争的全球化与企业经营的全球化，QR 管理方法成了零售商实现竞争优势的工具。在 20 世纪 80 年代末到 90 年代初，由于市场竞争的强大压力，一些先导企业开始对他们的供应链物流和信息进行重组。最初，供应链上的每一个实体（如制造商、零售商或承运商）都单独发挥作用，对供应链的优化聚焦在技术解决方案上，对其贸易伙伴的业务不感兴趣，更谈不上信息共享。随着市场竞争的加剧，业主及经营者都逐渐认识到必须重组他们做生意的方式以及与贸易伙伴的密切合作。

目前在欧美，QR 的发展已跨入第三个阶段，即联合计划、预测与补货（collaborative planning forecasting and replenishment，CPFR）阶段。CPFR 是一种建立在贸易伙伴之间密切合作和标准业务流程基础上的经营理念。它应用一系列模型，这些模型具有以下特点：第一，是一个开放、但安全的通信系统；第二，适应于各个行业；第三，在整个供应链上是可扩展的；第四，能支持多种需求（如新数据类型，各种数据库系统之间的连接等）。

CPFR 研究的重点是供应商、制造商、批发商、承运商及零售商之间协调一致的伙伴关系，以保证供应链整体计划、目标和策略的先进性。美国的 Kurt Salmon 协会通过调查、研究和分析认为，通过实施 CPFR 可以达到如下的目标。

（1）新产品开发的前导时间可以减少 1/2。

（2）可补货产品的缺货将大大减少，甚至消除（通过供应商与零售商的联合从而保证 24 小时供货）。

（3）库存周转率可以提高 1~2 倍（通过制造商减少前导时间、零售商利用顾客需求导向策略）。

（4）通过敏捷制造技术，企业的产品中可以有 20%~30%是根据用户的特定需求而制造的。

我国的学者对 CPFR 也进行了研究，提出了基于 CPFR 的供应链管理的运作过程模型。该模型共分三个阶段，九个步骤。第一阶段包括步骤（1）和（2）；第二阶段包括步骤（3）~（8）；第三阶段包括步骤（9），如表 8-7 所示。

表 8-7 基于 CPFR 的供应链管理的运作过程模型实施步骤

第一阶段为计划	（1）供应链伙伴协议的达成。这种协议包括合作的全面认识、合作目标、机密协议、资源授权、合作伙伴的任务和成绩的检测 （2）共同业务计划的创建。建立合作伙伴关系战略，定义分类任务、目标和策略，并建立合作项目管理简况，如订单最小批量、交货期、订单间隔等
第二阶段为预测	（3）创建销售预测 （4）识别销售预测约束之外的项目，每个项目的例外准则需在步骤（1）中得到认同 （5）例外情况的解决/合作，将产生的变化提交给销售预测 （6）创建订单预测，提出分时间段的实际需求数量，并通过产品及接收地点反映库存目标 （7）识别分布在订单观测约束之外的项目 （8）例外项目的合作/解决
第三阶段为补给	（9）将订单预测转换为承诺订单，订单可由制造厂或零售商/分销商依靠能力、系统和资源来完成

QR 在过去的几十年中取得了巨大的成功。商品的供应商和零售商通过这一方法为他们的客户提供了更好的服务，同时也减少了整个供应链上的非增值成本。QR 作为一种供应链管理方法，必将向更高的阶段发展，同时也将为供应链上的企业带来更大的收益。

8.4.2 有效客户反应

1. 有效客户反应的含义

根据中国国家标准《物流术语》（GB/T 18354—2006），有效客户反应（efficient consumer response，ECR）是指以满足顾客要求和最大限度降低物流过程费用为原则，能及时做出准确反应，使提供的物品供应或服务流程最佳化的一种供应链管理策略。

有效客户反应是一个生产厂家、批发商和零售商等供应链组成各方相互协调和合作，更好、更快并以更低的成本满足消费者需要为目的的供应链管理系统。

有效客户反应四大要素的内容包括：高效产品引进、高效商店品种、高效促销、高效补货，如表 8-8 所示。

表 8-8　ECR 四大要素的内容

高效产品引进	通过采集和分享供应链伙伴同时效性强的更加准确的购买数据，提高新产品的成功率
高效商店品种	通过有效地利用店铺的空间和店内布局，来最大限度地提高商品的获利能力。如建立有效的商品品种等
高效促销	通过简化分销商和供应商的贸易关系，使贸易和促销系统效率最高，如消费者广告（优惠券、货架上标明促销）、贸易促销（远期购买、转移购买）
高效补货	从生产线到收款台，通过 EDI，以需求为导向的自动连续补货和计算机辅助订货等技术手段，使补货系统的时间和成本最优化，从而降低商品的售价

2. 有效客户反应系统的构成

ECR 系统的构成一般包括信息技术系统、物流技术系统、营销技术系统和组织革新技术系统等，如图 8-16 所示。

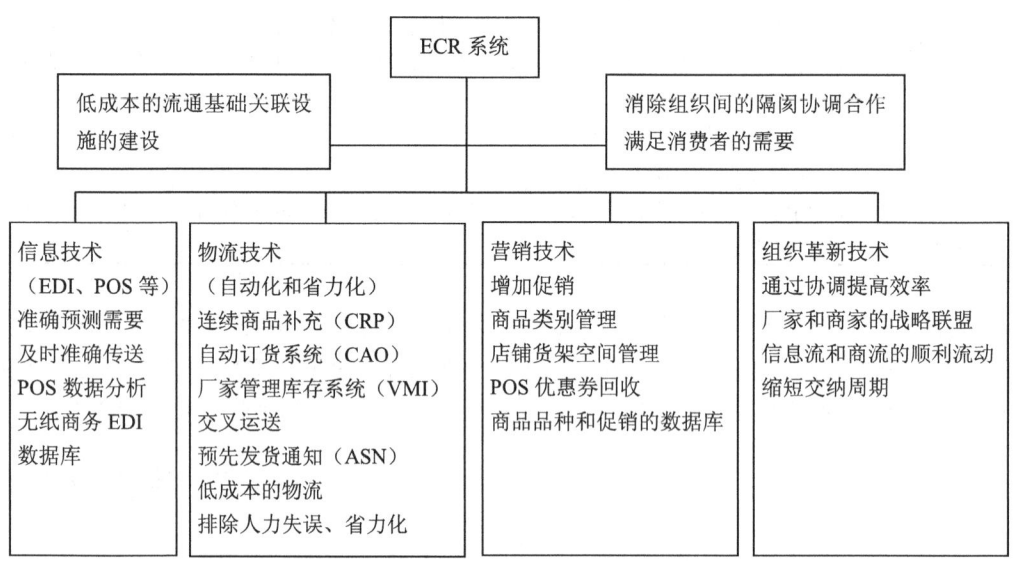

图 8-16　ECR 系统的构成

3. 有效客户反应的意义与作用

ECR 是在食品杂货分销系统中，分销商和供应商为消除系统中不必要的成本和费用，给用户带来更大效益而进行密切合作的一种供应链管理方法。ECR 强调供应商和零售商的合作，尤其是企业间竞争加剧和需求多样化发展的今天，产销之间迫切需要建立相互信赖、相互促进的协作关系，以通过现代化的信息和手段，协调彼此的生产、经营和物流管理活动，进而在最短的时间内应对客户的需求变化。

(1) 有效客户反应的意义

ECR 模式在许多国家和地区迅速推广，所覆盖的领域由原先的食品行业，延伸到流行服装行业、超级市场等，其管理理念和系统方法在整个零售行业中都得到了广泛应用。

技术的飞速进步，正在改变着人们对市场经济微观主体边界的认识，企业间实体空间的分离性和在线虚拟空间的网络性，前所未有地改变着人类的沟通方式；企业间的关系也不再纯粹是市场经济制度下的竞争关系，而是越来越倾向于通过合作竞争达到共赢。在这样的市场环境下，企业迫切需要利用更有效的 ECR 模式来提高经营效率。

ECR 是杂货业供应商和销售商最佳的供给链管理系统。它与其他行业在商品的特点上有所不同：杂货业经营的产品多数是一些功能型产品，每一种产品的生命周期相对较长（生鲜食品等除外），因此对下游采购商来说因订购产品数量多或少的损失相对较小。其他行业如纺织服装业经营的产品多属创新型产品，每一种产品的寿命相对较短，因此对下游采购商来说订购产品数量多或少，就存在着一定的采购风险。

ECR 强调以客户需求为核心的效率改进，因而给供应商和客户都带来了更多的利益。其中，最大利益是使真正的供应链成员企业间的合作成为可能。成员企业间结成战略伙伴关系后，因为产销行为和决策的一致性，易于产生更大、更好的经营效果。通过信息共享、合作竞争，由供应链的"推动"转变为需求链的"拉动"，更加有效地刺激客户需求，从而实现并提高客户价值；反过来，又可以促进成员企业在经营管理理念、方式、流程和决策方面的变革，做到准时制生产与销售，实时地响应市场上随时出现的消费动向，最终实现供应链整体优化的目标。

(2) 有效客户反应的作用

ECR 的作用在于使供应链各方为了提高消费者满意这个共同的目标进行合作、分享信息和诀窍。ECR 是一种把以前处于分离状态的供应链联系在 起来满足消费者需要的工具。

根据欧洲供应链管理委员会的调查报告，接受调查的 392 家公司，其中制造商实施 ECR 后，预期销售额增加 5.3%，制造费用减少 2.3%，销售费用减少 1.1%，仓储费用减少 1.3%，总盈利增加 5.5%。而批发商及零售商也有相似的获益，销售额增加 5.4%，毛利增加 3.4%，仓储费用减少 5.9%，平均库存减少 13.1%，每平方米的销售额增加 5.3%。

由于在流通环节中缩减了不必要的成本，零售商和批发商之间的价格差异也随之降低，这些节约了的成本最终将使消费者受益。除了这些有形的好处以外，还有一些对消费者、分销商和供应商重要的无形的利益。

首先，对消费者来说。增加了选择和购物的方便，减少缺货单品，产品更新鲜；其次，对分销商来说，增加了消费者的信任，对顾客更加了解，改善和供应商的关系；再次，对供应商来说，减少缺货，增加品牌信誉，改善了和分销商的关系。

所以，"有效客户反应"是一种工商业供给链管理策略，供应商和零售商通过共同合作（如建立供应商、分销商、零售商联盟），改善其商流、物流、信息流过程，以提高企业效率，但它是在通过合作的基础上提高效率，而不是以单个的市场行动来提高生产力。总而言之，ECR 系统可以提高商业运作效率，降低商业运作成本。

4. 有效客户反应实施的条件

ECR 的最终目标是建立一个具有高效反应能力和以客户需求为基础的系统，是零售商及供应商以业务伙伴方式合作，提高整个供应链的效率，而不是单个环节的效率，从而大大降低整个系统的成本、库存和物资储备，同时为客户提供更好的服务。

实施有效客户反应，须具备以下三个条件。

（1）应联合整个供应链所涉及的供应商、分销商以及零售商，改善供应链中的业务流程，使其最合理有效。

（2）以较低的成本，使这些业务流程自动化，以进一步降低供应链的成本和时间。具体地说，实施 ECR 需要将条码、扫描技术、POS 系统和 EDI 集成起来，在供应链（由生产线直至付款柜台）之间建立一个无纸系统，以确保产品能不间断地由供应商流向最终客户。

（3）信息流能够在开放的供应链中循环流动。使产品的信息流能不间断地由供应商流向最终客户，由客户反馈的信息也不断循环流动回来。这样，使整条供给链上的上下游商家都能及时了解市场动态，满足客户对产品的需求，使客户在最短的时间里获得最优质的产品和服务。

例如，通过 ECR 系统的自动订货技术，零售商无须签发订购单，即可实现订货；供应商则可利用 ECR 的补货技术，随时满足客户的补货需求，使零售商的存货保持在最优水平，从而提供给客户较高的服务水平，并进一步加强与客户的关系。同时，供应商也可从商店的销售点数据中获得新的市场信息，改变销售策略；对于分销商来说，ECR 可使其快速分拣运输包装，加快订购货物的流动速度，进而使消费者享用更新鲜的物品，增加购物的便利和选择，并加强消费者对特定物品的偏好。

5. 有效客户反应实施的策略

ECR 的优势在于供应链各方为了提高"消费者满意"这个共同的目标进行合作，分享信息和诀窍。ECR 是一种把以前处于分离状态的供应链联系在一起来满足消费者需要的工具。ECR 概念的提出者认为 ECR 活动是过程，这个过程主要由贯穿供应链各方的四个核心过程组成，如图 8-17 所示。

因此，ECR 的战略主要集中在以下四个领域：有效的店铺空间安排（Efficient Store Assortment），有效的商品补充（Efficient Replenishment），有效的促销活动（Efficient Promotions）和有效的新商品开发与市场投入（Efficient New Product Introductions）。

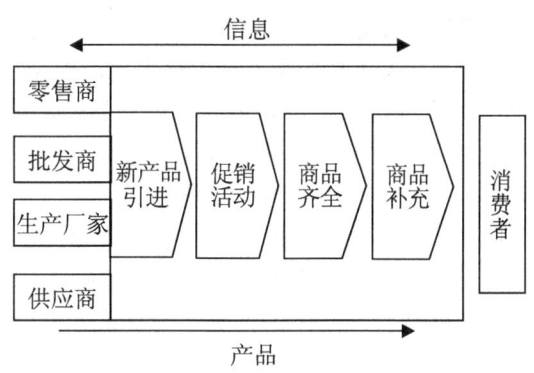

图 8-17 ECR 的运作过程

ECR 的主要实施策略包括如下五个方面。

（1）以较少的成本，不断致力于向食品杂货供应链客户提供产品性能更优、质量更好、花色品种更多、现货服务更好以及更加便利的服务。

（2）ECR 必须有相关的商业巨头的带动。该商业巨头决心通过互利双赢的经营联盟来代替传统的输赢关系，达到获利之目的。

（3）必须利用准确、适时的信息以支持有效的市场、生产及物流决策。这些信息将以 EDI 的方式在贸易伙伴间自由流动，在企业内部将通过计算机系统得到最充分、高效的利用。

（4）产品必须以最大的增值过程进行流通，以保证在适当的时候可以得到适当的产品。

（5）必须采用共同、一致的工作业绩考核和奖励机制，它着眼于系统整体的效益（即通过减少开支、降低库存以及更好的资产利用来创造更高的价值），明确地确定可能的收益（如增加收入和利润）并且公平地分配这些收益。

本章小结

本章介绍了供应链的概念、特征，供应链的管理理论及其发展，阐述了供应链管理概念、内容、原则及目标，供应链管理流程与职能；阐述了市场供应链模式，进行了供应链管理战略伙伴关系与传统企业关系的比较，介绍了供应链优化方法；分析了电子商务环境下供应链管理的优势，探讨了电子商务技术在供应链管理中的运用；介绍了基于电子商务技术的供应链管理发展趋势，以实例分析说明了供应链管理的实现方法。

供应链是围绕核心企业，从采购原材料开始，制成中间产品以及最终产品，最后由销售网络把产品送到消费者手中的将供应商、制造商、分销商、零售商、直到最终用户连成一个整体的网链结构和模式。供应链管理是对整个供应链的各参与组织、部门之间的物流、资金流和信息流进行计划、协调和控制等,其目的是通过优化提高所有相关过程的速度和确定性,使所有相关过程的净增加值最大化,提高组织的效率和效益。

对客户实际需求的绝对重视是供应链发展的原则和目标,现代供应链具有网链结构、增值性的特征,企业处于相互依赖的网络中心,这个网络中的参与者通过优势互补结成联盟,供应链之间的竞争是通过这种网络进行的。

由于同"推式"市场的供应链系统相比,"拉式"市场的供应链系统对需求信息的把握更加准确与及时,因此目前的供应链系统正在朝着"拉式"市场的方向进行改革。供应链优化即"在有约束条件或资源有限的情况下的决策方案",它主要有整体优化和局部优化两种类型。

互联网以一种更具协作性的模式代替了原来的那种传统的商业流程,已经开始改变公司、客户、合作伙伴、雇员在全球范围内的互动方式,促进企业朝着供应链的自动化和能有效利用电子商务的电子供应链方向发展。电子商务与供应链一体化,是依托现代信息技术形成的由信息采集到市场终端全程式的新型经营管理模式。电子商务与供应链相结合,极大地促进了经济全球化的进程,被誉为信息化社会引发经济领域革命的关键推动力。

为了改善整个供应链的运作效率,建立供应链上供应商、制造商、分销商以及客户之间的战略合作伙伴关系,必须实现快速反应和有效的客户反应。

 思考题

1. 简述供应链的概念与特征。
2. 简述供应链管理发展的三个阶段。
3. 供应链管理与传统管理模式有何区别?
4. 供应链管理的原则与目标是什么?
5. 谈谈供应链管理优化的必要性。
6. 基于互联网电子供应链有何优势?
7. 实现电子供应链管理面临的主要问题有哪些?
8. 什么是 QR?简述 QR 实施的意义。
9. 什么是 ECR?简述 ECR 实施的条件与策略。

 **案例分析**

案例 8-1　微软公司的供应链管理

1994 年,微软公司重新考虑它的整个生产和配销战略。在过去,微软公司一直是通过它在西雅图的工厂和配销设施来实现产品的生产和配销的。由于地处西北,微软的物流网络相当松散,对客户需求反应很慢。多数微软公司的客户都在中西部和东海岸,但配销设施却是在西雅图。这就意味着微软公司产品要费很长时间才能到达较大的市场,这样就导致了库存周转问题。

微软公司决定找到一个方案来节约库存,并将产品快速运往市场。他们意识到:可通过建立物流管理方案,实现库存管理在过去未曾实现的最大收益。于是,微软公司重新安排了它的生产方式和供应链,以期达到以最低的库存投资确保客户服务和维持生产效率的目标。通过安装一个新的需求预测系统。运用库存单元采集配销中心的库存数据,来提高生产预测精度。该系统使得公司从提出生产计划到产品交货的时间间隔缩短为一星期。通过这种方法,公司便可按市场需求来生产产品。为了能够接受这么短的产品研制周期,微软公司将产品生产委托给与原材料供应商有较好关系的软件生产承包商。结果,这个承包商可以缩短从产品研制到交货的时间,在一周之内可将货物交至微软公司配销中心,而在过去要花 5~6 个星期。

1995 年初,微软公司决定将它的配销设施重新定位于具有较快操作速度的位于印第安纳的配销中心。该中心处理微软公司 70%的产品的装运。从印第安纳的配销中心,微软公司的产品可在两天内到达其 80%的市场,而在以前这需要 7~10 天时间。为确保印第安纳配销中心不因装运问题或库存移动缓慢而陷入困境,微软公司在多伦多建立了一个超限中心,由第三方仓库公司管理。该中心可根据需要扩大和缩小业务。

微软公司的例子说明,将生产规划和物流管理集成是可行的。作为继承的供应链管理战略的一部分,物流是将原料/生产线结合起来的黏合剂,也是产品生产线的润滑剂。作为生产企业,集中精力用于产品质量的提高,设计开发新产品,不仅将储运、配销外包,甚至将产品的生产也外包,通过供应链管理实现集成,微软公司是一个十分成功的案例。

资料来源:魏修建. 电子商务物流管理. 重庆:重庆大学出版社,2004,300~301

讨论题:
1. 微软公司供应链管理战略取得哪些成效?
2. 分析微软公司供应链管理战略对解决传统的物流管理系统问题有哪些启示。

案例 8-2 上海贝尔电子商务的供应链管理

在网络和信息技术迅速发展的今天,面对电子商务的出现和兴起,企业最关心的是如何通过电子商务解决供应链管理问题。

1. 上海贝尔面临的供应链管理问题

中比合资的上海贝尔有限公司成立于 1984 年,是中国现代通信产业的支柱企业,连续名列全国最大外商投资企业和电子信息百强前茅。公司总注册资本 12 050 万美元,总资产 142 亿美元，现有员工 4 000 多人，平均年龄 29 岁，72%以上的员工具有大学本科以上学历，拥有硕士和博士生 500 余名，其中科研开发人员占员工总数的 40%。2000 年，公司实现销售收入 108 亿元。上海贝尔拥有国家级企业技术中心，在通信网络及其应用的多个领域具有国际先进水平。公司建立了覆盖全国和海外的营销服务网络，建成了世界水平的通信产品制造平台。公司的产品结构主要由两部分构成：（1）传统产品，指 S12 程控交换机系列；（2）新产品，相对 S12 产品而言，由移动、数据、接入和终端产品构成；产值比例约为 8:2。

上海贝尔企业内部的供应链建设，有良好的内部信息基础设施、ERP 系统，流程和职责相对明晰。但上海贝尔与外部供应链资源的集成状况不佳，很大程度上依然是传统的运作管理模式，而并没真正面向整个系统开展供应链管理。从 1999 年开始，全球 IT 产品市场需求出现爆发性增长，但基础的元器件材料供应没及时跟上，众多 IT 行业厂商纷纷争夺材料资源，同时出现设备交货延迟等现象。由于上海贝尔在供应链管理的快速反应、柔性化调整和系统内外响应力度上有所不够，一些材料不成套，材料库存积压，许多产品的合同履约率极低，如 2000 年上半年普遍履约率低于 70%，有的产品如 ISDN 终端产品履约率不超过 50%。客观现状的不理想迫使公司对供应链管理进行改革。

2. 上海贝尔的供应链管理战略

电子商务是一种未来企业提高国际竞争力和拓展市场的有效方式，同时，它也为传统的供应链管理理论与方法带来了新的挑战。供应链管理与电子商务相结合，产生了电子商务供应链管理，其核心是高效率地管理企业的信息，帮助企业创建一条畅通于客户、企业内部和供应商之间的信息流。

上海贝尔的电子商务供应链管理战略的重点分别是供应商关系管理的 E 化、市场需求预测和客户响应的 E 化、生产任务外包业务的 E 化和库存管理战略的 E 化。

（1）供应商关系管理的 E 化

对上海贝尔而言，其现有供应商关系管理模式是影响开展良好供应链管理的重大障碍，需要在以下几个方面做 E 化的调整。

① 供应商的遴选标准

首先，依据企业/供应商关系管理模型对上海贝尔的需求产品和候选供应商进行彼此关系界定；其次，明确对供应商的信息化标准要求和双方信息沟通的标准，特别关注关键性材料资源供应商的信息化设施和平台情况。传统的供应商遴选标准+分类信息标准是 E 化供应商关系管理的基础。

② 供应商的遴选方式和范围

上海贝尔作为 IT 厂商，其供应商呈现全球化的倾向，故供应商的选择应以全球为遴选范围，而充分利用电子商务手段进行遴选、评价，如运用网上供应商招标或商务招标,一方面可以突破原有信息的局限,另一方面可以实现公平竞争。

(2) 市场需求预测和客户响应的 E 化

上海贝尔要发展成为世界级的电信基础设施供应商,必然面对全球化的市场、客户和竞争,势必对市场研究、需求预测和响应作相应的变革。

① E 化的市场研究和需求预测

上海贝尔的库存风险来自两方面:其一是库存管理模式,其二是市场预测的偏差大。强化市场研究、减少需求预测偏差势在必行。电子商务技术的应用可从研究范围、信息来源、反馈时间、成本费用等方面提高市场预测的水平。上海贝尔可以在公司原有 Intranet 的基础上,与各分公司、分销商专门建立需求预测网络体系,实时、动态地跟踪需求趋势、收集市场数据,随时提供最新市场预测,使上海贝尔的供应链系统能真正围绕市场运作。

② E 化的市场和客户响应

现在,上海贝尔各大分公司通过专递合同文本至总公司审查确认,然后进入 ERP 运行,周期平均为 7～10 天,而现有的合同交货周期大量集中在 20～30 天,生产的平均周期为 10～15 天,运输周期为 3～5 天,如此操作,极易造成交货延迟,ERP 系统在物理上的延伸的确能较大地改善需求和合同响应效率。

(3) 生产任务外包业务的 E 化

目前,IT 企业核心竞争优势不外乎技术和服务,上海贝尔未来的发展方向是提供完善的信息、通信解决方案和优良的客户服务,生产任务的逐步外包是当然选择。未来外包业务量的增大势必会加大管理和协调的难度和复杂度,需要采用电子商务技术管理和协调外包业务。

① 外包厂商的选择

除原有的产能、质量、交货等条件外,增添对其生产计划管理系统和信息基础建设的选择标准,保证日后便于开展 E 化运行和监控,如上海无线电 35 厂一直是公司的外包厂商,但其信息基础设施相对薄弱,一旦外包任务量大增,市场需求信息频繁变动,落后的信息基础设施和迟缓的信息响应,会严重影响供应链的效率。

② 外包生产计划的实时响应

上海贝尔现拥有 Intranet 和 ERP 系统,外包厂商可借助互联网或专线远程接入 ERP 管理系统的生产计划功能延伸模块,与上海贝尔实现同步化生产计划,即时响应市场、需求的变动。

(4) 库存管理战略的 E 化

近几年,由于全球性的电子元器件资源紧缺,同时上海贝尔的原有库存管理体系抗风险能力差,结果库存问题成为上海贝尔的焦点问题之一。面向供应链管理的库存管理模式有多种,根据上海贝尔的库存管理种类和生产制造模式,采用如下库存管理模式。

① 材料库存和半成品库存管理

在上海贝尔，材料和半成品库存管理基本是对应于订单生产模式的，市场需求的不确定性迫使企业备有一定的安全库存，这样就产生了库存的管理问题。根据近年遇到的实际情况，对关键性材料资源，考虑采用联合库存管理策略。通过供应商和上海贝尔协商，联合管理库存，在考虑市场需求的同时，也顾及供应商的产能，在电子商务手段的支持下，双方实现信息、资源共享、风险共担的良性库存管理模式。

② 成品库存管理

由于上海贝尔公司的产品结构和近期市场需求旺盛两方面的原因，近年来基本无严重成品库存管理问题，但是因市场需求波动造成的缺货压力偏大。上海贝尔较终端产品的渠道和分销商信息IT系统和基础设施比较完善，能有力地支持库存管理，同时企业实力、存储交货能力也较强，2000年公司已开始尝试运用总体框架协议、分批实施、动态补偿，同时实行即时的相关信息交换，采用供应商管理客户库存模式来实现终端成品库存管理。

从近期看，可通过骨干网专线的延伸或互联网，建立公司内部ERP系统与分公司、专业分销商之间的电子连接，将有关产品销售或服务合同的审查职能下放至各大分公司，使市场需求在合同确认时即能参与企业ERP运行，同时在需求或合同改变时企业ERP系统及时响应，调整整个供应链的相关信息。从中长期而言，逐步发展上海贝尔的B2B电子商务，建立网上产品目录和解决方案、网上客户化定制和订购、在线技术支持和服务，使上海贝尔的目标客户更直接、方便、及时地与上海贝尔的内核响应。

资料来源：锦程物流网 http://info.jctrans.com/xueyuan/wlyt/gylgl/20051019171813.shtml。

讨论题：
1. 分析上海贝尔供应链管理面临的主要问题。
2. 上海贝尔的电子商务供应链管理策略给我们带来了什么启示？

实际操作训练

实训项目8-1 家电产品供应链调研

（1）实训目的：通过实训，了解家电产品供应链构成。

（2）实训内容：找一家家用电器企业进行调研，分析该家电企业供应链构成和流程，在地图上勾画出该企业供应链的布局和流向，探讨该企业供应链管理涉及的内容、措施和步骤。

（3）实训要求：将参加实训的学生分组，在教师指导下进行调研，完成实训报告。

实训项目 8-2　连锁企业供应商管理

（1）实训目的：通过实训，了解连锁企业供应商管理。

（2）实训内容：找一家连锁超市进行调研，分析该企业供应商构成和特点，了解企业供应商管理库存的情况，针对供应商管理中存在的问题，探讨相应的解决方案。

（3）实训要求：将参加实训的学生分组，在教师指导下进行调研，完成实训报告。

实验教学建议

实验项目　供应链管理软件操作

项目名称	实验课时	内容提要	教学要求	实验类别	实验方式
供应链管理软件操作	2	（1）供应链管理模拟软件操作 （2）上网查询电子商务供应链的相关资料，分析电子商务供应链的流向与节点的位置	通过本实验教学，利用相关软件了解供应链运作与管理过程；上网查询电子商务供应链的相关资料，调研供应链管理的实际交易各方，分析电子商务物流链上供应链的流向与节点的位置	综合性	教师指导独立完成

第9章　电子商务下的国际物流

知识架构

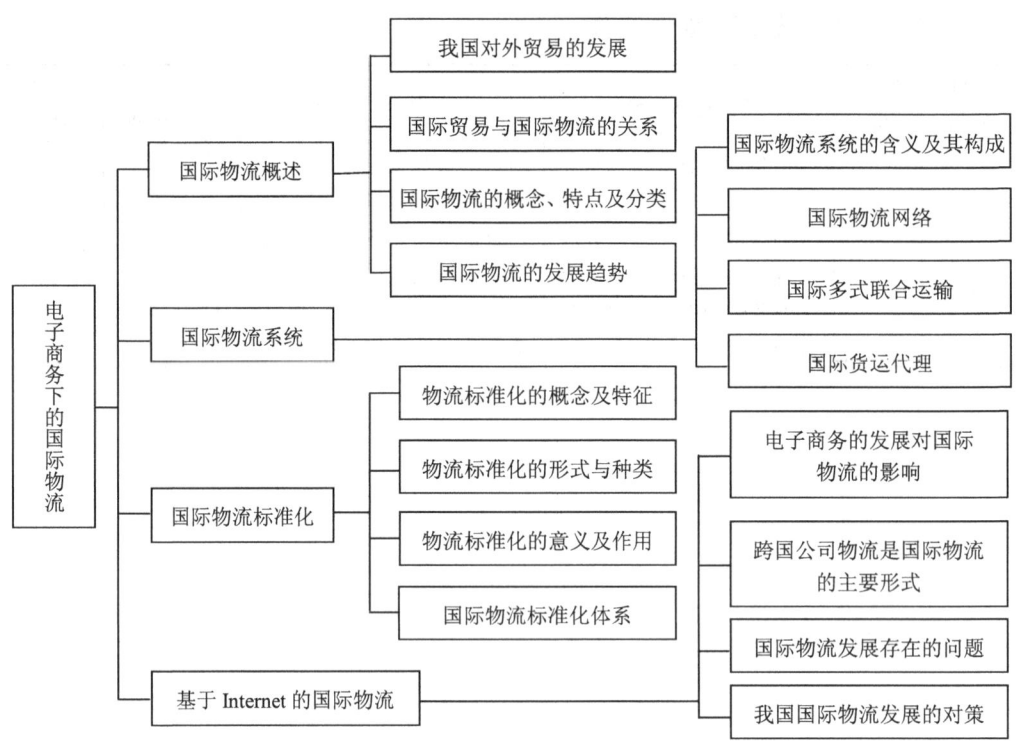

教学目标与要求

通过本章的学习，了解国际物流发展，掌握国际物流的概念及特点；掌握国际物流各子系统内容及系统模式，理解电子商务环境下国际物流系统网络构建，掌握国际多式联合运输的含义及特征，理解国际货运代理的概念、性质及作用；了解相关国际物流标准，充分认识国际物流标准化的重要意义；理解电子商务的发展对国际物流产生的影响，了解我国国际物流发展中存在的问题与对策。

第9章 电子商务下的国际物流

基本概念

国际物流　国际物流系统模式　国际多式联运　国际货运代理　国际物流标准

 引导案例：联邦快递亚洲国际网络营销战略

联邦快递（FedEx）早在1984年收购在欧亚两地均设有办事处的货运公司Gelco时，已有发展国际网络的构思。1987年，联邦快递在夏威夷设立首个亚太区区域办事处，将美国和亚洲客户，以及前Gelco的营运设施联系起来。1988年，联邦快递开办直航至日本的定期货运服务。1989年，联邦快递收购著名的飞虎航空公司（Flying Tigers），该公司致力于提供全货运服务，拥有21个国家的航权。此外，联邦快递首次获政府批准为泰国、日本、韩国、马来西亚、新加坡、中国台湾和中国香港提供文件、包裹和货件运送服务。

随着亚洲的经济发展日益蓬勃，联邦快递在区内的业务发展规模和货运量也不断增长。联邦快递深谙亚洲的盈利潜力日渐庞大，加上行政人员需要与亚洲客户建立更紧密联系，因此于1992年将太平洋总部从夏威夷迁至我国香港，开设崭新的亚洲网络，新服务包括5班跨太平洋航机、在菲律宾苏比克湾设立亚太转运中心，为亚洲11个主要城市提供翌日速递服务。1997年9月，联邦快递开设首班环球货运航班，从美国印第安纳州印第安纳波利斯起飞，经巴黎飞往阿拉伯联合酋长国的迪拜，为中东国家提供速递服务；该航班会继续服务亚太区客户，前往印度孟买、泰国曼谷，以及菲律宾苏比克湾；然后经阿拉斯加安克雷奇飞返美国。

至2001年，联邦快递的航空网络拓展至亚洲19个城市。2002年4月，联邦快递扩充菲律宾苏比克湾亚太转运中心的主要货件分类设施，全新的设施面积达14万平方英尺，货件分类设施的面积提升至以前的两倍，并且增设了更先进的自动化系统，能缩短文件分类的时间，充分显示联邦快递不断努力拓展亚洲网络。2002年9月，联邦快递加强来往亚太区和欧洲的速递服务，升级使用MD-11货机，将每天前往欧洲的货运量提升一倍至50公吨。同期，联邦快递亦成为首家国际速递商，向中国客户提供准时送达保证。2003年9月，联邦快递开启全新直航航班，将深圳连接其设于美国阿拉斯加安克雷奇的转运中心，首次为中国华南地区的客户提供前往北美洲的翌日速递服务。2004年10月，美国交通部正式授予联邦快递每周12班往返中美的货运航班，让联邦快递每周飞往中国的货机增至23班。联邦快递于11月在上海设立中国业务分区总部，以便更贴近中国的客户，关注他们的需求。

2005年是联邦快递服务创新的一年。3月，联邦快递率先开通了全球航空速递运输业内首条中国大陆直飞欧洲的航线，每日由上海飞往德国法兰克福，这条新航线也

365

是联邦快递全新的西行环球航线的组成部分，该西行环球航线的起点和终点都设在美国田纳西州孟菲斯市。4月，美国交通部确认批准联邦快递新增3班货机飞往中国。7月，联邦快递宣布投资1.5亿美元于广州白云机场建设全新的亚太转运中心。8月，联邦快递开通了航空速递运输业首条连接中国和印度的新翌日航线，这条航线是联邦快递全新环球东行航线的组成部分，连接欧洲、印度、中国、日本和联邦快递位于美国孟菲斯市的转运中心。

在2006年1月，联邦快递于广州白云国际机场主持旗下亚太转运中心的动土仪式。同月，联邦快递和天津大田集团有限公司签署协议，收购大田集团在双方从事国际速递业务的合资企业——大田-联邦快递有限公司中的50%股权，以及大田集团在中国的国内速递网络。现在联邦快递每星期可提供26班货机往返中国，在亚太区内聘有超过一万名员工，服务逾30个国家和地区，提供业内无可比拟的跨太平洋空运速递服务。联邦快递自设MD-11和A310宽体机队，每星期提供超过400班货机往来曼谷、北京、宿雾、胡志明市、香港、雅加达、高雄、吉隆坡、马尼拉、大阪、槟城、汉城、上海、深圳、新加坡、苏比克湾、悉尼、台北和东京，以及欧美多个主要城市。

资料来源：互动百科网 http://www.hudong.com。

9.1 国际物流概述

在全球化的新经济环境中，贸易自由化冲破了地域性限制，跨国集团和大型企业国际经济战略得到有效实施。在外国生产零部件，在外国采购原材料，在外国组装和建设配送中心，使国际间运输网络日益发育和成熟，国际物流业随之迅速发展起来。与此同时，经济强国在本国市场商品超饱和，经济长期低迷的情况下，扩大在国外投资，采取独资、合资和合作等方式，向贸易对象国进行经济渗透，挤占市场，成为一种新的经济发展战略。跨国企业除了投入大量资金，全球性投资建厂，把先进的设备、技术和管理模式带给了贸易对象国之外，同时也把物流技术和管理经验在贸易对象国中推广，于是经济全球化促进了先进物流技术的传播，带动了国际物流业的发展。

9.1.1 我国对外贸易的发展

我国对外贸易在多年来进行了一系列的改革，取得了快速的发展，进出口总额由1978年的206.4亿美元增长至2007年的21 738亿美元，在世界贸易中的排名从1978年的第32位上升至2007年的第3位，开放型经济进入新阶段，成为我国经济发展的重要推动力。

我国已成为世界上经济增长速度最快的国家之一，总体经济实力明显增强。我国的进出口商品结构不断优化，初级产品出口大幅下降，工业制成品、技术密集型产品比重不断增加。外商投资日益活跃，成为外贸发展的重要增长点。外贸市场向多元化发展，与我国贸易往来的国家和地区已达 200 多个。改革开放之初，以一般贸易为主的单一外贸方式已转变为一般贸易、来料加工装配贸易、进料加工贸易和边境贸易共同推动外贸不断扩大的局面。

我国加入 WTO 后对外经济贸易进一步活跃，这给我国的物流业带来了新的发展机遇。我国正在加紧实施市场多元化、"走出去"战略，积极开拓国际新市场，适当增加国内产业结构升级所需要的设备进口和技术引进。大力改善投资环境，尽可能多地吸引外资，特别是吸引跨国公司的投资，同时积极引导外商向中西部地区投资。随着我国对外贸易的迅速发展，"全球贸易一体化"和"物流无国界"的新趋势对现代物流服务提出了迫切的需求。

9.1.2　国际贸易与国际物流的关系

国际贸易与现代物流的发展是互动的，没有国际贸易的发展也就没有现代物流的发展，没有高效和顺畅的物流也就没有外贸的高效益。物流涉及领域很广，包括生产领域的物资管理、交通运输、流通领域的分拨配送和消费领域的服务等。当今世界经济高速发展，发达国家均以"经济全球化"、"信息高速化"、"国际物流网络化"的战略构筑新的世界经济结构。实践证明，国际物流作为发展国际贸易的工具和桥梁，必须最大限度地打破地域和国界限制，最大限度地降低国际物流成本。

1. 国际贸易发展的速度和规模决定着国际物流发展的速度和规模

世界范围的社会化大生产必然会引起不同的国际分工，任何国家都不能包揽一切，因而需要国际间的合作。国际贸易是国际物流生存的前提和基础，国际间的商品和劳务流动是由商流和物流组成的，前者由国际交易机构按照国际惯例进行，后者由国际企业按各个国家的生产和市场结构完成，国际贸易发展的速度和规模决定着国际物流发展的速度和规模。

2. 物流国际化成为国际贸易和世界经济发展的必然趋势

第二次世界大战以后，出于恢复重建工作的需要，各国积极研究和运用新技术、新方法，促进生产力迅速发展，世界经济呈现繁荣兴旺的景象，国际贸易迅速发展，促进了物流国际化。同时由于一些国家和地区资本积累达到了一定程度，本国与本地的市场已经不能满足其进一步发展的需要，加之交通运输、信息处理及经营管理水平的提高，出现了为数众多的跨国公司。跨国经营与国际贸易的发展，促进了商品和信息在世界范围内的大量流动和广泛交换，物流国际化成为国际贸易和世界经济发展的必然趋势。

3．国际物流的科学化、合理化是国际贸易发展的有力保障

物流是国际贸易的必要条件，物流对经济发展的促进作用在跨国公司的扩展上得以验证。目前，全球约有 6 万多家跨国公司，其子公司、分公司和附属企业合计达 50 万家。跨国公司的贸易占全球贸易的 50%，跨国公司的对外直接投资占全球直接投资的 80%，跨国公司控制着全球 70%以上的科技新项目与技术转让，跨国公司主导着全球经济。跨国公司伸向全球的触角就是现代物流业，"即时供应"和"零库存"成了企业追求的目标。因而，现代物流业由于其服务深度、流程长度、覆盖广度的不断增加，对提高产、供、销、运的整体经济效益，推动世界经济和国际贸易的发展作用是无法估量的。中国加入 WTO 表明了中国政府按照国际规则和惯例管理经济活动的立场，意味着中国的经济运行环境将进一步国际化。

9.1.3 国际物流的概念、特点及分类

1．国际物流的概念

所谓国际物流，就是组织货物在国际间的合理流动，也就是发生在不同国家或地区之间的物流。国际物流的实质是按国际分工协作的原则，依照国际惯例，利用国际化的物流网络、物流设施和物流技术，实现货物在国际间的流动与交换，以促进区域经济的发展和世界资源的优化配置。国际物流由四个部分构成。

（1）商品的全球采购，如商品的进出口。

（2）与国际物流相关的物流活动，如国内运输、储存、货运保险等。

（3）口岸物流，如海关仓库、集装箱货场作业、组配、加工等。

（4）国际运输、转运货物、过境货物报关等。

2．国际物流的特点

国际物流的总目标是为国际贸易和跨国经营服务，即选择最佳的方式与路径，以最低的费用和最小的风险，保质、保量、适时地将货物从某国的供方运到另一国的需方。国际物流是为跨国经营和对外贸易服务的，使各国物流系统相互"接轨"，因而与国内物流系统相比，具有国际性、复杂性和风险性等特点。

（1）国际物流的复杂性

国际物流的复杂性主要包括国际物流通信系统设置的复杂性、法规环境的差异性和商业现状的差异性等。在国际间的经济活动中，生产、流通和消费三个环节之间存在着密切的联系，由于各国社会制度、自然环境、经营管理方法及生产习惯不同，现有的物流设施、技术和地理位置不同，各国政府对国际贸易及物流管理的政策存在差异，一些因素变动较大，因而在国际间组织好货物从生产到消费的流动，是一项复杂的工作。

（2）国际物流的国际性

国际物流的国际性是指国际物流系统涉及多个国家，系统的地理范围大。这一特点又称为国际物流系统的地理特征。国际物流跨越不同地区和国家，跨越海洋和大陆，运输距离长，这就需要合理选择运输路线和运输方式。以集装箱多式联运为主的海洋运输和航空运输是国际货运作业的主要形式。

（3）国际物流的风险性

国际物流的风险性主要包括政治风险、经济风险和自然风险。政治风险主要指由于所经过国家的政局动荡，如罢工、战争等原因造成货物可能受到损害或灭失；经济风险又可分为汇率风险和利率风险，主要指从事国际物流必然要发生的资金流动，因而产生汇率风险和利率风险；自然风险则指物流过程中，可能因自然因素，如海风、暴雨等引起的风险。

3．国际物流的一般分类

（1）根据货物在国与国之间的流向可以分为进口物流和出口物流。

（2）根据货物流动的关税区域可以分为不同国家之间物流和不同经济区域之间物流。

（3）根据跨国运输货物特性可以分为国际货物物流、国际军火物流、国际邮品物流、国际捐助物流或国际救助货物物流、国际展品物流、废弃物物流。

（4）根据国际物流服务提供商不同可以分为国际货运代理、国际船务代理、无船承运人报关行、国际物流公司、仓储配送公司。

4．世界经济一体化对国际物流提出新的要求

随着世界经济的飞速发展和政治格局的风云变幻，国际贸易表现出一些新的趋势和特点，从而对国际物流提出了更新、更高的要求。

（1）质量要求

国际贸易的结构正在发生着巨大变化，传统的初级产品、原料等贸易品种逐步让位于高附加值、精密加工的产品。由于高附加值、高精密度商品流量的增加，对物流工作质量提出了更高的要求。同时由于国际贸易需求的多样化，造成物流多品种小批量化，要求国际物流向优质服务和多样化发展。

（2）效率要求

国际贸易活动的集中表现就是合约的订立和履行，而国际贸易合约的履行是由国际物流活动来完成的，因而要求物流高效率地履行合约。从输入方面的国际物流看，提高物流效率最重要的是如何高效率地组织所需商品的进口、储备和供应。也就是说，从订货、交货，直至运入国内保管、组织供应的整个过程，都应加强物流管理。根据国际贸易商品的不同，采用与之相适应的巨型专用货船、专用泊位以及大型机械的专业运输等，这对提高物流效率起着主导作用。

（3）安全要求

由于国际分工和社会生产专业化的发展，大多数商品在世界范围内分配和生产。例如，美国福特公司某一牌号的汽车要同 20 个国家中 30 个不同厂家联合生产，产品销往 100 多个不同国家或地区。国际物流所涉及的国家多，地域辽阔，在途时间长，受气候条件、地理条件等自然因素和政局、罢工、战争等社会政治经济因素的影响。因此，在组织国际物流时，选择运输方式和运输途径，要密切注意所经地域的气候条件、地理条件，还应注意沿途所经国家和地区的政治局势和经济状况等，以防止这些人为因素和不可抗拒的自然力造成货物灭失。

（4）经济要求

国际贸易的特点决定了国际物流的环节多，备运期长。在国际物流领域，控制物流费用，降低成本具有很大潜力。对于国际物流企业来说，选择最佳物流方案，提高物流经济性，降低物流成本，保证服务水平，是提高竞争力的有效途径。

9.1.4 国际物流的发展趋势

1. 物流全球化的背景

由于新经济、网络经济为代表的电子商务的出现，促进了国际贸易的发展，加速了全球经济的一体化，更多的物流企业开展国际物流，使国际物流在整个商务活动中占有举足轻重的地位。新技术以及金融、运输等行业中管制的逐渐解除，促进着物流国际化的发展，物流活动的全球化日益加深。我国国际物流量和对外贸易是同步增长的，均超过了同期国民总产值的增长速度。国际贸易的顺利进行，要求以有效的国际物流作为保证和支持。

据有关调研，跨国公司正在由各国子公司独立经营的阶段，向围绕公司总部战略协同经营一体化发展，从而对国际物流提出了更高的要求。我国大型企业要进入世界企业 100 强或 500 强的行列，必须极大地提高我国国际物流的支持能力。现在，世界 500 强企业已有 400 多家进入中国市场，许多跨国物流公司都想在中国这个世界未来最大的物流市场中占领一席之地。已有众多的物流商能够进行全球物流资源的配置和物流功能的整合，在物流配送、货物储存以及流通加工等方面提供系统综合的物流服务。

我国有远见的物流企业都在积极关注互联网技术和电子商务的发展，积极开发或引进多功能物流信息平台，以求把本企业的业务活动提高到新的水平，并且尽快地融入一体化的全球物流网络。我国加入 WTO 后有更多的跨国公司、国际型大企业进入中国的制造业和流通业，国际贸易和跨国经营都面临着巨大商机和严峻挑战。由于和世界经济接轨，中国经济现代化的速度将加快，对于物流业的发展将起到有力的推动作用。为了使我国在世界贸易格局中占据有利的地位，提高中国跨国公司的竞争能力和成本优势，开展和加强国际物流的研究具有重要意义。

2．国际物流活动的发展

国际物流活动随着国际贸易和跨国经营的发展而发展，国际物流必须适应国际贸易结构和商品流通形式的变革，向合理化方向发展。

（1）国际物流活动的发展经历了以下几个阶段

第一阶段——20世纪50年代末至80年代初。这一阶段物流设施和物流技术得到了极大的发展，建立了配送中心，广泛运用电子计算机进行管理，出现了立体无人仓库，一些国家建立了本国的物流标准化体系等。物流系统的改善促进了国际贸易的发展，物流活动已经超出了一国范围，但物流国际化的趋势还没有得到人们的重视。

第二阶段——20世纪80年代初至90年代初。随着经济技术的发展和国际经济往来的日益扩大，物流国际化趋势开始成为世界性的共同问题。美国密歇根州立大学教授波索克斯认为，进入20世纪80年代，美国经济已经失去了兴旺发展的势头，陷入长期倒退的危机之中。因此，必须强调改善国际性物流管理，降低产品成本，并且要改善服务，扩大销售，在激烈的国际竞争中取胜。与此同时，日本正处于成熟的经济发展期，以贸易立国，要实现与其对外贸易相适应的物流国际化，并采取了建立物流信息网络，加强物流全面质量管理等一系列措施，提高物流国际化的效率。这一阶段物流国际化的趋势局限在美、日和欧洲一些发达国家。

第三阶段——20世纪90年代初至今。这一阶段国际物流的概念和重要性已为各国政府和外贸部门所普遍接受。贸易伙伴遍布全球，必然要求物流国际化，即物流设施国际化、物流技术国际化、物流服务国际化、货物运输国际化、包装国际化和流通加工国际化等。世界各国广泛开展国际物流理论方面和实践方面的大胆探索。人们已经形成共识：只有广泛开展国际物流合作，才能促进世界经济繁荣，物流无国界。

（2）当代国际物流的发展趋势

随着经济全球化步伐的加快，科学技术尤其是信息技术、通信技术的进步，跨国公司的迅猛发展所导致的本土化生产、全球采购以及全球消费趋势的加强，均使得当前国际物流的发展呈现出一系列新的特点和发展趋势。

① 物流规模和活动范围进一步扩大，物流企业向集约化与协同化方向发展

就物流的区域化以及全球化发展趋势而言，21世纪必将是物流全球化的时代，企业之间的竞争将愈加激烈。要满足全球化或区域化的物流服务要求，企业规模必须扩大，形成规模效益。这种规模的扩大将主要表现在以下两个方面。

其一是物流企业的兼并与合作。世界范围内各行业企业间的联合与并购，将会继续推动国际物流业加速向全球化方向发展，而物流全球化的发展趋势，又必然推动和促进各国物流企业的联合和并购活动。随着国际贸易的发展，美国和欧洲的一些大型物流企业也开始跨越国境，展开联横合纵式的并购，大力拓展国际物流市场，以争取

更大的市场份额。

其二是物流企业间战略联盟的形成。由于商业运作的复杂性，单一的物流服务提供方往往难以实现低成本、高质量的服务，也无法给客户带来较高的满意度。通过结盟方式解决资金短缺和应付市场波动压力，进而增加服务品种和扩大企业的地理覆盖面，为客户提供"一站式"服务。从联合营销和销售活动中受益，正在成为许多具有一定实力的物流企业的发展战略。对物流企业而言，战略合作伙伴既可以是其他物流企业、货代公司、国际分销公司等，也可以是信息咨询公司、制造商及设备租赁商等。通过结盟，企业便可以在未进行大规模投资的情况下，扩大业务范围，提高市场份额和竞争能力。许多物流经营者和研究人员认为，相近的文化背景和彼此相互依赖、有效而积极的信息沟通、共同的企业经营目标和凝聚力、技术上的互补能力、双方高层管理人员在管理方面的共同努力等都是使物流企业联盟成功的关键因素。

中国加入WTO后，中国的物流企业所面临的国内外竞争加剧，企业必须面对物流全球化的挑战。因此，要满足全球化或区域化的物流服务要求，国内的物流企业也必须注重规模效益。这种规模的扩大既可以通过企业合并，也可以通过企业间的合作与联盟来实现，而领导潮流的现代物流企业甚至可以通过输出管理模式，如连锁经营、特许经营、管理合同等方式来实现规模效益。

② 物流服务的优质化与全球化趋势日益明显，构建合同导向的个性化服务体系将成为企业获取竞争优势的关键

物流服务的优质化是物流今后发展的重要趋势。随着消费多样化、生产柔性化、流通高效化时代的到来，社会和客户对物流服务的要求越来越高，物流成本不再是客户选择物流服务的唯一标准，人们开始更多地关注物流服务的质量。

物流服务的全球化是今后发展的又一重要趋势。正如荷兰国际销售委员会（HIDC）在其发表的一篇题为《全球物流业——供应连锁服务业的前景》的报告中所指出的，目前许多大型制造部门正在朝着"扩展企业"的方向发展。这种所谓的"扩展企业"基本上把全球供应链上的服务商统一了起来，并利用最新的计算机系统加以控制。同时，该报告认为，制造业已经流行起了"定做"服务，并在不断加速其活动的全球化，还对全球供应连锁服务业提出了一次性销售（即"一票到底"的直销）的要求。这种服务要求具备极其灵活机动的供应链，从而迫使物流服务商纷纷采取一种"一切为客户服务"的解决办法。

③ 第三方物流快速发展并在物流产业中逐渐占据主导地位

第三方物流（Third Party Logistics，3PL或TPL）就是指提供物流交易双方的部分或全部物流功能的外部服务提供者。第三方物流从字面上看，是指由与货物有关的发货人和收货人之外的专业企业，即第三方来承担企业物流活动的一种物流形态。这种物流服务形式是建立在现代信息技术基础上的、企业之间的联盟关系。常见的3PL国

际物流服务包括设计物流系统、EDI 处理、报表管理、货物集运、选择承运人、货代人、海关代理、信息管理、仓储、咨询、运费支付和运费谈判等。国际上大多数知名第三方物流服务公司,通过提供各具特色的物流服务取得了成功。全世界的第三方物流市场具有潜力大、渐进性和高增长率的特征,这种状况将使第三方物流企业拥有大量的服务客户。

④ 绿色物流是国际物流发展的又一趋势

物流虽然促进了经济的发展,但是物流的发展同时也会给城市环境带来不利的影响,如运输工具的噪声、污染排放、对交通的阻塞等,以及生产、生活中废弃物的不当处理所造成的对环境的影响。因此,21 世纪对物流提出了新的要求,即要推行绿色物流（Environmental Logistics）。在物流过程中抑制物流对环境造成危害的同时,实现对物流环境的净化,使物流资源得到最充分的利用。绿色物流包括两方面的内容：一方面是对物流系统污染进行控制,即在物流系统和物流活动的规划与决策中尽量采用对环境污染小的方案,如采用排污量小的货车车型、近距离配送、夜间运货（减少交通阻塞、节省燃料和减少排放）等。发达国家政府倡导绿色物流的对策是在污染发生源、交通量和交通流三个方面制定相关政策来进行约束。绿色物流的另一方面就是建立工业和生活废料处理的物流系统。

⑤ 物流产业将由单一的业种向业态多元化方向发展

在对物流业态的认识方面,可以借用商品流通领域对"业态"的诠释。在商品流通领域,有所谓业种和业态之分,简单地讲,业种主要是指经营范围,业态主要是指经营方式。因此,物流业态可理解为物流领域交易方式和组织形态的总和。各种经营类型和业态的共存与充分发展是现代物流规范化的重要标志。

在经济发达国家,随着电子商务、网络技术以及物流全球化的迅速发展,广义的区域物流与企业物流通过上、下游的延伸与拓展,呈现出了相互融合的趋势。这一趋势促使物流企业模式即物流产业经营类型与业态向着多样化和细分化方向发展。根据对全球前 20 名专业物流公司经营模式的分析,可以将国外物流产业经营类型与业态粗略归结为以下三类：第一类是由交通运输、邮电业发展起来的物流企业,如 UPS、FedEx 等；第二类是由零售业、批发商发展起来的物流企业,如沃尔玛；第三类是由大型制造企业物流部门发展起来的物流企业。现代物流是现代生产、流通和消费新理念的产物,涉及的领域空前广阔,物流的各个环节都可能出现竞争者和替代者,这就决定了国际物流业向业态多样化发展的客观必然性。

9.2 国际物流系统

经济全球化把物流管理提高到一个前所未有的高度。企业可以利用各国、各地区的资源优势，分散生产和销售。这样，现代企业的物流就能延伸到上游供应商和下游消费者在内的各关联主体。企业产成品中，除了涉及核心技术的零部件是自己生产的之外，其他大多数零件、原材料、中间产品都是由供应商提供的，企业这种少库存或零库存的实现需要一个强大的物流系统。世界著名的戴尔（Dell）公司每天要求美国联合邮包服务公司（USP）从它在德州奥斯汀的工厂运走 10 000 台计算机，并从索尼在墨西哥的工厂运走同样数量的显示器，再由 USP 将计算机和显示器连夜配套送交顾客，Dell 则通过网络对全程的物流服务实行即时的管理和监控。物流社会化使企业可利用的物流资源呈级数倍增长，经过整合的虚拟物流资源减少了企业自身的基建成本，提高了物流设施的利用率，优化了资源配置，节约了物流费用。

9.2.1 国际物流系统的含义及其构成

1. 国际物流系统的含义

国际物流系统是由国际商品的运输、仓储、包装、装卸搬运、外贸加工、出入境检验检疫、通关、信息以及国际配送等子系统组成的整体。运输和仓储子系统是物流系统的主要组成部分。国际物流通过商品的储存和运输，实现其自身的时间和空间效益，满足国际贸易活动和跨国公司经营的要求。

2. 国际物流系统的构成

（1）运输子系统

运输的作用是将商品使用价值进行空间移动，物流系统依靠运输作业克服商品生产地和需要地的空间距离，创造了商品的空间效益。国际货物运输是国际物流系统的核心。商品通过国际货物运输作业由卖方转移给买方。国际货物运输具有路线长、环节多、涉及面广、手续繁杂、风险性大、时间性强等特点。运输费用在国际贸易商品价格中占有很大比重。国际运输主要包括运输方式的选择、运输单据的处理以及投保等有关方面。

我国目前国际物流运输存在的主要问题是：第一，海运力量不足，航线不齐，影响了进出口货物及时流进与流出，出口运力不足；第二，铁路运力紧张，内陆出口困难；第三，航空运力不足，运费昂贵，难以适应外贸发展的需要。

（2）仓储子系统

商品的储存、保管使商品在其流通过程中处于一种或长或短的相对停滞状态，这种停滞是完全必要的。因为商品流通是一个由分散到集中，再由集中到分散的源源不断的流通过程。国际贸易和跨国经营中的商品从生产厂或供应部门被集中运送到装运港口，有时需临时存放一段时间，再装运出口，这是一个集和散的过程。

国际物流的仓储活动主要是在各国的保税区和保税仓库进行的，主要涉及各国保税制度和保税仓库建设等方面。从物流角度看，应尽量减少储存时间、储存数量，加速货物和资金周转，实现国际物流的高效率运转。

(3) 装卸搬运子系统

进出口商品装卸搬运作业，相对于商品运输来讲，是短距离的商品转移，是仓库作业与运输作业的桥梁和纽带，所实现的也是物流的空间效益。搞好商品的装船、卸船、商品进出库以及在库内的搬运、清点、查库、转运、换装等，对加速国际物流十分重要，同时，节省装卸搬运费用也是降低国际物流成本的重要途径。

近年来，国际物流的装卸搬运活动由于集装箱的广泛应用而变得更加有效和便利，以标准化的集装箱装卸为前提，港口码头装卸设备的标准化和大型化使装卸作业的效率化成为可能。

(4) 外贸加工子系统

外贸加工是随着科技的进步，特别是物流业的发展而不断发展的。外贸加工的具体内容包括：定量小包装（多用于超级市场）、贴标签、配装、拣选、混装、刷标记（刷唛头）等出口贸易商品服务。

外贸加工业的兴起是为了促进销售、提高物流效率和物质利用率以及为维护产品的质量，能使物质或商品发生一定的物理、化学和形状变化的加工过程，并保证进出口商品质量达到一定的要求。外贸加工不仅最大限度地满足客户的多元化需要，同时由于比较集中的加工，能比没有加工的原材料赚取更多的外汇。

(5) 出入境商品检验检疫子系统

由于国际贸易和跨国经营具有投资大、风险高、周期长等特点，使得商品检验成为国际物流系统中重要的子系统。通过商品检验，确定交货品质、数量和包装条件是否符合合同规定。如发现问题，可分清责任，向有关方面索赔。在买卖合同中，一般都订有商品检验条款，其主要内容有检验时间与地点、检验机构与检验证明、检验标准与检验方法等。

(6) 报关子系统

报关是指货物在进出境时，由进出口货物的收、发货人或其代理人，按海关规定的格式填报"进出口货物报关单"，向海关申报出口或进口，随附海关规定应交验的单证，接受海关的监督与检查，履行海关规定货物进出口手续。

2001年10月，国务院办公厅下发了《关于进一步提高口岸工作效率的通知》，明确指示"实行'大通关'制度，提高通关效率"。所谓大通关，指的是口岸各部门、单位、企业等，采取有效的手段，使口岸物流、单证流、资金流、信息流高效、顺畅地运转，同时实现口岸管理部门有效监管和高效服务相结合。它是涉及海关、外经贸主管部门、运输、仓储、海事、银行、保险等各国家执法机关和商业机构的系统。实施大通关，最直接的目的就是提高效率，减少审批程序和办事环节，口岸各方建立快捷有效的协调机制，实现资源共享，通过实施科学、高效监管，以达到口岸通关效率的大幅度提高，真正实现"快进快出"。

（7）商品包装子系统

国际物流运距长、运量大，运输过程中货物堆积存放、多次装卸，在运输过程中货物损伤的可能性大。因此，包装活动在国际物流中非常重要，集装箱的使用为国际物流活动提供了安全便利的包装方式。

杜邦定律（美国杜邦化学公司提出）认为：63%的消费者是根据商品的包装装潢进行购买的，国际市场和消费者是通过商品来认识企业的，而商品的商标和包装就是企业的面孔，它反映了一个国家的综合科技文化水平。在考虑出口商品包装设计和具体作业过程时，应把包装、储存、装卸和运输有机联系起来统筹考虑、全面规划。实现现代国际物流系统要求的"包、储、运一体化"，即从开始包装商品，就要考虑储存的方便、运输的速度，以满足加速物流、方便储运、减少物流费用等现代物流系统设计的各种要求。

（8）信息子系统

主要功能是采集、处理和传递国际物流和商流的信息情报。没有功能完善的信息系统，国际贸易和跨国经营将寸步难行。国际物流信息的主要内容包括进出口单证的作业过程、支付方式信息、客户资料信息、市场行情信息和供求信息等。

国际物流信息系统的特点是信息量大、交换频繁；传递量大、时间性强；环节多、结点多、连线长。所以要建立技术先进的国际物流信息系统。国际贸易中 EDI 的发展是一个重要趋势。我国近年来在国际物流中加强推广 EDI 的应用，建设国际贸易和跨国经营的高速公路。

上述运输和仓储主要系统应该与装卸搬运系统、外贸流通加工系统以及配送系统等有机联系起来，统筹考虑，全面规划，建立我国适应国际竞争要求的国际物流系统。

3．国际物流系统的运作模式

国际物流系统通过其所联系的各子系统发挥各自的功能，包括采购功能、运输功能、储存功能、装卸搬运功能、包装功能、流通加工功能、商品检验功能以及信息处理功能等。它们相互协作，以实现国际物流系统所要求达到的低国际物流费用和高客户服务水平，从而最终达到国际物流系统整体效益最大的目标。

国际物流系统是以实现国际贸易、国际物资交流大系统总体目标为核心的。其是在国际信息流系统的支撑下，借助于运输和储运等作业的参与，在进出口中间商、国际货代及承运人的通力协助下，借助国际物流设施，共同完成一个遍布国内外、纵横交错、四通八达的物流网络。国际物流系统的一般运作模式包括：系统的输入部分、系统的输出部分以及将系统输入输出转换的部分。在系统运行过程中或一个系统循环周期结束时，有外界信息反馈回来，为原系统的完善提供改进信息，以使下一次的系统运行有所改进。如此循环往复，使系统逐渐达到有序的良性循环。国际物流系统遵循一般系统模式的原理，构成自己独特的物流系统模式。下面以国际货物出口为例，阐述国际物流系统的模式，如图 9-1 所示。

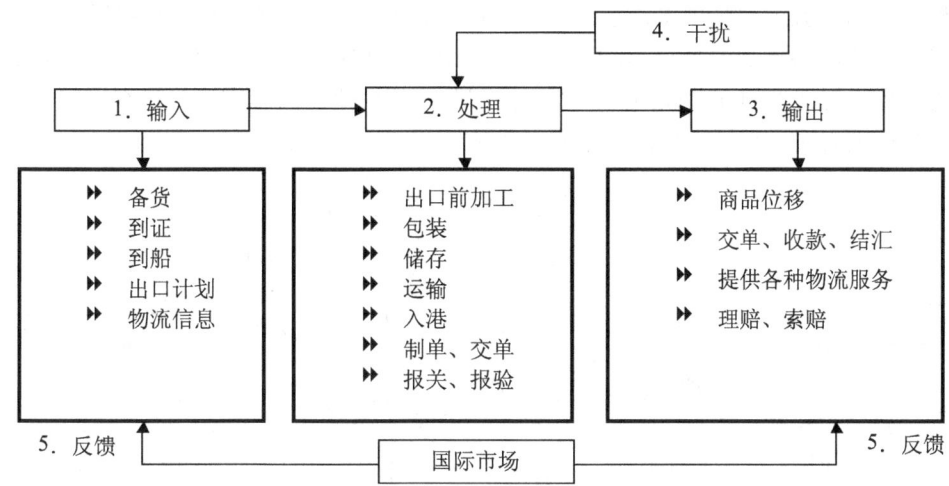

图 9-1 国际物流系统（出口）运作模式

国际物流系统输入部分的内容有：备货，货源落实；到证，接到买方开来的信用证；到船，买方派来船舶；出口计划，编制出口货物运输计划；其他物流信息。

国际物流系统输出部分的内容有：商品实体从卖方经由运输过程送达买方手中；交齐各项出口单证；结算、收汇；提供各种物流服务；经济活动分析及理赔、索赔。

国际物流系统的转换部分包括：商品出口前的加工整理；包装、标签；储存；运输（国内、国际段）；商品进港、装船；制单、交单；报关、报验。此部分将涉及许多现代管理方法、手段和现代物流设施的介入。

除了上述三项主要内容外，还经常有许多外界不可控因素的干扰，使系统运行偏离原计划内容。这些因素可能是国际的、国内的、政治的、经济的、技术上的和政策法令、风俗习惯等方面的制约，是很难预计和控制的，它对物流系统的影响很大。如果物流系统具有较强的应变适应能力，遇到这种情况，马上能提出改进意见，及时变换策略，那么，这样的系统就具有很强的生命力。

9.2.2 国际物流网络

国际贸易和经营的竞争要求国际物流系统的物流费用要低，顾客服务水平要高，为实现这一目标，建立完善的国际物流网络十分重要。

1. 国际物流网络概念

国际物流网络是指由多个收发货的"结点"和它们之间的"连线"所构成的物流抽象网络,以及与之相伴随的信息流网络的有机整体。

整个国际物流过程是由多次的运动—停顿—运动—停顿所组成。与这种运动相对应的国际物流网络就是由执行运动使命的线路和执行停顿使命的结点这两种基本元素组成的。线路与结点相互关联组成了不同的国际物流网络。国际物流网络水平的高低、功能的强弱则取决于网络中这两个基本元素的配置,如图9-2所示。

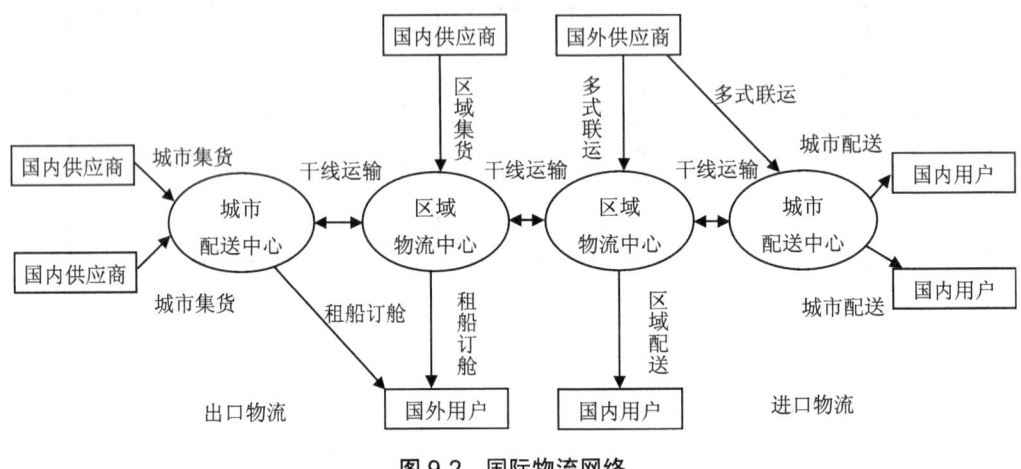

图 9-2 国际物流网络

2. 国际物流网络的节点及功能

节点是指进、出口国内外的各层仓库,如制造厂仓库、中间商仓库、口岸仓库、国内外中转点仓库以及流通加工配送中心和保税区仓库。国际贸易商品就是通过这些仓库的收入和发出,并在中间存放保管,实现国际物流系统的时间效益,克服生产时间和消费时间上的分离,促进国际贸易系统的顺利运行。国际物流节点主要具有以下三项功能。

(1) 衔接功能。国际物流节点将各个物流线路连接成一个系统,使各个线路通过节点变得更为贯通而不是互不相干,这种作用称之为衔接作用。在物流未成系统化之前,不同线路的衔接有很大困难。例如,轮船的大量输送线和短途汽车的小量输送线,两者的输送形态、输送装备都不相同,再加上运量的巨大差异,往往在两者之间有长时间的间隔,然后才能逐渐实现转换,这就使两者不能贯通。物流节点利用各种技术的、管理的方法,则可以有效地起到衔接作用,将中断转化为通畅。

(2) 信息功能。国际物流节点是整个物流系统或与节点相接的物流信息的传递、收集、处理和发送的集中地。这种信息作用在国际物流系统中起着非常重要的作用,也是使复杂的国际物流能联接成有机整体的重要保证。在国际物流系统中,每一个节点都是物流信息的一个点,若干个这种信息点和国际物流系统中的信息中心结合起来,便形成了指挥、管理、调度整个系统的信息网络,这是一个国际物流系统建立的前提条件。

(3)管理功能。国际物流系统的管理设施和指挥机构大都设置于物流节点之处。实际上,物流节点大都是集管理、指挥、调度、信息、衔接及货物处理为一体的物流综合设施。整个物流系统的运转有序化、正常化和整个物流系统的效率高低都取决于物流节点的管理水平。

3. 国际物流连线

连线是指连接上述国内外众多收发货物流节点间的运输,如各种海运航线、铁路线、飞机航线以及海、陆、空联合运航线。这些网络连线是库存货物的移动(运输)轨迹的物化形式;每一对节点有许多连线以表示不同的运输路线、不同产品的各种运输服务;各节点表示存货流动暂时停滞,其目的是为了更有效地移动(收或发);信息流动网的连线通常包括国内外的邮件,或某些电子媒介(如电话、电传、电报、EDI等),其信息网络的节点则是各种物流信息汇集及处理之点,如员工处理国际订货单据、编制大量出口单证或准备提单或计算机对最新库存量的记录;物流网与信息网并非独立,它们之间是密切相联的。

4. 建立和完善国际物流网络应注意的问题

国际物流网络研究的核心问题是确定进出口货源点(或货源基地)和消费者的位置、各层级仓库及中间商批发点(零售点)的位置、规模和数量,从而决定了国际物流系统的合理布局和合理化问题。在合理布局国际物流网络的前提下,国际商品由卖方向买方实体流动的方向、规模、数量就确定下来了。即国际贸易的贸易量、贸易过程(流程)的重大战略问题,进出口货物的卖出和买进的流程、流向,物流费用、国际贸易经营效益等,都一一确定了出来。完善和优化国际物流网络,有利于扩大我国国际贸易,提高我国跨国公司的竞争能力和成本优势。我国的国际物流网络已经具有一定的规模,为了促进我国国际物流网络更加合理化,应该注意以下问题。

(1)合理选择和布局国内外物流网点。它包括扩大国际贸易的范围、规模,以达到费用省、服务好、信誉高、效益高、创汇好的物流总体目标;在规划网络内建库数目、地点及规模时,都要紧密围绕着商品交易计划,乃至一个国家宏观国际贸易总体规划;国际物流网点规划要考虑现代物流技术的发展,要留有余地,以备将来的扩建。

(2)采用先进的运输方式、运输工具和运输设施。包括改进运输路线、减少相向、迂回运输;加速进出口货物的流转,充分利用海运、多式联运方式;不断扩大集装箱运输和大陆桥运输的规模,增加物流量,扩大进出口贸易量和贸易额。

(3)缩短进出口商品的在途积压。在途积压包括进货在途(如进货、到货的待验和待进等)、销售在途(如销售待运、进出口口岸待运)、结算在途(如托收承付中的拖延等），缩短进出口商品的在途积压以便节省时间，加速商品和资金的周转。

（4）明确各级仓库的供应范围、分层关系，注意各层仓库间的有机衔接。例如，生产厂家仓库与各中间商仓库、港（站、机场）区仓库以及出口装运能力的配合和协同，以保证国内外物流畅通，少出现或不出现在某一层仓库储存过多、过长的不均衡状态。

（5）改进包装和港口装卸作业。增大技术装载量，多装载货物，减少损耗；改进港口装卸作业，有条件时要扩建港口设施，合理利用泊位与船舶的停靠时间，尽力减少港口杂费，吸引更多的买卖双方入港；改进海运配载，避免空仓或船货不相适应的状况。

（6）综合考虑国内物流运输。在出口时，有条件要尽量采用就地就近收购、就地加工、就地包装、就地检验以及直接出口的物流策略。

（7）发展外向型经济，扩大国际贸易，增强商品在国际市场上的竞争力，建立健全高效、通畅的国际物流体系，实现国际物流合理化和国际贸易扩大化。

9.2.3 国际多式联合运输

1. 国际多式联合运输的含义及特征

（1）国际多式联合运输的定义

根据 1980 年《联合国国际货物多式联运公约》以及 1997 年我国交通部和铁道部共同颁布的《国际集装箱多式联运管理规则》对国际多式联运的定义，国际多式联运（International Multimodal Transport）是指"按照国际多式联运合同，以至少两种不同的运输方式，由多式联运经营人（Combined Transport Operator）将货物从一国境内接管货物的地点运至另一国境内指定地点交付的货物运输。"

阅读资料 9-1　中铁国际多式联运有限公司的多式联运业务

中铁国际多式联运有限公司（CRIMT）是中铁集装箱运输有限责任公司（CRCTC）下属的全资子公司。中铁国际多式联运有限公司的前身中铁国际货运代理有限责任公司（CRIF）成立于 1996 年，是中国最早一批从事国际货运代理业务的企业，具有十多年的国际货运代理经验。中铁国际多式联运有限公司是中国国际货代协会（CIFA）理事单位、中国船舶代理及无船承运人协会（CASA）、口岸协会常务理事单位，并于 2006 年通过 ISO9001 国际质量体系认证。

中铁国际多式联运有限公司具有国际货代权，具备报关资质，拥有多式联运经营权和道路运输许可证，可以向客户提供全方位的代理服务。

中铁国际多式联运有限公司下设 8 个子公司，17 个分公司，5 个口岸经营部以及若干个驻外国代表处，经营网络遍及全国主要城市，周边国家如俄罗斯、蒙古、韩国、日本等，中亚以及欧洲、北美地区。

公司的业务基本上由三大部分组成，即国内物流业务、国际（海铁）联运业务和互使箱业务。国际（海铁）联运业务主要涉及国际联运、海铁联运、大陆桥运输、过境运输及物流服务、特色服务如危险品运输等。国内物流主要包括牛奶班列、铝锭班列、柳汽班列、拼箱业务以及大红门物流基地双层班列业务。互使箱业务主要是指俄铁箱（RZDU、TKRU）、哈铁箱（KTZU）在中国境内的互换使用业务和管理以及中铁箱（TBJU）在俄罗斯、哈萨克境内的经营业务。

中铁国际多式联运有限公司拥有一支国际化、高素质的业务团队，有先进的业务综合管理信息系统和拼箱业务信息系统，可以为广大客户提供先进的、个性化的物流服务。公司拥有危险品专业人才，可以办理危险品过境中国和出口业务。

资料来源：百度百科 http://baike.baidu.com/view/3412817.htm。

（2）国际多式联合运输特征

国际多式联合运输应具备以下基本条件。

① 必须具有一份多式联运合同。该运输合同是多式联运经营人与托运人之间权利、义务、责任与豁免的合同关系和运输性质的确定，也是区别多式联运与一般货物运输方式的主要依据。

② 必须使用一份全程多式联运单证。该单证应满足不同运输方式的需要，并按单一运费率计收全程运费。

③ 必须是至少两种不同运输方式的连续运输。

④ 必须是国际间的货物运输。这不仅是区别于国内货物运输，还主要是涉及国际运输法规的适用问题。

⑤ 必须由一个多式联运经营人对货物运输的全程负责。该多式联运经营人不仅是订立多式联运合同的当事人，也是多式联运单证的签发人。当然，在多式联运经营人履行多式联运合同所规定的运输责任的同时，可将全部或部分运输委托他人（分承运人）完成，并订立分运合同。但分运合同的承运人与托运人之间不存在任何合同关系。

由此可见，国际多式联运的主要特点是，由多式联运经营人对托运人签订一个运输合同统一组织全程运输，实行运输全程一次托运，一单到底，一次收费，统一理赔和全程负责。它是一种以方便托运人和货主为目的的先进的货物运输组织形式。

（3）国际多式联合运输的优越性

20 世纪 60 年代末美国首先试办多式联合运输，受到货主欢迎，随后国际多式联合运输在北美、欧洲、远东地区开始使用，80 年代逐渐在发展中国家实行。国际多式联合运输已成为一种新型的重要国际集装箱运输方式受到各国普遍重视，是今后国际运输发展的方向。开展国际集装箱多式联运具有许多优越性，主要表现在以下几个方面。

① 提高运输组织水平，实现运输合理化

以往的运输方式都是各自为政、各成体系，因此，无论经营的范围还是承运的数量都受到一定的制约。多式联运的兴起，实现了运输的合理化，改善了不同运输方式的衔接与协作，从而提高了运输的组织和管理水平。

② 综合利用各种运输的优势，降低运输成本

多式联运通过各种运输方式的合理搭配，充分发挥各类运输工具的效能，提高了运输的效率，减少了货物的库存时间和费用，降低了运输成本。

③ 简化手续，方便客户

多式联运为客户提供方便、快速、经济、安全、可靠的"门到门"运输服务，简化托运、结算及理赔手续，节省人力、物力和有关费用，缩短货运时间，减少库存，降低货损、货差事故，提高货运质量。在进行多式联运时，客户只需指定目的地，货运代理就可以此为基础，把海、陆、空协调组织起来，设定最佳路线，提供统一单证和至目的地的统一费率，承担运输的全部责任。这样做使货主摆脱了自己选择运输路线和安排运输的繁杂的事务，不仅减少了一般管理费用和库存费用，而且可以享受到货运代理提供的多式联运服务的优惠运价。

④ 利用各国多式联运体系，促进运输业的发展

多式联运的发展与世界集装箱运输业的发展密不可分，也与各国所建立起来的从内陆延伸至海上的集、疏、运网络密不可分，从而使多式联运体系为本国乃至世界各地的运输带来了显著的改善和收益，实现了交通运输的持续发展。

2. 多式联运经营人及其责任

《联合国国际多式联运公约》对多式联运经营人所下的定义是："多式联运经营人，是指其本人或通过其代表与发货人订立多式联运合同的任何人，他是货主，而不是发货人的代理人或代表或参加多式联运的承运人的代理人或代表，并且负有履行合同的责任。"

多式联运经营人责任期间是从接受货物之时起到交付货物之时止，在此期间对货主负全程运输责任，根据多式联运责任制的范围和索赔限额，目前国际上一般有三种类型和做法：一是统一责任制（Uniform Liability System）；二是分段责任制又称网状责任制（Network Liability System）；三是修正统一责任制。

3. 国际多式联运的主要业务流程

多式联运经营人从事联运业务时，大致需要经过受托申请→订立多式联运合同→空箱发放、提取及运送→出口报关→货物装箱及接受货物→向实际承运人订舱及安排货物运送→办理货物保险→签发多式联运单证→组织完成货物的全程运输→办理运输过

程中的海关业务→货物交付→货物事故处理等环节。

4．国际多式联运单据的含义及内容

多式联运单据是指证明多式联运合同以及证明多式联运经营人接管货物并负责按照合同条款交付货物的单据。多式联运单据由承运人或其代理人签发，其作用与海运提单相似，既是货物收据也是运输契约的证明。在单据做成指示抬头或不记名抬头时，可作为物权凭证，经背书可以转让。国际多式联运单据是当事人之间进行国际多式联运业务活动的凭证，因此要求单证的内容必须正确、清楚、完整，其内容如下：

（1）货物品类、识别货物所必需的主要标志（如属危险货物，其危险特性的明确声明）、包数或件数、货物的毛重或其他方式表示的数量等，所有这些事项均由发货人提供。

（2）货物外表状况。

（3）多式联运经营人的名称和主要营业所。

（4）发货人和收货人的名称、住址。

（5）多式联运经营人接管货物的日期、地点。

（6）经双方明确协议的交付货物的时间、地点。

（7）表示该多式联运单据为可转让或不可转让的声明。

（8）多式联运单据的签发时间、地点。

（9）多式联运经营人或经其授权人的签字。

（10）有关运费支付的说明。

（11）有关运输方式、运输路线、运输要求的说明。

（12）如不违背签发多式联运单据所在国的法律，双方同意列入多式联运单据的任何其他事项。

但是以上一项或者多项内容的缺少，不影响单据作为多式联运单据的性质。如果多式联运经营人知道或者有合理的根据怀疑多式联运单据所列的货物品类、标志、包数或者数量、重量等没有准确地表明实际接管货物的状况，或者无适当方法进行核对的，多式联运经营人应在多式联运单据上做出保留，注明不符合之处及怀疑根据或无适当核对方法。如果不加批注，则应视为已在多式联运单据上注明货物外表状况的良好。

9.2.4　国际货运代理

1．国际货运代理发展

国际货运代理（The Freight Forwarder）成为独立的行业，在欧洲已有上百年的历史，不少国家成立了国家国际货运代理协会。1926 年 5 月 31 日，16 个国家的国际货运代理协会在维也纳成立国际货运代理协会联合会（International Federation of Freight

Forwarders Association，FIATA)，总部设在瑞士苏黎世，该联合会设立的目的是保障和提高国际货运代理在全球的利益。目前 FIATA 已联合了 130 多个国家的 35 000 多个货运代理。1985 年中国对外贸易总公司加入该组织。1995 年 6 月 6 日国务院颁发《中华人民共和国国际货物运输代理业管理规定》，近年来，我国国际货运代理业得到迅速发展。

2．国际货运代理的概念和性质

FIATA 给国际货运代理所下的定义是：国际货运代理是根据客户的指示，并为客户的利益而揽取货物运输的人，其本身并不是承运人。国际货运代理也可以依这些条件，从事与运输合同有关的活动，如储货（也含寄存）、报关、验收和收款等。《中华人民共和国国际货物运输代理业管理规定》给国际货运代理所下的定义是：接受进出口货物收货人、发货人的委托，以委托人的名义或者以自己的名义，为委托人办理国际货物运输及相关业务并收取服务费用的行业。

从国际货运代理的基本性质看，它主要是接受委托人的委托，就有关货物运输、仓储、保险，以及与货物运输有关的各种业务提供服务的一个机构。国际货运代理是一种中间人性质的运输业者，它既代表货方，保护货方的利益，又协调承运人进行承运工作，其本质就是"货物中间人"，在以发货人或收货人为一方，承运人为另一方的两者之间行事。国际货运代理的这种中间人性质在过去尤为突出。

然而，随着国际物流和多种运输形式的发展，国际货运代理的服务范围不断扩大，其在国际贸易和国际运输中的地位也越来越重要。在实践中，国际货运代理人对他所从事的业务，正在越来越高的程度上承担着承运人的责任，这说明国际货运代理的角色已发生了很大的变化。许多国际货运代理企业都拥有自己的运输工具，用来从事国际货运代理业务，包括签发多式联运提单，有的甚至还开展了物流业务，这实际上具有承运人的特点。将来会有越来越多的国际货运代理通过建立自己的运输组织并以承运人身份承担责任的方式来谋求更广阔的业务发展。国际货运代理的双重身份，即代理人与当事人并存的局面仍会继续存在下去。虽然国际货物运输代理人有时也以独立经营人身份从事货物的仓储、短途运输，甚至以缔约承运人身份出具运单、提单，但这只不过是为了适应市场竞争的需要，满足某些客户特殊需求而拓展了服务范围的结果，并不影响其作为运输代理人的本质特征。

3．国际货运代理的作用

国际货运代理企业通晓国际贸易环节，精通各种运输业务，熟悉有关法律、法规，业务关系广泛，信息来源准确、及时，与各种承运人、仓储经营人、保险人、港口、机场、车站、堆场与银行等相关行业，海关、商检、卫检、动植物检及进出口管制等有关政府部门有着密切的业务关系，不论对于进出口货物的收、发货人，还是对于承运人和港口、机场、车站、仓库经营人都有重要的桥梁和纽带作用，不仅能适应国际贸易和国际运输事业的发展，而且可以为国家创造外汇来源，对于本国国民经济发展和世界经济的全球化都有重要的推动作用。主要表现在以下几个方面。

(1) 组织协调作用

国际货运代理使用最现代化的通信设备（包括资料处理），来推动国际贸易程序的简化。国际货运代理是"运输的设计师"，是"门到门"运输的组织者和协调者。凭借其拥有的运输知识和其他相关知识，组织运输活动，设计运输路线，选择运输方式和承运人（或货主），协调货主、承运人及其仓储保管人、保险人、银行、港口机场、车站、堆场经营人和海关、商检、卫检、动植物检、进出口管制等有关当局间的关系，可以省去委托人时间，减少诸多不必要的环节和麻烦，专心致力于主营业务。

(2) 专业服务作用

国际货物代理人的本职工作是利用自身专业知识和经验，为委托人提供货物的承揽、交运、拼装、寄运、装卸、交付服务，接受委托人的委托，办理货物的保险、海关、商检、卫检、动植物检、进出口管制等手续，甚至有时要代理委托人支付、收取运费，垫付税金和政府规费。国际货运代理人通过向委托人提供各种专业服务，可使委托人不必在自己不够熟悉的业务领域花费更多的心思和精力，使不便或难以依靠自己力量办理的事宜得到恰当、有效的处理，有助于提高委托人的工作效率。

(3) 咨询顾问作用

国际货运代理人通晓国际贸易环节，精通各种运输业务，熟悉有关法律、法规，了解世界各地的有关情况，信息来源准确、及时。可以就货物的包装、储存、装卸和保管，货物的运输方式、运输路线和运输费用，货物的保险、进出口单证和价款的结算，领事、海关、商检、卫检、动植物检、进出口管制等方面，了解有关当局的要求，向委托人提出准确、具体的咨询意见，协助委托人设计、选择适当的处理方法，避免、减少不必要的风险、周折和浪费。

(4) 降低成本作用

国际货运代理人掌握货物的运输、仓储、装卸、保险及市场行情，与货物的运输关系人、仓储保管人、港口、车站、堆场经营人和保险人有着长期密切、友好的合作关系，拥有丰富的专业知识和业务经验、有利的谈判地位和娴熟的谈判技巧，通过国际货运代理人的努力，可以选择货物的最佳运输路线、运输方式，最佳仓储保管人、装卸作业人和保险人，争取公平、合理的费率，甚至可通过集运效应使所有相关各方受益，从而降低货物运输关系人的业务成本，提高预期效益。

(5) 沟通控制作用

国际货运代理人拥有广泛的业务关系，发达的服务网络，先进的信息技术手段，可随时保持货物运输关系人之间、货物运输关系人和其他企业、部门的有效沟通，对货物进行运输的全过程进行准确跟踪和控制，保证货物安全、及时地运抵目的地，顺利办理相关手续，准确送达收货人，并应委托人的要求提供全过程的信息服务及其他相关服务。

(6) 资金融通作用

国际货运代理人与货物的运输关系人、仓储保管人、装卸作业人及银行、海关当局等相互了解，关系密切，长期合作，彼此信任，国际货运代理人可以凭借自己的实力和信誉，向承运人、仓储保管人、装卸作业人及银行、海关当局提供费用、税金担保或风险担保，可帮助委托人融通资金，减少资金占压，提高资金利用效率。

总之，国际货运代理是整个国际货物运输的组织者和设计师，特别是在国际贸易竞争激烈、社会分工越来越细的情况下，其地位越来越重要，作用越来越大。

阅读资料 9-2 全球国际货运代理有限公司简介

辛克物流（Schenker）和伯灵顿货运有限公司（BAX）隶属于德国铁路线下的物流与货运的分支机构 DB.集团。

Schenker（也被称为"全球货运"）是世界知名的国际货代企业和第三方物流公司，提供优秀的海、陆、空运输服务，综合化的物流解决方案以及全球连锁化管理。更因其多次承接奥运物流而扬名国际物流界。Schenker 公司拥有自己的仓库和车队，所有的办公室都已经过 ISO 认证。从事的业务范围广泛，提供高效率的门到门的运送服务。主要的目标客户是需要全球货运或物流需要的公司，公司致力于帮助客户提供综合性物流解决方案和全球连锁化管理。Schenker 公司业务范围涵盖货代、物流整合服务、供应链管理方案，甚至奥运会、展会等特殊的物流服务。

Schenker公司的总部在德国，在美国纽约设有一分部，在美有44个分公司，拥有1 400多个专业技术人员。1979 年进入我国，目前在我国的广州、北京、上海、南京、杭州、成都等大城市设立了 21 个办事处，专业技术人员有 330 多人，是在中国注册的第一批外资货运代理公司。

今天，Schenker 通过与 BAX 携手，其已成为行业中的领军力量，在全世界拥有超过五万名员工，营业额超过110亿欧元。在全球范围内，已在150个国家设立了超过1 500个分支机构，并在行业市场中取得骄人的成绩：Schenker 和 BAX 欧洲陆运排名首位，全球空运排名第二，全球海运排名第三。

资料来源：百度百科 http://baike.baidu.com/view/5315376.htm。

4．国际货运代理具备的条件

《中华人民共和国国际货物运输代理业管理规定》明确规定：国务院对外贸易经济合作主管部门负责对全国的国际货运代理实施监督管理。在我国从事国际货运代理的企业必须具备以下条件。

(1) 必须依法取得中华人民共和国企业法人资格。

（2）有与其从事的国际货运代理业务相适应的专业人员。
（3）有固定的营业场所和必要的营业设施。
（4）有稳定的进出口货源市场。
（5）注册资本的最低限额符合要求。

9.3 国际物流标准化

由于社会分工日益细化，要求实现物流系统的高度社会化。从技术和管理的角度来看，要使整个物流系统形成一个统一的有机整体，物流标准化起着纽带性关键作用。只有在物流系统的各个环节制定标准并严格贯彻执行，才能实现整个物流系统的高度协调统一，提高物流系统管理水平。

9.3.1 物流标准化的概念及特征

1. 物流标准化的概念

物流标准化指的是以物流为一个大系统，制定系统内部设施、机械装备、专用工具等各个分系统的技术标准；制定系统内各分领域如包装、装卸、运输等方面的工作标准。它以系统为出发点，研究各分系统与分领域中技术标准与工作标准的配合性，按配合性要求，统一整个物流系统的标准；研究物流系统与相关其他系统的配合性，进一步谋求物流大系统的标准统一。

2. 物流标准化的主要特征

（1）物流系统的标准化涉及面更为广泛

其对象不像一般标准化系统那样单一，而是包括了机电、建筑、工具和工作方法等许多种类。虽然处于一个大系统中，但缺乏共性，从而造成标准种类繁多，标准内容复杂，也给标准的统一性及配合性带来很大困难。

（2）物流标准化系统属于二次系统，或称后标准化系统

这是由于物流及物流管理思想诞生较晚，组成物流大系统的各个分系统，过去在没有归入物流系统之前，早已分别实现了本系统的标准化，并且经多年的应用，不断发展和巩固已很难改变。在推行物流标准化时，必须以此为依据，个别情况固然可将有关旧标准化体系推翻，按物流系统所提出的要求重建新的标准化体系，但通常还是在各个分系统标准化基础上建立物流标准化系统。这就必然要从适应及协调角度建立新的物流标准化系统，而不可能全部创新。

（3）物流标准化更要求体现科学性、民主性和经济性

这要求与物流的现代化（包括现代技术及管理）相适应，要求能将现代科技成果

联结成物流大系统。

（4）物流标准化有非常强的国际性

所有的国际贸易最终是靠国际物流来完成的。各个国家都很重视本国物流与国际物流的衔接，在本国物流管理发展初期就力求使本国物流标准与国际物流标准化体系一致，否则，不但会加大国际交往的技术难度，更重要的是在本来就很高的关税及运费基础上又增加了因标准化系统不统一所造成的效益损失，使外贸成本增加。因此，物流标准化的国际性也是其不同于一般产品标准的重要特点。

9.3.2 物流标准化的形式与种类

1．标准化的形式

标准化有多种形式，每个形式都表现不同的标准化内容。在实际工作中，根据不同的标准化任务，选用适宜的标准化形式，达到既定的目标。简化、统一化、系列化、通用化和组合化是运用较多的标准化形式。

2．物流标准的种类

（1）大系统配合性、统一性标准

其主要包括以下几个方面。

① 专业计量单位标准。除国家公布的统一计量标准外，物流系统还有许多专业的计量问题，必须在国家及国际标准基础上，确定本身专门的标准，同时，由于物流的国际性很突出，专业计量标准还需考虑国际计量方式、考虑国际习惯用法，不能完全以国家统一计量标准为唯一依据。

② 物流基础模数尺寸标准。基础模数尺寸指标准化的共同单位尺寸，或系统各标准尺寸的最小公约尺寸。物流基础模数尺寸的确定不但要考虑国内物流系统而且要考虑到与国际物流系统的衔接，具有一定难度和复杂性。

③ 物流建筑基础模数尺寸。主要是物流系统中各种建筑物所适用的基础模数，它是以物流基础模数尺寸为依据的。

④ 集装模数尺寸。是在物流基础模数尺寸基础上，推导出的各种集装设备的基础尺寸，以此尺寸作为设计集装设备尺寸的依据。

⑤ 物流专业名词标准。在建立系统的情报信息网络后，要求信息传递准确，必须将物流语言及名词的含义实现标准化。

⑥ 物流核算、统计的标准化。

（2）子系统技术标准

包括运输车船标准、作业车辆标准、传输机具标准、仓库技术标准、站台技术标准、包装、托盘以及集装箱标准等。

（3）工作标准及作业规范

它是对各项工作制定的统一要求及规范化规定。工作标准及作业规范可明确划定各种岗位的职责范围、权利与义务、工作方法、检查监督方法、奖罚办法等，可使全系统统一工作方式，大幅度提高办事效率，方便用户的工作联系，防止在工作和作业中出现遗漏、差错，并有利于监督评比。

9.3.3 物流标准化的意义及作用

在发展物流技术，实施物流管理工作中，物流标准化是有效的保证。物流标准化的意义及作用主要表现在以下几个方面。

1. 物流标准化是提高物流效率，实现物流管理现代化的重要手段

物质资料从生产厂的原料供应、产品生产，经市场流通到消费环节，再到回收再生，是一个综合的大系统。国家标准《全国工农业产品（商品、物资）分类与代码》的发布，使全国物品名称的标识代码有了统一依据和标准，有利于建立全国性的经济联系，为物流系统的信息交换提供了便利条件。集装箱和托盘化运输是提高物流效率的重要手段，但只有与其相关的运载装卸设备相互配套，并制定相应标准才能充分发挥集装箱和托盘的优势。

2. 物流标准化是满足客户需求，提高物流质量的保证

物流活动的根本任务是将工厂生产的合格产品保质保量并及时地送到客户手中。物流标准化对运输、包装、装卸搬运、仓储、配送等各个子系统都制定相应标准，形成物流的质量保证体系，只要严格执行这些标准，就能将合格的物资送到客户手中。

3. 物流标准化是消除贸易壁垒，促进国际贸易发展的重要保障

在国际经济交往中，各国或地区标准不一，是重要的技术贸易壁垒，严重影响国家进出口贸易的发展。因此，要使国际贸易更快发展，必须在运输工具、包装、装卸、仓储、信息，甚至资金结算等方面采用国际标准，实现国际物流标准统一化。例如，集装箱的尺寸规格只有与国际上相一致，与国外物流设施、设备、机具相配套，才能使运输、装卸、仓储等物流活动顺畅进行。再如"电子商务"将商品购销双方的一系列活动通过网络进行，没有标准化做保证，则"电子商务"难以顺利发展。

4. 物流标准化是降低物流成本，提高物流效益的有效措施

物流的高度标准化可以加快物流过程中运输、装卸搬运的速度，降低储存费用，减少中间损失，提高工作效率，因而可获得直接或间接的物流效益，否则就会造成经济损失。

5. 物流标准化是物流企业提高竞争能力，进军国际物流市场的通行证

物流标准化已是全球物流企业提高国际竞争力的有力武器。我国物流企业在物流标准化方面仍十分落后，面临加入 WTO 带来的物流国际化挑战，实现物流标准的国际

化已成为我国物流企业开展国际竞争的必备资格和条件。

9.3.4 国际物流标准化体系

随着贸易的国际化,物流标准也日趋国际化。以国际标准为基础制定本国标准,已经成为 WTO 对各成员的要求。目前,世界上约有近 300 个国际和区域性组织,制定标准和技术规则。其中具有代表性的是国际标准化组织(ISO)、国际电工委员会(IEC)、国际电信联盟(ITU)、国际物品编码协会(EAN)与美国统一代码委员会(UCC)联盟等,它们创立的 ISO、IEC、ITU、EAN.UCC 等标准均为国际标准。

从世界范围看,物流体系的标准化,各个国家都还处于初始阶段,标准化的重点在于通过制定标准规格尺寸来实现全物流系统的贯通,提高物流效率。

1. 国际物流标准的两大标准化体系

(1) ISO 标准体系

目前,ISO/IEC 下设了多个物流标准化的技术委员会负责全球的物流相关标准的制定修订工作。已经制定了 200 多项与物流设施、运作模式与管理、基础模数、物流标识、数据信息交换相关的标准。

ISO 与联合国欧洲经济委员会(UN/ECE)共同承担电子数据交换(EDI)标准的制定,ISO 负责语法规则和数据标准的制定,UN/ECE 负责报关标准的制定。

在 ISO 现有的标准体系中,与物流相关的标准约有 2 000 条左右,其中运输 181 条、包装 42 条、流通 2 条、仓储 93 条、配送 53 条、信息 1 605 条。

(2) EAN.UCC 标准体系

物流标准化的很重要的一个方面就是物流信息的标准化,包括物流信息标识标准化、物流信息自动采集标准化和自动交换标准化等。

EAN 就是管理除北美以外的对货物、运输、服务和位置进行唯一有效编码并推动其应用的国际组织,是国际上从事物流信息标准化的重要组织。而美国统一代码委员会(UCC)是北美地区与 EAN 对应的组织。近两年来,两个组织加强合作,达成了 EAN.UCC 联盟,以共同管理和推广 EAN.UCC 系统,旨在全球范围内推广物流信息标准化。其中,推广商品条形码技术是其系统的核心,它为商品提供了用标准条形码表示的有效的、标准的编码,而且商品编码的唯一性使得它们可以在世界范围内被跟踪。

EAN 开发的对物流单元和物流节点的编码,可以用确定的报文格式通信,国际化的 EAN.UCC 标准是 EDI 的保证,是电子商务的前提,也是物流现代化的基础。

2. 美国物流标准化发展

随着信息技术和电子商务、电子数据、供应链的快速发展,国际物流业已经进入快速发展阶段。在国际集装箱和 EDI 技术发展的基础上,各国开始进一步在物流的交易条件、技术装备规格,特别是在单证、法律环境、管理手段等方面推行国际的统一标准，使国内物流与国际物流融为一体。

美国作为北大西洋公约组织成员之一，参加了北大西洋公约组织的物流标准制定工作，制定出了物流结构、基本词汇、定义、物流技术规范、海上多国部队物流、物流信息识别系统等标准。美国国防部建立了军用和民用物流的数据记录、信息管理等方面的标准规范。美国国家标准协会（ANSI）积极推进物流的运输、供应链、配送、仓储、EDI 和进出口等方面的标准化工作。

美国与物流相关的标准约有 1 200 余条，其中运输 91 条、包装 314 条、装卸 8 条、流通 33 条、仓储 487 条、配送 121 条、信息 123 条。在参加国际标准化活动方面，美国积极加入 ISO/TC104，在其国内设立了相应的第一分委会（负责普通多用途集装箱）、第二分委会（负责特殊用途集装箱）和第四分委会（识别和通信）。美国加入了 ISO/TC 122, ISO/TC154 管理、商业及工业中的文件和数据元素等委员会。美国还参加了 ISO/TC 204 技术委员会并由美国智能运输系统协会（ITS AMERICA）作为其美国技术咨询委员会，负责召集所有制定智能运输系统相关标准的机构成员共同制定美国国内的 ITS 标准。

美国统一代码委员会（UCC）为了给供应商和零售商提供一种标准化的库存单元（SKU）数据，早在 1996 年就发布了 UPC 数据通信指导性文件，美国标准协会也于同年制定了装运单元和运输包装的标签标准，用于物流单元的发货、收货、跟踪及分拣，规定了如何在标签上应用条码技术，甚至包括用二维条码四一七和 MAXICODE，通过标签来传递各种信息，实现了 EDI 报文的传递，即所谓的"纸面 EDI"，做到了物流和信息流的统一。

9.4 基于 Internet 的国际物流

随着国际电子技术的发展，特别是国际互联网的日益普及，全球的贸易活动日益受到新兴的电子信息技术的影响，由此产生了全球范围的电子商务和网络营销。跨国公司电子商务的推广，加快了世界经济的一体化，使国际物流在整个商务活动中占有举足轻重的地位。互联网电子商务带来对物流的巨大需求，推动了物流的进一步发展，促进物流技术水平提高，把物流业提升到了前所未有的高度，而物流是实现电子商务的重要保证。

9.4.1 电子商务的发展对国际物流的影响

1. 国际电子商务的推广，使国际物流在整个商务活动中占有举足轻重的地位

电子商务由交易主体、电子商务市场、交易事务和商流、物流、信息流、资金流等基本要素构成，物流信息系统的主要工作方法和物流管理的情报通信系统是为实现

电子商务服务的,要求交通运输、库存控制系统能有效地结合电子商务方式。因此可以说两者相互依存、共同发展。从网络经济中涌现出来的电子商务企业最终明白:电子商务必须与现代物流相结合,没有现代化物流系统为依托,电子商务将在时代浪潮中沉没;而传统的物流企业和工商企业也逐步认识到,如果不乘上网络经济和电子商务的快车,就将被时代所淘汰。这两种趋势都意味着物流企业现代化的步伐正在加快,一批适应电子商务时代要求的新型跨国物流企业正在形成。

2. 电子商务下的国际物流配送呈现信息化、集成化、社会化的特点

以网络经济为基础的电子商务对传统的物流配送带来了巨大的冲击和影响,给传统的物流配送管理观念带来深刻的革命,电子商务下的国际物流配送呈现信息化、集成化、社会化的特点。网络对物流配送的实时控制,代替了传统的物流配送管理程序,物流配送周期和物流配送的持续时间在网络环境下大大缩短,对物流配送速度提出了更高的要求。电子商务环境为网络技术提供了广阔的发展空间,其组织方式也发生了深刻变化。网络系统的介入,计算机系统管理可以使整个物流配送管理变得高效化。网络营销的推广,可以使用户购物和交易过程变得更有效率,费用成本更低。

3. 国际电子商务的发展,促进了国际物流中心、配送中心、物流园区的建设

国际物流中心、配送中心、物流园区建设,包括物流基础设施、自动分拣系统、自动化搬运系统、自动化立体仓库及计算机智能化技术等设备设施建设。

4. 互联网电子商务的蓬勃发展,促使了第三方物流模式国际化发展趋势

随着互联网电子商务的蓬勃发展,现代企业生产经营方式的变革和市场外部条件的变化,"第三方物流"的这种物流形态开始引起人们的重视。在发达国家,先进企业的物流模式已开始向第三方物流方向转变。第三方物流企业是站在货主的立场上,以货主企业的物流合理化为设计物流系统运营的目标。而且第三方物流企业不一定要保存物流作业能力,也就是说可以没有物流设施和运输工具,不直接从事运输、保管等作业活动,只负责物流系统设计并对物流系统运营承担责任,具体的作业活动可以采取对外委托的方式由专业的运输、仓储企业去完成。近年来,我国及一些发展中国家的第三方物流模式具有国际化发展趋势。

9.4.2 跨国公司物流是国际物流的主要形式

1. 跨国公司的全球性营销,使得国际贸易与国际物流量同步增长

生产专业化和社会化的发展,使通过商品交换来调剂或弥补国与国之间各自资源稀缺状况的手段,在不能完全适应世界经济发展的需要时,资本与劳动力开始在国际间进行流动,跨国公司出现并得到快速发展,其全球性的营销活动,引起国际贸易与

国际物流量同步增长，在跨国公司的内部贸易中也产生了巨大的国际以及洲际的物流量。目前，全球约有 6 万多家跨国公司，其子公司、分公司和附属企业合计达 50 万家。它们能伸向世界各国的触角就是物流企业，跨国公司物流快速发展，成为国际物流的主要形式。

2．跨国公司物流管理的延伸，对国际物流时效、质量、规模、路线和效益提出了更高要求

由于跨国公司可以有效地协调公司各部门之间的关系，调整投资、控制市场、合理避税，以保证整个跨国公司获得最大利润，而物流企业为这些跨国公司提供了最佳资源及原材料供应地，产成品生产地，半成品加工地，产品分拨配送和销售地。需要现代物流管理不断增加服务深度，延伸流程长度，拓宽服务范围，为跨国公司降低运营成本，扩大销售市场，提高利润增长。跨国公司由于实施全球战略，对各生产要素和经营环节的集中管理，统一调配，对国际物流时效、质量、规模、路线和效益提出了更高要求，从而也使跨国公司本身发展壮大。

3．跨国公司物流，主宰着国际物流的发展方向

跨国公司生产和经营的全球化，日益加重了各国对国际贸易的依赖，并通过增加贸易流量使世界市场不断扩大，跨国公司主宰了世界贸易发展的格局，也主宰着国际物流的发展方向。跨国公司以其占世界贸易 3/4 的份额，资源的大规模、多品种和货物运输的全球范围等几个方面在国际物流市场对需求和供给产生极其重大的影响。跨国公司的生产活动对于原材料、半成品的需要，产品销售的需要，其经营活动通过国际贸易扩大到第三国，国际物流在国际间使跨国公司生产经营和贸易活动得以最终实现。跨国公司还会对外直接投资，而投资必然会产生商品的国际间流通，产生对国际物流的需求。

4．跨国公司物流，是国际贸易和国际物流的重要组成部分

如何解决全球市场成长，全球供销渠道多样化与全球化物流活动复杂化的矛盾，是每个企业进行国际贸易活动中必须研究的一个重要课题。在全球范围内进行生产经营的跨国公司，为了实现竞争优势增加利润，必须在全球范围内统筹其资源，安排其生产流通活动。世界经济的全球化、一体化趋势是国际物流发展的基础，现代信息技术的发展，贸易管理的标准化等为物流的延伸和跨国发展扫除了障碍。过去如订单、交付凭证、海关表格之类国际商业文件，通常属于硬备份文件，需花费大量的时间传输，往往还会有许多误差。目前所采用先进的信息技术，不仅加快了订货需求传输速度，还使生产进度、装运进度以及海关清关速度加快。

9.4.3 国际物流发展存在的问题

1. 当代国际物流的环境越来越复杂

传统的国际物流量小,大都由少数国家的少数企业所垄断。现在国与国之间、地区与地区之间、国家与地区之间直接通商的越来越多,各国的物流环境迥异,从事国际物流就需要在不同的法律、人文、语言、科技和设施等条件下运作,从而使国际物流的难度与复杂性越来越大。

2. 国际物流的地域广、空间大、环节多、时间长、风险大

国际物流大都远涉重洋,货物从始发地至目的地需时较长,受政治、经济、自然条件等诸多风险的影响。

3. 国际物流信息化发展不平衡

传统的国际物流大都依靠信件、电报、电传和传真传递信息,这些通信手段将会逐渐被以计算机联网为基础的信息系统所取代。但是,当前世界各国的信息技术水平很不平衡,之间的差距很大,有的国家和地区水平较高,有的则较低,因此,建立全面的现代化信息系统还存在相当大的困难。

4. 国际物流的标准化有待进一步推广

国际物流对标准化程度的要求较高,要使国际间物流畅通起来,统一标准是非常重要的,如果没有统一的标准,国际物流水平将很难提高。目前,美国、欧洲基本实现了物流工具和设施的统一标准,如托盘标准、集装箱有几种统一规格及条码技术等,这就大大节省了物流费用,降低了运转的难度。而不向这一标准靠拢的国家,必然会在运转、换车等许多方面耗费更多时间和费用,从而降低其国际竞争能力。在物流信息传递技术方面,欧洲各国不仅实现了企业内部的标准化,而且也实现了企业之间及欧洲统一市场的标准化,这就使欧洲各国之间的物流信息交流比亚洲、非洲等国家间的交流更简单、更具效率。

不同国家物流基础设施、物流技术标准存在差异,一定程度上妨碍了国际物流与互联网电子商务的发展。由于物流标准化的重要性,国际物流业界一直都在不断探索标准化技术,并不断出台标准化措施,可以说物流标准化是今后国际物流发展的重要趋势之一,也是国际物流进一步发展需要解决的问题。

5. 物流现状仍是制约互联网电子商务发展和跨国公司营销战略实施的"瓶颈"

(1) 物流服务的复杂性加剧。JIT(just in time)送货在电子商务环境下的运用,提高了客户对交货的服务质量要求。

(2) 频繁而小批量送货的影响。由于频繁而小批量送货增加,货车载重利用率下降。小批量的运输条件下,做到送货卡车的满载相当不易。但其发展趋势已蔓延到仓

储业的经营中，产品按客户订单进行储存、拣选，按预定的目的分拣，这就增加了作业难度，而流通环节产品品种的增多、数量的增大更强化了这种趋势，这也反映了物流活动的二律背反现象。

6．各种妨碍贸易自由化的保护主义措施有待世界贸易组织（WTO）努力解决

当今经济发达国家和发展中国家为了保护本国的利益，大都在不同程度上采取了各式各样的保护性措施，如商品配额、外汇管制、关税壁垒、技术壁垒和绿色壁垒等。这些措施都妨碍了国际贸易和国际物流的正常发展，因此世界贸易组织必须积极努力，以逐步解决这些问题。

9.4.4 我国国际物流发展的对策

我国加入WTO以后，物流业面临拥有资金、技术和管理优势的外国物流企业的挑战。应用现代物流理念和先进的运作方式、提高物流服务水平，以应对物流市场的国际化竞争，已经成为我国物流企业的当务之急。为了加大我国物流业的开放力度，加快企业资源整合，2001年原国家经贸委（后并入国家发改委）与交通部、原外经贸部（现商务部）等部门联合印发了《关于加快我国现代物流发展的若干意见》，称我国物流领域的扩大与对外开放，将与加入世界贸易组织的对外承诺中有关运输服务和分销领域的开放同步进行。要求各地要进一步加快物流领域的对外开放步伐，大力提倡国内外物流企业携手合作，积极支持国外物流企业进入我国市场，同时鼓励我国物流企业走向国际市场，加速实现国内外物流市场服务的一体化。随着改革开放和对外贸易的发展，我国国际物流业有了一定的基础。21世纪，我国国际物流业应进入一个新的历史发展阶段，有关国际物流的基础建设、技术水平和现代化管理都应有很大的提高和发展，才能适应世界经济竞争发展的需求。

1．合理设置国内外的物流网点，促进物流相关行业的配套协调发展

传统观念认为我国国民经济发展的基础设施是交通运输，而现在已逐渐转变为现代物流系统。这一点已得到越来越多国家的认可与高度重视。我国的物流企业起步较晚，目前有实力、有网络系统的大型货运企业还很少。国际上有实力的货运企业，如国际班轮公司、货运代理企业正纷纷向中国货运市场渗透，特别是我国入世后，市场进一步开放，竞争更为激烈。因此要尽快转变观念，加强物流意识，尽快发展壮大自己的实力。加强基础设施的建设与发展，搞好交通运输系统内外部的协调与发展，建立多种运输方式有机结合的综合运输体系，加强多式联运的门到门运输服务。我国目前的物流基础设施与物流机械化、现代化的要求还有差距。例如，集装箱专用码头、深水泊位及装卸能力、中转站等还不能完全满足国际物流业的需要。为适应国际物流作业连续化、快速化的特点，还应积极发展高科技物流技术设备，提高运输效率。今

后国家有关部门有必要进一步加强各方面在发展物流方面的协调工作，统筹规划，配套发展。各地方、各大中城市也要注意搞好当地物流配送基地、中心的规划，推动我国发达、配套的物流体系的形成。

2．不断扩大集装箱运输、多式联运运输和欧亚大陆桥运输的规模

国际物流多式联运具有运送迅速、安全准确、手续简便的特点，是国际物流的高速公路。因此，要积极构建国际物流经营运作的基础设施，形成便捷的交通运输网络。在建立以港口为龙头的海陆、海铁多式联运体系的基础上，积极推进空港物流区的运作，从而实现海陆空多式联运体系，形成与国际物流相关、保证辐射带动作用充分发挥的功能体系。

3．充分利用信息流，加速商品和资金的周转，提高国际物流效率

要大力推动国际物流信息系统建设，促进与国际电子商务的结合。随着国际物流信息化趋势的推进，我国要加快建立国际物流信息交易系统，确保全天候地连接国际互联网，以满足国际物流运作的需要。要研究改进国内外的运输路线，以减少相向、迂回运输；要研究改进包装的材料、尺寸，以提高单位包装的载货量和降低成本；要更新和扩建港口设施，改进管理以提高装卸率，减少船舶停靠时间和港杂费；要把握经济全球化背景下国际物流运行的规律和特点，构筑高效便捷的"大通关"体系，提高口岸的工作效率；要树立服务意识，深化"大通关"服务改革；要学习先进地区的经验和模式，加快口岸电子化、信息化建设，建设口岸公共物流信息平台。

4．扩大开放的力度，加强国际物流合作

国际物流已经逐渐成为世界各国经济建设普遍关注的问题之一，也成为当今经济竞争中的一个焦点。因此，只有广泛开展国际物流合作，才能促进我国国际物流的繁荣。加入了世界贸易组织后，我国政府关于限制外商投资的壁垒逐渐被打破。这为跨国公司在华投资敞开了大门，而跨国公司的进入将对国内传统物流业产生深刻的影响。一些跨国公司会把物料采购、物流配送外包给合作伙伴，同时也特别强调对本土资源的充分利用，这将给中国的物流与分销服务业提供一个崭新的市场。对国内物流企业而言，其发展面临许多制约因素，如资金、技术、管理等，但同时它们也具有劳动力成本低、熟悉传统文化、熟悉市场等方面的优势。我国加入世界贸易组织后，许多跨国公司看好中国市场的巨大潜力，因而十分需要中国国内的合作伙伴。因此，国内企业与跨国公司的有效合作将是一种双赢的战略伙伴关系。

（1）我国现代物流发展，可以借鉴发达国家物流发展的先进经验、方法和政策，引进国外先进的物流理念和物流技术。积极加强国际合作，加速实施国内外物流市场服务一体化，物流技术标准化建设与国际接轨，本国物流标准与国际物流标准化体系相一致。

（2）克服传统的"从内向外"的思考习惯，建立新型的"从外向内"的新思维方

式。全球市场消费者的需要并不完全相同,不同国家和不同消费层次的消费者的需要往往存在较大差异性,要求企业必须克服传统的"从内向外"的思考习惯,建立新型的"从外向内"的新思维方式。

(3) 深耕现有市场,开拓新市场,开展深层次的国际物流。与市场全球化相对应,企业间的竞争也在全球市场展开,企业在世界市场上的竞争地位,决定它在国内市场上的竞争地位,这已成为一种普遍的现象。一个企业如果要获得竞争优势,就必须在全球范围内配置利用资源,开展经营活动和深层次的国际物流活动。随着市场竞争的全球化,跨国公司最基本的战略是在通过采购、制造、分销等规模经济效益减少成本的同时,通过深耕现有市场并不断开拓新市场来扩大销售,来实现公司扩张和效益增加。

(4) 应用电子商务技术协调和控制全球供应链的物流活动,成为全球经营成功的关键。企业经营的全球化使得管理全球供应链的物流活动变得复杂和繁琐,这可能导致巨大的物流成本。英国著名经济学家克里斯多夫认为:"真正的竞争不是企业与企业之间的竞争,而是供应链与供应链之间的竞争。"因此,应用电子商务技术协调和控制整个全球供应链物流活动显得越来越重要,这已成为企业全球经营能否成功的关键因素之一。

5. 加强国际物流人才的教育与培训,适应国际物流管理对高端人才的需求

具体的措施包括以下三个方面。

(1) 建立和完善物流专业学科体系,在某些大专院校、科研院所增设物流管理专业,设置物流专业课程;在大型物流企业内,建立物流研究所或研究室,加快培养高中级物流人才,加强物流理论、物流技术和物流管理方面的研究,以适应我国物流发展的需要。

(2) 将物流教育引向市场,在物流行业内部,引入和建立风险投资机制、市场竞争机制;借助市场的力量,推动教育多元化投资体制的建立,形成国家、物流企业和个人共同参与教育投资、共同分享教育投资利益的多主体、多层次的教育投资格局。

(3) 培养全面的国际性物流人才。国际性物流人才除了要具有物流专业知识外,还需熟练掌握外语和具有相当强的业务谈判能力,对不同国家的思想文化状况要有所了解,并具有一定的计算机信息网络技术方面的知识与技能,能够进行正确的决策等。必须把物流人才的培养和职业技能教育放在战略地位的高度来抓,以适应物流产业国际化发展的需要。

本章小结

当今世界经济高速发展,发达国家均以"经济全球化"、"信息高速化"、"国际物

流网络化"的战略构筑新的世界经济结构。本章分析了国际贸易与国际物流的关系，介绍了国际物流的概念、特点及发展趋势；阐述了国际物流各子系统内容及系统模式，探讨了电子商务环境下国际物流系统网络构建；介绍了国际多式联合运输含义及特征，阐述了国际货运代理的概念、性质及作用；介绍了物流标准化的概念、特征及种类，介绍了有关国际物流标准化体系；分析了电子商务的发展对国际物流的影响，探讨我国国际物流发展中存在的问题与对策。

国际物流，就是组织货物在国际间的合理流动，也就是发生在不同国家之间的物流。国际物流的实质是按国际分工协作的原则，依照国际惯例，利用国际化的物流网络、物流设施和物流技术，实现货物在国际间的流动与交换，以促进区域经济的发展和世界资源优化配置。

国际物流系统是由商品的包装、储存、运输、报关、检验、流通加工和其前后的整理、再包装以及国际配送等子系统组成。随着贸易的国际化，物流标准也日趋国际化。

国际互联网的日益普及，全球的贸易活动日益受到新兴的电子信息技术的影响，由此产生了全球范围的电子商务和网络营销。跨国公司电子商务的推广，加快了世界经济的一体化。要进一步加快物流领域的对外开放步伐，大力提倡国内外物流企业携手合作，积极支持国外物流企业进入我国市场，同时鼓励我国物流企业走向国际市场，加速实现国内外物流市场服务的一体化。

 思考题

1. 什么是国际物流？国际物流有哪些特点？与国内物流的主要区别在哪里？
2. 简述国际物流的发展过程。
3. 国际物流系统由哪几部分组成？简要说明各组成部分的功能。
4. 说明国际物流网络系统在国际贸易中的作用。
5. 列举几个熟悉的国际物流企业，并说明它们在中国的发展情况。
6. 什么是国际多式联运，它具有什么特点？
7. 简述国际货运代理的含义及其作用。
8. 说明物流标准化的概念、意义及作用。
9. 为什么说跨国公司物流是国际物流的主要形式？

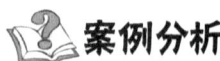 **案例分析**

案例9-1 跨国团购网站的物流风险

OrderWithMe是一家面向国外中小零售商的团购外贸网站，由一位来自美国得克萨斯州的29岁小伙儿江文森创办。江文森的创业并非偶然,早在2006年时,大学毕业后的江文森还在上海教英文,没课时他便经常去周边城市游玩。一次去义乌的经历,让他发现很多工厂生产各类时尚首饰,且价格便宜。于是,他辞去工作,决定回美国开小首饰店。当时他主要从中国厂家批发一些珠宝、首饰、手包等小商品,再回国卖。通常情况下,进价只有5美分的耳环,在美国却卖到50美元。此后,江文森便每隔两个月到中国采购一次,虽然价格便宜,但由于是外贸单,必须要有一定量的存货。为此,他又开了两家分店,但库存还是很多,加上饰品必须常更新式样,没多久,商品积压,陷入了恶性循环。这时,他突然萌发了一个想法:何不把所有的零售商需要采购的商品汇集起来,再集中到工厂进货,彻底砍掉中间商环节,也能免去库存困扰。于是,便出现了现在的OrderWithMe平台。

由于中国工厂的小商品外贸订单起订门槛通常为50至100件,欧美小的零售商往往达不到这个标准。而在OrderWithMe的平台上,商户可通过类似团购的方式"拼单",达到一定数量后,OrderWithMe则将其打包成一个大订单,直接向工厂下单,以远低于海外批发商的价格拿货。同时,平台还可提供支付、海关、长途运输、库存等各种服务。对中国的小工厂来说,尽管OrderWithMe的订单不大,但因为流程短、效率高,颇受那些找不到产品销路的小工厂的欢迎。与B2C的电商网站类似,OrderWithMe的利润来自商品网站售价与工厂价之间的差价。最大的亮点在于,通过分离订单和绕过中间人,在中国用折扣的价格大量的购买,帮助商家从中国工厂拿到物美价廉的货品。

在公司创办初期,江文森到美国拉斯维加斯参加贸易展时,便受到极大认可,并陆续积累了约20家中国工厂、60余个美国小客户,还有很多美国二级批发商。尽管想要和江文森合作的厂家越来越多,但为了保证商品质量和工作效率,平台上的商品均由OrderWithMe在国内的美国团队精心挑选,江文森还会经常实地去工厂考察,挑选商品,他的原则是寻找有品质保证的"精华"厂家。那么,如何让厂商更清楚地找到商户所需要的产品?在OrderWithMe平台上,主要由美国商户来选择产品,江的理由是:"商户更了解在美国当地消费者喜欢哪些产品,也给中国厂商免去困扰,他们很难摸清美国到底畅销什么。"这不仅能给商户减少库存量,还使得厂家更有针对性地生产商品。

但要满足商户的要求并不简单。自从公司去年在业界颇负盛名的创业盛会TechCrunchDisrupt中拿下"创业竞技场"冠军后,公司不仅获得300万美元的融资,且江文森每天都能收到从世界各地发来的电子邮件。更是有客户每天都要求新增商品,包括来自澳大利亚、肯尼亚、巴西、迪拜等全球的小零售商,但走标准的"国际化"模式显然并非易事,这些来自全球各地的需求,也给江文森带来"困扰",譬如"仿制的法国古董家具"、"质量像LV、价格像沃尔玛的手提包"。他们中不仅有想要成为供货商的中国工厂主,还有来自世界各地的商人希望在当地开一个OrderWithMe分支。

但在接下来的几年，江文森坦言面临的最大挑战是全球的货运问题。

事实上，OrderWithMe 在中国并非没有竞争对手。此前，国内已有越来越多的创业者剑指外贸流程更短的跨国 B2C，除了米兰网之外，还有兰亭网、大龙网、敦煌网。但在江看来，这些平台上的货物普遍较贵，且多以零售的形式出售，暂时还构不成竞争。中投顾问高级研究员高博轩认为，OrderWithMe 模式最大的优势是将社交网络的元素融入，形成买卖双方交互式的交易平台，且能够更好地形成买卖双方的对接，同时也尽可能地减小库存滞留问题。这正是令江文森最骄傲的"设计"，即让零售商们决定买什么，不买什么——可以参与投票，决定网站初步遴选的上百件商品中哪些可进入团购序列，也可以留言——偏爱哪种颜色，或是想更换某种零件。甚至如果商户所下单的商品过了团购期，也能从历史记录里重新翻出，投票决定它是否能重新进入团购序列。

江文森习惯称 OrderWithMe 是"OnlineTrade2.0"，目前除了 PC 网站之外，还推出了 iPhone 客户端。仅在网站测试期间，OrderWithMe 的交易额已超过 12 万美元，目前已有 12 个类别的产品，合作厂家超过 30 个。日前，新上线的网站，江文森计划推出三个定位不同年龄层的原创品牌，且每个品牌每周推出 30 款团购产品。但随着后期规模的扩大，OrderWithMe 在物流环节会存在一定的问题。在高博轩看来，由于团购用户来自不同的国家，不仅会加大物流配送成本，同时由于是海外配送，对于大笔单据来说或牵涉到保险、报关、报检等复杂程序，而部分国家或存在贸易保护主义行为，或存在较多无法预计的风险，这些因素都将导致货物无法送达，最终导致交易失败。

资料来源：腾讯网 http://tech.qq.com/a/20120303/000009.htm。

讨论题：
1. 探讨 OrderWithMe 网站贸易的物流战略对其发展有何影响？
2. 讨论跨国团购网站存在的物流风险。

案例 9-2　深圳海关"大通关"建设

口岸工作效率的大幅度提高和投资环境的明显改善，有力地促进了外贸的发展、投资环境的改善和企业国际竞争力的提升。2002 年，我国利用外资突破 500 亿美元，首次超过美国，成为全球吸收外资第一大国；外贸进出口总额超过 6 000 亿美元，成为世界第六大贸易国。这充分说明，我国对外经济贸易已经初步形成了健康的政策导向、有序的运行机制和良好的市场环境。

以深圳海关为例，2003 年 6 月，广东省召开全省"大通关"建设工作会议，省领导在会议上指出要进一步搞好"大通关"建设，改善投资环境，更好地为外经贸和经济发展服务。作为深圳口岸的主要执法部门之一，近年来，深圳海关一直致力于营造便利、快捷的通关环境，着重抓好两方面工作：一是作为"大通关"建设的重要参与者，在海关总署和广东分署的统一指导下，依托先进的科技手段，采取切实措施努力提高通关效率，实现有效执法和便利贸易的高度统一；二是作为"大通关"建设的主要推动者，在深圳市政府的统一部署下，做好自身工作的同时，主动加强与口岸其他部门之间的协调联动，全力以赴推进深圳市"大通关"建设。深圳海关在改善通关服务、营造"大通关"环境方面采取了如下措施。

1. 简化通关手续，提高贸易效率，优化投资环境

（1）全面推广陆路快速通关作业改革

深圳毗邻香港，入世后，深港经济联系日趋紧密，口岸验放压力也随之增大。为有效解决口岸"瓶颈"堵塞难题，深圳海关认真贯彻落实总署提出的"两水两路"通关改革指示要求，2001年1月，全面启动陆路通关改革，在深圳的陆路口岸与省内海关73个转关车场正式试行新的转关运输监管模式。以货物提前申报、口岸海关快速放行、主管地海关办理验放为突破口，实现转关监管一次申报、一次查验、一次放行。口岸车辆通关由过去平均每45分钟放行一辆降低到一分多钟放行一辆，明显舒缓了口岸压力，监管的有效性也得到加强。

同年，深圳海关成功开发公路口岸电子自动核放系统，通过五种电子设施（通道监控系统、车辆自动识别系统、司机卡自动识别系统、电子地磅系统和电子闸门系统）联动，实现对车辆的自动识别和报关数据的逻辑审核、判断，自动处理放行。该系统实施后，转关车辆通过海关电子通道的时间仅需4～5秒，比以前车辆通过海关通道需一分多钟的时间大为缩短。2003年，深圳海关进一步完善对陆路运输车辆的通关管理，CEPA协议签订的翌日，在皇岗口岸启动"报检"和"报关"车辆自动核放，采用自动核放车辆的覆盖面由过去的60%提高到80%，陆路通关效率进一步得到提高。

（2）不断探索加工贸易监管改革新模式

加工贸易在深圳外经贸发展中举足轻重。针对深圳加工贸易企业数量多、产业链条长、生产配套能力强的特点，近年来，深圳海关积极探索管理模式，依托先进的科技手段和科学的流程设计，不断提高了加工贸易的管理效能。

2002年6月开始，深圳海关全面实施深加工结转模式改革。新模式采取"一次审批、分别报关、自动对碰、重点核查"的结转方式，结转环节从8个减少为4个，办结手续的时间由至少5～7天减至平均一天左右。深加工结转效率的提高大大促进了加工贸易和深圳外贸出口的增长。

2003年，深圳海关根据总署第100号令精神，全面推进加工贸易联网监管改革，实现以合同为管理单元向以企业为管理单元，以纸质手册为管理重点向以电子账册为管理重点的重大转变。实施联网监管一方面提高了工作效率，缩短了办理备案手续的时间。大量需人工完成的工作改为由计算机完成，企业办理合同备案手续的时间由联网前的10～15个工作日减少至一个工作日。另一方面海关自身监管力度也得到加强。

由于采用联网监管的企业实现网上备案、网上报请核销，使海关监管与企业自管相结合，达到对企业生产过程实现实时监控的目的。

2. 密切配合，协调联动，努力构建大通关体系

"大通关"建设的本身是一项涉及多个行业、多个部门的系统工程，需要在政府的统一领导下，实现全社会的整体规划和总体推动。基于以上认识，深圳海关在继续深化自身通关作业改革的同时，主动加强与其他口岸管理部门之间的合作，努力营造出优质、高效的整体通关环境。

（1）与检验检疫部门开展"电子通关单联网核查"工作

国家质检总局、海关总署《关于进一步扩大电子通关单联网核查项目试点范围的通知》下发后，深圳海关立即行动起来，与检验检疫部门紧密配合，建立畅通的联络沟通渠道，选择在本地通关、属海关A类管理、产品单一、质量稳定的自理报关型企业进行试点。通过双方业务、技术人员的密切协作，在较短时间内就完成电子通关单系统基本流程、系统控制、异常案例处理等测试工作。目前，海关与国检部门的联网核查试点全面铺开，从试点运行的情况看，取得了良好的效果，达到了严密监管、服务企业的目的。

（2）与国税部门进行"出口退税子系统联网运行"试点

为解决出口退税问题，提高退税效率。2003年，深圳海关与国税部门开展"出口退税子系统联网运作"工作，有效保证出口退税工作的时效性和准确性，避免因系统应用而影响企业的及时退税。双方还建立了联系配合办法，确保报关单电子数据与纸质单证数据相一致，有效打击骗税、骗汇行为。各现场海关还指派专人负责解答企业疑难问题并协助查询数据。目前，该系统运行总体情况正常，国税与有关出口退税企业反映良好。

（3）与银行推广"网上支付"项目

2003年，深圳海关与银行界组织实施"网上支付"项目试点工作。外贸企业可以通过网上支付海关税费，减少了企业往返海关、银行办理手续的次数和时间，使交纳税费时间由原先的平均半天缩短至20分钟以下，将因人工缴费耗费时间而影响通关效率的因素减少到最低限度，受到了企业的普遍欢迎。通过以上举措，无纸通关的应用范围不断扩大，"电子海关"、"电子口岸"的新型通关作业模式正在深圳口岸逐渐形成。

从2008年1月27日零时起，深圳皇岗口岸旅检通道实行24小时通关，整体通关运行顺畅。董建华先生提出的"旅客半小时通关，车辆不超过一小时通关"的要求已基本实现。同时，随着打击以价格瞒骗为主要特征的各种商业瞒骗走私活动取得成效，大规模的走私在深圳地区已经得到了有效的遏制。

随着内地与香港"更紧密经贸关系安排"的实施，深港经济合作迈向更高层次、更宽领域发展，社会各界对提高口岸通关效率的要求必将日趋迫切。推进大通关建设，

对于提高口岸工作效率、减轻企业负担、实现海关有效监管与高效运作的统一有着显著意义。在今后的工作中,深圳海关将按照贸易便利化的理念,不断改革业务制度,促进通关效率进一步提高,努力使海关工作在高水平上与国际相接轨,实现管理方法、执法能力和工作效率的整体提升,继续为优化投资软环境,支持深圳外源性经济持续发展做出应有的贡献。

资料来源:湖南外贸网 http://www.tradehn.com/news/news.aspx?id=197065。

讨论题:
1. 深圳海关在改善通关服务和营造"大通关"环境方面采取了哪些措施?
2. 深圳海关建立"大通关"取得了哪些成效?

实际操作训练

实训项目 9-1 国际物流系统调研

(1)实训目的:通过实训,了解国际物流系统的构成及主要业务流程。

(2)实训内容:选择一家国际物流企业进行调研,分析该企业国际物流主要业务和流程,了解其中国业务发展情况。

(3)实训要求:将参加实训的学生分组,在教师指导下进行调研,完成实训报告。

实训项目 9-2 国际物流企业多式联运调研

(1)实训目的:通过实训,了解国际物流企业多式联运主要业务及流程。

(2)实训内容:选择一家国际物流企业进行调研,分析该企业开展国际物流多式联运的情况,熟悉其主要业务和流程。

(3)实训要求:将参加实训的学生分组,在教师指导下进行调研,完成实训报告。

实验教学建议

实验项目 国际货代软件操作

项目名称	实验课时	内容提要	教 学 要 求	实验类别	实验方式
国际货代软件操作	2	熟悉国际货代业务流程	通过本实验教学,运用国际货代软件,熟悉国际货代业务流程	设计性	教师指导独立完成

第 10 章　物流网络营销

知识架构

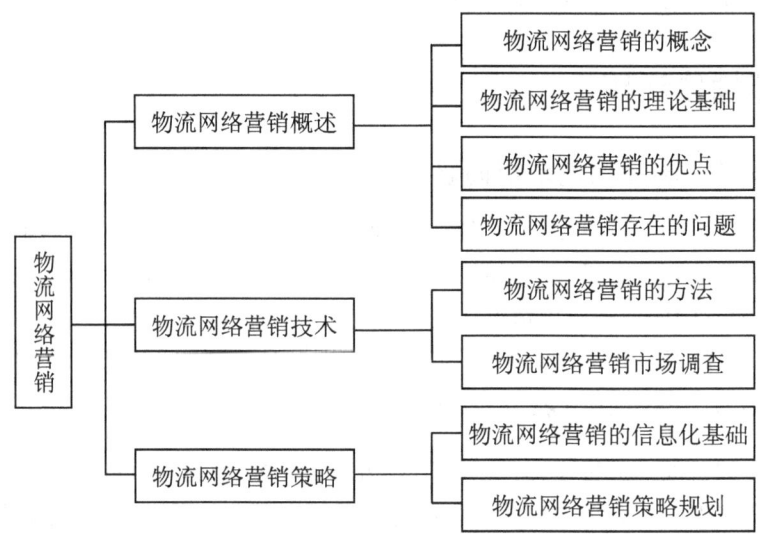

教学目标与要求

了解物流网络营销的相关概念，掌握物流网络营销的方法、各种技术和网络营销的策略。

基本概念

网络营销　物流网络营销　网上市场调查　客户关系管理　CRM 营销

引导案例：Dell 公司的直销网站

制造商从事物流网络营销的情况比较普遍，虽然不同的制造商其电子化的模式不一样，但可以 Dell 公司的直销网站（http://www.dell.com）为例来分析和说明其物流过程。Dell 公司的网站实际提供了一个跟踪和查询消费者订货状况的接口，消费者可以查询从发出订单到订货送到消费者手中整个过程的状况。Dell 对待任何消费者（个人、公司或单位）都采用定制的方式销售计算机，所以其物流服务也是配合这一策略而制定的。

Dell 的物流从确认订货开始，确认订货以收到货款为标志，在收到货款之后需要两天时间进行生产准备及生产、测试、包装、发运准备等。Dell 在中国的工厂设在厦门，其物流的发货委托了一家货运公司，并承诺在款到后 2～5 天内送货上门，某些偏远地区的用户每台计算机还要加收 200～300 元的运费。此种类型的物流与商流模式对 Dell 公司的好处是明显的。一方面可以先拿到用户预付款，运费还要用户自己支付，同时还有可能在货运公司将货运到后再结算运费。

Dell 的电子商务型直销方式对用户的价值体现在个性化生产，同时利用精简的生产、销售、物流过程可以省去一些中间成本。一个覆盖面较大、反应迅速、成本有效的物流网络和系统成为 Dell 直销系统成功的关键。如果 Dell 按照承诺将所有的订货都直接从工厂送货上门，必然会造成过高的物流成本。因为用户分布的区域很广，订货量又少，所以这种系统因库存降低减少的库存费用是无法弥补因送货不经济导致的运作及其他相关成本上升增加的费用的。

资料来源：联商网 http://www.linkshop.com.cn/web/Article_Cinfo.aspx?ArticleId=3296。

10.1 物流网络营销概述

市场营销作为一门学科，于 20 世纪初诞生于美国，它经历了以生产为导向的营销观念、以产品为导向的营销观念、推销观念、以市场为导向的营销观念以及社会营销观念等五个阶段。近年来，营销理论又有了较大的发展，这主要表现在随着互联网的普及，市场营销环境有了根本性的改变，从而对市场营销策略和理念产生了巨大的冲击。作为一种全新的信息沟通与产品销售渠道，互联网改变了物流企业所面对的用户和消费者、虚拟市场的空间以及竞争对手，物流企业将在一个全新的营销环境下生存。

10.1.1 物流网络营销的概念

网络营销属于电子商务的一部分，是物流企业以现代营销理论为基础，利用互联网（也包括物流企业内部网和外部网）技术和功能，最大限度地满足客户需求，以达到开拓市场、增加盈利为目标的经营过程。其包括市场调查、客户分析、产品开发、销售策略和反馈信息等方面。

1. 物流网络营销的概念

营销是以满足人类各种需要和欲望为目的，通过市场，变潜在交换为现实交换的活动的总称。而物流网络营销是指借助于互联网络、计算机通信技术和数字交互式媒体来实现营销目标的一种营销方式。从这两个定义来看，网络营销与传统的市场营销并没有根本的区别，它们都要实现其营销的目标，即将潜在的交换转化为现实的交换。

不同的人对网络营销有不同的理解。例如，一些人认为网络营销就是在网上卖东西，也有些人认为在网上发布一些供求信息或者向潜在用户发送电子邮件就是网络营销。一些学者或网络营销从业人员对网络营销的研究和认识也往往侧重某些不同的方面：有些人偏重网络本身的技术实现手段；有些人注重网站的推广技巧；也有些人将网络营销等同于网上销售。当然，这些活动都和网络营销有着直接的关系，在某些方面反映了网络营销的思想，但并不是网络营销的全部内容，也不可能反映出网络营销的全貌。

在互联网发展的不同阶段，网络营销的内容和手段也有所不同。在 1998 年之前，一些网络营销从业人员和研究人员将网络营销仅理解为网址推广，其核心内容是网站设计的优化以及搜索引擎注册和排名。当时的一些观点甚至认为，只要可以将网址登录到雅虎网站（www.yahoo.com）并保持比较靠前的排名，网络营销的任务就算基本完成。当时网上信息还不很丰富，雅虎作为第一门户网站，是大多数上网者查找信息的必用工具，能够在雅虎上占据一席之地，被用户发现的机会的确很大。这个主要依赖搜索引擎来进行网站推广的时代可称之为传统网络营销阶段。

但是，随着网页数量爆炸式的增长，尽管搜索引擎仍是最基本的网络营销手段，但是仅依赖搜索引擎来推广网址显然已无法取得令人满意的效果，于是网址推广方法也得以扩展。另外，由于网站推广的目的更多的在于吸引新的用户，随着用户数量的增加和获得新用户难度的加大，针对维持和加强现有用户关系的网络营销手段应运而生。因此，许可营销、个性化营销等在现在的网络营销中占重要位置。

2. 对物流网络营销的定义的理解

为了理解物流网络营销的全貌，有必要为物流网络营销下一个比较合理的定义：网络营销是物流企业整体营销策略的一个组成部分，是为实现物流企业总体经济目标所进行的、以互联网为基本手段营造网上经营环境的各种活动。

据此定义，网络营销的核心思想就是营造网上经营环境。所谓网上经营环境，是指物流企业内部和外部与开展网上经营活动相关的环境，包括网站本身、顾客、网络服务商、合作伙伴、供应商、销售商，相关行业的网络环境等。网络营销的开展就是与这些环境建立关系的过程，这些关系处理好了，网络营销也就卓有成效了。

网上经营环境的营造主要是建立一个以营销为主要目的的网站。并以此为基础，通过一些具体策略对网站进行推广，从而建立并扩大其与其他网站之间、与用户之间的关系,其主要目的是为物流企业提升品牌形象、增进顾客关系、改善顾客服务、开拓网上营销渠道并最终扩大销售。

根据网络营销的定义,可以得出如下认识。

(1) 网络营销是手段而不是目的

网络营销具有明确的目的和手段,但网络营销本身不是目的。网络营销是营造网上经营环境的过程,也就是综合利用各种网络营销方法、工具、条件并协调其间的相互关系,从而更加有效地实现物流企业营销目的的手段。

(2) 网络营销不是孤立的

网络营销是物流企业整体营销策略的一个组成部分,物流网络营销活动不可能脱离一般营销环境而孤立存在。在很多情况下,物流网络营销理论是传统营销理论在互联网环境中的应用和发展。由此也确立了物流网络营销在物流企业营销策略中的地位,无论物流网络营销处于主导地位还是辅助地位,其都是互联网时代市场营销中必不可少的内容。

(3) 物流网络营销不等同于网上销售

网上销售是物流网络营销发展到一定阶段产生的结果。物流网络营销是为实现产品销售和宣传服务目的而进行的一项基本活动。但物流网络营销本身并不等于网上销售。这可以从三个方面来说明:

① 物流网络营销的效果表现在多个方面,如提升物流企业品牌价值、加强与客户之间的沟通、拓展对外信息发布的渠道、改善顾客服务等。

② 网站的推广手段通常不仅仅称为物流网络营销,往往还要采取许多传统的方式,如在传统媒体上做广告、召开新闻发布会和印发宣传册等。

③ 物流网络营销的目的并不仅仅是为了促进网上销售。很多情况下,物流网络营销活动不一定能实现网上直接销售的目的,但是可能促进网下销售的增加,并且能提高顾客的忠诚度。

(4) 物流网络营销不等于电子商务

物流网络营销和电子商务是两个紧密相关又具有明显差别的概念。物流网络营销是物流企业整体营销策略的一个组成部分,无论是传统物流企业还是互联网物流企业都需要物流网络营销。但物流网络营销本身并不是一个完整的商业交易过程,而只是促进商业交易的一种手段。电子商务主要是指交易方式的电子化,可以将电子商务简单地理解为电子交易,电子商务强调交易行为和方式。所以,可以说物流网络营销是电子商务的基础。开展电子商务离不开物流网络营销,但物流网络营销并不等于电子商务。

(5) 物流网络营销不全是"虚拟营销"

物流网络营销不是独立于现实世界的"虚拟营销",而只不过是传统营销的一种扩展,即向互联网上的延伸,所有的物流网络营销活动都是实实在在的。物流网络营销的手段也不仅限于网上，而是注重网上网下相结合，网上营销与网下营销并不是相互独立的，而是一个相辅相成、互相促进的营销体系。物流网络营销使顾客与物流企业间的界面发生变化，从而导致网络空间市场的顾客忠诚度与传统市场的大相径庭。在网络空间里，物流企业必须仔细思考自己提供的是什么、如何提供和靠什么来提供，然后必须决定哪种策略最有利于自己目标的实现，也就是要艺术性地把顾客对自己产品的忠诚度转移到网络上来。

10.1.2　物流网络营销的理论基础

网络互动的特性使顾客这个角色在整个营销过程中的地位得到提高，使顾客真正参与到整个营销过程中来成为可能。顾客不仅参与的主动性增强，而且选择的主动性也得到加强，因为网络上信息丰富的特征使顾客的选择余地变得很大。在满足个性化消费需求的驱动之下，物流企业必须严格地执行以消费者需求为出发点、以满足消费者需求为归宿点的现代市场营销思想，否则顾客就会轻而易举选择其他物流企业的产品。为此，物流网络营销首先要求把顾客整合到整个营销过程中来，从他们的需求出发开始整个营销过程。

不仅如此，在整个营销过程中要不断地与顾客交互，每一个营销决策都要从消费者出发而不是像传统营销理论那样主要从物流企业自身的角度出发。传统 4P 理论的经济学基础是厂商理论，即利润最大化，基本出发点是物流企业的利润。而没有把顾客的需求放到与物流企业的利润同等重要的位置上，它指导的营销决策是一条单向的链。

物流网络营销需要从顾客需求的角度出发研究市场营销理论。从购买者的观点来看，每一种营销工具都是为了传递顾客利益（即所谓的 4C）。也就是说，物流企业的每一个决策都应该给顾客带来价值，因为顾客在对很多商品有选择余地的情况下，不会选择对自己没有价值或价值很小的商品。物流企业如果从 4C 出发，在此前提下寻找能实现物流企业利益最大化的营销决策，则可能同时达到利润最大和满足顾客需求两个目标。这应该是物流网络营销的理论模式，即营销过程的起点是消费者的需求，营销决策是在满足消费者要求的前提下的物流企业利润最大化。最终实现的是消费者满足和物流企业利润最大化。而由于消费者个性化需求得到良好满足，他对某物流企业的产品、服务形成良好的印象，在他第二次需求该种产品时会对该物流企业的产品、服务产生偏好，他会首先选择该物流企业的产品和服务，随着第二轮的交互，产品和服务可能更好地满足他的需求。

如此重复，一方面，顾客的个性化需求不断地得到越来越好的满足，建立起对物流企业产品的忠诚意识；另一方面，由于这种满足是针对差异性很强的个性化要求，就使得其他物流企业的进入壁垒变得很高。这样，物流企业和顾客之间的关系就变得非常紧密,甚至牢不可破,这就形成了"一对一"的营销关系。上述这个理论框架称为网络整合营销理论,它始终体现了以顾客为出发点及物流企业和顾客不断交互的特点,它的决策过程是一个双向的链。

1. 传统营销模式的改变

传统营销依赖层层严密的渠道,并以大量人力与宣传投入争夺市场的做法,在网络时代将成为无法负荷的奢侈。电子商务的发展使人员营销、市场调查、广告促销和经销代理等传统营销手法与物流网络营销相结合。并充分运用网上的各项资源,形成以最低成本投入、获得最大市场价值的新型营销模式。未来的营销方式,将依赖网络作为顾客联系与产品促销的主要渠道,物流企业的网页成为物流企业对外的重要联络界面。传统营销的组织与运作方式势必要进行大幅度的转型调整,这也是营销部门未来面临的一大变革挑战。

2. 物流企业组织的重整

互联网以及物流企业内联网、外联网带来的效率,使业务人员与直销人员减少,组织层级减少与扁平化,经营代理与分店门市数量减少,渠道缩短,虚拟经销商、虚拟门市、虚拟部门等物流企业内外部虚拟组织盛行。这些影响与变化,都将促使物流企业的组织结构再造。内部网络的兴起,改变了物流企业内部作业方式以及员工学习成长的方式,个人工作者的独立性与专业性将进一步提升。因此,个人工作室、弹性工作制、委托外包、分享业务资源等,在未来也将进一步推动物流企业的内部体制改革。

3. 竞争形态的转变

由于网络的自由开放特性,互联网时代的市场竞争是透明的,人人都能掌握同业与竞争对手的产品信息与营销行为。因此胜负的关键在于如何适时获取、分析、运用这些从网络上获得的信息,并制定具体的竞争策略。此外,联盟策略也是网络时代的主要竞争形态,如何运用网络来组成合作联盟,并以联盟所形成的规模资源创造竞争优势,是未来物流企业经营的重要手段。

4. 顾客关系的再造

物流网络营销下的物流企业竞争是一种以顾客为焦点的竞争。争取顾客、留住顾客、扩大顾客群、密切顾客关系、分析顾客的特性、满足顾客需求以及建立顾客对于物流企业的信任感。这一切与以往都有很大的差异。因此,如何跨越地域、文化、时空差距,再造顾客关系,需要许多创新的营销行为。

10.1.3　物流网络营销的优点

1. 营造公平的市场竞争环境

传统营销中,由于众多的人为因素会导致公司的经营状况千差万别。这些影响因素包括地理位置、配备设施、店面大小、市场规模、交通状况、人流多少以及服务人员的服务质量等,形成不平等的竞争环境,影响企业的竞争力度。而网络营销中,由于任何物流企业都可以自由地在网上展示电子商品,其商品的展示是全方位的,不管这种商品来自何方,展示的机会是均等的,它们都不受时空的限制。只要消费者能够上网,任何人,无论在哪里都可以通过互联网从家里出发,随意地浏览网上的任何商品,并进行相互比较,挑选最满意的服务,从而确定自己的购买行为。由此可见,网上营销方式对任何厂商企业和消费者都是平等的,进行商务活动的厂商企业参与竞争并在竞争中取胜的关键并不在于其组织机构的大小和资金的雄厚,而是在于较高的服务价值、上乘的服务质量和良好的信誉。

2. 有利于企业实现全程营销的目标

企业的任何营销活动都必须实行全程营销,就是说应该从产品或服务的设计阶段就开始充分考虑消费者的需求和意愿。但是,在传统营销方式下,由于企业和消费者之间缺乏合适的沟通渠道或沟通成本过高,使得这个理想无法很好地实现。消费者一般只能对现有产品提出建议或批评,而无法对策划、构思及设计中的产品参与意见,而且对现有产品的良好建议最快也只能在下一轮的产品开发中改进。而在网络营销环境下,这种状况会有较大的改观。不管是大型企业,还是中小企业。均可以较低成本在营销的全过程中对消费者进行即时的信息搜集,如可以与消费者通过电子布告栏(BBS)、论坛(Discussion Areas)以及电子邮件等方式进行交流和沟通。同时,也为消费者有机会对产品的设计、包装、定价及服务等问题发表意见提供了方便。这种双向互动的沟通方式,不仅提高了消费者的参与积极性,也提高了企业营销策略的针对性,对实现企业的全程营销目标无疑是一个很大的促进和帮助。

同时,在网络营销中,企业既可以向外界传播信息,也可以收集外界的情报。企业也可以在网站上对顾客的消费行为进行在线调查,还可以设立顾客投诉窗口来收集顾客的意见和建议,或者可以由企业内部人员与消费者进行在线对话,以便更加深入地了解顾客的需要。互联网的支持使企业的信息流变得更为通畅,因此更能适应日益加快的商业节奏。

3. 更好地满足顾客的需要

在今天的买方市场条件下,只有充分考虑顾客的需要企业才能在市场上取得竞争优势。而借助于网络营销的引入,企业可以更好地实现这一目标。

网络营销比起市场营销的任何一个阶段或方式更能体现顾客的"中心"地位,顾客将拥有更大的选择自由,他们可根据自己的个性特点和需要,在全球范围不受限制地寻找满意的商品。同时,网络营销可以更好地满足顾客对购物方便性的需求,提高顾客的购物效率。在传统的购物活动中,顾客一般要经过引起需要—搜集信息—看样—选择商品—确定所需购买的商品—付款结算—包装商品—取货(或送货)等一系列过程。购物过程中的相当部分是在售货地点完成的。另外，购买者为购买商品相当多的时间花在来回的路程上。这样，他们将会为购物付出相当多的时间和精力。

这种局面在网络营销时代可以得到改观，消费者选择服务商将不再是一种沉重的负担，而变成了一次身心愉快的网络漫游。购买活动发生之前，企业可以通过网络向顾客提供丰富生动的产品信息及相关资料，如质量论证、专家品评、用户意见等，而且界面友好清晰，有的甚至充满亲情。顾客在不受干扰的环境下，可以更为理智地比较同类产品的方方面面，然后做出购买决策。在购买过程中，顾客无须花费时间去商场购物，不必联系送货而与商场工作人员交涉。在网上这一切将会变得简单而迅捷，无论身处何地，只要能够联到网络，就可以漫游虚拟商店。用电子货币买单，可以省去现实生活中购物的许多麻烦。购买的行为发生之后，顾客也可以针对具体问题，随时与厂家联系，得到来自卖方及时的技术支持和服务。

4．有利于企业降低营销成本

网络营销可以降低企业的交易成本，这主要表现在以下几个方面。

（1）可以减少甚至免除营销场地成本。在网络营销的虚拟商场内，各种商品的有关信息如外形、性能、用途、价格及售后服务等有层次地"陈列"着，消费者只需上网进入虚拟商场就可以了解到各种商品的有关信息了。销售场地的虚拟化，可以使企业节省大笔的租金。

（2）简化中间环节，提高效率，降低成本。本质上，网络营销是一种直销方式，可以直接与顾客发生交易，从而使企业可以简化商品流通的中间环节，如批发、零售等，从而减少流通环节中的损耗，节约了企业为中间环节而付出的成本，提高营销利润。

（3）节约仓储库存成本。网络营销的虚拟商场没有实货，因而没有商品库存的压力，这样不仅减少了资金占用，而且节约了商品的库存成本，如商品的盘点、存放、保管、养护等各个环节的人力、物力和资金成本。

（4）节约促销费用。网络营销中虚拟商场同时具备了促销功能，其"货架"上的商品同时又是广告宣传的样品，这样经营者的广告费用就可以大大降低。另外，厂商营销人员的大幅度减少和索取资料的方便，均可降低管理费用，因而进一步减少营销成本，减少经营费用，与传统营销方式相比，网络营销的效率大大提高，所需员工也因此而大大减少，从而节约了大量的人力成本。同时，信息的电子化，节省了传统营销中因纸面文件的大量使用而产生的费用，如纸张费、打印费、传真费和邮寄费等。

5．有利于提高市场占有率

网络营销可以使企业直接识别并针对目标顾客展开营销活动。在传统营销中，企业在消费者购买行为发生之前或发生中很少知道消费者的姓名、职业以及联系方法等情况。而在网络营销中，企业则可通过网络得到这些信息。因为许多网站鼓励访问者注册，注册表格一般要询问一些基本信息，如姓名、电子信箱地址和职业等，从这些表格中，营销者能够形成用户的轮廓，进而强化营销活动。通过网站的这些调查，那些兴趣较窄的顾客群也会进入营销人员的瞄准范围，这些顾客的个性化需求可通过企业的个性化商品和服务来满足。从而提高企业的销量、提高企业产品的市场占有率。

6. 提升广告价值

网络营销可提供全天候的广告服务而不需要增加开支。网页的维护及运作由网络服务公司负责，除了专业设计计算机软件在不间断地全自动处理往来信息、统计以及存档之外，还有计算机工程师在全天候监控系统的运作，处理突发情况。这种 24 小时不间断的服务增加了企业与顾客的需求，更好地发挥潜在的销售能力。网络营销中的广告还可与订购连为一体。传统的广告与订购是分开的，虽然广告媒体可能抓住了顾客的注意力，使顾客产生了购买意愿，但如果此时顾客因为客观原因而无法亲自去购买，随着时间的延长，广告的效果在其身上的影响会逐渐减弱，从而造成企业营业额的降低。

阅读资料 10-1　中小物流企业网络营销优势

调查显示，自 2009 年国务院出台《物流业调整和振兴规划》以来，中国物流业发展水平显著提高，企业物流管理信息化，物流营销网络化程度越来越高。网络营销成为中小物流企业（特别是以信息为主的第三方物流企业）开拓市场、推广业务、传播信息的重要途径。物流企业宣传推广中，基于网络媒体的网络营销的优势日益明显，具体表现在以下方面：

1. 互动性强

物流企业可以通过网络与实际业务相结合的方式来开展工作，提高信息发布渠道，同时及时反馈业务中存在的问题，收集建议进行改进。比如在物流全搜索类似的平台发布了企业产品信息后，客户在浏览企业信息或产品信息后，可以通过留言、评论等各种方式给予企业信息反馈，促成交易的完成和企业的改进。

2. 口碑传播成为主流

可以通过网络口碑式营销方式，将企业品牌广泛宣传，达到企业品牌知名度宣传推广的效果。

3. 传播效果可量化

网络信息传播具有可统计性，通过统计数据可以直观了解到来访客户数据统计。例如在加入物流全搜索会员体系后，开通企业站点，发布企业信息，产品信息。通过物流全搜索后台提供的技术支持，可以实现传播效果统计评估，让企业明了宣传推广效果。

4. 传播信息可积淀

网络信息是不受时间空间限制的，企业信息传播也是日积月累的，通过长期的企业信息发布，便可以积淀出企业信息历史品牌价值。

5. 传播形式多样化

网络传播形式是多种多样的，中小物流企业完全可以根据企业的实际需求来制作或定位传播形式。比如企业树立全国甚至全球品牌，即可在全球最大中文物流搜索平台投放首页高质量图片或视频广告，如果是第三方物流收集或寻找业务信息，则可通过各货运信息或设备、设施频道发布交易信息。总之网络营销手段是多样化的，效果也是各不相同的。

资料来源：万联网 http://info.10000link.com/newsdetail.aspx?doc=2011030890068。

10.1.4 物流网络营销存在的问题

网上营销也存在以下几个方面的主要问题。

1. 安全问题

网上营销直接涉及货款的网上支付问题，但网上支付的安全性难以得到有效保证，这是发展网上营销的主要障碍。由于网络是一个相当自由的新媒体，这使得顾客与企业在网上进行交易时，对其面临的各种潜在危险束手无策，从而造成顾客和企业的担心。当顾客的信用卡或银行账户信息在网络上传输的时候，不法分子可能会截获这些信息，窃取其中有价值的部分。而企业则担心拿到的信用卡号码是盗用的，会在收款时出现问题。因此，完全可以说，网上收付款问题是涉及顾客与企业双方直接利益的敏感事项，网上营销的发展所受到的限制，很大程度上使这一敏感问题不能得到妥善解决。

解决这一问题的技术近些年来有了一定的发展，主要有防火墙技术、加密、脱机付款等。

2. 消费者的隐私权问题

消费者在网上购物时会出现个人隐私权受到侵害的问题，网上购物时如何对消费者的个人隐私加以保护已成为网络营销的一个重要问题。

3. 税收问题

由于没有一个固定的地址，当一项交易发生时，应由哪个地区征纳税金不好确定。更重要的是由于当今许多国家对商品的税收政策不同，从而对商品的价格产生了较大的影响。如有的国家不征收增值税，而有的国家则征收，且各国间的税率也不尽相同。另外，对于一些完全电子化的商品，如软件、CD 等，从交易到货物的交付，完全可以从网上完成。这类商品的进口关税的征收很难操作。

由此可见，网络税收的检查稽核难度大。通过网络销售产品，涉及的推销、渠道等费用极少。税收部门对此的检查也很困难，从而无法准确地计算出企业应纳税申报的数额。互联网还降低了传统的中介机构,如银行、经纪人的作用,使税务部门无法依靠它们了解一些商品的交易情况,核实个人从银行取得的利息所得;互联网上使用的电子货币与现金一样是匿名的,税务机构无法像以往那样可以通过银行账户或信用卡报表来进行检查跟踪,因此,纳税人的收入和支出情况很难查清。

4．观念问题

网上营销这种新型的营销方式,需要企业和消费者观念上的认同,才能得以快速成长。任何新事物的出现都有一个适应过程的认同期,任何一种改革都会涉及利益的重新调整。当前,虽然有更加先进的经营方式,但由于这样的经营方式无法带来现实的利益,所以只能束之高阁。开展网络营销活动,毕竟需要企业在资金、技术和人才上的投入,而在经营初期,很可能出现低利润甚至亏损经营的状况。这会影响网络营销的实施。

同时,消费者的采购行为习惯也影响网上商品的售出。在非网络采购状态下,顾客是通过看、闻、摸等多种感觉来判断与选择商品的。而在网上购物,只提供一种可能——看。这样对于一些人来说,就会失去上街闲逛购物的乐趣,所以他们对于网上购物的积极性并不高。

5．网络设施和用户规模问题

虽然网络的发展极为迅速,并且也取得了很大成就,但是这些仍然不能满足网络化的未来发展要求,还需进一步加强这方面的基础建设。网络营销的开展,网络的建设是一个必要条件。中国乃至世界的网络设施建设与实际需求相比仍远远不足。

另外,网络用户的数量也是网络营销发展的必要条件。在中国,网民的数量尽管发展很快,但仍然无法形成一个巨大的市场来吸引商家到网络上开展商业活动。所以,网络用户的数量已成为网络营销发展的一个"瓶颈"。

6．法律问题

网络营销所面临的法律问题主要是以传统活动为基础的法律体系在电子商务中的适用问题,主要是电子签名的有效性、合同的书面化要求、合同成立的时间和地点等问题。由此可见,法律问题是网上交易必须解决的基本内容,否则会制约网络营销的健康发展。

10.2　物流网络营销技术

网络营销是指在网络环境下以网络作为基本工具的营销活动,在这种活动中不同的网络营销方式往往采用不同的技术,而且随着新技术的出现一定还会不断地出现基于这种技术的网络营销新方法。在这里,主要介绍网络营销的基本方法和网络营销市场调查的内容、步骤。

10.2.1 物流网络营销的方法

物流网络营销的方法很多，目前应用的主要有以下几种。

1．网络广告营销

由于 WWW 提供的多媒体平台，使得通信费用降低，对于物流企业而言，利用它进行企业宣传，非常具有诱惑力。

网络广告可以根据精细的个性差别将客户进行分类，分别传送不同的广告信息。而且网络广告的客户不像电视广告的客户那样被动接受广告信息，网络广告的客户是主动浏览广告内容的。未来的广告将利用最先进的虚拟现实界面设计达到身临其境的效果，给人们带来一种全新的感官经验，以汽车广告为例，可以打开汽车的车门进去看一看，还可以利用计算机提供的虚拟驾驶系统体验一下驾车的感受。

网络广告是物流网络营销的主要方法之一，网络广告已不再仅仅局限于标准的广告形式，各种规格的按钮广告、异型广告、插播式广告及文字链接广告等已经获得普遍的应用，其效果也获得了广泛的认可。

2．电子邮件营销

电子邮件是互联网上使用最多的服务之一。据中国互联网信息中心（CNNIC）最新的调查，我国网上用户平均拥有电子邮件账号为 2.2 个，用户平均每周收到 8.6 封电子邮件，发出 6.8 封电子邮件，一些国际著名的咨询公司的研究报告估计 E-mail 营销的反馈率高达 5%～15%。不仅高于网络广告的点击率，而且也高于传统直邮广告的回应率。物流网络营销人员对此深信不疑，E-mail 营销已成为最常用的物流网络营销手段之一。

收集 E-mail 地址最直接的方法就是：制造某种网上特殊软件让客户参与进来，如竞赛、评比、猜谜、网页特殊效果、优惠、售后服务和促销等。用这种方式来有意识地营造自己的网上客户群，不断地用 E-mail 来维系与他们之间的关系。这个客户群就是最大的财富，可以让用户将很多营销手段应用于此。

还有一种最简单的办法：从别人手中购买。但是这些地址可能比较过时，而且可能由于别的商家已对他们进行过大规模的散发广告活动，使他们开始有逆反情绪了。所以，最好的办法是自己去收集。

3．网络新闻组营销

如果将电子邮件比喻为私人谈话，将互联网邮件列表比作是一个聚会，那么网络新闻组就像是广场上的公开讨论。网络新闻组是一些有着共同爱好的互联网用户为了相互交换信息而组成的用户交流网，这些信息实际上就是网络用户针对某一主题向新闻服务器张贴的邮件，新闻组既可以用来传播市场营销信息，又可以从中得到别人怎样评论公司和竞争对手的信息。

4．网上论坛营销

网上论坛（有时也叫做电子公告板、电子论坛、信息牌等）是新闻组的最重要的变种。就像网络新闻组一样，网上论坛是以产业或待定兴趣为主题进行讨论。不同之处在于：网上论坛是由上至下的，商业网上论坛为论坛的讨论制定规则，实际的操纵者（网上论坛监督人）严格加以监管。在国外，网上论坛一般只对网上服务的付费成员开放。在国内，一般用户只要注册为会员就可以参与其中。

网上论坛主要运用于顾客服务营销，开拓网上服务市场。它的优点是明显的，可以集中网民的注意力，他们通过参加网上论坛而聚集在一起，接受一种服务，这些经常的参与者是许多服务机构最宝贵的财富。与网络新闻组相比，每个网上服务论坛瞄准更专门化的用户对象，挖掘更深的、更广的信息。作为一名网上论坛的用户，可以自由地选择加入论坛，与其他的用户进行交流，可以调阅系统上储存的消息，并对它们进行评论；还可以对它们进行检索；搜寻某个关键词或词组。

网上论坛的游戏规则如同参与网络新闻组一样，要保持柔性和谨慎的态度，提炼出一条清晰的主题线，不能交叉发送公告，当然也不能发送垃圾邮件。

5．网上公关营销

由于网上营销不是一种面对面的销售，更需要用知识性、趣味性、情感诉求等方式来维系自己的网上社区。如在网页上设置一些公益性栏目或服务性栏目，或者利用交互式表格。在很多网站上都会看到像"在线反馈"、"读者留言"这样的栏目，它们大都是通过交互式表格实现的。

经常用于商业网站的表格一般涉及以下几个问题：姓名、工作单位、电话、通信地址、E-mail 地址、需求以及产品和信息的订购单。设计问题时要从读者的角度出发。使之简洁有效，不要罗列太多问题，这样容易引起读者的反感；不要提出模棱两可的问题，让读者难以回答，如果有比较复杂的问题，最好列出几个答案让读者选择。

6．会员制营销

我国不少电子商务网站推出了会员制营销的形式，而在美国，这种物流网络营销手段被证明为有效的方式，为众多网上零售网站所采用。

会员制营销在中国的前景如何，取决于多个方面的因素，如网站的技术水平和管理能力、会员网站的理解和努力程度以及整个网上消费市场规模等。

10.2.2 物流网络营销市场调查

市场调查是针对特定营销环境进行资料收集和分析的活动。利用互联网进行市场调查有两种方式：一种方式是利用互联网直接进行问卷调查等收集一手资料；另一种方式是从互联网收集二手资料，称为网上间接调查。

应当注意的是，网上市场调查与网上市场的调查是两个不同的概念。网上市场的调查是针对网上市场而进行的调查，它可以采用传统的调查方法，也可以采用网上调查方法；而网上市场调查既可以调查网上市场，也可以调查传统的一般市场。这里的网上市场是指在网上进行买卖形成的虚拟的市场。

1. 网上市场调查的优势

与传统调查方式比较，网上市场调查在组织实施、信息采集、信息处理和调查效果等方面具有明显的优势。

（1）组织简单、费用低廉

网上调查在信息采集过程中不需要派出调查人员、不受天气和距离的限制、不需要印制调查问卷。调查过程中最繁重、最关键的信息采集和录入工作分布到众多网上用户的终端上完成，可以无人值守和不间断地接受调查填表，信息检验和信息处理由计算机自动完成。

（2）调查结果客观性高

一是被调查者是在完全自愿的原则下参与调查，调查的针对性更强；二是被调查者在完全独立思考的环境下接受调查，不会受到调查员及其他外在因素的误导和干预，能最大限度地保证调查结果的客观性。

（3）网络调查具有交互性

网络调查的一大好处是交互性。在网上进行调查时，被调查对象可以及时就问卷相关问题提出自己更多的看法和建议，可减少因问卷设计不合理导致的调查结论的偏差。同时，被调查者还可以在充分了解问卷问题后自由地、不受时间限制地发表自己的看法。这在传统调查中是不可能的，如平常遇到路上拦截调查，它的调查时间不能超过 10 分钟，否则被调查者肯定不耐烦，因此对访问调查员的要求非常高。

（4）便于检验和控制

一是网上调查问卷上可以附加全面规范的指标解释，有利于消除因对指标理解不清或调查员解释口径不一而造成的调查偏差；二是问卷的复核检验由计算机依据设定的检验条件和控制措施自动实施，可以有效地保证对调查问卷 100%的复核检验和控制检验的客观公正性；三是通过被调查者身份验证技术可以有效地防止信息采集过程中的舞弊行为。同时，无时空地域限制，网络调查是 24 小时全天候的调查。

2. 网上市场调查的步骤

网上市场调查与离线市场调查一样，应该遵循一定的步骤，以保证调查过程的质量。其步骤包括明确问题和调查目标、制定调查计划、收集信息以及分析信息。

(1) 明确问题和调查目标

明确问题和调查目标对网上搜索来说尤为重要。互联网是一个浩大的信息流，开始搜索时，可能无法精确地找到想要了解的重要数据，但同时又会发现一些其他有价值的信息。

所以，在开始网上搜索时，头脑里要有一个清晰的目标并留心去寻找。一些可以设定的目标，如谁有可能想在网上使用你的产品或服务？谁最有可能要买你提供的产品或服务？在这个行业，谁已经上网？他们在干什么？你的客户对你的竞争者的印象如何？在公司的日常运作中，可能要受哪些法律、法规的约束，如何规避？要提高网上搜索的效益，解决之道是把头脑中概略的、笼统的问题给予分解和具体化。

(2) 制定调查计划

网上市场调查的第二阶段是制定出最为有效的信息搜索计划。具体来说，要确定资料来源、调查方法、调查手段、抽样方案和联系方法。

在资料来源方面，必须确定收集的是二手资料还是一手资料（又称原始资料），或者两者都要。在互联网上，既可以方便地查询到二手资料，也可以收集到一手资料。

在调查方法方面，网上市场调查可以使用专题讨论法、问卷调查法和实验法。专题讨论法是借用新闻组、邮件列表讨论组和网上论坛（也可称为 BBS，电子公告牌）的形式进行。问卷调查法可以使用 E-mail 分送和在网站上刊登等多种形式。实验法则是选择多个可比的主体组，分别赋予不同的实验方案，控制外部变量，并检查所观察到的差异是否具有统计上的显著性。

在调查手段方面，网上市场调查可以使用问卷和软件系统。在线问卷制作简单、分发迅速、回收方便，但要设计得完美和有效，仍有很多要点。除了在线问卷外，还可以采用交互式计算机辅助电话访谈系统和网络调研软件系统。前者是利用一种软件程序在计算机辅助电话访谈系统上设计问卷结构并在网上传输。互联网服务器直接与数据库连接，对收集到的被访者答案直接进行储存。后者是专门为网络调研设计的问卷链接及传输软件。这种软件设计成无须使用程序的方式，包括整体问卷设计、网络服务器、数据库和数据传输程序。一种典型的用法是：问卷由简易的可视问卷编辑器产生，自动传送到互联网服务器上，通过网站，使用者可以随时在屏幕上对回答数据进行整体统计或目标统计。

在抽样方案上，要确定抽样单位、样本规模和抽样程序。抽样单位是确定抽样的目标总体。样本规模的大小涉及调查结果的可靠性，它必须足够多，必须相应地包括同目标总体范围内所发现的类型相同的各种类型。在选择抽样程序上，为了得到有代表性的样本，应采用概率抽样的方法，因为核方法可以计算出抽样误差的置信度。在概率抽样的成本过高或时间过长时，可以以非概率抽样方法替代。

最后，联系方法是确定以何种方式接触主体。网上市场调查采取网上交流的形式，如 E-mail 传输问卷、参加网上论坛等。

(3) 收集信息

网络通信技术的突飞猛进使得资料收集方法多样化。互联网没有时空和地域的限制，因此网上市场调查可以同时在全国甚至全球进行，这与受区域制约的传统调研方式有很大不同。例如，公司要了解各国对某国际品牌的看法，只需在一些著名的全球性广告站点发布广告，把链接指向公司的调查表就行了，而无须像传统调查那样，在各国找不同的代理分别实施调查。此类调查活动如果利用传统方式是无法想象的。当然问卷的设计要符合网上调查的特殊要求，而不能把传统问卷照搬到网上。

被访者经常会有意无意地遗漏掉一些信息，这可以通过在页面文件中嵌入脚本或 CGI 程序进行实时的监测。如果被访者遗漏掉了问卷上的一些内容，调查表会拒绝提交或者验证后重发给被访者要求补填。最后完成后，他们会收到证实完成的公告牌。这就是在线问卷的优点。但遗憾的是无法保证问卷上所填信息的真实性和可靠性。

(4) 分析信息

收集信息后要做的是分析信息，这一步非常关键。"答案不在信息中，而在调查人员的头脑中"，调查人员如何从数据中提炼出与调查目标相关的信息，直接影响到最终的结果。这时要使用一些数据分析技术，如交叉列表分析技术、概括技术、综合指标分析和动态分析等。

网上信息的一大特征是即时呈现，而且很多竞争者可能从一些知名的商业网站上看到同样的信息，因此分析信息的能力相当重要，它能使用户在动态变化中捕捉到商机。在这方面，有个广为人知的故事。1997 年 10 月，一家美国商社的老板 NealBob 先生，在互联网上看到以色列的一家当地报纸报道伊拉克可能会对以色列人使用化学武器，以色列人心惶惶，于是他就敏锐地捕捉到以色列需要大量的防毒面具的信息。他马上通过美国的商业站点发布紧急求购防毒面具的信息。接着，打电话通知他在以色列的分店经理跟当地最有声望的传媒——以色列电视台和工党党报联系，发布本店即将供应防毒面具的消息，当天就收到来自美国的 5 家厂商的供货消息，NealBob 使用的是多点广播视讯会议系统，每个供货商都能看到彼此的产品和标价。因此，为了得到这个合同，供货商彼此竞相降价，最终从原来的 145.25 美元/件，降到 86.6 美元/件，而且三天之内必须全部运到旧金山的空军基地。他包租了两架美国空军的运输机，于第三天晚上直飞以色列。结果在短短的四天时间，他以每件 330 美元的高价销售了将近 5 万多个防毒面具，净赚 842 万美元，创造了现代商业的赚钱奇迹。

3. 利用互联网收集竞争者的信息

(1) 收集信息的方法

商场如战场，"知己知彼、百战不殆"。互联网作为信息汇集点，在互联网上识别出竞争者、分析竞争者，对企业采用正确的营销战略来说是非常关键的。一般在市场竞争中有三个层次的竞争者，即领导者、挑战追随者和补充者。领导者在竞争中处于领先地位，关注的是行业内外的有潜在威胁的新出现事物，以保持自身的竞争优势。因此，领导者的竞争对象不仅来自行业内部，还可能来自相关行业，其利用互联网收集信息时要扩大收集的范围。挑战追随者主要是跟踪领导者，在学习和模仿领导者的基础上，寻找机会成为新的领导者，因此追随者的竞争对象主要是领导者和成长性的补充者，其利用互联网主要收集领导者信息。补充者由于力量较弱不可能直接参与对抗竞争，因此补充者的竞争，表现在利用互联网主要收集被领导者和追随者忽视或不重视的信息，从而寻找市场机会。

（2）收集信息的途径

① 了解竞争者网站。领导型的企业由于竞争需要一般都设立网站，我国一些大型企业也纷纷设立网站，如联想、海尔等，这也是挑战追随者获取其竞争者信息的最好途径。

② 收集竞争者发布的信息。收集竞争者网上发布的信息，如产品信息、促销信息、招聘信息及电子出版物，最好的办法是作为竞争者的一个客户。

③ 获取竞争者自身的信息。从其他网上媒体获取竞争者的信息，如通过网上电子版报纸和电视台的网上站点对竞争者的报道。

④ 保护性访问。从有关新闻组和 BBS 中获取竞争信息，如微软为提防 Linux 对其操作系统 Windows 的挑战，就经常进行保护性访问，访问有关 Linux 的 BBS 和新闻组站点，以获取最新资料加强防护。有人发现，微软居然以 Linux 的 BBS 站点访问次数为最多。

（3）收集信息的步骤

① 识别竞争者。寻找网上竞争对手的最好方法是在导航网站中查找。其首要任务是确定查询用的关键词。确定关键词要考虑以下因素：在网上开展的业务的性质。一般的浏览者在网上查找这类业务时常用的关键词等。通常要确定 5～10 个关键词或关键词组。在各大导航站点会得到大量的结果。由于受时间和精力的限制，不可能将所有的站点都看一遍，建议审看每条检索结果的描述或只审看前 10 名或前 20 名站点。当然，对于国内来说，上网企业还不是很多，通过引擎可能只能搜索到部分的竞争对手，这是要注意的。

② 选择收集信息的途径。由于互联网上的信息易于获取，因此收集信息必须有选择性。领导者可选择一些公众性媒体收集信息，如网上报纸和参与 BBS 与新闻组讨论，便于发现潜在威胁者和最新竞争动态，然后有针对性地访问其挑战者的网站，了解其发展状况，以做好应战准备；挑战追随者主要是选择访问领导者的网站和扮作领导者的客户收集其信息，同时以一些公众性网上媒体为辅助；补充者可能限于资金等因素，主要通过访问竞争者的网站了解竞争动态。

③ 建立有效的信息分析处理体系。收集信息后必须能有效处理收集来的信息，否则信息再多也成了"垃圾"。对于信息收集与处理最好是由专人完成，分类管理，并用数据库系统将信息进行组织管理，以备将来查询和使用。

4．利用互联网收集市场行情

（1）网上收集产品价格变动、供求变化等市场行情资料

目前互联网上设有许多信息网：实时行情信息网，如股票（如中公网证券信息港）和期货市场的信息网；专业产品商情信息网（如慧聪计算机商情网）；综合类信息网（如中国市场商情信息网）。

（2）收集信息内容要新、要全

收集信息时，通过搜索引擎找出所需要的商情信息网站点地址，访问该站点，登记注册。有的站点是收费的，可以根据所需信息的重要性和可靠性选择是否用收费信息。在商情信息网站点获取需要的信息时，一般要用站点提供的搜索工具进行查找，查找方法与搜索引擎基本类似。不同的商情信息网侧重点不一样，最好是能同时访问若干家相关但不完全相同的站点，以求找出最新的、最全面的市场行情。

5．利用互联网了解消费者的偏好

通过互联网了解消费者的偏好，主要采用网上直接调查法来实现。了解消费者偏好也就是收集消费者的个性特征，为企业细分市场和寻求市场机会提供依据。由于网上信息的开放性，网上用户一般都比较注意保护个人隐私信息，因此直接获取消费者涉及个人隐私的信息是非常困难的，必须注意使用一定技巧，从侧面通过关联分析或测试来了解。在进行网上问卷调查时，一定要注意网上礼仪，尊重消费者的个人隐私权，否则很难得到正确、有效的调查结论，甚至招致报复和攻击。

企业在利用互联网了解消费者偏好时，首先要识别消费者个人信息，如地址、年龄、职业等。为避免重复统计，一般在对已经统计过的消费者在其计算机上放置几个Cookies，它们能记录下消费者的编号和个性特征。这样，消费者下次接受调查时不用填写重复信息，也可以减少对同一消费者的重复调查。另一种办法是，采用奖励或赠送办法，吸引消费者登记和填写个人情况表，以获取消费者个性特征。

其次，在对消费者调查一些敏感信息时，应注意一些技巧，如想知道消费者的个人收入情况，可以通过了解消费者所在地区的邮政编码和他的职业这些不敏感信息，然后根据邮政编码来了解当地收入水平，并根据其职业划分其收入水平档次；同样达到了调查目的，但又不引致消费者的抵触。

再次，通过网页统计方法了解消费者对企业站点的感兴趣内容。现在的统计软件可以如实记录下每个访问网页的 IP 地址以及其如何找到该页等信息。根据这些信息，可以判定消费者感兴趣的内容是什么，注意的问题是什么。当然，仅仅根据这些信息还是不够的。

6．利用互联网了解市场的相关信息

企业仅仅了解一些与其紧密关联的信息是不够的，特别是在做重大决策时，还必须了解一些政治、法律、文化、地理环境等相关信息。这有助于企业从全局高度综合考虑市场变化因素，寻求市场商机。互联网作为信息海洋，在网上基本都可以了解到上述信息，关键是寻找到有用的信息。

对于政治信息，一般可以从一些政府网站和一些ICP站点新闻中查找。对于法律、文化和地理环境信息，居于知识性的，可以通过查找一些图书信息中有关电子版书籍获取信息。查找时先利用搜索引擎找出图书馆的站点，然后再通过搜索功能查找有关信息。

7．进行顾客满意度调查

（1）问题定义

这一步工作的任务是明确以下问题：目前有多少客户？有几类目标客户群？有没有客户数据库？向客户提供哪些服务？竞争对手是哪些？其强项和弱项各是什么？有哪些因素影响客户行为？通过这一步还需要了解，在提供服务时，组织结构是怎样的，以及有哪些部门直接与客户接触？哪些部门为与客户接触的第一线工作人员提供支持？

（2）定性研究

通过对消费者和企业内部员工进行访谈以及对二手资料的收集，了解如下问题：对某项服务而言，什么因素对客户来说很重要？客户和员工认为公司在这些方面的表现怎样？认为竞争对手在这些方面做得怎样？什么因素阻碍了公司在这些方面的表现？

（3）定量研究

对消费者的定量调查是客户满意调查的关键部分。需要界定调查对象范围以及如何获得有效样本总体，有什么样的抽样方法能够使选中的样本更具代表性；确定用何种访问方法。一般而言，在拥有调查对象数据库的情况下，电话访问能够快速得出结果，邮寄问卷调查在问卷较长、对调查时间要求不高的情况下适用；而入户和定点访问在难以获得有效样本总体的情况下，能使抽样更具控制性。

（4）成果利用

通过对定性和定量调查结果的分析，撰写调查报告。使用者可以依此评估调查效果，确定需要采取的行动的方向，制定改进计划和营销策略。

8．取得客户反馈信息的方法

（1）定期采用调查表及问卷。可以用多种方式公布调查表，如发布在网站、电子刊物、新闻通信、直邮资料，以及放置在产品包装箱内等，也可以张贴在BBS、电子邮件讨论列表或新闻组中。

（2）为客户创建在线社区。为客户创建在线社区，包括聊天室、公告板、讨论组等，也可以作为主持人定期了解客户对业务的谈论和看法。

（3）向客户分发产品。通过这种方式请客户使用并评论你的产品，请客户将评论表寄回。有的客户会填写调查表，也有的客户不会返回反馈信息，但是只要能够得到的反馈信息大都很有价值。

10.3 物流网络营销策略

我们需要深刻理解众多的物流网络营销策略，并结合企业自身资源广泛应用到产品推广和品牌建设中去。而如此之多的物流营销策略应该如何理解与有效开展？又如何进行物流网络营销策略规划？这正是我们要讨论的问题。

10.3.1 物流网络营销的信息化基础

营销的目的就是要努力营造出一种适合于本物流企业开拓市场的商业氛围，创造物流企业的竞争优势。在电子商务的环境里，市场的运作机制、环境条件和技术基础都发生了深刻的变化，这时的物流企业应当怎样制定物流网络营销策略方案和市场开拓策略，创造竞争优势呢？

1. 创立物流企业的信息优势

在网络和信息化的社会里，信息优势是物流企业在未来市场竞争中的生存之源和立足之本。所谓信息优势并不是指物流企业拥有多少信息，而是指物流企业获取信息和处理信息的能力，是指物流企业拥有多大的宣传商品信息和获取关键市场分析、经营状况、决策支持以及新产品开发信息的能力。这些信息优势可以从各种不同的角度得到，物流企业的信息优势也可以从不同的角度来创立。物流企业如何从某一个（或多个）方面创立相对于竞争对手的信息优势，如何全面地创立相对于竞争对手的信息优势，物流企业战略决策管理人员应考虑的问题主要有以下两方面。

（1）创立物流企业内部的管理信息系统

创立全面涉及物流企业内部产、供、销以及生产、经营、管理等几个主要环节的管理信息系统，全面提高物流企业管理工作的质量和效率。这是创立物流企业内部管理整体信息优势的必要措施。同时也是系统投入和开发工作量最大的一个环节。

（2）创立合理的信息管理模式

物流企业应该创立合理的信息管理模式。合理的信息管理模式分为三部分。

① 加强基础数据的建设，这是决定物流企业信息优势的基础。基础数据包括市场采样调查数据，产、供、销和经营状态统计数据，产品及物流企业形象数据等，物流企业可以通过数据库技术设立各种内部数据库。

② 物流企业的网址。同物流企业的名称、品牌、商标一样，它的知名度是物流企业信息优势的重要组成部分。

③ 信息管理和利用的水平，这是创立物流企业信息优势的关键。

2．充分利用网络和信息优势

创立了物流企业的信息优势后，实现网络策略的下一个任务就是要策划如何充分利用网络和信息优势。因为物流网络营销的最终目的就是要将这种信息优势转换成商业竞争优势和利润。充分利用信息优势的措施主要有以下两个方面。

（1）充分利用信息来研究市场和策划营销运作过程

研究市场包括：利用销售统计和市场抽样分析消费行为、市场发展变化的趋势、竞争对手经营策略、市场占有率、服务策略等。然后有针对性地对物流企业及服务模式进行包装和形象设计，以吸引更多的顾客，占领更大的市场份额。这里所说的"包装"主要是指对物流企业、服务、产品营销或宣传策略进行包装、策划和形象设计，而不是指一个具体的物理过程。对竞争对手经营策略的分析有助于物流企业有的放矢地制定对策，对市场状况的分析有助于物流企业了解和进一步开拓市场。

（2）充分利用信息展开服务

无论是传统营销还是电子商务，目的是要创造竞争优势，获得利润。其中关键的一步是将物流企业的信息优势转化为竞争优势。网络环境下的信息服务有以下多个方面。

① 对物流企业的各级管理人员来说，要利用信息优势开展各种生产、经营、管理分析，以全面提高物流企业管理的水平和质量。

② 对物流企业各类采购人员来说，要充分利用网络和信息优势，大范围地寻找价廉物美的货源。

③ 对于营销人员来说，要充分利用网络技术来策划和实现自己的营销目的。

④ 物流企业要利用网站这一营销窗口，为消费者提供更多的服务，同时也为物流企业获得更多的客户。

⑤ 对于分销商、联营物流企业和商业合作伙伴来说，既要充分利用网络来了解生产、经营和市场信息，又要充分利用网络来传播管理指令。

10.3.2 物流网络营销策略规划

进行物流网络营销策略规划需要考虑以下几方面。

1．定位网上营销目标

定位是整个网上营销的基础，网上营销同传统的营销相比，其前期工作也包括准确客观地进行市场定位。网上营销与一般营销有较大的区别，因此其市场定位也有其独特的特点。如何准确、客观地进行网上营销的市场定位，必须搞清以下几个关键问题：

(1) 产品或服务是否适合在网上进行营销

如何判断产品或服务是否适合在网上进行营销？一般来说，标准化、数字化、品质容易识别的产品或服务适合在网上进行营销。所谓标准化的商品或服务，是指这样一种商品或服务——它们很少发生变化，以至于消费者很容易识别其性能。例如，书这样的商品就适合网上营销。所谓数字化产品或服务是指可以用符号表示。能利用网络传递的产品，如软件、信息资料、部分票证和电子出版物等。所谓品质容易识别，是指该产品或服务有不同于其他同类产品或服务的地方，以至于消费者很容易识别其品质。

(2) 分析网上竞争对手

网上的竞争对手往往与现实中的竞争对手一致。网络只是市场营销的一个新的战场。对竞争对手的分析不可拘泥于网上，必须确定其在各个领域的策略、营销手法等。在网上，不但要访问竞争对手的网页，因为竞争对手的最新动作包括市场活动往往会及时反映在其网页上，而且要注意本物流企业站点的建设，以吸引更多的消费者光顾。更多的竞争对手分析可在现实中实现。

(3) 目标市场客户应用互联网的比率

网上营销并非万能，它的本质是一种新的高效的营销方式。目标市场客户应用互联网的比率，无疑是一个非常重要的参数，假若目标市场的客户基本不使用互联网，那么在互联网上营销显然是不值得的。如面对这样的情形，则可以通过互联网完成传统营销方式的一部分功能，如广告宣传等。

(4) 确定具体的营销目标

与传统营销一样，网上营销也应有相应的营销目标，须避免盲目。有了目标，还需进行相应的控制。网上营销的目标总体上应与现实中的营销目标一致，但由于网络面对的市场客户有其独特之处，且网络的应用不同于一般营销所采用的各种手段与媒体，因此具体的网上市场目标确定应稍有不同。

2．定位网上营销形象

客户、商业报道、股东或其他投资者等总是在把物流企业与竞争对手做对比以得到对物流企业的总体印象。通过对网上竞争对手的分析和跟踪，物流企业可以在如下四类形象中选择自己的定位。

(1) 创新型。努力使物流企业成为网上的革新者。这意味着物流企业要创造一个规模更大、花费更高、更惊人的网上形象，在现实世界里投入巨资为网上形象做宣传，而且也力图与其他领先者合作。

(2) 追随型。当一名积极的追随者是一个聪明的办法，这意味着企业要观察竞争对手在网上的尝试，借鉴他们好的做法。做追随派可以规避风险，保持网上营销和传统营销之间的平衡。

(3) 观望型。即建立一个中庸的网上形象。物流企业偶尔会搞些创新，但在大多数领域内,物流企业要等到有确凿的证据表明哪些尝试是成功还是失败之后,才决定自己是否采用。

(4)保守型。这种策略是物流企业在网上的投资微乎其微,仅仅拥有一个基本的网上形象,物流企业之所以选择这种定位,是因为决定把资金投资在其他商务领域。

3. 确定网上营销的领域

网上营销可以进入网上世界的一个领域、多个领域甚至全部领域。这需要物流企业根据自己的目的和需要、预算和竞争对手的情况做出决策。网上营销涉及的领域包括:

(1) Web 站点。充分利用物流企业自己的主页和相应的链接传递信息,是进行网上营销工作的关键所在。

(2)电子邮件和新闻组。使用电子邮件,支持物流企业的网上营销。同时为寻求网上客户支持,要创建列表服务器,以使用邮件列表。新闻组类似于邮件列表,都是因一个共同感兴趣的话题而组织起来的。

(3)网上服务。监控网上服务的有关论坛,包括竞争对手的论坛,也包括开辟自己的论坛,为客户支持提供服务。

4. 网络商品资源的开发

选择和开发网上商品资源对物流网络营销是十分重要的,每一个物流企业都要根据市场的需求和物流企业自身的特点选择好适合本物流企业网上营销的商品。在选定网上目标市场后要做的事是对网上商品进行定位,以期在目标市场中确定一个有价值的地位。要有自己与众不同的商品,与本物流企业的目标市场密切结合。

一个完整的商品概念可分为核心商品、实体商品和延伸商品三个层次。核心商品是商品所提供的核心利益或服务,营销人员可通过网上渠道倾听消费者的心声,以满足消费者的真正需要。实体商品是核心利益概念的转化,通常实体商品都具有五种特点:类型、特性、质量、配送和包装。适合网上营销的实体商品有以下几种。

(1)类型:看得到、听得到或想象得到,如 CD、书籍、电子游戏、电子图书报刊等。

(2)特性:消费风险小,容易通过联想得到实体感受,如鲜花、贺卡等。

(3)质量:稳定可靠以增强消费者网上购买信心,如套装软件、书籍、飞机票等。

(4)品牌:具有品牌联想效应。它可暗示服务质量和信誉,如 UPS、TNT 等。

在实体商品之外更多的服务与利益构成了延伸商品,如安装、销售服务、运送等。互联网为延伸商品提供了方便、创造了空间。通过网站,公司可为顾客提供一系列的增值服务,它们与实体商品一起构成了商品带给顾客的整体感受,也是网上商品定位成败的关键。

5. 网络客户资源的开发

(1)顾客关系管理的作用

随着市场竞争的愈演愈烈,传统的、静态的、平面的系统越来越难以胜任对动态客户信息的管理，对于客户行为的变化不能做出迅速反应而丧失市场机会的例子不胜枚举。而信息技术，尤其是互联网技术的发展，为物流企业营销提供了全新的平台，互联网催生的客户关系管理（customer relationships management，CRM）系统给物流企业带来了营销方式的重大变革。

CRM系统能够很好地促进物流企业和客户之间的交流，协调客户服务资源，对客户的需求做出最及时的反应。它不但拓展了开发新客户的渠道，而且有了CRM的支持，所有的客户信息都将一直伴随着客户。通过对客户资料的管理和挖掘，不仅有助于现有产品的销售，而且能够根据客户特定的需求为他们量身定做，真正做到"以客户为中心"，从而赢得客户的忠诚。顾客关系管理是物流企业与顾客之间建立的管理双方接触活动的信息系统。在网络时代的顾客关系管理应该是利用现代信息技术手段，在物流企业与顾客之间建立一种数字的、实时的、互动的交流管理系统。

CRM营销就是利用有效的客户关系管理达到营销的预期目标。其实，客户关系管理工作不是什么新鲜事，所有的物流企业都需要管理好自己的客户关系。但是，随着CRM系统的推出，一种全新的营销观念逐渐形成，客户被作为一种宝贵的资源纳入到物流企业的经营发展中来了。物流企业把任何产品的营销也都建立在良好的客户关系基础之上，客户关系成为物流企业发展的本质要素。

（2）顾客关系管理的内容

顾客关系管理，包含以下内容。

① 客户概况分析。包括客户的层次、风险、爱好和习惯等。

② 客户忠诚度分析。指客户对某个产品或商业机构的忠实程度、持久性、变动情况等。

③ 客户利润分析。指不同客户所消费的产品的边缘利润、总利润额和净利润等。

④ 客户性能分析。指对不同客户消费的产品种类、渠道、销售地点等指标划分的销售额。

⑤ 客户未来分析。包括客户数量、类别等情况的未来发展趋势、争取客户的手段等。

⑥ 客户产品分析。包括产品设计、关联性、供应链等。

⑦ 客户促销分析。包括广告、宣传等促销活动的管理。

（3）顾客关系管理的实质

顾客关系管理的实质是利用网络系统的优势实现对消费者的一对一营销。物流企业向客户提供个性化的服务，尽量让每个客户都认为这种服务是完全针对他个人的。要做到这一点物流企业的行为和表现就必须是针对每个客户而有所区别的。这种针对性的行为和表现是建立在客户初始提供的客户信息和物流企业通过与客户长期的交往、交易行为获得的对客户的进一步的了解上。而从本质上来说，物流企业最主要的目的是希望一对一的个性化服务提高竞争力、吸引客户、培养客户的忠诚度。另外，物流企业可以通过一对一营销采集客户信息，了解市场动态，以帮助管理人员制定策略和做追踪分析。

区别地对待不同的客户，具体的实施可以分为以下四步。

① 识别客户。识别客户就是要得到尽可能详尽的客户信息，所谓详尽的信息就不能仅仅是名字和地址，还必须尽可能地包括习惯和爱好等类型的信息。客户信息不能是静态的，除了客户的基本资料外，还应该包括客户的动态行为，一般体现在客户的历史记录中。客户同物流企业之间可能存在不止一个接触点，当客户购买不同的商品时，物流企业要能够清楚地知道这是在和同一个客户打交道。识别客户的重要性不言而喻。它可以让物流企业了解哪些客户是最有价值的，这是后续步骤的基础。如果物流企业不能识别最终的客户，便只能和中间商打交道。

要识别客户，先要建立一套用来识别客户的系统和机制，以便物流企业在每次同客户交往时可以将客户的身份作为一个个体辨认出来。传统经营对这种辨认可以是肉眼的辨认，社区小店店主可以仅仅凭借记忆记住大部分的顾客，因为这些顾客都来自同一个社区，都是街坊邻居。当下一次某位顾客再次光临的时候，店主便可以回忆起该人的姓名、性格、喜好等，当然还会想起他主要买些什么东西。这就是说，杂货店老板可以辨认出大部分的顾客。当然，有些顾客可能是流动的，店主把不能辨认或不必辨认的顾客另视作一类特殊的群体。

② 区分客户。区分客户是为了将客户分为不同的客户群。最基本和最简单的区分方法是将整个客户群分为两类：VIP 客户群和非 VIP 客户群。这两类客户群的需求往往是有很大差别的。物流企业要将主要的精力集中在那些重要客户身上，为他们提供更好的产品和服务。根据管理学中的"20/80"原理，物流企业80%的营业收入都是来自20%的重要客户。当然，还可以将客户群更进一步细分为三种、四种，甚至更多种的类别，为每种类别设立不同的优先级。

一个典型的例子是目前各大航空公司普遍采用的常旅客计划。航空公司将经常旅行的人士定位为重要客户，向他们发放常旅客卡，乘客在做票务登记时出示常旅客卡便可表明身份。航空公司根据每个持卡乘客的消费历史记录可以很方便地区分出那些对航空公司有"重大贡献"的重要客户，甚至还可以将这些重要客户再细分为不同的级别。这些在技术上并不难实现，只要航空公司制定出相应的针对不同级别重要客户的奖励措施，便可以有效地保持这些客户的忠诚度。

③ 与客户交互。下一步就是同客户的交互或者说是交流。因为有了不同优先级的客户群，这种交互便是针对不同的客户群甚至是单个客户而有区别的。为了使这种交流更加经济、有效，物流企业需要采用尽量现代化和自动化的工具和手段。物流企业可以考虑采用呼叫中心的方式，也可以考虑将服务从电话移到网上，或者分流一部分

到网站上。与客户交互的目的是为了进一步了解每一个客户的个性化需求,为了将每一个客户的潜在价值以尽可能量化的方式体现出来。

④ 物流企业客户化。物流企业最后要做的就是客户化,就是向客户提供个性化的服务。这也是一对一营销的最终目的——提高客户的忠诚度。客户化可以同时表现在产品和服务上,如产品的不同选件、产品的不同包装和运输方法,还可以体现为每个客户登录网站后看到的不同欢迎页面和显示菜单。回顾一下一对一营销的概念,就是区别地对待不同的客户,而这种区别对待是建立在前面三个步骤的基础上的。每个客户所说的(客户信息)和所做的(历史记录)都是不同的,物流企业就是根据这些差异了解每个客户不同的需要和价值,从而提供不同的产品和服务。

(4) 管理客户数据的手段

客户数据一般收集在网络系统的数据仓库中。数据仓库是 CRM 的灵魂,CRM 的很多工作都是以数据仓库为基础展开的。利用数据仓库,物流企业可以制定准确的市场策略或安排促销活动,CRM 充分利用数据仓库的分析结果制定市场策略、产生市场机会,并通过销售和服务等部门与客户交流,从而提高物流企业的利润。

顾客关系管理系统可以划分为数据源、数据仓库系统和 CRM 分析系统三个部分。

① 数据源。数据主要来自客户信息、客户行为、生产系统和其他相关数据四个方面。

② 数据仓库系统。主要分为数据仓库建设和数据仓库两部分。数据仓库建设首先利用数据仓库的数据 ETL 和设计工具,将与客户相关的数据集中到数据仓库中,然后在数据仓库的基础上,通过 OLAP、报表等将客户的整体行为分析和物流企业运营分析结果传递给数据仓库用户。

③ CRM 分析系统。由数据准备、客户分析数据集市、客户分析系统和调度监控模块构成。在数据仓库的基础上,首先由分析数据准备模块将客户分析所需要的数据形成客户分析数据集市;然后在客户分析数据集市的基础上,客户分析系统模块进行客户行为分组、重点客户发现和性能评估模板的设计与实现;最后 CRM 分析系统的分析结果由 OLAP 和报表传递给市场专家。

(5) 顾客关系管理的过程

首先,数据仓库将客户行为数据集中起来,为市场分析提供依据;其次,数据仓库将对客户行为的分析以报表形式传递给市场专家,市场专家利用这些分析结果,制定准确、有效的市场策略。数据仓库在 CRM 中有客户行为分析、重点客户分析和市场性能评估三方面的作用。

① 客户行为分析

客户行为可以划分为整体行为分析和群体行为分析两个方面。整体行为分析用来发现物流企业所有客户的行为规律。但仅有整体行为分析是不够的,物流企业的客户千差万别,根据客户行为的不同可以将他们划分为不同的群体,各个群体有着明显的行为特征,这种划分方式叫做"行为分组"。

通过行为分组,CRM 用户可以更好地理解客户,发现群体客户的行为规律。基于这些理解和规律,市场专家可以制定相应的市场策略。同时还可以针对不同客户组进行交叉分析,帮助 CRM 用户发现客户群体间的变化规律。

行为分析只是分析的开始。在行为分组完成后,还要进行客户理解、客户行为规律分析和客户组之间的交叉分析。

第一,客户理解。客户理解又可以称为群体特征分析。其目标是将客户在行为上的共同特征与已知的资料结合在一起,对客户进行具体分析。群体特征分析至少应包括以下功能。

- 哪些人具有这样的行为?
- 哪里的人具有这样的行为?
- 具有这些行为的人能给物流企业带来多少利润?
- 具有这样行为的人是否对本物流企业忠诚?

第二,客户行为规律分析。客户行为规律分析的目标是发现群体客户的行为规律。一般来说,行为规律分析至少应该包括以下功能。

- 这些客户拥有物流企业的哪些产品?
- 这些客户的购买高峰期是什么时候?
- 这些客户通常的购买行为在哪里发生?

通过对这些客户的行为分析,能够为物流企业在确定市场活动的时间、地点、合作商等方面提供确凿的依据。

第三,客户组之间的交叉分析。通过对群体客户的特征分析和行为规律分析,物流企业在一定程度上了解了自己的客户,但客户组之间的交叉分析对物流企业来说更为重要。例如,有些客户同时属于两个不同的行为分组,且这两个分组对物流企业的影响相差很大,但这些客户的基本资料非常相似。此时,就需要充分分析客户发生这种现象的原因,这就是客户组之间交叉分析的重要内容。通过客户组之间的交叉分析,物流企业可以了解以下内容。

- 哪些客户能够从一个行为分组跃进到另一个行为分组中?
- 行为分组之间的主要差别有哪些?
- 客户从一个对物流企业价值较小的组上升到对物流企业有较大价值的组的条件是什么?

这些分析帮助物流企业能够准确地制定市场策略,获得更多的利润。

② 重点客户分析

重点客户分析的目标是找出对物流企业具有重要意义的客户,这些重点客户主要包括以下几类。

- 潜在客户，有价值的新客户。
- 交叉销售，同一客户有更多的消费需求。
- 增量销售，更多地使用同一种产品或服务。
- 公共客户保持，保持客户的忠诚度。

③ 市场性能评估

市场性能评估是改进营销的重要依据，针对客户行为分析和重点客户分析，针对市场目标设计一系列的评估模板从而使物流企业能及时跟踪市场变化，利用一些统计指标来衡量市场活动的效果。评估分析可以分时段、分组别进行。

阅读资料 10-2 物流公司如何做好网络营销推广

中国物流企业网络营销处于高速发展中，大型企业已发展的相对完善，而中小企业网络营销可以说才开始起步。当今物流行业的公司竞争很激烈，如何把网络营销做好，就需要把网站的访问量转换成询盘，再到利润。物流企业网络营销应把握以下要领。

1. 正确的物流市场定位

选好公司所做的物流关键词，尽量做长尾关键词，比如公司在天津，就做"天津物流公司"、"天津物流公司排名"、"天津物流公司专线"、"天津物流公司哪家最好"、"天津服务最好的物流公司"等长尾关键词，为公司带来的客户也会很精准。

2. 借助权威网站推广

可以选择物流行业网站 B2B 网站的推广如万联网（www.10000link.com），在这些权重比较高、比较专业的电子商务网站上做推广效果会更好，建议参照本公司预算去选择。

3. 网络营销把方便留给访问者、满足客户需求

利用网络营销推广自己的物流公司服务，客户会很方便的找到网站，只需要在网上描述好自己的服务流程、服务特色、服务项目，把公司的服务清楚的展示给客户，客户就会轻松的找到。

4. 网络营销要诚实

没有必要对公司的访问者隐藏某些东西，包括公司负责人姓名及联系方式、公司电话号码及地址等。得向他人证明公司的坦诚，以便他人认为公司的产品或服务也是真实可信的。公司所有的努力最终会赢得客户的忠诚，所以请把公司的联系方式放在网页最醒目的地方。

5. 强调公司的服务质量

必须利用尽可能多的机会，向网站访问者传达这样一种信息：公司所提供的产品和服务是一流的，并且不会给客户造成任何的麻烦，比如在产品的维修方面或服务的

技术支持方面。当收到客户的邮件时，应及时回复。

6. 推广公司服务

市场竞争激烈，物流公司同样需要辅之以成功的网络推广。利用微博推广、论坛推广、搜索引擎、互惠链接等方法大力地宣传公司的网站，具有针对性的 Baer 广告会大大提高网站的知名度。

7. 应该关注的是询盘量，而不是垃圾点击率

公司网站有上万的页面访问量吗？如果有，那么恭喜。可问题是：有多少访问量最终转化为销售额了呢？应该更重视财务报表而不是页面的计数器。目前，网上消费对于大多数人来说，仍是一种"冒险"，但有一个非常有趣且有利的现象，几乎所有在网上成功消费的人士都会乐此不彼地向他们的朋友介绍有关的消费经历。另外，网络营销其实还处于"幼年"时期，所以，对于大多数公司来说，这是一个好时机，还有大量的市场空间等待有心人前去发现。所以不要盲目的去做网络营销，要把握好目标客户，在最精准的客户群里去推广公司的物流服务。

资料来源：万联网 http://info.10000link.com/newsdetail.aspx?doc=2011030890068。

本章小结

随着互联网的普及，改变了物流企业所面对的用户和消费者、虚拟市场的空间以及市场营销环境，对市场营销策略和理念产生了巨大的冲击。本章介绍了物流网络营销的概念、基础理论及特点，讲述了物流网络营销常用的技术，探讨了物流网络营销策略和规划内容。

网络营销属于电子商务的一部分，物流网络营销是物流企业以现代营销理论为基础，利用互联网（也包括物流企业内部网和外部网）技术和功能，最大限度地满足客户需求，以达到开拓市场、增加盈利为目标的经营过程。其包括市场调查、客户分析、产品开发、销售策略和反馈信息等方面。

物流网络营销通常有网络广告营销、电子邮件营销、网络新闻组营销、网上论坛营销、网上公关营销和会员制营销等方法。电子商务与物流的结合改变了传统的物流营销的方式。进行市场调查对企业物流网络营销是必要的。

企业物流网络营销策略规划，需要考虑定位网上营销目标、定位网上营销形象、确定网上营销的领域、网络商品资源的开发及网络客户资源的开发等方面的问题。

思考题

1. 简述物流网络营销的概念。

2. 物流网络营销的理论基础是什么?
3. 概括物流网络营销的特点。
4. 简述物流网络营销常用的方法和技术。
5. 简述物流网络营销策略规划的内容。
6. 简述物流网络营销的信息化基础。
7. 怎样进行网络客户资源开发?

案例分析

案例 10-1　上海佳宇物流的网络营销

随着物流在当今国民经济中重要作用的体现,传统的物流管理模式(不采用电子商务)的库存太大、反应太慢和处理需求单一的缺陷越来越突出,解决和改进这些缺陷已经成为目前中国物流业发展刻不容缓的事情了。电子商务物流是伴随着电子商务技术和社会需求的发展而出现的,它是经济价值实现不可或缺的重要组成部分,它的产生解决了传统物流的弊端,大大提高了运作的效率。所谓电子商务物流,就是指在社会再生产过程中根据物质资料实体流动的规律,应用管理的基本原理和方法对物流活动进行计划、组织、指挥、协调、决策、控制和创新,使各项物流活动实现最佳协调与配合以降低物流成本,提高物流效率和经济效益。

上海佳宇物流有限公司(前身为佳宇天地运输有限公司)创立于 1995 年,公司总部设立在上海,是专业化、信息化的综合性物流公司,并通过了 ISO9001(2000)质量体系认证审核。历经七年的发展,现有员工 2 210 多人,各类车辆 560 余台,协议合作车辆 2 000 台,年营业额 2 亿元,截至 2002 年底拥有资产总额 1.05 亿元。公司在上海、广州、北京、杭州、南京、合肥、沈阳等地设有 159 家分支公司。公司类型为第三方物流;主营内容为货物配送、仓储管理、综合服务以及信息咨询等,能提供包括零担运输、供应链管理、仓储及物流解决方案在内的全方位的物流服务;业务组成为普通货物物流、一体化物流管理、物流方案策划(物流规划、物流模式设计)运作管理。

佳宇物流是中国目前零担运输市场占有率最高的企业之一。同时也在企业物流、供应链管理领域拥有很大的市场影响。企业理念:您的满意是我们永恒的追求。公司拥有一支精通供应链管理,对物流市场有深刻理解和全新理念的,熟悉物流运作、对市场营销建设有独到见解的专业队伍,致力于为客户设计最优化的物流解决方案,并节省物流成本。公司管理制度健全,岗位职责分明。依托优秀的人才团队、先进的信息系统、超前的服务理念和遍布全国的运营网络,佳宇物流正日益成为物流行业的著名品牌。

佳宇物流拥有自己的专门公司网站和 E-mail 联系地址,这个网站是公司对外的一个窗口和营业的平台。在这个网站上可以进行货物查询（查询订单号、货号、日期和时间等）、运价查询、公司新闻查询、配送中心查询、全国佳宇分公司查询、客户查询、人才招聘查询以及服务咨询等。而且，网站还有一些十分人性化的特殊功能设置，如员工生日祝福、里程查询和网站地图等。每天网站都会把祝福送给当天过生日的佳宇物流的员工，里程查询为顾客提供全国各城市任何两点间的路程长度，而网站地图则起到了引导浏览者的作用。这些人性化的服务充分为顾客着想，给人以宾至如归的感觉，让人觉得和这样的公司做生意是件很舒服的事情。

佳宇物流拥有自己的企业和员工 BBS，这是一个集交流、资料共享、产品推荐和服务、提供持续教育、获取技术建议和分享信息与见解等于一体的载体。另外，BBS 比起传统会展来说具有较大的优势，它能节省会展的费用，延长了时间，扩大了市场的范围，获取更多的行业信息以使服务销售大大的增加。

电子邮件是企业与顾客服务双向互动的根源所在，它是现实公司与顾客对话的双向走廊和实现顾客整合的必要条件。目前互联网上 60%以上的活动都与电子邮件有关。目前电子邮件系统主要有以下六个方面的特点：

1. 方便性

通过电子邮件可以方便地传送文本信息、图像文件、报表和计算机程序。

2. 广域性

电子邮件系统具有开放性，许多非互联网络上的用户可以通过网关（Gateway）与互联网络上的用户交换电子邮件。

3. 快捷性

用户只要随时以计算机联机方式打开自己的电子邮件信箱，便可以查阅自己的邮件。

4. 透明性

电子邮件系统会自动地把用户的信件通过网络一站一站地送到目的地，整个过程对用户来说是透明的。

5. 廉价性

互联网络的空间几乎是无限的，公司可以将不同详细程度的有关产品、服务的信息放在网络站点上，这时顾客不仅可以随时从网上获得这些信息，而且在网上存储、发送信息的费用都低于印刷、邮寄或电话的费用。在公司与顾客"一对一"关系的电子邮件服务中，费用低廉，从而节约大量费用。

6. 全天候

对顾客而言，电子邮件的优点之一是没有任何时间上的限制。一天 24 小时，一年 365 天内，任何时间都可发送电子邮件。

有了 E-mail 联系地址，使佳宇物流摆脱了以电话与传真的传统联系方式。利用电子邮件可以让佳宇物流与顾客建立主动的服务关系，传递商务单证，还可进行其他访问的信息服务。传统的顾客服务（电话与传真）常常是被动的，顾客向公司提出问题后，公司再解决。而通过电子邮件，公司可实现主动的顾客服务（一是主动向顾客提供公司的最新信息，二是获得顾客需求的反馈），而不是被动地等待顾客要求服务，大大提高了公司与顾客的互动。

电子商务网络营销大致可以分为四类：第一类是商业—商业（Business to Business，B2B）。这是商业机构对商业机构的模式，也可以称为企业与企业间的电子商务网络营销，主要是进行企业间的产品批发业务，所以也可以称为批发电子商务。第二类是商业—个人顾客（Business to Customer，B2C）。这是商业机构对个人顾客的模式。这类活动主要是借助于互联网开展的再现销售活动。第三类是商业—政府机构（Business to Government，B2G）。这是公司、企业等商业机构与政府机构之间的电子商务活动。例如，政府在互联网上公布采购计划的详细信息，各个商业机构可以电子化的方式做出回应。第四类是个人—政府机构（Customer to Government，C2G）。这是个人与政府间的电子商务活动，表现在个人纳税、社会福利的发放和交费等领域，但是这种服务还只是刚刚起步，远没有达到普及的程度。除以上四种主要的模式之外，还有一种网上交易的方式，姑且就叫它 C2C（Consumer to Consumer）。通过佳宇物流的网站，可了解到该公司的长期合作伙伴和顾客都是像联合利华（中国）、百安居（中国）、阿迪达斯、摩托罗拉、西门子、泰达天津、神州数码、宏基、七喜电脑、大唐通讯和佳能等国内外大型企业。所以，佳宇物流的网络营销模式是第一类，即商业—商业。

物流企业的网站可以外包。外包网站有很多优点，如节约聘请专门人才的成本、减少部门设置、操作灵活和应用功能可以得到不断升级等。根据专门人员的费用为例：专门人员一年的费用大概为 6 万～16 万元，其中网络制作人员 1 万～3 万元/年，编程专业人员 2 万～5 万元/年，第一年总计投入就要达到至少 7 万元以上，这可是一笔不小的开支。自建网站也存在着一些缺点，如信息滞后的问题、信任问题、费用及质量问题等。

在公司人员配备上，公司拥有一支精通供应链管理，对物流市场有深刻理解和全新理念的，熟悉物流运作、对市场营销建设有独到见解的专业队伍，依托优秀的人才团队、先进的信息系统、超前的服务理念和遍布全国的运营网络，致力于为客户设计最优化的物流解决方案，并节省物流成本。值得一提的是，公司还有一套比较成熟的人才招聘与员工培训计划、方案，公司以"一流的人才、一流的管理、一流的服务、一流的效益"为发展方向，"以人为本"的文化不仅强调给员工良好的福利与回报，更重视为每一个人提供发展的空间和舞台。

佳宇物流的电子商务网络营销工作做得还是很不错的，虽然仍然存在着某些方面的不足，但总体来说它的发展趋势是向前的，这是一个 E 时代化的物流企业。

资料来源：土豆网 http://www.docin.com/p-69501848.html。

讨论题：
1. 探讨不同类型物流网络营销的特点。
2. 谈谈佳宇物流网络营销的效果。

案例 10-2　联邦快递公司网站营销策略分析

联邦快递公司（简称 FedEx 或 FDX），是一家全球快运业巨擘。它仅用 25 年时间，从零起步，在联合包裹服务公司（UPS）和美国运通公司等同行巨头的前后夹击下迅速成长壮大起来，发展为现有 130 多亿美元、在小件包裹速递、普通递送、非整车运输、集成化调运管理系统等领域占据大量市场份额的行业领袖，并跃入世界 500 强。公司现有全世界员工总数 14.5 万，开展业务的国家和地区 211 个，全球业务空港 366 座，备有各类型运输飞机达 624 架，日出车数近 4 万辆、处理超过 2 百万磅的空运货物。公司每月提供两次机会供人参观，一批批客人也愿付每人 250 美元的票价，来到其位于田纳西州孟菲斯的超级调运中心，亲身感受它的恢宏气度、高速繁忙而精确的作业现场，领略其非凡的竞争力。

公司网站 1995 年开通。其 1998 年度提交股东的报告页面上，以 "FDX = 新的领先者品牌" 为题，自豪地宣称：FedEx 开创了快递产业中的 "基地源泉"，史无前例地将智能化系统引入该行业中。FedEx 网站，如图 10-1 所示。

图 10-1　FedEx 中文网站主页

1. 网站定位

FedEx 网站注重的是它与客户、尤其是企业客户间的亲和力上,这对发挥其智能化运输控制系统作用是至关重要的。所以,网站定位在宣传"整体大于部分之和"的营销理念、力求与客户协同动作、共谋最佳效益。

与 UPS 等企业网站一样,FedEx 网站也是个面向实际作业的服务窗口,故每层页面都有业务宣传、实地作业和树立企业形象的功能。同时,由于公司历史较短或其他原因,FedEx 并未争取到如 UPS "2000 年悉尼奥运会指定承运商"那样高度的"形象工程",虽少了一份云中漫步的潇洒,倒也能无所牵挂地在网页上做好自己的文章。

首页仅起迎客及目录入口作用。左上角是 FedEx 标志,其下以多种语言写上"欢迎"字样,一段说明为:"全世界约 200 百万人由 FedEx 及时、可靠的包裹送达开始其一日之计。您从本站点就可获得世界级的服务。"然后是一幅地球风云图片,环绕以由浅至深的单翼形饰边,一件邮包喷出尾气从饰边反向飞出。画面立意明晰、简练。再往下是整个屏幕唯一的活动区,一条下拉目录为 FedEx 开展业务的各国,由此可实时提交业务、跟踪运输情况、得知抵达时间等。

由首页目录进入的各国页面,才是 FedEx 的作业区页面。画面采用标准版式设计。页面左上是公司商号标志,FedEx 五个字母分紫色与桔红两色,非常醒目。对不同国家,页面仅是国名、国旗和递送员形象三者的不同。FedEx 体现网站设计的立意重在本地化、人性化服务上,力争给人以亲切感、可信赖感。

任何一个网站,可以有无穷多的页面链接关系,许多企业网站也轻易地建立了无数的内外链接关系,但是应记住:一个成功的企业网站还应有一种超乎页面间的精神链接关系,它是企业的价值取向、管理风格、经营宗旨及营销手法等的综合体现,也可以说是"网站艺术"中的神韵所在。如美国运通网站(www.AmericanExpress.com)中,不变的主题是绿色币纹水印背景,象征其以效率和成本为旨。

本页左侧一排选择按钮,分别为"登录"、"发货"、"查询"、"送达"、"服务"、"与我们联系"、"FDX 公司"等;右侧向用户介绍其改进后的"联网运送"(FedEx InterNetShip)业务系统,帮助世界各地顾客更便捷地查询 FedEx 信息,获得服务。它是基于国际互联网的一套智能化货物运送系统,目前为第四版,可提高发货速度,并能一次查询 25 件货运信息。这些都是 FedEx 网站业务类主页的标准格式部分。

2. 网站结构

FedEx 网站共 3 000 多页,功能强大。页面大致分为两类,一类是业务页面,以国别为页簇平行组织;一类是宣传页面,按企业介绍及业务进程组织。两类页面互相链接,便于切换。所有页面均以清亮简洁为风格,页面间脉络清楚,链接关系简单。这些都是面向作业、面向流程的服务性网站所应具备的特征。否则,到处设活动区,链接关系复杂,不能按业务进程组织的页面,必然给顾客造成许多麻烦。

网站设有"新用户欢迎中心"和"在线服务中心"。新用户欢迎中心在简单的欢迎词后对服务项目（国内、国际的包裹航运及陆运），接货及送达（核实与接收待送货品、文件、包装、处理、送达等），运输及管理工具（如 Internet、专用软件、硬件、解决方案、运输进程的费用与时间优化等），运输示例（演示介绍 FedEx 系统的简单步骤，申请和提交业务表的填发等）做逐栏介绍。

在线服务中心功能也大致相似，只不过页面增加了实际作业按钮，故除向顾客介绍外，主要是对实际操作提供指导。

在公司宣传中，FedEx 很注重媒体对其报导，将其收入站点，尤其如《财富》、《华尔街周刊》、《巴伦》等权威杂志对其评论，目的是借助第三方之口来树立企业形象。

3. 网站商业竞争力分析

FedEx 网站上述页面属常规部分，与其他快递公司相同。FedEx 能在短期内速度崛起，自有多个原因，其中之一是它旺盛的竞争力。FedEx 的竞争力就体现在它在 Internet 上构建的智能化运输管理系统，其核心威力是对企业用户和对个体用户的吸引力上。

对于企业用户，FedEx 的智能系统能与用户企业网无缝联接，或通过 Web 页面直接介入到用户物资运输中去。这样的结果是，任何公司在逻辑上都可直接将 FedEx 庞大的空运阵容和陆地车队当作自己的运输资源；而且 FedEx 智能系统还告诉他们，一切最快并非一切最佳，明智的运输方案应是各种待运物资在送抵目的地总体等待时间最短、或最实时的解决方案。

一般企业不具备智能物资排运系统，也无建立的必要。FedEx 知其系统对它们有独特吸引力，就主推"整体大于部分之和"的协作化、智能化货运解决方案，深受各类企业欢迎，大小公司趋之若鹜。如一家全球性女装零售商兼家居饰品商打算自己做产品的存储和批发业务，它请求使用 FedEx 的系统来跟踪本企业的定单、检查库存、安排运货时间等。结果，FedEx 使其实现了所有接单送货均在 48 小时内完成。

FedEx 的杰作之一，是其向计算机直销巨头 Dell 公司提供的"全球一体化运输解决方案"。它将 Dell 在马来西亚和美国本土总部分为两大整机及零部件制造与供应中心，对于世界任何一地、任何单位数量的零件或整机需求，均由 InterNetShip 系统排出总体成本最低、最快捷的优化递送方案，以"展示 Dell 对其顾客的那种'成功、质量和服务'的独具魅力之承诺"。而它介入另一行业领袖——优利系统（Unisys）的供货业务时，更显示出该系统在处理不确定、突发性紧急需求时的非凡能力。

对于个人用户，FedEx 网站的规范化作业流能使他们方便地进行自我服务，可以接发定单、提交运输业务、跟踪包裹、收集信息和开账单等。

该网站每月有 300 多万次的访问，所有数据都同时进入公司内部网。由于约 2/3 的运输都是通过该系统自动处理，极大地降低了用户向 FedEx 电话应答中心的巨额查询费用，从而为其节省了数百万美元，成本的降低就意味着竞争力的增强。

FedEx 网站证明：在当前信息时代，一个公司的先进系统、运作模式和处理的信息，其价值远不止于在公司内部使用。它能在"整体大于部分之和"营销理念下，借助于国际互联网冲破无数企业在行业范围、物理形态和地理行程上的差异，彼此在虚拟的作业环节上实现无缝联接；借助于这种联接，一个企业可以让其先进的管理技术、战略资源，如在时间管理、信息管理、复杂的后勤规划、庞大的空中与陆上储运资源等对其他无数企业产生如天体黑洞那样的无穷吸引力。

同时 FedEx 还表明，在服务业中，先进的系统和技术仍须与充满亲情的人与人的面对面交往为基础。令人仰慕的企业形象是要花很多年建立的，并具体体现在各员工与顾客接触的那几秒钟内。公司力求最大限度地调动员工积极性，让他们在一个表情和举手投足之间将企业的好形象传递出去。

在 FedEx 主页上最引以为豪的服务案例，是其在母亲节这一天中为成千上万的家庭送去充满人情的"FedEx 之盒"。因为这是全美餐馆最繁忙的一天，也是无数家庭表达其亲情与和睦的一天，但许多家却都会因临时找不到餐馆空位而驻足久等，或在一家又一家的餐馆前徘徊。FedEx 就与一家全美最大的餐馆调查公司联手，运用其智能系统，根据各餐馆订座、距离、家庭人数等情况编排出应去哪家餐馆使用哪个餐位的计划，将其连同公司祝贺词一道灌录在那个著名的绿色小盒中，递送到千家万户，真正体现了"礼轻情意重"之服务要旨。

公众现在已经把"交给联邦快递"这句话同遵守诺言等同起来。这一成果来之不易，诚如 FedEx 电子贸易营销经理布朗所称："无论顾客是通过电话、亲自上门，还是通过国际互联网，我们的目标都是要保持百分之百的顾客满意。"

资料来源：深圳物流网 http://www.jiakai.cn/wuliu22/wl6979.htm。

讨论题：
1. 探讨传统营销与网络营销的同异。
2. 分析 FedEx 网络营销策略的效果。

实际操作训练

实训项目　网络营销与传统营销模式的区别

（1）实训目的：推荐淘宝网、亚马逊中国网站，注册淘宝（或亚马逊）和支付宝账户，开通网银，实践网上购物，明确网络营销与传统营销模式的区别。

（2）实训内容：用银行卡或支付宝支付网上购物价款，掌握电子支付流程及注意的问题，体会网络营销的优势，认识网络营销与传统营销交易流程的区别。

（3）实训要求：将参加实训的学生分组，在教师指导下进行调研，完成实训报告。

实验教学建议

实验项目　物流网站功能与特色

项目名称	实验课时	内容提要	教学要求	实验类别	实验方式
物流网站的功能与特色	2	（1）在对物流网站进行分类的基础上，选择某类物流网站进行分析比较，认识物流网站功能与特色 （2）进入物流企业网站门户，了解各种物流企业的作业环节、岗位设置与职责	通过本实验教学，在对物流网站进行分类的基础上，选择某类物流网站并访问其中3～5个进行分析比较，认识物流网站功能与特色；上网查询物流作业流程的相关资料，进入物流企业网站门户了解各种物流企业的作业环节，熟悉环节中的岗位设置与职责；分析各个作业环节中可以产生哪些专业物流企业类型	综合性	教师指导独立完成

第 11 章 物流电子商务网站管理

知识架构

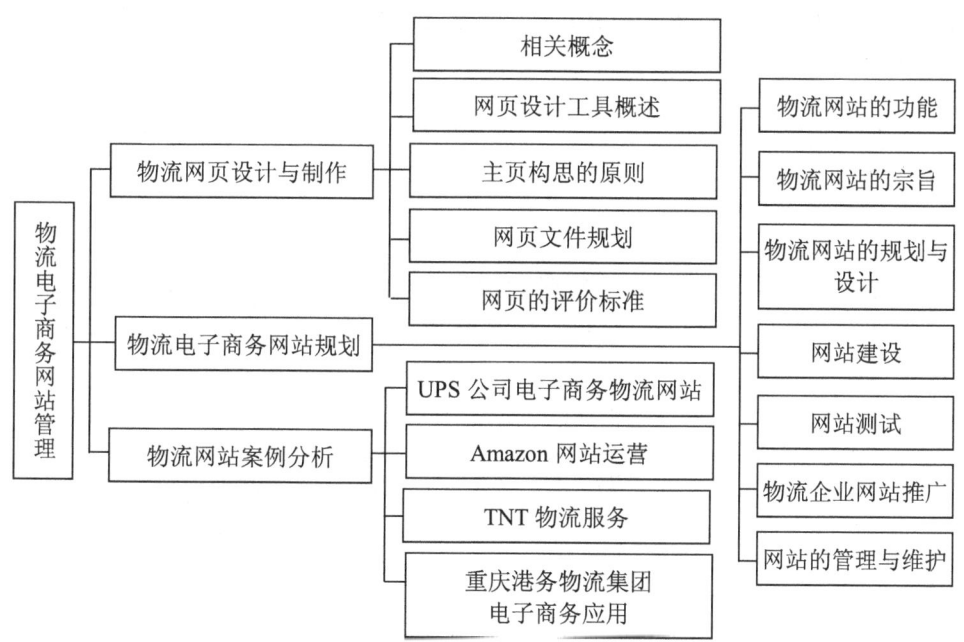

教学目标与要求

掌握物流网页构思的主要原则，物流网站规划的内容，从实际案例体会物流电子商务网站规划与管理的内容。

基本概念

网页　主页　超文本　网站　超文本标记语言　超链接　超文本传输协议　内联网　外联网

引导案例：天地华宇加速拓展电商物流市场

近日，国际快递巨头 TNT 在华全资子公司天地华宇宣布与腾讯网签约，成为其首家公路快运服务供应商，为腾讯旗下的 QQ 速递、QQ 商城等电商运营商的客户提供以"定日达"为主的公路快运服务。这是继结盟阿里巴巴、金蝶友商网等电商巨头之后，天地华宇在拓展电商物流市场方面迈出的又一大步。目前，进驻阿里巴巴、腾讯网等主要电商平台的企业级客户是天地华宇的主要客户群。

2012 年 5 月底，商务部发布的《中国电子商务发展报告》显示，2011 年我国电子商务交易总额达 5.88 万亿元，占当年国内生产总值的 1/8。电子商务交易的迅猛增长催生了电商客户群对如天地华宇"定日达"等第三方递送服务的需求。天地华宇网站主页，如图 11-1 所示。

图 11-1 天地华宇网站主页

天地华宇"定日达"公路快运服务已覆盖全国 334 个大中城市，拥有近 1 300 个专属服务网点。凭借全国定日到达公路快运网络和准时、安全、高性价比的服务体系，天地华宇陆续成为国内几大电商运营商的主要公路快运服务合作伙伴。进驻电商平台的客户只需在网上下单，就能轻松享受"定日达"提供的专业快运服务。"进驻电商平台的客户迫切需要覆盖全国的公路快运网络以及高效、优质的公路快运服务。"天地华宇总裁杨铸说："我们很高兴地看到越来越多的电商运营商将天地华宇作为其主要公路快运服务合作伙伴。而尤其让我们振奋的是，越来越多进驻电商平台的客户肯定了'定日达'的高水准服务。"

资料来源：和讯网 http://news.hexun.com/2012-07-25/143978426.html。

11.1 物流网页设计与制作

网页设计作为一种视觉语言，要讲究编排和布局。版式设计通过文字图形的空间组合，表达出和谐与美。版式设计通过视觉要素的理性分析，严格的形式构成训练，培养对整体画面的把握能力和审美能力。网页设计与制作，努力做到整体布局合理化、有序化、整体化。多页面站点页面的编排设计要求把页面之间的有机联系反映出来，这里主要的问题是页面之间和页面内的秩序与内容的关系。为了达到最佳的视觉表现效果，应讲究整体布局的合理性。

11.1.1 相关概念

1．网页与主页定义

在 WWW 网站上的供人阅读的文件称之为网页。主页（Home Page）就是进入 WWW 网站的第一个网页，也称首页。该页面也是进入该网站其他网页的"入口"。通过主页上的介绍或说明，用户可以在短时间内了解网站所提供的信息和服务项目。

2．超文本

超文本（Hyper Text）代表一种新的文件形式，指一个文件的内容可以无限地与相关的资料链接。超文本是自然语言文本与计算机交互、转移或动态显示等能力的结合，超文本系统允许用户构造任意链接，可从文档中的某个选定点连到该文档中的另一个点，也可以连到用户范围内任何其他文档的某个点。如果从信息浏览和信息服务角度来看，超文本则是一种跳跃式的关键词阅读法，它实际上是将菜单选项嵌入了文本之中。它也是从一个文档到另一个文档之间链接关系信息的方法。

3．网站

网站（Web Site）是指全球互联网的计算机主机站点，是许多网页、图片、多媒体及相关文件的集中处，在一台 Web 服务器中可以包含多个网站。

4．超文本标记语言

超文本标记语言（Hyper Text Markup Language，HTML）是创建网页（Web Page）

的内容和结构的标准语言。由一般文本和标记(tag)组成,标记用于提示浏览器(Browser)如何处理一条激活的链接(Link)。产生的超文本文件的扩展名一般为.html,存取这些文件的语法分析程序为 Web 浏览程序。

5. 超链接

超链接(Hyperlink)是以特殊编码的文本或图像的形式来实现的链接,能以 HTML 文档的某一位置为起点,跳转到同一 HTML 文档的另一位置,也可跳转到万维网(World Wide Web)上的另一文档中,或者跳转到 Web 上另一文档的某个特定位置。单击超链接将跳转到被链接的其他位置或文档中。

6. 超媒体

超媒体(Hyper Media)简称超体,是一种智能文档。它将图表、动画、视频片段和文本有机地联系在一起,用户可以自己选择学习途径,这样能大大增强学习兴趣,充分发挥使用者的主观能动性。在计算机辅助教学中,能够增强超文本系统的图形、声音、视频图像和合成音乐的输入能力。

7. 超文本传输协议

超文本传输协议(Hyper Text Transfer Protocol,HTTP)支持 WWW 上信息交换的 Internet 标准,是定义 Web 服务器如何响应文件请求的 Internet 协议。通过定义统一资源定位符(URL)和它们如何在互联网上用来检索各种资源,HTTP 能使 Web 编辑在 Web 文件中嵌入超链接,只要按一下鼠标,超链接就开始存取和检索文件的传输数据进程,不需要用户干预。

8. 统一资源定位器

统一资源定位器(Uniform Resource Locator,URL)用于标识某一特定信息页所用的一个短的字符串,是一种访问 Internet 资源的方法。URL 主要用于各种 WWW 客户程序和服务程序上,当用户选中某信息资源时,客户/服务程序就自动查找该资源所在的服务器地址,一旦找到,即将资源调出供用户浏览。

URL 一般包括服务名称、主机名称及请求三个部分。例如,一个典型的 URL:http://www.cosco-logistics.com/,即中国远洋物流有限公司的网址。在此 URL 中,"http:"是服务的名称,"www.cosco-logistics.com"是主机,通常在 URL 中最常看到的服务名称是:"http:"、"ftp:"、"news:"和"gopher:",它们分别对应到 Web 服务器、Ftp 服务器、Usenet News 服务器和 Gopher 服务器。

9. Web 页面

Web 页面(Web Page)指万维网 WWW 中的超文本标记语言(HTML)文件,Web 页面通常包括从一页到另一页或从一个位置到另一个位置的链接。

它允许读者链接其他的网页或图片,通常由超文本链接与 Web 上的其他文档相连,通常整个在其他 Web 服务器上。在 Web 上"畅游"由一页一页地后续连接组成。

10．Web 服务器

Web 服务器（Web Server）是提供各种信息服务的计算机主机。它由一个程序告诉网络服务器如何处理不同计算机和操作系统之间的文件请求和文件传送。

11．内联网

内联网（Intranet）也称内部网，它是一个企业或机构内部通过专用电话线传递信息的非公开 Internet。内联网采用成熟的 Internet 技术，使得 Intranet 更容易操作和管理；它可以与 Internet 的外部世界相联系，在 Intranet 内能享受到 Internet 和 Web 的所有服务。

为了保证 Intranet 的安全，Intranet 中有一台计算机扮演着防范外来者无权限进入系统的卫兵角色，它对 Intranet 在那些未设权限的入口提供了重要的保护，这样的计算机被称为"代理服务器"或"防火墙"。如果拥有进入内联网的权限，那么，无论在哪里，都能越过防火墙，进入 Intranet 获得资源。企业 Intranet 通过网关和路由器与外部的 Internet 相联系，企业把公用信息存放在外部 WWW 服务器内，对用户进行快速服务。

建立企业内联网的主要目的，一方面是通过资源共享而加强企业内部合作，另一方面也是为了实现商务电子化，加强与客户及合作伙伴的联系。

12．外联网

外联网（Extranet）是 Internet 的一个选择性的扩展部分，它是一个专用的 IP 网络。可以认为 Internet 提供了一个广阔的计算机网间互联网的天地，Intranet 加强了其本身的安全保障，而 Extranet 则是两者的功能兼而有之。

企业建立了 Extranet 之后，可为企业构造安全的内部和外部网络，可以与企业经常需要联络的企业或客户以及远端的用户成员保持联系。

11.1.2　网页设计工具概述

网页设计工具可分为两类：第一类是源代码型编辑工具，代表产品有 HotDog、HomeSite 和 EditPlus 等；第二类是所见即所得编辑工具，代表产品有 HotMetal、FrontPage 及 Dreamweaver 等。

1998 年之前，网页大都是通过使用 HTML 源代码直接在文本编辑器中编写完成的。但是由于源代码型编辑器操作相对复杂，而且工作量大，容易出现错误，对于那些不是很熟悉 HTML 的人来说，要想制作出自己理想的网页，的确是一件很头疼的事情。当时，拥有自己的网页成了许多人可望而不可即的梦想。

为了让更多钟爱网页的人能"梦想成真"，有些聪明的软件开发商设计出了可以轻松制作网页的软件，即所见即所得的编辑工具，此类工具也被称作是新一代的可视化工具。使用者在编辑过程中就可看到运行效果，操作方便，对专业素质也要求不高，它既不需要使用者掌握很深的网页制作技术，也不需要了解 HTML 的基本语法。当然，如果精通 HIML 的话，使用所见即所得编辑工具会更加得心应手。

经过几年的发展与改进，源代码型编辑工具已经基本被淘汰了，同时，所见即所得编辑工具也日趋走向成熟，其功能也在不断得到完善与强化。

11.1.3　主页构思的原则

在物流企业网页中，主页的设计有无吸引力，是决定访问者是否浏览下去的关键。有的主页设计得十分粗糙，访问者没有阅读的兴趣，有的内容过于简单，不能让访问者驻目停留，有的主页制作得很精美，但因图片太多或太大，输入网址后很长时间打不开，访问者会失去等待的耐心而转移到别的网页上去。在栏目的设置中，除了产品展示、物流企业简介、在线订单外，还应设置一些有吸引力的栏目。例如，价格讨论区、留言板、邮件列表等，给访问者提供一些免费服务、便利服务、知识服务，并创造一个亲身参与的机会，让其进入角色，亲身感受。

1. 确定上网的目的与目标

网站内容取决于物流企业上网的目的和目标客户。当然，并不排除随着时间的迁移，要对最初建立网站的目的和目标客户做出调整。准备建立网站的物流企业，应该首先确立建网站的目的，了解自己准备面向哪些客户。这是很关键的，它将影响网站向访问者提供什么内容，内容的深度、广度以及提供的方式等。

物流企业还必须明白的一点是特定内容只能满足特定的客户群，不可能取悦所有的访问者。例如，宝洁网站设有"封面女郎"美容专栏，意在指导女士们打扮得如杂志封面模特一样美丽，但它同时付出的代价是牺牲掉绝大多数男性访问者；施贵宝网站栏目是指导男士们如何打扮得风度翩翩，它的代价自然就是失去大多数女士访问者。但这两个公司也许都认为，它们的网站服务只要能吸引一批数量稳定的男性或女性消费群体，就足够补偿其损失了，故值得这样去设计网站。

物流企业网站建设者更应该思考一下，本站的服务是否确实有利于某类用户群体，而不给其他用户群体带来损失？而最坏的情况就是既损失了一批客户，又无法取悦另一批客户，最后落个形单影只、人气散尽的境地。

2. 重铸公司的业务模式

创新对网络公司的业务开展、对于向访问者提供独特服务的重要性是不言而喻的。网络意味着新的商业运行模式，需要重铸公司现有的运作模式。当然，这并不是说要改变公司的业务。例如，对全世界开展电子商务最成功的两家公司思科网络公司和戴尔计算机公司来说,思科公司仍然是一家网络设备提供商,戴尔计算机公司仍是一个计算机硬件提供商。

当然,对大多数想发展电子商务的公司来说,所面临的问题只是如何将现有业务搬到网上,创新的要求会低一些。不过,物流企业管理和网站建设人员应该时常提醒自己,与其他媒体不同,Web 不仅仅是一种媒体,它还是开展电子商务的交易平台。物流企业需要对自己的业务进行剖析,确定自己的目标,找出自己网站站点的目标客户,找出哪一部分适合网上操作,哪一部分不适合网上操作,哪些部分功能不够,需要扩展。

3. 创造以客户为中心的营销环境

物流企业网站建设应该以顾客为中心而不是以物流企业自身为中心,在物流企业网站建设中,处处尊重客户、培养人气是网站内容设计者应时刻注意的第一要旨。

不少物流企业在具体建立网站时,忽视了这一点,在页面设计上就可看出物流企业极强的自我主体意识。如从首页开始,每页基本上都是本物流企业的一些情况,而看不到物流企业能为客户做些什么;页面上除了物流企业名称、标志,就是领导人题字、总裁照片与致辞。再就是物流企业精神或经营理念等,至于客户最关心的东西却很难找到。这些做法,反映网站建设的主题明显仍是以物流企业自身为出发点的。

如果一个用户上网找到一个站点,点击四五页后仍然看不到该站点能为他做些什么的话,那么他自然会和这家站点说再见,而且可能是一去不复返,因为同类站点不可胜数。

4. 为访问者提供有价值的服务

这一点应该成为物流企业网站建设者遵从的真谛。互联网技术为物流企业开展商务工作提供了得天独厚的条件,但是,如果一个物流企业的网站仅是其宣传手册的电子版而已,别无其他价值可言,那么用户可能不愿意理睬这样的站点。因为它并没有利用信息技术来为用户提供实质性的服务,对用户而言它是"不具价值"的站点。这也正是国内外许多物流企业网站运行效果不佳的根本原因。"网络经济不是信息经济,也不是服务经济,而是两者合一,没有信息技术支持的服务经济不是网络经济,不具备服务特征的信息经济也不是网络经济","在网络经济中,价值主要从服务中获得,而不是主要从产品中获得"。要使网站成为"不可替代且最具价值的"站点,对于非消费品类生产物流企业或专业服务公司来说,要在站点上提供有价值的服务可能并不十分困难。这些物流企业本身就是专业服务公司,现在再将其业务构架移植到网上,与传统的电话网、语音系统和各地 PUS 网等互为补充,可为客户提供优质的在线服务与信息咨询,这类网站也是"最具价值"的。

而消费品类生产物流企业应以何种姿态面对最终消费者?如果将产品目录直接放到网站中,只是仅仅增加了一些电子广告而已,谈不上增值服务,也算不上"具有价值"。国外许多物流企业已经认识到了这点,竞相开辟了网络环境下新的服务项目,以增强其服务功能。例如,柯达的"全球风光图片库"、"摄影佳作解析",耐克的"体育项目论坛",立顿的"菜谱大全"、"美食指导"等,都起到了增值服务的作用,对用户才是"具有价值"的。国外物流企业的这种做法,对于国内许多物流企业应该会有参考价值。

5．结合物流企业文化策划网站内容

围绕物流企业的产品和服务设计网页内容在实际中是最常见的做法。有时在建立网站的过程中,如果能采取一些"软性的策略",如重点介绍一些与产品有关的活动,在建立了一定的浏览者层面后,才引入公司产品或服务的数据等。即在网站上,不以产品为中心,而是重点发掘与产品或服务本身有紧密联系的内容,可能更为有效。

要做到这一点,可能并不容易。但是物流企业应该想尽一切办法,不要放弃。因为这样做,对物流企业,特别是对那些消费品类生产物流企业而言,可能是它们取得成功的唯一途径。

一些物流企业的做法,可能对我们会有启发。下面以立顿茶商为例来说明这个问题。立顿是历史悠久的茶类品牌,在该物流企业站点中,突出体现的不是立顿的悠久历史,而是其丰富的产品线、茶叶的历史和有关人体健康的信息。该站点的内容组织围绕立顿的产品线进行,立顿产品的名称、商标、图形、功能和应用领域等信息一览无余,立顿冰茶通过艺术图片展现在首页的左边,因此,站点所要突出的是产品的内涵;通过立顿健康中心,浏览者可以获得大量有关茶的信息,使他们从潜意识中接受立顿关注消费者健康的理念。其实,在有关茶的历史中,浏览者可以了解立顿茶品的悠久历史,客观上起到激发消费欲望的作用。

总之,在进行内容规划时,一定要注意,Web 不仅仅是一种能交互的媒体,其还可以作为开展电子商务的平台,即在内容上,旧媒体没有物质往来,而 Web 有物质利益的交互。因此,公司在制定 Web 战略时,不仅仅要将 Web 作为宣传物流企业形象的媒体,而且,要依靠 Web 来进行运营和服务。

11.1.4 网页文件规划

网页文件规划要遵循内容、速度和页面美观三个基本原则,其中内容最重要。

1．规划主页

严格来说,主页和网页是两个不同的概念,主页是指登录到网站后看到的第一个页面。主机上默认首页名称是固定的,不能随便起,要符合远程服务器的要求。通常为 index.htm 或 index.html 或 default.htm 或 default.html。在浏览器中输入的网址(如 www.yahoo.com)只是一个主机地址,并没有说明要访问主机上哪个文件,主机会自动执行默认首页。

主页的一个重要的功能是导航。利用超链接指引用户查询保存在网址或其他位置的信息，超链接层数不能太多，最好以关键字或词语形式查询信息。若需要网站可移植性好，应使用相对超链接。如果链接一个不直接相关的文件，使用绝对路径较好。另外，好的网站在每一页相同位置上都有相同的导航条，以便在网站的各网页中跳转。

主页设计包含了许多方面，涵盖了主页制作的各个细节，是主页制作过程中非常重要的一环。尽管在想要制作主页的初期就开始规划主页的创意、框架、布局、色彩，但还是有必要把它单独列出来，详加推敲。因为一个主页的好坏主要取决于它的设计。下面将对创意的设计、框架的设计、布局的设计和色彩的设计分别进行讨论。

（1）创意的设计

很多读者不太喜欢这一步，认为主页的创意并不重要，因而直接进入主页的制作状态。其实这是一种错误的理解。如果说资料是作品的基石的话，那么创意就是一个作品的灵魂。如果说一个主页很有创意，是精品，就是指有比较深刻的思想内涵和独特的构思，而这些都要在动手制作前大致确定。

（2）框架的设计

一般来说，主页的框架都大同小异，对框架的选择主要是依靠对主页内容的把握。不同的框架给人以不同的感觉，这种感觉是很难用语言来描述的。只能在实践中不断地去揣摩、尝试，才能真正掌握它的真谛，才能制作出令人交口称赞的主页。

（3）布局的设计

在框架设计完成之后，根据每个页面具体信息量和表达方式的不同，如何使页面更加充实，以最有效的方式利用有限的页面空间，提供尽可能多的信息，是制作者需要考虑的。如果说框架是主页设计的骨架，那么布局就是主页的血肉了。在设计中，每一个细节都需要考虑到，而不仅仅是大体的把握。尽可能地把自己对主页设计的思想表达出来。耐心和执着是这一步成功的关键。

（4）色彩的设计

主页在一定意义上说也是一种艺术品，因为它既要求文字的优美流畅，又要求页面的新颖、整洁。而且，给阅读者的第一印象是页面的色彩设计，它的好坏直接影响阅读者观赏的兴趣。因此，色彩设计在主页的设计中居于十分重要的地位。

主页的色彩设计应把握以下几个方面。

① 整个页面的色彩选择。针对不同的主页内容，色彩的选择也有不同的要求。对于展现独特气质的个人网页，可以在色彩上适当地发挥。例如，开朗活泼的可以使用粉红色、金黄色等偏暖的色彩进行搭配；内向文静的可以使用淡紫色、白色为主的色彩；对于公共事业单位的主页色调，不宜用过于强烈的色彩。

②在背景的色调搭配上一定注意不能有强烈的对比,特别是同时使用色轮上相对立的颜色。因为过于丰富的背景色彩会影响前景图片和文字的取色,严重时会使文字溶于背景中,不易辨识。所以,背景一般应以单纯色为宜。如果需要一定的变化以增加背景的厚度,也应是在尽量统一的前提下的一种变化。实际上背景的作用主要在于统一整个页面的风格和情调,对视觉的主体起到一定的衬托和协调作用。

主页的制作是最关键的一步,即使创意再好、设计得再精美,但如果没有制作出来的话,还是一样无法取得预期的效果。如果在制作过程中,制作者感到力不从心,最好停下来,多看看相关书籍,或者边读边做,最终把制作的意图表现出来。通常,可把主页的制作分为以下六个部分。

(1) 标题。在个人主页中,标题的作用体现得非常明显。因为它在很大程度上决定了个人主页的定位。一个好的标题必须有概括性、有特色、符合设计时的主题和风格。如果"名不副实"的话,会给人留下不良的印象,影响制作者的网上声誉。

(2) 文字。以现在的网络传输速率来看,以文字为主体的情况在短时间内还难以改观。所以规划好页面上的文字是非常必要的。文字的组织首先应有自己的特色,努力把自己的思想体现出来,就一定能吸引别人的目光;其次要注意整套网页字体的一致性,各页面的正文应用统一的字体,避免使用较生僻的字体。

(3) 图片。打个比方,好的文字排列是一条雄伟的龙,适当的图片就是龙的眼睛。俗话说"一图胜千言",一张处理得恰到好处的图片会免除许多不必要的语言,让人一目了然。即使是只从页面的美观考虑,增加页面的可看性,添加一些精美图片也是完全有必要的。不过,应当在不影响图片质量的前提下,尽量缩小图片的大小(指字节数)。那么,如何精简图片呢?一般来讲,图片颜色数是 256 色或更低时,最好将其处理为 GIF 格式,色彩比较丰富的图片(16 位真彩以上),则应处理为 JPG 格式。两者各有优势,读者可以在实践中细心揣摩。

(4) 背景。大家现在看到的网页一般以浅颜色为背景的较多。这是可以从美学的观点加以解释的。人们以浅颜色为底,利于突出前景的重点,利于整个页面的配色,更容易为大多数人认可和掌握。这是一般的规律,但更精妙的配色应该是能够与整套页面的情绪相适应。合理的色彩使用是非常关键的,"色彩最能引起人们奇特的想象,最能拨动感情的琴弦"。仍以个人主页为例,如果制作者要体现一种柔和清新的风格,那么可以选择玫瑰色、紫色等较为淡雅的颜色;如果要体现热烈激奋的情绪,则可以选择红色、黄色等亮色;如果要表现凝重深沉的效果,黑色、深蓝色是较为理想的颜色。初学者切忌过多地使用黑色。因为黑色是所有颜色的集合体,过多使用会压抑其他颜色,使页面整个效果显得沉闷阴暗。事实上,在图案设计上,黑色主要用来勾边和点缀体现深沉的部分。

(5)特殊效果。为了增强页面的特色,可以适当地加入一些网页制作的技巧,如声音、动态网页、Java、Applet 等(具体内容参见前两章的相关内容)。出于对网页下载速度的考虑,这些小技巧最好不要太多。

(6)网页排版。这部分是制作时的重点,一切构想都需要经过这个步骤才能实现。具体地说,就是将整个设计构想用合理的方式表现出来。人的设想是无限的,而计算机所能表现的是有限的。如何让自己的主页每一屏都疏密有秩、井井有条,是设计者必须考虑的问题。这是一个细致与耐心的工作,需要不断地修改和调试,指望一次成功是幼稚可笑的。一条基本的原理就是谋求信息多和页面美观这一对矛盾的平衡,并无捷径可循,只能靠不断的积累和总结,最好在主页上放一个留言板和一个计数器。前者可以及时反映网友的意见和建议,后者则让设计者知道自己主页参观者的统计数据,两者结合考虑,就可以及时调整设计,适应不同的浏览器和访问者的要求。

2.规划页面

规划页面就是规划页面布局。包括主页在内的所有页面都应该简洁清晰,以最少的元素表达最多的信息。整体风格要与页面所表述内容一致。如图 11-2 所示为一个企业网站的网页,设计较好地体现了简洁清晰、布局平衡的特点,以宣传产品为目的。在一个网页上往往需要表现许多的内容。那么如何组织好这些内容,使页面看起来既清楚又美观就显得非常重要。网页设计时可以采用表格或框架技术把屏幕区域分为不同的部分来安排内容,但要注意屏幕的分割一般不要超过两块。主次要分明,确保至少有一个主框架占有 60%以上的浏览窗口面积。通常的方法是在网页的上部和左侧放置可以链接到其他网页的文字和图片作为目录,而在网页的中间部分则是要显示的主要内容。

3.设计网站标志

网站标志(logo)就如同商品的商标一样,是站点特色和内涵的集中体现,好的标志能让人看见 logo 就联想到拥有该标志的网站。标志可以是汉字、英义字母、动物或人物的符号、图案等。如搜狐网站的卡通狐狸标志,达到了网站与 logo 的高度一致的效果。最常用也最简单的方式是用自己网站的英文名称做标志,配以字体和字母的变形。

4.设计网页的色彩

视觉冲击是网站给人的第一印象,好的色彩搭配能体现网站形象,延伸网站内涵,还能直接影响访问者的情绪。通常,网站的主要色彩不要超过三种,用于网站标志、标题、主菜单和主色块,显得整体统一。其他色彩可作为点缀和衬托,不能喧宾夺主。

5.设计网页的图形和背景

图形是 WWW 网站的特色之一,具有醒目、吸引人和传达信息形象的作用。适当运用图形可以为网页增色，但应用不当也会带来相反的效果，图形的传输远没有文字传输快，要充分考虑图形文件的大小和传输速率。背景也是如此，且能使页面美观，但却耗费传输时间，若使用背景色，最好用单一色系，应避免使用背景图案。

6. 网页文本

文本通常是网页的主要内容，也是网站经常更新的部分。网站成功与否，内容是关键。

建站目的是宣传产品，它必须反映的内容有企业名称、企业介绍、企业产品一览表、各产品性能与价格、企业联系方式。围绕网站中心的文本能使自己的网站独一无二，突出个性。网页上文字的字体、颜色等属性要与页面整体风格匹配，并贯穿整个网站建设，尽量不用闪烁文字。

7. 联系方式

提供联系方式使访问者与自己联系或发表意见，是网页文件规划中不可缺少的。通常应提供电子信箱、电话号码、传真、通信地址等。

8. 留言本

留言本可以方便自己与网页访问者交流，访问者对网站的评价可以写在留言本里，回答问题也可以在留言本里进行。网上有很多地方提供免费的非商业的留言本程序，可以下载，修改后与网站一起发布，如 12345.ni8.net。

9. 网页文件放置

一般的小网站可以将所有文件放在同一文件夹中，大一点的网站则在网站文件夹中设置子文件夹，将本网站所有相关文件分门别类放入子文件夹。例如，将图片文件放在一起，将声音文件放在一起，将文本文件放在一起。

10. 计数器和聊天室

如果想知道网站的访问次数，还可以在主页上为网站设置一个计数器。可以在网上申请免费计数器，提供免费计数器的站点有很多，可输入"免费计数器"文本进行查找，申请成功后，将计数器链接添加到主页中。网页编辑器软件通常也自带网页计数器。

11.1.5 网页的评价标准

在网上发布的信息要靠编辑网页来体现，而在网页的设计中，结构安排又是重点。以下几个问题是最基本的要求。

（1）信息分类是不是科学准确？主次信息是不是有明确的划分？

（2）每个模块是不是都有概括性很强而且具有吸引力的标题？在每个模块内是不

是也有主次之分？分标题是不是也同样具有概括力和吸引力？

（3）重点信息是不是放在突出、醒目的位置上，站点上关键的信息能否吸引他点击链接点？在首页使用户很容易捕捉到，同时精美的设计能够刺激用户，吸引他点击链接点。在首页下的每一层，也应该有同样的安排。

（4）是不是留出可调整的位置，用于满足临时性或短期营销活动的宣传需要？将有关临时性条目放在网页中最突出的位置，既让新的内容有突出的体现，又不至于盖住其他重点。

（5）各个模块中的信息量是不是均衡？太多了不合乎用户网上的阅读心理，太少了又会使页面显得枯燥乏味。

（6）文字与图形的布局是不是做到了重点突出、版面和谐？不能让图形淹没文字，也不能因图形太少而让人觉得单调。视觉的吸引力和诱惑力是不能低估的。

（7）链接点位置的安排是不是符合主次的划分？应该让人一眼就知道哪个区域的链接点是主要内容，哪些是次要内容。

超文本标识语言是生成 WWW 的语言，它是国际标准 RISO 8879 通用标识语言（Standard Generalised Markup Language，SGML）的实际应用之一。SGML 是定义结构化文本类型和标识这些文本类型的标识语言的系统。作为一种标识语言，HTML 用以生成文本文档。在这种文档中，可以加入指向任何文档（文本、图像、动画和声音）的链接。

在设计 HTML 文档时应注意：好的页面结构设计是成功的关键。重要内容要放在醒目位置。链接关系要清晰直观；布局要合理、简洁、有序。另外，在设计 HTML 文档时切忌使用过于华丽、复杂的页面，因为这样的页面往往打开过程较长，有些登录者没有耐心等待。国外有人提出 50K 的观点，即页面的大小在 50K 左右。如果小于此规模，页面可能过于单调，并且内容不丰富；如果大大超过此规模，用户访问时打开速度较慢，很难留住用户的眼光。目前这一观点得到国内外同行认可。国外许多成功的页面大都采用较多的文本信息，而色彩与图片的使用较少，使人看起来耳目一新、线索清楚。

中国邮政电子商务网站主页——全球邮政特快专递网页，业务介绍非常简单清晰，如图 11-2 所示。

企业 Web 页面的创建、维护与更新需要有相关的技术人员。在信息系统使用过程中，企业应根据自己的产品或服务的变化来不断完善自己的网站，使其在动态中为用户服务。制作网站时，很少只制作一个页面，大多数情况下都需要制作多个页面，并且将这些页面按照一定的目录结构链接起来，这就需要在制作站点时对它的整体架构有一个明确的把握，即在制作站点时首先应该进行站点规划工作。尤其在制作一个比较复杂的站点时，这项工作就显得更加重要了。

图 11-2　中国邮政电子商务网站主页

11.2　物流企业电子商务网站规划

物流企业在电子商务环境下进行物流运作的目的，就是要充分利用电子商务环境的特点，充分利用网络资源，扩大市场、扩大经营规模、提高工作效率、提高自己的核心竞争力，从而达到提高经济效益的目的。物流站点设计应简单有序，主次关系分明，将零乱页面的组织过程及混杂的内容依整体布局的需要进行分组归纳，经过进行具有内在联系的组织排列，反复推敲文字、图形与空间的关系，使浏览者有一个流畅的视觉体验。

11.2.1　物流网站的功能

通过对电子商务环境特点的分析可以看出，物流企业的电子商务网站最起码应当具有以下功能。

1．客户登录功能

物流网站首先应当具有客户登录功能。登录网站的基本方式有以下两种。

（1）任何一个客户可以点击物流企业的网站地址，进入网站进行一般浏览和输入信息。这种登录不能够打开业务系统页面，不能获取业务信息。这种方式适用于一般客户和新客户。

（2）为用户设立权限和密码认证。他们登录网站后输入用户名和密码，获得系统认可后可以直接进入物流企业业务系统的某些功能模块，获取有关的业务信息。这种登录只适用于那些物流企业认可的老客户和有业务关系的客户。

物流企业通常用会员制来管理他们。所谓会员制，就是那些已经列入物流企业的客户名册、具有详细可靠的信息、已经进入物流企业客户管理范围，因而享有一定的权利和义务的客户集合。一般客户要想成为会员客户，就得在作为一般客户登录网站后，填写客户信息调查表，输入真实详细的信息，物流企业认可后就可以成为会员客户。一般客户如果想和物流企业发生业务关系，如想委托物流配送中心为自己提供仓储、运输和配送服务，就必然要填写详细真实的客户信息表，从而很自然地就成为物流企业的会员客户。

2．客户信息调查和客户留言功能

客户信息调查和客户留言功能，主要是为新客户和一般客户设置的，这些客户可以登录网站，但不能进入业务系统。如果他们想获取业务信息，可能的途径只有两条：一是填写客户信息表，说明自己的意向；二是只填写客户留言，说明自己的情况和意向，等待物流企业的答复。这两个功能是物流企业收集新客户和一般客户信息的重要途径，对于物流企业增加会员客户、了解市场信息、扩大客户市场都有重要的意义。因此这两个功能也是必需的。

3．客户呼叫和客户沟通功能

这是内容更广泛、更实用、更复杂的功能，客户呼叫和客户沟通，除了包括登录网站、填写信息单向文字操作功能外，还包括电话、传真、E-mail 等双向交互语音和文字操作功能。由于电话、传真的普遍使用，所以这种功能更加具有普遍性和实用性。

客户呼叫，包括客户呼叫物流企业和物流企业呼叫客户两个方向，从呼叫形式上包括电话、传真以及 E-mail 和信件等基本形式。客户沟通，也叫信息交互，包括信息往来和当面交谈两种形式。信息往来，可以通过信件、传真、E-mail、客户留言和答复等形式进行，这些形式的信息交互在时间上不连续，可以相互错开，交互双方不需要同时在场。当面交谈则可以通过电话、聊天室等形式进行，在时间上是连续的，交互双方同时在场。

这两个功能有时需要进入业务系统，留下记录或者执行业务系统的某些功能。例如，客户通过传真、信件、E-mail 等传来的订货合同与汇款信息等都要在业务系统中留下记录，物流企业呼叫客户传送有关的业务信息时，需要执行业务系统的有关功能，提取信息发给用户。因此，物流企业的网站应当具有多媒体转换功能，能把语音信息转换成文字信息。

11.2.2 物流网站的宗旨

物流网站最终是要对目标客户产生吸引力，什么是让客户喜欢的网站呢？客户喜欢的商业网站一般具有以下四个特点。

（1）目的简单明了。

（2）内容清楚、明白。

（3）技术稳定、可靠。

（4）使用方便、安全。

企业在创建物流网站时，要以消费者喜欢和实用为宗旨，为了达到这个宗旨，企业应当遵循以下八点指导思想去做。

（1）对本企业需求了如指掌，并能清晰简明地阐述。例如，企业需要通过创建网站进行市场营销、技术支持和产品销售。

（2）如果企业想通过创建网站向客户提供服务、产品说明及在线交互、处理技术问题等，就需要考虑网站的方便和快捷，图片不能太多，网页也不能太长。

（3）企业筹建网站的速度要尽量快一些，考虑越周密越好的想法不切实际。因为网站的物流效果取决于是否取悦市场和消费者，而不是决策者和设计者。

（4）企业创建一个物流网站，可能只需要几周至两三个月就行了，页面的修饰和包装可以聘请专业美工进行制作，因此，企业并不需要太多费用。

（5）创建物流网站要考虑未来消费者的潜在需求。物流网站应该包括一些适应未来消费者的提前需求的一些东西，这样对消费者有吸引力。让消费者认为该物流网站有他从没想到但想要的好东西，启发和刺激他们的购买欲望。

（6）企业创建网站应具有广泛的实用性。一个基本的物流站点，应该让所有上网的人方便浏览。

（7）企业创建网站在技术运用、内容设计和颜色搭配上要适合消费者稳定、安全、可信的心理，不要制造紧张、轻浮、过分刺激的效果。

（8）企业创建商业网站，虽不主张大而全，但却要讲究小而精。在文字、造句、文章及其逻辑关系方面力求像编辑人员那样专业；内容也要经常变化更新，如果不能及时与消费者交流或回复电子邮件，最好向消费者说明这一情况，这都将构成消费者对公司形象的评判。

一般物流商业网站建设步骤，如图 11-3 所示。

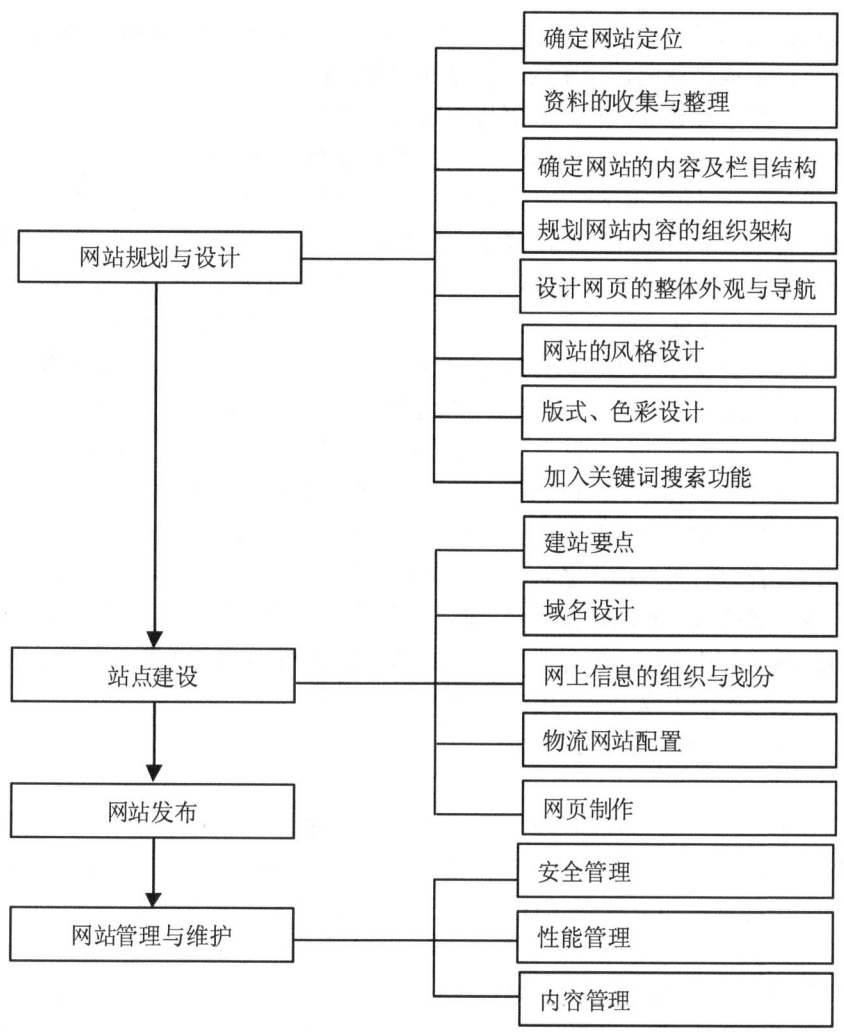

图 11-3 物流商业网站建设步骤

11.2.3 物流网站的规划与设计

对于物流企业或公司来说,创建 Web 网站是一个新的商业机会。事实上,由于熟悉 Web 建站的人并不多,能够意识到它在互联网上取得商业成功的内在意义的人更少。网友们经常会看到一些优秀的网站,并迫不及待地将它放在自己的"书签",然而,互联网上的大多数厂商,无论是有经验的老手或初学者,也许都没有完全了解开发 Web 网站的意义。

对商业公司来讲，互联网除了是一个 24 小时对外服务、咨询和广播的途径之外，其架构也可以形成企业网，用于内部信息的沟通。作为一个商业 Web 网站，必须表现出它的商业本质，应该能够传达和展现出比商业更多的东西。

在网站的创建之初，企业可以针对自己的多方面状况决定创建网站的方案。

一方面，企业可以采取租用空间的方式，创建自己的网站。这是一种最简单的网站创建方案，它相当于网站维护等技术性较强的工作，甚至网络营销、电子支付等工作均由"商场"负责。当然，企业需要负责回答用户的问题并提供物流服务。这种方式的技术要求简单，启动迅速，能够立竿见影，马上得到回报，非常适合技术力量不强的中小企业。缺点是企业没有自己独立的 IP 地址和独立域名，企业的进一步发展将受到限制。

另一方面，为独立经营一个网站，需要搭建 Web 服务器，包括纯粹自建（投资大、见效慢、需要有高水平的维护队伍、运行成本高）和服务器托管（租用服务商提供的空间）两种方案。在此过程中，可能要考虑软硬件的选择，需遵循安全、开放、扩展、实用的原则。硬件方面，企业要选择服务器、Modem。软件方面，企业要选择开发系统的平台，如适合管理的网络操作系统、具有企业特点页面的软件、多媒体集成软件、通用数据库软件、通信软件和浏览器软件。此外，企业还要会使用提供电子钱包的软件、建立电子付款网关的软件、建立认证中心的软件以及保护电子商务的软件。对于这些软件，也许企业并不直接购买或经常使用，但应考虑它们与企业创建物流网站环境的一致性。

网站规划主要包括以下几个方面。

1. 确定网站定位

在制作网站之前要明确制作的网站是什么类型的网站，建设这个网站要达到一个什么目的。明确网站建设的目的，可以集中精力，针对特定的需要来设计和规划网站。

任何一个网站，必须首先具有明确的建站目的和目标访问群体，即网站定位。目的应该明确，而不是笼统地说要做一个平台、要搞电子商务，应该清楚主要希望谁来浏览，具体要做到哪些内容，提供怎样的服务，达到什么效果，网站是面对客户、供应商、消费者还是全部浏览者，主要目的是为了介绍企业、宣传某种产品还是为了试验电子商务。如果目的不是唯一的，还应该清楚地列出不同目的的轻重关系。网站类型的选择、内容的筹备、界面设计等各个方面都受到网站定位的直接影响，因此网站定位是企业建立营销网站的基础。

确定了网站的目标之后，还要进一步确定网站面向的用户群体，也就是说，这个网站是给谁看的，针对的是什么样的用户群。因为不可能让所有的人都来访问所制作的网站，只能根据确定的网站目标来决定用户群体，再根据用户群体来制定网站的内容。

2. 资料的收集与整理

对网站的布局和设计胸有成竹后，就可以创建和收集所需要的资料了。这些资料可以是图像、文本或媒体（Flash、Shockwave 等），也可以是 GIF 动画、声音等。需说明的是，务必确保收集了所有的站点资料以后，再去建设站点、制作网页，这样可以提高工作效率；否则，可能不得不为找到一幅图像或创建一个按钮而经常中断站点开发过程。

3. 确定网站的内容及栏目结构

企业提供自身特点和目标，设计网站内容。企业往往可提供上网的资料非常多，企业也想在网页上填充尽可能多的内容，但这样常常影响消费者对企业的定位，造成定位混乱；还可能使消费者莫名其妙，不知所措。将那些看起来有用，其实并非必不可少的资料删去，或者列表说明会更清楚。一个简明的企业商业网站提供的内容应当包括以下四个方面。

（1）企业的产品和服务。以产品和服务为主要宣传特色的企业要突出本企业的产品和服务，尽可能详尽些，内容形式尽可能丰富一些，提供超链接。消费者点击后就可以浏览其中感兴趣的主题。

（2）购买信息。网上应该有产品清单并标明价格、型号和功能等内容，目标消费者购买登记卡或留言板将地址及联系方式留下来，也可提供消费者购买此产品的地点。

（3）新闻。网上应及时与消费者交流目前企业状况、市场需求、消费者动态和技术创新等信息，内容更新快，但简单明了，与消费者关心的某些话题靠得越近越好。

（4）联系我们。为最终消费者、中间商、媒体、相关社会团体甚至竞争对手，提供公司名称、电话、传真、E-mail 等以方便联系。

阅读资料 11-1 苏宁易购网站内容解析

苏宁易购网址 http://www.suning.com，主页显示了苏宁易购的主要产品有手机、数码、电脑、办公、生活厨卫电器、家居生活、酒水、美妆个护、运动户外、汽车用品、皮具箱包、钟表首饰、玩具、乐器以及图书等。罗列了每天的特价商品，节日优惠活动，用户可以很方便地通过分类进行产品检索，找到自己的欲购商店。填写网上订单，可选择三种付款方式，如信用卡结算、网上订货、货到付款及划账。用户填写的订单在当天将由公司员工在后台保留完整记录，并进行分类筛选，由快递公司将货物配送到消费者手中。

苏宁易购网站主页，如图 11-4 所示。

网站的目标与用户群体都确定以后，接下来的工作就是根据网站的目标与用户群体确定网站的内容。也就是说，在这个网站中要针对这些用户群体设计与制作网页，网页的内容一定要能够引起用户群体的浏览兴趣，调动他们观看网页内容的积极性。

网站的内容明确以后，还要制定网站的具体栏目结构，可以将网站的结构做成"目录树"的方式，将一些相关的内容组织到相应的目录结构中，这样制作网页时将会事半功倍。

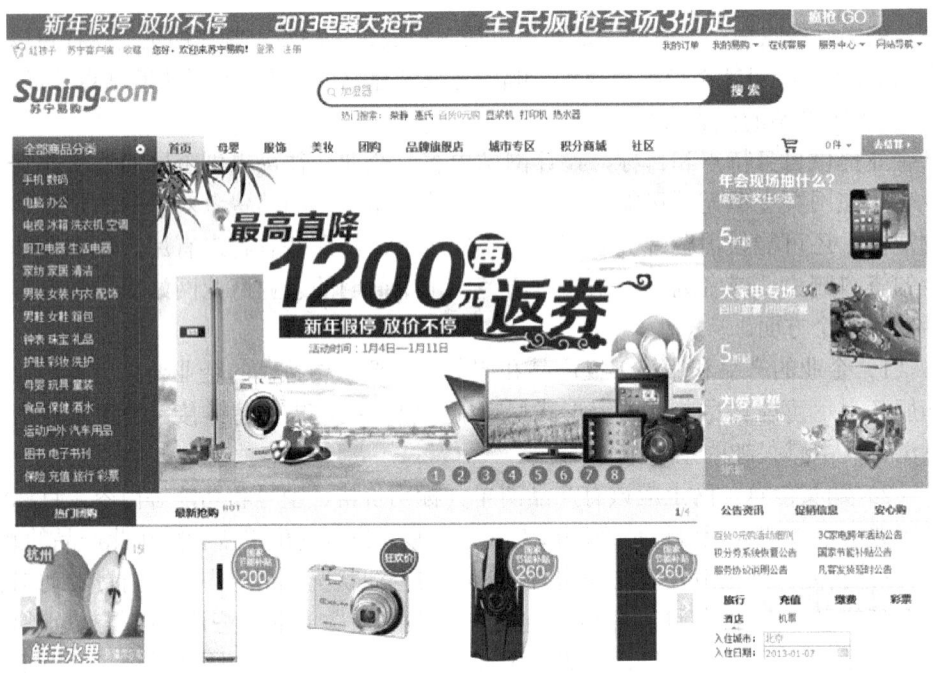

图 11-4 苏宁易购网站主页

4．规划网站内容的组织架构

经过妥善规划的 Web 网站，其信息分类与浏览方向都应具有逻辑性的整体感。信息内容过度切割或链接，都会让主页产生混乱的感觉，而这种印象将会降低用户再次到网站访问的意愿。

如果想规划好 Web 网站的结构，应当设计一个主画面，将各部分内容串在一起，设法让访客面对有组织的信息而不是一盘散沙。最常用的方式就是在主画面上以网站地图的方式来呈现各类信息的链接，让访客能很快地明白 Web 网站的主题内容，并找到自己所需的信息。网站地图不一定是真正的地图，可以用简单的文字或标签、按钮等图形来代替。

凡是上网的朋友都感觉到，在网上的各种信息太多，特别是在万维网中超链接的应用，更是让许多人认为上网永远没有终点。网站上如此多的信息，若没有一种稳定的、在逻辑上井然有序的组织，即使网站上的内容非常准确有用、页面设计美观，也不能让自己的网站发挥其作用。在规划网站的信息时，常用的组织结构有以下四种。

（1）序列结构

序列结构是组织信息最简单的一种方式。在一个序列中可以提供一种线性的叙述。作为一种有序的叙述或者处在一种逻辑秩序中的信息最适合组织成序列。这种序列可以是按时间排列的，也可以是从一般到特殊的一种逻辑主题系列，甚至可以是按字母顺序排列的，如在索引、百科全书与词汇表中就是如此。然而，最简单的序列组织通常只用于较小的站点，一旦叙述较为复杂，就要求更复杂的组织结构了。较复杂的站点仍然可以作为一个序列来组织，但在主要序列中的每一页可以有一个或者更多分支页面和插入信息，或者是作为通向其他站点信息的中间链接。

（2）分栏结构

分栏结构也称为二维表结构，采用该结构组织的信息，使用户既可以横向浏览，也可以纵向浏览，非常方便。如程序手册、学校课程表或者企业的个案描述，最好是按分栏的方式组织，分栏是一种连接各种变数的好方式。例如，某计算机 CPU 生产厂商，其生产情况表就可以分出诸如 CPU 类型、数量、销售量和价格等栏目。要做到成功的分栏，在这一分栏中的各个单位就应该共享一个高度统一的主题和次主题的结构。这些主题常常并没有特别的重要性等级，如果用户并不知道这些信息的关系，就会感到理解困难。因此，这种结构建立的站点只适合于有经验的访问者，因为他们对主题及其结构已经有一些基本的了解。

（3）等级结构

按等级划分信息，是组织复杂信息的最好方式之一，且含有等级组织的结构特别适合于在站点上使用。因为网上站点一般都被组织由一个单一的主页向下延伸，大多数用户都熟悉这种等级的图形结构，都会觉得这些结构能帮助他们逐步深入。日常生活中到处都是等级结构的实例，等级结构已经为人们所认同。当然，要将信息组织为等级结构，必须对信息内容彻底理解才能将它组织得最好。

（4）网状结构

网状的组织结构对信息类型的使用几乎不加限制。它的目的经常是模仿思想的连续和观念的自由流动。在这种结构中，用户可以按他们的兴趣，以一种对每个访问者都是独特的、具有启发性的方式随意浏览，这种组织方式在互联网上得到长足的发展。它可以把访问者带到一个站点的其他信息栏目中去，也可以把他带到其他的站点上去，其目的就是要充分利用网上的资源和链接。但是，网状的组织结构也可能造成混乱和模糊的观念，因为它们难于使用户理解和预测站点内容，只有对于那些由链接列表控制的小站点，并且它的访问者主要是受过较高教育或较有经验的用户为寻求进一步的提高，它才工作得最好，而对理解基本主题却不是最适用的。

5. 设计网页的整体外观与导航

对于一个网站而言，它必须要保持整体外观与页面布局的一致性，否则会让用户进入网站后感到无所适从，出现"进入一个页面后，不知再如何进入下一个页面"的尴尬局面，所以网站要具有统一的风格。不论站点中存在多少网页，版式如何新颖，都应该保证它们的风格是统一的，这样可以给人以整体的美感，也会让访问者在浏览网页时有规可循，所以导航栏目的规划要合理。设计站点时，应该考虑站点的访问者如何能够从一个页面移动到另一个页面。因此，在设计页面导航栏时应该保证导航在整个站点范围内一致。

6. 网站的风格设计

网站的风格指的是站点的整体形象给浏览者的综合感受，风格建立在网站内容的质量和价值性基础之上，体现在作品内容和形式等各种要素中。例如，对处理题材、描绘形象、表现手法、运用语言等方面所形成的特色，就是作品的风格。网站风格是抽象的、独特的，能让浏览者明确感觉到企业网站独有的特点；网站风格是有人性的，能通过网站的外形、内容、文字、交流等概括出一个站点的个性和特色。

7. 版式设计

作为一种视觉语言，应讲究编排和布局，虽然主页设计不等同于平面设计，但它们有许多相近之处。通过文字图形的空间组合，表达出和谐与美。多页面站点页面的编排设计要求把握页面之间和页面内的秩序与内容的关系，企业可能有一些视觉效果不错的标志及印刷品，可在网页上沿用这些标志和资源，使合作伙伴和目标顾客没有生疏感。

> 将主题按一定的方法分类并将它们作为网站的主题栏目。主题栏目个数在总栏目中要占有绝对优势，给人以更专业、主题更突出的印象。

> 应该设定与消费者的交互栏目，如留言板、论坛、邮件列表等。提供双向交流可以增加企业与消费者的沟通和理解，使企业更具亲和力。

> 为了方便用户和消费者，还可以设计一个常见问题答复栏目，及时回答用户和消费者或浏览者的问题。考虑到这方面工作量可能越来越庞大，如果企业不准备增加这方面的开支，应向顾客声明。

> 在版式设计中，一个很适用的方法就是上网浏览和分析其他企业的版式；有时集百家之大成，可能会使企业看清自己想要的，并激活新创意，找到感觉。

> 尽可能删除与主题无关的栏目，尽可能将网站最有价值的内容列在栏目上，尽可能方便访问者的浏览与查询。

8. 色彩设计

商业网站设计过程中，根据和谐、均衡和重点突出的原则，将不同色彩进行组合、搭配，构成美丽的页面，并根据色彩带给人们的心理影响，合理地应用。具体如下：色彩的温度：冷色、暖色，暖色记忆性较强；色彩的联想：红色——太阳，蓝色——海洋、天空；色彩的象征：红色——热烈，蓝色——幽雅，绿色——健康，粉色——浪漫。

商业网站不宜用色彩进行过分渲染，一般色彩不宜超过三种，太多会让人眼花缭乱。由于国家种族、宗教信仰不同，以及生活风俗习惯、地域环境、文化差异等，不同人群对色彩的喜恶程度也有不同。例如，儿童喜好色彩鲜艳，五彩缤纷，视觉刺激较强；生活在喧嚣闹市的人喜欢淡雅的蓝色；沙漠中的人喜欢绿色；深山里的人渴望红色等。

色彩与搭配的不同，也会使人产生不同的心理感受。例如，黑与白是最简单、最基本的搭配，黑色神秘、深沉，白色明快、干净；蓝色最具凉爽、清新，蓝与白混合体现柔顺、淡雅、浪漫的气氛；大红使人激动、亢奋，抒发激情、刺激的情绪，产生冲动、热情、活力、愤怒的效果；绿色感觉和平、宁静、健康、安全，绿和白混合营造幽雅、舒适气氛；明黄色使人产生快乐和希望，体现智慧轻快的个性，亮度强烈；灰色给人温和、调和高雅的感觉。

网页色彩既烘托主题，又营造气氛，要做到与众不同不是一件十分容易的事。不同的色彩除了考虑对消费者产生何种效果外，还要考虑能带给消费者什么联想。

另外，网页色彩可以适用技术处理技巧。例如，调整透明度或饱和度，色彩的层次感，对比色、色系的一致性等；如果实在找不到合适的色彩，可用一些过渡色、如灰色、灰绿等。

商业网站要先确定网站的主色调，然后再进行搭配，主色调是指能体现网站形象和延伸内涵的色彩。

阅读资料 11-2　网站的主色调

IBM：IBM 用深蓝色，显示专业。假如 IBM 用黄色和绿色是什么感觉？

肯德基：红色条形，表示亲切。假如肯德基用蓝色会怎样？

Windows 视窗标志：红蓝黄绿色块，显示充满活力。

9．加入关键词搜索功能

另一项方便浏览者找寻信息资料的功能是关键词搜索。当网站上提供的产品或服务项目很多时，搜索功能可以让上网的访客更快找到所需的信息。关键词的搜索工具最容易使用，而且好处多多，更棒的是要加入这项功能并不难，在互联网上有很多免费下载的程序可利用。

11.2.4　网站建设

1．建站要点

一个好的商业 Web 网站，必须将信息传送给目标访问者。这里的信息包括网站的免费信息和进行商业贸易信息。一般来讲，商业 Web 网站上应放置 90%的免费信息，依靠 10%的内容作为收入来源。免费信息应当相当有趣和具有价值，这样可以引起网上媒体网站的表扬和推荐，带来更多的收益；免费信息作为获取收入的衬托，应当包含与所提供的服务及产品有直接关系的信息，让访客觉得有必要购买所提供的服务及产品。

一个商业 Web 网站必须要有明确的目标和注意焦点，并且要以精确、优美的语言表达出来。否则，网站有意暗示的信息所起的作用将是微乎其微的。因此，Web 网站的每部分内容都应该以商业销售为主题。

要在互联网上的竞争中取得有利地位，必须花时间和金钱在 Web 网站的信息措辞上。Web 网站的语法、拼写和字体大小、样式、颜色等都可能抹杀优秀网站的出现。所以，一定要利用有技能的专业人员或顾问来实现互联网上的商业营销目标，尤其要从商业营销的角度来开发和评价 Web 网站，在不久的将来，明智的决定将会转变成巨大的商业成功。

2．网站域名的设计

（1）域名的价值

域名有重要的价值，这是由其属性决定的。

首先，域名是一种有限的资源。根据 IP 地址的编码规则，互联网最多可容纳超过 42 亿个的域名。这是一个非常大的数字。但实际情况是，供用户可选择的有价值的域名却要少得多。这主要是因为有意义的域名有限，而且差不多都已经被注册了。

其次，域名具有专用和唯一性。域名不同于名字和商标，不同的物流企业，可以因为行业不同具有相同的商标，而域名则不然，其具有专属性和唯一性。

就技术而言，域名不过是一种 IP 地址的助记符号。可是对于从事商业活动的物流企业来说，域名已经是物流企业形象的一部分。是物流企业在网络上的电子身份证，是其在网络世界中进行商业贸易活动的基础。物流企业宣传产品及服务、树立形象都离不开它。在传统方式的经营中，地理位置是决定公司成败的最关键的因素之一。在网络时代，域名对公司的重要性，就像优越的地理位置对一家百货公司一样。像商标一样，域名也是商家和客户之间联系的纽带。对客户来说，域名就代表着网站，它标明了上网公司的方位，用户只要知道其域名，就能快速地从网络上找到该公司，尤其是当一个公司的域名是其公司名称或知名的商标名的情况下。实际上，许多站点正是用公司名称或商标名做站点域名的。

（2）域名的类型

互联网最初发源于美国，而后才逐渐扩展到全球范围。由于美国人在最初设定域名时，并没有考虑到全球应用的地区性问题，因此最早的域名并无国家标识，人们按用途把它们分为几个大类，它们分别有不同的后缀结尾。

例如，org 用于组织团体、net 用于网络服务、com 用于商业企业、edu 用于教育学校、gm 用于政府机关、mil 用于军事领域等。

当互联网在全球普及时，对域名的设计就增加了代表国家和地区的一级域名，如北京大学网站的域名 pku.edu.cn 就表示是中国内地教育类的一个单位。而×××.com.hk 就代表是我国香港的一个商业公司。

（3）设计域名的方法

一个好的域名，应该具备下列几个基本要素。

① 短小。许多字母少的单词甚至是任意字母的组合可能早就被别人注册了，但仍然有一些方法可以组成比较短小的域名。通常可以利用一些单词的缩写，或者编写字母加上一个有意义的简单词汇。

② 容易记忆。除了字符数少之外，容易记忆也是很重要的一项因素。一般来说，通用的词汇容易记忆。容易记忆的另一个意义在于向别人推荐时也比较容易解释，因此，发音容易混淆或者含有连字符的域名就不太理想。

③ 不与其他域名混淆。造成域名混淆的原因可能有几种情况：第一种是域名中使用连字符，有时容易被忽略；第二种是后缀".com"或者".net"的域名分属不同所有人，如网易的"163.com"与163电子邮局的"163.net"；第三种是国际域名和国内域名之间的混乱，如"85818.com.cn"和"85818.com"是两个完全不同的网站。

④ 与公司名称、商标或核心业务相关。知名物流企业的名称和商标是物流企业长期经营形成的无形资产，这笔巨大的财富在网站的域名中要充分利用。也正因为如此，一些物流企业名称或者商标被别人抢注后，不得不花很大代价来购买。

（4）域名选取的常用技巧

① 用企业名称的汉语拼音作为域名。这是为物流企业选取域名的一种较好方式，实际上大部分国内企业都是这样选取域名的。例如，红塔集团的域名为 hongta.com，新飞电器的域名为 xinfei.com，海尔集团的域名为 haier.com，四川长虹集团的域名为 changhong.com，华为技术有限公司的域名为 huawei.com。这样的域名有助于提高企业在线品牌的知名度，即使企业不做任何宣传，它的在线站点的域名也很容易被人想到。

② 用与企业名称相应的英文名作为域名。这也是国内许多物流企业选取域名的一种方式。这样的域名特别适合与计算机、网络和通信相关的一些行业。例如，长城计算机公司的域名为 greatwall.com.cn，中国电信的域名为 chinatelecom.com.cn，中国移动的域名为 chinamobile.com。

③ 用企业名称的缩写作为域名。有些企业的名称比较长，如果用汉语拼音或者用相应的英文名作为域名就显得过于繁琐，不便于记忆。因此，用企业名称的缩写作为域名不失为一种好方法。缩写包括两种方法，一种是汉语拼音缩写，另一种是英文缩写。例如，广东步步高电子工业有限公司的域名为 gdbbg.com，泸州老窖集团的域名为 lzlj.com.cn，中国电子商务网的域名为 chinaeb.com.cn。

④ 用汉语拼音谐音形式注册域名。在现实中，采用这种方法的企业也不在少数。例如，美的集团的域名为 midea.com，康佳集团的域名为 konka.com.cn，格力集团的域名为 gree.com，新浪用 sina.com.cn 作为它的域名。

⑤ 以中英文结合形式注册域名。荣事达集团的域名是 rongshidagroup.com，其中

"荣事达"三字用汉语拼音,"集团"用英文名。这样的例子还有许多,中国人网的域名为 chinaren.com,华通金属的域名为 ht-metal.com.cn。

⑥ 在企业名称前后加相关的前缀和后缀。常用的前缀有 e、i、net 等。后缀有 net、web、line 等。例如,中国营销传播网的域名为 emkt.com.cn,网络营销论坛的域名为 webpromote.com.cn,联合商情网的域名为 it168.com,脉搏网的域名为 mweh.com.cn,中华营销网的域名为 chinam-net.com。

⑦ 用与企业名相关的词组作域名。一般情况下,企业选取这种域名的原因有多种:或者是因为企业的品牌域名已经被别人抢注不得已而为之,或者觉得新的域名可能更有利于开展网上业务。例如,The oppedahl & Larson Law Firm 是一家法律服务公司,而它选择 patents.com 作为域名。很明显,用"patents.com"作为域名要比用公司名称更合适。另一个很好的例子是 Best Diamond Value 公司,这是一家在线销售宝石的零售商,它选择了 jeweler.com 作为域名,这样做的好处显而易见,即使公司不做任何宣传,许多顾客也会访问其网站。

如果选取其他公司独特的商标名作为自己的域名,很可能会惹上一身官司,特别是,当注册的域名是一家国际或国内著名企业的驰名商标时,换言之,当企业挑选域名时,需要注意挑选的域名是不是其他企业的注册商标名。

3．网上信息的组织与划分

网上信息的组织,大致可划分为四个步骤来进行。

（1）按照逻辑单位划分

在互联网上的大多数信息是由较短的信息块构成的,一般来说,它们是非连续阅读的。实际上,短小、分立而又统一组织的信息特别适合在 Web 上使用。

很少有用户会花时间联机阅读长篇幅的文字材料。用户遇到长文件时,一般是把长文件下载到自己的硬盘上,或者打印下来再阅读。

分立的小信息块特别适合于超链接,用户点击某个链接通常期望找到一个专门的有关信息,而不是包含这一有用信息的整本书。当然。也不要把信息分得过细,否则也会给用户带来不便。

用一种统一的格式来组织和发布信息。这让用户可以使用他们在访问前几个页面时获得的经验来浏览整个站点,使他们能预知该站点上其他没有读到的信息是如何组织的。

在划分信息块时,应该记住信息分块应当有弹性、符合常识、合乎逻辑以及便利用户访问。为达到该要求,网页设计人应当根据内容的性质来划分和组织信息。但还应该注意,虽然网上的信息块通常都比较短小,但并不意味着设计人员可以武断地分解每一个文件,尤其当希望用户能通过一次操作就可以下载或者打印文件的时候,更须特别谨慎。

(2) 按照重要性与通用性划分

将信息按等级结构组织,既符合人们的认知习惯,也便于为用户决定基本的导航结构。通常,大多数信息块都应当按照它们的重要性排列,按照它们的相互关系来组织。这样的话,一旦设计人员确定了一种逻辑的优先序列,就能够建立一种从最重要的或最基本的概念到最具体的题目的等级秩序。这种等级秩序在网上是很必要的,它将从一个站点的最宏观轮廓(主页)贯穿下延到各个越来越专门的细目(其他页面)。

(3) 按照结构单元划分

一般来说,当用户面临一个新的复杂的信息体系时,他们就会建立一个相应的认知模式,然后用这个模式来把握各个题目之间的相互联系,推测在什么地方可以找到他们想要找的信息。换言之,一个站点作为一种信息组织是否成功,很大程度上就取决于信息的组织是否适应用户的期望。一个符合逻辑的站点组织以统一的方式组合、排序、标定信息,以及以图表方式安排信息,将使用户能够将他们在已经访问过的页面上得到的知识扩大到他们还没有访问过的页面上。如果用一种不合逻辑的结构多次误导用户,用户就可能被烦扰得受不了。

(4) 分析站点体系的效率和美术水准

在建立了站点后,应该分析组织结构的适用性和效率。不管为站点选择了什么样的组织结构标准,恰当的站点设计大致都是一种平衡的结构和类似菜单的关系。

好的组织结构应该让用户觉得是一种很自然的合理秩序,既不妨碍他们浏览站点,更不会误导他们。应该避免两种不良的倾向:一种是菜单结构太浅,导致把不相关的信息罗列在一起;另一种倾向是菜单结构太深,层次结构太多,导致很多的信息"深藏不露"。

根据经验,一个菜单包括四个左右的链接是比较理想的。

(1) 有组织地管理文件

通过 IP 文件传输方式,可以很容易地将与主页相关的文件传送到网站服务器上,如果在把这些主页与文件传送过去之前,将它们适当地组织分类,把同类型的文件放在相同的文件夹里,就会有条有理,提高访问速度。

(2) 将页面传输上网

当准备好要将文件传送到互联网络服务供应商或自己的 Web 服务器时,检查一下所使用的网络出版软件是否具备这项传输功能,像 Microsoft FrontPage 98 就有这种功能;如果软件没有这种功能的话,就得找一个文件传输或 FTP 工具,如 Ipswitch 公司著名的王牌软件 WS-FTP Professional,在 www.ipswitch.com 网站上可以免费下载这个FTP 传输软件的试用版。当启动 FTP 工具软件后,需要设置由网络服务供应商提供的IP 地址(Host Address)、用户身份(User ID)和密码(Password)来连接网络服务器。当连接上之后,计算机会出现两个视窗,一个显示本地机器中的文件;另一个则显示服务器端硬盘中的文件。文件的传输只要简单地从画面上将本地端的文件直接拖放到服务器端即可完成。

（3）设置文件存取权限

对一般访客而言，只能以唯一的方式浏览 Web 网站上的内容，只有网站的管理员才掌握所有内容的存取权限。但在一些特殊的情况下，如 Web 网站的留言板功能，则必须开放访客读取和写入的权限。使用不同的服务器软件，其安全权限设置的方式各不相同，如果使用微软的信息服务器，就必须通过 Windows NT 操作系统本身的文件管理来设置权限。

（4）划定网站保护区

除了要决定哪些文件夹可以读取、哪些文件可以写入之外，还有一些重要的系统目录是绝对不能对外开放的。如果 Web 网站上没有留言本，只想让特定的人群拥有读取的权力，这时就可以将留言文件放在没有保护的资料夹里，用户必须输入用户名称与密码才能打开阅读。

4. 网站配置

任何网站都是建立在某种平台之上的，网站平台的选择是至关重要的，它决定网站的可靠性、对客户的服务能力，以及为了维持网站运行所需要付出的代价。因此，网站的配置是一个十分重要而又具体的问题。网站配置首先要做的就是为网站选择合适的发布平台，即选择适合网站规模的各种软硬件资源，包括硬件服务器及其他需要的硬件（如防火墙、路由接入线路等）、操作系统、WWW 服务器软件、动态网页服务器软件及数据库服务器软件等。

在正式运行之前其实也很难对网站的规模有个准确的估计，所以在选择网站发布平台时，所选择的配置应该能够承受比估计规模更大的负荷。不管是服务器硬件还是服务器软件都有很多选择，它们之间并不独立，而是有一定的依存关系，所以在选择时应该总体考虑，然后再制定出最合适的解决方案。

5. 网页制作

创建一个 Web 网站的工作，不是把一大堆超文本放到 Web 服务器上，Web 网站的设计和表现应当是最重要的。主页的画面一定要能够吸引用户，引发人们的好奇心，使人们更深入地探索网站的内容，这就是成功主页所应必备的特征。如果主页的内容仅限于光彩、鲜艳、绚丽的多媒体表现，用户很快就会觉得乏味。

设计网站主页，需要具有明确的架构和巧妙的构思，并适当地使用图片，以达到画龙点睛的效果。

Web 网站的成功与否，取决于为网站访客提供的信息和对访客的理解程度，因此，理解网站的用户对 Web 网站的成功是很重要的。与传统的信息分布媒体不一样，网站的访客在个人方面（如国籍、教育、语言、地理位置）和上网技术方面（如软件、网络带宽、硬件功能）等都有所不同，在设计 Web 网站时应当考虑到这些因素。

规划永远是最重要的设计原则，在刚开始设计网站时，需要把网站的纲要罗列规划出来。此外，还必须考虑网站能否支持所设计的主页；对仅仅是将网站刊登于网络服务供应商的用户而言，主页的设计会有许多限制，如无法使用类（用来加入客户的连接路径资料）及 CGI（用来加入交互式表单）程序。对设计这种基本主页的用户而言，使用一些简易的主页出版软件就完全够用了。

对多层次网站而言，设计的重点应该放在浏览的顺序上，而且应提供链接搜索的功能。如果想让网站更人性化，还可以加上声音和交互式的功能，让浏览网页的用户能和你联系。

11.2.5　网站测试

Web 的制作工作完成之后，要对这个 Web 进行测试，或使用微软个人 Web 服务器进行测试，发现其中的错误，及时更正。

一个 Web 站点可用四种办法测试。

1．红队测试

红队是 Web 制作人建立的。一旦站点故事板准备好，文字和图像就被粗略描绘出来了，页面模型张贴在制作小组工作室的墙上，制作组便完成任务。

红队的复查经常安排在从星期五晚上开始，工作到星期六晚上，以避免打乱工作进度。Web 制作人待在附近欢迎和接待红队，然后，通常 Web 制作人也走了，红队单独和 Web 站点草案待在一起。

红队由专业人员和目标对象的代表组成。他们不是集中的小组，而是在站点准备工作中引入新看法的同事。红队复查每一页的故事板，他们阅读文字，检查图像，试着判断站点是否符合目标。

2．功能测试

红队测试主要是为了使概念正确。一旦红队解散后，制作组完成所有修改，生成最后的范本和图像、CGI 脚本、数据库或所需的其他文件由技术指导生成，也可能在工作人员的帮助下完成。

每个小组成员负责检查他自己的工作，该过程称为"单元测试"。对一个 HTML 代码员来说，单元测试包括将程序编译好使其正确工作。

3．压力测试

除了检查功能，质量验证人员还进行压力测试。压力调试确信系统不仅在正确数据下，而且在错误数据下也能工作。程序员需在单元测试时进行"白盒测试"。作为"白盒测试"的一部分，程序员调试器分步执行代码中的每一条路径。程序员应该特别注意程序与外部世界的接口，因为这里是大多数问题发生的地方。这些问题经常由于在 HTML 格式和它调用的 CGI 不匹配而发生。

4．负载测试

经过上面的测试，当 Web 看起来可以很好地工作时，下面就到了负载测试的时间了。品质保证（Quality Assurance，QA）人员安排尽可能多的用户登录站点的 Alpha 版本，可能在一个私人设备齐全的服务器厂，尽可能长时间并尽可能高强度地测试该站点。该测试有两个目的：首先，那些对软件的功能和内部结构没有预先概念的用户，可能会找到功能测试及压力测试中未曾涉及的破坏站点的方法；其次，一些问题只有在负载很重时才会出现。

11.2.6 网站推广

Web 的制作和测试全部完成以后，就要把它发布出去。所谓的"发布"，就是把自己的 Web 上传到企业内部网（Intranet）的服务器或网络服务商（ISP）的服务器上去，以便让别人浏览和访问。如果是单位的内联网，只需要系统管理员划分一块空间存放 Web 就行了。如果要在全球互联网上发布，必须选择合适的网络服务商。如果是个人 Web，最好考虑一些免费的 Web 站来存放，减轻经济负担。

无论上网做什么，都要预先知道对方的地址，这个特点决定了一个新的站点诞生后，要有一定的宣传期和经营期才会逐渐产生效果。当一个新站点诞生后，如果没有人来看，再好的内容也无人知晓，所以，宣传网址是开展网上营销的重要前提。

网站推广的常用方法有以下几种。

1．用电子邮件进行宣传

通过电子邮件进行宣传是一种很直接的推销方式，很像常常收到的普通宣传印刷品邮件。不过它是以电子邮件的形式进行宣传的，并对选定的目标客户进行宣传。可以定时向潜在的客户群集中发送目标电子邮件，宣传网站及其内容。通过发送大量的目标电子邮件，可以获得非常有价值的客户。

2．友情链接

在站点有一定访问量和知名度之后，会有一些网站要求建立免费的相互链接，也可以选择一些适合的网站主动请求建立免费的相互链接。这种互惠互利的方式受到很多网站管理员的欢迎。建立链接之前，首先要确定观看广告的对象。假设产品主要是机械制造类产品并准备提供给国外的用户，那么就要寻找一些国外的机械制造类经销商或服务商的网站，并发出网站链接请求。然后需要选择标题广告显示的地方，一般是选择合适的目录，即在合适的目录内予以显示。最后还要创作一个简明扼要的标题广告，这要根据对方的要求而定。

3．搜索引擎注册

有不少网站提供目录服务，被称作搜索引擎，它自动收录提交的网址。在提交网址时要注意：提交内容要丰富、关键字要准确、提交要到位。

4．讨论组使用

先将网站归类，如果是关于医学的，就去找健康讨论组；如果是关于旅游的，就去找旅游讨论组。在找到相应的主题后，可以看看大家讨论的热点是什么。

11.2.7　网站的管理与维护

当网页基本制作完毕、网站测试基本通过之后，即可发布网站，以便让所有的互联网用户都能通过互联网访问这个网站。网站发布最基本的工作就是将网页传送到 WWW 服务器上，最常用的方式就是使用 FTP。另外有些强大的网页制作工具也具有网页发布的功能，如微软公司的 FrontPage 和 Macromedia 公司的 Dreamweaver。

网站的管理和维护是一项非常繁重的工作，虽然将其放在最后一个步骤，但实际上，从网站建立开始一直到网站停止运行，网站的管理和维护就需要一直进行。网站建设是否合理往往会对网站的管理和维护产生非常大的影响。网站建设得好，那么管理和维护起来会非常简单；网站建设得不好，那么管理和维护起来就非常麻烦且浪费时间。

网站的管理和维护，其目的只有一个，就是保证网站的正常运行。管理和维护的内容主要分为三个方面：安全管理、性能管理和内容管理。图 11-5 很好地描述了这三个方面管理之间的关系。从图中可以看出，安全管理是基础也是关键，它贯穿整个网站，从最底层的硬件到最高层的网页，每个环节都离不开安全管理。性能管理是内容管理的前提，只有在整个网站系统稳定高效的前提下才能更好地对内容进行管理和维护。

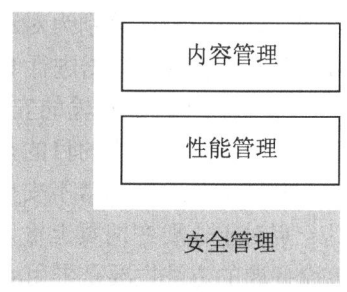

图 11-5　网站的管理与维护

1．安全管理

安全一直是困扰互联网发展的重要问题，即使是普通的互联网用户也避免不了恶作剧的网络攻击，更何况是向所有互联网用户开放的网站。如果受到攻击，数据受到破坏，就很可能会造成难以估计的损失。例如，2001 年 7 月 4 日微软的 MSN 网站出现故障，到 7 月 6 日不过两天的时间就有近 3 000 万的用户受到不同程度的影响，其造成的损失程度可想而知。

安全问题存在于从硬件到软件的各个环节，所以安全管理非常困难。在这里，简单介绍其中的六个方面：操作系统的安全管理、WWW 服务器软件的安全管理、脚本语言的安全管理、网上信息传输的安全管理、数据库的安全管理和人员的安全管理。

（1）操作系统的安全管理

任何操作系统都不是十全十美的，总是存在很多安全漏洞，并不断地被暴露出来。例如，Windows NT 面对较大的 ICMP 包时非常脆弱，如果发一条 Ping 命令，指定包的大小为 64KB，则 Windows NT 的 TCP/IP 栈将不能正常工作，进而可致使系统离线工作，甚至重新启动。还有现在各种各样的病毒，总是在网络使用过程中就会潜入计算机，甚至可以在特定的时刻发作破坏操作系统。解决操作系统安全问题的最重要的手段就是定期扫描操作系统可能存在的安全漏洞并及时安装相应的补丁程序。

（2）WWW 服务器软件的安全管理

WWW 服务器软件是用来响应 HTTP 请求进行网页传输的。虽然 WWW 服务器软件本身并没有内在的高风险性，但其主要设计目标是更好地支持 WWW 服务和满足其他方面的需求，所以除了基本的 WWW 服务功能之外，它还具有很多其他的功能，如支持不同权限级别的访问等。但是另一方面，软件越复杂，所具备的功能越多，包含错误代码的概率就越高，安全漏洞出现的概率也就越高。那么对于 WWW 服务器软件的安全管理，主要工作在于分析软件可能引发的安全问题，谨慎使用软件所提供的其他功能。

（3）脚本语言的安全管理

脚本语言技术在给网页注入无限生机的同时也引发了一系列的安全问题，因为恶意的用户往往会通过网页上的表单输入具有破坏性的脚本代码。解决这种安全问题的方法主要有三种，分别为对动态生成的页面的字符进行编码和过滤、限制所有输入的数据及对所输入的数据进行 HTTP 或 URL 编码。

（4）网上信息传输的安全管理

互联网最初形成的目的是为了传输信息，而没有过多地考虑安全问题，所以信息在互联网上传输是非常不安全的，它很可能会在传输的过程中被窃取、篡改和删除，这一点对于需要在网页上输入银行账号和密码的需求来说显然不合适。目前解决这种安全问题的方法主要是采用安全套接层协议 SSL 和安全超文本传输协议 S-HTTP。

（5）数据库的安全管理

动态服务器网页技术的到来使得大部分的网站数据都存储在数据库中，如用户名和密码，所以数据库的安全也不容忽视。数据库的安全问题主要都是由不合理地使用数据库访问权限而引起的，所以解决这个问题的关键也就在于此。

（6）人员的安全管理

除了从技术角度考虑网站的安全问题之外，还有一个很重要的安全因素就是人。据统计资料显示，有相当大的一部分信息泄漏和服务器损坏是由直接接触服务器的人造成的。而人又是特别难于控制的一个因素，因此加强人员的管理就是最好的解决方法。

虽然有关安全的探讨和解决方案层出不穷，但因为安全问题无处不在，所以不可避免地会不断有新的安全问题出现，因此安全对所有的网站来说都是一个很大的难题。

2．性能管理

性能管理的主要任务是保证操作系统和 WWW 服务器的正常运行，然后在正常运行的基础上最大程度地优化系统的性能。另外，当系统的负荷满足不了日益增长的用户访问需求时，要制定合理的方案来及时升级系统的配置。

性能管理也需要考虑很多方面，如网络、操作系统、WWW 服务器、动态网页服务器和数据库服务器的管理等。网络的管理主要是指互联网的接入带宽是否满足多个用户并行访问的需求。例如，一个用户最少需要 30KB 的带宽要求，那么 512KB 的接入带宽就很难满足 20 个甚至更多用户的并行访问，这时就需要考虑申请更大的带宽。其他方面的管理要考虑的内容也和网络管理类似，目的都是保证各个环节的性能都能满足最大用户的访问。

3．内容管理

内容管理的主要任务是确保网页内容、数据和超链接的正确及数据的及时更新。例如，超链接很容易因为网页文件的移动、删除或重命名，网页编辑软件的修改和人员的疏忽而发生错误，以致用户在访问一个网站时经常打不开网页，所以网站管理者必须时常检查网页之间的超链接以确保用户的正常访问。

静态的内容不会改变，看几次也就够了，用户通常不会频繁地访问来获取相同的信息，所以只有经常更新网站的内容才能不断吸引用户的访问。

11.3　物流网站案例分析

11.3.1　UPS 公司电子商务物流网站

1．公司背景和系统结构

美国 UPS 联合包裹运送服务公司成立于 1907 年，总部设在美国佐治亚州亚特兰大，经过将近一百年的发展，现在已经成为世界上最大的包裹运送公司，世界第 11 大航空公司，世界最大的货运航空机队。它拥有自己的国际业务网络以及后来发展的全球速递网络，其海外业务已经进入了亚、欧、美洲，发展极为迅速。

UPS 的全球业务能取得成功的扩展，除了自己一直严格遵循成功的业务模式外，主要得益于先进的网络与信息技术。早在 20 世纪 80 年代，UPS 就开始创立一个强有力的信息技术系统。它斥巨资配置主机、PC 机、手提电脑、无线调制解调器、蜂窝通信系统等，并网罗了数以万计的程序工程师及技术人员来开发自己的物流信息系统。该系统使 UPS 实现了与 99%的美国公司和 96%的美国居民之间的电子联系，而且也实现了及时对每件货物运输状况的掌握。同时，UPS 建立了一套计算机化的清关系统。该系统率先与美国的自动化代理接口实现链接，并将资料预先传送至目的地国家海关，以加速通关过程，公司还兴建了一个环球通信网络，通过它可以与数千个投递点保持联系。通过条码与扫描技术，UPS 能够根据其全球信息网络对每日来往于世界各地的数千万个邮包进行实时电子跟踪。

UPS 的司机每人都配有速递资料收集器，凭它可以对每个司机以及在传递过程中的货物进行实时的动态跟踪。UPS 公司的主控中心可以由此来实时监控司机、车辆以及在运货物的状况，如了解车辆的行驶路线和所在地点、在途车辆的运行状况、交通状况、货物的运达情况。一旦在途车辆出现紧急情况，资料收集器还可以及时报警，以使其及时得到帮助，而且该装置还接收收货人签名，一旦用户签收了包裹，信息将会在网络中传播，寄件人还可以登录 UPS 网站了解货物情况。

UPS 中国网站，如图 11-6 所示。

图 11-6　UPS 中国网站主页

公司还与世界各地的政府机关及监管部门紧密合作，引入贸易单证的电子数据交换技术，借以实现无纸化贸易。

公司的物流电子商务网站可以帮助客户实现的功能有如下方面。
- 跟踪包裹行踪，了解某个特定包裹在 UPS 整个运送过程中所处位置。
- 计算运送费用并进行比较。
- 下达供货订单，确定转运次数。
- 当要求派人去提取包裹时，寻找包裹送达中心。
- 可用 14 种语言和方言向 UPS 客户服务处等部门发送文件。

另外，公司拥有的软件还可以打印联合包裹提单、客户发票、国家至国家始发站与目的地运单，还能编制个人管理报表、货运汇总表、发运站实时访问发运信息，配以联合包裹在线跟踪技术，可监控每一次货运过程。

2．系统功能

UPS 的独特功能在于：
- 先进的计算机联网和快捷的免费查询。UPS 可以对运送的邮包进行电子跟踪，使无论是文件、合同、样品，还是信用卡等物件，客户都可以随时通过电话或互联网进行物件行踪的查询，即使是特殊情况被耽误，也会立即查出耽搁原因及地点，并查询出何人何时何地收到包裹。
- 在线购物。
- 运费到付。发件人在征得收件人同意的前提下，通过联合包裹将物件送到收件人手上，由收件人交付运送费用。
- 包裹运送。UPS 可向顾客和供应商提供瞬间电子接入服务，以便查阅有关包裹运送和传递过程信息。

3．系统评价

UPS 的实践表明：先进的技术和发展国际合作关系是联合包裹全球业务取得成功发展的重要因素。联合包裹首创与美国海关的自动化媒介实现电子联通，此种媒介已经成为美国海关与其他美国运输商系统连通的雏形。通过条码及扫描技术，来往于世界各地的所有包裹行踪得到追踪检测。由于 UPS 投入大量资金实现了每个货件的全程监控，因而在互联网的应用引发的信息流、资金流、物资流内容为主的新经济浪潮中占尽先机。

资料来源：王丽亚．物流信息系统与应用案例．北京：科学出版社，2007

11.3.2 Amazon 网站运营

从网站来看，网站公司的主要业务是负责网站的建立与管理、网页设计与更新、网上销售和售后服务设计、组织与管理等。在这种方式下，网站成为电子商务的主体，对于已经存在有形店铺销售的企业来讲，已有的物流系统和销售渠道可以为电子商务所用。但对于一个新近投入到电子商务行业的.com 公司而言，必须新建物流系统，这个工作是当今实施电子商务过程中最具挑战性的工作。

亚马逊中国网站主页，如图 11-7 所示。

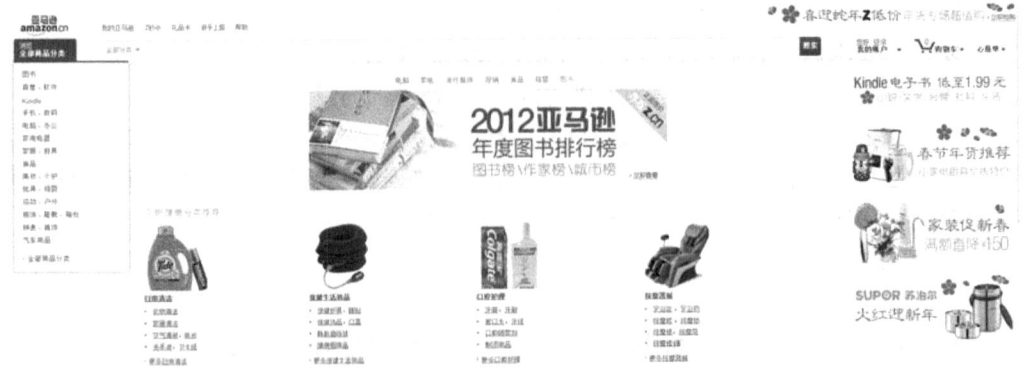

图 11-7　亚马逊中国网站主页

下面分析一下著名的亚马逊书店（Amazon）物流与配送的一些情况。

Amazon 是全球最大的网上书店、音乐盒带商店和录像带店，其网上销售的方式有网上直销和网上拍卖，其网上销售的流程，如图 11-8 所示。

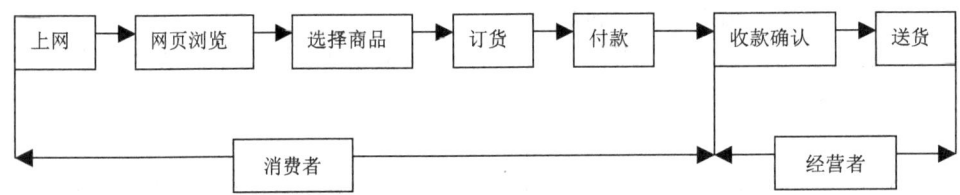

图 11-8　Amazon 网上销售流程

Amazon 网上销售的配送中心在实现其经营收益的过程中功不可没，主要有以下特点。

1．拥有完整的物流、配送网络

到 1999 年，Amazon 在美国、欧洲和亚洲共建立了 15 个配送中心。其中在美国乔治亚州的配送中心机械化程度很高，同时它也是 Amazon 最大的配送中心，这是 1999 年建立的第五个配送中心。1999 年配送中心的面积是 1998 年的十多倍。这一规模足以与一个大型的传统零售公司的配送系统相媲美。完善的配送中心网络，使订货和配送中心作业处理及送货过程更加快速，使市场上用户送货的标准时间更短，缺货更少。

2．以全资子公司的形式经营和管理配送中心

Amazon 认为，配送中心是能接触到客户订单的最后一环，同时无疑也是实现销售的关键环节，他们不想因为配送环节的失误而损失任何销售的机会。这一做法未必可以推广，但这说明，对电子商务来讲，物流配送对整个电子商务系统具有决定性的意义。

3. 高层管理人员经验丰富

为了加强 Amazon 物流配送系统的规划与管理，Amazon 在 1998 年 7 月任命怀特为副总裁，怀特是世界上最大的零售商 Wal-Mart 的前任物流总裁，而其在 Wal-Mart 时管理的配送中心有 30 个，职员有 32 000 人。这说明亚马逊配送中心的高层管理人员具有极高的素质和丰富的经验。

4. 亚马逊提供多种送货方式和送货期限供消费者选择，对应的送货费用也不相同

送货方式有两种：一是以陆运和海运为基本运输工具的标准送货；二是空运。根据目的地是国内还是国外的不同，以及所订的商品是否有现货（决定集货时间），送货期限可以具有很大的区别。如选择基本送货方式，并且商品有库存，在美国国内需要 3~7 个工作日才能送货上门；而在国外，加上通关的时间，需要 2~12 个星期才能送货上门。如果选择空运，美国国内用户等待 1~2 个工作日就可以得到货物，而国外用户则需要等待 1~4 个工作日。交货时间的长短反映了配送系统的竞争力，亚马逊设计了比较灵活的送货方案，使用户有更大的选择性，受到了用户的欢迎。

11.3.3　TNT 物流服务

TNT 集团是全球领先的物流、快递和邮政服务供应商，母公司是荷兰邮政集团（TPG）。集团拥有 161 000 名员工，分布于 63 个国家，服务覆盖范围涉及 200 多个国家和地区。TNT 中国是 TNT 集团在中国的分支机构。通过整合快递、物流和直复营销业务部门，TNT 为客户提供从门到门快递服务，到综合的供应链管理和直复营销服务的整合业务解决方案。目前，TNT 在中国拥有超过 100 个运营设施，4 500 多名员工以及 2 000 多个服务网点，服务范围覆盖中国 600 个城市，TNT 中国拥有 7 个国际口岸，包括北京、上海、广州、大连、杭州、厦门和深圳。

TNT 快递成立于 1946 年，拥有欧洲首屈一指的航空和陆路递送系统，为全世界 200 多个国家的客户提供最快捷可靠的门到门快递服务。TNT 快递每年处理 1.87 亿件/次货物。

TNT 物流是世界领先的物流供应商。它为全国性、地区性或全球性的大中型企业设计、实施和运行复杂的供应链解决方案。其货运管理部门运用国际网络，为客户提供空运和海运服务。TNT 物流以尖端技术实现供应链的优化、整合以及可视性。TNT 物流的服务领域涵盖汽车、轮胎、电子、消费品、公用事业及通信、印刷以及媒体。作为 TNT 的品牌之一，已有 200 多年历史的 TNT 邮政是全球邮政市场的领导者。在欧洲 7 个国家拥有邮政网络，每年处理超过 70 亿件/次邮件。

1. TNT 中国的产品与服务

TNT 中国网站主页，如图 11-9 所示。

图 11-9　TNT 中国网站主页

TNT 中国的产品及与之对应的服务，如表 11-1 所示。

表 11-1　TNT 中国的产品及与之对应的服务

原材料入场物流	生 产 物 流	成品配送物流	成品行销	售后服务
运入原料	策划、预算和编制	订单处理	数据汇集	损坏品及维修品
运输，质量管理	产量策划	直接发配至消费者	数据导出	收集/配送
库存和分拨	原料策划	发配至区域库存点	数据库管理	替换品分拨
仓储管理	采购	新成品	客户细分	零部件分拨
信息管理	转化过程管理	库存管理	直邮概念	零部件库存管理
生产线供给	信息管理	仓储管理	市场变化反应	信息管理
供应商库存管理 VMI	生产过程管理	增值服务	处理和实施	
清关		清关		
货运代理		信息管理		
		货运代理		

原材料入场物流	生 产 物 流	成品配送物流	成 品 行 销	售 后 服 务
快递 物流 货运	快递 物流	快递 物流 直复营销 货运	快递 直复营销	快递 物流 直复营销

2．TNT 中国的业务

TNT 通过整合在快递、物流、货运和直邮领域所提供的核心服务，来满足顾客的各种业务需求。无论是原材料的运输、直销服务，还是收取和递送货物，TNT 都能通过全面解决方案来缩短周期，降低库存，创造提高竞争效率所需的服务优势，如图 11-7 所示为 TNT 中国的主要业务。

（1）TNT 中国国际快递

TNT 中国是 TPG（TNT 母公司 TNT Post Group N.V）网络的一部分。目前，服务已覆盖中国的 200 多个城市，网点超过 2 000 个。将客户置于业务的核心是 TNT 一直以来的经营理念。成为客户的业务伙伴、将自身的核心业务与客户的分发要求相结合，不断推出新的运输服务和产品，也是 TNT 一直坚持和奋斗的目标。

TNT 中国提供的快递服务包括发件、快件查询、询价、安排取件、运送信息等多种服务。其中的 Express Shipper 是专为中小型客户而设计的最新速递软件。Shipping manager 是 Express Shipper 的主要工作页面，在这里客户可管理其所有的运送程序，查询价格、编写和打印运送文件和追踪货物的最新状态。

（2）TNT 中国国内包裹快递

秉承 TNT 全球的服务理念和服务标准，TNT 致力于为中国客户提供优质、快捷、可靠和灵活便利的门到门国内包裹快递服务，其服务有三种不同的形式。

① 次日定时到达，保证在下个工作日早上十点前送达，否则运费差额原数奉还，货物单件限量 30kg。

② 次日到达：门到门次口递送服务，当天接件时间前取件，第二个工作日工作时间内派送，否则退赔运费差额，货物单件限重 30kg。

③ 经济快递：单件重量在 50kg 以下的货件，可选择以较优惠的价格享受同样可靠准时的门到门服务。

（3）TNT 中国物流服务

TNT 物流提供全方位的物流服务，包括物流咨询、业务发展、运物、仓储以及整个供应链解决方案的设计和实施。其部门涉及汽车物流、高科技电子产品物流、生命科学物流、快速消费品物流、工业与化学等。

（4）TNT 中国直复营销

直复营销是为了达成交易而使用的一种或多种传播媒体的交互作用的市场营销体

系。TNT直复营销服务在欧洲积累了超过25年的经验。它的核心专长是与数据相关的各项服务，80%以上的在荷兰上市的公司都是它的客户。公司提供直复营销的综合解决方案，管理8 000多万条数据，呼叫中心每天处理4万个电话，每年印刷10亿份账单。它的客户包括快速消费品、银行、汽车生产商、保险和电信等各个领域的蓝筹股品牌。

3．TNT中国发展战略

（1）直邮、快递和物流三大业务整合在一起

在中国市场，TNT快递取得了快速的发展。近六年来，TNT快递在中国市场平均保持约23%的收入增长和年均30%的业务增长速度，但TNT的全球对手UPS、DHL却有着更为称道的表现，UPS在中国业务总量的增长速度已连续几年保持在35%以上，DHL作为第一家进入中国的专业快递公司，年均增长率更高达40%，目前在中国的市场占有率已达36%。为了在中国市场站稳脚跟，TNT需要在中国获得更好的发展。为了实现这一目标，TNT将直邮、快递和物流三大业务整合在了一起，改变了在中国的发展战略，大力发展汽车物流，意在夺取新一轮外资快递争霸战的制高点。

① 与超马赫国际运输代理有限公司（以下简称超马赫）的合作。2003年，按双方商定，TNT与超马赫合作开展中国业务，合作形式也由过去的合资改为授权代理。TNT其实早已绝对控股超马赫，它的真正意图是在中国建立独资公司。超马赫"麻雀虽小，五脏俱全"，使用的是先进的系统和管理方法，合作范围也极为灵活。新的合作方式为TNT公司放开手脚建设自己的地面网络，提供了便利的条件。

② 与中国邮政合作。TNT与中国邮政在2005年9月宣布双方成立合资公司。开展其在国际快递服务领域的合作。尽管中国邮政现在尚未完成政企分开，对与外资合作方的发展存在诸多不确定因素，但是凭借其几乎无处不在的网络，任何一家与中国邮政合作的外资伙伴都能够获得巨大的利益。这正是TNT合作的本意。

（2）在中国发展自己的特许经营加盟商

2005年，TNT决定要在中国发展自己的特许经营加盟商，这是继英国之后，中国成为TNT在物流业中发展特许经营的第二个国家。虽然特许经营在中国物流行业的运作尚属初次"试水"，但是鉴于中国入世后为物流业发展所提供的宽松环境，以及中国目前潜力巨大的物流需求市场，TNT集团还是准备大胆尝试。他们将以快递业务作为突破口，在立足中国较大城市的同时，通过特许经营拓展自己的网络，扎根中国二三级城市。今后特许经营将成为其拓展本土业务的主要模式。最低加盟金只需10万元人民币。TNT共推出三种加盟方案，以适合不同的区域和投资能力的加盟商。

（3）抢夺汽车工业物流市场

在物流领域，汽车物流将成为TNT谋化布局的重要武器。在最新的中国TNT五年计划中，物流、汽车都是被确定为重要发展的行业领域。预计到2010年，中国将成为全球第二大汽车市场。TNT物流是全球最大的汽车物流服务供应商，TNT将自己成熟

的汽车物流经验和技术应用在中国市场，可以取得事半功倍的效果。TNT 将其旗舰版物流解决方案 Matrix 运输管理系统引入中国，而上海通用汽车公司将成为其首家客户，目前提供的服务包括整车汽车物流、零部件的进口和出口服务，还有售后服务。这意味着 TNT 开始分食通用汽车在华的物流大单。

TNT 的运输管理 Matrix 系统在世界上其他国家应用了近 10 年，已经相当成熟。这个系统专注于汽车物流技术，Matrix 系统能帮助汽车生产商降低其在物流上的费用，从而使汽车的总成本降低，低成本的运作有利于整个市场的继续繁荣。通过这样的合作，已经使 TNT 成为中国市场上第一大的汽车物流服务提供商。在该项服务中，TNT 的优势在于提供综合的物流解决方案，包括汽车物流中的整车物流和零部件进出口物流，都是立足于整合供应链的角度进行运作的。

（4）多地提取和多式联运方案

一个供应链系统是由电子信息交换支持的复杂而精密的物料和产品运输体系。随着 TNT 客户们的业务拓展，他们的供应链和管理需求的复杂程度也深化了。客户要求的已不仅是将货物从一处搬运到某个目的地的简单工作，而是已意识到了多地提取和多式联运方案的必要性。

TNT 物流公司对三套不同的供应链与运输规划软件进行了评估。他们选中了 CAPS/Baan 的一套方案——"供应链套餐及运输设计"，该方案是从 Manugistics 以及其他 12 种解决方案中挑选出来的。其优越之处在于它的运输工具安排与运输路线评估能力，以及它能够将政府对货物征收的关税计算进成本的功能。

为了始终站在物流领域的最前沿，TNT 前瞻性地对其现存客户信息库内的方案进行了分析，试图寻找出同一地区不同客户的货物运输可以结合的地方。通过使用 CAPS/Baan 软件工具，分析家们就能够覆盖现有的多个客户的供应链并将数据组整合起来进行假定分析。这些假定分析依靠对五六条供应链的分析评估来创建一条单一的供应链。

TNT 在 CAPS/Baan 软件工具上的投资已经看到了巨大的收益。作为一家综合性的第三方物流伙伴，TNT 宣称其服务能够使客户的总物流成本降低 33%。

资料来源：中国大物流网 http://www.all56.com/view.php？tid=18786&cid=2。

张铎，王新培．电子商务物流管理案例分析．北京：高等教育出版社，2006，97～126

11.3.4　重庆港务物流集团电子商务应用

重庆港务集团是全国内河港口中首家整体通过 ISO 9002 国际质量认证的港口企业，是全国内河港口中首家上市公司。集团按照"一城一港、东推西进、首尾互动、区港联动"的战略和"港口+物流+资本"的发展思路，把港口、物资、仓储、配送等物流链延伸联系起来，努力建成西部最大的现代综合物流集团，打造长江上游最大的综合中转港和集装箱枢纽港。并预计到"十一五"末,总资产、年收入分别达到100亿元,利润总额上亿元。

1. 高度重视电子商务建设

地处重庆市主城区的重庆港因其特殊的区位条件被誉为我国西南地区的"黄金口岸",信息化建设是重庆港务集团实施电子商务的基础。集团通过近十年尤其是1995年以来日益推进的港口信息建设数字化工程,不仅在相关方面走在同行业的前列,信息化建设也走在长航前列。以重庆港为主的重庆国际贸易电子数据交换中心于2003年正式成立,其购置了美国SUN公司的SUN5500服务器、Web服务器、防火墙、路由器、不间断电源等硬件设备;取得了瑞典FRONTEC公司的AMTrix平台软件(专用于电子报文开发的软件),购买了SYBASE关系数据库以及美国BEA公司的WEBLOGIC网络开发中间件等软件产品,完成了重庆市口岸物流EDI系统工程建设工程。重庆口岸物流EDI系统是到目前为止重庆及西部地区国家交通部支持的口岸物流信息平台中第一家采用EDI系统软件建起的物流平台系统,得到了国家交通部的政策上和资金上的大力支持。另外,基于AMTrix、WEBLOGIC技术的电子数据交换平台的调试工作也现已完成。实现了与重庆海关、上海EDI中心的互连互通,通过网络实现重庆—上海外贸集装箱运输电子单证的转发和通关后信息的回执,解决了网络平台间双向确认、电子单证的处理接点的回执和消息转发问题,为客户提供了安全的物流处理信息。近年来,集团的计算机应用开发将80%以上的事务处理全部纳入计算机管理,桌面计算机联网达1 000台,管理人员80%以上配备了计算机。通过实施"1757"工程,即开发十七大应用系统,整合五大类港口相关物流信息资源,在300里港区全面推行,已初步实现了港口的信息化。

2. 构建物流电子商务系统

重庆港务集团物流电子商务系统工程是依靠西南地区物流集散中心和货物中转中心的优势,并充分利用该集团现有的信息化基础,整合了银行、货代、船代、码头、海关、商检等相关单位及相关资源而构建的一个集成供、需双方的电子商务平台。该系统除完成货物集散功能外,还能实现这些货物在电子商务平台上的集中交易,从而有助于形成综合物流集散与配送服务链,增强港口竞争实力。重庆港务集团物流电子商务系统以港口内部物资交易、配送为切入点,结合重庆港综合物流集散与配送发展的需要,进行系统规划和建设。集团物流系统主要由中转、仓储、运输和货运代理组成。通过物流电子商务系统的建设和运营,重庆港将成为三峡库区及西部最大的物流集散与配送中心。

重庆港务集团物流电子商务系统的建设分为两阶段,第一阶段满足内部物流电子商务功能,第二阶段面向外部开展物流电子商务服务。系统的最终目标是要满足重庆港对外开展物流电子商务服务的总体需要。重庆港务集团物流电子商务系统第一期工程，首先立足于满足内部物资交易、配送及结算功能，同时要照应未来区域物流、国际物流交易及配送发展的需要。既要实现当前物资交易急需的功能，保证容易使用，又要能够扩充为一个真正的物流交易平台。

3．物流电子商务的运作方式

重庆港务集团物流电子商务的具体运作方式是实现物流作业服务企业与物流信息服务企业的结合。要加强信息技术方面的投资，完善企业信息系统建设，加强物流组织过程中的信息处理功能，为物流活动的开展提供网络化、强有力的信息支持，利用电子商务技术整合企业现行的业务流程，走规模化、网络化的道路，才能迅速扩大企业的规模，提高企业的服务质量和服务效率。

重庆港务集团发起成立了一家专门提供第三方物流电子商务服务的新型公司——重庆港务物流集团电子商务有限公司。该公司的定位是依托国家东西向物流，立足重庆、连接东西、辐射西部、服务全国、面向世界。公司的服务范围：为生产厂家提供加工、仓储场地；为各类物资提供全程运输及全程代理服务；为商品买卖双方提供电子交易平台；为大、中、小各类企业提供产品展示、电子报价、信息服务、交易服务、结算服务、配送服务以及综合物流服务等。

物流天下企业会员网站重庆港务物流集团电子商务有限公司网页，如图11-10所示。

图 11-10　重庆港务物流集团电子商务有限公司网站主页

4．电子商务带来的经济效益和社会效益

在实施电子商务系统之后，重庆港务集团在经济效益方面得到了很大的提高，主要实现了"四个增长",即集团公司的资产规模、装卸自然吨、吞吐量和总收入均有一定幅度增长。通过搭建基于数字身份认证与授权的区域电子商务与物流公用集成平台,企业的采购周期从 30 天左右缩短为 7 天左右,仓储面积降低 30%左右,物流成本由常规企业的 20%~25%降低到 15%~18%,产成品资金占销售额比例由常规企业的 30%降低到 15%。另外,重庆港凭借该电子商务平台,使集装箱吞吐量增长了 200%,货运吞吐量翻了一番。

首先,港口的综合服务水平和竞争能力得到了较大提高。通过信息网络进行商务活动,可以缩短交易时间,提高交易效率;有助于降低企业的成本,提高企业的竞争力;能够为消费者提供更多的选择和利益。

其次,通过电子商务系统的应用,可以挖掘集团的物流潜力。实现了中转、仓储、运输和货运代理等方面统一、全面的集约化管理,能够快速反应企业的经营状况,挖掘物流集团内部潜力,改善了经营效率,从而有助于进一步提高物流企业的效益。另外,有利于推动现代物流业的发展。以信息化为纽带,建立一种贯通物流全程的新物流体系,是我国现代物流业发展的必然要求,也是从根本上解决当前我国电子商务中物流瓶颈问题,促进我国电子商务进一步发展的关键。

资料来源:物流设备在线网 http://info.56eol.com/Html/n004/114958572.html。

本章小结

在信息时代,物流企业面对着更多竞争对手的挑战,想用廉价的普通信息和华丽的界面已经不足以"占据"用户们的"心灵",唯有深度的、有特色的内容和服务才能最终真正获得访问者的青睐。本章主要讲述物流网页构思的原则,物流网页的制作和评价标准;物流网站的规划与管理内容;从实际案例出发介绍物流电子商务开发应注意的问题。

思考题

1. 简述物流网页构思和制作的原则。
2. 简述物流网页制作中应注意的问题。
3. 简述物流网页的评价标准。
4. 简述物流电子商务网站的功能。
5. 简述物流电子商务网站规划的内容。
6. 在设计域名时要注意哪些问题?
7. 如何推广物流电子商务网站?

案例分析

案例 11-1　欧浦股份物流与电商相结合成就"五Ａ级"物流企业

广东欧浦钢铁物流股份有限公司成立于2005年，是国家高新技术企业、国家五Ａ级物流企业，中国物流示范基地、省现代产业500强企业，位于全国唯一的"国家级电子商务试点"——乐从镇，是一家集"实体物流"与"电子商务"为一体的国内第三方钢铁物流行业的领先型企业。

在考察了国外先进经验及技术的基础上，结合国内及华南钢铁市场的现实情况，开辟了欧浦（国际）物流钢铁交易中心和全国首家钢铁现货网站——欧浦钢网。公司以电子商务平台为依托，为钢铁生产商、贸易商、钢铁用户提供大型仓储、剪切加工、综合物流服务、金融质押监管、转贷、运输、商务配套以及钢铁超市现货交易、钢铁资讯服务等全方位"一站式"的第三方钢铁物流服务。其中，公司仓储占地面积约350亩、仓储存量达150万吨；加工中心拥有30条平直、分条加工生产线，年设计加工能力达200万吨。

如今，欧浦正稳步走向成熟发展之路，业务渠道不断拓展。公司也将继续以"成就员工忠诚、客户信赖、社会认同、政府支持的大型现代物流企业"为愿景；以"上市"为契机，秉承"服务树立品牌，科技创造价值"为经营理念；致力成为实体物流与电子商务的旗舰型企业，并将发展成为国际知名的钢铁物流服务商。

资料来源：东方财富网 http://finance.eastmoney.com/news/1354,20120307195133598.html。

讨论题：
1. 谈谈欧浦股份钢铁物流模式的特点。
2. 探讨欧浦股份实体物流与电子商务结合带来的启示。

案例 11-2　航线商城：海运航线订舱网站平台

1. 航线商城简介

航线商城是全球首家中小货主快速订舱平台，和海运社区、海运之窗组成深圳市神象网络技术有限公司旗下三大网站平台，以"快速、拓展、挖掘"为理念，将最优的解决方案提供给用户，为海运行业电子商务提供一站式的综合服务。

航线商城，专注于"商城"的展示形式，以网上店铺为核心，为用户提供开设店铺、店铺推广、发布运价、在线交易等服务。在拓展企业品牌知名度的同时，获得优质的目标客户。融合了热情的红色和华丽活泼的橙色的 logo，给人一种明快、激奋和热闹的感觉，代表着航线商城将会热闹纷繁、欣欣向荣。三个圆点，代表三个不同的港口,由线连接而成,最终箭头指向一个地方。寓意是货物从某一个港口出发,经过中转港后抵达目的港,形成一个海运物流航线。

航线商城网站,如图 11-11 所示。

图 11-11 航线商城网站主页

2. 航线商城使命

致力于成为物流服务商的网上营销与销售平台;为物流服务商节约渠道与销售成本;并帮助物流服务商整合行业资源,提升货代服务。致力于为贸易商提供有保障的海运服务、降低货主物流成本与物流风险;整合货主物流链服务,提供便捷一站式出口平台服务,使货主走货更简单、更安全、更自由。

3. 航线商城优势

航线商城全方位营销策略,每年上百万的营销推广投放计划,将成为海运行业用户得到海运资源的重要入口,是满足目标用户更多新闻、资讯、知识和商业信息需求的优势平台。随着全球经济的起伏,无论什么时期,如何获得更多利润永远是企业思考的首要问题。航线商城能为企业提供整套解决方案,在降低人力成本、节约时间成本的同时,增加目标客户、提升订舱量。

(1)物流服务商

- 快速扩大销售额。航线商城是一个渠道及战略合作平台,为客户快速扩大销售提供空间,商机无限。
- 快速提升利润空间。通过平台资源整合,更快捷的发现目标客户,减少人力成本,快速进入海运电子商务销售新纪元。

- 快速孵化品牌效应。航线商城的全方位推广和宣传,为客户快速建立品牌提供便利。通过诚信体系,提供良好服务,能够迅速建立品牌知名度。
- 深度客户需求挖掘。客户行为分析,精准投放。全方位帮助您为客户提供更优质的服务。

(2)贸易商
- 快速出货。无须到处寻找货代公司,航线商城拥有快速甩货通道,只需简单操作就能快速找到所需。
- 多家对比。航线商城整合大量物流服务商,多家对比,服务质量有保障,横向纵向全方位为客户保驾护航。
- 甩柜赔付。船公司甩柜赔付,最大程度降低客户损失。
- 海运管理。所有船期和航线运价一目了然,方便海运物流管理。
- 信息服务。发布物流配套服务信息,无限量发布拖车仓储、报关报检、物流配套服务等供求信息。

资料来源:航线商城 http://www.360away.com/。

百度百科 http://baike.baidu.com/view/9149449.htm。

讨论题:
1. 结合案例,谈谈海运航线订舱网站平台的特点。
2. 结合案例,探讨海运航线订舱网站平台带来的启示。

实际操作训练

实训项目 11-1　商业性物流网站的功能

(1)实训目的:通过实训,分析商业性物流网站功能。

(2)实训内容:熟悉商业性物流网站功能;上网查询商业性物流网站主营业务,进入商业性物流企业网站门户,分析网站功能。

(3)实训要求:将参加实训的学生分组,在教师指导下进行调研,完成实训报告。

实训项目 11-2　物流电子商务网站管理

(1)实训目的:通过实训,了解物流电子商务企业的作业流程,了解物流作业环节中的岗位设置与职责。

(2)实训内容:在对物流网站进行分类的基础上,选择某类物流网站并访问其中3~5个进行分析比较,进入物流企业网站门户,了解物流企业作业环节、岗位设置与职责。

(3)实训要求:将参加实训的学生分组,在教师指导下进行调研,完成实训报告。

实验教学建议

实验项目 物流企业网站建设

项目名称	实验课时	内容提要	教 学 要 求	实验类别	实验方式
物流企业网站建设	4	拟定一个物流企业网站的建设方案	通过本实验教学,运用计算机技术、网页设计、网站规划等方面的知识,提出一个物流网站的建设方案,体现物流功能方面的特色	设计性	教师指导独立完成

参 考 文 献

[1] 屈冠银. 电子商务物流管理（第3版）. 北京：机械工业出版社，2012
[2] 王小宁. 电子商务物流管理. 北京：北京大学出版社，2012
[3] 方磊. 电子商务物流管理. 北京：清华大学出版社，2011
[4] 张铎. 电子商务物流管理（第3版）. 北京：高等教育出版社，2011
[5] 郑志伟. 电子商务与现代物流. 大连：东北财经大学出版社，2011
[6] 吴健. 现代物流与供应链管理. 北京：清华大学出版社，2011
[7] 吴健. 现代物流学. 北京：北京大学出版社，2010
[8] 何明珂. 电子商务与现代物流. 北京：中国财政经济出版社，2010
[9] 燕春蓉. 电子商务与物流. 西安：西安电子科技大学出版社，2010
[10] 朱美虹. 电子商务与现代物流. 北京：中国人民大学出版社，2010
[11] 陈修齐. 电子商务物流管理. 北京：电子工业出版社，2009
[12] 王维民. 电子商务与物流. 北京：科学出版社，2009
[13] 胡燕灵. 电子商务物流管理. 北京：清华大学出版社，2009
[14] 俞立平. 电子商务物流管理. 北京：化工出版社，2007
[15] 魏修建. 电子商务物流管理（第2版）. 重庆：重庆大学出版社，2008
[16] 王之泰. 新编现代物流学（第2版）. 北京：首都经济贸易大学出版社，2008
[17] 葛晓敏. 电子商务物流管理. 北京：中国水利水电出版社，2007
[18] 杨路明. 电子商务物流管理. 北京：机械工业出版社，2007
[19] 莫柏预，秦龙有. 物流与供应链管理. 北京：中国商业出版社，2007
[20] 顾穗珊. 电子商务与现代物流管理. 北京：机械工业出版社，2007
[21] 钱东人，朱海波. 新编现代物流学. 北京：中国物资出版社，2006
[22] 叶怀珍. 现代物流学. 北京：高等教育出版社，2006
[23] 宋华. 电子商务物流与电子供应链管理. 北京：中国人民大学出版社，2004
[24] 许晓东，龙桂先. 国际物流与货代通关. 北京：经济管理出版社，2006
[25] 刘浩，吴祖强. 物流信息技术. 北京：中国商业出版社，2007
[26] 宋方，蒋长兵等. 现代物流案例教学与实例. 北京：中国物资出版社，2007
[27] 吴彬，孙会良. 物流学基础. 北京：首都经济贸易大学出版社，2006
[28] 张敏，黄先军. 现代物流配送管理. 合肥：安徽大学出版社，2009

[29]钱智．物流管理经典案例剖析．北京：中国经济出版社，2007

[30]罗松涛．新编物流运输与实务．北京：清华大学出版社，2007

[31]杨长春．国际货物运输方式的选择与应用．北京：对外经济贸易大学出版社，2006

[32]杜文．物流运输与配送管理．北京：机械工业出版社，2006

[33]谢声，詹荣富等．现代物流配送中心运营与管理．广州：暨南大学出版社，2006

[34]黄静．仓储管理实务．大连：大连理工大学出版社，2007

[35]左生龙，刘军．现代仓储作业管理．北京：中国物资出版社，2005

[36]韩光军，孙月婷．采购管理．北京：首都经济贸易大学出版社，2007

[37]范生万，计海涛．物流电子商务．北京：经济管理出版社，2006

[38]董铁．物流电子商务．北京：清华大学出版社，2006

[39]张贵明．网站与网页设计．北京：清华大学出版社，2006

[40]杨坚争．电子商务案例．北京：清华大学出版社，2006

[41]罗纳德 H．巴罗（美）．企业物流管理：供应链的规划、组织和控制．王晓东等译．北京：机械工业出版社，2006

[42]唐纳德 J．鲍尔索克斯，戴维 J．克劳斯（美）．物流管理 供应链过程的一体化．林国龙等译．北京：机械工业出版社，2002

[43]中国物流与采购网 http://www.chinawuliu.com.cn

[44]环球物流网 http://www.global56.com/case/default.asp

[45]汝宜红，2005 物流学国家精品课程讲义 http://col.njtu.edu.cn/course/xnjp/jgxy/wlx/wuliuxueCourse/dianzja/dianzja_01.html